Rafael Seligmann
Deutschland wird dir gefallen

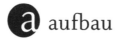 aufbau

1957 in München

Rafael Seligmann

Deutschland wird dir gefallen

Autobiographie

 aufbau

Mit 43 Abbildungen

ISBN 978-3-351-02721-6

Aufbau ist eine Marke der Aufbau Verlag GmbH & Co. KG

1. Auflage 2010
© Aufbau Verlag GmbH & Co. KG, Berlin 2010
Einbandgestaltung hißmann, heilmann, hamburg
Druck und Binden CPI – Clausen & Bosse, Leck
Printed in Germany

www.aufbau-verlag.de

Für Elisabeth und Ingrid
sowie meine Kinder Yehuda Ludwig, Yaël Emily
und Jonathan

Inhalt

Deutschland wird dir gefallen 9

Bleierne Zeit 30

Lehrjahre, keine Herrenjahre 52

Aufbruch 78

Liebe 103

Akademia 113

Gelobtes Land 144

30+ 193

Familienbande 213

Schriftsteller 234

Verlagsodyssee 255

Rubinsteins Versteigerung 271

Down Under 284

Die jiddische Mamme 297

Beschränkte Hoffnungen 306

New York, New York 323

Durch Hitler geboren 334

Meine Frau 356

Musterjude 367

Der Milchmann aus Berlin 380

Die Deutschen und ihr Führer 393

TV-Logik 407

Patriotismus und Tod 412

BZ jugendfrei 417

Atlantic Times 422

Revierromane 430

Altneuland 436

Gesicht zeigen! 449

Klassentreffen 451

Mein halbes deutsches Jahrhundert 454

Danksagung 460

Bildnachweis 461

Deutschland wird dir gefallen

1

Meine erste Begegnung mit der deutschen Literatur war durchschlagend.

Während meines zweiten Schuljahres schenkte mir mein Vater Ludwig eine hebräische Ausgabe der Grimm'schen Märchen. Die Geschichten vom stets neuen Sieg des Guten über das Böse fesselten mich. Dies machte das Nachbarmädchen in unserem Haus im israelischen Städtchen Herzliya neugierig. Nurit bat mich, ihr das Buch zu leihen. Sobald ich die letzte Geschichte, jene vom Aschenputtel, gelesen hatte, überließ ich Nurit meinen Band.

Als mich nach einiger Zeit wieder nach den Märchen verlangte, bat ich die Mitbewohnerin um die Rückgabe meines Buches. Das habe sie längst getan, erklärte Nurit. Ich konnte mich nicht daran erinnern. Da ich bereits als Neunjähriger einen Hang zur Schlamperei besaß, glaubte ich ihr und stöberte zunächst in meinem Zimmer, später in unserer gesamten Wohnung vergebens nach dem Märchenband. Allmählich ließ mein Sucheifer nach. Ich musste das Buch verloren haben. Ich nahm mir vor, Vater zu meinem Geburtstag um ein neues Märchenbuch zu bitten.

Eines Tages besuchte ich Nurit. Wir spielten Mikado. Als ich austreten musste, fiel mein Blick auf das Toilettenpapier. In der damaligen kargen Zeit behalf man sich mit klein geteilten Zeitungen. Doch stattdessen entdeckte ich die zersäbelten Seiten meines Märchenbuches. Mich packte rasende Wut. Noch heute höre ich mich schreien: »Ich will mein Buch!« Ich riss meine Hose hoch, stürmte aus dem Kabuff in die Wohnung und rief dabei fortwährend: »Ich will mein Buch!«

Nurits Mutter, Frau Saphir, trat mir entgegen und forderte mich auf, mein Geschrei einzustellen. Zornbebend verwies ich sie auf die Untat. Als die Nachbarin dies als Unsinn abtat, ergriff ich die Frau bei der Hand und versuchte, sie zur Toilette zu führen, damit sie sich mit eigenen Augen von dem ungeheuerlichen Geschehen überzeugen konnte. Daraufhin versetzte Frau Saphir mir eine Ohrfeige. Statt mich einzuschüchtern, steigerte sie meinen Zorn. »Sie haben mein Buch zerrissen!«, tobte ich. Nun packte mich Nurits Mutter an beiden Armen und schob mich unter dem Gelächter ihrer Tochter aus der Wohnung. Als ich sogleich versuchte, die Tür wieder aufzustoßen, wurde diese von innen verriegelt. Ich rüttelte an der Klinke. »Verschwinde!«, rief Frau Saphir aus der Wohnung.

»Aber ich habe dir doch mein Buch geliehen …«

»Es war Scheiße!«, tönte Nurit.

Ich begriff, dass Nurit sich einen Spaß daraus machte, mich nach dem Verriss meines Buches weiter zu ärgern, und ihre Mutter ihr dabei half. Ich wollte ihnen eine schmerzhafte Antwort erteilen.

»Gebt mir mein Buch – oder es wird euch leidtun!«

Meine vermeintlich ohnmächtige Drohung rief wiederum Nurits Gelächter hervor. Sie wähnte sich in der verschlossenen Wohnung im Schutze ihrer Mutter sicher. Meine Wut schlug in Entschlossenheit um. Ich wusste, was ich zu tun hatte. »Gebt mir mein Buch …«, ich besann mich, » … gebt mir, was von meinem Buch geblieben ist. Oder ich trete eure Tür ein!« Frau Saphirs Aufforderung: »Mach, dass du wegkommst!«, spornte mich an.

Ich lief die Stiegen des Treppenhauses bis zum Wendeabsatz hoch. Dort verharrte ich kurz, holte Atem, wie es mir unser Sportlehrer beigebracht hatte. Dann raste ich die Stufen hinunter, schwang mein rechtes Bein zurück und trat mit aller Kraft gegen die Tür der Nachbarwohnung. Tatsächlich drang mein Schuh ein Stück in das dünne Sperrholz.

»Vandale! Verbrecher!«, gellte es mir aus der Wohnung entgegen. Und dann lauter: »Frau Seligmann, sperren Sie Ihr tollwütiges Kind ein! Sonst zerstört er noch das ganze Haus!« Nach einer kurzen Pause: »Das erzähle ich in der Schule. Deine Lehrerin soll erfahren, dass du dich wie ein Nazi benimmst!«

Mutter holte mich umgehend in unsere Wohnung. Ich ließ sie gewähren. Denn mein Tun stimmte mich zufrieden. Ich hatte gehandelt, wie es die Klassenlehrerin Tova Berger uns stets lehrte: »Nach Auschwitz darf ein Jude sich nie wieder ohnmächtig zeigen. Wenn man uns etwas antut, müssen wir zurückschlagen!«

Mir war nicht bange vor dem Gepetze von Frau Saphir. Wenn Tova erführe, dass Nurit und ihre Mutter meine Märchenfibel zu

Klopapier zerschnipselt hatten, würde unsere Lehrerin, die Bücher pries, selbst wenn es deutsche waren, Frau Saphir als unkultivierte Person abtun.

Noch am gleichen Nachmittag hob ein Schreiner die Nachbartür aus den Angeln – um sie am Abend repariert wieder einzuhängen. Ludwig lehnte Mutters Verlangen, mich zu bestrafen, ab. »Man zerstört keine Bücher«, bestimmte Vater. Dennoch bezahlte er, wie von Herrn Saphir gefordert, die Rechnung des Handwerkers. Als ich Vater fragte, warum er nicht wenigstens die Kosten meines Buches abgezogen hatte, beschied er: »Man soll ein Mensch bleiben. Selbst, wenn andere sich nicht benehmen können oder es nicht wollen.«

Die Antwort enttäuschte mich. Sie klang wohl wie die Worte der Thora: »Liebe deinen Nächsten …« Vater war gutmütig, doch kein Zaddik und nicht von beständiger Milde. Ludwig war jähzornig. Beim geringsten Anlass brüllte er furchterregend und beleidigend. Gerade jetzt aber, wo ich mich gegen die Niedertracht von Nurit und ihrer Mutter gewehrt hatte, fand Vater nicht den Mut, sich auf meine Seite zu schlagen.

Gleichzeitig fühlte ich, dass Ludwig die Wahrheit sagte. Aber ich wusste auch, dass meine Lehrerin Tova recht hatte. Mein Lebtag habe ich versucht, der Maxime meines Vaters gerecht zu werden – und sie mit der Forderung meiner Lehrerin zu verbinden, mich nicht als wehrloses Opfer preiszugeben.

2

Wenige Monate nach meinem Türstoß sah sich mein Vater gezwungen, unser Textil- und Spielzeuggeschäft aufzugeben und als Lagerarbeiter sein Geld zu verdienen. Ludwig machte die israelische Wirtschaftskrise dafür verantwortlich. Mutter gab ihm die Schuld. Er habe versagt, weil er nicht nur ein Jecke sei, sondern obendrein sich als solcher gebärde.

Jecke ist die Bezeichnung der Israelis für jüdische Zuwanderer aus Deutschland. Die einen meinen, das Wort rühre vom albernen Karnevals-Jecken. Andere machen die für das subtropische Klima des östlichen Mittelmeerraumes ungeeignete deutsche Kleideretikette verantwortlich, sich in der Öffentlichkeit stets ein Jackett, jiddisch Jekale, anzutun. Jüngere Israelis geben vor, Jecke sei ein Akronym für »Yehudi k'sche hawana«, einen Juden, der schwer von Begriff ist. Jahrzehnte später erinnerte sich Ariel Sharon mir gegenüber: »In meiner Jugend haben wir die Jeckes ›Seife‹ genannt, weil sie so weich waren wie Schmierseife. Zu weich für unser raues Pionierland.«

Ludwig tat, als ob ihm die Jecke-Nachrede nichts anhaben könne. Doch kein Mensch überhört Kränkungen. Schon gar nicht, wenn diese vom Ehepartner kommen. Als Hannah Ludwig seine jeckische Mentalität vorwarf, reagierte mein Vater ungewohnt scharf: »Wenn du meinst, dass ich dir nicht genüge, dann müssen wir die Konsequenzen ziehen und uns scheiden lassen.« Daraufhin erklärte Mutter, sie habe es nicht so gemeint. Überdies gehöre es sich nicht, solche Angelegenheiten in Gegenwart »des Kindes« auszutragen. Doch es war zu spät. Vaters cholerisches Temperament überspülte seine zunächst mühsam gewahrte Selbstbeherrschung: »Dann überlege dir, was du sagst, Hanni! Was du im Beisein Rafis von dir gibst! Dass du so denkst, weiß ich«, schrie er auf.

Kurz darauf verlor Vater seine Stelle als Hilfsarbeiter. Im Alter von knapp fünfzig war er den körperlichen Belastungen nicht mehr gewachsen. Wir waren ohne Einkommen. Ludwig wollte die Konsequenzen ziehen und in seine deutsche Heimat zurückkehren. Doch Hannah stemmte sich vehement gegen eine Rückkehr ins »Nazi-Land«: »Die Deutschen haben meine Geschwister ermordet. Sogar ihre kleinen Kinder. Das werde ich ihnen nie verzeihen! Ich lasse mich nicht von dir zwingen, unter diesen Verbrechern zu leben, Ludwig!«

Mit dieser Gewissenskarte stach sie Vaters Eingeständnis aus, dass er Israel nicht gewachsen sei. Erst Jahre später sollte ich erfahren, dass Hannah Opfer ihres schlechten Gewissens war. Im März 1939, nach der Einverleibung der »Resttschechei« ins Deutsche Reich, befürchtete Mutters Bruder Aaron, der 1934 aus Berlin nach Polen emigriert war, dass sein Land das nächste Opfer Hitlers werden würde. Er schrieb seiner Schwester nach Palästina und bat sie, sich nach der Möglichkeit einer Einwanderung seiner Familie zu erkundigen. Hannah wusste, dass die britische Mandatsmacht seit 1936 so gut wie keine Juden einreisen ließ. Zudem setzten ihr das Klima Palästinas und ihre Armut als

Zuwanderin zu. Aaron solle sich lieber in aller Ruhe um ein Immigrationszertifikat für sich und seine Familie in die Vereinigten Staaten bemühen – wo er eine solide Existenz aufbauen könnte. Mutter warf sich ein Leben lang vor, durch ihren »Leichtsinn und Egoismus – ich habe gehofft, zu Aaron und seiner Familie nach New York ziehen zu können«, für dessen Tod verantwortlich zu sein.

Unter Hannahs Gewissensdruck verstärkte Vater seine Anstrengungen, mit seiner Familie in Israel bleiben zu können. Da Ludwig keine Aussicht auf Arbeit besaß, überwand er seinen Stolz und bat seine jüngeren Geschwister um ein Darlehen. 1935 hatte Vater deren Passage von Deutschland nach Palästina bezahlt. Ludwig hatte das Geld als Plantagenarbeiter und Putzkraft zusammengespart. Auf diese Weise brachte er Kurt und Thea vor der Schoah in Sicherheit. Nun versuchte mein Vater, die Zinsen der Lebensrettung einzufordern. Sein Anliegen stieß auf taube Ohren. Kurt und Thea verlangten Sicherheiten. »Welche Sicherheiten habt ihr mir damals geboten?«, wollte Vater wissen. Dies ließen Bruder und Schwester nicht gelten. Sie wären Jugendliche gewesen, er dagegen sei heute ein erwachsener Mann und trage entsprechende Verantwortung.

»Kurt und Thea sind im Gegensatz zu mir echte Israelis geworden. Rücksichtslos und unbarmherzig«, bekannte Vater. Er war entschlossen, seine Bemühungen aufzugeben. Doch Mutter nötigte ihn – »Du kannst nicht zulassen, dass mein Kind unter deutschen Lumpen aufwächst« – zu einem letzten Schritt. Vater suchte Hannahs Neffen Henri Weiss* auf, der ein Bauunternehmen besaß, und bat um dessen Protektion.

»Ich habe Henri gesagt, ich bin bereit, alles zu tun. Ziegel am Bau zu schleppen oder als Nachtwächter zu arbeiten. Hauptsache, wir haben ein Einkommen, um uns zu ernähren«, berichtete Vater. Henri habe ungerührt entgegnet: »Warum tust du dir diese Demütigung an, Ludwig? Du bist ein Jecke. Du gehörst nach Deutschland.«

Ludwigs Einwurf, Hannah sei der Gedanke unerträglich, ihr Kind unter Deutschen aufwachsen zu lassen, habe Henri zugestimmt. Auch er leide unter dieser Vorstellung. Doch die Verantwortung für ein Kind liege nun mal bei dessen Eltern.

* Die mit Stern versehenen Namen wurden geändert.

»Henri hat recht. Genau wie Kurt und Thea. Ich bin für meinen Sohn verantwortlich. In Israel bin ich nicht im Stande, dich und Rafi zu ernähren. Uns bleibt nichts übrig. Wir müssen die Konsequenzen ziehen …« – »Nie und nimmer werde ich zulassen, dass mein Kind zu den Nazis geht!«, schrie Mutter. »Nicht alle Deutschen waren Nazis«, entgegnete Ludwig. »Dass ich fliehen konnte, habe ich meinem Freund Karl Seiff zu verdanken. Er hat mich gewarnt, dass man mich am nächsten Tag verhaften würde. So wie Karl haben sich viele verhalten.«

»Die meisten waren Mörder!«

»Heute sind wir in Deutschland willkommen. Während uns in Israel die eigenen Geschwister im Stich lassen.«

Mutter wollte nochmals mit Henri sprechen. Ihn im Namen ihrer ermordeten Geschwister »anflehen, uns zu helfen«. Ludwig ließ es nicht zu. Es sei genug, dass er sich habe erniedrigen müssen. »Wir gehen nach Deutschland!«, entschied er.

Sein Blick fiel auf mich. Ich stand in der Tür. Vater ging auf mich zu. Er nahm mich in seinen Arm und sprach mit warmer Stimme: »Hab keine Angst, Rafi. Deutschland wird dir gefallen.«

3

Deutschland empfing uns mit strahlendem Wetter. Der Himmel über München war wolkenlos, tiefblau, und die Tage im August 1957 waren warm. Vater hatte uns ein Zimmer in der Pension »Sonnenschein« gemietet. Wir wohnten in der Klenzestraße, einige Häuser hinter der Operettenbühne am Gärtnerplatz, unweit der Synagoge in der Reichenbachstraße. In wenigen Minuten war man an der Isar. Das satte Grün der Flussauen beeindruckte mich. Im israelischen Sommer blieben nur wenige bewässerte Parks grün, die Felder verdorrten in der Hitze. Hier zogen sich die Grünanlagen entlang des Flusses, so weit das Auge reichte. Überall spielte man Fußball. Am liebsten hätte ich sofort mitgekickt. Doch ich war zu schüchtern. Vater spürte dies. Er sprach eine Spielergruppe an und fragte, ob ich mittun dürfte. »Freilich! Der Bua soll bei denen mit'm Hemd mitspuin.« Ich war den schweren Lederball nicht gewöhnt. In Herzliya hatte ich lediglich mit Plastikbällen gekickt. Überdies war ich aufgeregt und lief wie ein Küken über das herrlich grüne, tiefe Gras. Schnell war ich außer Atem. Vater bat, an meiner Stelle mitmachen zu können. Obgleich er Straßenschuhe anhatte und schon fünfzig war, bewies er sogleich, dass er den Ball zu behandeln verstand. Bald erzielte Vater ein Tor. »Der Ojde hats no net verlernt«, bekannte ein Mitspieler. Vom ungewohnten Laufen hatte Vater einen roten Kopf bekommen, dennoch strahlte er wie lange nicht mehr. Ludwig hatte mir, vor allem aber sich selbst bewiesen, dass er es noch konnte. Zumindest in Deutschland.

Auf dem Heimweg erzählte mir Vater, dass er in seiner Heimatstadt Ichenhausen als einziger Jude in der Stadtmannschaft gespielt hatte. »Ich war Rechtsaußen. Und der schnellste Spieler. Nebenbei war ich Kreismeister über 100 Meter. Wenn ich am Ball war und zu einem meiner Läufe ansetzte, feuerten mich die Zuschauer mit dem Ruf an ›Lauf zu, Wiggerl! Lauf zu!‹. Und wenn ich ein Tor reinmachte, klatschten sie wie wild.« Seine Augen leuchteten bei der Erinnerung. In Israel hatte Vater nur kurz erwähnt, dass er in seiner Jugend Fußball gespielt hatte. Warum? Seine momentane Freude verriet mir die Antwort. Ludwig hatte sich stets nach seiner deutschen Heimat gesehnt. Dies aber konnte er nicht kundtun, ohne als Jecke verspottet zu werden. Kaum war er wieder in Deutschland, hatte er sein Tor geschossen.

4

Beim Abendessen konnten Mutter und ich Vaters neues Selbstwertgefühl spüren. Seine hellblauen Augen blickten uns zuversichtlich an. Er verkündete, er werde am folgenden Tag nach Berlin fahren, um bei der zuständigen Behörde die Rückkehrprämie für Vertriebene in Höhe von 6000 Mark zu beantragen. »Und so, wie ich die Deutschen kenne, wird mir das Geld binnen 48 Stunden ausgezahlt werden.« Hannah konterkarierte die Zuversicht ihres Mannes mit dem Hinweis, die sprichwörtliche deutsche Zuverlässigkeit habe auch das Morden möglich gemacht. »Die Transportzüge gingen pünktlich ab!«
    Dennoch fuhr Vater nach Berlin. Drei Tage später war er wieder in unserem Pensionszimmer. Er brachte ein längliches Paket

mit. »Bis zu deinem Geburtstag sind es zwar noch sechs Wochen, Rafi. Aber du hast vielleicht nichts dagegen, wenn ich dir schon jetzt dein Geschenk gebe. Es ist von unserem ersten Geld in Deutschland.«

Mit der elektrischen Märklin-Eisenbahn erfüllte Vater unerwartet schnell meinen Traum. Während Mutter ihr mitgebrachtes Ur-alt Lavendel auftrug, stellten Vater und ich das Gleisoval zusammen. Bald drehte das Züglein seine Runden. Da unser Zimmer beengt war, verlief ein Teil der Strecke unter dem Doppelbett. Hier kamen die Elektrolichter der Dampflok voll zur Geltung. Trotz Mutters Mahnung wollte ich die Bahn nicht ruhen lassen. Schließlich klopfte es energisch an die Tür. Die Pensionspächterin verbat sich den Lärm. Als sie die unermüdlich kreisende Bahn zwischen mir und Vater sah, meinte die ältere Dame streng: »Schalten Sie augenblicklich das Elektrogerät aus. Maschinen verbrauchen Strom. Sie dürfen nur mit ausdrücklicher Genehmigung durch mich in Betrieb genommen werden.« Der Hinweis meines Vaters, die Bahn sei mein Geburtstagsgeschenk, fruchtete nicht. Vorschriften seien dazu da, eingehalten zu werden, bestimmte Frau Gruhl*.

Während der folgenden Wochen sahen sich meine Eltern nach einer eigenen Unterkunft um. Vater besuchte zudem mehrere Kleidergroßhandlungen. Er hatte vor, zunächst mit Textilien in der Umgebung seiner Heimatstadt zu hausieren, um sich so den Grundstock für ein eigenes Geschäft zu verdienen. Behördengänge standen an.

Der Aufenthalt in der Pension bedingte, dass wir meist in einer Gastwirtschaft zu Mittag aßen. Der Familienname Seligmann wurde damals allenthalben als jüdisch erkannt. Die Leute, mit denen wir ins Gespräch kamen, wollten wissen, wo wir »den Krieg« verbracht hatten. Als sie erfuhren, dass meine Eltern nach Palästina ausgewandert waren, berichteten die Gesprächspartner von den eigenen Erfahrungen während der »furchtbaren Nazijahre«. So gut wie jeder hatte »jüdischen Freunden« oder »israelitischen Nachbarn« zur Flucht verholfen, sie verborgen oder sonst irgendwie gerettet.

Das erschien mir merkwürdig. Ich erkundigte mich, wie viele Deutsche es gäbe. Mehr als 55 Millionen im Westen und nochmals 15 Millionen im Osten, meinte Vater.

»Und da hat jeder einen Juden gerettet?«

»Siehst du, Ludwig, sogar das Kind begreift, dass alle lügen. Sie haben uns umgebracht!«

»Wir leben noch!«

»Aber meine Geschwister haben sie auf dem Gewissen. Und sechs Millionen Juden.«

»Mit dieser Einstellung können wir hier nicht leben, Hanni.«

»Ich will hier nicht leben! Und du wirst mir nicht vorschreiben, was ich denken und fühlen soll! Ich werde den Deutschen nie vergeben.«

Mutter hielt Wort.

5

Wenige Tage nach unserer Ankunft meldete mich Hannah in der Klenze-Schule an. Sie begleitete mich ins Büro des Direktors. Dieser trug einen weißen Kittel wie ein Arzt. Rasch überprüfte er meine Sprachkenntnisse: »Sprichst du deutsch?«

»Ja.«

Er wies auf ein Möbelstück vor sich. »Weißt du, dass dies ein Pult ist?«

»Nein, das ist ein Tisch.«

»Wir werden Ihrem Knaben schon die Feinheiten der deutschen Sprache beibringen, Frau Seligmann.«

Selbst meine Mutter war von der Effizienz der hiesigen Bürokratie beeindruckt. »Tüchtig sind sie, die Deutschen. In Israel verging fast ein Vierteljahr, bis du endlich eingeschult warst. Dreimal musste ich in deine zukünftige Schule und zahllose Formulare ausfüllen, Gesundheitszeugnis und Geburtsurkunde beibringen. Und hier geht alles wie am Schnürchen.«

Ich selbst war von der Strenge des Direktors befremdet. In Herzliya betonte unser Schulleiter Noar stets, er sei unser »Freund«. Hier erschien mir der Direktor in seinem Doktorkittel unnahbar.

Am 1. September war Schulbeginn. Mit den anderen Schülern der 4c wartete ich auf dem düsteren Gang auf den Einlass ins Klassenzimmer. Es waren ausschließlich Buben. In Israel besuchten Jungen und Mädchen die gleiche Klasse. Lediglich in den von uns belächelten Religionsschulen wurden die Geschlechter getrennt. Hier kannte ich niemanden, meine Mutter jedoch hatte von einem jüdischen Klassenkameraden mit Namen Edwin Bodenstein* erzählt. Er sei mein Freund. Denn »da wir in Deutschland so wenige Juden sind, müssen wir immer zusammenhalten. Auch du und Edwin.« Mir war nicht einmal bekannt, wie er aussah.

Kurz vor Unterrichtsbeginn erschien ein stämmiger, etwa fünfzigjähriger Mann mit Schnauzer. Er war in eine lederne Motorradkluft gekleidet, in der Hand hielt er lange Lederhandschuhe. »Achtung, der Waldi ist da!«, tönte es durch die Jungentraube. Da hatte der Mann uns auch schon erreicht und drosch unversehens mit seinen Handschuhen wahllos auf uns ein. »Ruhe, Saubande!« Augenblicklich erstarb der Schülerlärm. Waldi verteilte noch einige Hiebe, und während die Kinder seinen Schlägen auswichen, befahl er: »Stillgestanden!«

Ich ahnte, dass die Zeit der Freundschaft mit dem Direktor und den Lehrern, die wir beim Vornamen nannten, vorbei war. Im Unterricht wurde mir deutlich, dass auch das mühelose Lernen ein Ende hatte. In Israel war ich ein guter Schüler gewesen. Hier verstand ich zwar die Sprache, konnte aber weder Deutsch lesen noch schreiben. Mühsam malte ich die Buchstaben von der Tafel ab, die mir Mutter in den Ferien eingetrichtert hatte. Nachmittags paukte ich mit meinem Nachhilfelehrer, Herrn Küntzel, oder mit Hannah deutsche Rechtschreibung. Wozu gab es Großbuchstaben? Wann schrieb man ein i? Wann ein ie? Wann ein k oder ck? Nun erst konnte ich mich in die Einwandererkinder in Israel hineinversetzen, die sich ebenso abgemüht hatten wie ich jetzt. Sie hatten sich anstrengen müssen, ehe sie Iwrith beherrschten. Wenn es ihnen gelungen war, musste auch ich am Ende Erfolg haben.

6

Edwin konnte schlecht rechnen und war ein Waschlappen. Herr Wald machte sich einen Spaß daraus, Edwin an die Tafel zu rufen, um ihn vor der Klasse bloßzustellen. »Wie willst du eines Tages Geschäfte machen und deine Kunden übers Ohr hauen, wenn du nicht einmal fähig bist, die einfachsten Rechnungen durchzuführen, Bodenstein?«, rief er unter dem Gelächter der Schüler.

Nach wenigen Tagen gab es nach dem Unterricht Klassenkeile für Edwin. Mein Freund war er nicht. Er hatte mir bereits seine reiche Spielzeugsammlung vorgeführt, deren Glanzpunkt ein fernlenkbares Feuerwehrauto war. Doch anrühren durfte ich seine Kostbarkeiten nicht. Ich wüsste nicht damit umzugehen und hätte die feinen Gebilde kaputt machen können. Außerdem missfiel mir, dass Edwin sich durch seine Weinerlichkeit lächerlich machte. Doch als ich sah, wie er geschlagen wurde, empfand ich Mitleid und sprang ihm bei. Noch ehe ich richtig losprügeln konnte, wurde mir Einhalt geboten. »Edwin, Edwin!«, rief eine adrett gekleidete Frau. »Lasst meinen Edwin! Er hat euch nichts getan.« Ihr Sohn floh hurtig unter die Fittiche seiner Mutter. Eilig verließen beide die Stätte.

Nun stürzten sich die Raufbolde auf mich. Meine Körperlänge, wegen der ich in Israel Rafi-Giraffi gerufen wurde, half mir wenig. Sie spornte vielmehr den Eifer meiner Kontrahenten an. Schlägereien war ich aus Herzliya gewohnt. Dort endeten die Raufereien, sobald einer zu Boden ging. Hier aber ließ die Drescherei nicht nach. Ich musste Fußtritte einstecken. Als ich aufschrie, drückte mir ein Junge ein gebrauchtes Taschentuch in den Mund und brachte mich so zum Würgen. Nach weiteren Hieben und Tritten wurde von mir abgelassen.

Daheim ruhte Mutter nicht, bis ich ihr den Grund meines derangierten Aussehens berichtete. Hannahs Urteil stand augenblicklich fest: »Antisemiten!« Sie begab sich unverzüglich zum Schulleiter. Dessen Entgegnung auf Mutters Forderung nach Konsequenzen aus der Klassenkeile lautete lapidar: »Wenn es Ihnen bei uns nicht passt, dann nehmen Sie Ihren Knaben und verschwinden Sie nach Palästina.« Die rüde Abkanzelei steigerte Hannahs Entschlossenheit, »den Nazi«, wie sie ihn fortan nannte, niederzuringen.

Nachdem sie sich über die Rangordnung im Münchner Erziehungswesen informiert hatte, begab sich Mutter zum Stadtschulrat Anton Fingerle. Ihr Bericht versetzte den obersten Pädagogen in Zorn. Im Beisein Hannahs ließ sich Fingerle mit dem Direktor verbinden und drohte diesem, ihn umgehend von seinem Amt zu suspendieren, sollte ihm »noch einmal der geringste Vorfall« von dessen Schule zu Ohren kommen. In verändertem Ton wandte sich Fingerle nun an meine Mutter: »Liebe Frau

Seligmann, unsere jüdischen Mitbürger sind uns hochwillkommen! Scheuen Sie sich nicht, mich wissen zu lassen, wenn noch einmal die kleinste Kleinigkeit in dieser unguten Richtung passieren sollte. In dieser Hinsicht verstehe ich keinen Spaß. Ihr Volk hat schon genug zu leiden gehabt.«

Mutter war überzeugt, den ersten Erfolg in ihrem nie enden wollenden Kampf gegen die Nazis errungen zu haben. »In Zukunft werdet Edwin und du nicht mehr geschlagen werden, weil ihr Juden seid!« Ich glaubte ihr nicht. Petzer waren überall verhasst. In Israel und gewiss auch in Deutschland.

Am nächsten Morgen stürmte der Direktor ins Klassenzimmer. Als Ouvertüre verpasste er unserem Türöffner Fritzi eine »Fotzn«. Danach war Klassenlehrer Wald an der Reihe. »Sie kennen nach zwanzig Jahren Schuldienst ihre Pflichten immer noch nicht! Sie wissen nicht, dass Sie für alle Schüler Ihrer Klasse verantwortlich sind … einige von Ihren Früchtchen … immer sind es Ihre Rotzbuben …«, brüllte der Schulleiter, »haben ihre mosaischen Mitschüler geschlagen. Und Sie pflichtvergessener Geselle scheren sich keinen Deut drum.«

»Bisher ist Derartiges noch nie vorgekommen, Herr Direktor.«

»Schweigen Sie, wenn ich rede! Sie haben zugelassen, dass die israelitischen Knaben misshandelt wurden. Wenn Derartiges noch einmal in Ihrer Klasse vorfällt, sorge ich dafür, dass Sie augenblicklich aus dem Schuldienst entlassen werden. Verstanden?«

»Jawohl, Herr Direktor.«

Der Schulleiter wollte wissen, wie Wald uns zu schützen gedachte. Mit um Festigkeit bemühter Stimme antwortete dieser, er werde »dafür sorgen, dass sich solche Vorkommnisse nicht mehr ereignen«. Dem Direktor genügte das nicht. Er forderte, dass »die beteiligten Schüler bestraft werden, und zwar so, dass sie lange schmerzhaft an ihre Lumpereien erinnert werden«, dann zog er ab.

»Lumpenpack! Wer hat die Hebräer-Buben geschlagen? Sagt's auf der Stelle! Ich krieg's ja eh raus. Und dann Gnade euch Gott …« Walds Gebrüll sollte offenbar auch im Rektorat zu vernehmen sein: »… zum letzten Mal. Wer sind die Verbrecher?«

Kein Schüler war dumm genug, sich freiwillig windelweich schlagen zu lassen. Ebendies brachte Wald zunehmend in Wallung. Da seine Drohungen an der Charakterfestigkeit der deutschen Schüler scheiterten, setzte der Pädagoge auf jüdischen Verrat.

»Bodenstein! Wer hat euch geprügelt?« Edwin verstand zwar nicht, mit Ziffern zu rechnen, wohl aber mit der Rachsucht seiner Klassenkameraden. »Ich weiß es nicht mehr, Herr Lehrer. Außerdem bin ich gar nicht richtig geschlagen worden.«

»Bodenstein, du solltest den Mut haben, dein Gedächtnis zu nutzen!«

Edwin war klug genug, aufs Vergessen zu setzen.

Wald wandte sich mir zu. »Und du, Seligmann? Kannst dich auch nicht mehr erinnern?«

»Doch. Der Gruber*, der Moser* und der Riedler* waren's.«

Ich kannte die Konsequenzen. Meine Rachsucht war abgekühlt, jedoch keineswegs mein Verlangen, mir nichts gefallen zu lassen. Erst recht nicht am Ende des Unterrichts, als Wald den Schlägern drastisch sein Strafgericht ankündigte, jedoch keine Anstalten dazu traf. Edwin hatte längst das Weite gesucht. Ich blieb auf meinem Platz sitzen. Als der Lehrer mich aufforderte, das Klassenzimmer zu verlassen, schüttelte ich den Kopf und verlangte zu sehen, wie die Prügler bestraft wurden.

»Raus mit dir, Seligmann!«

Doch ich blieb und wurde so Zeuge seiner ungeliebten Pflichterfüllung.

7

Im Oktober zogen meine Eltern mit mir in die Liebherrstraße 10 ins Herz des Münchner Lehel. Wir wohnten zur Untermiete. Verglichen mit dem beengten Pensionszimmer, erschien mir unser Heim, ein möblierter Wohnraum plus Küche, wie eine Villa – ich durfte dabei nur nicht an unser Haus und unseren Garten in Herzliya denken.

Der erste Gast in unserer neuen Wohnung war Karl Seiff. Ich verstand, dass Vater den Mann, der ihn einst durch die Warnung vor seiner bevorstehenden Verhaftung gerettet hatte, einlud, um mir, vor allem aber Hannah zu demonstrieren, dass es stets anständige Deutsche gegeben hatte und sie nun das Sagen hatten. Ich erwartete einen strahlenden Helden. Stattdessen erschien ein biederer Zeitgenosse, er trug ein graues Jackett, eine unauffällige

Krawatte und eine hellgraue Hose mit Bügelfalten. Seine Gesichtszüge hatten nichts Mitreißendes. Allein Seiffs blaue Augen hinter einer einfachen Hornbrille leuchteten auf, als er meinen Vater begrüßte. Die Freunde schüttelten sich lange die Hand. Ludwig wurde rot.

Hannah dankte Seiff für dessen Rettungstat, die für ihn als Polizisten risikoreich gewesen sei. Der Gast schüttelte den Kopf. Das sei selbstverständlich gewesen – »als Freund und als guter Katholik«. So hätten damals nur wenige gedacht, warf Mutter ein. »Gedacht schon, aber leider nicht gehandelt, Frau Seligmann. Diese Selbstsucht, diese Feigheit werde ich nie verstehen.« Seiff sprach so schlicht, wie er angezogen war. Ich ahnte erstmals, dass Heldentum nichts mit prächtigem Aussehen und Auftreten zu tun hatte, sondern von der Einstellung eines Menschen abhing.

Seiff arbeitete als Inspektor im Einwohnermeldeamt an der Ettstraße, wo auch das Polizeipräsidium seinen Sitz hatte. Zwei Dutzend Jahre zuvor, im Frühjahr 1933, hatte Heinrich Himmler die Leitung der Behörde übernommen. Kraft seiner amtlichen Stellung brachte Seiff nunmehr Vater und Mutter ihre grün eingeschlagenen deutschen Pässe mit.

Der Besuch des Beamten gab meinen Eltern einen Anstoß, ihren immerwährenden Disput fortzuführen. Während Vater seinen Retter als Exempel der anständigen Deutschen anführte, hielt ihm Mutter entgegen, sein Freund sei zweifellos ein »anständiger Goj«, deshalb habe er zugegeben, dass die Deutschen feige und egoistisch seien. »Waren!«, beharrte Vater.

8

Die Hauptmieterin unserer neuen Bleibe, Frau Fischer*, führte ein strenges Regiment. Sie und ihre Tochter Resi*, eine gut vierzigjährige Marktfrau vom Viktualienmarkt, fühlten sich durch meine nächtlichen Toilettengänge gestört. Daher mahnte Frau Fischer mich zur Disziplin. »Die Nacht ist zum Schlafen da, Bub. Beherrsche dich!« Doch meine Blase wollte sich nicht der Anordnung von Frau Fischer fügen. So ordnete die Vermieterin an, ich solle einen Nachttopf benutzen. Dies wiederum empfand ich trotz der beschwichtigenden Einwürfe meiner Eltern eines Zehnjährigen als unwürdig. Ich wollte meine Nachttoilette fortsetzen. So entwickelte ich eine neue Pinkel-Taktik. Wenn mich der Harndrang weckte, schlich ich an meiner schlafenden Mutter vorbei auf den Balkon und urinierte im hohen Strahl vom ersten Stock aufs Trottoir. Dieses Bogenschießen bereitete mir derartiges Vergnügen, dass die gelegentlichen Pissereien zum regelmäßigen Guss gerieten.

Mein Spaß hatte indessen nach wenigen Tagen ein Ende. Wahrscheinlich konnte Frau Fischer ebenso wenig durchschlafen wie ich, oder jemand hatte mich verpetzt, jedenfalls war sie meinen nächtlichen Erleichterungen auf die Spur gekommen. Ihr Vorwurf gipfelte in der Feststellung, sie werde nicht dulden, dass ihr Haus zum Dschungel gemacht würde. »Und ich werde nicht zulassen, dass Sie sich wie eine KZ-Wächterin gebärden.« Der Keulenhieb meiner Mutter saß. Fortan sprachen die Frauen nicht miteinander. Dennoch traute die Vermieterin sich nicht, uns zu kündigen. Sie wollte nicht als Antisemitin gelten, nicht einmal gegenüber jüdischen Gorillas. Mutter teilte die Beurteilung von Frau Fischer grosso modo. Als wir alleine waren, vermittelte sie mir ihre Meinung durch einen Klaps auf den Po. Was mich nicht störte. Mir imponierte, dass Hannah mich gegenüber der Vermieterin verteidigt hatte.

Meine Eltern waren bereits auf der Suche nach einer eigenen Mietwohnung. Schließlich fanden sie diese in der Adelgundenstraße 21. Die Dreizimmerwohnung in einem ehemaligen jüdischen Wohnhaus sollte bis zum Tod meiner Eltern deren Heim bleiben.

9

Ab Januar 1958 besuchte ich die Volksschule in der Herrnstraße unweit des Hofbräuhauses. Hier war meine Klasse, wie ich es in Israel gewohnt war, gemischt. Unser Lehrer hieß Benedikt Hirschbold, doch bei uns Schülern wurde er ob seiner Funktion und Autorität Direx genannt. Der gläubige Katholik war ein hervorragender Didaktiker. Sein Lieblingsfach war Heimatkunde – vor allem die Münchner Stadtgeschichte. Hirschbold begnügte sich nicht mit dem Vortragen des von ihm verfassten Heimatkundebuches. Wann immer es seine Zeit erlaubte, begleitete er uns auf einem Gang oder, was uns ungleich besser gefiel, auf einer Straßenbahnfahrt durch die Innenstadt oder in die Umgebung.

Hirschbold war ein leidenschaftlicher Lehrer, der seine Schüler liebte und dies jeden von uns spüren ließ. Gelegentlich tobte der bajuwarische Choleriker wie Rumpelstilzchen. Etwa, als er vernahm, dass Karli Baumann einen Mitschüler als »Saujuden« titulierte. Da rutschte dem Direx die Hand aus. Er brüllte, er kenne »keine Juden und keine Katholiken und keine Protestanten – nur meine Schüler«. Wer es wagen sollte, andere zu beleidigen, würde »so oft eine Watschn fangen, bis er des kapiert«. Hirschbolds Methode wirkte.

Benedikt Hirschbolds Heimatkundeunterricht half mir, mich auf München einzulassen und die Schönheiten der Stadt zu entdecken. Auf diese Weise wurde ich mit meinem neuen Wohnort vertraut. Zwar sehnte ich mich noch immer nach unserem Heim in Herzliya, vor allem nach unserem Garten. Doch der sich weit hinziehende Englische Garten samt Chinesischem Turm, dessen hölzerne Wendeltreppe ich unzählige Male hinaufstürmte, das Isar-Hochufer, die dortigen Spielplätze am Gasteig, auf denen sich hervorragend kicken ließ, und die alten Bauten der Innenstadt gefielen mir. Besonders angetan hatte es mir das nach dem Krieg rekonstruierte Isartor, das ich mehrfach – freiwillig – aus Pappe nachbaute.

Meine neuen Klassenkameraden halfen mir, meine Schüchternheit zu überwinden. Ich gewann unter ihnen lebenslange Freunde. Abi Pitum, Helmut Hauner, Evi Nigl und Gabi Reu. Letztere ließ sich von mir die hebräischen Buchstaben zeigen, die »verkehrt herum« von rechts nach links geschrieben wurden. Gabi erbot sich, mir Deutschnachhilfestunden zu erteilen. Trotz meines Ehrgeizes, vor ihr zu glänzen, gelang es mir nur langsam, Lesen und vor allem Rechtschreiben zu lernen.

Am Ende der vierten Klasse konnte ich flüssig lesen und verfolgte den Sportteil der »Süddeutschen Zeitung«, die meine Eltern bezogen. Mich interessierten die Fußballspiele von 1860 und Bayern München. Als Vater meine Lesefähigkeit bemerkte, schenkte er mir eine deutsche Ausgabe der Grimm'schen Märchen. Zunächst freute ich mich darüber, wurde aber traurig, als ich mich an Ludwigs zurückhaltende Reaktion auf die Zerstörung meines Buches erinnerte und an seine fehlende Stärke, die uns gezwungen hatte, Israel, unser Haus und unseren Garten aufzugeben. Nicht nur deshalb fand ich an den Geschichten kein Vergnügen mehr. Der Umzug nach München und meine neue Lebenssituation hatten mich ernster gestimmt. Die Zeitung weckte auch mein Interesse an politischen Ereignissen. Ägyptens Präsident Nasser schmiedete gemeinsam mit Syrien und Jemen die Vereinigte Arabische Republik, die Israel umklammerte. In Deutschland schickten sich die Sozialdemokraten an, den Matador Konrad Adenauer zu entzaubern. Bald schmökerte ich in den von meinen Eltern abonnierten vier Wochen alten Illustrierten »Stern«, »Quick« und »Revue«, besonders die Fortsetzungsromane fesselten mich. Die Freude, ja die Sucht zu lesen, in deutscher Sprache zu lesen, verließ mich nie wieder.

10

Meine neuen Freunde, mein geschätzter Klassenlehrer, die allmähliche Vertrautheit mit München, dessen Innenstadt ich mit meinem neuen Roller erkundete, der auf Ballonreifen fuhr und eine Fußbremse besaß, ließen mich an Vaters Verheißung denken: »Deutschland wird dir gefallen.« Nicht allein mein schulisches und städtisches Umfeld trug dazu bei, wichtiger war mir zu spüren, dass es meinen Eltern hier besserging als zuvor in Israel. Vater kaufte sich mit dem Geld seiner Rückkehrprämie einen gebrauchten VW-Standard-Käfer mit geteilter Heckscheibe und begann seine Tätigkeit als Hausierer in der Umgebung von Ichenhausen. Erstmals seit Jahren verdiente er auskömmlich. Ludwig nahm hin, dass er gezwungen war, die ganze Woche unterwegs zu sein, und nur am Sabbat daheim weilen konnte. Das entsprach der Jahrhunderte währenden Tradition jüdischer Hausierer. Der Lohn war die Befreiung vom fortwährenden Existenzkampf in Israel. Und die Möglichkeit, am Wochenende die Oper zu besuchen, um sich an seiner geliebten Wagner-Musik zu erfreuen, oder hin und wieder einem Fußballspiel im 60er Stadion an der Grünwalder Straße beizuwohnen. Vor allem aber die Erleichterung, nicht mehr ständig als Jecke gehänselt zu werden. Ludwig wirkte fröhlicher als in Herzliya.

Hannah ging es ebenfalls sichtlich besser. Bereits nach wenigen Wochen im trockenen mitteleuropäischen Klima verschwanden die Symptome ihrer Amöbenruhr, und sie gewann erstmals seit Jahren wieder an Körpergewicht. Ihre zuvor spitzen Gesichtszüge rundeten sich. Das Ausbleiben der Krankheitssymptome ließ Mutter ruhiger erscheinen. Als Ludwig Hannah auf ihre Genesung hinwies, reagierte sie vehement. »Wenn du damit sagen willst, dass Deutschland für mich ein Sanatorium ist und wir hier bleiben sollen, irrst du gewaltig. Wir haben uns vorgenommen, drei Jahre in Naziland auszuhalten, damit du hier genug Geld verdienst. Also tue, was du versprochen hast. Wir bleiben drei Jahre – keine Stunde länger!«

Auch Hannah arrangierte sich mit dem Leben in Deutschland. Sie richtete unsere Wohnung ein und kümmerte sich mit viel Gezeter um mein schulisches Fortkommen. Doch Mutter brauchte die Überzeugung, der Aufenthalt in Deutschland sei nur vorläufig und streng begrenzt. Als Vater nach drei Jahren nicht das versprochene Vermögen verdient hatte, gewährte sie ihm einen Aufschub um zwei Jahre. Danach prolongierte sie den Zwangsaufenthalt erneut. »Sieben Jahre sind genug, Ludwig! Nach sieben Jahren schreibt sogar die Tora ein Jubeljahr vor. Bis dahin müssen wir endlich zurück in Israel sein!« Mutter irrte sich. Das biblische Jubeljahr findet alle 49 Jahre statt.

11

Am Ende der vierten Klasse wechselten die guten Schüler ins Gymnasium. In der Volksschulklasse wurde es ohne die Gescheiten langweilig.

Das einzige Erlebnis der 6. Volksschulklasse, das mir im Gedächtnis haften blieb, ereignete sich außerhalb des Schulgebäudes – im »Müllerschen Volksbad« am Gasteig. In dessen Herrenbad fand der Schwimmunterricht für die Knaben unserer Klasse statt. Seit ich mich erinnern kann, habe ich mich gern im Wasser getummelt – zunächst im Mittelmeer, dann während des deutschen Sommers im Starnberger See. Doch unser Bademeister – weshalb wird in Deutschland jeder Schwimmlehrer oder Polizist zum Meister geadelt? – war der Auffassung, ich sei wasserscheu. Um mich sogleich davon zu kurieren, ließ er die Jungen einen Kreis bilden, in dessen Mitte ich mich zu stellen hatte. Worauf der Meister aus München den Befehl zum »Spritzen!« gab. Der unaufhörliche Wasserbeschuss verschlug mir den Atem. Ich wollte ausbrechen, doch das prasselnde Chlor stach mir in die Augen. Nach einer mir unendlich scheinenden Frist musste der Schwimmlehrer wohl die Anordnung zum Einstellen gegeben haben, denn das Spritzen hörte auf. Erst nach einer Weile überwand ich meine Erstarrung und wollte zum Beckenrand.

Der Bademeister hatte sich indessen entschlossen, mir eine zweite Lektion zu erteilen. Er ließ mich aus dem Wasser treten, um mich ans Ende des Bassins zu befördern: »Jetzt springst du ins tiefe Wasser!«

»Aber ich kann noch nicht schwimmen.«

»Das lernst jetzt!«

Da ich keine Anstalten machte, seinem Befehl zu folgen, forderte er die umstehenden Klassenkameraden auf, mir »Beine zu machen«, was diese beflissentlich taten. Erschrocken vergaß ich, den Mund zu schließen. Ich schluckte Wasser und ging unter. Bald wurde ich gepackt und nach oben gerissen. »Sauerei!«, hörte ich den Meister schimpfen, während er mich auf die Seite legte. »Wegen dir feigen Deppen hab ich mit meiner Kluft ins Wasser springen müssen. Durchatmen, du Hirsch!«

Der Meister weigerte sich fürderhin, mit mir zu arbeiten. Das war unnötig. Ich hatte seine Lektion internalisiert – und mied fortan das Wasser. Erst als Lehrling brachte ich mir das Schwimmen selbst bei. Vierzig Jahre zuvor hatte sich ein anderer Besucher des Volksbads umsichtiger verhalten. Der körperscheue Nichtschwimmer Adolf Hitler begnügte sich mit der Nutzung des Wannenbades.

12

Ich wollte zumindest die Mittelschule besuchen, das würde mir später die Möglichkeit eröffnen, ins Gymnasium zu wechseln und zu meinen klugen Klassenkameraden von einst aufzuschließen. Als ich Mutter von meinem Vorhaben berichtete, reagierte sie brüsk: »Lass das, Rafi! Du schaffst nicht einmal die Aufnahmeprüfung zur Mittelschule! Du bist zu faul!«

Diese Abwertung kam für mich unerwartet. Hannah war eine zärtliche und besorgte Mutter. Wenn ich als Kind krank war, ließ sie alles und jeden einschließlich meinen Vater sein und setzte sich den ganzen Tag an mein Bett. Sie hielt meine Hand, streichelte mich und erzählte mir Geschichten aus ihrem Leben. Sie fütterte mich mit tragischen und traurigen Familienepisoden. Zu Beginn des Ersten Weltkriegs war ein russisches Geschoss in ihr Elternhaus in Galizien eingeschlagen. Dabei wurden ihre älteste Schwester Gitl, deren Mann und ihre zwei Kinder getötet. Die Haare der kleinen Hanni, die im Bett ihrer Mutter geschlafen hatte, fingen Feuer. Ihre Mutter Malka habe sogleich gesehen, dass Gitls Familie ums Leben gekommen war und geistesgegenwärtig mit Hilfe eines Kissens die brennenden Haare ihres Nesthäkchens gelöscht. »Danach habe ich noch inniger an meiner Mutter gehangen und sie noch mehr geliebt.«

Wenige Jahre später, als Malka mit Hannah nach Berlin übersiedelt war, habe ihre Mutter sich eine furchtbare Krankheit zugezogen. »Ich habe sie Tag und Nacht gepflegt – so wie dich jetzt, Rafi!« Dennoch sei ihre Mutter schließlich ihrem Leiden erlegen. Hannah habe intensiv um sie getrauert und länger als ein Jahr lang bei jedem Wetter täglich deren Grab auf dem riesigen Friedhof Weißensee aufgesucht. Dort habe sie »lange, lange geweint«. Ich versuchte Mutter zu trösten, so wuchs unsere Vertrautheit weiter.

Mutters Zärtlichkeit und Liebe hatten ihren Preis. Da wir in Israel kein Badezimmer besaßen, wusch mich Mutter vor dem Zubettgehen in einer flachen Blechwanne, die auf den Küchentisch gestellt wurde. Eines Abends hampelte ich trotz Hannahs wiederholter Ermahnungen herum und stürzte mitsamt dem Badegefäß kopfüber auf die harten Steinfliesen. Mein Gesicht schmerzte. Der Boden war kalt. Ich heulte und schrie nach meiner Mutter. Sie ließ mich liegen und meinte scheinbar ungerührt: »Wer nicht hören will, muss fühlen!«

Mutter wollte das erste Aufscheinen meines eigenen Willens, der mich aus ihrer Vereinnahmung löste, nicht durch eine Umarmung belohnen. Ich verstand nicht, dass Hannah jeder meiner Versuche, Selbstständigkeit zu erlangen, als Bedrohung ihrer Autorität empfand und daher mit Abwertung bestrafte. Nahm ich mein Spielzeug auseinander, begriff sie dies nicht als ein Zeichen von Neugierde, sondern von »Zerstörungstrieb«. Von Steinwürfen begleitete Raufereien mit den Nachbarjungen waren ihr ein Gräuel. Sie denunzierte mich bei Vater. Als dieser mir den Hintern versohlte und meine Abendmahlzeit strich, schlich sich Mutter mit Kuchen in mein Zimmer und versicherte mir, »hätte ich geahnt, dass Vater dich so furchtbar schlägt, hätte ich ihm selbstverständlich kein Wort gesagt – obwohl man keine Steine wirft, wenn einem die eigene Mutter das verbietet«.

Meine mit den Jahren zunehmende Annäherung an Vater missfiel Hannah, ohne dass sie es aussprach. Besonders kritisch sah sie unsere gemeinsamen Fußballspielbesuche am Sabbat. »Du sollst dich lieber ausruhen, Rafi.« Ludwig hingegen sollte sich stärker auf das Geschäft konzentrieren, »sonst geht es vor die Hunde«. Als Vater sein Geschäft schließlich aufgrund der Rezession aufgeben musste, hatte Mutter »leider wieder einmal Recht gehabt«.

Meine langsam wachsende Selbstständigkeit und gelegentliche Aufsässigkeit bekämpfte Hannah am wirksamsten mit der Greifbewegung von schlechtem Gewissen und Angst. »Wenn du mich so weiterärgerst, werde ich noch kränker. Damit bringst du mich ins Grab. Ludwig wird sich schnell trösten. Er wird bald wieder heiraten. Aber du ... du musst dann ins Waisenhaus. Mit deiner zarten Gesundheit. Das bereitet mir den größten Kummer.« Diese Drohung brachte mich allemal zur Räson.

Seit der Einwanderung nach Deutschland galten die Abwertungsattacken meiner Mutter den Deutschen – und dem eigenen Ehemann. Mein Bestreben, auf die Mittelschule zu wechseln, beendete ihre Schonzeit. Nunmehr warf sie mir ständig Trägheit vor und befeuerte dadurch meine Entschlossenheit, mir selbst und Hannah zu beweisen, dass ich fähig war, die Mittelschule zu besuchen. Ich beschaffte mir die notwendigen Lehrbücher, paukte trotz Mutters fortwährender Häme – und bestand die Aufnahmeprüfung auf Anhieb.

Bleierne Zeit

1

Der Alltag in der neuen Schule in der Hohenzollernstraße enttäuschte mich. Vor der Eingangsprüfung wurden wir mit der Verheißung motiviert, den Absolventen stünde der Zugang zu qualifizierten Berufen wie Bankangestellter, Verwaltungsinspektor, Steuerberater beziehungsweise Ingenieur offen. Oder wir könnten ins Gymnasium wechseln, das Abitur ablegen und studieren.

Der mit dieser verlockenden Perspektive einhergehende Stolz nach Bestehen der Aufnahmeprüfung wurde uns von den Lehrern an der Fridtjof-Nansen-Knaben-Mittelschule sogleich ausgetrieben. Das Ziel der meisten Pädagogen bestand darin, die eigene Position zu überhöhen und gleichzeitig das Selbstwertgefühl von uns Schülern zu brechen. Wir hatten selbst die Handwerks- und Kurzschriftlehrer grundsätzlich mit »Herr (oder Frau) Professor« anzusprechen und dabei zu stehen. Unserem Klassenlehrer Gaitzsch lagen die Stehübungen besonders am Herzen. Als er erstmals in unser Zimmer stürmte, erhoben wir uns selbstverständlich. Gaitzsch nahm Platz, sagte »Grüß Gott!«, gab uns mit einer knappen Handgeste das Setzen-Zeichen und eilte danach erneut zur Tür, um sogleich wieder in den Raum zu treten. Dass wir nicht reflexartig wieder hochschossen, war für ihn Anlass zu einer Schimpfkanonade. Der Rechenlehrer »versprach«, uns »respektlose Saubande bis Weihnachten abzusägen«. Darüber hinaus höhnte er: »Ihr bildet euch wohl etwas darauf ein, dass ihr es in die Mittelschule geschafft habt, ihr traurigen Tröpfe.« Die Mittelschule sei jedoch eine Anstalt des »geistigen Nachvollzugs«, so stünde es in den Richtlinien des Kultusministeriums. »Das heißt, ihr werdet immer die Handlanger von Abiturienten bleiben. Der Ingenieur hat dem Diplomingenieur zu gehorchen, der Inspektor dem Regierungsrat, der Schaltertölpel dem Bankdirektor. Falls ihr die Schule überhaupt schafft – und das werden die wenigsten sein!«

Gaitzsch war ein Choleriker, der nach seinen Schreianfällen in der Regel wieder umgänglich wurde. Gelegentlich unterhielt er uns mit seinen Kriegserlebnissen, wobei er deutlich machte, dass er den Krieg hasste. Zumindest ebenso verabscheute er mathematisch unbegabte Schüler wie meinen Nachbarn Peter Glockner*. Der Schneiderbub aus Hersching am Ammersee ließ sich von den Drohungen Gaitzschs so sehr einschüchtern, dass er zunächst sporadisch und bald systematisch die Schule schwänzte. Peter fuhr morgens nach München, hielt sich in der Bahnhofsgegend auf, um nachmittags wieder nach Hause zu reisen. Als diese Angsttat herauskam, ließ Gaitzsch so lange nicht locker, bis Peter von der Schule suspendiert wurde.

Die übrigen Lehrer schrien weniger als Gaitzsch, doch Kopfnüsse, an den Haaren ziehen und gelegentliche Backpfeifen waren an der Tagesordnung. Viel verletzender waren die Demütigungen. Die meisten Lehrer ließen uns spüren, dass wir weit unter ihnen standen und »im Mittelmaß vergehen« würden. Die ständige Unterdrückung stachelte die Aggressionen der Schüler an, die einsetzende Pubertät und die Begrenzung auf eine Knaben-Mittelschule verstärkten sie weiter.

Hatte die in der Herrnschule durch Hirschbold genossene Förderung und Zuneigung mich zu meiner neuen Umgebung in Deutschland Vertrauen fassen lassen, so erschütterten die andauernde Erniedrigung der Schüler und die ständige Gewalt in der Mittelschule meine Persönlichkeit. Die in Israel anerzogene Haltung, jeden Angriff zu parieren, wurde durch eine resignative Wirklichkeitsflucht abgelöst. Ich geriet zum Tagträumer. Mittlerweile beherrschte ich die deutsche Rechtschreibung – prinzipiell. Doch die Schule, die ich als Kind so liebte, dass ich zumeist zu früh in ihr anlangte, wurde mir zur Last. Von Geschichte abgesehen, interessierte mich der Unterricht nicht mehr. Während der Schulstunden und erst recht danach malte ich mir aus, dass ich wieder in Israel lebte, in unserem Garten arbeitete, im Meer badete und mit meinem Freund Schlomo spielte. Nach der Schule lag ich meist zu Hause auf meiner Couch und dachte mir Geschichten aus, in denen ich meine Eltern zurück nach Israel führte. War es warm, schwang ich mich auf meinen Roller und trat in die Isar-Auen. Nach dem Abendessen riss ich meine Hausaufgaben flüchtig herunter. Die Mahnungen meiner Mutter, die durch eine Reihe blauer Briefe über meine schlechten Noten sowie über meine »gefährdete Versetzung« unterrichtet wurde, mich endlich zusammenzureißen, ließ ich ebenso über mich ergehen wie das Gezeter der Lehrer. Zudem hatten meine Eltern bald andere Sorgen.

2

Die Arbeit als Hausierer strengte Vater zunehmend an. Ein Leistenbruch und empfindliche Bronchien machten ihm zu schaffen. Ende 1959 erkrankte er an einer Lungenentzündung. Erstmals in seinem Leben musste Ludwig, der sich bis dahin einer robusten Physis erfreute, länger als einen Monat das Bett hüten. Vater genas nur langsam, sein Gesicht blieb grau, er fühlte sich matt, sein Blick war traurig. Hannah nahm Vaters Krankheit nicht tatenlos hin. Als Ludwig verkündete, er müsse seine Reisetätigkeit erneut aufnehmen, bestand Hannah darauf, ihn zum Arzt zu begleiten. Dieser verbot seinem Patienten ausdrücklich, wieder zu hausieren. Selbst als Vater erklärte, dies sei sein Beruf und seine einzige Verdienstquelle, bestand der Doktor auf seinem Veto, sonst drohten Vater irreparable Gesundheitsschäden.

Als Ludwig sich über das Urteil des Mediziners hinwegsetzen wollte, reagierte Mutter bestimmt. »Du wirst nicht wieder reisen. Damit ist Schluss! Ein für allemal!« Ohne ihren Mann zu fragen, besorgte sie Ludwig eine Stelle in der Textilfirma »Esmo«. Formal sollte Vater als Hilfsbuchhalter im Warenlager tätig sein. Tatsächlich suchten die jüdischen Firmenbesitzer einen Glaubensgenossen, der ein wachsames Auge auf die gojischen Mitarbeiter haben sollte. Die Aussicht auf eine feste Anstellung ließ Vater rasch genesen. Mit einem Mal fand er die Kraft, mit mir lange Spaziergänge im Englischen Garten zu unternehmen. Vaters schnelle Gesundung machte mir den Zusammenhang zwischen körperlichem und seelischem Befinden bei anderen deutlich. Ich erinnerte mich daran, dass Ludwig mir erzählt hatte, sein Vater Isaak Raphael habe sich nach der Rückkehr aus dem Ersten Weltkrieg ebenso »in die Krankheit geflüchtet« wie während der Inflation, als er seine gesamten Ersparnisse verloren habe. Nun wurde ich Zeuge, wie mein Vater binnen weniger Tage gesundete, da er wieder eine Lebens- und Berufsperspektive gewann.

Selbsterkenntnis dagegen ist ungleich schwerer. Ich war damals nicht in der Lage zu begreifen, dass meine Tagträumereien eine Flucht aus der unbewältigten Realität des Schulalltages waren. Auch meine Eltern stellten sich nicht der Wirklichkeit. Eine nüchterne Einschätzung ihrer Situation hätte Hannah von Beginn an sagen müssen, dass ihr Zion-Plan Wunschdenken entsprang. Wie sollte ein Textilhausierer in wenigen Jahren genügend Geld sparen, um sich und seiner Familie den Lebensabend zu sichern? Doch Mutter war nicht die Frau, Tatsachen zu erlauben, ihr Wollen zu diktieren.

Ludwig hingegen fehlte Hannahs Willenskraft, er war bereit, sich der Macht des Faktischen zu fügen. Er wusste, dass er die feste Anstellung seiner Frau zu verdanken hatte. Zum ersten Mal seit meiner Geburt hatte Mutter unsere materielle Existenz bestimmt. Fortan unterstrich sie ihre Machtposition in der Familie. Ihr Mann setzte ihr, von gelegentlichem Lamento abgesehen, keinen Widerstand mehr entgegen.

Vater war der geborene Angestellte. Er verfügte über große Tatkraft, war loyal, besaß kaufmännisches Know-how, das er sich bereits als Lehrling erworben hatte, und, am wichtigsten, Vater mochte Menschen und konnte ihnen dies zeigen. Ludwig war in der Belegschaft beliebt und strahlte gleichwohl Autorität aus. Die Firmenbesitzer Fischel, Rappaport und Jakubovic waren von ihm angetan. Die jüdische Vertrauensperson entpuppte sich als umsichtiger leitender kaufmännischer Angestellter, dem immer mehr Bereiche des Unternehmens übertragen wurden. Obgleich die zunehmenden Aufgaben Vater belasteten, übernahm er sie gerne. Denn auf diese Weise erfuhr er endlich die Bestätigung, welche ihm als selbstständigem Kaufmann nie zuteilgeworden war – da ihm die Fähigkeit zum harten Handeln und Verhandeln fehlte. Darüber hinaus entsprach die deutsche Tradition, sich an Regeln zu orientieren, der Sozialisation und dem Wesen Ludwigs. »Wenn die Nazilumpen nicht gewesen wären, hätte ich in Deutschland eine ordentliche Karriere hinbekommen«, glaubte Vater. Mir war das ein Wenn zu viel.

Am Ende der zweiten Mittelschulklasse wurde ich unsanft aus meinen Reflexionen und Träumereien geweckt. Im Jahreszeugnis stand die 2 in Geschichte einsam zwischen fünf Fünfen in allen Kernfächern. Ich war mit Pauken und Trompeten durchgefallen. Zuhause erwartete ich einen Klagegesang meiner Mutter, die mich angehalten hatte, zu »lernen und nochmals zu lernen«. Schultagtäglich hatte sie mir meine Faulheit vorgeworfen und mich vor dem Scheitern gewarnt. In der ersten Mittelschulklasse hatte mich Hannahs Dauergezeter zu einem Mindestmaß an Aufmerksamkeit in der Schule und den notwendigsten Hausaufgaben bewegen können. Da es mir gelungen war, versetzt zu werden, glaubte ich, fortan die Schule ohne Anstrengung bestehen zu können.

Statt im Unterricht zuzuhören, war ich in Träumereien versunken. In immer neuen Varianten malte ich mir aus, wie ich meine Eltern zurück nach Israel in unser Haus führte. Doch ich suchte nicht einmal das Gespräch mit Vater und Mutter, um sie zu einer Rückkehr zu überreden. Ich wusste, dass dies ein sinnloses Unterfangen wäre. Vater genoss seine berufliche Anerkennung. In der Synagoge pries man ihn als »ehrlichen deutschen Juden«. Das Kundtun meiner Sehnsucht nach Israel und die Aufforderung, wieder nach Zion zurückzukehren, würden Vater lediglich das Herz schwer machen.

Hannah dagegen hätte meinen Appell zum Umzug in unsere Heimat begrüßt und ihren Mann mit dem Hinweis, dass sogar sein Kind unter dem Leben in Deutschland litt, wo sich nichts geändert habe und nie ändern würde, unter Druck gesetzt. Die Folge wäre ein anhaltender Streit der Eltern, der uns keinen Schritt näher nach Israel brächte. Diese unangenehmen Konsequenzen waren mir Alibi, nichts zu tun, um meine Lage zu ändern.

Anders als in der Volksschule hatte ich in der Fridtjof-Nansen-Knaben-Mittelschule lediglich einen jüdischen Mitschüler in der Parallelklasse. Als ich ihn auf dem Pausenhof mit seinem mir aus der Synagoge bekannten Namen ansprach, wurde er prinzipiell: »Sag nie Moische zu mir! Hier heiße ich Manfred.« Er galt mir als Feigling und obendrein als Narr. Da Moische nicht am

Religionsunterricht teilnahm, war ohnehin bekannt, dass er Jude war. Wozu ein Außenseitermerkmal zu verstecken suchen, von dem alle wussten? Erst später begriff ich, dass nicht wenige ängstliche Diasporajuden durch Verleugnung ihrer Glaubensgemeinschaft die Illusion hegten, sie wären in der Lage, sich selbst zu schützen. Damals wie heute bin ich überzeugt, dass dies ein vergebliches Unterfangen ist, das obendrein den Verlust der Selbstachtung mit sich bringt. Immerhin diente das Verlangen eines Hebräers, ihn statt Moische Manfred zu nennen, als eine Pointe meines Romans »Der Musterjude«. Die Lebenswirklichkeit ist phantastischer als jede Imagination.

Ich schottete meine Sehnsüchte streng von Eltern und Schulkameraden ab. In der Klasse gab ich den Hanswurst. Ich unterhielt meine Mitschüler mit Albernheiten. Als mich unser Zeichenlehrer aufforderte, nicht länger »den Kasper zu spielen«, erwiderte ich: »Gerne. Das nächste Mal mache ich den Melchior und dann den Balthasar. So habe ich die Heiligen Drei Könige beisammen.« Die Schüler lachten schallend. Bald hatte ich meinen Spitznamen »Sonnemann« weg. Wohl kein Mitschüler ahnte, wie traurig und einsam ihr vermeintlicher Sonnemann tatsächlich war. Die Funktion des Klassenkaspers inspirierte mich zu immer neuem Blödsinn, mit dem ich meine Schulkameraden bei Laune hielt. Der Erfolg war, dass ich bei nächster Gelegenheit einstimmig zum Klassensprecher vorgeschlagen wurde. Dies lehnte Frau Meister, die Nachfolgerin Gaitzschs als Klassenlehrerin, vehement ab. »Der Seligmann ist hochgradig gefährdet und obendrein unernst. Einem solchen Schüler kann ich unter keinen Umständen eine derart verantwortungsvolle Aufgabe übertragen.« Neben diesem objektiven Grund mag eine Rolle gespielt haben, dass ich sie ob ihrer Fußbandagen als »Gamaschen-Lilli« veralberte. Der Spottname war ihr wohl von ihrem Denunzianten Rudi zugetragen worden. Als sie ihn statt meiner zum Schülersprecher vorschlug, rebellierte die Klasse unter meiner Führung. Frau Meister musste nachgeben und von ihrem Zuträger ablassen. Meine miserablen schulischen Leistungen lieferten ihr indessen einen willkommenen Anlass, mich aus ihrem Klassenverband zu entfernen.

Das Ausbleiben einer elterlichen Schelte ob meines Scheiterns war mir eine Erleichterung. Ein Wort des Trostes brachten aber weder Vater noch Mutter über die Lippen. Damals waren nur wenige Eltern in der Lage, ihre Gefühle gegenüber ihren heranwachsenden Kindern auszudrücken. Um mich auf andere Gedanken zu bringen, schickten mich meine Eltern in ein Jugendlager an den Ammersee. Der Sport, vor allem das Fußballspielen, und die Gesellschaft von Mädchen nach der Knabenmonotonie der Mittelschule heiterten mein Gemüt auf. Doch sobald ich wieder zu Hause war, floh ich erneut in Träumereien, um mich von meinem Versagen in der Schule abzulenken. Mutter, die meine Verzweiflung spürte, schlug mir vor, fortan eine Privatschule zu besuchen. Dadurch hätte ich mir die Wiederholung der Klasse erspart. Ich hegte die Ressentiments der staatlichen Schüler gegen die »privaten Tunichtgute« und vermochte mich nicht zu einer Entscheidung aufzuraffen. Derweil vereinbarte Hannah mit dem Direktor der Privatmittelschule ein Vorstellungsgespräch. Am vereinbarten Tag weckte mich Mutter um halb acht.

»Lass mich in Ruhe. Privatschule ist nichts für mich.«

»Wie du willst, Rafi. Für diese eine Stunde Schlaf wirst du mit einem Jahr deines Lebens bezahlen.«

Ich versuchte, wieder einzudösen. Ich spürte, dass Mutter recht hatte, aber im Alter von vierzehn ermisst man die zeitliche Bedeutung eines Lebensjahres nicht. Ich wusste, dass dies die einzige Möglichkeit war, mir die Schande einer Klassenwiederholung zu ersparen. Am liebsten wäre ich aufgesprungen, zu Mutter gelaufen und hätte sie gebeten, mit mir zu dem Vorstellungsgespräch in der Privatschule zu gehen. Doch ich war zu stolz, zu schüchtern und vor allem zu antriebslos, meinen Fehler einzugestehen und zu handeln.

4

Etwa ein Viertel der Schüler waren Repetenten. Das gab den Lehrern Gelegenheit, uns permanent darauf hinzuweisen, dass ein zweites Sitzenbleiben »das endgültige K. o.«, also die Schulrelegation, bedeutete. »Dann müsst ihr wieder den dummen Volksschülern Gesellschaft leisten und Straßenkehrer werden. Oder bestenfalls Klempner, die im Dreck hantieren.«

Die Dauererniedrigung und die Notwendigkeit, durch ein Mindestmaß an Aufmerksamkeit und häuslichem Fleiß die Katastrophe eines erneuten Scheiterns verhindern zu müssen, raubten mir die alberne Unbefangenheit, die mich trotz latenter Verzweiflung bis dahin zum Klassenclown prädestiniert hatte. Fortan tat ich gerade so viel, wie ich tun musste, um einen Absturz zu verhindern. Aber nicht mehr. Der Alltag in der Schule war keine kochende Hölle, er glich eher dem Dasein in einer »geschlossenen Gesellschaft«, aus der Ausbruch unmöglich war. Dennoch gab es Fluchtlinien. Eine eröffnete sich unverhofft in der Wiederholungsklasse.

Unsere Deutschlehrerin »Fräulein Professor« Ruthilde Behringer gab sich streng, was durch ihre raue Stimme und ihre randlosen Augengläser unterstrichen wurde. Anders als die übrigen Pädagogen verschwendete die untersetzte Bajuwarin keine Zeit darauf, ihren Zöglingen deren Zweitrangigkeit vorzuhalten oder ständig aus den Richtlinien des Lehrplans zu zitieren und diesen so als Allzweckwaffe gegen uns Schüler ins Feld zu führen. Stattdessen bemühte sich die gläubige Germanistin, unsere Vorstellungskraft anzuregen und uns zum selbstständigen Denken zu bewegen. »Buben, der Herrgott hat euch ein Gehirn gegeben. Also benutzt es gefälligst.«

Ihr Deutschunterricht bestand nicht im Einbimsen des Besinnungsaufsatz-Schemas: These, Antithese, Synthese. »Zwischen Himmel und Hölle, zwischen Gut und Böse gibt es kein Gleichgewicht. Da muss man sich als Mensch eine Meinung bilden!«, forderte sie. Unser erstes Aufsatzthema bei der Behringerin lautete: »Meine drei Wünsche«. Ich wollte eine Insel – samt Bevölkerung. Dabei entwarf ich Regeln des Zusammenlebens und der Fürsorge für Schwache und Kranke. Alle Menschen sollten mit Respekt behandelt werden. Die häufigen Krankheiten meiner Kindheit und die Schwierigkeiten, mich in Deutschland einzufinden, hatten mich empfänglich für das Leid der anderen gemacht.

Mein Aufsatz wurde mit einer 1- bewertet. Ich hatte Mühe, meine Tränen zurückzuhalten. Bis dahin war 4 meine Standard-Deutschnote. Behringer begründete ihre Zensur mit meiner Phantasie und meinem Mitgefühl. Darauf komme es an, nicht auf die Einhaltung starrer Regeln. »Du musst noch an deiner Rechtschrift feilen, Seligmann, deshalb das Minus. Aber du bist auf dem richtigen Weg.«

Der außergewöhnliche Unterricht Ruthilde Behringers währte leider nur ein Schuljahr. Danach wurde sie abgelöst. Die meisten meiner Mitschüler waren erleichtert. Sie hatten sich beklagt, dass man bei der »spinnerten Behringer nie weiß, wo man dran ist und was die will«. Man hatte sie bereits dermaßen dressiert, dass sie die Absicht der Germanistin nicht erkannten, ihre sich verkrampfenden Seelen zu öffnen. Unsere neue Deutschlehrerin, Frau Hosemann, dagegen hielt sich an die »bewährten« eingepaukten Regeln und Schemata. Für mich bedeutete der Wechsel das Schließen meines schöpferischen Fensters. Fortan sollte ich im Gleichschritt denken und schreiben. Dies brachte nur ausreichende Noten.

Meine gesamte Existenz war ausreichend. Mir fehlten der Austausch und die Spiele mit Eltern und Freunden. Vater verließ um sechs Uhr morgens das Haus und kehrte abends nicht vor sieben zurück. Danach war er müde. Am Wochenende besuchte er die Synagoge oder ein Fußballspiel. Gelegentlich begleitete ich ihn. Doch die vertrauten Gespräche wurden seltener. Ludwig berichtete vor allem über seine Anerkennung in »der Firma«. Er verstand nicht, dass mir eben diese Anerkennung in der Schule vollständig abging. Mutter dagegen kümmerte sich unentwegt um mich. Allnachmittäglich drängte sie mich lautstark zur Erledigung der Hausaufgaben, »damit du nicht schon wieder durchfällst und dein Leben verpfuschst und mir Schande bereitest«.

Wenn ich gelegentlich Abi, Helmut und Gabi traf, erzählten sie mir stolz von ihren Erlebnissen in der höheren Schule. Das rief bei mir Missgunst und Minderwertigkeitsgefühle hervor, statt mich anzuspornen, es ihnen gleichzutun. Ich zog mich von den Freunden zurück.

Auch in meiner Klasse isolierte ich mich zunehmend. Die Schüler wuchsen rasch heran, ihr erster Flaum spross, und die Stimmen brachen reihenweise. Mein Körper dagegen stellte sein Wachstum ein. Bei meiner Ankunft in Deutschland war ich der drittgrößte Schüler in der Klasse. Nun wurde ich in der Aufstellungsreihe des Turnunterrichts immer weiter nach hinten durchgereicht, bis ich zum Kleinsten wurde. Von Rafi-Giraffi war ich in wenigen Jahren zum »Zwergerl« mutiert. Ich war nicht nur sitzen, sondern auch stehen geblieben.

5

Ich konzentrierte mich auf das einzige Reservat, in dem ich meinen Geist schulen und durch gute Leistungen mein Selbstwertgefühl stärken konnte: den Geschichtsunterricht. Dieser zog sich in Volks- und Mittelschule von der Antike über das Mittelalter bis zum Ersten Weltkrieg hin. Je näher wir der Gegenwart kamen, desto mehr wusste ich, und desto begieriger war ich, mehr zu erfahren.

Seit ich denken konnte, hatte ich den Worten meiner Mutter über ihre Kindheit und Jugend gelauscht. So erfuhr ich von den Grauen des Ersten Weltkrieges in Polen und der Flucht ihrer Familie nach Berlin. Vor allem der Aufstieg der Nazis weckte mein Interesse. Hannah berichtete mir von Männerhorden in braunen Uniformen und knallendem Marschtritt. Sie erzählte, wie vermeintlich brave Nachbarn sich schlagartig zu bösartigen Judenhasser wandelten. Der ärgste Knecht des »Ungeheuers« Hitler sei Adolf Eichmann gewesen. Immer wieder erwähnte Hannah den grauenhaften SS-Mann, der unablässig Jagd auf Juden machte und nicht ruhte, ehe er auch ihre Kinder und Frauen stellte und in die KZ geheißenen Todesfabriken schleuste, wo er sie ermorden ließ. Darunter auch Hannahs Geschwister und deren Kinder.

Im Frühsommer 1960 wurde bekannt, dass Adolf Eichmann in Argentinien von israelischen Agenten nach Zion entführt worden war und ihm dort der Prozess gemacht werden würde. Die Juden Münchens waren voller Genugtuung. Manche erklärten, Israel hätte sich die Mühe der Entführung sparen und den Mörder gleich umbringen sollen. Doch die meisten waren's zufrieden, sie wollten den Leibhaftigen vor den Schranken eines israelischen Gerichts sehen. Ich war neugierig auf den Mordorganisator.

In den Zeitungen und im »Spiegel« sah man stets das gleiche Schwarzweißfoto eines harten Gesichts, das sich unter einer keck in die Stirn gezogenen Schirmmütze mit Totenkopf halb versteckte. Ich erwartete einen straffen Kerl, der seine Naziparolen mit metallener Stimme schnarren würde. Doch als ab dem 11. April 1961 zweimal wöchentlich im deutschen Fernsehen über den Prozess berichtet wurde, war ich von Eichmann verblüfft. Der Angeklagte mit dicker Hornbrille und Halbglatze strahlte nichts Dämonisches aus. Er machte eher den Eindruck eines beflissenen Beamten, der mit unterwürfiger Höflichkeit auf die Fragen von Richter Landau und Generalstaatsanwalt Gideon Hausner antwortete. Selbst als Vierzehnjähriger durchschaute ich Eichmanns Verteidigungsstrategie. Er leugnete den Massenmord nicht, gab sich jedoch als kleines Rädchen im SS-Apparat aus, der sich als Offizier gezwungen sah, die Befehle seiner Vorgesetzten auszuführen. Eichmann ließ sich durch Gefühlsausbrüche des Staatsanwalts Hausner oder der Zeugen nicht aus dem Gleichgewicht bringen. Er blieb bei seiner Linie.

Nach achtmonatiger Verhandlung wurde der SS-Mann wegen Mordes und Verbrechen gegen die Menschlichkeit zum Tod verurteilt. Die Revision bestätigte das Urteil. Am 1. Juni 1962 wurde Eichmann gehängt. Unsere jüdischen Bekannten, die anders als meine Eltern nicht hatten fliehen können und daher in Konzentrationslagern interniert waren und dort Zeugen der Grausamkeiten und Verbrechen wurden, die in der Verhandlung zur Sprache kamen, wurden durch den Prozess seelisch aufgewühlt. Als ich Hannah sagte, dass ich Eichmann zwar für einen Mordgehilfen, jedoch für eine »kleine Nummer« hielt, schalt sie mich einen »Idioten und Weichling«, der sich »durch das Gejammer des größten Auswurfs der Menschheit ins Bockshorn jagen« ließ. Ich widersprach Mutter nicht, weil ich wusste, wie sehr sie unter der Ermordung ihrer Angehörigen litt. Die Konfrontation mit den Fernsehbildern des realen Adolf Eichmann ließ Mutter verstummen. Bis dahin hatte sie ständig über die Nazis und speziell Eichmann reden müssen. Eichmanns Auftreten raubte Hannah die Sprache.

Der langweilige Eichmann berührte mich wenig. Stattdessen beschäftigte mich die Frage, wie ein kleiner Bürokrat dermaßen Macht über Leben und Tod gewinnen konnte. 1944 hatte Eichmann den Alliierten via Joel Brand und Rudolf Kastner die Freilassung einer Million ungarischer Juden im Gegenzug für 10 000 Lastwagen angeboten. Da war der Krieg längst entschieden. War Briten und Amerikanern ein Lastwagen nicht 100 Menschleben wert? Hatten sie sich nicht darauf eingelassen, weil es sich um Juden handelte? Wären sie bereit gewesen, für ihre eigenen Landsleute diesen Preis zu zahlen? Ich bat unsere Geschichtslehrerin Frau Hermelink, die Fragen des Prozesses in ihrem Unterricht zu behandeln. Die Historikerin erwiderte, sie würde meinen Vorschlag aufgreifen, sobald wir diese Zeit durchnähmen. Doch sie verstand es, ihren Unterricht vor den Nazijahren ausklingen zu lassen.

Das von Eichmann gepflegte Bild des untergeordneten Befehlsempfängers war nachhaltig. Unter diesem Eindruck prägte die Philosophin Hannah Arendt als Prozessbeobachterin in ihrem Buch »Eichmann in Jerusalem« den Begriff der »Banalität des Bösen«. Dieses Verständnis schien mir, als ich das Buch Jahre später las, eine plausible Erklärung. Die Ansicht korrigierte ich erst 1994. Damals schrieb ich für den »Spiegel« eine Serie über das Leben der deutschen Einwanderer in Israel, die unter dem Titel »Durch Hitler geboren« veröffentlicht wurde. Im Rahmen der Recherche befragte ich auch den Richter Gabriel Bach. Der geborene Berliner war als junger Staatsanwalt an der Vorbereitung des Prozesses und der Vernehmung Eichmanns beteiligt. Bach zürnte Hannah Arendt. Er nannte die New Yorkerin »faul und voreingenommen«. Sie sei mit einem fertigen Ansatz nach Jerusalem gekommen, habe sich kaum mit dem Verfahren befasst und die täglich ins Englische übersetzten Prozessmaterialien ignoriert.

Gabriel Bach hielt Eichmann keineswegs für banal, vielmehr für einen fanatischen Antisemiten. Eichmann, so der Jurist, sei in seiner mörderischen Entschlossenheit weiter gegangen, als Hitler befohlen habe. So wollte der Obersturmbannführer 1943 »Halbjuden« aus der Wehrmacht entfernen und in Vernichtungslager deportieren. Hitler habe dies unterbunden, um keine »Unruhe« in die Armee zu tragen. »Handelt so ein kleiner Vollzugsbeamter, ein banal böser Bürokrat?«, fragte mich Bach in seinem Büro am Obersten Gericht in Jerusalem, um fortzufahren: »Nein! Das tut nur jemand, der von mörderischem Judenhass besessen ist!«

Bachs Information war eine realistische Ergänzung der intellektuell eleganten einleuchtenden Beschreibung der Banalität des Bösen. Eichmanns Persönlichkeit fehlte die maliziöse Ausstrahlung des Leiters der Wannsee-Konferenz, SD-Chef Reinhard Heydrich. Schon gar die vom Romancier Jonathan Littell erdichtete Intellektualität und Subtilität. Eichmann verschrieb sich vollständig der Auslöschung der Juden und legte hierbei unermüdlichen Eifer an den Tag; so gewann er eine tödliche Kompetenz als Organisator des Judenmordes – die er gnadenlos einsetzte.

Im Jahre 1999 berichtete mir Simon Wiesenthal, welche politischen Rahmenbedingungen das Verfahren gegen Eichmann erst ermöglicht hatten. Der als »Nazijäger« apostrophierte Rechercheur erzählte in seinem bescheidenen Wiener Dokumentationszentrum, er habe bereits 1954 konkrete Hinweise erhalten, dass Adolf Eichmann in Buenos Aires lebte. Ihm fehlten damals 4000 US-Dollar, um die Reise eines professionellen Ermittlers und Juristen zu bezahlen, der die Identität des SS-Mannes zweifelsfrei feststellen sollte. Wiesenthal bat die israelische Regierung vergeblich um diesen Betrag. Warum enthielt ihm Jerusalem die relativ kleine Summe vor und wendete sechs Jahre später ein Vielfaches für das Aufspüren und die Entführung Eichmanns auf, wollte ich wissen. So sei Politik eben, wusste der alte Herr mit resignierendem Blick aus seinen schwarzen Augen. 1954 sei Premier Ben Gurion darum bemüht gewesen, die zwei Jahre zuvor geschlossene Übereinkunft von Luxemburg, das sogenannte Entschädigungsabkommen, zu operationalisieren, das heißt die materiellen deutschen Leistungen wie Maschinen, Schiffe, Eisenbahnen für die krisengeplagte israelische Wirtschaft einzusetzen. »Er wollte durch nichts seine guten Beziehungen zu Bonn gefährdet sehen. Selbst nicht durch einen Streit um die Auslieferung Eichmanns oder gar einen Anschlag auf dessen Leben.« Wiesenthal lächelte verschmitzt: »1960 dagegen standen in Israel Wahlen an. Die Wirtschaft und die Beziehungen zu Deutschland hatten sich stabilisiert. In dieser Lage bedeutete ein Prozess gegen Eichmann einen enormen Prestigeerfolg für Ben Gurion. Also gab er grünes Licht.« Große Ereignisse ergeben sich gelegentlich aus profanen Anlässen.

6

Vater war ein glühender Verehrer Napoleons. Er war ebenso wie viele französische und deutsche Hebräer von der Durchsetzung der Judenemanzipation des Korsen angetan. Ludwig las mir früh

Heinrich Heines Gedicht von den kaisertreuen Grenadieren Napoleons vor: »Was schert mich Weib, was schert mich Kind/Mein Kaiser, mein Kaiser gefangen.« Als ich vierzehn war, schenkte er mir die Napoleon-Biographie Emil Ludwigs. Ich war fasziniert. Ein Außenseiter hatte sich kraft seines Willens, seines Verstandes und seines Mutes gegen alle Persönlichkeiten seines Landes und seiner Zeit durchgesetzt und ganz Europa beherrscht. Den österreichischen Kaiser zwang er gar, ihm, dem Emporkömmling, seine hochwohlgeborene Tochter Marie Louise als Frau anzuvertrauen.

Meine Napoleon-Schwärmerei erfuhr jedoch einen unverhofften Dämpfer durch unseren Nachbarn. Erich Kosar war Konditor. Nach getaner Arbeit kam er gelegentlich zu einem Schwatz bei meinen Eltern vorbei. Als ich einmal über den Imperator schwadronierte, verlor der freundliche Gast seine gewohnte Contenance und wies mich mit lauter Stimme zurecht: »Der Napoleon war ein Mörder wie Hitler!« Auf meine Entgegnung hin, der Kaiser habe keine Kriege gegen die Zivilbevölkerung geführt, lachte Kosar: »Vielleicht nicht direkt. Aber Millionen haben ihre Söhne verloren, und noch mehr Menschen sind durch die Kriegszüge dieses Lumpen verhungert, weil ihnen seine Armee alles weggefressen hat.« Darüber hatte ich mir noch keine Gedanken gemacht. Nun warf ich ein, Napoleon habe nicht systematisch Frauen und Kinder umgebracht. Kosar wollte entgegnen, besann sich jedoch eines anderen, da ihm mein Eifer imponierte. Den meisten Jugendlichen sei die Nazizeit egal, selbst seinen Kindern, »auch meiner Gabi, die dir so gut gefällt«. Ich wurde rot. »Aber als Jude musst du natürlich daran denken. Das ist richtig.« Kosar legte mir den Arm um die Schultern und sagte zu mir, er sei vier Jahre Soldat an der Ostfront gewesen und habe dabei »furchtbare Dinge«, auf die er nicht eingehen wolle, erlebt. Doch es drängte ihn, mir mitzugeben, »dass jeder Soldat, der im Osten gekämpft hat – das waren Millionen –, und damit praktisch jede Familie mitbekam, was man eurem Volk angetan hat. Merke dir eins, Rafael, jeder Erwachsene, der behauptet, er hätte nichts vom Judenmord erfahren, lügt. Alle, alle haben gewusst, dass eure Leute umgebracht werden.«

Die Unwilligkeit meiner Lehrerin, über den Eichmann-Prozess oder gar den Völkermord im Unterricht zu diskutieren, das

Verstummen meiner Mutter während des Verfahrens sowie das Bekenntnis und die Mahnung Kosars bewirkten, dass ich mich intensiver mit Zeitgeschichte auseinandersetzte. Ich las jeden Artikel in der »Süddeutschen Zeitung«, vor allem im »Spiegel«, der sich mit den Nazijahren beschäftigte. Das Interesse für die Historie war die Insel der Aufmerksamkeit und der gedanklichen Neugier in meiner ansonsten eintönigen Welt, die ich durch meine Tagträumereien zu würzen versuchte.

Mit einsetzender Pubertät begleiteten zarte sexuelle Wünsche meine Phantasien. Ich wollte mit Gabi Händchen halten. Vor dem Einschlafen stellte ich sie mir nackt vor – weiter reichten mein Mut und mein Einbildungsvermögen nicht. Die harsche Konfrontation mit der Wirklichkeit durch Gabis Vater brachte mich – zumindest eine Weile – dazu, mich mit meiner Situation auseinanderzusetzen. Ich war fast 15 Jahre alt. Spätestens in drei Jahren, nach dem Ende der Mittelschule, musste ich über meine Zukunft entscheiden. Im Land derer, die alle vom Judenmord gewusst hatten, ohne etwas dagegen zu tun, wollte ich nicht bleiben. Also würde ich tatsächlich in absehbarer Zeit nach Zion zurückkehren und meine Träume verwirklichen müssen.

7

Meine bleierne Zeit erfuhr ich bereits zu Beginn der 60er-Jahre. Sie erscheinen mir bis heute kalt und öde wie ein winterlicher deutscher Laubwald, dessen Bäume abgestorben wirken. Selbst unser Geschichtsunterricht brachte kaum Wärme in diese Wüstenei. In der ersten Runde meines achten Schuljahres endete das Zeitband in der Phase nach dem Ersten Weltkrieg, als Deutschland die Verträge von Versailles aufgezwungen worden waren. In meinem Wiederholungsschuljahr konzentrierte ich mich darauf, den offensichtlichen Versuch unserer Geschichtslehrerin, den Stoff vor Anbruch der Naziherrschaft auslaufen zu lassen, zu konterkarieren. So schlug ich bei der »Durchnahme des Ersten Weltkriegs«, die sich unendlich hinzuziehen drohte, vor, diesen Waffengang mit dem folgenden Zweiten Weltkrieg zu vergleichen. Die Pädagogin ging zunächst darauf ein und erläuterte uns die »Fortschritte der Panzerwaffe«. Die schnellen deutschen Panzerkeile General Guderians durchbrachen die französische Maginotlinie – Ergebnis sei ein »Blitzsieg im Blitzkrieg« gewesen.

Als ich durch Fragen auf Adolf Hitler als Feldherrn hinzusteuern versuchte, zog unsere Geschichtslehrerin wie eine erschrockene Schildkröte ihren Kopf ein und konzentrierte den Unterricht wieder in extenso auf den Ersten Weltkrieg. Ich blieb aufmerksam und wurde am Ende des Schuljahres mit einer 1 in Geschichte belohnt – der einzigen im Zeugnis. Mein Interesse und mein relatives Wissen verliehen mir unter meinen Mitschülern eine Autorität in Geschichtsdingen.

In der Abschlussklasse wurde Frau Roth* unsere Geschichtslehrerin. Frau Roth besaß ein klares revisionistisches Weltbild. Anders als ihre Vorgänger und Kollegen scheute die Historikerin nicht, die Nazijahre zu behandeln. Dabei schilderte sie Hitler als einen »tapferen Soldaten, der freiwillig im Weltkrieg für Deutschland gekämpft hatte«, und seine Partei als Kraft, der es vor allem darum gegangen sei, die »schändlichen Erpresserverträge von Versailles« zu überwinden und »Deutschlands einstige Größe wiederherzustellen«. Meinen Einwurf, Hitler sei Antisemit gewesen, parierte Frau Roth geschmeidig. »Sicher, Seligmann. Aber das waren damals fast alle. In erster Linie die Franzosen, die euren Hauptmann Dreyfus als deutschen Spion verbannten, und die Polen.« Tatsächlich hätten »(meine) Glaubensbrüder« eine unglaubliche Macht auf sich vereinigt, »fast alle Banken und Kaufhäuser waren in jüdischer Hand«. Als ich einwandte, dies dürfe kein Grund für »die Endlösung« – wie man es damals ausdrückte – sein, wich Frau Roth aus. Dieses Thema stehe erst später an, sie werde zu gegebener Zeit darauf eingehen. Eine Zusage, die sie nie einlöste. Stattdessen lenkte sie unser Augenmerk auf die Massenmorde Stalins, seines Verbündeten Roosevelt in Japan und das Terrorbombardement und die Massenmorde der Engländer und Amerikaner in Deutschland. Nun erwähnte ich die Bombardierung Coventrys, worauf Frau Roth erklärte, diesen Vergleich dürfte gerade ich als »an Geschichte interessierter Schüler« nicht anführen. Allein in Dresden seien 400 000 Deutsche, hauptsächlich Flüchtlinge, »ermordet« worden, während in Coventry kaum 2000 Engländer »ums Leben gekommen« seien.

Die Lektionen der Frau Roth veränderten binnen weniger

Wochen das Weltbild der meisten Schüler. Sie verstanden sich nun als Deutsche, deren Reich seit seiner Gründung von Engländern, Franzosen, Russen, später Kommunisten systematisch bekämpft wurde und deren Versuch einer nationalen Selbstbehauptung während der Nazijahre zerstört worden war. Mein Freund Hans, der mit »Landser«-Heften und Kriegsspielzeug aufgezogen worden war, sich politischer Äußerungen aber enthalten hatte, fühlte sich nunmehr – wir schrieben das Jahr 1965, und die NPD erlebte ihr erstes Hoch – von rechtsextremen, ja nazistischen Äußerungen angezogen.

Frau Roth behandelte mich höflich, sie bewertete meine Arbeiten mit »sehr gut«, ja, sie nutzte mein Engagement als Argument für ihre Überzeugungsarbeit: »Nehmt euch ein Beispiel am Seligmann. Wie der für seinen Glauben und sein Land eintritt.« Den gleichen »Stolz auf unser Land« erwarte sie von ihren Schülern.

Durch den Appell der Lehrerin veränderte sich das Verhalten der Mitschüler mir gegenüber. Hans sprach nicht mehr mit mir und ließ mich nunmehr seinen Hass spüren. Als er bat, ihm 50 Pfennig zu leihen, und ich ihm spontan eine Münze reichte, schleuderte er sie mir vor die Füße. Die Umstehenden lachten mich aus. Mir schoss das Blut in den Kopf. Ich schämte mich meiner Anbiederung. In der Klassengemeinschaft verlor ich mein Ansehen als Geschichtsfex. Ich verachtete die Klassenkameraden – vor allem aber mich. Wenn eine Geschichtslehrerin in wenigen Monaten eine derartige Wirkung entfalten konnte, dann, so war ich überzeugt, würden meine Mitschüler ebenso wie ihre Väter vor gut drei Jahrzehnten den Nazis in die offenen Arme laufen.

8

Ich hatte genug von Deutschland und wollte mit aller Kraft nach Israel. Als ich endlich meiner Mutter von meinem Entschluss berichtete, schalt sie mich einen Idioten, der nie die Konsequenzen seiner Worte und Taten bedachte: »In Israel musst du zum Militär. Du wirst sterben!« Ihr Gekeife stachelte mich an, ihr zu widersprechen. Ich antwortete, dass nicht jeder israelische Soldat falle. »Aber du!«, rief sie. Mein Leichtsinn und meine schwächliche Konstitution prädestinierten mich zum Opfer. Dann müsse ich mich eben »abhärten«, erklärte ich, was Mutter als »Nazigerede – kalt, dumm, rücksichtslos« wertete.

Hannah legte nach: »Bei deiner Geburt war ich erstmals in meinem Leben glücklich. Endlich hatte ich etwas, das nur mir gehört. Ich werde nicht zulassen, dass du von israelischen Offizieren geopfert wirst!«

Ich ging auf ihr erdrückendes Argument nicht ein. Vielmehr fragte ich Hannah, wie es um ihr »stolzes Judentum« bestellt sei, das sie allenthalben hervorhebe. »Bedeutet es, dass die Juden in Israel den Kopf hinhalten, während du im sicheren Deutschland sitzt und über Nazis lamentierst?« Meine ungewohnte Widerborstigkeit überraschte Hannah. Ihre Unfähigkeit, mich aus der Ruhe zu bringen, steigerte ihren Zorn. Sie verwünschte mich. Meine Entgegnung: »Ich dachte, es geht dir um meine Sicherheit, nicht um deine Angst«, trieb ihr die Tränen in die Augen. Ihre Drohung, Vater werde mich schlagen, brachte mich zum Lachen.

Abends reagierte Ludwig auf die Anklagen Hannahs mit der Feststellung, ich wäre alt genug, um zu wissen, was ich täte. Diese »Gleichgültigkeit« gegenüber dem Leben seines einzigen Kindes ließ Hannah ihrem Mann nicht durchgehen.

Anfangs war ich überzeugt, dass Vater und ich Mutters Willen standhalten würden. Was konnte sie mir schon anhaben? In wenigen Monaten würde ich die Mittelschule beenden und mich anschließend auf den Weg nach Zion machen. Da ich neben meinem deutschen auch einen israelischen Pass besaß, wäre ich nach israelischem Recht im Alter von 18 volljährig und könnte tun, was mir gefiele. Ich hatte Mutters Zähigkeit unterschätzt. Sie weitete ihre vereinzelten Attacken zu einem regelrechten Zermürbungskrieg aus. Hannah ließ keinen Tag vergehen, ohne mich als gefühllosen Dummkopf zu beschimpfen.

Ich ließ ihr Geschrei unbeantwortet. Zunächst. Doch auf Dauer gelang es ihr, mich aus der Reserve zu reißen. Vor allem wenn ich Hausaufgaben machte oder mich auf Schulaufgaben, wie die Proben in Bayern genannt wurden, und endlich die Abschlussprüfung, die Mittlere Reife, vorbereitete. Dann brüllte ich gelegentlich zurück, sie solle mich in Ruhe lassen, ich müsse lernen. »Wozu musst du noch lernen? Wenn du zugrunde gehst, brauchst du keinen Schulabschluss!«, zeterte Hannah. So gerieten wir in Streit, den Mutter suchte. Allmählich verstand ich den Zank durch Nichtbeachtung zu vermeiden. Ich wollte unter allen Umständen die Klasse bestehen, um die Schule und damit auch meinen Aufenthalt in Deutschland zu beenden. Zudem besaß ich die Nervenkraft eines Heranwachsenden. Vater dagegen war Ende fünfzig. Wenn Ludwig nach seinem zwölfstündigen Arbeitstag heimkehrte, empfing ihn das Sperrfeuer von Hannahs Vorwürfen. Anfangs setzte er sich tobend zur Wehr. Er habe seit seinem 16. Lebensjahr selbstständig arbeiten und seine Eltern und Geschwister ernähren müssen. Also müsse sie auch ihren achtzehnjährigen Sohn seine Pflicht erfüllen lassen. Hannah parierte sein Argument mit dem Vorwurf, er handle unverantwortlich und mache sich mitschuldig am Tod seines Sohnes. »Du liebst Rafi nicht!«, rief sie laut, um mich in den Streit zu ziehen.

Vater war ihrem zänkischen Trommelfeuer nicht gewachsen. Ludwig brüllte, er bat, ja, er flehte Hannah an, ihn in Ruhe zu lassen. Doch Mutter kannte kein Pardon: »Das Leben meines einzigen Kindes steht auf dem Spiel.« Vater tat mir leid. Wenn ich für ihn Partei ergriff, erlebte ich, ohne den Begriff zu kennen, das Phänomen der Identifikation mit dem Aggressor. Sobald Hannah von ihm abgelassen hatte, schlug sich Ludwig auf ihre Seite und folgte ihrer Mahnung, mich zurechtzuweisen, weil ich mich »respektlos, rücksichtslos« gegen meine Mutter gebärdete. Ich wusste, dass Ludwig sich aus Schwäche so verhielt, vermochte ihn aber vor dem ständigen Druck Hannahs nicht zu schützen. Ich kämpfte, wie mir schien, allenthalben: in der Klasse, beim Pauken für die Abschlussprüfungen und vor allem gegen Hannahs Versuch, mich weiter an sich und an Deutschland zu binden. Vater wiederum fand sich nach seiner aufreibenden Arbeit zu Hause dem unaufhörlichen Gezeter seiner Frau ausgesetzt. Nach wenigen Monaten brach Ludwig zusammen und erlitt an seinem Arbeitsplatz einen Herzinfarkt. Mutter gab mir die Schuld. Mein Egoismus habe »Vater an den Rand des Grabes gebracht«.

Beim ersten Besuch im Krankenhaus erschrak ich über Vaters Schwäche. Ludwig hatte seine gewohnte körperliche Vitalität eingebüßt. Seine Stimme klang heiser und gepresst. Er nahm mit weichem Griff meine Hand und sprach leise, doch eindringlich zu mir: »Rafi, bitte bleibe hier bei uns. Du weißt, ich will, dass du selbstständig bist und tust, was du für richtig hältst. Aber jetzt brauchen wir dich hier. Hanni, aber auch ich.« Seine wasserblauen Augen füllten sich mit Tränen. Ich gab ihm mein Wort.

Zuhause teilte ich Mutter mit, dass ich »vorläufig« in Deutschland bleiben würde. Hannah kämpfte darum, meine Teilkapitulation zu einer vollständigen Unterwerfung auszuweiten. Sie tat dies mit Hilfe einer Zangenbewegung des schlechten Gewissens. »Der Arzt hat Ludwig jede Aufregung verboten. Die Drohung, jeden Moment seinen todkranken Vater im Stich zu lassen, ist wie ein Damoklesschwert, das sich in sein lädiertes Herz bohrt!« Meine Entgegnung, das Schwert des Damokles habe über dessen Kopf geschwebt, wurde von Hannah als Zynismus im Angesicht des Todes zurückgewiesen. Als ich sie darob auslachte, warf sie mir einmal mehr Gefühlskälte vor und beschimpfte mich als Nazi. Mühsam gelang es mir, mich zu beherrschen. Ich begriff, dass sie mich um jeden Preis reizen wollte.

Hannahs Provokation schlug in Flehen um: »Rafi! Lass uns nicht im Stich bei den Nazis. Wenn du weggehst, ist das mein Ende!« Ich forderte sie auf, mit mir nach Israel zu kommen. »Du verlangst, dass ich Vater hier im Krankenhaus alleine lassen soll …?!« – »… sobald er gesund ist!«, brüllte ich auf. Sie schüttelte vehement den Kopf: »Niemals! Eher lasse ich mich erschlagen, als mein Kind von Arabern totschießen zu lassen!« Als meine kaum einsfünfzig kleine Mutter schluchzend vor mir stand, ergriff mich das Erbarmen. Ich drückte ihr einen Kuss auf die Stirn, krächzte ein »Ich bleibe bei euch« und lief davon.

Ich hasste mich, weil ich Mutters Erpressung erlegen war. Dass ich dies aus Mitleid gegenüber Vater und sogar ihr getan hatte, war mir kein Trost. Ich verachtete meine Weichheit. Doch ich resignierte nicht. Vaters Krankheit und Mutters Gewissensnötigung ließen mich umso stärker an meinem Entschluss festhalten, nach Israel zurückzukehren – sobald dies möglich war. Die zukünftige Gefahr des Militärdienstes in Zion beflügelte mich. Israel bedeutete mir die Verheißung, die mit Deutschland verbundene Ohnmacht durch Wehrhaftigkeit in meinem Heimatland zu überwinden. Diese Vorstellungen wurden durch meine in voller Stärke einsetzende Pubertät beflügelt. Mein Körper überwand seine Jahre während Wachstumsstagnation, ich schoss in die Höhe, die Hormonveränderung heizte meine Aggressivität an. Ich wähnte mich den heraufziehenden Herausforderungen des Daseins gewachsen – und begriff nicht, dass meine fixe unausgelebte zionistische Idee mir den Blick für die Opportunitäten des Lebens verstellte.

Ein ausführlicher psychosozialer Test der Berufsberatungsstelle der Stadt München ergab bei mir außergewöhnlich gute Resultate. Gemeinsam mit meiner Mutter und meiner Klassenlehrerin wurde ich in das Institut in der Herrnstraße gegenüber meiner früheren Schule gebeten. Dort riet man mir anhand der Ergebnisse nachdrücklich, nach Abschluss der Mittleren Reife ins Gymnasium zu wechseln, das Abitur abzulegen und ein geisteswissenschaftliches Studium, »am besten im Fach Geschichte« zu absolvieren. Unsere Klassenlehrerin Frau Meister führte dies unter anderem auf ihren »gründlichen Unterricht« zurück, bei dem ich nie über eine Vier hinausgekommen war. Selbst Hannah meinte, ich sollte meine »Faulheit endlich überwinden« und diese Gelegenheit beim Schopfe packen. Dies bot ihr Gelegenheit, mich fester an das ihr verhasste Deutschland und damit an sich zu binden. Daher gab ich mich unverbindlich und ließ mich trotz wiederholter Aufforderungen von Frau Meister und Mutter nicht zum Besuch der Übergangsklassen ins Gymnasium bewegen. Stattdessen legte ich die Mittlere Reife ab – und ließ es dabei bewenden.

In den Ferien besuchte ich Vater täglich. Zunächst in der Klinik am Biederstein in der Nähe seiner Firma. Nach drei Wochen wurde Ludwig zur Rehabilitationskur nach Bad Aibling überwiesen. Ehe er abreiste, bat er mich nochmals, ihn nicht im Stich zu lassen und ihm zu versprechen, nicht nach Israel zu gehen. Die Zeiten seien jetzt »besonders schwierig«.

Mutter zögerte nicht, die »Schwierigkeiten« beim Namen zu nennen. Seine Firma hatte Vater mitteilen lassen, dass sie ihn nicht länger beschäftigen könne. Hannah war entschlossen, diese »Schweinerei« nicht durchgehen zu lassen: »In der Synagoge spielen sie die frommen und großzügigen Jidn. Über Jahre haben sie Vater ausgepresst wie eine Zitrone. Zwölf Stunden täglich musste er für dieses Pack schuften. Sie haben ihm eine Aufgabe nach der anderen aufgebürdet – dein eitler Vater hat sich dadurch geschmeichelt gefühlt. Jetzt zahlt er den Preis dafür. Während die feinen Herrschaften ihn auf den Abfallhaufen werfen und sich aus der Verantwortung stehlen wollen. Aber nicht mit mir! Ich suche sie heute noch in ihrem Geschäft auf und schleudere ihnen ins Gesicht, dass sie sich wie Nazis (wenn einem Juden nichts Schlechteres einfiel, mussten die Nazis herhalten) benehmen. Das sollen ihre gojischen Angestellten ruhig hören. Und dann gehe ich in die Israelitische Kultusgemeinde und erzähle dort jedem, wie sich die hochherzigen Spender gegenüber ihren eigenen jüdischen Angestellten betragen!« Hannah war überzeugt, dass die Firmenbesitzer ihr nicht widerstehen würden. Sie täuschte sich nicht. Die Unternehmer konnten sich Hannahs Argumenten nicht verschließen und überwiesen Vater eine Abfindung in Höhe eines Jahresgehaltes.

Nach diesem Erfolg konzentrierte Hannah ihre Energie erneut auf mich. Sie meldete mich, ohne dies mit mir abzusprechen, zu einer Lehre als Fernsehtechniker an. Ich interessierte mich nicht für Rundfunk- und Fernsehtechnik. Doch Hannah war überzeugt, dass Handwerk »goldenen Boden besitzt. Das haben wir während der Nazizeit (wieder einmal) in Palästina erlebt. Die Akademiker haben gehungert, während die Handwerker reich wurden.« Dem Fernsehen sowie der Elektronik, so wusste Mutter, »gehört die Zukunft«.

Lehrjahre, keine Herrenjahre

1

Am 1. September 1965 erschienen Mutter und ich nach 10-minütigem Fußweg Punkt 8 Uhr in der Firma Sewald, einer Philips-Vertragswerkstatt in der Zweibrückenstraße 8, nahe dem Isartorplatz. Wir wurden von der Sekretärin Frau Gross* begrüßt. Im Minutentakt erschienen die Angestellten, legten ihren grauen und weißen Kittel an und machten sich an die Arbeit. Frau Gross führte uns durch die Werkstatt. Auf den Arbeitstischen standen aufgeklappte Fernsehgeräte. Ihr Inneres war voller Röhren und bunter elektronischer Teile, deren Namen und Funktion mir unbekannt waren. Davor hantierten die Techniker stumm mit Messgeräten und Lötkolben.

Kurz nach neun erschien der Besitzer der Werkstatt. Erich Sewald war ein untersetzter Mann von Anfang vierzig mit graumeliertem Haar und lebendigen dunkelblauen Augen. Er begrüßte meine Mutter und besah mich aufmerksam: »Du magst also Fernsehtechniker werden?«, fragte er mich mit rollendem Bayern-R. Ehe ich noch eine Silbe zu sagen vermochte, ergriff Hannah das Wort. Sie sah den Handwerksmeister strahlend an: »Ja, Herr Sewald. Rafi wollte schon als Kind Radiomechaniker werden.«

Sewald lächelte: »Wir sind keine Mechaniker, Frau Seligmann. Wir sind Techniker.« Er wandte sich an mich. »Bei uns lernst du Elektronik. Das ist ein faszinierender Beruf. Aber das weißt du sicher … Wie heißt du …?« – »Rafael …« Der Mann wirkte sympathisch. Ich hatte mit Elektronik nichts im Sinn, war aber zu feige, dies kundzutun. Der Firmenchef zog seine eigenen Schlüsse: »Du siehst g'scheit aus, Rafael, aber a bißl verträumt. Des treiben wir dir hier schnell aus. Ich geb dir eine Lehrstelle. Bei mir kannst wirklich was lernen – wennst dich anstrengst.«

Sewald verlangte von seiner Sekretärin die ausgefüllten Verträge, die er sogleich signierte und an meine erziehungsberechtigte Mutter und mich weitergab. Am liebsten wäre ich weggelaufen. Doch wohin? Die Fernsehrepariererei sprach mich nicht an, der Beruf hatte nichts mit Menschen und Geschichte zu tun. Ich war verzweifelt. Da fing ich Sewalds Blick auf. Ich ahnte, dass er mich verstand wie einst mein bajuwarischer Direktor Hirschbold. Sewald drückte mir seinen Füller in die Hand und meinte: »Komm, Bua! Mir packen des!« Ich unterschrieb.

2

Am nächsten Morgen wurde ich in einen grauen Arbeitskittel gesteckt und sollte die Werkstatt fegen. Sewald, der sogleich erkannte, dass ich noch nie Staub gekehrt hatte, zeigte mir mit energischen Schwüngen die Technik des Saubermachens, dann widmete er sich der Reparatur der Fernsehgeräte.

Um neun Uhr musste ich die Brotzeit-Bestellungen der Kollegen aufnehmen und ausführen. Unser Fahrer Alfred Schnepf bevorzugte um diese Zeit seine Cola mit Doppelschuss. Nach der Essens- und Trinkpause wurde ich in den Keller geschickt, um diesen zu kehren, zu ordnen und zu inventarisieren. Abends war ich müde. Jeden Morgen zwang ich mich weiterzumachen. Nach einer Woche als Kellerassel und Brotzeitbub erfuhr ich erstmals die Segnungen der dualen deutschen Handwerkerausbildung. Jeden Donnerstag war Schultag. Der Unterricht in der Berufsschule am Gotzinger Platz unmittelbar an der Großmarkthalle setzte auf dem Niveau der Volksschule ein. Das verschaffte mir als Absolvent der Mittelschule einen Vorsprung vor meinen Mitschülern, unter ihnen Gerhard*, mein Mitlehrling bei Sewald. Gerdi war ein Bursche aus Fürstenfeldbruck. Er war kräftig, ungebärdig, gerissen, aber zum systematischen Lernen unfähig. So blieb Gerdi auf das Abschreiben von mir angewiesen. Ich wiederum freute mich, dass er mich wöchentlich beim Brotzeitholen ablöste und mir bei der langweiligen Kellerinventur Gesellschaft leistete. Als diese Arbeit endlich erledigt war, wurden wir beide zur seriellen Fertigung von Schallwänden für Klassenzimmer eingesetzt. Die dabei verwendete Glaswolle glitt in alle Hautöffnungen und juckte unaufhörlich. Gerhard, dessen Vater Fernsehtechniker war, brachte mir gegen eine zusätzliche Woche Brotzeitholen sauberes Löten bei.

Die Ausbildung war, anders als die Mittelschule, durchaus eine Lehranstalt fürs Leben. Das erfuhr ich bereits nach kurzer Zeit. Peter, schon im zweiten Lehrjahr, unterstrich seine Seniorität mir gegenüber durch wiederholte Brotzeitaufträge, die gewiss sein gesamtes Salär verschlangen. Als er mich obendrein nötigen wollte, seine eitrigen Aknepickel auszudrücken, weigerte ich mich entschieden. Um sein Prestige zu wahren, unterstrich Peter sein Begehr durch eine saftige Ohrfeige. Dies entflammte meinen Jähzorn. Ich stürzte mich auf Peter und verdrosch ihn gründlich. Unser Geselle Xaver sah sich gefordert, Peter aus meinem Griff zu befreien. Die anderen Lehrlinge hatten ihren Spaß an unserer Schlägerei. »Mittelschüler san keine Deppen und Feiglinge, wie ihr glaubts«, dozierte Rainer, der neben mir als Einziger diese Schule absolviert hatte, zufrieden.

Nachdem ich so meine körperliche Fitness unter Beweis gestellt hatte, nahm mich unser Fahrer fortan gelegentlich auf seine Auslieferungstouren mit. Ich hatte Schnepf beim Transport der TV-Geräte in die Haushalte zu helfen. Da die Fernseher damals ein Metallchassis enthielten, wogen die Truhen bis zu 30 Kilogramm. Die meisten Münchner Häuser besaßen keinen Aufzug, und so war die Auslieferung in die oberen Stockwerke für einen Mann zu schwer. Die Hausbesuche empfand ich als kurzweilige Unterbrechung meiner eintönigen Tätigkeit in der Werkstatt und deren Keller.

Es war interessant, die Menschen in den unterschiedlichen Haushalten kennenzulernen. Fernsehen verband alle gesellschaftlichen Schichten. Wir kamen sowohl in völlig verwahrloste Wohnungen als auch in prächtige Villen, in der Regel aber waren die Kunden Kleinbürger, die ihre vier Wände peinlich sauber hielten. Ein Klischee fand ich zu meiner Überraschung bestätigt: Unvermögende gaben in der Regel großzügig Trinkgelder, während die Wohlhabenden sich meist dieser Zahlung enthielten oder sie auf lächerliche Beträge von zehn bis zwanzig Pfennig beschränkten. Wir wehrten uns mit unseren Mitteln. Die Fernsehgeräte von Trinkgeldverweigerern mussten bei der nächsten Reparatur in die Werkstatt mitgenommen werden, wo wir jede Menge Fehler entdeckten, deren Behebung so kostspielig wie irgend möglich in Rechnung gestellt wurde.

Vom Trinkgeld erhielt ich jeweils ein Drittel, was bei einer monatlichen Besoldung in Höhe von 80 Mark angenehm war. Der Pferdefuß der Ausfahrten mit Schnepf war, dass er den Begriff Trinkgeld wörtlich nahm und die Summe sogleich in Alkohol umsetzte. Wir suchten die nächste Gastwirtschaft auf, wo der Fredl, wie er allenthalben genannt wurde, Cola mit Doppelschuss, aber auch dem Weißbier ausgiebig zusprach. Drängte die Zeit, begnügte er sich mit Obstlern. Im Allgemeinen gönnte sich Schnepf jedoch Muße. Er forderte mich auf, ihm beim Zechen Gesellschaft zu leisten, »keine Angst, i zahls«. Meine Weigerung erzürnte ihn. Er beschimpfte mich als Feigling. »So san die Judn halt.« Ich ließ ihn schwadronieren. Er wollte uns trunken zurück in die Werkstatt kutschieren. Ich dachte nicht daran, bei einem Besoffenen mitzufahren, und benutzte die Trambahn. Fortan ließ sich Fredl von mir nur noch begleiten, wenn kein anderer zur Verfügung stand und er eine Fernsehtruhe nicht allein in den vierten Stock schleppen wollte.

3

Unverhofft brachte mich der Besuch der Berufsschule entscheidend weiter. Um den überaus eintönigen Unterricht möglichst rasch abzuhaken, zeichnete ich zu Beginn jedes Schultages 300 Häkchen, die Zahl der Unterrichtsminuten, auf ein Papier und strich diese ständig ab. Ich langweilte mich unaufhörlich. Als ich wieder einmal eine Hakenreihe abstreichen wollte, begriff ich mit einem Mal, dass ich meine Lebenszeit Minute für Minute vergeudete. Die Erkenntnis riss mich aus meiner Langeweile. Ich musste mich aus der Eintönigkeit befreien, in die ich durch meine Passivität und Mutters Willenskraft geraten war. Wie konnte ich meinem Leben einen Sinn geben?

Mein Vater war aus der Kur heimgekehrt und versuchte sich durch Einkäufe im Haushalt nützlich zu machen, wobei Hannah ihn unaufhörlich ermahnte, sich »nicht zu überanstrengen«. Ansonsten nahm er Arzttermine wahr und besuchte sein geliebtes Kaffeehaus, wobei er ständig von Hannah darauf hingewiesen wurde, dass Kaffee und Kuchen Gift für sein Herz und seine Zuckerkrankheit seien. Sobald es Vater besserging, würde ich dem Irrenhaus den Rücken kehren. Nun, in der Unterrichtsstunde, begriff ich, dass es keinen Sinn hatte, bis dahin abzuwarten. Ich musste die Initiative ergreifen.

Zunächst wollte ich den Führerschein machen. Als ich zuhause stolz von meinem Vorhaben berichtete, verbot Mutter mir dies kategorisch. »Du wirst erst mit 21 volljährig« – deshalb hatte ich davon erzählt! –, »bis dahin werde ich es nicht erlauben!« Ihre Begründung waren meine Unreife und mein Leichtsinn. Vater wurde aufgefordert, dies zu bestätigen, was er durch ein beschwichtigendes Nicken tat. Diese Unmündigkeitserklärung bestärkte mich lediglich in meinem Streben, so schnell wie irgend möglich dem Elternhaus zu entfliehen. Am kommenden Sabbat begab ich mich zur nächstgelegenen Fahrschule »Brandl« in der Thierschstraße, um mich zum Fahrunterricht anzumelden. Kaum hatte ich den Laden betreten, tauchte mein Vater, den ich um diese Zeit in der Synagoge wähnte, dort auf. Er mied meinen Blick und erkundigte sich kleinlaut bei der Bürokraft, ob ich als Minderjähriger nicht eine Einwilligungserklärung meiner Eltern benötigte. Als seine Frage verneint wurde, bedankte sich Ludwig knapp und verließ den Raum. Am liebsten wäre ich Vater nachgelaufen und hätte ihn gefragt, warum er, der stets meine Selbstständigkeit betonte, sich nun dafür hergab, den Schammes für Mutters Unterdrückungsversuche abzugeben. Ich kannte die Antwort. Ludwig war krank und schwach, und ich war nicht zu stolz, doch zu feige, ihm beizustehen.

Das Geld für die Fahrschule verdiente ich durch Überstunden. Dabei lernte ich Erich Sewald besser kennen und mögen. Er liebte amerikanischen Whiskey und französischen Cognac. Wenn er nach Ende der offiziellen Arbeitszeit um viertel nach fünf die damals neu auf den Markt gekommenen Farbfernseher reparierte, sprach er dem Alkohol kräftig zu. Nie forderte er mich auf mitzutrinken. Er ließ mich elektronische Teile überprüfen und stellte immer neue Fragen. Sobald ich bekannte, keine Antwort zu wissen, wurde der Chef ungehalten: »Dann denk halt nach, Bua! Denk zweimal nach. Das alles haben Menschen erfunden. Also musst du als Mensch auch in der Lage sein, ihre Gedanken nachzuvollziehen. Wenn du sagst, dass du etwas nicht kannst, dann gibst du dich auf. Dann bist du zu faul, oder du traust dir nichts zu. Das ist ein Schmarrn! Du bist gescheit und schaffst alles, wenn du dich nur anstrengst.«

Ich bestand die Führerscheinprüfung auf Anhieb.

Die Anerkennung und die Zuneigung zu meinem Chef gingen nicht so weit, dass ich durch ihn meine Begeisterung für die Rundfunkelektronik entdeckt hätte. Ich interessierte mich in erster Linie für Zeitgeschichte und strebte weiterhin nach Israel. Als das Halbjahreszeugnis der Berufsschule am 1. Februar 1966 wie erwartet sehr gut ausfiel, zog ich eine Fotokopie und sandte diese zusammen mit einem Brief an den israelischen Militärattaché in der Bonner Botschaft. In meinem Schreiben wies ich die Armee darauf hin, dass ich keinen Einberufungsbefehl bekommen hätte, bat, dieses Versäumnis ihrerseits nachzuholen, und erkundigte mich über die Laufbahn eines Berufsoffiziers.

4

Als ich zwei Wochen später nach Feierabend heimkehrte, erwies Hannahs lauter Vorwurfsempfang, dass das Militär auf meinen Brief geantwortet hatte. Doch anders als ich erhofft hatte, erhielt ich keine Gestellungsorder, ja nicht einmal ein Flugticket zur Musterung. Stattdessen bat mich das Truppenamt in Tel Aviv, bei einem Arzt meines Vertrauens eine Wehrtauglichkeitsuntersuchung vornehmen zu lassen und deren Ergebnisse nach Tel Aviv zu senden. Mutter hatte bereits für den nächsten Tag einen Termin bei Dr. Kohlschmied vereinbart. Hannah überließ, wie mir sogleich deutlich wurde, nichts dem Zufall. Der Mediziner, ein hagerer Mann Anfang fünfzig, empfing mich mit dem Bekenntnis, auch er habe sich als junger Mann von dem »ganzen militärischen Heldengetue blenden lassen«. »In den Fängen der Wehrmacht und erst recht im Krieg habe ich begriffen, dass die Armee eine Verbrecherbande ist.« Doch da sei es zu spät gewesen. So habe er fünf Jahre lang dem Lumpenpack dienen müssen und sei allein dank einer schweren Verwundung, einem Bauchschuss, wie durch ein Wunder davongekommen. Daher habe er Medizin studiert. Als ich hervorhob, man könne die Nazi-Wehrmacht nicht mit der israelischen Verteidigungsarmee vergleichen, fuchtelte Kohlschmied energisch mit seiner Hand. »Alle Soldaten sind Mörder. Drum gehen sie doch zum Militär und schießen Menschen tot. Das ist ihr Beruf!«

Hannah, die jedem, der es gewagt hätte, in ihrer Gegenwart

das israelische Militär mit der Wehrmacht zu vergleichen, die Augen ausgekratzt hätte, gab dem Arzt uneingeschränkt recht. Wenn es um mein Leben – in ihrer Hand – ging, kannte Mutter keine Skrupel. Wie von Hannah erwartet, bescheinigte mir der Doktor, ich sei zu schwächlich für den Wehrdienst.

Mit ihrem energischen Vorgehen hatte Mutter das fein gesponnene Netz meines Fluchtplanes nach Israel zerrissen. Was konnte ich tun? Den Israelis mitteilen, dass ich meiner Mutter erlaubt hatte, den Tauglichkeitstest zu manipulieren? Sie würden mich als Mamasöhnchen auslachen. Am besten wäre es, auf gut Glück nach Israel zu reisen, dort das Truppenamt aufzusuchen und um eine erneute Untersuchung zu bitten. Woher sollte ich das Geld für einen Flug nehmen? Und wenn ich tatsächlich für untauglich befunden würde, was sollte ich dann allein in Israel tun, ohne Berufsausbildung, ohne Abitur und ohne Geld? Die Einwände hätten von meiner Mutter kommen können.

Da erkrankte ich an einer Grippe, eine langwierige Stirnhöhleninfektion folgte. Schließlich verordnete mir der Hals-Nasen-Ohren-Arzt eine Erholungskur in Siegsdorf im Chiemgau. Die Trennung vom Elternhaus und die freie Zeit gaben mir Gelegenheit, über meine Lage nachzudenken. Ich gestand mir ein, dass mir, ebenso wie meinem Vater, die Kraft gefehlt hatte, Hannahs Entschlossenheit zu widerstehen. Genau wie Vater hatte ich mich in Krankheit geflüchtet. Doch Ludwig war knapp sechzig, er hatte sein Leben lang gearbeitet und war tatsächlich krank und verbraucht. Ich dagegen stand erst am Anfang, war gesund. Ich durfte mich nicht von Hannah unterkriegen lassen. Statt vergeblich nach Israel zu streben, musste ich einen neuen Anlauf nehmen, mich von zuhause zu lösen. Ich wollte zunächst mehr Geld verdienen. Der beste Weg dazu war ein eigenes Auto. Damit würde ich für meinen Chef an Wert gewinnen, denn er könnte mich zur Kundenbetreuung einsetzen. Vater war bereit, mir 1000 Mark für einen Gebrauchtwagen zu leihen. Ich deutete dies als seine Einsicht, dass er mir nicht hätte in die Fahrschule folgen sollen. Mutter dagegen kam es nie in den Sinn, ihre Handlungsweise zu bereuen. Sie versuchte, Ludwig mit dem Hinweis auf meine Unreife und meinen Leichtsinn daran zu hindern, mich zu unterstützen. Vater konterte: »Wenn man dem Jungen keine Perspektive gibt, wird er nach Israel gehen.« Hannah schwieg.

5

Schließlich kaufte mir Vater für 800 Mark einen gebrauchten VW-Käfer. Schon am Ende des ersten Lehrjahres ließ mich der Chef in einem weißen Kittel »selbstständig« zur Kundenbetreuung fahren. Sewald verdiente prächtig an mir. Er zahlte mir täglich 2,50 Mark, während er für eine meiner Servicestunden dem Kunden 10 Mark in Rechnung stellte. Einerlei. Das in mich gesetzte Vertrauen tat mir gut. Und gelegentlich, wenn ich nach Arbeitsende auf Kundentour ging, steckte er mir einen Zehnmarkschein zu. Darüber hinaus bot mir der Chef ein spezielles Arrangement an. Er wisse genau, sagte er mir abends, als wir allein in der Werkstatt saßen, dass die »meisten Buben und auch der Schnepf Röhren stehlen. Ich erwisch die Deppen alle.« Er habe auch mich beobachtet, ich sei ehrlich, obgleich die Leut' erzählten, die Juden seien allesamt Gauner. Auf den Schmarrn dürfe man nicht hören. Er schlug mir vor, die Reparaturen meiner Privatkunden während der Arbeitszeit zu erledigen und die elektronischen Teile bei ihm zu kaufen, »so machen wir beide ein Geschäft und du hast eine Meisterdeckung, falls eine Reparatur für dich zu schwierig wird, weil dir noch a bißl die Erfahrung fehlt«. Wir drückten uns die Hand.

Mein Auto nutzte ich selbstverständlich nicht nur für die Arbeit. Seit Beginn meiner Lehrzeit war ich Mitglied der jüdischen Jugendgruppe »Moriah«. Der Kreis traf sich jeden Donnerstag in den Räumen der jüdischen Betstube in der Schwabinger Georgenstraße. »Moriah« wurde vom Synagogenkantor Abraham Hochwald geleitet. Ziel des Vereins war die Pflege jüdischer Werte und des Zionismus. Tatsächlich aber traf man sich, um gleichaltrige jüdische Jugendliche kennenzulernen. Die Mädchen gefielen mir, doch ich war zunächst zu schüchtern, um sie anzusprechen. Mein Auto machte mich zum begehrten Chauffeur und verlieh mir so Gelegenheit, mich mit der einen oder anderen Schönen zu treffen. Die jungen Frauen flirteten gerne, setzten aber klare Grenzen. Bowling und sittsames, will heißen, knutschloses Tanzen langweilten mich. Sex stand außer Frage. Küssen oder gar Petting war potenziellen Ehekandidaten vorbehalten – und da hatte ich als Nichtabiturient und mittelloser Handwerker schlechte Karten.

Als Hochwald bei der Vorstandswahl nachdrücklich empfahl, lediglich Abiturienten und Studenten für diese »verantwortungsvolle Tätigkeit« zu nominieren, nannte ich ihn einen Vereinsmeier und Schwätzer, der sich als Zionist gebärdete, tatsächlich aber Israel den Rücken gekehrt hatte, um in Deutschland gutes deutsches Geld zu verdienen. Mit seinem Gerede hindere er uns an der Auswanderung nach Zion, statt mit gutem Beispiel voranzugehen und nach Hause zurückzukehren. Einige lachten, die meisten schwiegen verschämt – Spießertum ist weder eine Frage des Alters noch der Religion. Das Gesicht des Kantors lief rot an, er nannte mich einen respektlosen Flegel, der nichts in einem ernsthaften jüdischen Verein zu suchen habe. Ich bestätigte dies, legte meine Kipa ab und betonte im Hinausgehen: »Sie aber auch nicht, Herr Hochwald. Sie sind weder Jugendlicher noch Zionist!«

Erstmals hatte ich einer sogenannten Autoritätsperson die Stirn geboten. Das verschaffte mir Befriedigung, mehr noch, ein Gefühl der Erleichterung. Ich wusste nunmehr, dass ich die auf hohem Ross Sitzenden mitsamt ihrem Gaul ins Stolpern bringen konnte. Dazu bedurfte es allein des Mutes, die offensichtliche Wahrheit auszusprechen.

6

Willy Brandt war das politische Idol meiner Jugend. Die fortwährenden Anwürfe, er habe Deutschland verraten und auf Deutsche geschossen, empörten mich. Ebenso wie seine Verhöhnung als Bankert, als Bastard oder die Nennung seines Geburtsnamens Karl Herbert Frahm, unter anderem durch Konrad Adenauer, als Hinweis auf die uneheliche Geburt des Lübeckers. Der Vorwurf, Brandt sei emigriert und habe gegen die Nazis gekämpft, war niederträchtig. Für diese Haltung gebührte ihm Anerkennung statt Häme. Seit 1961 war Willy Brandt SPD-Vorsitzender. Sein Versprechen, Deutschland zu modernisieren, machte mir Hoffnung.

Ich rief beim SPD-Kreisverband an. Die Sekretärin riet mir, nachdem sie mein Alter erfuhr, mich zunächst bei den Falken zu engagieren. Sie selbst sei im Stadtteil Giesing Mitglied. Man treffe sich jeden Dienstag in der Perlacher Straße. Beim nächsten Termin war ich dabei. Karin, mit der ich telefoniert hatte, entpuppte sich als zierliche, muntere Blondine, die mich mit den anderen Anwesenden bekannt machte, darunter auch mit ihrem Freund Walter, dem Leiter der Falken in München-Ost. Die jungen Männer und Frauen, in der Regel Lehrlinge oder Berufsanfänger, waren freundlich. Man ging ungezwungen miteinander um. Bei den Treffen sprach man meist über Musik oder politische Themen. Die Beatles und »bürgerlicher Pop« waren verpönt. Stattdessen hörten wir Folk, den programmatischen Ohrwurm »We shall overcome« von Pete Seeger und andere alte und neue Protestlieder. Ich lernte die große, warme Bassstimme Paul Robesons kennen und begeisterte mich für dessen kämpferisches Leben. Bei den Falken herrschte keine Vereinsmeierei wie bei der Moriah, allerdings kamen selten kontroverse Diskussionen oder gar offener Streit auf. Unsere Falken waren in der Regel Arbeiterkinder aus Giesing und Sendling, sie waren fast ausnahmslos bei der Stadt beschäftigt und waren's zufrieden. Die schwierigen Arbeitsbedingungen in Kleinbetrieben waren ihnen fremd, die große Politik, die mich interessierte, ebenfalls. In München regierte seit 1945 ein SPD-Oberbürgermeister, zunächst der Zimmermann Thomas Wimmer, nun der ehrgeizige Hans-Jochen Vogel – alles hatte seine Ordnung. Ich begann mich zu langweilen.

Sympathie entwickelte ich hauptsächlich für ältere Genossen, die uns auf Wochenendseminaren begleiteten. Die meisten waren Mitglieder des Reichsbanners gewesen und hatten sich Schlägereien mit der SA, aber auch dem Rotfront-Kämpferbund geliefert. Einige waren im KZ Dachau interniert. Sie standen ebenso wie Willy Brandt auf der Seite der Unterdrückten. Mich beeindruckte, dass sich die Alten mit uns Jungen die Zimmer in Jugendherbergen und anderen Tagungsorten teilten. Es imponierte mir, wie sie abends mühsam in ihre Stockbetten kletterten und sich jede »Sonderbehandlung« verbaten. Davon hätten sie während des »Dritten Reiches mehr als genug für das ganze Leben abbekommen«, betonte ein Grauschopf stolz. Als ich ihn am nächsten Morgen fragte, was ihn bewogen hatte, gegen die Nazis Widerstand zu leisten, meinte er: »Zuerst war es Gewohnheit. Als Arbeiter warst du automatisch bei der SPD, die Kriegsteilnehmer von 1914–18 waren beim ›Reichsbanner‹, also haben wir auch mitgemacht. Dann haben wir die SA-Bande erlebt. Das waren Lumpen. Gesindel, Verbrecher. Gegen die musste man einfach sein.« Hatte er keine Angst empfunden? »Freilich!«, erwiderte der ältere Herr. »Die hätten dich am liebsten erschlagen. Aber man darf sich nicht von seiner Furcht unterkriegen lassen, sonst hat man von vornherein verloren. Man muss anständig bleiben und tun, was getan werden muss.«

Ich beteiligte mich an den Wochenendseminaren der Falken jedoch nicht, um die Widerstandsmotive der alten Sozialdemokraten zu erforschen, sondern um junge Frauen kennenzulernen und ihnen näherzukommen. Ich bemühte mich redlich und nutzte meinen Käfer, um die Umworbenen für mich einzunehmen. Meine Offerte einer Spritztour statt eines langatmigen Vortrags über politische Jugendarbeit gefiel Irmgard. Wir wanderten durch die Umgebung, flirteten, fuhren zum Schwimmen und versuchten uns abends wieder unauffällig in den geregelten Seminarbetrieb einzufädeln. Doch unser »Vorsitzender« Walter bekam unser entschuldigtes Fortbleiben, das er als unentschuldbar verstehen wollte, mit und drohte mir disziplinarische Maßnahmen an. Bei der Moriah hätte es eine Grundsatzdebatte, Streit, moralischen Druck, Ausschlussdrohungen gegeben. Bei den Falken begnügte sich Walter mit dem Versprechen: »Das nächste Mal haue ich dir eine rein.« Das schreckte mich ebenso wenig wie die Gewissenssanktionen der Moriah.

7

Zeit meiner Lehre blieb mir die Rundfunkelektronik fremd. Doch das Verständnis meines Chefs, die ersten gelungenen eigenständigen Reparaturen, unbegleitete Servicefahrten, Gespräche mit den Kunden, das Verdienen eigenen Geldes – alles stärkte mein Selbstbewusstsein. Erstmals erwog ich, meine Lehre abzuschließen. Aber Hannah, die mich zur Ausbildung gedrängt hatte, half mir nun, mich endgültig gegen die ungeliebte Profession zu entscheiden.

Abends besuchte uns Frau Braun. Die Mutter meines ehemaligen Mitschülers Herschi, der nun das Luitpold-Gymnasium besuchte, berichtete stolz über dessen Erfolge. Unterdessen begann das Bild unseres Schwarz-Weiß-Fernsehers zu flimmern.

Um Frau Braun und meinen Eltern meine beruflichen Fähigkeiten zu demonstrieren, schraubte ich sogleich die Rückwand des Geräts auf und begann mit der Fehlersuche. Ich klopfte die Röhren wie gewohnt mit dem Schraubenzieher ab. Schnell entdeckte ich die fehlerhafte Glasdiode und zog diese aus ihrer Halterung. Dabei erlosch das Bild vollständig.

»Du kannst gar nichts! Alles machst du kaputt!«, rief Mutter aus.

Ich zwang mich, nicht in Gegenwart von Frau Braun loszubrüllen, dass sie mir einen Funken Zutrauen und Geduld gewähren sollte. Nein! Ich wollte nicht länger um Mutters Gunst betteln. Ich drückte die defekte Röhre wieder in ihren Stecker, schraubte die Rückwand zu und ging wortlos aus dem Zimmer. Frau Braun folgte mir. An der Haustür wandte sie sich an mich: »Rafi, deine Mutter hat's doch nicht so gemeint.« Unfähig, ihr zu antworten, verließ ich die Wohnung. Niemals würde ich den verhassten Beruf ausüben.

Eine Reihe meiner Freunde schelten Hannah bis heute als destruktive Persönlichkeit, die es genossen habe, andere, vor allem aber mich, zu verletzen und bloßzustellen. Tatsächlich hat Hannah mir wehgetan. Doch ich kannte Mutter genauer. Der größte Teil von Hannahs Lebensweg war geprägt von Angst und Schuldgefühlen. Zugleich sehnte sie sich nach Liebe und Geborgenheit. Vater konnte diesen unbegrenzten Anspruch nicht erfüllen. Mutter liebte Tiere und Pflanzen. Mit Menschen kam sie schwer zurecht.

Als sie mich im Alter von 42 Jahren zur Welt brachte, projizierte Hannah alle ihre Sehnsüchte auf ihr Kind. Sobald ich einen eigenen Willen zu entwickeln begann, fühlte sie sich bedroht und schlug um sich, ohne sich der Wirkung ihres Tuns bewusst zu sein. Mutter war davon überzeugt, dass allein sie wusste, was gut und richtig für mich war.

Hannahs Verlangen nach Zuneigung war dermaßen überwältigend, dass ihm niemand gerecht werden konnte. Das war Mutters Tragik – und berührte ihre Nächsten.

Im Frühsommer 1967 eskalierte der israelisch-arabische Konflikt erneut. Ägyptens Präsident Gamal Abdel Nasser verlegte Truppen auf die an Israel grenzende Sinai-Halbinsel, eine Woche später blockierte Ägypten den Golf von Akaba und damit die Zufahrt zum israelischen Hafen Eilat. Nasser schloss mit Jordaniens König Hussein und Syriens Regierung einen Militärpakt und verkündete, das »Ziel des bevorstehenden Kriegs ist die Vernichtung Israels«.

Bei den Juden Münchens herrschte Weltuntergangsstimmung. In der Synagoge wurde Gott wie seit Jahrtausenden um die Errettung seines Volkes angefleht. Die Beter fürchteten einen neuen Völkermord. Eine Stimmung, die von der nichtjüdischen deutschen Bevölkerung geteilt wurde. Bonn beschloss die Lieferung von Gasmasken an Israel, da auch mit chemischen und biologischen Angriffen auf Zion gerechnet wurde. Vater hingegen ließ sich nicht von der allgemeinen Panik anstecken. Er glaube nicht, dass es zu einem Krieg komme, doch wenn, werde Israel ihn rasch gewinnen, sagte Ludwig jedem, der es hören oder nichts davon wissen wollte. Hannah warf ihrem Mann unverantwortliche Blauäugigkeit vor. Auch in der jüdischen Gemeinde waren die meisten überzeugt, dass Vater, der die Schrecken der KZs nicht erlebt hatte, die Gefahr einer Katastrophe verkannte. Doch mancher Gottesdienstbesucher wärmte sich an Vaters unverwüstlichem Optimismus. Wenn ein Jude so sehr von Zuversicht durchdrungen sei, glaubte etwa der tiefgläubige Kleiderhändler Mendel Mentlik, »dann weiß er etwas. Dann hat ihn der Herr der Welten etwas wissen lassen.« Zumindest hatte Gott Ludwig mit einem sonnigen Naturell gesegnet, das die Gemüter seiner Mitmenschen erhellte.

Vaters Zuversicht half besonders mir, denn meine naturgegebene Überzeugung, dass am Ende alles gut würde, wurde durch Mutters Pessimismus sowie die düsteren Nachrichten und Kommentare der »Süddeutschen«, des »Spiegels« und des Fernsehens überschattet. Bei den Falken kamen wir ebenfalls auf die Bedrohung Israels zu sprechen. Floskeln wie »Nasser ist Sozialist, also kann er keinen Krieg wollen«, und »Die Sozialistische Internationale wird den Krieg verhindern« zeigten mir, dass die Junggenossen guten Willens waren, doch kein tiefer gehendes Interesse und daher auch keine Ahnung vom Geschehen besaßen.

So suchte ich abends zumeist das Jugendzentrum der Jüdischen Kultusgemeinde auf, das in einer alten Villa in der Möhlstraße untergebracht war. Hier traf ich neben der Zionistischen Jugend auch einige Freunde von der Moriah. Wir hockten zusammen, tauschten unsere Befürchtungen, aber auch Hoffnungen aus. Vorschläge wurden gemacht: Wir sollten Geld für Israel sammeln. Andere forderten, eine Pro-Israel-Demonstration zu organisieren. Doch wie sollten Aufmärsche in München dem bedrängten Zion helfen? In Israel bildeten alle zionistischen Parteien unter Einschluss der nationalistischen Herut erstmals eine Große Koalition. Moshe Dayan wurde zum Verteidigungsminister berufen. Der einäugige Feldherr des Sinai-Feldzuges von 1956 verbreitete Zuversicht und Siegerlaune. Er glaube nicht an einen Krieg, verkündete Dayan. Doch wenn Nasser unbedingt losschlagen wolle, sei man auf seinen Angriff vorbereitet. Man werde ihn auf israelische Weise »willkommen heißen« und »seiner Armee eine Lektion erteilen, die sie so schnell nicht vergessen wird«, betonte Dayan. Damit dämpfte er die Ängste in Israel und in der Diaspora.

Am 5. Juni war ich pünktlich in der Werkstatt. In den 8-Uhr-Nachrichten wurde gemeldet, dass Israel von ägyptischen Truppen angegriffen worden sei. »Jetzt rotten sie endlich die Juden aus«, bemerkte unser Geselle Rainer. Seine unaufgeregte Feststellung im Tonfall eines Fernsehtechnikers, der eine defekte Röhre auswechselt, steigerte die Glaubwürdigkeit seiner Worte. In mir stieg ein nie zuvor gekannter Hass auf. Ich wollte mich auf Rainer stürzen. Doch mein Verstand hielt mich zurück. Rainer war Judosportler. Es wäre ihm ein Leichtes, mich niederzuringen und lächerlich zu machen. Meine Ohnmacht ließ mir die Tränen in die Augen schießen. Als Rainer dies bemerkte, meinte er ruhig: »Reg dich net auf, Rafael. Du bist in Ordnung. Aber die anderen Juden, das ist ein Pack. Die gehören weg.«

Diese mörderische Logik heizte meinen Zorn weiter auf. Ich musste mich beherrschen, um nicht einen Lötkolben zu packen und ihn Rainer ins Gesicht zu schleudern. Die Lehrlinge und der Fahrer standen wortlos um uns herum, sie fühlten die Spannung. Da trat Frau Gross zu uns und forderte uns, ganz rechte Hand des Chefs, auf, unverzüglich mit der Arbeit zu beginnen. Alle gehorchten, nur ich war unfähig, mich zu bewegen. Als sich meine Starre löste, lief ich aus der Werkstatt auf die Straße. Ich begriff, dass nicht Rainers Vernichtungswunsch gegen die Juden mich zum Weinen gebracht hatte, sondern meine Ohnmacht. Meine Tränen bewiesen allen meine Unterlegenheit. Ich schwor mir, fortan nie mehr vor anderen meine Gefühle zu offenbaren oder gar zu weinen.

Zugleich musste ich mir eingestehen, dass es mit der Verschleierung meiner Emotionen nicht getan war. Die Ursache meiner verletzten Gefühle war meine Situation als Jude in Deutschland. Solange ich in diesem Land lebte, war ich jedem Antisemiten ausgeliefert. In Israel wäre ich davon frei. Doch was sollte ich dort tun? Die Armee würde mich nicht einziehen, zumindest jetzt noch nicht. Und als Erntehelfer im Kibbuz zu arbeiten war nicht mein Ding. Das passte eher zu meinen Genossen bei den Falken. Ich musste meinen eigenen Weg finden.

Kurz nachdem ich mit gepanzerter Entschlossenheit in die Firma zurückgekehrt war, erschien Sewald. Seine Sekretärin schloss die Bürotür. Bald darauf trat der Chef in die Werkstatt, rief Rainer und mich zu sich und meinte: »Jetzt langt's, ihr Streithansl. Gebt euch die Hand!« Rainer streckte seine Rechte aus. Ich schüttelte meinen Kopf.

Als wir abends alleine waren, bot mir der Chef erstmals einen Whiskey an. Während wir tranken, mahnte mich Sewald, meinen »falschen Stolz« abzulegen. Ich war unfähig, ihm ein Wort zu erwidern.

9

Binnen sechs Tagen erkämpften die israelischen Streitkräfte einen fulminanten Sieg. Wie Moshe Dayan und, nebbich, mein Vater vorausgesagt hatten. Das hebräische Militär rang die Armeen Ägyptens, Syriens und Jordaniens nieder. Die Sinai-Halbinsel, der Gaza-Streifen, die Golan-Höhen und das Westjordanland kamen unter israelische Herrschaft. Das arabische Ostjerusalem samt Altstadt wurde mit dem israelischen Westjerusalem vereint. Erstmals seit zweitausend Jahren war Jerusalem insgesamt wieder die Hauptstadt eines unabhängigen jüdischen Staates. Die Juden hatten Zugang zum Tempelberg und zu ihrem höchsten Heiligtum, der Klagemauer. Für unsere Familie besaß der Ölberg eine besondere Bedeutung. Mein Großvater und Namenspatron Isaak Raphael war 1941 in der Hadassah-Universitätsklinik auf dem Skopusberg gestorben und auf dem Friedhof des Ölbergs, dem traditionsreichsten jüdischen Gottes-acker, beerdigt worden.

Nun suchten seine Söhne Heinrich und Kurt den Ort auf. Sie fanden eine verwüstete Grabstätte vor. Die Brüder bestellten einen neuen Stein. Ludwig beteiligte sich an den Kosten. So gerne habe er noch nie eine Rechnung beglichen, berichtete mir Vater. Doch ein halbes Jahr später konnte er sich nicht entschlie-ßen, zum Auflegen der Grabplatte nach Israel zu reisen. Lud-wig schützte gesundheitliche Schwierigkeiten vor. Tatsächlich brachte er es nicht fertig, seinen Geschwistern nochmals zu be-gegnen, die ihn im Stich gelassen und damit zur Auswanderung nach Deutschland gezwungen hatten. »Ich habe ihnen verziehen. Mit dem jährlichen Kol Nidre Gebet zum Yom Kippur müssen wir alle Gelübde, allen Zorn und allen Hader fahren lassen und uns versöhnen. Doch vergessen kann ich nicht. Und will ich nicht. Ich möchte Kurt und Heiner nicht mehr begegnen.« So ernst und niedergeschlagen habe ich Vater nie wieder erlebt.

In der Israelitischen Kultusgemeinde Münchens herrschte wie allenthalben in der Diaspora und in Israel Jubelstimmung. Im Siegesrausch übersahen die Juden, dass die israelische Armee einen Pyrrhussieg errungen hatte. Je länger die Israelis die arabi-schen Gebiete besetzt hielten, desto mehr wuchs der Widerstand. Es entwickelte sich ein dermaßen unversöhnlicher Hass, dass für fanatische Moslems Jahrzehnte später der »Märtyrertod«, ein Selbstmordanschlag gegen Zivilisten, als Mittel des Kampfes er-strebenswerter erschien als ein Leben unter israelischer Herr-schaft. Doch diese langfristigen Konsequenzen bedachte damals fast niemand. Man hielt sich an die Worte des einäugigen Helden Moshe Dayan, der verkündete, er erwarte demnächst einen An-ruf aus Kairo, in dem Nasser Frieden anbiete.

Der Triumph Israels hellte meine Stimmung nach der Krän-kung durch Rainer auf. Gleichzeitig plagte mich die Kluft zwi-schen den selbstbewussten Israelis, welche die Vernichtungsdrohung der Araber heldenhaft bewältigten, und meiner Feigheit. Ich hätte mich dem Antisemiten stellen müssen. Selbst auf die Gewissheit hin, Prügel zu beziehen. Andererseits hätte dies meine Niederlage lediglich vertieft. Ich begriff, dass dieses abwägende Einerseits-Andererseits typisch für das unterdrückte Auslandsjudentum war. Die Israelis scherten sich nicht um das Andererseits. Sie handelten bei Gefahr. Das imponierte mir.

Die Entschlossenheit, mich nie wieder demütigen zu lassen, und die physische Kraft des Zwanzigjährigen verliehen mir zunehmendes Ungestüm und Aggressivität. Der Erste, der dies zu spüren bekam, war mein Co-Lehrling. Gerhard litt unter dem theoretischen Elektronikunterricht in der Berufsschule. Um sich die Zeit zu vertreiben und mich seine Kraft spüren zu lassen, schlug er in unregelmäßigen Abständen seine rechte Faust gegen meine Arme. Da Gerhard ein kräftiger Bursche war, schmerzten mich seine Hiebe. Mir wurde es zu bunt. »Jetzt langt es!«, rief ich ihm laut zu. Einige Mitschüler wandten sich zu uns um. Unser Elektroniklehrer Rolitschek, ein begabter, außergewöhnlich klein geratener Ingenieur, zog es vor, nichts hören zu wollen. Gerhard dagegen fühlte sich durch meinen Ruf herausgefordert und feuerte sogleich eine stramme Gerade gegen meine Schulter.

Spontan schlug ich ihm darauf mit dem Handrücken ins Gesicht. Der klatschende Schlag zog die Aufmerksamkeit der gesamten Klasse auf sich. Anfeuernde Rufe ertönten: »Haut's eich!«

Der unerwartete Schlag ins Gesicht erschreckte Gerhard. Reflexartig riss er die Hände hoch. Doch selbst diese Unterwerfungsgeste mochte meinem Zorn keinen Einhalt gebieten. Ich sprang auf, mein Stuhl donnerte zu Boden, während ich Gerhard links und rechts krachende Maulschellen verabreichte. Vereinzelte Rufe der Klasse schwollen zu einer Kakophonie an. Rolitschek gestikulierte hilflos. Erst als ich von meinem Nachbarn abgelassen hatte, krächzte der Lehrer: »Auseinander, ihr zwei!« Und nach einer Pause: »Schmidt, setz dich sofort auf die hintere Bank … Und du, hock dich hin, Seligmann.«

Die nachlassende Spannung und das Gefühl des Sieges über meinen Quälgeist wärmten meine Glieder. Trotz Rolitscheks Mahnrufen wisperte es allenthalben im Klassenkörper. »Losst du dir des g'fallen, Gerdi?«, vernahm ich einen Schüler.

»In der Pause derschlog i eahm«, antwortete Gerdi mit vibrierender Stimme.

Die Aussicht auf eine Fortsetzung der Schlägerei schreckte mich nicht. Gerhard musste seine Stellung als einer der Stärksten in der Klasse verteidigen. Als ich ihn unvermittelt ohrfeigte, hatte er Angst gezeigt. Sollte er mich in der Pause angreifen, wollte ich mit aller Kraft zurückkeilen, auch wenn ich furchtbar verhauen werden würde. Doch Gerhard attackierte mich weder in der Pause noch nach dem Unterricht. Offenbar fürchtete er, erneut Prügel zu beziehen. Ich begriff, was ich bis dahin, wie die meisten Kleinen und Schwachen ob ihrer Furcht, übersehen hatte. In Schlägereien zählt wie in allen Auseinandersetzungen der Mut mehr als die schiere Kraft. Wer seine Angst überwindet, hat gute Chancen, auch einen körperlich überlegenen Angreifer niederzuringen.

Zum direkten Aufbruch nach Zion fehlte mir indessen noch immer die Courage. Also suchte ich die kleine Lösung, das Zusammensein mit Gleichgesinnten. Ich schloss mich wieder der Moriah an, obgleich ich deren Spießigkeit und Entschlusslosigkeit verachtete – und teilte.

10

Mittlerweile hatte die Moriah neue Mitglieder gewonnen. Der Bemerkenswerteste unten ihnen war Jack Schiff. Der sechzehnjährige Gymnasiast war unsportlich, er machte sich nichts aus dem Hurra-Patriotismus der hiesigen Möchtegern-Zionisten. Jack besaß einen brillanten Intellekt, er war belesen, kritisch, neugierig und verfügte über den resignativen Humor der Diasporajuden. Wir freundeten uns sogleich an und verbrachten die meiste freie Zeit miteinander. Jacks dünkelhafte Mutter Feiga lehnte den Umgang ihres Sohnes mit einem »stinkenden Handwerker« ab. Als ich sie darob zur Rede stellte, leugnete sie diese Bemerkung mit den Worten, für sie seien alle Menschen gleich, besonders die Juden. Ich musste lachen, während Jack bestätigte: »Selbstverständlich hast du's gesagt!« – woraufhin Frau Schiff uns beide aus der Wohnung warf. Nun hatten wir noch mehr zu lachen.

Jack und ich machten uns über die Heuchelei in der jüdischen Gemeinde lustig. Rabbiner Hans Isaak Grünewald forderte jeden Samstag in seiner Predigt die Betenden auf, »endlich nach Israel zurückzukehren«. Seinem Sohn Eliezer verbot er indessen die Einwanderung ins Gelobte Land. Als der Journalist Ernest Landau bei einem Vortrag in der Kultusgemeinde verkündete, »das Diasporajudentum und insbesondere wir Juden in Deutschland sind die fünfte Kolonne Israels in seinem Überlebenskampf«, widersprach ich ihm mit der Feststellung: »Das ist ein Alibi. Tatsächlich sitzen wir an den Fleischtöpfen Germaniens und krähen, wir seien Zionisten, um unser schlechtes Gewissen zu beruhigen.« Woraufhin die Älteren im Publikum mich einen »Flegel, der von nichts eine Ahnung hat«, schalten, während sich einige Jüngere zu klatschen trauten. Jack und ich feierten unseren kleinen Triumph in der Spielhalle beim Kickern und Flippern.

Die Gespräche mit Jack regten meinen Geist an. Mit ihm konnte man über alles reden. Montagabend über sämtliche »Spiegel«-Artikel, die wir verschlungen hatten, aber auch über Kommunismus, die ewige Frage nach der Existenz Gottes, über die Perspektiven der Zukunftsforschung, Machiavelli und selbstverständlich über den von uns noch unentdeckten Sex und girls, girls, girls.

Um vor Jack zu bestehen, überwand ich meine Schüchternheit und sprach endlich Mädchen an. Mehrmals wöchentlich fuhren wir mit jungen Frauen zum Tanzen in Schwabinger Diskotheken. Ich übte mich im Flirten, freundete mich der Reihe nach mit mehreren Mädchen an, ehe ich bei Lea Rubin* blieb. Jack, der zunächst mit der Kaufmannstochter angebandelt hatte, machte sich über meine Wahl lustig. »Wir kennen ungefähr drei Dutzend jüdische Mädchen. Alle sehen mehr oder minder jüdisch aus. Eine Einzige gibt das perfekte Bild einer Arierin ab, groß, blond, langschädelig, gefügig: Lea Rubin. Und du Judenlümmel suchst dir ausgerechnet sie aus. Wo soll das hinführen?«

»In die Leere«, erwiderte ich.

Eine jüdische Maid ging unberührt in die Ehe.

Jack empfahl mir ständig neue Bücher, etwa Jungks »Heller als tausend Sonnen«, Herman Kahns Zukunftstheorien und »Das Kommunistische Manifest«, das ich nun, anders als während meiner Zeit bei den Falken, sorgfältig las und mit Jack diskutierte. Die Debatten mit Jack verdeutlichten mir, wie sehr mir die Schule fehlte. Ich versuchte, das Manko durch Lesen wettzumachen, aber ich begriff, dass ich im Vergleich zu meinen Freunden auf der höheren Schule immer weiter zurückfiel.

Die Arbeit in der Firma interessierte mich kaum mehr. Nach dem Eklat mit Rainer gestand ich mir ein, dass selbst mein Chef sich nicht die Mühe machte, meine Empfindungen zu verstehen. Die Sekretärin Frau Gross erregte sich zunehmend über »die jüdische Presse«, die den Deutschen an allem die Schuld gebe und ständig neues Geld für Israel und die Juden fordere. Als ich bekannte, keine jüdische Presse in Deutschland zu kennen, wurde mir dies als Heuchelei ausgelegt. Die Springer-Presse sei jüdisch, erklärte die Sekretärin, schon der Name sei jüdisch und die Chuzpe der Blätter erst recht. Fredl Schnepf, der frei vom Verdacht war, eine Zeitung zu lesen, pflichtete Frau Gross mit der Bemerkung bei: »Und außerdem haben die Juden das KZ erfunden. Und uns gibt man die Schuld daran.«

Ich kannte von der Springer-Presse lediglich die Illustrierte »Kristall«. Das Kulturmagazin war inzwischen eingestellt worden. Und die »Bild«-Zeitung, deren Balkenschlagzeilen mir wie jedem anderen an den Kiosken ins Auge stachen. Gelesen hatte ich das Boulevard-Blatt bislang kaum. Nun besorgte ich mir die »Bild«-Zeitung und legte diese täglich an meinem Arbeitsplatz ab. Die Kollegen zeigten reges Interesse an der »Judenpresse«. Dies war meine erste Begegnung mit dem Zeitungshaus.

11

Im Frühsommer 1968 lud mich mein ehemaliger Mitschüler und Freund Hansi Tiefenmoser zum zehnjährigen Klassentreffen ein. Ich war neugierig und ging selbstverständlich hin. Nach dem üblichen Begrüßungslamento zerfiel die Runde in zwei Teile. Die jungen Burschen, die die Volksschule absolviert hatten, zogen an die Theke. Sie schwadronierten und soffen. Die Gymnasiasten dagegen unterhielten sich über ihr Studium, sie waren im zweiten Semester. Abi Pitum, Helmut Hauner, Robert Zeitelmann debattierten über Seminare, Klausuren und Vorlesungen. Mich erfüllte leiser Neid. Wie gerne hätte ich mitgeredet. Da trat Evi Nigl auf mich zu und forderte mich zum Tanzen auf. Mein Herz stockte. Ich hatte für Evi, das schönste Mädchen in unserer Klasse, geschwärmt – und nun wollte sie mit mir tanzen. Die junge Frau bemerkte meine Verlegenheit und verwickelte mich in ein Geplauder. Auf der Tanzfläche fragte sie mich, was ich tue. Ich sei Lehrling, antwortete ich. Evi blieb stehen. »Du?! Du warst doch immer so gescheit, Rafael. Und jetzt begnügst du dich damit, Handwerker zu sein?«

Diese Worte hatten eine andere Qualität als das Gerede von Frau Schiff. In Evi war ich immer noch oder schon wieder verliebt. Und sie sprach das aus, was mich bewegte. Zudem erklärte mir Evi, sie sei nach der Mittelschule ins Gymnasium gewechselt, habe das Abitur abgelegt und studiere nun ebenfalls. Nach dem Tanz blieb ich unschlüssig stehen. Ich war unfähig, mich zu unterhalten oder gar mit meinem Schwarm Evi zu flirten. Meine soziale Degradierung schmerzte mich. Und das war erst der Anfang. Ich würde immer weiter zurückfallen. Bald würden Jack, Evi und andere nichts mehr mit mir zu reden haben. Ich wäre auf dem Niveau von Fredl Schnepf und Herta Gross. Einerlei, ob in Deutschland oder in Israel. Ich bestellte einen doppelten Whiskey. Nach einem weiteren Getränk fühlte ich mich zumindest wärmer.

Spätabends tauchte Helmut Ettenhuber auf. Er war der Sohn unseres früheren Zeitungshändlers. Helmut war ein aufgeweckter, mutiger Bursche. Ich hatte ihn aus den Augen verloren. Mit gewohnter Lebendigkeit plauderte er mit uns. Er käme so spät, weil er das Münchenkolleg besuche und daneben jobbe. Im Kolleg hole er sein Abitur nach. Ich wusste, was ich zu tun hatte.

12

Als ich am nächsten Morgen meinen Eltern während des Frühstücks meinen Entschluss mitteilte, das Abitur nachzuholen, meinte Vater, zunächst solle ich die Lehre beenden. Dann könne ich mir Gedanken über eine weiterführende Schule machen. Auch er habe das Gymnasium besucht, ehe die Not während der Inflation seine Eltern gezwungen habe, ihn zum Verlassen der höheren Schule aufzufordern. »Setz dem Jungen keine Flöhe ins Ohr«, fiel Hannah ihm ins Wort. Sie verbot mir mein Vorhaben. »Ich habe dich nicht ein anständiges Handwerk lernen lassen, damit du jetzt meine Mühe zunichtemachst.« Auf meinen Einwand, es handle sich um mein Leben, nicht um ihres, bemerkte sie: »Das ist das Gleiche!« Ich mochte mich nicht auf eine Auseinandersetzung mit ihr einlassen. Mein Entschluss stand fest – und ich musste zur Arbeit. Ehe ich aufbrechen konnte, begehrte Hannah zu wissen, wie und wo ich mein »unsinniges Vorhaben« verwirklichen wolle. Ich hatte nicht die Absicht, ihr dies mitzuteilen. Doch da sie darauf beharrte, nannte ich ihr das Münchenkolleg.

Nach der Arbeit traf ich mich mit Jack zum Kickern im Spielsalon in der Rumfordstraße. Meine Idee gefiel ihm. Dann könne man ja gemeinsam studieren, er Mathe und Physik, ich Geschichte und Politik. Später, beim Spaghettimahl im Café Europa in der Leopoldstraße, entwickelten wir den Plan, nach dem Muster des Futurologen Herman Kahn einen Think-Tank aufzubauen. Uns schwebte ein internationales Institut mit Zweigstellen in New York, Washington, Bonn und Tel Aviv vor. Danach trafen wir uns mit Doris Borowski und Ruth Rapperport in der Disko des Schwabinger »Drugstore«.

Als ich gegen Mitternacht zu Hause auftauchte, erwartete mich Mutter im Wohnzimmer. Sie wollte wissen, ob ich mir meine fixe Schulidee aus dem Kopf geschlagen habe. Ich verneinte. Da ich ihrem Gezeter ruhig standhielt, begriff sie, dass es mir ernst war. Sie wechselte den Ton und wollte nun wissen, wann ich mit meinem Vorhaben zu beginnen gedachte. Das hatte ich mir noch nicht überlegt. Stattdessen hatte sich meine Phantasie bereits an den Früchten der noch ungesäten Bildungsernte ergötzt. Nach dem Ende der Lehre wolle ich ein Jahr nach England gehen, um meine Sprachkenntnisse zu vervollkommnen. So wäre ich für das Münchenkolleg gerüstet, behauptete ich.

»Schlag dir das aus dem Kopf! Du weißt, ich halte deinen Plan für ein Hirngespinst. Doch wenn du daran festhältst, musst du sofort etwas tun. Du bist schon 21, da kannst du nicht zwei weitere Jahre vergeuden. Wenn du im Alter von 23 mit dem Münchenkolleg beginnst, machst du mit 26 dein Abitur – dann sind deine Klassenkameraden längst mit dem Studium fertig!«

Meine Verblüffung über ihr Wissen bezüglich der Dauer des

Münchenkollegs amüsierte und erzürnte Hannah. »Anders als du belasse ich es nicht bei Erklärungen. Ich habe dort angerufen und bin hingefahren. Das Kolleg dauert fünf Semester, zweieinhalb Jahre. Aufnahmeprüfung ist im Oktober. Der Vorbereitungskurs währt ein Jahr. Er fängt im September an.«

Damit wollte ich beginnen. Doch für Mutter kam das nicht in Frage: »Entweder machst du die Prüfung jetzt – oder gar nicht!« Sie wusste sogleich, wie ich ohne Vorbereitung den Aufnahmetest bestehen musste: »Indem du dich sofort auf den Hosenboden setzt und lernst. Du hast noch fast sieben Wochen!«

Es war unmöglich, binnen anderthalb Monaten das Pensum eines Vorbereitungsjahres zu absolvieren. Doch Hannah ließ mir keine Wahl – und möglicherweise hatte sie recht. Wenn ich es schaffte, sparte ich mir zumindest ein Jahr. Ich wollte Evi und Jack beweisen, dass ich fähig war, das Abi zu absolvieren. Als sich meine Aufregung legte, begriff ich, dass es nicht darauf ankam, anderen etwas zu beweisen. Entscheidend war vielmehr, die Gelegenheit, die sich mir bot, beim Schopf zu packen. »Ich will's versuchen«, versprach ich. »Du hast genug versucht, Rafi.« Mutter schüttelte den Kopf. »Ludwig versucht sein ganzes Leben, etwas zustande zu bringen. Ich habe genug von den ewigen Versuchen.« Die Bemerkung ließ mich eine Ursache ihres Pessimismus verstehen. »Ich schaffe es!«

Ich wollte mir am kommenden Tag die Bewerbungsunterlagen besorgen, doch Hannah hatte sie bereits mitgebracht. Ich füllte die Papiere umgehend aus. Am folgenden Tag meldete ich mich während der Mittagspause in der Volkshochschule für den letzten vierwöchigen Auffrischungskurs zur Vorbereitung der Aufnahmeprüfung des Münchenkollegs an.

13

Der Unterricht fand viermal wöchentlich von 18 bis 21 Uhr statt. Nach Arbeitsende um viertel nach fünf würgte ich eine Banane hinunter und machte mich auf den Weg ins Luisengymnasium, in dessen Räumen unser Abendkurs abgehalten wurde. Ich parkte meinen Wagen auf dem Königsplatz, der damals noch wie zur Nazi-Zeit gepflastert war. Wo einst braune Bataillone aufmarschierten, waren nun Autos abgestellt. Von Hitlers gigantischen Plänen hatte sich lediglich die Volksmotorisierung samt Autobahnen verwirklicht. Ich verbannte die historische Reflexion aus meinem Kopf. Es galt, sich ausschließlich auf den Aufnahmetest zu konzentrieren. Die Prüfung umfasste die Fächer Deutsch, Englisch und Mathematik. Da ich ausgiebig las, machte ich mir in Deutsch keine Sorgen. In Englisch hatte ich zwar die meisten Worte vergessen, besorgte mir aber das empfohlene Klett-Büchlein mit dem Grundwortschatz und büffelte jeden Tag einen Buchstaben, so dass ich nach drei Wochen auf dem Laufenden war. In Mathe hatte ich allerdings den Anschluss an das Mittelschulwissen vollständig verloren. Ich bat Jack, mir das Prinzip von Gleichungen mit mehreren Unbekannten zu erläutern. Er sagte es zu, fand faktisch allerdings kaum Zeit, mir diese »läppische Mathematik, die sogar meine Mutter kapieren würde«, zu erläutern. Stattdessen forderte er mich auf, mit ihm zum Kickern zu gehen, da wir sonst unsere Koordination als eingespieltes Team einbüßen würden.

Ich nahm diesen Verlust in Kauf und versuchte, die Rechenaufgaben alleine zu lösen, kam jedoch nicht weiter. Mir fehlte schlicht die Technik. Um die Zeit zu nutzen, paukte ich Englischvokabeln. Mir war bewusst, dass ich auch in Mathematik den Anschluss finden musste, um die Aufnahmeprüfung bestehen zu können. Nur wie? Im Vorbereitungskurs war man längst weiter, und wenn ich abends nach halb zehn meine Matheunterlagen studierte, war ich zu müde, um die Rechenmethoden, die mir schon in der Mittelschule nicht in den Kopf wollten, zu begreifen. Ich wandte mich erneut an Jack. Er versprach, mich demnächst in Rechenform zu bringen. Danach überredete er mich, mit ihm zum Bowling zu fahren. Helmut Hauner schloss sich uns an. Auf dem Heimweg war ich wütend auf mich, dass ich mich vom Lernen hatte abhalten lassen. Ich fuhr entsprechend aggressiv. In der Nähe des Rotkreuzplatzes riss ich das Lenkrad knapp vor einer Baustelle herum, der Wagen übersteuerte, brach aus und überschlug sich.

Jack, Helmut und ich kletterten aus dem Auto. Ich hatte einen Totalschaden gebaut. Jack zündete sich mit zitternden Fingern eine Zigarette an. Mit Hilfe von Passanten rollten Helmut und ich das Käfer-Wrack in eine Parklücke. Dabei spürte ich einen starken Schmerz in meiner rechten Hand. Wir gingen in das nahe gelegene Rotkreuzkrankenhaus. Beim Durchleuchten in der Notaufnahme wurde festgestellt, dass mein Mittelfinger angebrochen war. Er wurde geschient. Ich fuhr mit der Straßenbahn nach Hause.

Meine Eltern saßen vor dem Fernseher. Ich hockte mich zu ihnen und verbarg meine Handschiene. Nachdem ich mich gefasst hatte, meinte ich beiläufig: »Ich habe mein Auto zu Schrott gefahren.« Während mein Vater mit offenem Mund sitzen blieb, sprang Hannah auf und rief: »Ist dir etwas passiert?«

»Nein.«

»Jemand anderem?«

»Auch nicht.«

»Gott sein Dank!« Ich bekam keinen Vorwurf zu hören.

Am folgenden Abend suchte mich Helmut auf, um sich nach meinem Befinden zu erkundigen. Er studierte mittlerweile Medizin. Als ich ihm berichtete, dass ich mich für die Aufnahmeprüfung zum Münchenkolleg vorbereitete, bot er mir seine Unterstützung an. Ob er mir bei Gelegenheit das Prinzip der Gleichungen mit mehreren Unbekannten erklären könne, wollte ich wissen. »Nicht bei Gelegenheit. Jetzt sofort!« Helmut erläuterte mir schnörkellos die Rechenaufgaben. »Das war's«, bedankte ich mich. Doch Helmut begnügte sich nicht mit dem prinzipiellen Verstehen. Er bestand darauf, dass ich mir unter seiner Aufsicht Routine aneignete.

Fortan nahm sich Helmut jeden Sonntag zwei Stunden Zeit, um mich »sicher wie einen Rechenschieber zu trimmen«. Dass ich meine Aufnahmeprüfung ohne Stress bestand, habe ich vor allem der geduldigen Unterstützung Helmut Hauners zu verdanken.

14

Als ich Sewald von meinem geplanten Wechsel zum Münchenkolleg berichtete, reagierte er enttäuscht. »Du hast das Zeug, ein guter Fernsehtechniker zu werden. Und geschäftstüchtig seid ihr Juden eh alle. Ich hab mit deiner Mama gesprochen: Wenn du mal Meister bist, hat sie vor, einen Laden aufzumachen, dann können wir zusammenarbeiten. Du verkaufst die Fernseher, und wir erledigen die Reparaturen. Da machen wir drei ein prima Geschäft.« Er hielt mir seine Rechte hin und forderte mich auf einzuschlagen. Ich konnte Sewald den Handschlag nicht verweigern, sagte ihm aber, dass ich die gleiche Leidenschaft, die er für die Fernsehtechnik empfände, für Geschichte hege und mich überdies Geschäftemacherei nicht interessiere. »Das ist ein Fehler, Bub. Von Geschichte kann man nicht leben. Kauf dir hin und wieder ein Geschichtsbuch. Eure Leute haben das Kaufmännische im Blut. Du auch! Nutze dein Talent!«

Als ich an meiner Entscheidung festhielt, respektierte der Chef meinen Entschluss, forderte jedoch, dass ich meine Lehre mit der Gesellenprüfung beendete. Das war der kritische Punkt. Denn das Münchenkolleg setzte mit Jahresanfang ein. Die Gesellenprüfung aber fand im Frühjahr statt. Um das Kolleg besuchen zu dürfen, war ich darauf angewiesen, dass Sewald mir ein Viertellehrjahr schenkte. Er war dazu unter der Bedingung bereit, dass ich trotz Schule meine Gesellenprüfung ablegte. Damit könnte ich, falls ich in der Schule scheiterte oder »am Ende doch noch gescheit« würde und es mir anders überlegte, jederzeit in seiner Firma arbeiten: »Meine Tür steht dir immer offen, Bub. Aber du sollst als Geselle dein Geld verdienen und nicht als damischer Hilfsarbeiter wie der Fredl Schnepf.« Sodann wies er mich an, mich zu »schleichen, sonst werd ich noch grantig«. Sewald wollte nicht, dass ich Zeuge seiner Enttäuschung wurde.

Durch meine Trägheit hatte ich mich auf eine Handwerkerausbildung zum Fernsehtechniker eingelassen und auf diese Weise drei Jahre verloren. Doch ich erfuhr in dieser Zeit auch manch Notwendiges. Die Arbeitswelt zwang mich, meine Tagträumereien aufzugeben und mich der Wirklichkeit zu stellen. Versäumte ich es, die Herausforderungen anzunehmen, trafen andere statt meiner die Entscheidungen. Während meiner Lehrzeit blieb mir nichts übrig, als mich durchzuschlagen. Ich hatte Glück, dass Erich Sewald mein Lehrherr war. Der Münchner lehrte mich Selbstvertrauen.

Aufbruch

1

Am 10. Januar 1969 setzte ich mit 21 Jahren meine Schülerkarriere fort. Im Münchenkolleg herrschte eine solidarische Haltung. Erstmals seit dem Grundschuljahr in Benedikt Hirschbolds Klasse hatte ich wieder das Gefühl, dass Lehrer dazu da waren, Schülern zu helfen. Neben dem fachlichen Engagement der Pädagogen waren häufig auch Güte und Nachsicht spürbar. Etwa als während einer Soziologieklausur unverhofft unsere Lehrerin Frau Herzer entdeckte, dass ich meinem Nachbarn Stefan Berger* meinen Text zur Abschrift überließ. Sie wäre verpflichtet gewesen, unsere beiden Aufgaben einzuziehen und mit einer 6 zu benoten, was unsere Versetzung gefährdet hätte. Doch Herzer begnügte sich damit, ihre Hände auf unsere Schultern zu legen. Es gab ständig Beispiele tätiger Hilfsbereitschaft. Unser Mathelehrer ab dem 3. Semester, Glockengießer, erteilte jedem Schüler, der eine Rechenmethode oder Aufgabe nicht verstand, nach Schulschluss kostenlosen Nachhilfeunterricht.

Im April sollte ich – wie Hannah und Sewald versprochen – meine Gesellenprüfung ablegen. Ich würde mein Wort halten, doch ich dachte nicht daran, mich auf diese Aufgabe vorzubereiten. Denn ich wollte meine Zeit nutzen, um mein Fortkommen im Müko sicherzustellen. Alles, was meine Konzentration auf diesem Weg störte, ließ ich beiseite. Hannah drängte darauf, dass ich für den Handwerksabschluss lernte. Ich sagte zu, mich zu bemühen. Mutter ahnte, dass ich zu »faul« war, mich um die Fernsehtechnik zu kümmern. In dieser Zeit lernte ich emsig für meine neue Schule.

Am Tag der Gesellenprüfung erschien ich unvorbereitet im Innungsgebäude in der Schillerstraße. Das praktische Examen, zwei defekte Fernsehgeräte zu reparieren, bestand ich dank meiner Routine auf Anhieb. Für die theoretischen Prüfungen fehlte mir die Übung – ich hatte seit einem Jahr in kein Elektronikbuch mehr geblickt, geschweige denn eine Aufgabe gelöst. Die Prüfungsfragen waren einfach, hätte ich mich zwei, drei Abende hingesetzt, wäre mir ihre Beantwortung nicht schwergefallen. Aber ich hatte es bewusst nicht getan – und so wurde meine Examensklausur mit der Note »ungenügend« bewertet.

Ich war nicht gerne in der Gesellenprüfung gescheitert. Doch ich verstand es, diese Niederlage in eine Motivationshilfe umzuwandeln. Jetzt, da ich die letzte Brücke einer Rückkehr ins ungewollte Fernsehtechnikerhandwerk abgebrochen hatte, blieb mir nichts übrig, als meinen Weg in Richtung Abitur und Studium fortzusetzen.

2

Mein wichtigster Lehrer am Müko war Johannes Timmermann. Der Germanist, Didaktiker und Historiker unterrichtete uns auf eigenständige Weise in Deutsch und Geschichte. Vorgesehen waren fünf Wochenstunden Deutsch. Zwei Stunden sollten dem Geschichtsunterricht dienen. Der leidenschaftliche Zeitgeschichtler aber hatte seine eigenen Vorstellungen. Angefangen mit der Stundeneinteilung. Timmermann begnügte sich mit einer wöchentlichen Deutschstunde. Aufsatzschreiben könne man nicht lernen. Entweder sei man in der Lage, ein Thema zu erfassen oder nicht. Begreife man die Grundfrage, dann sei jeder fähig, mit eigenen Worten und Sätzen seine Vorstellungen darzulegen. Der »Dressurakt« führe nicht zu einer Erweiterung des Denkhorizonts, Ergebnis sei vielmehr »der Gleichtakt des Urteils – zu gut Deutsch: Alle schreiben mehr oder minder das Gleiche.« Auf diese Weise gehe unsere Kreativität verloren. Dieses Verständnis begleitet mich seither.

Timmermann lenkte unser Interesse auf die Historie in einer für mich bis dahin unbekannten Weise. Geschichte hatte nichts mit Geschichtenerzählen zu tun, wie ich es als Kind im Bibel- und später im Geschichtsunterricht kennen- und lieben gelernt hatte. Timmermann machte uns mit Leopold von Rankes Aufforderung »Zurück zu den Quellen« vertraut. Alle Zeugnisse der Vergangenheit konnten als Quelle dienen. Amtliche Dokumente, Manifeste, Bücher, Tagebücher, Aufzeichnungen, Statistiken.

Ich suchte und fand eine alte Ordensurkunde meines Großvaters Isaak Raphael aus dem Jahr 1935. Sie zeugte von dem ihm im Namen des »Führers und Reichskanzlers Adolf Hitler« verliehenen Frontkämpfer-Verdienstkreuz für seinen Einsatz im Ersten Weltkrieg.

Gemeinsam mit meinem Vater, dem die Frakturschrift vertraut war, suchte ich das Bayerische Kriegsarchiv in der Leonrodstraße auf. Im Verzeichnis von Großvaters Ulanenregiment fanden wir seinen Namen und dessen Beförderungserwähnungen. Bereits im Herbst 1914 wurde er zum Feldwebelleutnant ernannt. Ein Offiziersrang blieb ihm trotz seines fortwährenden Fronteinsatzes aufgrund seines Judentums wie den meisten Israeliten verwehrt. Ich studierte Briefe und Fotografien meines Großvaters, befragte meinen Vater nach ihm. Ich begann mir ein Bild des Mannes zu machen, dessen Namen ich trug. Isaak, hebräisch Jizhak, bedeutet »wird lachen« – tatsächlich liebte es Großvater in jüngeren Jahren nach dem Zeugnis seiner Söhne, oft und gerne zu lachen. Raphael wiederum ist der Name eines Erzengels und verheißt: »Der Herr heilt«.

Isaak Raphael wurde am 1. Mai 1873 in Ichenhausen im Landkreis Günzburg, Bayern, geboren. Er legte das Einjährige ab, wie man damals die Realschule nannte, rückte ins bayerische Heer ein, wurde Ulan. Beim Reittraining feuerte ihn sein Feldwebel mit dem Ruf an: »Hopp – über die Bundeslade, Seligmann!« Das erheiterte Großvater, der ein gläubiger Jude war. Nach dem Wehrdienst wollte Isaak Raphael im Gymnasium die Hochschulreife erlangen, um Tiermedizin zu studieren. Doch seine Eltern bestanden darauf, dass er als ältester Sohn unter elf Geschwistern im Familiengeschäft, einer Textilgroßhandlung, arbeitete. Obgleich Isaak Raphael im Gegensatz zu seinem geschäftstüchtigen Bruder Benno keine Neigung zum Kaufmann verspürte, folgte er der Anordnung seines Vaters und seiner willensstarken Mutter Fanny, geborene Bissinger.

Nach dem Tod seines Vaters im Jahre 1902 führte Isaak Raphael gewissenhaft die Geschäfte der Familie fort. Im August 1914 rückte er, einundvierzigjährig, freiwillig in sein Regiment ein und kämpfte vier Jahre an der Westfront. Die Judenzählung vom 1. November 1916, mit deren Hilfe die Dritte Heeresleitung unter Hindenburg und Ludendorff beweisen wollte, dass jüdische Soldaten häufiger in der Etappe Dienst taten als Christen, die Israeliten sich also vor dem Frontdienst drückten, empfand er als antisemitische Kränkung. 1918, am Ende des Waffengangs, kehrte Isaak Raphael mehrfach dekoriert nach Ichenhausen zurück. Großvater hatte den Krieg körperlich unversehrt überstanden, doch seelisch war er gebrochen. Er hatte sein Lachen verloren.

Großvater war nicht mehr in der Lage, sein kleines Unternehmen effektiv durch die Wirtschaftskrisen der Nachkriegszeit zu steuern. Schlimmer, Isaak Raphael verbot seinem ältesten Sohn Heinrich, der die Gefahren der Geldentwertung begriff, Waren zurückzuhalten. So verlor die Familie während der Inflation ihr gesamtes erspartes Vermögen. Mein Vater Ludwig musste das Gymnasium verlassen, sein Bruder Heiner die verhasste Arbeit als Metzger aufgeben, die während des Krieges und der nachfolgenden Krisenjahre die Familie ernährt hatte. Fortan hatten die halbwüchsigen Söhne durch Hausieren mit Textilien den Unterhalt der Familie zu gewährleisten. Erst ein Halbdutzend Jahre nach Kriegsende, in den sogenannten »Goldenen Zwanzigern«, begann Großvater geschäftlich wieder Fuß zu fassen und war fähig, eine Konfektionsfertigung ins Leben zu rufen. Diese musste jedoch mit der einsetzenden Wirtschaftskrise Anfang der 30er-Jahre ihren Betrieb einstellen.

Die Familie, zu der sich 1920 der spätgeborene Bruder Kurt gesellt hatte, war erneut auf die Einkünfte von Heinrich und Ludwig angewiesen. Die Machtübernahme der Nazis verstand Großvater, anders als die meisten Juden, als katastrophale Zeitenwende. Der eifrige Leser hatte sich die Mühe gemacht, das Parteiprogramm der Nationalsozialisten und sogar Hitlers »Mein Kampf« zu studieren. Er war überzeugt, dass Hitler alles tun würde, den Juden zu schaden, sie zu vertreiben und wenn möglich umzubringen. Daher drängte Isaak Raphael seine beiden ältesten Söhne Heinrich und Ludwig, Deutschland zu verlassen, als Vater 1933 von seiner bevorstehenden Verhaftung erfuhr. Die Großeltern blieben zunächst mit ihren jüngeren Kindern ohne Einkommen in Deutschland zurück. Tochter Thea musste bei einer jüdischen Familie in Ulm als Dienstmädchen arbeiten, während Kurt eine Schreinerlehre absolvierte.

Als die jüdische Gemeinde Ichenhausen 1934 auf dem Friedhof eine neue Aussegnungshalle errichten ließ, kritisierte Isaak dies als Ausdruck historischer Kurzsichtigkeit. Die Juden wollten nicht begreifen, dass ihre Zeit in Deutschland um sei, sagte er jedem, auch jenen, die es nicht hören wollten – das waren die meisten. Die Verleihung des Frontkämpfer-Verdienstkreuzes im Namen Adolf Hitlers entlockte ihm, wie man in der Familie später erzählte, die Bemerkung: »Der Erzantisemit wird sich's doch wohl nicht anders überlegen?« Der Erlass der »Nürnberger Gesetze« zum »Schutz des deutschen Blutes und der deutschen Ehre« in Verbindung mit dem »Reichsbürgergesetz« am 15. September 1935 aber bewies Isaak Raphael, dass seine Einschätzung der Nazis richtig war. Ungeachtet der Warnung seiner jüdischen Freunde, von der »Provokation« abzusehen, warf er seine gesamten militärischen Ehrenzeichen in das Flüsschen Günz. Er verkaufte unser Familienhaus zu einem Preis, den man nur Juden in Not zu offerieren wagte – was er eine »arische Chuzpe« nannte –, und folgte den Mahnungen meines Vaters und Heinrichs. Mit seiner Frau Clara und seinem jüngsten Sohn Kurt verließ er die Heimat. Die Seligmanns reisten über Venedig nach Palästina, wo sie von den älteren Söhnen empfangen wurden. Wenige Monate darauf folgte Thea ihren Eltern. Sechs Jahre später starb Isaak Raphael Seligmann nach einer Operation in einem Jerusalemer Krankenhaus.

Aus Urkunden, Briefen, Fotografien sowie den Gesprächen mit Vater, aber auch mit Hannah, die ihren Schwiegervater kennengelernt hatte und ihn sehr mochte, ergab sich für mich das Bild eines intelligenten, jedoch unentschlossenen Mannes, der sich von seiner Familie in einen ungeliebten Beruf hatte drängen lassen. Das rekonstruierte Wissen über das Schicksal meines Großvaters und Namensgebers bestärkte mich, meinen eigenen beruflichen und persönlichen Neigungen zu folgen.

3

Unter Timmermanns Ägide begann ich, mich systematisch mit Geschichte zu befassen. Ich las Rankes zweibändige »Römische Geschichte« und sein Buch über den »Ursprung und Beginn der Revolutionskriege 1791 und 1792«. Das waren keine Heldengeschichten, sondern Faktensammlungen, hier fanden sich auch Persönlichkeitsbilder, aus denen sich der Verlauf der Vergangenheit ergab. Danach befasste ich mich mit Churchills Werk »Der Zweite Weltkrieg«, las Theodor Herzls »Der Judenstaat« und Max Webers Werk über das antike Judentum. Ehe ich Timmermanns Schüler wurde, meinte ich, über Geschichte Bescheid zu wissen. Durch seinen Unterricht und seine Buchempfehlungen begriff ich, wie wenig mir tatsächlich über die Vergangenheit bekannt war. Diese Einsicht spornte mich an, mehr und mehr zu lesen und mit meinem Lehrer darüber zu debattieren. Timmermann nahm sich die Zeit, vor, in und nach dem Unterricht. Der Pädagoge machte dabei nie den Eindruck, dass meine Argumente ihn langweilten. Stets ermutigte er mich, meinem Interesse für Geschichte treu zu bleiben und nicht auf das »gängige Geschwätz« zu hören, die Historie sei kein Brotberuf. »Wenn man gut ist, nährt jeder Beruf seinen Mann. Und Sie haben gute Anlagen zum Historiker, Seligmann. Lassen Sie sich von niemandem beirren.«

Knapp vierzig Jahre später, nach der Veröffentlichung meines Buches über Hitler und die Deutschen, rief mich mein alter Geschichtslehrer an, um mir zu gratulieren. Er hoffe, er habe Anteil an meinem Werdegang gehabt. In der Tat.

4

Voraussetzung zur Teilnahme am Müko war eine abgeschlossene Berufsausbildung und die Vollendung des 21. Lebensjahres. In der Regel waren wir jünger als 25. Uns einigte das Band des Ehrgeizes. Manche waren durchaus von ihrem Berufszweig angetan, doch keiner mochte sich mit der untergeordneten Position des »geistigen Nachvollzugs« zufriedengeben. Die Bankkaufleute strebten nach Direktorenposten, die Krankenschwestern wollten Ärztinnen werden. Den meisten erging es indessen ähnlich wie mir, sie waren in eine Berufsausbildung geschlittert, die nicht ihren Talenten entsprach. Wir suchten neue Perspektiven – als Akademiker. Voraussetzung dazu war das Abitur. Bei diesem zielgerichteten Streben blieb kein Platz für ein Alibi des eigenen Versagens, damit entfiel der Nährboden von Vorurteilen.

Während meiner Zeit am Münchenkolleg spürte ich nie Antisemitismus. Die Gewissheit, nicht länger antijüdischen Vorurteilen und Anwürfen ausgesetzt zu sein, war eine Befreiung, auch von der eigenen Paranoia sowie der entsprechenden Anspannung. Denn das Wissen um eine latente Feindseligkeit und die Möglichkeit, ihr zu jedem Zeitpunkt ausgesetzt sein zu können, lässt einen resignieren, sich verschließen oder eine aggressive Haltung einnehmen. So pendelte ich zwischen Aufgabe, Weltflucht und Kampfbereitschaft. Dieser immerwährende innere Druck war im Münchenkolleg endlich von mir genommen. Stattdessen hatte ich gemeinsam mit meinen Mitschülern eine reale Herausforderung zu bewältigen. Es galt, die Hochschulreife in einem Minimum an Zeit zu erlangen.

Der unmögliche Versuch, die verlorene Zeit einzuholen, bestimmte nicht nur unsere Haltung als Schüler, sie war auch Grundlage des Lehrplans. Das erste Halbjahr diente dazu, das Wissen der Mittleren Reife zu vertiefen, das letzte war der Abiturvorbereitung vorbehalten. Somit verblieben lediglich eineinhalb Jahre, um den Stoff von drei Gymnasialjahren zu erlernen. Und das bei Schülern jenseits der zwanzig, denen die Fähigkeit der Jüngeren, automatisch zu lernen, bereits weitgehend abhandengekommen war. Dies galt besonders bei Grammatikregeln von Fremdsprachen, die sich junge Gymnasiasten vielfach ohne Überlegung aneignen, während wir die Sprachgesetze bewusst begreifen und anschließend ständig aufs Neue einüben mussten. Ich machte die Erfahrung im Lateinunterricht. Andere Schüler wiederum waren durch die naturwissenschaftlichen Fächer überfordert. Das scharfe Lerntempo vergrößerte ihre Schwierigkeiten. Da halfen auf Dauer weder die kostenlos angebotenen Mathenachhilfestunden von Herrn Glockengießer noch der didaktisch-innovative Physikunterricht durch seinen Kollegen Lotzki.

Hinzu kam, dass wir im Gegensatz zu Gymnasiasten semesterweise versetzt wurden. Eine »verhauene« Schulaufgabe in einem Hauptfach bedeutete vielfach das Aus – es bestand keine Möglichkeit, im zweiten Halbjahr durch Fleiß die Scharte auszuwetzen. Die Hälfte unserer Klasse war dem strammen Lehrplan nicht gewachsen und scheiterte. Der Grund war selten fehlende Intelligenz als vielmehr Versagensangst, was unter »schwache Nerven« subsumiert wurde. So spürte ich während einer Matheklausur die Hilflosigkeit meines Nachbarn Georg, obgleich wir in den Tagen zuvor entsprechende Rechnungen geübt hatten. Ihn lähmte offensichtlich Prüfungsangst. Daher kritzelte ich die Lösung zweier Aufgaben auf einen Spickzettel und schob ihm diesen unter der Bank zu. Er wollte danach greifen, zog jedoch seine Hand zurück. Ich sah, wie er sich auf seine Arbeit zu konzentrieren suchte, aber nicht weiterkam. So stieß ich ihn erneut an. Glockengießer zeigte keinen besonderen Eifer, Abschreiber zu entdecken. Spicken war nicht ungewöhnlich, auch ich hatte gelegentlich abgeschrieben. Doch mein Nachbar schüttelte seinen Kopf. Nach der Prüfung meinte er, es würde reichen. Er täuschte sich. Ihm fehlte am Ende ein Punkt, um eine Fünf zu ergattern. Georg wurde nicht versetzt. Im Alter von 28 Jahren musste er die Schule verlassen.

Ich selbst absolvierte die ersten drei Semester weitgehend problemlos. Einzig in Latein hatte ich Schwierigkeiten. Ich war nicht in der Lage, die komplexen Satzkonstruktionen vollständig zu begreifen. Mit Vokabelpauken und gesundem Menschenverstand schaffte ich Semester für Semester eine 4- und war's zufrieden.

5

Mein erschütterndstes Erlebnis dieser Zeit ereignete sich außerhalb des Münchenkollegs. Seit Jahren besuchte ich gemeinsam mit jüngeren Juden jeden Sabbatnachmittag das Altenheim im Vorderhaus der Israelitischen Kultusgemeinde in der Reichenbachstraße 27. Wir leisteten den Bewohnern Gesellschaft. Zwei Stunden vor dem Ende des Sabbat saßen wir mit den Männern und Frauen zusammen, aßen Kuchen, tranken Tee oder Kaffee, sangen und unterhielten uns mit ihnen. Mit Wein, Gewürzen und Kerzen zelebrierten wir das Ende des Sabbats und den Wochenbeginn. Wir wollten den älteren Menschen das Gefühl vermitteln, ein Teil der jüdischen Gemeinschaft zu sein. Je länger ich die Frauen und Männer kannte, desto mehr ergriffen mich ihre Lebensgeschichten. Ich freundete mich mit Siegfried Offenbacher an. Er war in München aufgewachsen. Die Jahre der Schoah hatte er auf der Flucht und im Lager verbracht. Dennoch lebte er nach 1945 wieder in seiner Geburtsstadt. Warum? »Ich

bin hier hängen geblieben: In München war mir alles vertraut.«
Meine Zuneigung zu den älteren Menschen und mein Interesse
an ihren Schicksalen begleiten mich seither. Jahrzehnte später erinnerte ich in meinem Roman »Der Milchmann« meine Leser
und mich an diese Generation.

Am Abend des 12. Februar 1970 war ich mit meinem Freund
Helmut im »Türkendolch«-Kino in Schwabing. Mein Auto
sprang nicht an. So beschloss ich, im nahe gelegenen »Schelling-
Salon« noch eine Partie Billard zu spielen. Vor dem Lokal auf
dem Standplatz in der Barerstraße sah und hörte ich Taxifahrer
aufgeregt debattieren. Als ich mich erkundigte, teilten sie mir
mit, dass die Synagoge Reichenbachstraße brenne. Mich schüttelte es. Die Synagoge befand sich im Rückgebäude – was war mit
den Alten im Vorderhaus? Ich ließ mich sogleich dorthin chauffieren. Während der Fahrt ängstigte ich mich um die Alten.
Hatte die Feuerwehr sie evakuiert? Die Frauen und Männer
wohnten im vierten und fünften Stock! Das Haus hatte eine
Holztreppe. Das Taxi schlich durch die Innenstadt. Der Gärtnerplatz war von Funkstreifenwagen mit kreisendem Blaulicht abge-
riegelt. Ich zahlte, drängte mich mit der Bemerkung, ich sei ein
Angehöriger, durch die Sperre.

Aus den oberen Stockwerken des Vorderhauses schlugen
Flammen. Davor parkten Löschfahrzeuge und Leiterwagen der
Feuerwehr. Polizisten ließen niemanden durch. Rotkreuzfahr-
zeuge rasten mit Alarmhorn heran. Aus dem brennenden Haus
und von den Rettungskräften ertönten Schreie, Befehle und das
Geräusch prasselnden Wassers. Im irrlichternden Blau der Ein-
satzfahrzeuge sah ich zunächst entsetzte Mienen von Gaffern.
Bald erkannte ich ein Halbdutzend Freunde. Wir hielten uns an
den Händen und starrten auf das brennende Haus. Keiner war
im Stande, ein Wort zu sagen. Ich dachte an die Sabbatfeiern.
Siegfried Offenbachers verlegene Miene kam mir in den Sinn,
seine Bemerkung: »Hier war mir alles vertraut.«

Spätnachts fuhren Leichenwagen vor. Wir hatten uns voneinander gelöst, einige weinten, andere, auch ich, waren unfähig,
eine Regung zu zeigen. Gegen vier Uhr ging ich nach Hause. Ich
fand keinen Schlaf. Um sechs Uhr morgens schaltete ich die
Nachrichten auf Bayern 3 ein. Der Sprecher berichtete, sieben
Menschen seien bei dem Brand ums Leben gekommen. Unter

ihnen war, wie ich später erfuhr, auch Siegfried Offenbacher, der 1945 in München »hängen geblieben« war.

Die Ursache des Feuers war Brandstiftung. Ein Benzinkanister war im Treppenhaus gefunden worden. Die Täter wurden nie gefasst.

Deutschlands Synagogen wurden fortan scharf bewacht. Die Deutschen wollten jüdische Gotteshäuser nie wieder brennen sehen – die Juden trauten diesem Versprechen. Sie blieben in Deutschland. Nach dem Zusammenbruch der Sowjetunion wanderten mehr als 100 000 Juden aus den GUS-Ländern hierzulande ein. Sie wurden als Kontingentflüchtlinge aufgenommen. Doch bei jenen Hebräern, die wie ich nach dem Krieg wieder ein brennendes jüdisches Gemeindehaus sahen und die Opfer kannten, ist eine Narbe der Trauer geblieben.

6

In den letzten beiden Halbjahren kam es im Münchenkolleg zu Ereignissen, die meine Schülerexistenz gefährdeten. Dies veranlasste mich zu einer niederträchtigen Aktion, die ich mir bis heute nicht verzeihen kann.

Alles begann fröhlich, sinnlich, zeitkonform. Seit Sommer 1968 gehörte der Genuss von Haschisch, LSD und anderen Drogen zum vermeintlich freien und modernen Lebensgefühl jüngerer Menschen und solcher, die sich als Intellektuelle empfanden. In manchen Münchner Kneipen wie etwa der »Münze 7« am Hofbräuhaus wurde dermaßen gekifft, dass man durch den graublauen Haschnebel die Anwesenden kaum erkannte. Auf den Liegewiesen des Englischen Gartens, am Eisbach, aber auch im Umfeld des Monopteros' war kiffen weithin verbreitet. Die patrouillierenden Polizeistreifen nahmen daran wie an gelegentlichen »Bullen«-Rufen keinen Anstoß – die Münchner Polizei war nach ihren Übergriffen während der Schwabinger Krawalle 1962 von Psychologen auf Deeskalation getrimmt worden.

Bislang hatte ich mich der Kifferei entzogen, nicht weil ich etwas dagegen hatte – das wäre damals keinem »aufgeschlossenen« Menschen in den Sinn gekommen –, sondern weil mir das Zigarettenrauchen schlicht nicht schmeckte und ich vom Haschen

Ähnliches annahm. Unterdessen begann Marihuana in unserer Klasse die Runde zu machen. Bei einem mittäglichen Treffen in der Wohnung eines Kollegiaten überredete mich dieser, einen Joint zu testen. Wie ich vermutet hatte, schmeckte das Kraut noch schlechter als gewöhnlicher Tabak. Doch nach wenigen hustenreizerzeugenden Lungenzügen stellte sich bei mir ein wohliges Empfinden der Wurstigkeit ein. Ich bat um einen weiteren Joint. Die Feststellung des Gastgebers: »Der Rafael ist auf den Geschmack gekommen«, stimmte. Ich fühlte mich hervorragend, und so erwarb ich für zehn Mark einen in Stanniolpapier verpackten Vorrat »reinen Afghanen«, den mir der lachende Verkäufer mit dem Hinweis aushändigte: »Davon kannst du kiffen, soviel du willst, das Zeug macht null abhängig. Du weißt ja: ›High sein heißt frei sein!‹« Beschwingt manövrierte ich durch den Schwabinger Straßenverkehr nach Hause.

Daheim erfuhr ich mit der ungewollten Teilnahme meiner Mutter das volle Ausmaß der wohltuenden Wirkung meiner neuen Droge. Hannah zeterte: »Du hast die Pflicht, mich zumindest telefonisch zu verständigen, dass du zu spät kommst. Ich muss wissen, wann du wieder zu Hause bist, damit ich dir rechtzeitig das Essen zubereiten kann.« Für gewöhnlich hätte ich mich über ihre Bevormundungsversuche aufgeregt. Das wäre für sie der Anlass zu einer scharfen Zurechtweisung gewesen, welche wiederum mich erzürnt hätte ... Der Haschrausch indessen bewirkte, dass ich Hannahs Gemecker als heitere Empfangsmusik empfand. Meine unverhoffte Gelassenheit reizte Mutter, mich anzuschreien – als ich auch darauf mit Gleichmut reagierte, beruhigte sie sich allmählich und wollte erfahren, was meine Gemütsruhe bewirke. Eine gute Klassenarbeit etwa? »Nein. Hasch. Du solltest auch kiffen, dann wirst du weniger keifen.«

Ihr Geschrei über Rauschgift und Drogenabhängigkeit amüsierte mich ebenso wie die Drohung, dies Vater und der Polizei zu melden. Nach dem Mahl legte ich mich schlafen. Als ich am frühen Abend erwachte, hatte ich anders als nach einem Alkoholrausch keinen schweren Kopf und keine niedergedrückte Stimmung. Ich fühlte mich im Gegenteil leicht und beschwingt, und so beschloss ich am folgenden Tag, mir ein Pfeifchen zu besorgen, damit ich mir den Stoff ohne lästigen Tabak zuführen konnte.

In den folgenden Wochen sprach ich häufig dem Hasch zu. Stets stellte sich eine beschwingte Laune ein. Besonders angenehm war ein Pfeifchen in Verbindung mit Cognac. Die Stimmung regte mich zum Zusammenstellen von Collagen an – ich fühlte mich wohl und frei. Allmählich musste ich mir jedoch eingestehen, dass Haschisch Nebenwirkungen hervorrief. In Latein misslang mein bisheriger Balanceakt, mit relativ wenig Lernaufwand eine tragfähige Note zu erzielen. Während der Prüfung fiel es mir schwer, den Aufgaben die notwendige Aufmerksamkeit zu widmen. Ich schrieb dies meiner prinzipiellen Abneigung gegen das Fach und unseren Lateinlehrer zu. Meine letzte Schulaufgabe im vierten Semester wurde mit einer 5 benotet. Ich machte mir zunächst keine großen Sorgen, da die vorhergehende Klausur »ausreichend« bewertet worden war. In den übrigen Fächern hatte ich bis dahin gute und befriedigende Leistungen zu verzeichnen. So absolvierte ich die Probeklausur vor der letzten Englisch-Schulaufgabe mit einer 1. Das ließ mich meine aufkeimenden Bedenken gegen meinen Haschkonsum beiseiteschieben. Ich empfand Selbstgewissheit, schmauchte abends zwei Pfeifchen und lauschte den Songs der Rolling Stones.

Am folgenden Morgen erwachte ich frisch und gut gelaunt. Während der Englischklausur war ich jedoch unfähig, mich zu konzentrieren. Ich zog mich an den Ohren, patschte so unauffällig wie möglich meine Wangen, doch die Versuche, meinen Verstand zur Klarheit zu zwingen, blieben vergeblich. Mein gutes Kurzzeitgedächtnis, das bei jeder Nacherzählung die Texte fast wortwörtlich abspeicherte und mir anschließend wiedergab, verweigerte mir seinen Dienst. Für gewöhnlich wäre ich in einer derartigen Situation in Panik geraten. Das ausgeschüttete Adrenalin hätte meine Konzentrationsfähigkeit erhöht, das ermöglichte mir vielfach, bei Klausuren im letzten Moment mit einem blauen Auge davonzukommen. Statt rettender Angst empfand ich ein Gefühl der Wurstigkeit.

Schließlich gab mein müdes Gedächtnis einige Satzbrocken frei, die ich zu Papier brachte. Ich hatte in der Prüfung versagt. Nach der Schule fuhr ich an die Isar und marschierte über den Flaucher vorbei am Tierpark nach Grünwald. Während der Wanderung wurde mein Kopf allmählich klarer. Ich gestand mir ein, dass die Fehlleistung meiner Kifferei geschuldet war. Durch

High-Sein mochte ich vom Gezeter meiner Mutter frei sein, doch Münchenkolleg und Hasch gingen nicht zusammen.

Im Weitergehen wurde mir bewusst, dass es unter Umständen für meine Reue zu spät war. In Englisch war ich mit einer 3- vorbenotet, eine 6 in der letzten Klausur konnte eine 5 als Endnote zur Folge haben. Falls ein Mangelhaft in Latein hinzukam, hätte ich zwei 5er im Zeugnis. Das bedeutete: sitzen bleiben. Die Prüfungen waren bereits geschrieben. Der Entschluss, fortan nicht mehr zu haschen, um mich besser konzentrieren zu können, hatte also keinen Einfluss mehr auf meine Noten. Die einzige Möglichkeit, das Schlimmste zu verhindern, waren Gespräche mit den Lehrern. Da die Englisch-Schulaufgabe noch nicht korrigiert war, musste ich mit unserem Lateinlehrer reden.

Das Lehramt war Friedrich Jenaczek, anders als den meisten seiner Kollegen an unserer Schule, notwendiger Brotberuf. Sein Unterricht zielte darauf ab, uns die Klarheit des Lateinischen näherzubringen und auf die gegenwärtigen »Sünder wider eine saubere Sprache und Grammatik« aufmerksam zu machen. Journalisten galten dem Pädagogen, der sich als Adept von Karl Kraus empfand, ebenso wie diesem als Schreibsklaven. Als ärgste »Sprachverluderer« und »geistige Schüler des Joseph Goebbels« prangerte Jenaczek die Chefredakteure von »Stern« und »Spiegel«, Henri Nannen und Rudolf Augstein, an.

Dagegen protestierte ich als passionierter »Spiegel«-Leser. Zudem missfiel mir der elitäre Rigorismus Karl Kraus'. Ich hatte auf Jenaczeks Hinweis das Werk »Die letzten Tage der Menschheit«, aber auch eine Sammlung von »Fackel«-Beiträgen gelesen. Kraus' beißende Kritiken in der Zeitschrift »Die Fackel« waren entlarvend, schossen jedoch oftmals über das Ziel hinaus und waren von Polemik und Selbstgerechtigkeit diktiert, etwa die pauschale Desavouierung von Freuds Psychoanalyse. Und gegenüber den schlimmsten Feinden der Freiheit und Menschlichkeit versagte Karl Kraus vollständig.

1932, während sich die Nazis in Deutschland anschickten, die Republik von Weimar zu zerstören und die Macht zu übernehmen, als jede Stimme und jedes Presseorgan im Kampf gegen sie dringend gebraucht wurde, flüchtete sich der Polemiker in die Klassik. Er übersetzte die Sonette William Shakespeares. Fortan unterstützte Kraus den klerikalen österreichischen Diktator Engelbert Dollfuß, der Arbeiter in Wien niederkartätschen ließ. 1934 ermordeten die Nazis Dollfuß. Karl Kraus würdigte ihn. »Zu Hitler« wollte Fackel-Kraus »nichts einfallen«. Dies sei die Feigheit des Intellektuellen, erklärte ich offen. Jenaczek, der keine Kritik an Kraus zulassen mochte, empfand mein Urteil als »anmaßend ... arrogant ... frech«.

Während des Unterrichts kam es wiederholt zum Streit zwischen uns. Wichtiger als die Beurteilung des Wiener Publizisten war mir, durch das Kundtun meiner Meinung eine Auseinandersetzung mit Jenaczek zu provozieren, die einen Großteil des Lateinunterrichts einnahm. Jenaczek war dermaßen von seiner Kraus-Mission durchdrungen, dass er meiner Herausforderung erlag. Geflissentlich übersah er meine erhobene Hand, doch schließlich ließ er mich zu Wort kommen, um statt der Übersetzung eines lateinischen Satzes eine Frage nach den Gründen für Kraus' Hitler-Abstinenz zu hören. Was Jenaczek pawlowesk zu einem Rechtfertigungsmonolog nötigte, an dessen Ende ich einwandte, den Nazis wäre nur mit brachialem Widerstand Einhalt zu gebieten gewesen. Nun replizierte der Lehrer, das »deutsche Unglück« habe »mit dem Reaktionär Bismarck seinen Lauf genommen«. Da ertönte der Gong. Jenaczek hatte gerade noch Zeit, uns eine Hausübung aufzunötigen, ehe er das Klassenzimmer verließ.

Unentwegt stellte ich die Kraus-Falle auf, in die Jenaczek zwangsläufig hineinlief. Aufgrund meiner Sabotagetaktik, meiner in seinen Ohren ignoranten Einstellung und meiner offensichtlich ungenügenden Lateinkenntnisse zog ich mir zunehmend Jenaczeks Missfallen zu. Nun aber war ich seiner Gnade ausgeliefert. Ich musste mit ihm sprechen – mir war jedoch bewusst, dass ich von einem Mann, der einen Hammer nicht als Werkzeug, sondern als »Waffe« ansah, kaum Nachsicht zu erwarten hatte.

Am folgenden Tag bat ich Jenaczek nach dem Unterricht um eine kurze Unterredung. Dabei wollte er meine Frage, mit welcher Lateinnote ich zu rechnen hätte, nicht beantworten. Als ich insistierte, meinte der Lehrer, ich sollte die Tendenz meiner schriftlichen Leistungen und meiner Beiträge zum Latein-Unterricht würdigen, nicht aber die »belanglosen allgemeinen Diskussionen an dessen Rande«. Dann wüsste ich, was mich erwarte.

Jenaczeks Bemerkung verhieß eine 5. Gekoppelt mit dem Resultat der Englischprüfung, würde dies das Scheitern meiner Schulpläne bedeuten. Das war kein Würde-Konjunktiv, sondern ein Sein-Infinitiv. Die Panik, die ich in meinem Hasch-Hangover während der Englischklausur herbeigesehnt hatte, stellte sich nun prompt ein. Was konnte ich tun? Ich ahnte, dass die aussichtsreichste Möglichkeit, mein Scheitern abzuwenden, darin bestand, Mutter gegen Jenaczek ins Feld zu führen. Hannah hatte einen härteren Willen als ich und besaß damit die größere Überzeugungskraft. Damit lieferte ich mich Mutters Gnade aus, die meine Weiterbildungspläne vehement abgelehnt hatte.

Wie erwartet, wiederholte Hannah ein ums andere Mal, dass sie recht behalten habe. Ich tauge nicht für eine höhere Bildung, mir fehlten Fleiß und Strebsamkeit. Durch meine Rauschgiftabhängigkeit, vor der sie mich eindringlich gewarnt habe, wäre ich endgültig gescheitert. Nun, da alles verloren sei, würde ich mich an sie wenden, damit sie die heißen Kartoffeln aus dem Feuer hole.

»Genau so ist es. Mir bleibt nichts übrig, als dich um diesen Liebesdienst zu bitten, Mama.«

»Das kommt nicht in Frage.«

Es kam in Frage. Ich wusste, dass Hannah danach gierte, mir zu beweisen, dass allein sie in der Lage war, mein Versagen zu verhindern. So erklärte sie sich endlich bereit, zu Jenaczek zu pilgern, um Pardon für mich zu erbitten. Als ich meine 148 Zentimeter kleine entschlossene Mutter betrachtete, packte mich die Angst von neuem. Wenn Jenaczek die störrische Hannah mit meinem Widerspruchsgeist gleichsetzte und ihr Ansinnen verwarf, war mein Unterfangen gescheitert. Meinen nachgiebigen Vater zu ihm zu schicken war sinnlos. Ich hatte nur einen Versuch, der über meine schulische Karriere, ja mein Leben entscheiden würde. Da durfte ich keine Sentimentalität üben. Ich kannte einen Königsweg zu Jenaczeks Gemüt. Aus Respekt hatte ich ihn bislang nie beschritten. Meine verzweifelte Lage bewegte mich, nun meine Skrupel beiseitezulassen und eine unverzeihliche Niederträchtigkeit zu begehen.

Ich instruierte Mutter, wie sie vorzugehen hatte, um mein Ziel zu erreichen. Ihren Einspruch, sie wisse am besten, wie sie mit Menschen fertig werde, wischte ich beiseite: »Bei Jenaczek scheint nur eins zu wirken. Sein Hass gegen die Nazis. Uns kann er alles vorwerfen, nur das nicht. Wenn nichts mehr hilft, musst du ihn auf unser schweres Los als Juden ansprechen und ihn um seine Solidarität bitten ...« »Nein!«, rief Hannah. »Diese Verbrecher haben meine Geschwister und ihre Kinder massakriert. Und jetzt soll ich zu ihnen kriechen und sie um Gnade anwinseln, weil mein eigenes Kind ein Faulpelz ist?! Niemals! Es geht dir nur um dich, du skrupelloser Egoist!« Ihr Urteil war zutreffend. Und ich spürte ihren Schmerz. Dennoch wusste ich, dass sie zu Jenaczek gehen und alles versuchen würde, um meinen Kopf aus der Schlinge zu ziehen.

Am folgenden Nachmittag berichtete mir Hannah gefasst, wie sie ein ums andere Mal versucht habe, Jenaczek zu bewegen, mir die rettende Vier zu gewähren. Doch der habe wiederholt verneint. Sein Gewissen erlaube es ihm nicht, meine fallenden Leistungen als ausreichend zu belohnen. »Er war unbeweglich wie ein Fels.« Erst als kein Argument und keine Bitte geholfen habe, »musste ich ihm sagen, dass wir als Juden durch die Nazis furchtbar gelitten haben ... weiter bin ich nicht gekommen.« Jenaczek habe ihr versichert, er hätte nicht gewusst, dass ich Jude sei, nun verstehe er meine unabhängige, kritische Haltung. »Blödsinn! Du bist ein Widerspruchsgeist ...«, flocht Hannah ein, ehe sie fortfuhr. Der Lateinlehrer habe die »unwürdige Debatte« abgebrochen und ihr versprochen, dass sie sich keine Sorgen um mich machen müsse.

»Ich bin ein Lump!«, entfuhr es mir. »Unsinn!«, widersprach Hannah. »Du hast dich durch deine Faulheit und deine Rauschgiftsucht in eine ausweglose Lage manövriert. Als nichts mehr half, bist du zu mir gekommen, weil du weißt, dass du dich immer auf deine Mutter verlassen kannst. Lass dir das eine Lehre sein. Lerne in Zukunft, statt mit schlechtem Gewissen herumzulaufen!«

Ich warf meinen Haschvorrat weg und lernte fortan zielstrebig. Bis heute kann und will ich mein unwürdiges Verhalten nicht verwinden. Ich nahm mir vor, nie wieder das jüdische Leid zu meinen Gunsten einzusetzen.

Meine größere Ernsthaftigkeit blieb meinen Mitschülern nicht verborgen. Wenige Wochen nach meiner Manipulation trat Jürgen Geers als Klassensprecher zurück. Die Position wurde mir angetragen. Meine Noten waren schlecht, und ich hatte soeben mitbekommen, wie wichtig es war, meine Aufmerksamkeit auf den Schulerfolg zu fokussieren.

Mich drängte es, die Interessen meiner Mitschüler zu vertreten, nachdem ich meinen Egoismus gegenüber dem Lateinlehrer missbraucht hatte. So nahm ich die einstimmige Wahl an. Ich fragte mich, ob man ein Lump sein musste, um von den anderen respektiert zu werden.

7

Das vierte Semester neigte sich dem Ende zu. Meine Englischschulaufgabe wurde mit einer Fünf benotet, so dass sich Hannahs Intervention als überflüssig erwies. Ein schlechter Schüler darf sich durch eine Latein-Fünf nicht beeindrucken lassen. Nun setzte ich meine Energie daran, möglichst viele der gefährdeten Schüler vor dem Durchfallen zu bewahren. Dabei entdeckte ich, dass meine bisherigen Wege der direkten Konfrontation und der lustvollen Provokation kontraproduktiv waren. Um einen Lehrer zu bewegen, von einer Zensur abzulassen, die das Schicksal eines Schülers besiegeln würde, bedurfte es diplomatischer Fähigkeiten: Einfühlungsvermögen, Takt und Überredungskunst. Machte ich mich dagegen über die Kleinkariertheit, die Sturheit, das mangelnde Mitgefühl einzelner Pädagogen oder über die erbarmungslose Rechtschaffenheit und Spießigkeit unseres Direktors Josef Maisch lustig und verhöhnte sie gar, dann mochte ich die Verblüffung und den Ärger des Lehrkörpers genießen, doch dies ginge zu Lasten der Gefährdeten. So lernte ich, die möglichen Spielräume der Lehrer, die am Münchenkolleg prinzipiell, doch keineswegs ausnahmslos das Fortkommen der Lernenden zu unterstützen bereit waren, zu nutzen. Dabei erkannte ich ein Manko meiner deutschen Erziehung. Es fiel mir leicht und verschaffte mir Genugtuung, meinen Klassenkameraden zu helfen. Andererseits hemmte mich meine andressierte Bescheidenheit, mich gleichermaßen für meine eigene Person einzusetzen. Der Talmud-Spruch »Wenn ich selbst mir nicht beistehe, wer dann?« kam mir in den Sinn.

Es glückte mir, eine Reihe versetzungsgefährdeter Mitschüler vor dem Absturz zu bewahren. Ich genoss eine freie Woche. Danach rechnete ich mit vier Wochen intensiver Stoffwiederholung, ehe es mir und meinen Klassenfreunden gelingen würde, endlich die Reifeprüfung zu erlangen.

Zu Beginn des neuen Semesters teilte uns Direktor Maisch mit, dass Ingrid Rohn ab sofort anstelle von Herrn Timmermann unsere Deutschlehrerin sei. Am folgenden Tag sprach Frau Rohn mich auf dem Gang an und wollte mit mir eine Reihe von Unterrichtsusancen klären. Doch ich bekam nichts davon mit, denn ich verliebte mich mit voller Wucht in die Lehrerin. Sie war eine gut aussehende Frau. Ihre braunen Augen und die dunkle Stimme nahmen mich augenblicklich gefangen. Ich war unfähig, einen zusammenhängenden Satz hervorzubringen. Die Germanistin mochte mich für sprachgestört oder gehemmt halten. Ihr gegenüber stimmte beides. Ich stammelte etwas und ging davon.

In den folgenden Wochen wurde ich von meiner Verliebtheit überwältigt. Ständig begleiteten mich Rohns Blick und der Klang ihrer Stimme, ihre Bewegungen. Als Klassensprecher hatte ich tagtäglich mit ihr zu tun. Es gelang mir, eine anfängliche lähmende Befangenheit abzustreifen und in vollen Sätzen mit Frau Rohn zu sprechen. Ich war indessen zu schüchtern, ein persönliches Wort an sie zu richten oder gar zu versuchen, mich mit ihr zu verabreden. Stattdessen nutzte ich im Unterricht jede Gelegenheit zu Auseinandersetzungen mit der geliebten Frau. Rohn durchschaute meine Befindlichkeit und suchte das persönliche Gespräch. Sie bat mich in ihre Wohnung nach Schwabing.

Angespannt folgte ich ihrer Einladung. Mein ganzes Wollen war darauf gerichtet, sie zu umarmen. Doch mir fehlte der Mut. Selbst einen Flirt wagte ich nicht. So nahm ich ihre Mahnung hin, ihren Unterricht nicht zum Schlachtfeld einer persönlichen Auseinandersetzung zu machen und ihn so zu sabotieren. Stattdessen könnte ich mich jederzeit mit all meinen Anliegen direkt an sie wenden. Ich hätte dies als Ermutigung auffassen können, doch ich spürte, dass ich der reiferen Frau nicht gewachsen war. Ich fühlte mich mit allen Sinnen zu ihr hingezogen, gleichzeitig fürchtete ich, von ihr abgewiesen zu werden. Die Angst raubte mir jede Tatkraft.

Jahre später las ich eine Kurzgeschichte Milan Kunderas, in der eine erfahrene Frau einen unbedarften verliebten Jüngling nicht erhört. Als eine Freundin die Begehrte fragt, warum sie den ihr durchaus angenehmen jungen Verehrer nicht ermutigt habe, entgegnet diese: »Weil seine Angst größer ist als seine Liebe.«

Die Unfähigkeit, meinem Verlangen zu folgen, lähmte meine Spannkraft. Am nachhaltigsten in der Schule. Ich war auf die Ersehnte fixiert und daher unfähig, mich auf den Lernstoff zu konzentrieren. Im Unterricht mochte das noch hingehen – in den Prüfungen war das Ergebnis eine Kaskade des Versagens.

In meinem Lieblingsfach Geschichte reichte es gerade noch zu einer 4. Mit der gleichen Zensur bewertete die angehimmelte Deutschlehrerin gnadenhalber mein zusammenhangloses Geschreibsel als Aufsatz, dem sie »überaus komplexe Gedanken« apostrophierte. In Physik fiel ich von »gut« auf »ungenügend« zurück. Das gleiche fatale Ergebnis erzielte ich nacheinander auch in Englisch und Mathematik. Am Ende der Mathe-Schulaufgabe wusste ich, dass ich erneut eine 6 eingeheimst hatte. Dazu bedurfte es keiner Bestätigung. Danach hielt mich nichts mehr in der Schule.

8

Ich setzte mich in meinen alten Käfer und fuhr nach Ichenhausen. Ich passierte das einstige Haus unserer Familie und steuerte direkt den jüdischen Friedhof südlich des Ortes an. Ich überkletterte das verschlossene Tor. Der Gottesacker war zu einer Feld- und Parklandschaft verwildert, die von langen Reihen schwarzer Granitsteine durchzogen wurde. Hier waren bis Anfang des 20. Jahrhunderts Tote beerdigt worden. Unter ihnen war Heinrich Zwi Seligmann, der 1902 gestorben war. Ich suchte einen Stein und legte ihn am Grab meines Urgroßvaters ab. Danach arbeitete ich mich am alten Aussegnungshäuschen vorbei durch das schier undurchdringliche Gestrüpp am nördlichen Begrenzungszaun entlang. Ich wollte das Ausmaß des vierhundert Jahre alten Friedhofs erfahren. Nur langsam kam ich voran. Dies gab mir Gelegenheit, die Namenstafeln mancher Steine zu entziffern. Da entdeckte ich auf dem Sockel eines grauen Granitsteines in verwitterten gemeißelten Frakturlettern meinen Namen, Raphael Isaak Seligmann, gest. Siwan 5620. Von der Existenz dieses Grabes hatte ich nichts gewusst. Ich hatte die letzte Ruhestätte meines 1860 gestorbenen Ururgroßvaters gefunden – und hatte das Gefühl, vor meinem eigenen Grab zu stehen.

Mein Vorfahr hatte in einer von hergebrachten religiösen Gesetzen, Sitten und Werten bestimmten Welt gelebt. Mehr als hundert Jahre zuvor waren die Seligmanns mit den übrigen Juden aus dem schwäbischen Ort Thannhausen vertrieben worden. Nach einem Winter, den sie in den Wäldern Schwabens zubringen mussten, fand unsere Familie Asyl in der alten jüdischen Gemeinde Ichenhausen, die unter dem Patronat und der Abgabepflicht des Freiherrn von Stein stand. Raphael Isaak erfüllte wie die anderen Gemeindemitglieder seine Glaubenspflichten. Es kam ihm nicht in den Sinn, die tradierten Werte oder seinen Beruf zu hinterfragen. Ein Jude hatte Gottes Gebote zu befolgen und als Kaufmann die Existenz seiner Familie sicherzustellen. Erst elf Jahre nach Raphael Isaaks Tod, im Jahre 1871, erlangten Deutschlands Juden gesetzliche Gleichstellung. Danach wähnten sich die Hebräer endlich in ihrer deutschen Heimat angekommen. Gut sechzig Jahre später waren Juden hier wieder unerwünscht.

Hundertelf Jahre nach Raphael Isaaks Tod stand ich vor dessen Grab. Nach dem Völkermord konnten nur Narren oder Schwärmer von der Unverbrüchlichkeit der überkommenen Gesetze, Werte und Traditionen überzeugt sein. 1971 besaß ich kaum Gewissheiten. Ich kannte meinen Familiennamen. Mein Judentum heute bedeutet nicht mehr das selbstverständliche Befolgen der 613 Ge- und Verbote der Bibel. Doch ich glaube an Gott. Seit ich vier Jahre alt war, sprach ich allabendlich auf Hebräisch, wie mein Vater es mich gelehrt hatte, den Segen des Patriarchen Jakob für seine Enkel Ephraim und Menasse, die Söhne seines Lieblingssohnes Josef:

»Der Engel, der mich vor allem Üblem erlöse, dass durch sie und mein und meiner Väter Abraham und Isaak Namen fortleben, auf dass sie wachsen und sich vermehren auf Erden.«

Die 613 Gesetze dagegen waren mir zu dem Leitsatz des Propheten Hillel zusammengeschmolzen: »Was du nicht willst, das man dir tu, das füg auch keinem andern zu.« Daran bemühte ich mich zu halten. Das war und bleibt mein Judentum.

Ich sprach das Kaddisch, das Totengebet, eine Hymne an Gott:

»Erhoben und geheiligt werde Sein großer Name in der Welt, die

Er nach Seinem Willen erschuf. Sein Reich entstehe rasch in eurem Leben und in euren Tagen und dem Leben des ganzen Hauses Israel und sprecht: Amen.

Sein großer Name sei gepriesen in Ewigkeit. Gepriesen sei und gerühmt und verherrlicht und erhoben und erhöht und gefeiert und hocherhoben und gepriesen der Name des Heiligen, gelobt sei Er, hoch über jedem Lob und Gesang, Verherrlichung und Trostverheißung, die je in der Welt gesprochen wurde und sprecht: Amen.

Fülle des Friedens und Lebens vom Himmel mögen uns und ganz Israel zu Teil werden, sprecht: Amen. Der Frieden stiftet in seinen himmlischen Höhen, stifte Frieden unter uns und ganz Israel, sprecht: Amen.«

Nach dem erneuten Überklettern der Friedhofsmauer säuberte ich gemäß der Überlieferung meine Hände – als Symbol der Rückkehr ins Leben. Die Geschichte unserer Familie fortzusetzen war mir nunmehr eine Pflicht, die ich gerne erfüllen wollte. Diese Gewissheit erfüllte mich mit Energie.

9

Zuhause in München angekommen, setzte ich mich sogleich an meinen Schreibtisch. Die Verliebtheitsblockade der letzten Monate hatte weite Lücken in meinen Wissensstand gerissen. Doch ich war entschlossen, das Versäumte aufzuholen.

Nach dem Bekanntwerden meiner ungenügenden Zensuren in Mathe, Englisch und Physik legte mir Frau Rohn, die auch als unsere Klassenlehrerin fungierte, nahe, »das Semester abzubrechen« und mich im Abstand eines Jahres »in Ruhe und Besonnenheit erneut an die schulische Herausforderung zu machen«. Ihr wohlwollendes Mitleid kränkte mich und ließ meine Verliebtheit verblassen.

Ich kümmerte mich nun vermehrt um meine Aufgaben als Klassensprecher. Dabei stellte ich fest, dass in der Englischklausur des letzten Semesters außer mir mehr als die Hälfte der Mitschüler mit einer 6 zensiert worden war. So verfasste ich ein Rundschreiben an alle Klassen und ordnete unverzüglich während der Unterrichtszeit eine Vollversammlung aller Klassensprecher und ihrer Stellvertreter an. Die jeweiligen Klassenlehrer paraphierten das Schriftstück. Ein deutscher Beamter folgt seiner Unterschriftspflicht ungefragt. Kurz darauf traf ich mich mit den anderen Klassenvertretern im Versammlungsraum. Auf meinen Antrag hin wurde einstimmig beschlossen, diese Arbeit »wegen unzumutbarer Härte zu wiederholen«. Den signierten Beschluss unterbreitete ich unserem Direktor.

Josef Maisch war ungehalten über meine »Amtsanmaßung«: »Das Formulieren und Versenden von Rundschreiben obliegt allein dem Schulleiter.« Eine Wiederholung der Englischklausur sei ausgeschlossen. Ich besann mich auf meine neu angeeignete diplomatische Taktik. Freundlich, doch beharrlich verwies ich den Schulleiter auf die Folgen einer reihenweisen ungenügenden Benotung von Kollegiaten, die zuvor weitgehend befriedigende oder ausreichende Zensuren vorzuweisen hatten. Ließe man die 6er gelten, würde dies für die meisten das Ende ihrer Schulkarriere bedeuten. »Dies trifft vor allem auf Sie zu, Seligmann!«, wusste Maisch, der unterdessen meinen Schülerbogen durchgesehen hatte, was ihn zu der spontanen Frage veranlasste: »Was ist denn in letzter Zeit mit Ihnen los? Sie waren doch ein durchaus passabler Schüler, Seligmann. Und nunmehr plötzlich lauter 6er! Saufen Sie?« Der Pädagoge hinkte in seinem Rauschverständnis zwanzig Jahre hinter der Zeit her. Dennoch hatte der alte Pauker prinzipiell recht: Ich war berauscht – von meinen Gefühlen für seine Kollegin.

Ich zwang meine Gedanken zurück zum Gespräch. Dabei versicherte ich Maisch, dass ich mich vorübergehend nicht wohlgefühlt hätte, doch nun würde ich, ebenso wie meine Mitschüler, alles tun, um an die alten Leistungen anzuknüpfen. Trotz Maischs Ablehnung appellierte ich ein ums andere Mal an sein pädagogisches Verständnis. Es sei unnormal, dass die Mehrheit der Schüler mit »ungenügend« benotet würde. Als Maisch nachfragte, was ich unter »unnormal« verstünde, spürte ich, dass ich auf dem richtigen Weg war. Schließlich vereinbarten wir eine gemeinsame Sitzung – das Brot der Bürokratie – zwischen Englischlehrern und Schülervertretern. Dabei kamen wir nach mehrstündiger Aussprache zu dem Ergebnis, die Englischklausur wiederholen zu lassen. Ich empfand ein triumphales Gefühl. Erstmals in meinem Leben war es mir gelungen, mein Anliegen in einem Gremium durchzusetzen.

Meine Klassenkameraden beklatschten mich am nächsten Tag, als ich ihnen von dem Erfolg berichtete. Sie hatten, wie sich zeigen sollte, im Gegensatz zu mir Grund zur Freude. Denn als die Schulaufgabe eine Woche später wiederholt wurde, gelang es allen, sich zu verbessern – bis auf mich. Ich blieb auf meiner 6 sitzen. Das veranlasste mich erneut, meine Lage zu überdenken. Mit den gegebenen Noten war es objektiv richtig, das Semester abzubrechen. Und ein Jahr später erneut einen Abituranlauf zu wagen. Ich entschied mich bewusst dagegen. Ohne meinen Gesellenbrief würde ich als Hilfsarbeiter mein Geld verdienen müssen, auch bei Sewald. Der Chef würde mich zu einer Wiederholung der Gesellenprüfung drängen – dieses Mal würde ich seinem Ansinnen nicht widerstehen können, ohne vor ihm und nicht zuletzt vor mir selbst als Versager dazustehen. Nach einem Jahr Beruf erneut die Schulbank zu drücken war im Müko aussichtslos.

Ich war entschlossen, mir, meiner Mutter, die von meinem Scheitern auf dem zweiten Bildungsweg überzeugt blieb, sowie Ingrid Rohn, die vor Mitgefühl schier barst, zu beweisen, dass ich fähig war, mich aus einer schier aussichtslosen Situation zu kämpfen. Das Angebot Hannahs, mir Nachhilfestunden zu bezahlen, schlug ich aus. Aus meiner Mittelschulzeit wusste ich, dass ich allein die Aufgabenstellungen begreifen musste, um die Prüfungen zu bestehen. Nachhilfelehrer förderten lediglich meine Trägheit. Ähnliche Erfahrungen machte ich später mit meinen Kindern. Entscheidend sind Konzentrationsfähigkeit und Entschlossenheit des Schülers.

An Entschlossenheit mangelte es mir nicht länger. So brachte ich es fertig, binnen eines Monats meine Physikzensur von 6 auf 1 zu verbessern. Doch dieses Kunststück ließ sich nicht beliebig wiederholen. In Englisch und in Mathe konnte ich mich lediglich um zwei Notenstufen auf 4 steigern, so dass ich in diesen Fächern mit mangelhaften Zensuren das fünfte und letzte Semester beendete. Daraufhin legte mir Rohn erneut nahe, die Klasse zu wiederholen. Das war mir zu viel Rücksichtnahme. Gelänge es mir, mich im Abitur lediglich in einem Fach um eine Note zu verbessern, dann erlangte ich die Hochschulreife.

Nunmehr übte ich täglich acht Stunden Infinitesimalrechnung, paukte englische Grammatik und Vokabeln. Danach traf ich mich mit meinen Freunden Helmut und Jack zum Kickern und Flippern. Haschisch und Alkohol, selbst das bajuwarische Grundnahrungsmittel Bier, mied ich. Eines Abends tauchte meine ehemalige Freundin Lea auf. Ich war wie ehedem angetan von ihrem Äußeren und ihrem angenehmen, unaufdringlichen Wesen. Mir schmeichelte, dass sie offenbar noch immer in mich verliebt war. Wir fuhren gemeinsam nach Schwabing, flirteten. Warum hatte ich es nicht gewagt, Ingrid Rohn einzuladen und mit ihr zu tändeln? Wohl weil sie meine Lehrerin war und zudem ein Dutzend Jahre älter als ich. Auch ich blieb ein Gefangener der hergebrachten Werte. Indessen wollte Lea geküsst werden. Als ich es tat, versuchte ich, mir Ingrid Rohn aus den Augen zu wischen und den Klang ihrer Stimme zu überhören.

Der Versuch misslang. Vor einigen Jahren erlebte ich Ingrid Rohn als ältere Dame mit leicht zitternder Stimme und betrauerte ihr und mein Alter. Selbst heute empfinden meine Sinne noch die Eindrücke von einst, bedauere ich, es nicht gewagt zu haben.

Im Sommer 1971 schrieb ich meinen Abituraufsatz. Der Freistaat Bayern erheischte idealistische Besinnung auf die bevorstehenden Olympischen Spiele. Die Überzeugung, dass drei Dutzend Jahre nach den Hitler-Spielen in Berlin die Menschen und die nationale Gemeinschaft dieses Landes geläutert waren. Ich gab dem Kultusministerium und Rohn, was sie Staatstragend-Kritisches von mir erwarteten, um der Hochschulreife ein Stück näher zu kommen. Danach erbrach ich mich. Zu viel Gutes war von mir erwartet worden, das hatte mir den Magen verdorben.

11

Am nächsten Vormittag wehte ein warmer, euphorisierender Föhnwind. Ich fuhr in den Englischen Garten. Von einer Wiese unweit des Chinesischen Turms starrte ich in den wolkenlosen azurblauen Himmel. Ich genoss Momente der Gedankenlosigkeit. Ab dem nächsten Morgen würde ich mich weiter auf die Prüfungen in meinen kritischen Fächern Englisch und Mathe vorbereiten.

Zwei junge Frauen näherten sich dem Ahornbaum, unter dessen weiter Laubkrone ich saß. Eine war schlank, die andere hatte eine weibliche Figur. Sie plauderte und lachte mit klangvoller Stimme. Die zwei ließen sich in meiner Nähe nieder. Die Lachende mit den blitzenden dunkelblauen Augen fesselte meine Aufmerksamkeit. Ich musste die Fröhliche kennenlernen. Noch nie hatte ich eine mir unbekannte Frau angesprochen. Ich durfte nicht die gleichen Fehler wie bei Frau Rohn begehen. Schließlich wagte ich die wenigen Schritte zu den beiden.

»Du hast mich im Englischen Garten angesprochen. Du hast mich gefragt, ob ich mit dir nach Griechenland fahre. Und ich antwortete ja … ja. Und daraus wurde eine Freundschaft und eine Liebe, die bis heute währt«, schrieb Ingrid auf einer Glückwunschkarte, die sie mir drei Dutzend Jahre später aus Anlass meines 60. Geburtstages in die Hand drückte.

Ingrid Renks Ungezwungenheit überwand sogleich meine angespannte Schüchternheit. Sie erzählte munter, dass sie erst vor kurzem nach München gezogen sei, um eine Stellung bei einer Bank anzutreten. Ich berichtete von meinen bevorstehenden Prüfungen. Wir waren uns einig, dass wir einander wiedersehen wollten. Allerdings vereinbarten wir eine zweiwöchige Karenzzeit, in der ich mit aller Intensität lernte. Ich durfte nicht scheitern – um Ingrid, an die ich nun ständig denken musste, nicht zu enttäuschen. Während der Klausuren war ich ruhig und arbeitete konzentriert. Ich bestand das Abitur.

Liebe

1

Nach der Matheprüfung holte ich Ingrid von ihrer Bank in der Ludwigstraße ab. Wir schlenderten in den nahen Englischen Garten, wo ich ihr unter unserem Kennenlernbaum einen Kuss auf die Wange drückte. Später aßen wir Spaghetti im »Bologna« in der Leopoldstraße, ehe wir in die Kneipe »Meine Schwester und ich« in der Türkenstraße weiterzogen. Mit Ingrid war das Flirten ein Plaudern und umgekehrt. Ich badete in ihren fröhlichen Puppenaugen. Das Verliebtsein in Ingrid Renk war leicht und beschwingt und schmerzte nicht wie zuvor bei der anderen Ingrid. Unvermittelt nahm ich ihre Hand in die meine und fragte sie, ob sie mit mir nach Griechenland reisen wolle. Das Vorhaben flog mich an. Ich wollte mit Ingrid zusammen sein – ständig und überall. Ingrid zögerte kurz, darauf war sie am ersten Abend nicht gefasst gewesen. Sie sah mich unsicher an, dabei zog sie ihre Hand aus der meinen. Als sie meine fragende Miene bemerkte, meinte sie: »Ich mag dich, Rafael. Ich fahre gerne mit dir nach Griechenland – aber ich kenne mich mit Zärtlichkeit nicht aus ...« Sie hielt inne, um nachzusetzen: »... doch prüde bin ich nicht.«

Unsere erste gemeinsame Unternehmung war eine Eselei, die allein der abgerichtete Sohn einer jiddischen Mamme ersinnen konnte. Ich lud Ingrid ein, gemeinsam meine Mutter, die zur Kur in Bad Mergentheim weilte, zu besuchen. Auf der Fahrt von München nach Franken kamen mir Bedenken. Hannah hatte sich zwar mit dem Dasein in Deutschland abgefunden, doch nach wie vor hasste sie die Deutschen. Ähnlich guten Antisemiten hatte auch Hannah ihre Hofdeutschen, etwa Erich Sewald, ansonsten aber blieb sie unversöhnlich. Je näher die Begegnung rückte, desto deutlicher spürte ich, dass Hannah Ingrid nicht akzeptieren würde, ja, dass sie diese angehen würde. Als ich Ingrid auf Mutters »Unberechenbarkeit« aufmerksam machte, zerschellten meine Bedenken an der Unbefangenheit der Gefährtin. Sie komme »prima mit fast allen Menschen zurecht«. Nur – Mutter war eben nicht fast alle. »Sie sind keine Jüdin!«, stellte Hannah unvermittelt fest und setzte Ingrid sogleich über ihre Absicht ins Bild. »Meine Familie ist von den Deutschen fast vollständig ermordet worden. Deshalb werde ich nie erlauben, dass mein Rafi sich mit einer Deutschen befreundet. Niemals! Und schon gar nicht, dass daraus eine ernsthafte Beziehung wird. Schlagen Sie sich das aus dem Kopf, Fräulein …« Ingrid erstarrte. Der mitgebrachte Blumenstrauß sank in ihrer Hand. Nachdem es mir gelungen war, meinen aufsteigenden Jähzorn gegen Mutter hinunterzuwürgen, ergriff ich Ingrids Hand und wollte sie wegführen. Da befahl Mutter: »Du bleibst hier, Rafi!«

»Erst, wenn du dich bei Ingrid entschuldigst!«

»Das werdet ihr nie erleben! Nie! Das bin ich meiner erschlagenen Familie schuldig!«

Wiederum hielt Hannah Wort.

2

Unsere Verliebtheit, Ingrids ausgeglichenes Naturell und meine Befreiung vom Schuldruck schenkten uns eine Zeit der Unbefangenheit, die alle Anwürfe, selbst Mutters Kränkung und die darin enthaltene Drohung scheinbar an uns abperlen ließ. Wir ahnten nicht, dass Bosheit ein schleichend wirkendes Gift ist, das erst nach geraumer Zeit seine nachhaltige Wirkung entfaltet.

In den folgenden Wochen waren Ingrid und ich damit beschäftigt, uns kennenzulernen. Ich begann die Bedeutung des biblischen Ausdrucks »sich erkennen« zu verstehen. Das bedeutet weit mehr als Sex, auf den wir in einer verklemmten Gesellschaft fixiert waren. Ingrid war mit einer stabilen Psyche gesegnet – doch sie besaß eine empfindsame Seele. Das wurde mir erstmals deutlich, als Ingrid nach einem Wochenendbesuch bei ihrer Familie in Egestorf zunächst »einen Tag für sich« brauchte und bei unserer anschließenden Begegnung ungewohnt verschlossen wirkte. Meine Zärtlichkeiten prallten an ihr ab. Auf meine Fragen nach dem Grund ihres veränderten Verhaltens brach es mit einem Mal aus der Freundin heraus: »Deine Mutter hat recht! Als ich zuhause von dir erzählte und meine Mutter erfuhr, dass du Jude bist, sagte sie, das ist Rassenschande!« Tränen schossen in ihre Augen. »Rassenschande! Nach alldem, was passiert ist, denkt sie noch immer wie ein Nazi!«

Ich versuchte Ingrid zu beruhigen. Meinte, wir dürften uns nicht von dem Gerede der Alten niederwerfen lassen. Doch sie war dermaßen verstört, dass sie keinem Argument zugänglich war. Ingrid wurde glauben gemacht, auf unserer Verbindung liege kein Segen. Unsere Eltern würden nicht ruhen, ehe sie unsere Beziehung zerstört hätten. »Nein!«, bestimmte ich. Wir dürften ihnen nicht erlauben, unsere Liebe auszulöschen. Ingrid fragte: »Ist das Liebe? Ist es nicht nur Trotz – gegen unsere Eltern?« Obgleich ich wusste, dass man gegen Angst kaum argumentieren kann, meinte ich: »Wir haben uns nicht aus Trotz kennengelernt. Sondern weil wir uns von Anfang an gemocht haben. Da dachte keiner von uns an unsere Eltern. Darum dürfen wir ihrem Hass nicht nachgeben.«

Wir überwanden unsere Kränkung und gewannen wieder Raum, unsere Gefühle füreinander zu öffnen und zu entwickeln. Die geplante Griechenlandreise beschäftigte uns. Wir würden mit meinem Auto über die Alpen entlang der Adriaküste bis zum Stiefelabsatz Italiens nach Brindisi fahren. Von dort wollten wir mit der Fähre nach Patras übersetzen und uns danach in Griechenland umtun. Das notwendige Geld verdiente ich durch Jobben bei Sewald. Der Chef beschäftigte mich gerne als Hilfskraft. Er ließ mich seine Enttäuschung spüren, dass ich nicht zumindest die Gesellenprüfung absolviert hatte, »dann hätt ich dich besser bezahlen können!«. Ich verzichtete auf die Entgegnung, dass ihm dies auch ohne Gesellenbrief freistünde, da er den Kunden meine Leistungen als voll bezahlte Fachstunden in Rechnung stellte.

3

Ende Juli waren wir reisebereit. Es fehlten lediglich die Verhütungsmittel. Meine bisherigen sexuellen Erfahrungen hatte ich mit zwei reifen Frauen gesammelt, die wussten, wie man eine Schwangerschaft vermied. Nun hatte ich mich um diese Frage zu kümmern. Präservative konnte man auf Herrentoiletten aus Automaten erwerben. Solche trockenen, nach synthetischem Rosenwasser riechende lustverhindernde Gummipräparate wollte ich nicht. Kondome gab es gewiss auch in der Apotheke, doch mir war es peinlich, danach in unserer Pharmazie in der Mannhardtstraße zu fragen. Also ging ich nach der Arbeit in die Drogerie in der Thierschstraße. Ich wartete ab, bis die übrigen Kunden den Laden verlassen hatten. Sodann beantwortete ich die Frage der jungen weißbekittelten Verkäuferin, wie sie mir helfen könne, mit einem knappen Verlangen nach Kondomen.

»Kondome wünschen Sie?«

»Ja«, entgegnete ich bemüht fest. Unterdessen war eine ältere Kundin ins Geschäft getreten. »Der Herr wünscht … Kondome …«, rief nun meine Verkäuferin quer über den Tresen. Die Geschäftsführerin antwortete so laut, dass die Kundin Gelegenheit fand, mich missbilligend anzusehen: »Kondome haben wir links in der zweituntersten Schublade ganz hinten.« Woraufhin die Verkäuferin die entsprechende Lade öffnete und mit spitzen Fingern zwei Päckchen vorzog, die sie mir vors Gesicht hielt. »Wir haben zwei Sorten. Trocken und feucht.« Ich spürte die Blicke der Kundin in meinem Nacken, dennoch fand ich den Mut zu antworten: »Feucht, bitte.« – »Wie viele wünschen Sie? In einem Packerl sind drei.« Ich überschlug unseren zukünftigen Sexkonsum. Wir wollten drei Wochen unterwegs sein. Das waren 21 Tage und Nächte, also rund: »Ein Dutzend!«

»Kondome oder Packerl?«

»Päckchen, bitte.«

Sie blickte in die Schublade, kramte zwei weitere Verpackungen hervor und zog die Augenbrauen hoch: »Wir haben nur drei Packerl auf Lager!«

Ich Triebmensch verlangte ein Mehrfaches der Vorräte. Die Kundin, die unterdessen von der Geschäftsführerin bedient wurde, sah mich strengstens an. Ich zahlte und wollte rasch die Drogerie verlassen. Doch die Verkäuferin bestand darauf, die Ware zu verpacken. »Das ist Vorschrift bei Kondomen!«, belehrte sie mich.

So frei und ungezwungen ging man 1971, lange nach Beginn der erotischen Aufklärungskampagnen Oswalt Kolles und drei Jahre nach der befreienden 68er-Revolution mit ihrem Motto »Wer zweimal mit demselben pennt, gehört schon zum Establishment« im deutschen Alltag mit Sexualität um.

Peinlich berührt, machte ich mich auf den Weg ins Tal, wo, wie ich wusste, ein »Sexshop« eröffnet worden war. Dort lagen vor Ständen, in denen Pornomagazine und Sexutensilien angeboten wurden, Kondomwürfel in Warenkörben. Jeder Würfel enthielt ein Dutzend Päckchen. Ich kaufte zwei Würfel und trat, vorsichtig um mich blickend, auf die Straße. Unvermittelt musste ich grinsen. Ich hatte einen normalen Kauf getätigt, benahm mich jedoch wie ein Einbrecher beim Verlassen des Tatorts. Der Komiker Karl Valentin, dessen Gerätschaften im wenigen Schritte entfernten Isartor in einem skurrilen Museum ausgestellt waren, hätte seinen Spaß an der Verklemmtheit der deutschen Spießergesellschaft gehabt, als deren Mitläufer ich mich benahm.

4

Am Morgen des 15. Juli starteten Ingrid und ich unsere Tour. Seit meiner Kindheit, als ich mit meinen Eltern von Israel über Genua nach Deutschland reiste, hatte ich Italien nicht mehr gesehen. Die leuchtenden Farben, die temperamentvollen Menschen und das strahlende Licht versetzten mich in gehobene Stimmung. Ingrid begab sich zum ersten Mal mit einem Mann auf eine längere Reise. Sie wurde von Heimweh und schlechtem Gewissen gegenüber ihren Eltern geplagt – und wollte unverhofft umkehren. Ich dagegen war entschlossen, gemeinsam mit ihr Südeuropa zu entdecken. Statt uns aneinander und an der Fahrt zu erfreuen, stritten wir uns. Ich flüchtete in eine Sommergrippe. Nun drängte Ingrid auf die Fortsetzung der Reise. Schließlich fuhren wir weiter. Als ich nach Jahren endlich das Mittelmeer wiedersah, sprang ich unverzüglich ins Wasser. Mein Fieber war sogleich vorbei, meine Laune hellte sich auf. Ingrid fand zu ihrer gewohnten Fröhlichkeit. Wir gewannen wieder Freude aneinander, und unsere Beziehung wurde zunehmend inniger. Erstmals in meinem Leben war ich uneingeschränkt glücklich.

Im Sommer unseres Kennenlernens unter dem Himmel Italiens, zwischen den Mauern seiner antiken Städte und in den kühlen, allzu weichen Betten seiner preiswerten Pensionen pflegten wir unsere Liebe und unseren Eros, die wir weitgehend für identisch hielten. Wir waren fröhlich und erkannten einander zunehmend. In Brindisi bestiegen wir die Fähre »Cap Sunion«. Wir schliefen auf Deck, nicht aus Romantik, sondern weil es in unserer »Kabine«, einem Holzverschlag über dem Maschinenraum, mehr als 40 Grad heiß war. An Deck krochen wir in den Windschatten des Kamins. Die Windeskälte endete erst im Isthmus von Korinth. Wenige Stunden später landeten wir in Piräus, dem Hafen Athens, an, wo ich von einem Gepäckträger mit einem Fußtritt begrüßt wurde, weil wir seine Dienste nicht in Anspruch nahmen.

5

Dies blieb die einzige negative Erfahrung unseres Aufenthaltes in der Metropole. Die pulsierende levantinische Stadt, die aufgeblasene Gravität der Hauptstädter, die sich als Nachfahren der klassischen Athener, ja der griechischen Antike insgesamt gebärdeten, und die tatsächlichen Zeugnisse dieser Epoche, der erstmalige Urlaub mit einer Geliebten, das alles wirkte auf mich euphorisierend. Wir streiften tagelang durch die Akropolis, die damals unbeschränkt zugänglich war. Das Erkunden der Tempel und Bauten, über die ich manches gelesen hatte, zeigte mir, wie real selbst alte Geschichte ist. Später pilgerten wir immer wieder ins Nationalmuseum, wo wir die Statuen und Vasen der Antike bewunderten. Abends hockten wir in den Tavernen der Plaka. Die fetttriefenden Gerichte der griechischen Küche und der billige Wein mundeten uns in dieser herrlichen Umgebung – berauscht waren wir ohnehin. Nachts liebten wir uns im ausgelegenen Bett unseres kleinen Hotels.

Nach einer Woche Athen und einem anschließenden Bade- und Besichtigungsurlaub auf dem Peloponnes kreuzten wir auf der Autofähre von Patras nach Ancona. Da unser Geld und Ingrids Urlaub zur Neige gingen, machten wir uns notgedrungen auf den Weg nach München. In einem kleinen Restaurant in der Altstadt von Mantua belehrte uns der Koch, dass italienische Küche mehr zu bieten habe als Spaghetti Bolognese und Pizza. Er setzte uns ein mehrgängiges Menü vor, dessen Pasta mit Trüffeln und gegrilltes Agnello sowie der köstliche Brunello uns bis heute unvergesslich geblieben sind. Ebenso wie unser Schreck, als uns die Rechnung kredenzt wurde. Mehr als hundertzwanzig Mark!

Wir mussten auf der Rückbank unseres Käfers schlafen, da uns kein Geld für ein Hotelzimmer blieb. Mit den letzten Lire-Noten beglichen wir am folgenden Morgen unsere Benzinrechnung. Der halbvolle Tank reichte bis zum Tegernsee. Glücklicherweise besaß Ingrid noch etwas Kleingeld, so dass wir aus eigener Kraft wohlbehalten nach München gelangten. Ich fuhr Ingrid zu ihrem Zimmer in der Thierschstraße. Wir umarmten uns. Als sie im Hausgang verschwand, befiel mich Traurigkeit – der Abschied ist ein kleiner Tod. Der untrennbare Gefährte der Liebe.

6

Zuhause begrüßte mich Hannah überschwänglich, um mich sogleich daran zu erinnern und zu gemahnen, dass ich mich an der Universität einschreiben müsste. Im Fach Betriebswirtschaft. Sie hatte mir die notwendigen Unterlagen besorgt. Ich verzichtete auf Widerspruch. Nach meiner Reise fühlte ich mich zum Manne gereift. Mit entsprechender Gelassenheit sagte ich ihr zu, ihren Vorschlag sorgfältig zu erwägen. »Red nicht so geschwollen daher!«, holte sie mich zurück. »Du sollst Betriebswirtschaft studieren. Nicht die Formulare!«

Griechenland hatte meine Freude an der Geschichte bestärkt. Am Ende der Reise aber hatten wir den Wert des Geldes zu spüren bekommen. Ich mochte nicht mein Lebtag jeden Pfennig umdrehen müssen. Am nächsten Tag trat ich wieder meinen Job bei Sewald an. Die Arbeit bestätigte mir, was ich bereits wusste: Betriebswirtschaft würde mich genauso wenig interessieren wie Fernsehtechnik. Sollte ich meine Freude an der Geschichte einem sicheren Einkommen opfern?

In dieser Zeit geriet ich in den Film »Das Arrangement« von Elia Kazan. Der Streifen des amerikanischen Regisseurs zeigte den Überdruss eines reifen Mannes am Arrangement seines Lebens. Er hatte seine künstlerischen Ambitionen dreingegeben, um gemäß den Wünschen seines Vaters und seiner verwöhnten Frau eine etablierte Existenz als gut dotierter Manager in einer Luxusvilla zu fristen. Das gab den Ausschlag. Am nächsten Tag schrieb ich mich an der Ludwig-Maximilians-Universität für Neuere Geschichte und Politische Wissenschaft ein.

7

Da Ingrid zur Untermiete wohnte, was seinerzeit ein unge-
schriebenes Keuschheitsgelübde in den angemieteten vier Wän-
den bedeutete, bat ich sie, bei mir zu übernachten. Schließlich
hatten mir meine Eltern wiederholt versichert, mein Zimmer gehöre mir, ich könne dort tun und lassen, was mir beliebe. Ich
hatte meine Zweifel. Hannah fühlte sich verantwortlich für meinen Lebenswandel und war obendrein mit einer allumfassenden
Neugierde gesegnet. Doch die Lust, mit Ingrid zusammen zu
sein, überwog meine Bedenken. Tatsächlich duldeten meine Eltern zunächst den abendlichen Besuch meiner Geliebten. Hannah konnte sich jedoch nicht der Bemerkung enthalten, dass
»Fräulein Ingrid um zehn unsere Wohnung verlassen muss – wie
jeder Gast«.

Wenige Minuten später lagen wir im Bett. Wir gaben uns
Mühe, diskret zu bleiben. Bis meine Mutter durch die Tür rief.
»In fünf Minuten ist es zehn. Fräulein Ingrid, bitte gehen Sie!«
Wir hielten in unserer Zärtlichkeit inne. Die Aufforderung Hannahs provozierte Ingrids Widerspruchsgeist. Sie kniete sich neben mich und kitzelte mit ihrer Mähne meinen Bauch. Worauf
ich reflexhaft auflachen musste. Nach einem Disput meiner Eltern entschloss sich mein Vater einzuschreiten. Er stampfte an
meine Zimmertür und wollte, ohne anzuklopfen, eintreten. Da
ich die Tür verriegelt hatte, rüttelte er wiederholt die Klinke und
forderte laut, ich solle augenblicklich aufmachen. Das war für
Ingrid das Signal zu einer verstärkten Kitzelattacke. Was mich
nun lauthals wiehern ließ. Meine Schreie verwandelten Vater in
einen vor Eifersucht tobenden alten Nebenbuhler. Er ließ die
Klinke rasend auf und ab fahren und brüllte dabei: »Aufhören!
Schamloses Gesindel.« Aus dem Hintergrund tönte Hannah:
»Wenn Sie nicht auf der Stelle gehen, Fräulein Ingrid, rufe ich die
Polizei! Das, was sie tun, ist verboten! Und wir machen uns
strafbar. Das ist Kuppelei. Gehen Sie endlich nach Hause. Ich
rufe wirklich die Polizei.«

Als Antwort kitzelte mich Ingrid unter den Armen, was mich
aufheulen ließ. Ich japste nach Luft. Derweil klapperte Vater rasend mit der Türklinke. Hannah indessen wechselte ihre Taktik:
»Fräulein Ingrid. Sie benehmen sich schlimmer als eine Dirne!«

Ich riss mich los, sprang aus dem Bett, brüllte: »Halts Maul!« und wollte zur Tür stürzen. Ingrid hielt mich zurück. Sie wies lächelnd auf meinen Körper – ich war nackt. Als Mutter rief: »Was würden Ihre Eltern sagen, wenn sie wüssten, wie Sie sich benehmen?!«, traten Ingrid Tränen in die Augen. So sprang ich wieder ins Bett und nahm sie in die Arme. Als draußen das Geschrei wieder einsetzte, schlug ich uns die Decke über den Kopf. Ich konnte Hannahs Abneigung gegen die Deutschen nachvollziehen und auch die Eifersucht meines alternden Vaters, doch diese demonstrative Bosheit und Würdelosigkeit verletzte mich und Ingrid. Ich versprach, bei erster Gelegenheit auszuziehen.

8

Als ich nach drei Monaten Arbeit bei Sewald genug Geld für Kaution und zwei Monate Miete gespart hatte, machte ich mein Wort wahr. Ich ergatterte eines von vier Zimmern in einem abbruchreifen Vorstadthäuschen in der Nähe des Waldfriedhofs. Die Fenster schlossen undicht, so dass es zog und der Raum kalt blieb, mein Klopapier auf der Gemeinschaftstoilette wurde regelmäßig gestohlen. Aber es war mein Zimmer, und Ingrid konnte bei mir sein und mich lieben und mit mir albern, wann immer und wie lange es uns gefiel.

Ich lernte, meine kleine Freiheit in der Almbachstraße 1 zu genießen. Trotz der Prophezeiungen Hannahs, ich würde ohne mein Elternhaus, sprich ohne ihre Obhut, vor die Hunde gehen und untendrein in der Gosse landen. Zudem sagte mir Mutter einen rasanten gesundheitlichen Verfall voraus. Ob meiner zarten Konstitution und meiner ungesunden Lebensweise, die von »der Schickse« – seit Ingrids Übernachtung ließ Hannah jegliche Zurückhaltung fahren – gefördert würde, zöge ich mir chronische Erkrankungen zu, die mich in Kürze zugrunde richten würden. Hannah war eine virtuose Pianistin meiner Hypochondrie. Die Partituren hatte sie sorgfältig in meiner Kindheit komponiert.

Tatsächlich lebte ich auf. Allein meine finanzielle Lage trübte mitunter meine Stimmung. Die Bearbeitung meines Bafög (Bundesausbildungsförderung)-Antrags zog sich hin. Meine Ersparnisse waren zur Neige gegangen. Eine Kreditanfrage beantwortete Hannah mit der Gegenforderung nach bedingungsloser Unterwerfung: »Lass die Schickse stehen, die dich aus dem Elternhaus getrieben hat. Kehre heim, dann wirst du gut ernährt und hast keine Geldsorgen mehr …« – »… und freies Klopapier. Danke.« Ludwig lachte auf und steckte mir beim Verlassen der Wohnung einen Hundertmarkschein zu. Die nächsten Wochenenden aß ich mich bei Jacks Mutter durch. Mit abendlichen Fernsehreparaturen bei Sewald kratzte ich mein Mietgeld zusammen.

Akademia

1

Das Geschichtsstudium faszinierte mich vom ersten Tag. Angefangen mit einer Äußerlichkeit. Das Hauptgebäude der Ludwig-Maximilians-Universität (LMU) betrat man durch den Lichthof. Mir war bekannt, dass Hans und Sophie Scholl von der Widerstandsgruppe Weiße Rose hier am 18. Februar 1943 Flugblätter gegen den Wahnsinn des Hitler-Regimes und den Krieg ausgelegt hatten. Dabei wurden sie vom Hausmeister Jakob Schmid überrascht und der Gestapo ausgeliefert. Vier Tage später wurden sie vom Volksgerichtshof unter dem Vorsitz Roland Freislers zum Tode verurteilt und noch am gleichen Tag hingerichtet. Das war fühlbare Geschichte. Als ich am Audimax vorbei zu den großen Vorlesungssälen ging, fasste ich spontan den unbescheidenen Entschluss: »Hier wirst auch du eines Tages Vorlesungen halten.« Zunächst aber hörte ich die Politologen Kurt Sontheimer und Hans Meier, die Historiker Thomas Nipperdey und Karl Bosl.

Mein herausragender Professor war Ernst Deuerlein. Der Historiker las über »Wirtschaft und Gesellschaft in Deutschland seit 1890«. Mich beeindruckte die ganzheitliche Betrachtung der Geschichte, die in dieser Ausführlichkeit und Spannbreite erst Jahrzehnte später Hans-Ulrich Wehler in seiner »Deutschen Gesellschaftsgeschichte« wieder leisten sollte. Das persönliche Engagement des Geschichtslehrers berührte mich. Deuerlein begnügte sich nicht damit, in Ober- und Doktorandenseminaren zu brillieren. Als einziger Ordinarius war sich der schwer Kriegsbeschädigte nicht zu schade, ein Proseminar für Studienanfänger abzuhalten. Um sieben Uhr abends humpelte der Beinamputierte in den vollbesetzten Seminarraum im Institut für Neuere Geschichte in der Ainmillerstraße. Am praktischen Beispiel des Übungsthemas »Die Potsdamer Konferenz 1945« vermittelte er uns das Instrumentarium der historischen Recherche.

Dabei setzte er immer wieder zu Monologen an, in denen er in leicht fränkisch gefärbtem Idiom primäre Quellen wie das Konferenz-Protokoll zitierte, Sekundärliteratur, vor allem aber sein Werk über das Treffen der Sieger des Zweiten Weltkriegs Stalin, Truman und Churchill, später Attlee, im Schloss Cecilienhof, bei dem die neue politische Ordnung in Europa festgelegt wurde. Diese spannende Materie reicherte Deuerlein mit Anekdoten an. Etwa der Frage, wer das letzte Wort auf der Konferenz gehabt habe, und seiner prompten Antwort: »Stalin. Auf die Feststellung des Amerikaners Truman, man werde sich in einem Jahr wiedersehen, hatte der sowjetische Diktator erwidert: ›Mit Gottes Hilfe!‹ Der kommunistische Atheist Stalin ruft Gottes Hilfe an! Da kam offenbar der georgische Priesterseminarist Josef Dschugaschwili durch, meine Damen und Herren. So vielfältig, so aufregend ist Geschichte. Ich gratuliere Ihnen zur Wahl Ihres Studienfaches!« In Studentenmanier klopften wir mit den Knöcheln auf die Pulte unserem Prof Beifall, den Deuerlein sichtlich genoss.

Als Sohn eines herzkranken Vaters fiel mir auf, wie sehr das Seminar den Dozenten anstrengte. Immer wieder trat ihm Schweiß auf die Stirn und die Oberlippe, den er mit einem weißen Taschentuch abwischte – ehe er scheinbar ungerührt in seinen Kurzreferaten fortfuhr. Aufmerksam lauschte der Professor den Referaten der Studenten. Behutsam, doch bestimmt machte er Verbesserungsvorschläge, führte ergänzende Materialien auf. So weitete Deuerlein mein historisches Verständnis. »Die Überlegung steht am Anfang. Sie begleitet die Arbeit bis ans Ende. Von der Auswahl der Sekundärliteratur, dem theoretischen Ansatz, der Erforschung der Quellen, ihrer Einordnung bis hin zum Abfassen des Textes.« Ich war entschlossen, bei Ernst Deuerlein zu lernen, wie ich Geschichte zu begreifen und später zu vermitteln hatte.

Zwei Monate nach Semesterbeginn starb Deuerlein unerwartet. Einen derartig klugen und engagierten Lehrer sollte ich nie wieder finden. Zwei Jahrzehnte später erfuhr ich aus der Familie Deuerleins, dass der Historiker seit längerem unter Herz-Kreislauf-Beschwerden gelitten hatte, sich jedoch über den dringenden Rat seiner Ärzte, sich zu schonen, hinwegsetzte und bis zuletzt unverdrossen in Forschung, Lehre, in zahlreichen Gremien sowie als Zeitungskommentator tätig blieb. Nach Deuerleins Tod setzte dessen Assistent Schmied das Proseminar fort. Er gab sich Mühe, doch ihm fehlten das Wissen und das Charisma des großen Historikers.

Ich wich in die Nebenfächer Politische Wissenschaft und Bayerische Geschichte aus. Der Historiker Karl Bosl war eine bajuwarische Kraftgestalt. Ein mitreißender Vortragender, ein jovialer Lehrer, offen für jede Zeitströmung. Seine Veranstaltungen galten als Tummelplatz der marxistischen Roten Zellen, die im Allgemeinen Studenten Ausschuss (AStA) den Ton angaben. Bosls Seminare für Bayerische Geschichte, die im Institut in der Ludwigstraße, das im ehemaligen bayerischen Kriegsministerium untergebracht war, oder im Unihauptgebäude stattfanden, dienten dem Dozenten als Bühne seiner Selbstdarstellung. Überdies waren sie wissenschaftlich beliebig. Bei Bosl vermisste ich die akribische Neugier Deuerleins und dessen Engagement für uns Studenten.

Ähnliches galt für den Politologen Kurt Sontheimer, den ich von seinen Fernsehauftritten kannte. Der sozialdemokratische Systemtheoretiker war ebenso wie sein konservativer Parteigenosse Thomas Nipperdey vor der marxistischen Studentenschaft an der Freien Universität Berlin geflohen und den Sirenenklängen der bayerischen CSU-Landesregierung gefolgt, um an der Ludwig-Maximilians-Universität ungestört forschen und lehren zu können. Sontheimer war ein eloquenter Dozent, er wusste viel. Doch ich hatte den Eindruck, dass er sich, bedingt durch sein Naturell und seine damals überaus populären Fernsehkommentare, einen gefälligen Vorlesungsstil angeeignet hatte, der den aufschlussreichen Stoff seiner Themen, etwa das »Legitimationsproblem des demokratischen Staates in Deutschland«, überlagerte.

Endlich beschäftigte ich mich mit der Materie, die mich seit Beginn meiner Schulzeit interessierte. Zudem entsprach der neue selbstständige Betrieb an der Universität mit kompetenten Lehrern meinem Naturell.

2

Wichtiger als das Studium war mir die Liebe mit Ingrid. Uns gelang der Übergang von der Euphorie der Verliebtheit und dem Überwinden der anfänglichen Gehemmtheit in eine sich vertiefende Partnerschaft.

Kurz nach dem Jahreswechsel 1971 wurde mein Stipendium

bewilligt. Ich erhielt den vollen Bafög-Satz. Durch die verzögerte Bearbeitungszeit kamen drei Monatsraten zusammen. 960 Mark, fast ein Tausender. Das gab mir die Möglichkeit, mich ohne Ablenkung durch Jobben bei Sewald auf die Abfassung meiner Seminararbeiten zu konzentrieren. Anders als in der Schule war die Beschäftigung mit dem Stoff keine Paukerei, vielmehr interessante Lektüre. Als es vom Lesen und Denken ans Schreiben ging, kam die vertraute Schülerunsicherheit auf. Ich zwang mich, mein erstes Referat über das deutsche Parteiensystem im Fach Politische Wissenschaft auszuarbeiten. Als ich das fertige Manuskript las, überfiel mich Verzweiflung. Der Text war oberflächlich, gemessen an den eingängigen Überlegungen Kurt Sontheimers. Ich saß an meinem Arbeitsplatz in der Bibliothek des Geschwister-Scholl-Instituts für Politische Wissenschaft und wollte meine Notizen wegwerfen. Da tauchte Ingrid von ihrer Bank auf der anderen Seite der Ludwigstraße auf. In gewohnter Zuversicht meinte sie, so arg könne mein Aufsatz nicht sein. Sie überredete mich, sie den Text lesen zu lassen, was sie sogleich aufmerksam tat. Danach legte sie die Blätter aus der Hand: »Das gefällt mir sehr gut, du Idiot.« Sie bestand darauf, dass ich mein Referat hielt – so, wie ich es geschrieben hatte. Ich tat es – die Arbeit wurde mit einer 1 bewertet. Danach lief ich in die Universitätsbuchhandlung in der Amalienstraße und besorgte Ingrid einen Heine-Gedichtband. Als Widmung schrieb ich, sie habe mich ermutigt, den »Guten Rat« des Dichters zu beherzigen: »Lass dein Grämen und dein Schämen! / Werbe keck und fordre laut, / Und man wird sich dir bequemen, / Und du führest heim die Braut!« – »Dann streng dich mal an, Rafael. Damit ich deine Braut werde!«, lachte sie. Während ich meinen Mut aus Gedichten schöpfte und mich folgenlos daran erfreute, besaß Ingrid eine klare Zukunftsperspektive.

3

Zum 1. Oktober 1972 zog ich ins Hanns-Seidl-Haus. Das 19-stöckige Studentenwohnheim überragte die behäbige Studentenstadt in München-Freimann nördlich des Jüdischen Friedhofs. Ich war glücklich über mein 12-Quadratmeter-Appartement im 11. Stock, das dank einer Nasszelle, einer Kochnische, eines Einbauschranks, eines Kunststoffbettgestells sowie eines Resopaltisches samt zwei Plastikstühlen mir erstmals ein autarkes Wohnen erlaubte. Das Gerede über die Massenstudentenhaltung in Hochhäusern konnte ich zunächst nicht nachvollziehen. Stattdessen erfreute ich mich an meinem neuen Zuhause. Es war mit einer Komplettmiete von 115 Mark erschwinglich, warm und sauber, bot dank der Ostlage einen weiten Blick über den nördlichen Part des Englischen Gartens, der sich an Föhntagen zu einer phantastischen Sicht auf das Alpenpanorama weitete. Die reißenden warmen Föhnwinde putzten den Himmel wolkenfrei und ließen die 60 Kilometer entfernten Bergketten kobaltblau aufleuchten. Ich besaß viel Freizeit, denn die Professores hangelten sich in ihren Vorlesungen entlang ihrer eigenen Lehrbücher, die ich mir aus der Staatsbibliothek oder aus der Universitätsbibliothek auslieh und in Ruhe zuhause oder in den Lesesälen studierte. Klausuren wurden in den geisteswissenschaftlichen Fächern kaum praktiziert. Es galt lediglich, in den Seminaren gute Referate zu halten und diese schriftlich auszuformen.

Unterdessen hatte Ingrid ihre Arbeit bei der Bank aufgegeben, um auf der Fachoberschule für Sozialwesen das Abitur nachzuholen. Wir nutzten die langen Schul- und Semesterferien zum Jobben, um mit dem verdienten Geld die Städte Norditaliens und der Toskana kennenzulernen.

Das Studentenleben war keine Idylle, schon gar keine never ending party von Sex, Drugs und Rock 'n' Roll. Meine Neugier auf Drogen war bereits am Münchenkolleg erloschen. Tanzen war nie meine Stärke, auch nicht Rock 'n' Roll. Blieb der Sex. Daran hatte ich mit Ingrid Spaß. Allerdings bin ich nicht monogam. Mit Mitte zwanzig war ich's schon gar nicht. Alle redeten von Sex. Selbst im Comic Strip hielt die Erotik Einzug. Der Trickfilm »Fritz the Cat« von Robert Crumb machte Schluss mit den albernen geschlechtslosen Mickeymäusen und Woody Woodpeckern. Fritz war ein geiler Kater. Auch ich war geil – doch die Studentenstadt, die meine Mutter und andere Münchner Spießer für einen Sexpfuhl hielten, glich erotisch einem Tugendinternat. Nicht, weil uns jemand auf die Finger und anderes sah, sondern weil die meisten von uns aus kleinbürgerlichen Familien kamen und es nicht fertigbrachten, sich aus deren beengendem Heuchlermoralismus zu lösen. Stockwerksfeten waren noch langweiliger als die verklemmten Moriah-Partys der jüdischen Gymnasiasten. Dennoch sprach ich mitunter Studentinnen an. Dabei belehrten mich verpappt-eifersüchtige Mitbewohner, ich dürfe »nicht im gleichen Haus ein Verhältnis« beginnen. Meine Frage »Warum nicht?« löste geheuchelte Empörung aus – hinter den jungen Gesichtsfassaden sah ich die geronnenen Visagen ihrer Eltern.

Eines Tages traf ich in der Mensa Jack in Begleitung einer unruhigen Kommilitonin, die meine Lust sogleich entflammte. Ich spürte, dass auch die Psychologiestudentin sich von mir angezogen fühlte. Jack redete auf Claudia ein wie ein Marktweib. Am liebsten hätte ich die Frau gepackt und wäre mit ihr davongezogen, doch dies hätte meinen Freund verletzt. Daher gab ich mich zurückhaltend, musste Claudia allerdings ständig ansehen, was ihr offenbar gefiel. Beim Auseinandergehen fragte ich Claudia nach ihrer Telefonnummer – die sie mir bereitwillig gab. Claudia ließ mich zwei Tage warten, ehe sie mich zu sich einlud. Dort nötigte sie mich, ausführlich Konversation zu machen. Die Frau war intelligent, sie interessierte sich für den israelisch-arabischen Konflikt. Ich mich dagegen für ihren niedlichen Körper. Nach zwei Stunden hielt ich es nicht länger aus und versuchte sie zu küssen, was sie als Verächtlichmachung ihrer »femininen Würde« strikt zurückwies.

Mit deren Hilfe zwang mich Claudia in eine neue Schwatzrunde. Gegen elf Uhr nachts wollte ich erschöpft aufgeben. Da forderte mich meine Gastgeberin unverhofft auf, es sich mit ihr bei einem Glas Rotwein gemütlich zu machen. Die Gemütlichkeit führte uns rasch in ihr Bett, wo sie sich zu meiner Freude keineswegs gemütlich benahm. Ihre Nervosität wandelte sich in temperamentvolle sexuelle Energie. Im Vergleich dazu erschien mir die gemächliche Erotik Ingrids wie Kindergymnastik. Claudia und ich hatten eine erfüllte Nacht. Ich meinte, an der neuen sexuellen Freiheit teilzuhaben.

Als Ingrid mir am folgenden Abend sagte, sie habe mich gesucht, berichtete ich ihr unaufgefordert von meinem Zusammensein mit Claudia. Ich war überzeugt, dass Ehrlichkeit ein unabkömmlicher Bestandteil der sexuellen Befreiung war. Doch mein unverhofftes Geständnis verletzte Ingrid nachhaltig. So nachhaltig, dass sie die ganze Nacht weinte. Meine Tröstungsversuche vertieften lediglich ihren Schmerz. Sie wollte sich nicht länger von »den Pfoten anfassen lassen, mit denen du dieses Flittchen betatscht hast!«. Andererseits machte sie keine Anstalten, sich aus meiner Bleibe zu entfernen, um mir den geruhsamen Schlaf des schlechten Gewissens zu gewähren. Ihr Schluchzen wurde lediglich von Beschimpfungen Claudias und meiner Person unterbrochen. Mit jeder Stunde quälte mich die Müdigkeit schmerzlicher als mein schlechtes Gewissen. Ich ärgerte mich über Ingrids Schlafentzugsgeheule, vor allem jedoch über meine Naivität und Rücksichtslosigkeit. Denn nunmehr konnte ich mir vorstellen, dass ich nicht weniger traurig über ein entsprechendes Geständnis Ingrids gewesen wäre. Auch wenn ich weniger Tränen vergossen hätte. Die Vorstellung, die Geliebte in den Armen eines anderen Kerls zu wissen, war quälend. Ich hatte Ingrid ohne Not Schmerz zugefügt, weil ich das abstrakte Ehrlichkeitsgebot der vermeintlichen sexuellen Freiheit befolgt hatte, das lediglich ein brünstiges Triumphgeheul über die hergebrachten Konventionen war. Zudem wälzte ich auf diese Weise mein schlechtes Gewissen auf die Geliebte ab.

Ich war entschlossen, fortan mehr Rücksicht auf Ingrids Gefühle zu nehmen. Andererseits dachte ich nicht daran, von meinem lustvollen Verhältnis mit Claudia abzulassen – es war aufregend, eine neue Frau zu entdecken, besonders wenn sie sexuell dermaßen ausgelassen-fordernd war. Ich musste meine Abenteuer fortan für mich behalten. Damit war ich wieder bei der Spießermentalität der Elterngeneration angelangt. Doch besser Doppelmoral, als die Geliebte zu verletzen – oder auf das eigene Vergnügen zu verzichten.

Ich hatte Ingrids unbegrenztes Vertrauen zu mir beschädigt. Oberflächlich versöhnten wir uns. Bald zog Ingrid in ein neu errichtetes Gebäude der Studentenstadt ein. Wir unternahmen viel gemeinsam. Doch immer wieder zog es mich zu Claudia. Es war nicht der schiere Sex wie in der Anfangsphase. Nun dominierte der Nervenkitzel des Betrugs, der Zwang zur Diskretion, die masochistische Lust am schlechten Gewissen – und am Ende die Freude an der Rückkehr in die vertraute Beziehung.

4

Nach fünf Semestern hatte ich die notwendigen acht Seminar-scheine für eine Promotion gesammelt. Alle Referate waren sehr gut benotet worden. Aus einem hässlichen Schülerentlein hatte ich mich zu einem Studienschwan entwickelt. Der Politologe Peter Opitz, in dessen Seminaren ich mich vorwiegend mit der ägyptischen Gesellschaft und Israels Sicherheitspolitik beschäf-tigte, bot mir nach meiner ersten wissenschaftlichen Veröffent-lichung an, mich über eines dieser Themen an seinem Lehrstuhl promovieren zu lassen. Eine Doktorarbeit! Nach fünf Semes-tern. Ich zögerte. Denn ich hatte noch nicht begriffen, dass das Glück ein schlüpfriger Fisch ist, den man mit festem Griff halten muss, damit er einem nicht sogleich wieder entgleitet. Statt zu-zupacken, wog ich bedächtig ab. In Neuerer Geschichte hatte mir Professor Thilo Vogelsang, der Leiter der Bibliothek des In-stituts für Zeitgeschichte, offeriert, meine Seminararbeit über den sogenannten Röhm-Putsch zu einer Magisterarbeit auszu-weiten. Im Archiv des Instituts wurde umfangreiches Schriftgut verwahrt, das Aufschluss über das Spannungsverhältnis SA – Reichswehr in den Jahren 1933/34 gab. Die Recherche würde wenige Monate dauern, das Ausformulieren der Arbeit knapp ein Semester, so dass ich in sieben Semestern, ein halbes Jahr vor Ab-lauf der Mindeststudienzeit, mein Magisterstudium beenden würde. Ich entschied mich für den Spatzen, den ich vermeintlich in der Hand hielt. Obgleich ich die Doktortaube lediglich hätte braten müssen.

Das Quellenstudium war fesselnder und zeitaufwändiger als gedacht. Anhand der Protokolle des Reichswehrgenerals Gärt-ner über die monatlichen Treffen der Reichswehrdivisionskom-mandeure gewann ich ein detailliertes Bild von der Haltung des Militärs gegenüber Hitler seit dessen Machtergreifung am 30. Ja-nuar 1933. Bereits drei Tage später hatte Adolf Hitler die Reichs-wehrführung darüber informiert, dass seine Regierung eine for-cierte mentale und materielle Aufrüstung der Armee einleiten würde. Damit sollte das Reich in die Lage versetzt werden, einen Angriffskrieg zur Eroberung von Lebensraum im Osten zu füh-ren. Die Generäle lehnten ebenso wie Hitler die Beschränkun-gen des Versailler Friedensvertrages ab, zunächst aber nahmen sie

Hitler ebenso wenig ernst wie die übrigen Berufspolitiker. Das Heer orientierte sich allein an zwei Soldaten, die nun politische Ämter bekleideten: an dem sechsundachtzigjährigen Reichspräsidenten Paul von Hindenburg, dem Generalfeldmarschall des Ersten Weltkriegs, der in seiner jetzigen Funktion auch Oberbefehlshaber der Armee war, und an Reichswehrminister Werner von Blomberg. Der General galt als Wahrer der Interessen des Militärs in der Regierung.

Im Mai 1933 hatte Hitler alle Parteien außer der NSDAP verboten, die Länder gleichgeschaltet und die Gewerkschaften zerschlagen. Derweil schickte sich Ernst Röhm als Stabschef der SA an, alle Wehrverbände einschließlich des Veteranenverbandes Stahlhelm seinen Sturm-Abteilungen einzuverleiben. Im Herbst 1933 unterstanden 4,5 Millionen Mann, also jeder fünfte erwachsene männliche Deutsche, seinem Kommando. Röhm erhob unmissverständliche Machtansprüche: Das graue 100 000-Mann-Reichswehr-Heer sollte im braunen Meer seiner SA-Millionenmiliz untergehen. SA-Männer überfielen Reichswehroffiziere, die braunen Stürme wurden zunehmend mit schweren Maschinenwaffen ausgerüstet, die SA veranstaltete groß angelegte Militärübungen und Paraden, Stabschef Röhm und seine Unterführer forderten öffentlich eine »zweite soziale Revolution«. Seit Hitler Ernst Röhm zum Minister ernannt hatte, drängte der Stabschef auch im Kabinett massiv auf eine Zusammenlegung von Reichswehr und SA.

Gärtners Protokolle und die übrigen Akten zeigten mir, dass die Heeresführung sich Hitler unterwarf. Seit der Weimarer Republik hatte ihr parteipolitische Neutralität als Alibi für eine ignorante Distanz vom demokratischen Staat gedient, nun diente sich die Reichswehr dem NS-Regime an und demonstrierte ihre Verbundenheit mit dem Nazismus. Alle jüdischen oder »jüdisch versippten« Soldaten wurden aus dem Heer entlassen. Hitler als formaler Oberbefehlshaber der SA, vom Militär aufgrund der Röhm'schen Ambitionen um Hilfe angerufen, versuchte einen Kompromiss, indem er das Heer als den »Waffenträger«, die SA aber als »Erzieher der Nation« definierte. Doch der ehrgeizige Haudegen Röhm besaß keine pädagogische Ambition, er zielte unverrückbar auf die Verschmelzung aller bewaffneten Verbände unter seinem Kommando. Damit hätte er eine dominante Stellung im NS-Regime eingenommen – und Hitlers Alleinherrschaft eingeschränkt. Der sah sich zum Handeln genötigt – zumal im Frühjahr 1934 das Ableben Hindenburgs absehbar war. Dessen Nachfolge konnte der Reichskanzler nur mit Zustimmung des Militärs erlangen. Auf diese Weise ergab sich eine Interessenidentität zwischen Hitler und der Reichswehr.

In Zusammenarbeit mit dem Militär und der SS schlug Hitler »eiskalt und blitzschnell« zu. Seine SS-Leibstandarte wurde in einem Sonderzug der Reichswehr nach München transportiert, in einer Kaserne von der Armee bewaffnet und anschließend von der Reichswehr nach Bad Wiessee gekarrt, wo die SA-Führung ihren Urlaub verbrachte. Hitler flog nach München ein, wo er von einem Verbindungsoffizier der Reichswehr namens Vincenz Müller – der später zum Stellvertretenden Minister für Nationale Verteidigung und Chef des Hauptstabes der Nationalen Volksarmee der DDR aufsteigen sollte – in Empfang genommen und ebenfalls nach Wiessee chauffiert wurde. Hier verhaftete Hitler Röhm und seine Entourage mit vorgehaltener Pistole. Anschließend wurden der SA-Stabschef und seine Unterführer von einem SS-Kommando erschossen. Gleichzeitig ermordeten SS-Trupps in Berlin unter anderem den ehemaligen Kanzler Kurt von Schleicher, dessen Frau sowie seinen langjährigen engen Mitarbeiter Generalmajor Ferdinand von Bredow. Insgesamt wurden mehr als hundert Menschen im Rahmen der Aktion umgebracht. Das Reichskabinett einschließlich des Generals von Blomberg rechtfertigte die Verbrechen als »Notwehrmaßnahmen zum Schutz des Staates«. Damit sanktionierte die Armeeführung die Morde, auch die an ihren ehemaligen Generälen.

Einen Monat später starb Reichspräsident Paul von Hindenburg. Hitler übernahm dessen Amt und damit den Oberbefehl über die Reichswehr, deren Soldaten sogleich auf seine Person eingeschworen wurden: »Ich schwöre bei Gott diesen heiligen Eid, dass ich dem Führer des deutschen Reiches und Volkes, Adolf Hitler, dem Oberbefehlshaber der Wehrmacht unbedingten Gehorsam leisten und für diesen Eid mein Leben einsetzen werde.« Der sogenannte Röhm-Putsch war tatsächlich ein Komplott Hitlers und der Reichswehr mit dem Instrumentarium der SS, die fortan zur wichtigsten Stütze des Naziregimes aufsteigen sollte.

Während der Recherche musste ich mich disziplinieren, nicht ständig neuen Aspekten nachzugehen. Die Niederschrift gestaltete sich langwieriger als gedacht. Am Ende dauerte sie knapp ein Jahr. Erschöpft und erleichtert reichte ich meine Arbeit ein. Zwei Wochen später teilte mir Vogelsang mit sachlichen Worten mit, er werde meine »Seminararbeit selbstverständlich mit einer 1 bewerten«. Seminararbeit?, fragte ich nach. Vogelsang erklärte, als Honorarprofessor sei er lediglich befugt, Seminararbeiten zu testieren. Eine Magisterarbeit dürfe er nicht entgegennehmen oder bewerten. Es sei ihm nicht gestattet, die mündliche Prüfung abzunehmen. Diese Formalie war bekannt, sie wurde mit Wissen des Dekanats umgangen, indem ein ordentlicher Professor die Benotung der Arbeit durch seinen Kollegen offiziell bestätigte und die Magisterprüfung nach Rücksprache mit diesem abnahm.

Als ich darauf bestand zu erfahren, aus welchem Grund er mich bewogen habe, eine Magisterarbeit auszuarbeiten, und warum er sich jetzt weigere, meine Abfassung an einen Kollegen zur Bewertung weiterzuleiten, blieb Vogelsang mir eine Antwort schuldig. Während seines Geschwätzes wurde mein Bewusstsein von der Feststellung beherrscht: Ein Jahr umsonst! Am liebsten hätte ich mit der Faust auf seinen mit sauber geordneten Aktenbündeln bepackten Tisch gehauen und ihn angebrüllt, was ihm einfiele, mich ein Jahr meines Lebens nutzlos arbeiten zu lassen. Ich zwang mich zur Ruhe und wiederholte erneut meine Fragen. Vogelsang sah mich durch seine dicken Brillengläser an. Ich glaubte, den Anflug eines Lächelns in seinen Augen zu erkennen, als er ruhig erklärte, bei meinen vielen Veröffentlichungen werde es mir nicht schwerfallen, einen ordentlichen Professor zu finden, der meine wissenschaftliche Arbeit zu würdigen wisse. Der Bibliothekar war eifersüchtig, weil ich, obgleich noch Student, nach Rücksprache mit ihm zu Themen der deutschen Außenpolitik und des Nahen Ostens in wissenschaftlichen Zeitschriften publiziert hatte. Nun rächte er sich auf subtile Weise, indem er sich hinter einer Formalie verschanzte wie jeder feige Schreibtischtäter. Ich konnte Vogelsang nicht zwingen, zu seinem Wort zu stehen und meine Magisterarbeit anzunehmen. Doch ich wollte ihm nicht die Genugtuung lassen, sich an meinem Ärger zu weiden. »Ich werde weiterpublizieren – auch diese Arbeit«, erklärte ich und verließ grußlos sein Büro. Es sollte dreißig Jahre

dauern, ehe ich das Versprechen mit meinem Hitler-Buch wahr-
machen konnte.

Erst nach einer Weile hatte ich mich so weit beruhigt, dass ich
wieder klar denken konnte. Ich war nun im 8. Semester. Die verlorene Zeit ließ sich nicht wieder einfangen – und der lateinische
Lehrsatz, dass man nicht für die Schule, sondern für das Leben
lerne, spendete mir ebenso wie Millionen Schülern wenig Trost.
Mich quälte die Absurdität, dass ich dieses Mal trotz einer 1 faktisch sitzen geblieben war. Um den Zeitverlust zu begrenzen, trat
ich meinen Canossagang zu Professor Opitz an und erklärte
mich nunmehr bereit, sein Angebot zum Verfassen einer Dissertation über Israels Militär anzunehmen. Doch zu meiner Verblüffung lehnte der ordentliche Professor mein Anerbieten ab.
Warum? Was hatte sich im letzten Jahr geändert? »Damals war
ich neu am Geschwister-Scholl-Institut. Unterdessen habe ich
mich hier etabliert und genügend Doktoranden zu betreuen.«

Ich versuchte zu retten, was ich retten konnte. Zunächst klapperte ich Ludwig Hammermayer und Karl Bosl ab. Die Professores gaben sich interessiert, bestanden allerdings darauf, dass ich
erneut ihre Seminare besuchte und sie danach selbst das Thema
meiner Magisterarbeit festlegen würden. Das Procedere dauerte,
wie ich wusste, gut ein Jahr. Nach längerem Suchen besann ich
mich auf Thomas Nipperdey, dessen Vorlesungen ich wiederholt
gehört hatte. Ein unaufgeregter Wissenschaftler, der sich auf Forschung und Lehre konzentrierte und das Radschlagen anderen
überließ. Nipperdey erklärte sich bereit, meine Arbeit durchzu-
lesen. Eine Woche später hatte er sich ein Urteil gebildet. Die
Untersuchung gefalle ihm. Sie basiere auf bislang weitgehend un-
beachteten Quellen. Das sei bei Magisterarbeiten selten. Das
vorliegende Manuskript wollte er mit einer 2 bewerten. Wenn ich
mir jedoch die Mühe machte, den Stoff nach Sachgebieten statt
chronologisch zu ordnen, sei es eine sehr gute Analyse. Der Umbau der Arbeit sei nicht sehr aufwändig, er würde etwa zwei Monate in Anspruch nehmen. Ein ermutigendes Signal, doch dieser
Ausweg würde wiederum ein Semester ausfüllen. Ehe ich mich
entschied, bot mir Gottfried Kindermann eine andere Perspektive. Der Politologe leitete das Seminar für Internationale Beziehungen am Geschwister-Scholl-Institut.

5

In seiner Vorlesung, die er in geschliffener Sprache abhielt, behandelte er die modernen Theoretiker der politischen Wissenschaft. So unter anderen Hans Joachim Morgenthau, der von der Auffassung ausging, Politik sei nichts anderes als »Kampf um Macht«. Der Sozialkybernetiker Karl Wolfgang Deutsch dagegen differenzierte zwischen negativer, blockierender Macht und positiver Macht, die die Fähigkeit besaß, Tatsachen in eine gewünschte Richtung zu verändern. Am meisten angetan war ich indessen von dem Philosophen und Wissenschaftstheoretiker Karl Popper. Dessen Methode, wissenschaftliche Erkenntnisse nicht deduzieren und beweisen zu suchen, sondern im Gegenteil Hypothesen anhand empirischer Forschung zu falsifizieren, also stets aufs Neue der Prüfung durch die Wirklichkeit auszusetzen, beeindruckte mich nachhaltig. Damit zeigte er den Unsinn der vermeintlichen Fußnoten-Verifikation auf, die anhand gezielt gesammelter Indizien jede These zu beweisen suchte.

Einige Hörer, darunter ich, versuchten während der Vorlesungen, Kindermanns Hypothesen zur aktuellen internationalen Politik zu widerlegen. Kindermann, in den eigenen Intellekt verliebt, antwortete schlagfertig. Dieses Spiel bereitete uns beiden Vergnügen. Am Ende einer Vorlesung forderte er mich auf, ihn in seinem Institut zu besuchen. Im Arbeitszimmer des Wissenschaftlers herrschte ein sprichwörtliches professorales Chaos. Überall lagen aufgeschlagene Bücher und Schriftstücke herum. Doch Kindermanns Gedanken waren klar und seine Ausführungen perfekt formuliert. Wir verstanden uns auf Anhieb. Der Professor erkundigte sich nach meinen Interessen und forderte mich auf, an seinem Doktorandenseminar teilzunehmen.

Nunmehr war ich entschlossen, diese Chance zu nutzen. Allerdings musste ich meine Magisterarbeit in Geschichte endgültig abschreiben und mein Schwergewicht auf Politische Wissenschaft legen. Mein Bafög-Stipendium lief aus. Wie sollte ich mein Doktoratsstudium finanzieren?

Spätabends rief mich Vater an. Meine Eltern waren für einige Tage zu Besuch bei einer Freundin in Düsseldorf. Unvermittelt erkundigte sich Ludwig nach dem Fortgang meines Studiums. »Ich habe die Chance, meinen Doktor zu machen«, erwiderte ich. »Dann tu's! Mein seliger Vater wollte studieren, es war ihm nicht möglich. Ich bin stolz, dass du den Doktor machst.«

Damit war die Entscheidung gefallen. Ich wollte Vater, Mutter und nicht zuletzt mir selbst beweisen, dass ich es konnte. Ich dankte Ludwig. Zufrieden über den gefällten Beschluss, schlief ich an der Seite Ingrids ein.

6

Wir wurden durch das Telefon geweckt. Eine Frauenstimme vom Städtischen Krankenhaus in Hilden erkundigte sich, ob ich Rafael Seligmann, der Sohn Ludwig Seligmanns, sei. Als ich bejahte, verband sie mich mit einem Arzt, der mir mitteilte, dass Vater gestorben war. Auf dem Heimweg vom morgendlichen Schwimmen hatte ihn ein unvermittelter Herztod ereilt. Ich bat den Arzt, Mutter, die an Herzmuskelerweiterung litt, nicht wie mir die Nachricht telefonisch, sondern durch einen Kollegen persönlich mitzuteilen. Er versprach es.

Es war Sonntag, der 20. Juli 1975. Freunde buchten meinen Flug nach Düsseldorf und brachten mich gemeinsam mit Ingrid zum Flugplatz. In meinem Kopf fielen die Gedanken ineinander wie Mikadostäbe. Ludwig war tot. Ich ahnte, dass nun meine Jugendzeit zu Ende war. Gleichzeitig funkte mir ständig ein Wunschgedanke durch den Kopf: Du unterliegst einem Irrtum. Einem Missverständnis, das sich in Düsseldorf aufklären wird, wo du Ludwig gesund antreffen wirst. Ich versuchte, mich auf die kommenden Ereignisse zu konzentrieren. Ich wollte mich um Hannah kümmern und würde Formalitäten erledigen müssen.

Mutter war gefasst. Als der Arzt bei ihr auftauchte, habe sie Bescheid gewusst. Ich überließ sie der Obhut der Gastgeberin und begab mich ins Krankenhaus. Der Leiter der Inneren Medizin, ein älterer Arzt, bestand darauf, meinen Vater zu obduzieren. Als ich ihm erklärte, dies sei bei uns Juden verboten, erklärte er schmunzelnd, auf »religiösen Krimskrams« könne er keine Rücksicht nehmen, schließlich sei es möglich, dass ich meinen Vater vergiftet habe. Er sei zur Leichenöffnung verpflichtet. Wenn ich einen Einwand hätte, könne ich mich bei Polizei und Staatsanwaltschaft beschweren.

Der Leiter der Kriminalpolizei reagierte ungehalten. Er bezeichnete die Ärzte der Klinik als verschworene Gemeinschaft. Er werde nicht zulassen, dass mein Vater in der Klinik »zerschnipselt« werde. Der Polizist hielt Wort. Ludwigs sterbliche Reste wurden unversehrt nach München überführt und auf dem Israelitischen Friedhof an der Garchinger Straße beigesetzt.

Zahlreiche Freunde und Bekannte Ludwigs versammelten sich in der Aussegnungshalle, wo der Vorsitzende der Israelitischen Kultusgemeinde eine Konfektionsrede hielt. Obgleich er Vater kannte, schwatzte Hans Lamm unverbindlich Positives, das sich so über jeden Verstorbenen hätte sagen lassen.

Die folgenden Monate stand ich im Bann der Erinnerung an Vater. Nacht für Nacht erfuhr ich den gleichen Traum. Ludwig rief mich an und teilte mir mit, dass er nicht gestorben sei. Er habe lediglich seinen Urlaub verlängert. »Mache dir keine Sorgen, Rafi.« Meine Seele sträubte sich gegen den unabänderlichen Verlust des Vaters. Jeden Morgen pilgerte ich zu seinem Grab und legte gemäß dem jüdischen Brauch einen Stein als Symbol der Ewigkeit auf den Erdhügel, der erst ein Jahr nach dem Tod einer Grabplatte weichen würde. Danach sprach ich das Kaddisch. Vom Friedhof sah ich mein Hochhaus in der Studentenstadt. Ich erinnerte mich an Vaters Besuch in meinem Appartement. Ludwig hatte seine Scherze über die »herrlich jungen Studentinnen« gemacht und bemerkt: »Ich dürfte hier nicht wohnen, doch du …«, er zwinkerte, »lässt dich als reifer Mann vom schönen Geschlecht nicht ablenken … oder gar verführen.« Vater fühlte sich wohl bei mir.

Später waren wir durch den Englischen Garten zum Hirschau-Biergarten spaziert. Ludwig wurde ernst. Er vertraute mir an, dass Hannah ihn als Mann nicht mehr für voll nehme. Seit ich aus dem Elternhaus ausgezogen war, wurde unser Verhältnis wieder inniger. Ludwig war ein weicher Mann, er hing sein Lebtag an seiner Mutter. Er litt darunter, dass es ihm nie gelungen war, zu seinem Vater Isaak Raphael, der auf seinen Erstgeborenen Heinrich fixiert war, eine enge Beziehung aufzubauen. Nun, da ich mich zumindest äußerlich von Hannah gelöst hatte und selbstständig lebte, erkor er mich zur dominanten männlichen Figur in seinem Leben. Er hatte mich wie seinen Vater genannt. Ich war sein Erstgeborener, sein einziges Kind. Ich genoss die vertrauensvolle Liebe meines Vaters und versuchte diskret, das Miteinander meiner Eltern zu erleichtern. Da Hannah sich mit meiner Abnabelung abzufinden begann und mich darob versteckt respektierte – offen brachte sie es nie fertig, einem Menschen Anerkennung zu zollen –, nahm sie meine Mahnung, sich ihres Mannes anzunehmen, an. Fortan kümmerte sie sich, so liebevoll es ihr möglich war, um Ludwig. Vater verstand, so kamen wir einander noch näher.

Während seines letzten Winters musste Vater aufgrund einer chronischen Atemweginfektion das Haus hüten. Zudem schlug ihm die lichtarme Zeit aufs Gemüt. Ich besuchte ihn täglich. Wir spielten zumeist 66 und unterhielten uns. Ludwig beklagte sich über seine erzwungene Untätigkeit. Seine Stimmung hellte sich jedoch auf, sobald er mir von seiner Jugend berichtete. Daher schlug ich ihm vor, über diese Jahre zu schreiben. Die Idee gefiel ihm spontan, aber dann verzagte er. Gewöhnliche handschriftliche Notizen würden untergehen. Wenn er sich schon die Mühe mache, wolle er »etwas Solides, Bleibendes« hinterlassen, das mich mein Lebtag begleiten sollte. So redete ich ihm zu, sich eine Schreibmaschine zu kaufen.

Die folgenden Monate war Vater mit seinen Aufzeichnungen beschäftigt. »Beim Schreiben fällt mir ständig Neues ein. Es ist, als ob ich ein altes Kino besuche und mir dort einen bekannten Film nach dem anderen ansehe. Meine ganze Jugend scheint noch einmal abzulaufen. Es sind keine verschwommenen Erinnerungen, sondern klare, bunte Bilder.« Obgleich er seit seiner Lehrzeit kaum mehr getippt hatte, saß Vater täglich stundenlang an der Schreibmaschine. Im Mai übergab er mir das gebundene Heft seiner Aufzeichnungen. Dabei handle es sich, wie er mir berichtete, um den ersten Teil. Im folgenden Winter wollte er sich mit seiner Lehrzeit und seinen frühen Berufsjahren beschäftigen. Ich hob mir das Bändchen als Lektüre für die Semesterferien auf.

Nach einem Friedhofsbesuch fand ich endlich die Kraft, Ludwigs Notizen zu lesen. Er schilderte Episoden aus seiner Kindheit und Jugend sowie jüdische Bräuche in Ichenhausen. Ludwig hatte gerne im Synagogenchor gesungen und war ein leidenschaftlicher Sportler gewesen. Aus den Zeilen spürte man seine Geborgenheit in der Jüdischen Gemeinde und in der schwäbischen Kleinstadt wie auch seine Zuneigung zu ihren Bewohnern. Am Anfang und am Ende platzierte Ludwig Impressionen seiner

Besuche Ichenhausens nach der Rückkehr aus Israel. Er brachte es nicht fertig, über die Zerstörung seines Paradieses oder gar über die Verfolgung und Ermordung der Juden zu schreiben. Er benutzte lediglich die Metapher »das andere, das sich in meine Seele gefressen hat«. Vater erwähnte dabei keinen Zeitgenossen Ichenhausens, auch nicht seinen engsten Freund Siegfried Herlikoffer. Der einzige Mensch, den Ludwig aus der Gegenwart aufführte, war ich. Vater schrieb, es ziehe mich immer wieder nach Ichenhausen und dessen jüdischen Friedhof. Er habe den Eindruck, ich kehrte von dort »gefestigt« zurück.

Während des Lesens waren mir Tränen in die Augen getreten. Als ich das Heft weglegte, brach es aus mir heraus. Erstmals seit dem Morgen des 5. Juni 1967, nach dem ich mir verboten hatte, fortan meine Gefühle zu offenbaren, schüttelte es mich. Ich weinte lange. Als sich meine Erregung legte, empfand ich Frische und Unbedrücktheit. Die Lektüre von Ludwigs Aufzeichnungen hatte den Damm der aufgezwungenen Selbstbeherrschung weggespült. Vater hatte mir über den Tod hinaus geholfen. So konnte ich versuchen, sein Lebensende zu akzeptieren. Fortan blieb der nächtliche Albtraum aus, in dem Vater seinen Tod dementierte.

Sein Lebensbericht zeigt, dass Ludwig Seligmann sich nie mit der Vernichtung seiner jüdischen Heimatgemeinde abfinden konnte. Auch in Israel hatte er den Verlust seines Zuhauses nicht verwunden. Als Ludwig ein Dutzend Jahre nach dem Ende des Naziregimes erneut Ichenhausen besuchte, musste er einsehen, dass die Gemeinde vollständig zerstört und deren Mitglieder alle vertrieben oder ermordet worden waren. In seinem Herzen aber lebte Vater weiter in Ichenhausen – als Landjude. Das Abfassen seiner Erinnerungen gab Ludwig Seligmann ein Stück Heimat zurück.

7

Nach Vaters Tod war ich entschlossen, meine Ankündigung während unseres letzten Ferngesprächs zu verwirklichen. Veranstaltungen bei Sontheimer und Opitz erschöpften sich vorwiegend im »Absingen« von Studentenreferaten. Nur gelegentlich streuten die Professores vom Olymp ihrer vorgeblichen Allwissenheit knappe kryptische Anmerkungen ein.

In Gottfried Karl Kindermanns Doktorandenseminar dagegen bildeten die Studenten lediglich die Kulisse für die Kür der intellektuellen Pirouetten des Professors. Er brannte ein Feuerwerk der Theorie und historischer Exempel der Internationalen Beziehungen ab. Auf die Weise verknüpfte Kindermann Theorie und Praxis. Half der Machtansatz Morgenthaus, die Kubakrise von 1961 zu erklären? Oder führte das Instrument der Entscheidungstheorien Singers hier weiter? Welche strategischen Theorien waren geeignet zur Analyse des Oktoberkriegs von 1973?

Während dieses Waffengangs war ich in Israel gewesen. Ich wurde Zeuge der Ratlosigkeit der Bevölkerung. In der Folge des Triumphes von 1967 hatte man Zion als unbezwingbar empfunden, nun walzte der konzentrische ägyptisch-syrische Angriff am 6. Oktober neben den Stellungen der Armee auch die Überheblichkeit der Israelis nieder. In wenigen Tagen waren 3000 israelische Soldaten gefallen, im Verhältnis zur Bevölkerung viermal so viele wie US-GIs im Vietnamkrieg. Die Gründe der militärischen Verluste und des politischen Fiaskos blieben umstritten. Doch ich hatte die Verzweiflung der Menschen erlebt.

Bei der Verteilung der Seminararbeiten entschied ich mich für ein Referat über den Gegenwartsbezug von Carl von Clausewitz' Werk »Vom Kriege«. Das geflügelte Wort vom Krieg als der Fortsetzung der Politik mit anderen Mitteln war mir geläufig. Und Clausewitz war mir als Figur in Tolstois »Krieg und Frieden« bekannt. In seinem Roman schildert ihn der russische Schriftsteller als tumben preußischen Theoretiker.

Nachdem ich mich an den Duktus des frühen 19. Jahrhunderts gewöhnt hatte, las ich das Werk mit zunehmender Faszination. Bis Clausewitz, ja vielfach bis zur Gegenwart begnügten sich die Theoriestrategen nach dem Muster der Bibel oder Machiavellis »Il Principe« mit dem Propagieren mehr oder minder kluger Prinzipien. Vor zweieinhalbtausend Jahren verglich der Chinese Sun Zhu den Krieg mit einem logischen Spiel und betonte die Wichtigkeit der Aufklärung: »Die eigene Truppe kennen, den Feind kennen: Tausend Schlachten, tausend Siege.« Als rationaler Denker ging Clausewitz vielmehr dem Geschehen auf den Grund. Zunächst stellte er fest, dass der Krieg »ein Akt der Gewalt (sei), um den Gegner zur Erfüllung unseres Willens zu zwingen«. Dieser Wille aber sei der »politische Zweck«. »Der Krieg (ist) nicht bloß ein politischer Akt, sondern ein wahres politisches Instrument ... eine Fortsetzung des politischen Verkehrs, ein Durchführen desselben mit anderen Mitteln.« Daher sei der »politische Zweck als das ursprüngliche Motiv des Krieges, das Maß ... sowohl für das Ziel, welches durch den Krieg erreicht werden muss, als auch für die Anstrengungen, die erforderlich sind«. Das Verwerfen der überkommenen mechanistischen Siegesrezepte, Clausewitz' Gedanken über Sinn und Zweck des Krieges, vor allem die für einen General bemerkenswerte Feststellung vom Primat der Politik, dem sich der Krieg und damit das Militär unterzuordnen hätten, bleiben bis heute revolutionär.

Zudem hatte Clausewitz durch seine Einführung des Begriffes der »Friktion«, also aller Einflüsse der Wirklichkeit, die »den Krieg vom Papier unterscheiden«, die hergebrachten Kriegsregeln ebenso wie manch moderne Feldzüge ad absurdum geführt. Den Vietnamkrieg hatte der Planungsstab des Pentagons »auf dem Papier« gewonnen – ohne das tropische Klima, die Fremdheit der GIs, die Heimatverbundenheit der Vietcong, die langen Nachschubwege und hundert andere reale Faktoren zu berücksichtigen. Auch heute beim Waffengang in Afghanistan ignoriert man Clausewitz' Erkenntnisse. Die Entscheidungsträger konzentrieren sich auf militärische Details und verlieren darüber die primären politischen Erwägungen aus dem Auge. Es ist bemerkenswert, dass nur wenige Politiker kriegführender Staaten, auch Israels, sich die Mühe machen, Clausewitz zu lesen und zu begreifen. Ansonsten hätten sie verstanden, dass das Militär sich den politischen Vorgaben unterzuordnen und seine Operation entsprechend zu gestalten hat.

Ich begriff, dass die Kenntnis von Clausewitz' Denken mir bei meiner Arbeit als Politologe, besonders bei Studien über Konfliktregionen, helfen würde. Kindermann bewertete meine Seminararbeit sehr positiv und bot mir nunmehr definitiv an, an seinem Lehrstuhl zu promovieren. Ein Magistergrad sei dazu nicht erforderlich, lediglich eine theoretische Prüfung. Die entsprechende Literaturliste umfasste das gesamte Spektrum der Politischen Wissenschaft: vom Völkerrecht über Wirtschaftswissenschaften, Behaviorismus, Systemtheorie, Geopolitik, Politischen Realismus, Staatslehre bis zur Spieltheorie. Diese Werke durchzuarbeiten würde zumindest ein Jahr in Anspruch nehmen, also doppelt so lange wie das Umschreiben meiner Magisterarbeit. Dann stünde ich erst am Beginn meiner Dissertation. Dennoch entschied ich mich für den neuen Weg. Die Politischen Wissenschaften regten mich an – und mein Lehrer Kindermann begeisterte mich. Er war wie geschaffen, meine neue Vaterfigur zu sein. Er besaß die Fähigkeiten, die ich bei Ludwig vermisste – geschulten Intellekt, Mehrsprachigkeit, Selbstbewusstsein, gewandtes Auftreten, Charme. Erst später, als ich ihn besser kennenlernte, sollte ich entdecken, dass all diese Tugenden nicht hinreichten, seine entscheidenden Defizite zu verbergen, seine Gefallsucht, die Weigerung des begabten Kindes, erwachsen zu werden und Verantwortung für sich und andere zu übernehmen.

8

Bislang glich mein Theoriestudium einem Rosinenpicken. Zu Themen, die mich interessierten, hatte ich Vorlesungen gehört und Bücher gelesen. Diese intellektuelle Lustwandelei hatte nun ein Ende. Mit dem systematischen Studium der politischen Theorie begab ich mich auf einen Marathonlauf. Autoren wie Morgenthau und Machiavelli waren geistige Verführer. Marx und Engels entwickelten neue Ansätze, die Texte einer Reihe von Völkerrechtlern und Wirtschaftswissenschaftlern hingegen waren staubtrocken. Je mehr theoretische Modelle ich studierte, desto mehr lernte ich den sanften, doch bestimmten Bilderstürmer Karl Popper schätzen.

Hilfreich bei der Untersuchung von Konflikten war das von Karl Wolfgang Deutsch entwickelte Modell der politischen Kybernetik. Den Vorgang der Gegensteuerung nennt Deutsch »negative Rückkopplung«; sie dient bei Konfliktsituationen der Deeskalation. Drohungen und Ultimaten sollten mit Verhandlungsangeboten beantwortet werden. Das Gegenmodell ist die »positive Rückkopplung«, also die Eskalation. Bedrohungen werden hier durch härtere Maßnahmen retourniert, die abschrecken sollen, de facto jedoch verschärfend wirken. Ergebnis: Die Gegenseite fühlt sich herausgefordert, die angedrohten Maßnahmen zu übertreffen. Klassisches Beispiel ist der Ausbruch des

Ersten Weltkriegs. Fazit: Eine positive Rückkopplung führt in der Politik ebenso wie in der Natur und Technik zur Selbstzerstörung eines Systems. Daher sollten Politiker lernen, in Krisen deeskalierend zu handeln.

Das intensive Studieren verbesserte mein Gedächtnis und meine Lernfähigkeit. Es bereitete mir Vergnügen, die unterschiedlichen Gedankengebäude nachzuvollziehen und miteinander zu vergleichen. Kindermann war, anders als Vogelsang, nicht eifersüchtig auf meine gelegentlichen Veröffentlichungen. Er ermutigte mich im Gegenteil, damit fortzufahren, und bat mich, für sein neues Lehrbuch über Konstellationsanalysen einen Beitrag zu verfassen.

Unterdessen legte ich meine theoretische Klausur ab. Nun stand mir der Weg zur Dissertation offen. Gegenstand sollte eine Bewertung der israelischen Sicherheitspolitik in den sechziger und siebziger Jahren sein. Das Thema kam nicht von ungefähr. Zwei Jahre zuvor hatte mir Vogelsang nachdrücklich eine Magisterarbeit über »die Endlösung« nahegelegt. Doch ich wollte mich nicht zum jüdischen Aufarbeitungsbüttel degradieren lassen. Der Exhibitionismus öffentlichen Gedenkens, der zum Ritual verwässert, stieß mich ab.

Statt ein wissenschaftliches Kaddisch der jüdischen Opfer vorzugeben, mochte ich mich mit den aktiven Hebräern der Gegenwart auseinandersetzen, den Israelis. Seit 1967 hatte sich das Ansehen des jüdischen Staates in den europäischen Medien und in der deutschen Öffentlichkeit rapide verschlechtert. Die gewissensgeplagten Deutschen liebten jüdische Opfer. Nie genoss Israel derart hohe Sympathien wie am Vorabend des Sechstagekrieges. Nach Israels Triumph waren die Menschen hierzulande erleichtert, um bald darauf festzustellen, dass die Israelis sich wie alle Sieger der Geschichte zunehmend arrogant gebärdeten und – da sie, anders als Polen, Tschechen, Serben, Deutsche, Amerikaner, Australier, auf »ethnische Säuberungen«, sprich Vertreibungen und Völkermorde verzichteten – zu hässlichen Besatzern geworden waren. Die Europäer nahmen es den Juden übel, dass sie Auschwitz nicht als Katharsis zur eigenen Läuterung genutzt, sondern an Härte gewonnen hatten. Israelische Okkupanten im Westjordanland sind Gutmenschen unerträglich. Das Opfer darf nicht zum Täter werden. Jesus darf nicht vom Kreuz steigen und zur Uzi greifen.

Auch die objektive Sicherheitssituation Israels hatte sich seit 1967 dramatisch verschlechtert. Schuld daran trugen nicht Antisemiten und Antizionisten. Die begrenzten militärischen Erfolge im Oktoberkrieg von 1973 konnten die politische Niederlage nicht verbrämen. Ich wollte in meiner Doktorarbeit das Fundament der israelischen Sicherheitspolitik hinterfragen und erfahren, weshalb diese offenbar nicht den gestellten Anforderungen gerecht wurde. Das schien mir sinnvoller, zukunftsweisender, denn als Nachgeborener Zeugnis für das Leiden der Opfer abzulegen.

9

Zur Vorbereitung meiner Dissertation las ich systematisch die fast ausschließlich englischsprachige Sekundärliteratur über Israels politisches System und seine Streitkräfte. Parallel dazu lernte ich wieder Hebräisch. Seit ich als Kind zwanzig Jahre zuvor Israel verlassen musste, hatte ich so gut wie nie mehr die Landessprache gesprochen, geschweige denn geschrieben oder gelesen. Ich kannte noch die Buchstaben und die gepunkteten Vokale. In Büchern und Zeitungen wurden die Selbstlaute weggelassen, also fing ich wieder mit Lehrbüchern für Schulanfänger an. Darüber hinaus engagierte ich mich erneut im Jüdischen Studentenverband. Die Abwertung Ingrids als Schickse durch Hannah und der Antisemitismus ihrer Eltern ließen mich ein öffentliches Engagement suchen.

Sobald ich zum Vorsitzenden des Verbandes der Jüdischen Studenten in Bayern gewählt worden war, setzte ich eine neue Satzung durch. Gemäß der alten Bestimmung war die Mitgliedschaft auf jüdische Hochschüler beschränkt. Aus meiner Lehrlingszeit kannte ich das Gefühl der Aussperrung, wenn man kein Abitur besaß. Zudem missfiel mir die Begrenzung auf »jüdisch«. Wie die Halacha verlangt, gelten allein Personen als israelitisch, die Kinder einer jüdischen Mutter sind. Übertritte sind nur gültig, falls sie vor einem orthodoxen Rabbinatsgremium erfolgen. Es war mir zu dumm, die Mitgliedschaft jedes Studenten von der Herkunft seiner Mutter beziehungsweise dessen Konversionsurkunde sowie dessen beschnittenem Geschlechtsteil abhängig zu machen. Daher setzte ich eine Bestimmung durch, die »jedem

Mann oder jeder Frau jüdischen Bekenntnisses zwischen 18 und 35« die Mitgliedschaft zugestand. Fortan war jeder selbst für seine Identität verantwortlich. Darüber hinaus waren nunmehr Lehrlinge, Schüler, Arbeiter und andere in unserem Verein willkommen. Dass diese Satzung noch heute, mehr als dreißig Jahre nach ihrer Abfassung, in Kraft ist, stimmt mich zuversichtlich. Glaubens- und Statusstreitereien lassen sich mit Pragmatismus und gutem Willen überwinden.

Meine Kommilitonen und ich legten ein Programm mit Vorträgen, Festen und Seminaren auf, das regen Zuspruch fand, da es reichlich Gelegenheit zum besseren Kennenlernen von jungen Männern und Frauen bot. Darüber hinaus konnte sich, wer mochte, informieren oder an unseren häufigen Diskussionsveranstaltungen mit Arabern teilnehmen.

Die Erfolge unserer Arbeit sprachen sich herum. So fragte mich der Vorstand des »Bundesverbands Jüdischer Studenten in Deutschland« (BJSD), ob ich nicht als stellvertretender Bundesvorsitzender mitwirken wollte. Ich war bereit. Zumal ich gerne auf Reisen ging. Die erste Fahrt führte im Frühjahr 1977 nach London zu einem Treffen der »Weltunion Jüdischer Studenten«. Ich flog mit unserem Schatzmeister Israel Feder, einem ruhigen, aber bestimmten Jurastudenten, an die Themse. Wir erwarteten von diesem internationalen Gremium niveauvolle Diskussionen zur Zukunft jüdischen Lebens in Israel und der Diaspora. Stattdessen erlebten wir eine Kakophonie von Beschimpfungen, Gelächter, Weinen und Geschrei.

Kernpunkt der Auseinandersetzungen war der Antrag der kanadischen Delegation, den israelischen Studentenverband IStA aus der jüdischen Weltunion auszuschließen, weil dessen Vorstand aus Likud-Mitgliedern bestand. Dessen Position sei national-zionistisch, also imperialistisch. Da der »Weltpräsident« – welch prächtiger Titel für einen so mickrigen Verband – Ron Finkel aus Australien sich weigerte, die Israelis aus der Organisation zu entfernen, wurde er als »Faschist« beschimpft und aus dem Amt gejagt. Als einzige europäische Delegation stimmten Feder und ich gegen einen Hinauswurf der Israelis. Das wurde von den übrigen Europäern mit der Bemerkung quittiert, als Deutsche aus Naziland wären wir quasi natürliche Verbündete der israelischen Faschisten. Die Israelis wiederum lachten die Europäer aus. Wenn man sie hinauswerfe, würden sie dafür sorgen, dass die Jewish Agency (die Zionistische Weltorganisation) den Ausschließern den Geldhahn zudrehe, höhnte der Chef der israelischen Delegation, Dubi Bergman. Die israelische Nötigung war plump. Doch die ursprüngliche Absicht der Europäer, Zion hinauszuwerfen, war lächerlich. So weit war nicht einmal die UN-Vollversammlung gegangen. Ein Weltverband jüdischer Studenten ohne Israel wäre absurd gewesen.

Indem sie Israel abstraften, hofften die jüdischen Studentengremien Europas, sich bei antizionistisch eingestellten Studentenverbänden anzubiedern. Ich hatte entsprechende Unterfangen in Deutschland erlebt. Die bloße Distanzierung jüdischer Studenten von Israel wurde als Lippenbekenntnis verworfen. Gefordert wurden stattdessen eindeutige Stellungnahmen, die eine »Liquidierung des zionistisch-imperialistischen Gebildes« erheischten. Wer diese kompromisslose Negation des Judenstaates nicht akzeptierte, wurde als Zionist gebrandmarkt. Aus Trotz und Selbstachtung verweigerte ich mich diesem Demutsgebaren. Stattdessen gab ich mich als Zionist, obgleich ich noch heute meine, ein Zionist hat in Israel zu leben – sonst ist er lediglich ein Laiendarsteller. Da wir als einziger europäischer Verband gegen den Ausschluss der Israelis gestimmt hatten, kamen wir mit ihnen ins Gespräch. Die Israeli, darunter Dubi Bergman und Joel Sluzki, waren durchsetzungswillige Zeitgenossen. Wir tauschten Witze aus und gelobten, uns bald wiederzusehen – der übliche Schmonzes.

Am Ende begnügten sich die Europäer auf Druck der amerikanischen Delegation, begleitet von einem Schreianfall des Deutschbriten Michael May, mit einem Misstrauensvotum gegen den Präsidenten. Ron Finkel wurde nach zwei Jahren ehrenamtlicher Tätigkeit davongejagt wie ein Hund. Er schluchzte lauthals. Als er sich gefasst hatte, wollte er wissen, warum man ihm ein Wort des Dankes verweigere. Die Frage wurde von den europäischen Delegierten mit Hohngelächter und dem Ruf »You're a Zionist« beantwortet.

Der Konvent ging mit der Wahl der Dänin Anetta Josephovicz zu Ende. Eine inhaltliche Diskussion hatte nicht stattgefunden. Ich war enttäuscht. Das Weltparlament der jüdischen Studenten beschränkte sich auf Zank, Hohn, Spott und Machtkampf. Dies

hielt ich für eine temporäre Entgleisung, eine antisemitisch an-
mutende Karikatur. Ich hatte noch nicht begriffen, dass ich soeben Zeuge eines gewöhnlichen Rituals der Demokratie geworden war. Im Gegensatz zu den Umständen in einer Diktatur
muss dabei jedoch niemand um seine physische Unversehrtheit
fürchten.

Zurück in Deutschland, erhielt ich einen Anruf vom Vorstand
aus Berlin, in dem ich ob meiner Eigenständigkeit und meines
undifferenzierten Zionismus kritisiert wurde. Damit hätte ich
der Stellung des BJSD in Europa geschadet. »Ich habe nach meinem Gewissen und meiner Überzeugung gehandelt«, erwiderte
ich. »Und das war dumm. Hier geht es nicht um dein Gewissen
und um deine Überzeugung, sondern um Politik.«

Das sehe ich bis heute anders. Ich bin davon überzeugt, dass
Politik und Gewissen sich im Einklang befinden müssen. Agieren
Politiker gewissenlos, wird dies bemerkt. Die Klientel ist nicht
bereit, den Missbrauch hinzunehmen, sie verliert das Zutrauen
zur Politik und damit zu ihren Akteuren.

10

In München, aber auch durch Anrufe und Besuche aus den jüdischen Studentenverbänden im übrigen Bundesgebiet, wurde ich
ermutigt, mich um den Vorsitz des Bundesverbandes zu bewerben. Ich war der Meinung, dass ich ein vernünftiges Programm
zu offerieren hatte. Die israelische Politik sollte kritisiert, doch
der Staat nicht ausgeschlossen werden. Darüber hinaus boten wir
in Bayern attraktive Veranstaltungen, unsere Vorstandssitzungen
waren öffentlich, während man vom nationalen Verband nichts
hörte. Mein Ehrgeiz und mein Tatendrang waren geweckt.

Ich entwickelte Stichpunkte eines Veranstaltungs- und politischen Programms. Israel Feder war bereit, als Schatzmeister auch
im Bundesvorstand mitzuarbeiten. Da ich selbst bereits 29 Jahre
alt war und die Absicht hatte, lediglich ein Jahr als Vorsitzender
zu amtieren, suchte ich einen jungen Vize. Dabei fiel mir Daniel
Krochmalnik auf. Er war 21, studierte Philosophie, war diskus-
sionsfreudig und aktiv. Mein Vorschlag, er solle im Vorstand des
BJSD mitarbeiten und nach einem Jahr die Führung überneh-

men, sagte ihm zu. Gemeinsam informierten wir die größten Landesverbände in Nordrhein, Baden, Hessen, in den Universitätsstädten Aachen, Heidelberg, Frankfurt sowie Berlin über unsere Bewerbung.

Im April 1977 tagte die Bundesdelegiertenversammlung des BJSD in München. Obgleich wir lediglich etwa 1000 Mitglieder vertraten, von denen sich die meisten nur bei unseren Semesterfeten blicken ließen, wir also den Umfang und die Bedeutung eines Taubenzüchtervereins besaßen, waren wir von der Wichtigkeit unseres Verbandes und Tuns durchdrungen. Im Sitzungssaal, der im Alltag als Versammlungsraum eines Studentenheims im Olympiadorf diente, wurde ständig über Bündnisse und Gegnerschaften gewispert. Ich war verwundert, denn bereits vor der Tagung hatte der amtierende Vorstand aus Berlin kundgetan, dass er sich nicht mehr zur Wahl stellen würde. Die einzelnen Landesverbände versicherten mir, sie wollten für uns Bayern als Nachfolger stimmen.

Die Personaldebatte artete in Beschimpfungen und persönliche Angriffe aus. Ich fühlte mich an die unwürdige WUJS-Tagung in London erinnert. Mein Gefühl bewog mich hinzuwerfen. Wenn von Anfang an Streit und Missgunst im Spiel waren, würde ich keine Freude an meiner Aufgabe haben. Am Ende einer langen Prozedur wurden wir gewählt. Die persönlichen Anwürfe hatten mich verletzt. Ich begriff, dass dies offenbar zum politischen Geschäft gehörte. Davon hatte ich jedoch erst einmal genug. Ohne mich zu verabschieden, fuhr ich heim.

Nachts konnte ich keinen Schlaf finden. Mich plagte die Ahnung, dass die Leitung des Studentenverbandes nicht einfach werden würde. Israel, Daniel und ich trafen uns regelmäßig. Wir entwickelten immer neue Vorhaben. Daniel plante ein Seminar über Philosophie und Judentum. Ich schlug ein Seminar über den israelisch-arabischen Konflikt vor. Wir wollten mehrere Regionaltagungen über jüdische Studentenarbeit in Deutschland abhalten, um unsere Mitglieder zu aktivieren. Israel Feder machte uns darauf aufmerksam, dass unsere Kasse leer sei. Der Geldgeber des BJSD, der Zentralrat der Juden in Deutschland, weigerte sich, dem Studentenverband Mittel zur Verfügung zu stellen. Stattdessen förderte der Zentralrat mit großen Summen einen konkurrierenden Jugendverband, an dessen Spitze die Kinder von Zentralratsfunktionären standen. Der Generalsekretär des Zentralrats, Alexander Ginsburg, erläuterte mir launig den Grund: »Wir wollen jüdische Jungen und Mädchen aus ganz Deutschland zusammenbringen. Sie sollen sich kennenlernen und heiraten. Also ein ganz konkreter Zweck. So bewahren wir unsere jüdischen Gemeinden vor dem Aussterben.« Wir Studenten dagegen würden lediglich über Politik schwätzen. Für derartigen Unsinn würde der Zentralrat sein Geld nicht zum Fenster rauswerfen.

Um vom Zentralrat wieder Mittel zu erhalten, schrieben wir an dessen Führung und schlugen eine Zusammenarbeit vor. Dies sei vergebliche Liebesmüh, hatte mich mein Vorgänger gewarnt. Der Zentralrat nähme die Botschaften der Studenten nicht zur Kenntnis. Also sandten wir unseren Brief per Einschreiben. In seiner umgehenden Antwort teilte uns der Vorsitzende des Zentralrats, Werner Nachmann aus Karlsruhe, mit, unser Schreiben sei »überflüssig«. Von unserer Wahl habe er bereits in der Presse gelesen. Die Zusammenarbeit mit dem Zentralrat sei unsere Pflicht. Er sei allerdings nicht bereit, unsere Geldverschwendung hinzunehmen. Die Kosten eines Einschreibens seien »unvertretbar hoch«. Durch den Einschreibebrief und dessen höflichen Ton musste uns Nachmann jedoch zur Kenntnis nehmen. In den kommenden Wochen überwies uns der Zentralrat 15 000 Mark als Jahresetat. Das war erheblich weniger als eine einzelne Tagung des Jugendverbandes ausmachte. Immerhin, wir hatten Geld und konnten daran gehen, unsere Veranstaltungen zu organisieren.

Im Mai 1977 fanden in Israel Wahlen statt. Das Ergebnis war ein politischer Umbruch im jüdischen Staat. Nach knapp dreißig Jahren unter Führung der Arbeitspartei votierten die Israelis mit deutlicher Mehrheit für den national-liberalen Likud unter dessen Vorsitzenden Menachem Begin. Der sozialdemokratische Staatsgründer David Ben Gurion hatte Begin als Faschisten desavouiert. In der internationalen Presse wurde der Likud-Politiker als Terrorist gebrandmarkt. Denn vor Israels Staatsgründung war Begin Kommandeur der nationalistischen Irgun-Untergrundarmee Ezl. Diese hatte unter anderem den Westflügel des King-David-Hotels in Jerusalem, in dem die britische Militäradministration untergebracht war, in die Luft gesprengt.

Auf unserer wöchentlichen Sitzung fragte mich Daniel nach meiner Meinung zum Wahlergebnis. Ich sagte, dass mir ein Erfolg der Arbeitspartei lieber gewesen wäre. Dies sei auch seine Haltung, erwiderte Krochmalnik. Er schlage daher vor, eine Presseerklärung herauszugeben, in der wir das Ergebnis der israelischen Parlamentswahlen ablehnten. Niemand, auch kein arabischer Staat, zog das demokratische Wahlergebnis in Israel in Zweifel. Wenn wir als jüdischer Studentenverband in Deutschland dagegen protestierten, machten wir uns lächerlich. Mir kam ein jüdischer Spruch in den Sinn: »Moische gegen den Rest der Welt.« Doch Daniel meinte, es sei ein Gebot der politischen Klugheit und philosophischen Weitsicht, öffentlich unser Missfallen am Votum der Israelis zu bekunden. Um die Diskussion abzukürzen, ließ ich abstimmen. Israel Feder war ebenso wie ich der Meinung, wir sollten das Wahlergebnis respektieren. Damit wähnte ich das Thema für abgehakt.

Eine Woche später teilte mir Daniel mit, er habe Israel Feder davon überzeugen können, dass eine Distanzierung des BJSD vom israelischen Wahlergebnis unabdingbar sei. Israel bestätigte dies. Ich versuchte, ihn umzustimmen, indem ich erneut darauf hinwies, dass der Jüdische Studentenverband Deutschlands keine Legitimation besitze, das Votum der israelischen Wähler abzulehnen. Daniel dagegen argumentierte wiederum mit der philosophischen Pflicht, die höher als legitimistische Erwägungen stehe.

Mir fehlte die Geduld für weitere Debatten, in denen jeder seine Argumente wiederholte. Unvermittelt fragte mich Daniel, ob ich eine Wahl Hitlers hinnehmen würde. Begin war nicht Hitler. So sagte ich: »Tut, was ihr wollt. Ich unterzeichne keine Schwachsinnserklärung. Eher trete ich zurück.« Israel bat mich, davon Abstand zu nehmen. Ich befand mich in einem Dilemma: Nach einem Monat zurückzutreten war lächerlich, doch die geforderte Erklärung gutzuheißen war falsch und dumm.

Ich verständigte die einzelnen Landesverbände, weshalb mir nichts übrigblieb, als zu resignieren. Das Echo war einhellig: Ich solle bei meiner Haltung und im Amt bleiben. Daraufhin gab ich ohne Absprache eine Presseerklärung ab, in der ich meine Position erläuterte. Das war undemokratisch gegenüber meinen Vorstandskollegen. Als die Meldung in der »Allgemeinen Jüdischen

Wochenzeitung« erschien, zog Daniel die Konsequenzen und trat zurück. Ich war erleichtert, gleichzeitig verachtete ich mich selbst. Wenn ich die Mehrheitsmeinung meines Vorstandes nicht teilen konnte, wäre es an mir gewesen, zurückzutreten.

11

Um mein schlechtes Gewissen zu beruhigen, entfaltete ich permanenten Aktivismus. Morgens lernte ich Hebräisch. Danach fuhr ich in die Bibliothek des Geschwister-Scholl-Instituts, wo ich systematisch Literatur über Israels politisches System und dessen Verteidigungspolitik las. Nachmittags stellte ich Vorträge und Seminare für unseren Studentenverband zusammen. Ich reorganisierte gemeinsam mit unserer Sekretärin Sandra, einer überzeugten Philosemitin, deren Lebenszweck darin zu bestehen schien, ständig Gutes zu tun und obendrein zum Judentum zu konvertieren, die Verbandsstruktur. Unsere Veranstaltungen erfuhren ordentlichen Zuspruch. Dabei machte ich mit dem Groupie-Phänomen Bekanntschaft. Ich erschien nicht aufgrund meiner Schönheit oder Klugheit, sondern wegen meines lächerlichen Amtes als Vorsitzender des winzigen jüdischen »Studentenzüchtervereins« vor allem auf Reisen zu den Ortsverbänden einigen jungen Frauen attraktiv. Ich durchschaute das Phänomen. Dennoch nahm ich manch zärtliche Offerte wahr. Was wiederum komplizierte Folgen zeitigte. Denn eine Gespielin aus Aachen besuchte mich unverhofft in München. Immerhin hatte ich die Notwendigkeit der Diskretion begriffen. Und so gelang es mir, unsere Liebelei freundlich ausklingen zu lassen, ohne dass Ingrid davon erfuhr.

Journalisten, Funktionäre und Wichtigtuer nahmen den BJSD zur Kenntnis und trugen ständig Anliegen an uns heran: Empfehlungen, Gutachten, Interviews, Interventionswünsche. Das gehört zum politischen Geschäft, es hat zur Folge, dass selbst ein kleiner ehrenamtlicher Vereinsmeier wie ich mir überlegte, was ich meinerseits von meinem Gegenüber erwarten durfte. Das Prinzip »Eine Hand wäscht die andere« stieß mich ab. Seit ich mich erinnern kann, bringe ich Menschen spontan Vertrauen entgegen. Dass Politik auch Kampf um Macht war, wusste und akzeptierte ich. Doch die Erkenntnis, dass ich fortan menschliche Beziehungen gemäß Nützlichkeitserwägungen gestalten sollte, wurde mir unerträglich.

Zudem raubte mir das Vereinsmanagement einen immer größeren Teil meiner Zeit und meiner Energie. Bereits nach wenigen Monaten war ich auf dem Weg, ein Funktionär zu werden. Meine Freundschaft zu Israel Feder erkaltete, die übrigen politischen Beziehungen gerieten kalkuliert funktional. Mein Studium rückte dabei unweigerlich in den Hintergrund. Die englischsprachige Literatur über Israels Sicherheitspolitik war mir unterdessen bekannt. Ich konnte mich damit begnügen, das Material neu zu mixen. Kindermann, der die Materie kaum kannte, würde die Dissertation akzeptieren.

Doch was hätte ich davon außer dem Doktortitel? Mich interessierte die Forschungsmaterie tatsächlich. Noch mehr aber war ich neugierig auf Israel, meine alte Heimat. Das Land bedeutete mir Geborgenheit im Judentum – ohne permanent lauernd meine Identität rechtfertigen zu müssen. Konnte ich in Zion unbeschwert von Diasporaängsten leben? Oder war Deutschland meine neue Heimat? Um diese Frage entscheiden zu können, musste ich zumindest eine Weile in Israel verbringen. Aus diesem Grunde und weil ich nicht der deutsche Alibijude sein mochte, hatte ich mein Dissertationsthema gewählt. Ich durfte diese Gelegenheit nicht wegen einer Wichtigtuerkarriere beim BJSD verspielen. Ingrid fühlte, dass ich in meiner Rolle als jüdischer Oberstudi nicht froh wurde, und wusste um meine Israelsehnsucht.

Sie bestärkte mich in meiner Absicht, mich beim Deutschen Akademischen Auslandsdienst DAAD um ein Forschungsstipendium für Israel zu bewerben. Dieses wurde nach einer mündlichen Anhörung in Bonn rasch gewährt. Die verbleibende Zeit in Deutschland nutzte ich, um besser Hebräisch zu lernen und die Nachfolge im BJSD zu regeln. Wie ich angenommen hatte, herrschte an Kandidaten kein Mangel. Der hartnäckigste, Thomas Müncz aus München, setzte sich durch.

Nachdem ich Mitte Juli in Aachen ein Seminar mit internationalen Referenten zum Thema »Jüdische Studenten in Israel und der Diaspora« organisiert hatte, gab ich mein Amt ab. Dabei empfand ich leise Wehmut. Manches hatte Spaß gemacht. Doch als Israel Feder mich fragte, weshalb ich zunächst um den Vorsitz gekämpft und ihn dann weggeworfen hätte, wusste ich, dass ich richtig gehandelt hatte. »Ich bin eitel. Doch als ich den Posten hatte, merkte ich, dass ich dafür mit Zynismus zahlen soll – und das wiegt schwerer als Eitelkeit.«

Gelobtes Land

1

Am 31. Juli 1977 flog ich nach Tel Aviv. Zuvor hatte ich meiner Mutter, bei der ich meine Bücher und übrigen Habseligkeiten unterbrachte, versprechen müssen, sie wöchentlich anzurufen, »sonst gehe ich vor Sehnsucht zugrunde«. Ich hatte es versäumt, mich um eine Bleibe in Israel zu kümmern. »Kein Problem, Seligmann«, meinte Dubi Bergman bei einem Telefonat nach Tel Aviv. »Du kannst bei mir wohnen, solange du magst. Wir schauen uns um, und im Nu haben wir eine prima Bude für dich.« Dubi holte mich am Flughafen Ben Gurion ab und brachte mich in seine Wohnung nach Ramat Gan. Sie bestand aus zwei Zimmern, die er mit seiner Mutter und seinem Bruder Ami teilte. Frau Bergman, eine warmherzige Person aus Siebenbürgen, bewohnte einen Raum, der andere diente Dubi als Arbeits- und Schlafzimmer. Ami hauste auf dem Balkon – neben seinem Bett wurde eine Schaumstoffmatte ausgebreitet, auf der ich schlief. Dies störte weder mich noch Ami, der froh war, einen Genossen zum Quasseln gefunden zu haben. Dubi aber schämte sich wegen der Ärmlichkeit seiner Behausung. Ich dagegen war gehobener, ja geradezu euphorischer Stimmung. Die satte Hitze und die hohe Luftfeuchtigkeit beflügelten mich ebenso wie die Erfüllung meines Diasporatraumes, endlich in Zion zu leben.

Abends fuhren Dubi, Joel, Ruben und Dubis enger Freund Chaim Schloss mit mir und ihren Freundinnen zum Essen nach Sh'chunat Hatikva (Siedlung der Hoffnung), einem ärmlichen Viertel im Südosten Tel Avivs. Die Häuser waren heruntergekommen, doch die orientalische Küche, Fleischspieße, Couscous, Falafel, Humus und Tehina, mundete hervorragend. Dank meiner autodidaktischen Hebräischübungen konnte ich mich verständlich machen. Die Freunde priesen mit orientalischer Höflichkeit mein »perfektes« Ivrith. Zum Flirten und Essenbestellen reichte es immerhin. Die Frauen waren üppig und verbreiteten gute Laune, das deutsche Grämen und Schämen war hier unbekannt. In Israel lebt man für das Heute. Durch Krieg und Terror kann jeder Tag der letzte sein. So verdrängt man die Sorgen und Ängste und genießt den Augenblick. Koste es, was es wolle. Ich wusste dies, doch erfühlt hatte ich es noch nicht. Die demonstrativ gute Stimmung und die anhaltende Wärme begeisterten mich.

Nach tiefem Schlaf auf Dubis Balkon fuhr ich am nächsten Morgen mit dem Bus nach Ramat Aviv nördlich von Tel Aviv, wo mein Hebräischintensivkurs auf dem Campus der Universität um 8 Uhr begann. Zunächst mussten die 500 meist jugendlichen Juden aus aller Welt, vorwiegend jedoch aus den Vereinigten Staaten, einen Einstufungstest bestehen. Dabei sollten wir unsere Hebräischkenntnisse auf einer Skala von 1–6 – der Testgeber hatte offenbar eine deutsche Schule durchlaufen – bewerten. Ich entschied mich für eine 3. Meine Prüfungsnote war eine 1. Ich hatte nicht umsonst gelernt. Wichtiger war mir eine psychologische Lehre. In meinem deutschen Elternhaus war ich zur Bescheidenheit dressiert worden, diese Grundlage war in Bayerns Schulen systematisch verfestigt worden. Obgleich ich später im Studium durchweg sehr gute Zensuren einheimste, hatte sich die eingebläute Zurücknahme der eigenen Person derart in mein Bewusstsein gekerbt, dass ich mir nach wie vor zu wenig zutraute.

Meinen Hebräischkurs ging ich mit teutonischer Gründlichkeit an. Wir übten täglich fünf Stunden Konversation, Lesen und die mir verhasste Grammatik. Nach einem kurzen Mittagessen in der Mensa zog ich mich in die Bibliothek zurück und paukte Vokabeln.

Am zweiten Tag zeigte mir Dubi eine Wohnung in Givatayim, einem Vorort auf einer Anhöhe über Tel Aviv. Die bescheidene Behausung gefiel mir. Doch das Haus lag an einer Hauptstraße, der andauernde Verkehrslärm war störend. Ich fragte meinen Freund, ob er nicht eine Wohnung in einer ruhigeren Straße kenne. »Seligmann, ich bin kein Maklerbüro. Nimm die Wohnung! Bei uns in Israel herrscht Leben, keine Friedhofsstille. Du wirst dich an den Krach gewöhnen.«

2

Bereits in der Studentenstadt hatte mich Lärm gestört. Dubi hatte dafür kein Verständnis. Er legte mir nahe, mich rasch nach einer passenden Unterkunft umzusehen. So erfuhr ich die Richtigkeit des Spruchs »Ein Gast ist wie ein Fisch, nach kurzer Zeit beginnt er zu stinken«. Ich zog zu Henri Weiss im arrivierten Norden Tel Avivs. Der Neffe meiner Mutter war als Bauunternehmer zu erheblichem Wohlstand gelangt und bewohnte gemeinsam mit seiner Frau Batya eine geräumige Villa. Da seine drei Kinder ausgezogen waren, stellten sie mir ein Jugendzimmer mit Schreibtisch, Bücherregal und eigener Dusche zur Verfügung.

Batya war eine geistreiche Unterhalterin, sie spielte gerne Karten und kochte famos, was man ihr ansah. Mit dem wachen Blick und den geschmeidigen Bewegungen einer fetten Katze streifte sie durch das Haus. Henri, ein selbstgerechter Besserwisser, referierte morgens und abends über die zionistischen Errungenschaften und die moralische Überlegenheit der Israelis gegenüber den Diasporajuden. Wiederholt forderte er mich auf, seinen Ausführungen beizuwohnen. Als er dabei persönlich wurde und den »Abstieg« meiner Eltern aus Israel als »Schande« bezeichnete, war es mit meiner opportunistischen Geduld vorbei. »Du bringst hier einiges durcheinander, Henri. Schändlich war, dass du uns, deine Tante Hannah, ihren Mann und ihr Kind, mich, im Stich gelassen hast.«

»Ludwig wollte nach Deutschland!«

»Nein! Vater hat dich angefleht, ihm einen Job zu geben. Als Hilfsarbeiter, als Nachtwächter.«

»Ich bin kein Arbeitsamt.«

»Dann spiel dich nicht als zionistischer Idealist auf und beschimpf meinen toten Vater nicht.«

Henris Gesicht lief rot an. Diesen Ton war er nicht gewohnt. Batya beobachtete ihn aufmerksam. Nachdem er sich gefasst hatte, sprach Henri scharf: »Ludwig war ein Jecke. Er war unserem Land nicht gewachsen.«

»Ja, er war ein Jecke. Ein gerader, aufrichtiger Jude. Du aber bist ein Heuchler.«

Ich stand auf, ging in mein Zimmer. Warf meine Bücher und Utensilien in den Koffer und dankte Batya beim Verlassen des Hauses für ihre Gastfreundschaft. Sie antwortete: »Schalom«, und ich meinte ein zartes Lächeln in ihrem gescheiten Katzenantlitz auszumachen.

3

Sobald ich aus dem Haus war, gesellte sich zur Genugtuung, für meinen Vater eingestanden zu sein, Ratlosigkeit. Wohin sollte ich weiterziehen? Für Zimmer in den Studentenheimen betrug die Wartezeit drei Monate, zudem waren es Doppelräume. Ich konnte mich in einer billigen Pension einquartieren – doch in Tel Aviv dienten diese Quartiere vorwiegend als Stundenunterkünfte für Nutten und ihre Freier. Die bürgerlichen Hotels dagegen waren für mich unerschwinglich.

Willkommen war ich allein bei meiner Cousine Rachel. Sie liebte mich seit meiner Kindheit unbändig. Jedes Jahr durfte ich in den großen Ferien zwei Wochen bei »Ruchale« verbringen. Sie tat alles, um mich zu verwöhnen. Ich wurde beschenkt und mit den Speisen ihrer exzellenten osteuropäischen Küche gestopft wie eine französische Gans. Am Ende der Ferien verkündete Rachel stolz den Pegelstand ihrer Bemühungen. Ich hatte drei bis vier Kilo zugenommen. »So muss man Rafi ernähren!«, belehrte sie meine Mutter. Vormittags marschierte Rachel mit mir an den Strand, danach ruhten wir uns auf ihrem riesigen Balkon aus. Ständig herzte sie mich – und seufzte bei jeder Gelegenheit: »Meine ganze Familie ist von den Nazimördern ausgelöscht worden. Und dann hat es dem Ewigen gefallen, mich mit einem Mann zu vermählen, der mir keine Kinder schenken kann. Dabei habe ich nur einen Wunsch auf Erden. Ein Kind!« Sie schloss mich erneut in ihre Arme und fuhr auf Jiddisch fort: »A schmecklech Jingale wie dich, Rafcik. A Jingale wie dich wot geweisn das greißte Geschenk far mir. Kein puscheter Mamser (simpler Bastard), a fein schmecklech Jingale, genau wie du.« Ich ließ mir allzu gerne Rachels Zärtlichkeiten und Komplimente gefallen. Auch manche spitze Bemerkung über meine Mutter amüsierte mich.

Als wir 1957 vor dem wirtschaftlichen Aus standen und Vater

mit seinen Canossagängen gescheitert war, entschloss sich Mutter zu einem Rettungsversuch. Sie fuhr in meiner Begleitung nach Tel Aviv zu Rachel, deren Mann Meir eine gut gehende Autolackiererei betrieb. Hannah bat um einen Kredit, der unseren Verbleib in Israel gewährleistet hätte. Rachel erwiderte: »Ich kann euch helfen. Aber ich will nicht! Sonst gewöhnt ihr euch dran und liegt uns ständig auf der Tasche. Meir muss jeden Piaster hart verdienen. Das kommt nicht in Frage!«

Rachel machte Mutter einen Gegenvorschlag. Sie solle mit Ludwig nach Deutschland fahren – und mich bei ihr lassen. »Rafcik ist ein jüdisches Kind. Er soll als Jude unter Juden aufwachsen. Nicht unter Nazis.« Mutter erwog die Offerte. Am nächsten Abend erschienen Rachel und Meir, eine Golduhr mit einem goldenen Armband am Handgelenk, mit ihrem Auto, einem britischen Morris, bei uns in Herzliya. Außer Henri besaß in der Familie der Eltern niemand ein Fahrzeug. Rachel erläuterte Hannah, sie habe die ganze Nacht kein Auge zugetan – »aus Sorge um meinen Rafcik«. Sie müsse das Angebot, mich in ihrer Obhut in Israel zu belassen, modifizieren. »Ich werde mich noch mehr an mein Jingale gewöhnen und ihn noch heißer lieben. Und wenn es dir dann irgendwann passt, wirst du ankommen und mir Rafcik aus dem Herzen reißen. Das kann ich mir nicht antun.« Stattdessen forderte Rachel Mutter auf, mich ihr zur Adoption freizugeben. »Dann kannst du Rafi in Israel besuchen – und sehen, dass es ihm gut geht.«

Ihre Worte zerstörten meine Liebe. Die schöne, gepflegte, wohlriechende und überschwängliche Cousine erschien mir mit einem Mal böse. Sie wollte mich von meinen Eltern trennen. Ich mochte nicht nach Deutschland – doch ich liebte meine Eltern und hing an ihnen. Ich lief aus dem Zimmer, damit keiner sah, dass mir Tränen in die Augen schossen. Später, als Mutter mich fragte, ob ich als Rachels Kind in Israel leben wollte, umarmte ich sie: »Niemals! Ich bin euer Kind.« Hannahs Anspannung brach sich Bahn – nie habe ich sie dermaßen weinend erlebt.

Im folgenden Sommer besuchte uns Rachel in Deutschland. Alles in ihr habe sich gesträubt, »zu den Mördern« zu reisen, erklärte sie ständig, obwohl ihr Aufenthalt nicht den Eindruck einer Leidenstour erweckte. Rachel frönte vehement dem Konsum. Am meisten hatten es ihr Dirndl angetan. Als sie im Trachtengewand durch unsere Wohnung stolzierte, meinte Vater amüsiert: »Du siehst aus wie eine bayerische Schickse aus dem Bilderbuch. Blond, blauäugig, feines Dekolleté …« Rachel alterierte sich über diese Kränkung. Schließlich sei sie die Tochter des heiligen Chil Hammersfeld und seiner gerechten Frau Jente, die von den Nazis abgeschlachtet worden waren. Sie komme ins Naziland nur, um ihren teuren Rafcik, das jüdische Kind, vor den Nazis zu schützen. Vater winkte ab. Anders als ich zwanzig Jahre später, ersparte er es Rachel, ihre Heuchelei beim Namen zu nennen.

4

1963, in der Blüte meiner Pubertät, lud mich Ruchale zu sich nach Tel Aviv ein. Es war meine erste Flugreise. Meine Selbstständigkeit bedingte, dass ich an Bord ein Dutzend Tassen Kaffee schlürfte. Aufgekratzt landete ich in Lod, wo Rachel und Meir mich mit ihrem neuen weißen Alfa Romeo abholten. Rachel umarmte mich, dass mir schier die Luft wegblieb und meine Rippen quietschten. Ich setzte mich vorn zu Meir, da ich noch nie im Cockpit eines Alfa gesessen hatte. Erstmals konnte ich einen Tourenzähler während der Fahrt beobachten. Nachts hielt mich mein Kaffeerausch wach. So bekam ich einen Asthmaanfall Rachels mit. Hannah hatte die Attacken als »hysterisches Getue« abgetan. Doch das Röcheln der Cousine erschreckte mich. Ich lief ins eheliche Schlafzimmer, wo ich Rachel nach Luft ringend erlebte. Sobald sie wieder zu Atem gelangte, beschimpfte sie Meir mit schriller Stimme als »Rusche!«, als Bösewicht, der ihre Gesundheit auf dem Gewissen habe. Ihr Mann stand hilflos in der Zimmerecke und ließ das Geschrei über sich ergehen. Als Rachel mich entdeckte, schrie sie auf: »Rafcik! Rafcik! Rette mich vor diesem Unmenschen! Er raubt mir mein Leben!«

Mein Entsetzen hinderte mich, ein tröstendes Wort zu sagen. Meir winkte mich aus dem Raum. Ich folgte ihm in den Flur. »Mach dir keine Sorgen, Rafi. Ruchale ist nicht gesund. Die Freude über euer Wiedersehen hat sie aufgeregt. Morgen wird sie wieder in Ordnung sein.« Unterdessen drang aus dem Schlafzimmer ein Röcheln. Es folgte ein spitzer Ruf: »Meir!!! Kimm her! Sofort, du Rusche! Lass meinen Rafcik in Scholem.« Meir folgte unverzüglich ihrem Befehl.

Im Morgengrauen schlief ich endlich ein. Am späten Vormittag wurde ich durch einen herzhaften Kuss Ruchales geweckt. Sie nahm mich bei der Hand und führte mich auf den Balkon. Die Cousine hatte mit dem ihr eigenen Sinn für Ästhetik eine prächtige Frühstückstafel gedeckt. Frisch gepresste Zitrussäfte, aufgeschnittene Melonen, gelber und weißer Käse. In der Mitte der Tafel thronte ein prächtiger Nelkenstrauß. »Ich kenne doch die Lieblingsblumen von meinem Rafcik …« Ich umarmte Rachel, wobei sie mir zuraunte: »… später, nicht auf den Balkon.« Das ließ mein Herz rasen.

Nach einer halben Stunde zog sich Ruchale zurück, um mich kurz darauf mit heller Stimme zu sich zu rufen. Sie lag im Schlafzimmer, nackt, um sich ein weißes Seidenlaken drapiert, das ihre Rundungen eher betonte als verbarg. Ruchale breitete ihre Arme aus, wobei ihre Brust sichtbar wurde. Ich zögerte, doch die kobaltblauen Augen der Cousine, ihre klare Stimme und mein ungebärdiger Eros zogen mich zu ihr hinab. Unerfahren und täppisch versuchte ich unverzüglich in sie einzudringen, ohne recht zu wissen, wie dies genau zu geschehen habe. Ruchale fühlte sich durch mein Ungestüm nicht genügend gewürdigt. »Ich bin deine Cousine, nicht eine Chonte, die man aussaugt und danach wegwirft wie eine leergepresste Orange.« Der Ordnungsruf ließ meine hochschießende Lust in sich zusammenfallen. Ich entschuldigte mich bei Ruchale. Ich hätte es nicht so gemeint, log ich. Rachel lachte mich fröhlich an und aus. »Wir werden uns schon verstehen, mein Rafcik«, flötete sie. Freudig übernahm sie die Führung. Ich fühlte meine Kraft zurückkehren und umarmte sie innig. Ruchale ging darauf ein. Mit einem Mal aber hielt sie inne und sprang auf, wobei ich sie, ja eine Frau überhaupt, erstmals nackt sah. Nur kurz, dann raffte Rachel das Laken und bedeckte damit ihren Körper. »Nein!«, rief sie. »Wozu zwingst du mich? Die koschere Tochter von Jente Hammersfeld. Du darfst mich nicht zur Kebse machen, hörst du, Rafcik! Du darfst es nicht ausnützen, dass Meir kein vollwertiger Mann ist!«

Die Bloßstellung Meirs schmerzte mich. Bis zu diesem Moment hatte ich mir keine Gedanken um ihn gemacht. Ich wollte endlich mit einer Frau schlafen, selbst mit der mir von früh an vertrauten Rachel. Dass sie Meir als impotent denunzierte, weckte mein Gewissen. Meir nahm mich in seinem Haus auf, ich durfte ihn nicht im Gegenzug betrügen.

Meir erschien zum Mittagessen, danach frönte er seinem Mittagsschlaf. In diesem Bett durfte ich ihn nicht hintergehen. Weder hier noch woanders! Obgleich all meine Sinne auf Rachel fixiert waren und sie diese stets aufs Neue zu entflammen verstand, siegte mein schlechtes Gewissen. Ruchale war ebenfalls davon berührt. Stärker war jedoch ihr Wunsch, endlich mit ihrem Rafcik zu schlafen, was in ihren Augen »nichts Ernstes war, denn als Cousin und Cousine lieben wir uns einfach«. Rachel wurde eher von der Angst vor Entdeckung geplagt. Daher nötigte sie Meir, uns eine Ferienwohnung in Sichron Yaakov am Fuß des Carmel-Gebirges nördlich von Tel Aviv zu mieten.

Nachdem er uns am Sabbat dorthin chauffiert hatte, musste er spätabends die Heimfahrt nach Tel Aviv antreten. Rachel ging gelöst daran, meine Bedenken abzubauen. Alles in mir drängte zu Rachel – allein mein schlechtes Gewissen hielt dem Eros stand. Mochte Rachel denken, ich sei ebenso impotent wie ihr Mann. Ich brachte es nicht fertig, Meir zu betrügen. Als ich in den folgenden Tagen die Gesellschaft von Altersgenossen aus der Nachbarschaft, unter ihnen Mädchen in meinem halbwüchsigen Alter, fand, zerbrach Rachels Toleranz. Sie beorderte Meir während der Arbeitswoche nach Sichron Yaakov und hieß ihn, uns nach Tel Aviv zu fahren. Ich hätte mich unmöglich benommen und das zu ihr, die das Kind über alles liebte! Zuhause plagte sie ein erneuter Asthmaanfall. Dabei warf sich Rachel im Negligé auf die Steinfliesen. Ihr Atem stockte, zwischendurch schrie sie markerschütternd. Nach einigen Tagen bat mich Meir, entgegen Rachels Flehen und Toben nach Deutschland zurückzukehren. Ich kam seinem Anliegen erleichterten Gewissens nach.

5

Seither waren vierzehn Jahre vergangen. Als ich unverhofft in ihrer Wohnung in der Jabotinsky-Straße auftauchte, leuchteten Rachels Augen mit der einstigen Intensität auf. Sie war Anfang sechzig und nach wie vor eine gepflegte Erscheinung. Aber nach einer Weile bemerkte ich, dass sich der feine Schleier des Alters über ihren Blick zu ziehen begann.

Während sie mich mit Tee und Kuchen verwöhnte, begehrte sie zu erfahren, was mich bewege, sie der Ehre meines Besuches teilhaftig werden zu lassen – sie deutete in Richtung des Flurs, wo mein Gepäck lag. »Hat dich Henri rausgeworfen?« Ihre Augen erglühten erneut. Rachel verdankte Henri ihr Leben. 1938 war er nach Polen gefahren und hatte sie – pro forma – geehelicht. Nur so war es möglich, sie nach Palästina zu schleusen. Wieder im Lande, hatte sich Henri dem Kampf um Israels Unabhängigkeit gewidmet. Er war aktives Mitglied in der Untergrundorganisation Ezl. Im Alter von 26 wurde Henri Kommandeur des Ezl-Nachrichtendienstes, der nur aus zwei Dutzend Aktivisten bestand. Diese Aufgabe ließ ihm keine Zeit, sich um Rachel zu kümmern, der es nicht unlieb gewesen wäre, wenn der Vetter die Ehe mit ihr vollzogen hätte. Rachel fand sich mit dem Unvermeidlichen ab und heiratete den wohlsituierten Meir. Aber Henri behielt stets einen besonderen Platz in ihrem Herzen.

»Henri hat mich nicht rausgeschmissen, ich bin selbst gegangen«, tat ich kund. Ich sah die unvermeidliche Frage in ihrem Blick. »Wir waren uns nicht einig.« Ruchale intensivierte ihre unausgesprochene Frage mit ihren herrlichen Augen.

»Henri ist ein selbstgerechter Heuchler.«

»Du redest frech über einen Mann, der für unser Land gekämpft hat.«

»Ich habe mit ihm nicht über Israel debattiert. Mir hat nicht gepasst, wie er über meinen Vater gesprochen hat.«

»Hast du ihm das ins Gesicht gesagt?!«

»Ja!«

Rachel explodierte vor Lachen. Sie verschluckte sich und schlug sich auf die Schenkel. »Das hast du gut gemacht, Rafcik. Es wurde höchste Zeit, dass jemand Henri seine Selbstgerechtigkeit vorgehalten hat.« Sie vergewisserte sich, ob ich »wirklich Henri Weiss die Wahrheit in die Augen gesagt« hatte – und lachte erneut auf. Ich erläuterte Rachel, dass ich ein Zimmer suche, und fragte, ob sie mir so lange ihre Gastfreundschaft gewähren könne. »Wenn Meir einverstanden ist – sicher.«

Die Jahre hatten Ruchale in die Rolle einer loyalen Ehefrau gezwungen. Ihre Energie und ihre Fürsorge für ihren Rafcik blieben ungebrochen. Sogleich startete sie eine Telefonrundrufaktion. Nach einer Stunde wurde sie bei Ephraim Pommeranz fündig. Nachdem Meir heimgekehrt war, geduscht und gegessen hatte, machten wir uns auf den Weg in die Mietwohnung des Buchhändlers in Givatayim. Verblüfft stellte ich fest, dass es sich um dieselbe Behausung handelte, die Dubi Bergman mir bereits vor zwei Wochen offeriert hatte. Doch nun, um acht Uhr abends, drangen die Straßengeräusche kaum in die Wohnung. Ich erzählte Pommeranz, dass ich sein Appartement bereits wegen des Verkehrslärms abgelehnt hatte. Der Vermieter verstand sich darauf, meine Bedenken auszuhebeln. Ich hätte die Wohnung gewiss zur Stoßzeit des Verkehrs visitiert. Da komme es gelegentlich vor, dass es ein paar Minuten laut sei – ansonsten sei das Haus »absolut ruhig«.

Ich wusste, dass dies nicht der Wahrheit entsprach. Andererseits war es abends tatsächlich still, tagsüber war ich ohnehin in der Uni. Vor allem wollte ich endlich eine eigene Wohnung haben. Pommeranz machte mir als Cousin von Ruchale just einen besonderen Preis – er entsprach 200 Mark monatlich. Das Appartement war einfach, doch praktisch eingerichtet. So entschied ich mich dafür. Da kam ich Ruchale gerade recht. »Einen Moment, Rafcik. Wir zwei müssen uns über eine entscheidende Angelegenheit ehrlich unterhalten. Ich werde nicht erlauben, dass du aus Ephraims ehrbarer Wohnung ein Freudenhaus machst.« Pommeranz sah mich erstaunt an. Den Eindruck eines Zuhälters oder eines Hurenbocks bot ich nicht. Ich aber wusste, was Rachel im Sinn hatte. Mutter hatte mich ermahnt, Ingrid nicht nach Israel folgen zu lassen. Ich hatte sie ausgelacht. Rachels Bemerkung machte mir deutlich, dass Hannah sich mit ihr in Verbindung gesetzt hatte, um eine gemeinsame Anti-Schicksen-Strategie zu entwickeln.

Zurück in ihrer Wohnung, hob Rachel erneut an, sie würde alles für mich tun – und eben aus diesem Grund würde sie nicht zulassen, dass ich mich mit der Schickse im »heiligen Erez Israel vergnügen« würde. Rachel hatte mir die Pommeranz-Wohnung wie eine Wurst vor die Nase gehalten, um mir meine Abhängigkeit von ihr zu demonstrieren. Ich benötigte das Appartement und nicht Ruchales hysterische Belehrungen. »Ich brauche die Wohnung für mich. Um in Israel zu leben und zu studieren.«

»Mit der Schickse!«

»Ich bin ohne die Schickse hergekommen.«

Ingrid eine Schickse zu nennen verletzte mich. Mir war, als ob ein Goj mich einen Itzig nennen würde. Rachel begnügte sich nicht mit diesem denunziatorischen Etappensieg.

Sie wollte meine bedingungslose Kapitulation. Daher forderte sie mich auf, bei Gott zu schwören, dass »die Schickse niemals ihre Chaserbeindl (Schweinshaxen) auf unseren teuren israelischen Boden« setzen würde. Das Ansinnen war lächerlich. Ich war nicht in der Lage, Ingrid von einem Besuch Zions abzuhalten, einerlei welche anmaßenden Eide ich im Namen Gottes leistete. Der Besitz der Wohnung war mir wichtiger als Rachels absurdes Schwurtheater, und so leistete ich den geforderten Eid – wobei ich mich am Riemen reißen musste, um nicht zu lachen. Zwei Tage darauf chauffierte mich Meir in meine neue Bleibe – Rachel stellte einen Blumenstrauß auf den Resopaltisch im Wohnzimmer. Ehe sie die Wohnung verließ, händigte sie mir einen Zettel aus. Darauf standen der Name Riwka Levy* und eine Telefonnummer. Riwka sei eine hervorragende Frau. Sie sei leitende Schwester der Intensivstation im Ichilov-Krankenhaus. »Sie ist eine gute Tochter Israels. Also benimm dich anständig zu ihr.« Ich versprach es.

Kaum waren Rachel und Meir aus dem Haus, rief ich bei Ingrid an. Sie hatte einen Ferienjob und konnte erst ab 1. Oktober kommen. Bis dahin waren es noch mehr als vier Wochen. So konnte ich mein kleines Versprechen gegenüber Rachel einlösen. Ich wählte Riwkas Nummer, gab mich ernsthaft an einer dauerhaften Verbindung interessiert und bat sie um ein Date. Die Schwester sagte sogleich zu – Rachel hatte offenbar ganze Arbeit geleistet. Riwka lud mich in ihr Elternhaus ein. Dieser quasi offizielle Anstrich behagte mir nicht. Doch als idealistischer Schürzenjäger ließ ich mich darauf ein – sie wohnte unweit meiner neuen Bleibe.

Entgegen meiner Befürchtung war Riwka keine olle Betschwester. Sie war Ende zwanzig, für israelische Verhältnisse war es bei ihr höchste Zeit zur Heirat. Die dunkelhaarige Riwka war eine attraktive Frau, sie besaß ebenmäßige Gesichtszüge, einen volllippigen Mund und feingliedrige Hände. Nur der Ausdruck ihrer Augen war nichtssagend. In ihrem langweilig eingerichteten, pedantisch aufgeräumten Zimmer fielen allein mehrere wohl geordnete Stick- und Häkelarbeiten auf. Besaß eine Frau in ihrem Alter keine anderen Freizeitneigungen? Als Hypochonder interessierte ich mich aufrichtig für ihren Beruf – und öffnete damit die Schleusen für ein ausführliches Referat über ihren Werdegang und ihre gegenwärtige verantwortungsvolle Tätigkeit als Leiterin des Pflegepersonals der Intensivmedizin. Bald darauf mündeten die Ausführungen meiner Gastgeberin in das Delta der herausforderndsten Fälle. Ohne von meinen zunehmenden Ängsten Notiz zu nehmen, schilderte mir Riwka detailliert, wie sie Rettungsmaßnahmen bei Schlaganfall- und Terroranschlagpatienten koordinierte.

Als ihre Ausführungen an Tempo verloren, ergriff ich die Gelegenheit, mich zu verabschieden, was mir nach dem Versprechen, mich bald wieder bei ihr zu melden, gestattet wurde. An der freien Luft lief ich, von den Furien der Krankheiten verfolgt, schnurstracks nach Hause. Unsensible Gans! In knapp zwei Stunden war ihr meine Krankheitsangst nicht aufgefallen. Sollte Riwka weiter ihre Patienten intensiv pflegen – ich wollte auf meine Ingrid warten, die mich liebte und wusste, wie man mit mir und meiner Furcht umzugehen hatte.

6

Die Zeit bis zur Ankunft der Gefährtin nutzte ich für mein Studium. In diesem Rahmen traf ich mich mit dem angesehenen Militärhistoriker Dan Shiftan, den ich aufgrund seiner Veröffentlichungen kannte. Der Wissenschaftler ließ sich von mir ausführlich über mein Forschungsprojekt berichten, ehe er israelischdirekt antwortete. Ich würde die wichtigsten englischsprachigen Veröffentlichungen zu dieser Thematik kennen. Daher wäre es das Einfachste, deren Ergebnisse zu kompilieren und in neuer Form zu präsentieren. Doch dafür hätte es keines Forschungsaufenthaltes in Israel bedurft.

Shiftan lehnte sich zurück. »Und jetzt werde ich dir sagen, was ich von der englischen Sekundärliteratur über Israels Sicherheitspolitik halte: Nichts! Es gibt wenige Ausnahmen wie den Amerikaner Michael Brecher, der hier jahrelang Außenpolitik erforscht und zwei hervorragende Bücher darüber verfasst hat. Der Rest ist Tinnef. Die meisten sogenannten Forscher sprechen kein Wort Iwrith. Kannst du dir die Chuzpe vorstellen, dass jemand, der kein Deutsch versteht, über deutsche Politik schreibt oder ein Ignorant des Französischen über die Grande Nation? Bei Israel aber haben diese Scharlatane keine Bedenken …«

»Also?«

»Also, Rafael, vergiss das englische Geschwätz über uns. Lern Iwrith …«

»Tue ich im Uni-Ulpan.«

»Gut. Und wenn du so weit bist, komplexe Texte und Dokumente zu verstehen, arbeite die israelische Literatur durch. Zu diesem Thema gibt es ganze Bibliotheken. Die beste ist die des Generalstabs in Tel Aviv. Du solltest dir die Mühe machen, dich mit einer Materie zu beschäftigen, die außerhalb Israels niemanden interessiert. Obgleich alle davon schwätzen.«

Das war überzeugend. Tatsächlich beschrieben die meisten Bücher über Israels Militär, Kriege, Verteidigungspolitik die gleichen Fakten. Lediglich die Auslegung differierte. Entweder waren es Jubelberichte über Zions heldenhafte Kämpfer, oder die Autoren gebärdeten sich als Kritiker des »revanchistischen, aggressiven Zionismus als Handlanger des US-Imperialismus«.

Shiftan ermutigte mich, eigene Wege zu gehen, und bot mir an, mich weiterhin zu beraten. Eine erste Konsequenz des Gesprächs mit dem Forscher war der Entschluss, den Iwrith-Ulpan abzubrechen. Dort lernte ich vor allem Grammatik und poetisches Hebräisch. Ich dagegen musste mir politisches und strategisches Vokabular aneignen. Zu diesem Zweck war die Lektüre der hebräischen Zeitungen nützlicher. Dies galt vor allem für die Beiträge der Sicherheitsexperten Seew Schiff von der liberalen »Haaretz« und Eitan Haber von der auflagenstärksten Zeitung »Yedioth Aharonoth«.

Nahm anfangs die Zeitungslektüre, bei der ich mir mit deutschen und englischen Wörterbüchern behalf, fast den ganzen Tag in Anspruch, so reduzierte sich der Zeitaufwand rasch. Denn das Vokabular von Politik und Strategie ist in jeder Sprache begrenzt, besonders in einer so jungen wie dem Hebräischen. Nach weiteren zwei Wochen war ich bereits gegen 10 Uhr vormittags mit meiner Zeitungslektüre fertig. Danach fuhr ich mit dem Autobus in die Universitätsbibliothek nach Ramat Aviv. Zu meinem

Ärger musste ich feststellen, dass der größte Teil der Bücher der Präsenzbibliothek gestohlen war. Mir kam mein Zornesanfall in den Sinn, als das Nachbarmädchen Nurit mein deutsches Märchenbuch gestohlen und zu Klopapier zerschnipselt hatte. Nun war ich knapp dreißig, doch meine Wut auf Bücherdiebe war bestehen geblieben. Wir Juden taten uns viel auf unsere Bücherliebe zugute und bezeichneten uns als »Volk des Buches«, was einen verpflichtenden Respekt für Gedrucktes und für Eigentum einschließen sollte – wie in Deutschland, wo ich in der Präsenzbibliothek des Geschwister-Scholl-Instituts und des Historischen Seminars in der Regel alle angegebenen Bände vorfand.

Zugang zu einer guten Hochschulbibliothek fand ich an der Hebräischen Universität Jerusalem. Der Gesamtbestand der dortigen Bibliothek war bereits damals elektronisch gespeichert. Die Bücher wurden nur gegen Vorlage eines Ausweises ausgeliehen. Die Hin- und Rückfahrt nach Jerusalem in den nichtklimatisierten Egged-Bussen nahm einen halben Tag in Anspruch und war erschöpfend. Ich sehnte meinen alten Fiat 128 herbei und erwog, das Auto aus München nachzuholen. Nicht allein zum Bibliotheksbesuch. Das tiefblaue Meer, das ich vom Campus in Ramat Aviv aus sah, weckte das Bedürfnis nach Mobilität, die Busfahrten nach Jerusalem vertieften es – und die Aussicht, mit Ingrid Fahrten durchs Land zu unternehmen, bewogen mich zum Entschluss. Die israelische Botschaft in Bonn bestätigte mir, dass ich mein Fahrzeug ein Jahr lang in Israel benutzen konnte. Kurz entschlossen flog ich nach München und chauffierte meinen Fiat über die Alpen nach Venedig. Nach drei Tagen legte die Fähre im Hafen von Haifa an, von dem wir vor zwanzig Jahren nach Deutschland aufgebrochen waren.

Nun lernte ich die Macht der israelischen Bürokratie, aber auch die Schleichwege zu ihrer Aushebelung kennen. Geheimpfade, die meinem Vater sein Lebtag verborgen blieben, was zur Folge hatte, dass ihm, ebenso wie Kafkas Mann vor dem Gesetz, nie Einlass gewährt worden war.

Nachdem die Zollbeamten meine Autopapiere überprüft hatten, erklärten sie, ich müsse innerhalb von drei Monaten an ihre Behörde die Summe von 400 Prozent des Kaufpreises des Wagens überweisen. Ansonsten werde das Fahrzeug beschlagnahmt. Als ich ihnen die Auskunft der israelischen Botschaft in

Deutschland entgegenhielt, zuckte der uniformierte Sachbearbeiter mit den Schultern: »In Deutschland kannst du von mir aus so lange rumgondeln, wie's dir gefällt. In Israel vertrete ich das Gesetz. Entweder du zahlst den Zoll, oder dein Auto ist weg.«

»Aber …«

Der Beamte ließ kein Aber gelten. Immerhin hatte ich vorläufig mein Auto. Nach drei Monaten würde ich weitersehen. Mein Freund Dubi versicherte mir, das sei kein Problem. Als ich erwiderte, das sei die israelische Grundposition, lachte er zustimmend und bemerkte: »So ist es, Seligmann. Nur mit dieser Haltung ist es uns gelungen, inmitten eines Meeres von Feinden einen jüdischen Musterstaat aufzubauen.«

»Und dieses Musterland will mir mein Auto wegnehmen.«

Dubi winkte ab. Als Chef von 60 000 israelischen Studenten sei er eine Macht im Staat. »In ein paar Tagen habe ich alles für dich erledigt, du pedantischer Jecke.«

Tatsächlich vereinbarte Dubi einen Termin mit einem Knesset-Abgeordneten in der »Wolfsschanze«. So heißt bis heute das Parteihauptquartier des Likud. Es wurde nach Vladimir Jabotinsky (1880–1940) benannt. Jabotinsky wusste, dass »die Araber ihre Heimat nicht weniger lieben als wir das Land unserer Väter«. Daraus folgerte er, dass den Zionisten nur ein Weg blieb, um das Land ihres Begehrens in Besitz zu nehmen: Gewalt. Die gemäßigten Zionisten dagegen setzten in Palästina auf Landkauf und auf Diplomatie.

Jabotinsky zog die Konsequenzen und rief eine eigene revisionistische Vereinigung ins Leben. Am stärksten war der Zuspruch für seine Gruppe in Polen, wo nach der Unabhängigkeit des Landes mehr als 3,5 Millionen Juden mit eingeschränkten Rechten lebten. 1936 wurde der Jurastudent Menachem Begin zum Führer der revisionistischen Jugend Polens, Beitar, gewählt. Begin, später Vorsitzender der Untergrundorganisation Ezl, die nach der Staatsgründung in der nationalistischen Herut-Partei aufging, ließ die neue Parteizentrale in Anlehnung an Jabotinskys jüdischen Vornamen Zeew, der Wolf, »Wolfsschanze« nennen. Begin, dessen Eltern Opfer des Völkermords waren, ahnte nicht, dass Hitler sein Hauptquartier in Ostpreußen ebenfalls als »Wolfsschanze« bezeichnete.

7

Im September 1977 brachte mich Dubi Bergman in die israelische Wolfsschanze zu dem verabredeten Treffen mit dem Likud-Abgeordneten Eitan Livni. Dieser hatte eine verblüffende Ähnlichkeit mit SA-Stabschef Ernst Röhm. Livni war einst militärischer Kommandeur der Ezl gewesen, während der feingliedrige Begin der politische Kopf der Untergrundorganisation war. Livni wurde im unerbittlichen Krieg gegen die Briten mehrmals verwundet, sein Gesicht war von Narben übersät.

Der ehemalige Untergrundkrieger strahlte eine unerschütterliche Gelassenheit aus. Nachdem Dubi ihm mein Zollproblem geschildert hatte, meinte Livni, man müsse das Gesetz respektieren und nicht manipulieren. Anschließend erkundigte sich der Politiker nach meiner Familie. Gäbe es Verbindungen zur Ezl? Ich erwähnte meinen Cousin Henri Weiss. »Ein tapferer Junge und begabt«, urteilte Livni. »Ich habe ihn zum Chef unserer Abwehr gemacht. Das ist ihm zu Kopf gestiegen. Henri wurde radikal, ohne etwas von Politik zu verstehen, und schloss sich der Lechi an.« Die »Freiheitskämpfer Israels« – von daher das Akronym »Lechi« – führten einen bedingungslosen Terrorkampf gegen britische Berater, palästinensische Araber und vermeintliche jüdische Kollaborateure. 1942 suchte die Lechi in Istanbul Kontakte zur deutschen Botschaft herzustellen, um die Nazis zum gemeinsamen Kampf gegen die Briten zu überreden. Berlin ging auf das lächerliche Anerbieten jüdischer Fanatiker nicht ein. Zu diesem Zeitpunkt hatten sie bereits Hunderttausende Juden in Osteuropa ermordet. Dies war der Lechi nicht bekannt. Als Henri und mehrere seiner Mitkämpfer mitbekamen, dass die Lechi-Führung plante, jüdische Konkurrenten zu liquidieren, stellten sie sich der britischen Armee. Sie wurden daraufhin als Kriegsgefangene auf Mauritius interniert.

Eitan Livni sah mich aufmerksam an. »Henri hat aus seinem Abenteuer gelernt und fortan die Finger von der Politik gelassen. Für Politik braucht man klare Grundsätze und einen starken Charakter.« Der Haudegen wandte mir sein zersäbeltes Gesicht zu und meinte: »Willkommen im jüdischen Staat, Rafi.« Damit war unser Treffen beendet. Die in sich ruhende Persönlichkeit Livnis war beeindruckend. Zugleich ahnte ich, dass seine Prinzipienfestigkeit ihn zum politischen Taktiker ungeeignet machte. Als Jahrzehnte später Tzipi Livni aufgrund ihrer Gradlinigkeit eine kometenhafte Karriere als israelische Außenministerin und Vorsitzende der größten Partei Kadima machte, die sie lieber in die Opposition führte, als sich politisch korrumpieren zu lassen, musste ich an ihren charakterfesten Vater Eitan denken.

Dubi Bergman hielt Eitan Livni für ein politisches Fossil. »Politik heißt geben und nehmen. Das versteht Eitan nicht.« Er intervenierte wegen meines Autos sogar beim stellvertretenden Finanzminister. Dessen negative Antwort empörte Dubi. »Wie wollen sie dich zum Zionisten machen, wenn sie dir nicht einmal erlauben, dein Auto nach Israel zu bringen?«

Meine Antwort, »Vielleicht gerade dadurch, denn ein Auto hatte ich bereits in München«, war meinem israelischen Kumpel zu idealistisch-deutsch: »Du gehst dorthin, wo du am meisten kriegst.«

Ich beschloss, meine Zeit fortan nicht mit den Formalitäten über die Einfuhr meines Autos zu vergeuden. Nachdem ich in der Jerusalemer Universitätsbibliothek hebräische Titel über Sicherheitspolitik ausgeliehen hatte, chauffierte ich zum Friedhof auf den Ölberg, um einen Stein auf das Grab meines Großvaters Isaak Raphael zu legen und das Kaddisch-Gebet zu sprechen.

8

In einer Tel Aviver Uni-Bibliothek arbeitete ich meine Bücher aus Jerusalem durch. Die Notizen legte ich gemäß Sachthemen und Personen an. Bald stieß ich auf das »Institut für Strategische Studien«. Es wurde von Aharon Yariv geleitet. Der ehemalige Militär genoss einen internationalen Ruf als herausragender Stratege. Seit 1963 leitete der General Israels militärische Abwehr. Er führte wissenschaftliche Methoden und vor allem die moderne Datenverarbeitung ein. Bis dahin hatte sich die Aufklärung weitgehend auf vorsintflutliche sowie intuitive Verfahren verlassen. 1967 markierten Yarivs Mitarbeiter die Position jedes einzelnen arabischen Kampfflugzeugs, so dass Israels Luftwaffe in den Morgenstunden des 5. Juni 1967 innerhalb weniger Stunden

1 Mutter Hannah 1928 in Berlin am Gendarmenmarkt

2 Großvater Isaak Raphael, Kurt, Großmutter Clara, Vater
Ludwig, Bruder Heinrich, Ichenhausen, 1930

3 Vater Ludwig, Schwester Thea, Bruder Kurt 1937 am Strand von Tel Aviv

4 Ludwig und Kurt als britischer Soldat 1940 in Tel Aviv

Im Namen des Führers und Reichskanzlers

Dem   Kaufmann Isaak S e l i g m a n n
in Ichenhausen , 302

ist auf Grund der Verordnung vom 13. Juli 1934 zur Erinnerung an
den Weltkrieg 1914/1918 das von dem Reichspräsidenten Generalfeld=
marschall von Hindenburg gestiftete

Ehrenkreuz für Frontkämpfer

verliehen worden.

Günzburg , den   28. Februar   1935 .
Bezirksamt:

Nr.   1555 /35 .

5 Urkunde des Großvaters Isaak Seligmann

6 Ludwig 1931, Ichenhausen, Bayern   7 Hannah 1929, Berlin

8 Ludwig mit mir, 1947

9 Mit meinen Eltern, 1947 in Tel Aviv

10 1951 in Herzliya

11 1955 Grundschule in Herzliya, 1. Klasse

12 Mit Hannah im Englischen Garten, München, 1962

13 1963 mit der geliebten Cousine Rachel (rechts) in Tel Aviv

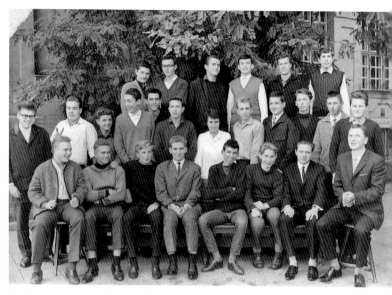

14 Frühjahr 1965, Abschlussklasse Realschule

15 Wenige Monate später als Fernsehtechniker-Lehrling

16 Im Münchenkolleg, 1970

17 Ehemalige Synagoge Ichenhausen, in den 60er-Jahren als Feuerwehrstation genutzt, links Ausfahrt

18 Meine Eltern im Frühjahr 1975

19 Ludwig, wenige Wochen vor seinem Tod, 1975

20 Ingrid, 1971

21 Stand des Jüdischen Studentenverbandes in der Münchner Fußgängerzone, 1977

22 Zu Besuch bei Bruno Kreisky, 1985

Jüdische Zeitung

KULTUR – POLITIK – WIRTSCHAFT – GESELLSCHAFT – LOKALES

Nr. 1 · 1. Jahrgang · München, 9. Juni 1985/20. Siwan 5745

Trauer um Hans Lamm

JZ **München**

Die israelitische Kultusgemeinde Münchens trauert um ihren langjährigen Präsidenten Dr. Hans Lamm, der nach kurzer schwerer Krankheit am 23. April verstarb. Seit März 1970 stand Hans Lamm der jüdischen Gemeinschaft in München vor. Hans Lamm faßte sein Amt keineswegs lediglich als verwaltende Tätigkeit auf, er strebte vielmehr eine geistige Führung an. Darunter verstand er neben innerjüdischen Belangen stets auch den Dialog und die Verständigung mit den anderen Religionsgemeinschaften, den Deutschen, mit den Juden in aller Welt und vor allem mit dem Staat Israel. Daß dieses Gespräch erfolgreich war, daß Hans Lamm ein erfülltes jüdisches Leben gelebt hatte, erwies der

B'nai Brith-Loge Hebraica Benjamin Kaiser, der Münchner Oberbürgermeister Georg Kronawitter, der Regierungspräsident Raimund Eberle, CSU Generalsekretär Gerold Tandler und viele andere. Nicht weniger als 16 Redner ehrten den Verstorbenen.

Hans Lamm wurde am 8. Juni 1913 in München geboren. Von frühester Jugend an engagierte er sich für jüdische Belange und war gleichzeitig als Autor tätig. In München begann er 1934 mit dem Studium der Zeitungswissenschaft. 1937 wechselte er an die damalige Hochschule für die Wissenschaft des Judentums in Berlin.

Nach der Kristallnacht emigrierte er 1938 in die USA, wo er seine journalistische Tätigkeit fortsetzte.

Dr. Hans Lamm, 1913–1985, Präsident der IKG 1970–1985

Schock, den sein Tod allenthalben auslöste.

„Er war einer der bedeutendsten Vertreter des Münchner und des Deutschen Judentums", erklärte der Vizepräsident der Kultusgemeinde Abracha Frydman mit bewegten Worten auf der Trauerfeier. Und Werner Nachmann, der Vorsitzende des Zentralrats der Juden in Deutschland, sprach von einer Lücke, die kaum oder nie zu schließen ist.

Hunderte kamen zum Begräbnis Hans Lamms, darunter das fast vollständige Präsidium des Zentralrats, der Vorstand der IKG München, der Präsident der israelitischen Kultusgemeinden in Bayern, Dr. Dr. Snopkowski, der Präsident des B'nai B'rith-Europa Josef Domberger, der Präsident der

1945 kehrte Lamm sofort nach Deutschland zurück. Er war zunächst Dolmetscher bei den Nürnberger Kriegsgerichtsprozessen. Später beendete er sein Studium mit einer Doktorarbeit „Über die innere und äußere Entwicklung des deutschen Judentums im Dritten Reich". Ab 1955 war Lamm Kulturdezernent des Zentralrats. 1960 kehrte er nach München zurück und nahm eine führende Position in der Münchner Volkshochschule ein.

Später gehörte er zu den Initiatoren der jüdischen Volkshochschule in München. Ab 1970 war Lamm schließlich der souveräne Präsident der IKG. Hier publizierte er unter anderem die Gemeindezeitung und wurde schließlich zum Gründer der JÜDISCHEN ZEITUNG.

Das Vermächtnis

Trauer und Ratlosigkeit. Wir Münchner Juden, aber auch zahllose andere Freunde des Verstorbenen sind schockiert über das Dahinscheiden Hans Lamms. Wie soll es nach dem Tod dieses geistigen Wegbereiters weitergehen?

Sein immenses Wissen, seine rastlose Energie und seine herzhafte Menschlichkeit sind für uns verloren. Dürfen wir deshalb resignieren? Nein! Denn eines hat uns der Tote, haben neben ihm zahllose verstorbene und ermordete jüdische Menschen, ob Rabbiner, Künstler, Kaufleute oder Politiker, hat uns die gesamte jüdische Geschichte gelehrt:

ES MUSS WEITERGEHEN UND ES WIRD WEITERGEHEN!

Dies ist freilich leichter gesagt als getan. Wer soll uns stets neue geistige Impulse setzen? Wer wird immer bereitstehen, um Ratsuchenden, ob jung oder alt, ob reich ob arm, zur Seite zu stehen? Wer besitzt wie Hans Lamm Zugang zu den größeren Parteien, Organisationen, Prominenten, zu den Massenmedien? Wer wird schließlich den täglichen „Kleinkram" erledigen, der auch nötig ist, um eine Gemeinde zu führen?

Kein einzelner gewiß. Aber dennoch haben wir in unseren Reihen Männer und Frauen, die seit Jahren, teilweise seit Jahrzehnten, ohne Aufhebens ihre Pflicht tun: in der Gemeinde und ihren zahllosen Institutionen, beispielsweise der Synagoge, dem Kulturzentrum, dem Altenheim, dem Friedhof. Wir besitzen auch genügend jüngere und ältere Freunde mit Bildung, Energie, guten Willen und vor allem Menschlichkeit, die bereit stehen unserer Gemeinschaft zu dienen.

In dieser schweren Stunde müssen wir alle zusammenstehen und unserer Gemeinde und ihren Menschen den Weg weisen. Dies ist gewiß auch Hans Lamms Vermächtnis.

RAFAEL SELIGMANN

Ben Ari zeigt Verständnis

R. S. **München**

Tief betroffen über den Tod Hans Lamms zeigte sich der Botschafter des Staates Israel Itzhak Ben Ari. In einem Gespräch mit der JÜDISCHEN ZEITUNG sagte der Diplomat: „Ich kannte Hans Lamm seit fünfzehn Jahren. Ich habe seinen scharfen Intellekt und seine Bildung geschätzt. Er war ein aufrichtiger Freund des Staates Israel. Hans Lamm hatte neben seiner Heimatstadt München stets eine zweite Heimat in Israel."

Ben Ari bekundete sein Verständnis für den Beschluß der jüdischen Vertreter in der Bundesrepublik Deutschland den Gedenkfeiern an der Gedenkstätte des Konzentrationslagers Bergen Belsen fern zu bleiben. Die Feier in Bergen Belsen, an der er teilnahm, sowie die dabei gehaltenen Reden bezeichnete Ben Ari als „taktvoll".

Zu der erregten öffentlichen Debatte

um die Zeremonie auf dem Soldatenfriedhof in Bitburg meinte der israelische Diplomat, auch in demokratischen Staaten würden sich Regierungen nicht immer nach der öffentlichen Meinung richten. Daß der Besuch in Bitburg von jüdischer Seite kritisiert würde, sei verständlich.

Ben Ari erinnerte daran, daß ein Großteil der Proteste gegen den Bitburg-Besuch von nicht jüdischer Seite komme. Kritisch äußerte sich der Botschafter zu einem Bericht der „Quick", die in Zusammenhang mit dem Bitburg-Besuch von „der Macht der Juden" geschrieben hatte. Ben Ari erinnerte an die „Ohnmacht der Juden, die nicht verhindern konnten, daß 6 Millionen unserer Glaubensbrüder ermordet wurden." Heute dagegen besäßen die Juden im Staat Israel eine zweite Heimat.

Wortlaut des Interviews S. 2

Stimmen zum Tod Hans Lamms	**Marlene Neumann**	**Meine Zukunft ist die Vergangenheit**	**Nach Bitburg**	**Kulturkalender, Gebetszeiten, Gedenkfeiern**
Sonderseite	Eine jüdische Gymnasiastin stellt sich der deutschen Öffentlichkeit	Peter Sichrovsky liest im Jugendzentrum	von Axel Springer	
	Seite 5	Seite 8	Seite 6	Seite 6 und 7

24 Interview mit Israels Botschafter in Deutschland Ben Ari, Bonn 1982

25 1981 mit Yehuda Ludwig

26 1991 mit Jonathan

80 Prozent der gegnerischen Luftflotten am Boden zerstörte – während ich ob einer antisemitischen Schmähung Tränen des Selbstmitleids vergoss. Wenige Monate später entführten Kommandos der israelischen Abwehr fünf von Jerusalem bereits bezahlte, aber von Präsident de Gaulle festgehaltene Schnellboote aus dem Kriegshafen Cherbourg nach Israel. Auf dem Höhepunkt seines Erfolgs wurde Yariv 1972 in den Ruhestand versetzt.

Ein Jahr später wurden Zions Streitkräfte durch den konzentrischen Angriff der Armeen Ägyptens und Syriens überrascht. Sie gerieten dadurch an den Rand der Niederlage. Dafür wurde das Versagen der Militärischen Abwehr verantwortlich gemacht. »Unter Yarivs Kommando wäre so etwas unmöglich gewesen«, lautete die allgemeine Meinung. So kam infolge des Oktoberkrieges von 1973 rasch ein Spendenbetrag zusammen, der die Etablierung des ersten akademischen Strategiezentrums in Israel ermöglichte. Ich wollte mir von Yariv die Grundzüge des israelischen Sicherheitskonzepts erläutern lassen und erfahren, wer neben General Dayan die wichtigsten politischen und militärischen Entscheidungsträger zwischen 1967 und 1973 gewesen waren. Doch mein Gesprächswunsch wurde hinhaltend beschieden. So fand ich Gelegenheit, wöchentlich neue Bücher aus Jerusalem auszuleihen, diese durchzuarbeiten und nachmittags, wenn die Hitze in den damals durchgehend unklimatisierten Lesesälen zu groß wurde, mit meinem Auto an den herrlichen Sandstrand von Tel Aviv zum Schwimmen und zum Betrachten der Schönheiten zu fahren.

Je mehr ich las, desto begieriger wurde ich, die Meinung General Yarivs zu erfahren. Wiederholt suchte ich dessen Sekretariat auf – und wurde vertröstet. Unterdessen wuselte unverhofft ein klein gewachsener Mann aus dem Chefbüro in den Vorraum. Er sah mich durch seine dicken Brillengläser erstaunt an und meinte: »Du bist ja offenbar ein Jude, Seligmann.« Yariv wandte sich an seine Sekretärin. »Du hast mir gesagt, dass er aus Deutschland kommt, Jona?«

»Das stimmt ja auch. Rafael Seligmann kommt aus München …«

»… jetzt kommt er erst mal mit zu mir.«

In seinem Zimmer entschuldigte sich Yariv. Die Deutschen

hätten seine Eltern, deren Geschwister und ihre Kinder ermordet. Er wolle daher mit ihnen nichts zu tun haben. Als Militär hätte er mitunter keine Wahl gehabt. »Da musste ich mit ihnen zusammenarbeiten. Einige waren in der Nazi-Wehrmacht und dienten später in der Bundeswehr oder im Bundesnachrichtendienst unter General Gehlen. Als Profi hatte ich meine Pflicht zu erfüllen. Doch jetzt, als halber Pensionär …« Der Mann, der aufgrund seiner geringen Körpergröße und seines offenen sympathischen Wesens im Allgemeinen mit dem Spitznamen »Arale« bedacht wurde, seufzte: »… jetzt meide ich den Kontakt mit den Deutschen, falls möglich.« In die eingetretene Stille fragte er: »Wie ist es möglich, dass Juden wieder in Deutschland leben? Freiwillig? Ich weiß, nicht jeder war Nazi und hat Juden erschlagen. Doch Millionen waren Nazis. Hunderttausende haben unser Volk ermordet. Frauen, Kinder …« Yariv verstummte. Ich wollte mich nicht um eine Antwort drücken. »Es gibt wohl dreißigtausend Gründe«, erwiderte ich.

»Du meinst, jeder Jude in Deutschland hat seinen Grund, dort zu leben?« Arale zögerte und fuhr endlich fort: »Das mag so sein. Das ist ja objektiv so. Doch ich werde und will es nicht verstehen.« Er sah mir an, dass mir diese Gedanken und Gefühle vertraut waren, und winkte ab. »Du wolltest sicherlich nicht mit mir über die Juden reden, die nach der Schoah wieder in Deutschland leben …« Ich erläuterte ihm das Thema meiner Dissertation und wollte von ihm die Grundzüge der israelischen Sicherheitsdoktrin sowie den Einfluss der handelnden Personen wissen. Yariv schüttelte seinen Kopf. »Ihr Deutschen, entschuldige, dass ich dich dazuzähle, mit eurer Sucht nach Theorien und Konzepten! Wir hatten kein umfassendes Konzept. Das können wir uns nicht leisten. Bei Staatsgründung lebten hier 600 000 Juden. Heute sind wir gut vier Millionen – inmitten von mehr als hundert Millionen Arabern. Wenn wir da mit Doktrinen und starren Strategien anfangen, bringen wir uns um die Kraft der Improvisation. Die Improvisation, die Kunst, das Beste aus jeder Lage zu machen, hat uns immer geleitet. Sie war unser stärkster Trumpf.«

Ich war perplex. Jeder israelische Premier, jeder Generalstabschef, jeder Sicherheitsminister, wie man hier den verantwortlichen Ressortleiter nennt, bezog sich in seinen Reden und Erinnerungen auf eine Verteidigungsdoktrin. Und nun erklärte mir der Chef des militärischen Nachrichtendienstes, dies sei Nonsens. Ich erwähnte Moshe Dayan, den siegreichen Feldherrn des Sinaifeldzuges von 1956 und Verteidigungsminister des Sechstagekrieges 1967, der stets Zions »Abschreckungsdoktrin« gegen palästinensische Untergrundkämpfer sowie die Armeen Ägyptens und Syriens betonte.

»Dayan! Dieser General hat's euch angetan!« Mein Gegenüber schüttelte den Kopf. »Auch meinen Israelis. Mit seiner Piratenklappe und seinen eingängigen Sprüchen.« Yariv machte keinen Hehl daraus, dass er Dayan für einen Scharlatan hielt. »Heute sagt er aus voller Überzeugung weiß. Am nächsten Tag mit der gleichen Inbrunst schwarz. Ein Rohr im Wind. Und die Menschen, vor allem die Journalisten, nahmen seine Worte, die er selbst am nächsten Tag vergessen hatte, ernst.«

Als ich erwähnte, neben Dayan hätten die meisten israelischen Politiker einem Abschreckungsdenken das Wort geredet, erläuterte mir Yariv die Grundzüge der israelischen Strategie. Um die Araber von Terrorüberfällen gegen jüdische Zivilisten und Siedlungen abzuhalten, habe der britische Abwehroffizier Orde Wingate bereits in den 30er-Jahren die Methode des zionistischen Gegenterrors entwickelt. Dayan, ein Schüler Wingates, habe diese Taktik lediglich übernommen, »ohne viel nachzudenken, was er mit Wortkaskaden geschickt kaschiert hat«.

Yariv war überzeugt, Dayan habe durch seine mangelnde Bereitschaft, komplexe strategische und politische Zusammenhänge gründlich zu durchdenken – »er wollte immer alles auf einer Seite zusammengefasst haben« –, vor allem aber aufgrund seines Einflusses auf David Ben Gurion eine verhängnisvolle Rolle in Israels Politik gespielt. Der in Osteuropa zur Welt gekommene Zivilist Ben Gurion habe den in Zion geborenen Kämpfer Dayan bewundert und als Dreißigjährigen zum Generalstabschef ernannt. In dieser Funktion habe Dayan durch seinen Aktionismus im Kampf gegen die Fedayeen, die palästinensischen Untergrundkämpfer, insbesondere im Gaza-Streifen eine Eskalation an der Waffenstillstandslinie und damit eine Verschärfung der Spannungen mit Ägypten beschleunigt. Dies sei nicht planmäßig, sondern aus Ratlosigkeit geschehen. »Wir Offiziere sind an Orten, wo Zivilisten von Fedayeen überfallen und ermordet worden waren, von der Bevölkerung als Waschlappen beschimpft worden, die nicht in der Lage seien, das Leben ihrer Angehörigen zu schützen. Also mussten wir reagieren. Reflexhaft. Dayan befahl immer härtere Vergeltungsaktionen.« Auf diese Weise sei eine Spirale der Gewalt in Gang gekommen, die zum Sinai-Feldzug vom Oktober 1956 geführt habe. Militärisch sei die Kampagne klar gewonnen worden, politisch aber sei der Krieg an der Seite der abgehalfterten Kolonialmächte Großbritannien und Frankreich gegen Ägypten ein Desaster gewesen. Dayan habe durch seine hitzigen Vergeltungsaktionen »Israel zum Gefangenen der eigenen Abschreckungsdoktrin gemacht«.

Daher sei Dayan nach dem Ende des Feldzugs von seinem militärischen Kommandoposten abberufen und zum Studium abgestellt worden. Nach dem erzwungenen politischen Ende Ben Gurions 1963 sei Dayan ebenfalls in der Versenkung verschwunden und mit ihm dessen »aktionistische, gefährliche Strategie – oder das, was er dafür gehalten hat«.

Der Ex-General habe seine Memoiren geschrieben und als Kriegsreporter aus Vietnam berichtet. Zehn Jahre lang habe sich in Israel niemand um Dayan gekümmert. Bis Nasser aufgrund von Moskau gefälschter Geheimdienstinformationen Israel mit der Vernichtung gedroht und Truppen auf die Sinai-Halbinsel verlegt habe. Die Regierung in Jerusalem versuchte vergeblich, die Wogen zu glätten, doch in der Bevölkerung herrschte Panik. Das sei für Dayan der richtige Augenblick gewesen, sich mit Hilfe befreundeter Journalisten als »Retter Zions« aufzuspielen. »Niemand hat ihn gebraucht, und kein verantwortlicher Politiker oder General hat ihn gerufen. Mit der Planung und Führung des Krieges hat er ohnehin nichts zu tun gehabt – dennoch hat er selbstverständlich den Sieg für sich reklamiert.«

In der Folge des Krieges habe Dayan die Politik der Regierung durch seine wechselnde Stimmungen und Statements nicht einfacher gemacht. Das entscheidende Hindernis für den Frieden sei jedoch Ägyptens Präsident Nasser gewesen. Durch die vollständige Niederlage seiner Armee hatte er in der gesamten arabischen Welt sein Gesicht verloren. Mit seinem kompromisslosen Auftreten gegenüber Jerusalem, den »drei No's: kein Frieden, keine Anerkennung, keine Verhandlungen«, habe der ägyptische Diktator versucht, sein Prestige als harter Krieger der arabischen

Sache wiederzuerlangen. Das blockierte jegliche Suche nach Frieden. Darüber hinaus hätten die Sowjets durch massive Waffenlieferungen und schließlich die Stationierung von bis zu 20 000 Sowjetsoldaten in Ägypten, einschließlich Kampfpiloten, die militärischen Spannungen ständig angeheizt.

In den Medien wurde der darstellungssüchtige Dayan ständig mit neuen Aussagen zitiert. Yariv: »Niemand hielt ihm vor, dass seine Forderungen einander widersprachen.« Einmal habe er einen weitgehenden Rückzug aus der gesamten Sinai-Wüste angekündigt, wenige Tage später wiederum gemeint, Israel müsse die Kanal-Linie halten. Dies habe in der Armee wie im Kabinett zu Konfusionen geführt.

Diese Wechselspiele Dayans fanden im März 1969 ein abruptes Ende, als Golda Meir Ministerpräsidentin wurde. Die resolute Politikerin habe den selbstverliebten General nicht für voll genommen. In strategischen Fragen habe sich Golda ausschließlich auf Israel Galili verlassen, einen Veteranen der Untergrundarmee Hagana und der israelischen Armee.

Ich bekannte, noch nie von Israel Galili gehört zu haben. Yariv nickte: »Du musst ihn unbedingt kennenlernen. Ein Pionier alter Schule. Überzeugter Sozialist, der bis heute im Kibbuz lebt. Mit sechzehn ging er zur Hagana. Im Unabhängigkeitskrieg war Galili einer der fähigsten Kommandeure. Ein harter Hund. Absolut uneitel. Golda hat Galili formal zum Informationsminister gemacht. Tatsächlich war er Übersicherheitsminister. An dem hat sich Dayan die Zähne ausgebissen. Seit 1969 war Dayan politisch abgemeldet.« Lediglich in den ausländischen Medien habe er den omnipotenten Strategen gemimt.

Yariv gab mir die Adresse Israel Galilis im Kibbuz Na'an, südöstlich von Tel Aviv. Yarivs offene Ausführungen halfen mir entscheidend beim Verständnis der Sicherheitspolitik Zions. Der ehemalige Geheimdienstchef war ein Pragmatiker. Er hatte mir deutlich gemacht, dass der Judenstaat strategisch und demographisch zu schwach war – und seine Politiker darüber hinaus zu eigenwillig und machtbesessen –, um eine funktionierende Sicherheitsdoktrin zu entwickeln und konsequent einzuhalten. Moshe Dayan predigte eine Abschreckungsdoktrin, doch er übersah, dass sich Israel auf diese Weise zum Gefangenen seiner eigenen Strategie machte. Yarivs Darlegungen überzeugten mich von der Notwendigkeit, das Konzept meiner Dissertation entscheidend zu verändern.

Ich hielt seine Einschätzungen nicht für die unverrückbare Wirklichkeit, doch ich verstand, dass ich die israelische Sicherheitspolitik nicht aus der Sekundärliteratur, auch nicht aus der hebräischen, herleiten konnte. Diese Werke waren lediglich Gedankenmodelle ihrer Autoren, die das übergeordnete politische Geschehen nur aus Büchern oder vom Hörensagen kannten. Die definitiven Aussagen der Regierungsakten waren in Israel vierzig Jahre gesperrt, also bis 2007. Um ein annäherndes Bild der Wirklichkeit zu erhalten, war ich daher auf die Zeugnisse der handelnden Politiker, der Militärs und ihrer jeweiligen Berater angewiesen. Deren Aussagen musste ich gegeneinander abwägen und falsifizieren – so lange, bis sich ein realistisches Bild der israelischen Sicherheitspolitik abzeichnete.

Yarivs Hinweis auf Israel Galili führte mich weiter. Als Mitglied des Kabinetts und engster sicherheitspolitischer Berater von Ministerpräsidentin Golda Meir war er optimal über das sicherheitspolitische Denken und Handeln informiert.

Die folgenden Tage ging ich meine bisherigen Aufzeichnungen systematisch durch. Mit Hilfe von insgesamt sechzig Fragen an die Entscheidungsträger wollte ich deren Verständnis der Sicherheitspolitik erkunden. Darüber hinaus begann ich eine Aufstellung der wichtigsten Entscheidungsträger im strategischen Bereich anzufertigen, die ich, ebenso wie die Fragen, im Laufe der Zeit ergänzen sollte.

Neben Israel Galili waren dies in erster Linie die ehemaligen Ministerpräsidenten Shimon Peres und Yitzhak Rabin sowie die früheren Militärs und späteren Minister Yigal Allon, Chaim Bar Lev und Moshe Zadok. Daraus entwickelte sich eine Gesprächsreihe mit insgesamt drei Dutzend Entscheidungsträgern.

9

Nachdem ich meinen Fragenkatalog mit deutscher Systematik erarbeitet hatte – die Praxis sollte manche Klippe meines theoretischen Gebirges schleifen –, bemühte ich mich um ein Treffen mit Israel Galili. Schließlich erhielt ich einen Termin in der Kibbuz-Akademie in Ramat Efal östlich von Tel Aviv, wo Galili Dozent für zionistischen Sozialismus war. Ich war deutsch-pünktlich zur Stelle. Doch ich musste warten, warten, warten. Der Lehrer war beschäftigt. Ungeduldig saß ich vor Galilis Büro. Mein Warten war keineswegs nutzlos.

Eine Studentin schlenderte mehrmals an mir vorbei. Schließlich meinte sie im Vorübergehen: »Du sollst mir nicht so nachstarren!« Nun verstand ich tumber Tor. Ich grinste sie an, sie lächelte im Weggehen zurück. Bald tauchte sie mit einer großen Leiter auf, die sie unweit meiner Wartebank aufstellte und Richtung Dach bestieg. Nach wenigen Minuten kletterte sie wieder einige Sprossen herab und winkte mir zu, ihr zu folgen. Ich war hier, um meinen wissenschaftlichen Pflichten zu genügen, doch bei dem Gedanken an Kants widersinnige Maxime »Der Mensch lebt nicht, um glücklich zu sein, sondern um seine Pflicht zu erfüllen«, ließ ich die Mappe mit meinen Unterlagen auf meinem Platz liegen und folgte dem Ruf des Weibes. Die junge Frau lag auf dem weißen Flachdach ausgestreckt in der Sonne. Das helle Licht ließ den zarten blonden Flaum auf ihrer Oberlippe erkennen. Was ich sogleich kundtat.

»Eine nette Begrüßung ist das, einer Frau sogleich vorzuhalten, dass sie einen Schnurrbart wie Josef Stalin hat. Sag mir lieber, wie du heißt. Mein Name ist Doron.«

Ich nannte meinen Namen und stellte klar, dass ich sie nicht kränken wollte. Der flimmernde Flaum erinnerte mich keineswegs an Josef Stalin, sondern an die Fürstin Besuchowa ... »... in Tolstois Krieg und Frieden«, nahm Doron den Faden auf. Einer jungen Israelin, die die russische Literatur kannte, war ich noch nicht begegnet. Anders als in Deutschland, wo die Kommilitoninnen sich in der Regel in Jeans und Schlabberlook kleideten, staffierten sich die meisten Studentinnen auf dem Campus in Tel Aviv und in Jerusalem wie Models aus und hüllten sich in Duftwolken amerikanischer und französischer Parfums. Der Hochschulbesuch diente vielen neben dem Erlangen von Wissen auch als großer Heiratsmarkt. Entsprechend kreisten die Gespräche um Mode, Männer und Karriere. Doron dagegen trug schlicht Jeans und T-Shirt. Sie reagierte spontan, liebte es, zu dozieren und dabei ihren Intellekt aufleuchten zu lassen. Auf Dorons Frage erläuterte ich den Grund meines Hierseins. »Galili ist ein Idealist von altem Schrot und Korn«, erklärte sie.

Später legte Doron mir die Vorzüge des Kibbuzlebens dar. »Ihr Bürgerlichen seid dauernd auf der Jagd nach Geld und materiellen Gütern. Wir Kibbuzniks dagegen leben selbstbestimmt.« Ich warf ein, dass es immer weniger Israelis in die Kibbuzim ziehe und umgekehrt viele den Dorfgemeinschaften den Rücken kehrten. Sie stören sich offenbar an dem ständigen Einmischen der Gemeinschaft in Privatangelegenheiten – ein Phänomen, das mir aus Studentenheimen und Jugendgruppen verhasst sei. »Wir Menschen müssen eben lernen, miteinander zurechtzukommen …«, sie lächelte mich keck an, »…so wie wir zwei.« – »Wir kennen uns ja erst …«, ich sah auf die Uhr, »… eine halbe Stunde.« Ich erschrak, denn ich hatte über Doron meinen Termin mit Galili vergessen. Sie meinte leichthin: »Keine Sorge. Er ist ein Mensch.« Ich verabschiedete mich rasch, vernahm ihr »Komm danach unbedingt wieder zu mir herauf!« und stürzte die Leiter hinunter.

Mit seiner Löwenmähne und seiner gedrungenen Statur ähnelte Israel Galili David Ben Gurion. Meine Eingangsfrage nach Israels Sicherheitskonzept wollte er wie Yariv so nicht hinnehmen. »Wir müssen stark genug sein, um uns verteidigen zu können.« Die Strategie der Abschreckung bezeichnete Galili als »Hirngespinst!«. Kein arabischer Staat habe sich je von Israel abschrecken lassen. »Schon gar nicht Nasser«, der ebenso wie die Syrer ständig davon gesprochen habe, »Erez Israel«, das Land Israel, auszulöschen: »Wie will man solche Leute abschrecken?«

Meine Bemerkung, Moshe Dayan habe den Rückzug der israelischen Armee vom Suezkanal empfohlen, ließ den bis dahin beherrschten Galili explodieren. »Lügner!« Galili fiel unversehens ins Jiddische. »Rechilles!« – Verleumdung –, brüllte er. Er fixierte mich mit seinen wasserblauen Augen und fuhr auf Hebräisch fort. »Ich kann dir die gesamten Regierungsprotokolle zeigen! Niemals, mit keinem Wort hat Dayan im Kabinett auch nur den Vorschlag gemacht, wir sollten unsere Armee vom Kanal zurückziehen. In der Regierung hat er seinen Mund gehalten. Abends hockte er dann mit seinen Journalistenkumpels zusammen und verbreitete irgendwelche Schlauheiten, die wir später aus der Zeitung erfahren haben. Wir konnten diesen undisziplinierten Menschen nicht ernst nehmen.«

Als Israel 1973 im Oktoberkrieg angegriffen worden sei, habe Dayan die Nerven verloren. »Die Ministerpräsidentin musste die

Regierung, das Land und die Armee zusammenhalten.« Um das Militär zu stabilisieren, habe sie den frühen Generalstabschef Bar Lev reaktiviert. Galili und die Mapainiks, wie die Sozialisten genannt wurden, verachteten den egozentrischen General wegen seines opportunistischen Verhaltens in jüngster Zeit. Nach den Wahlen im Mai 1977 schloss sich Dayan unter Mitnahme seines für die Sozialdemokraten errungenen Knesset-Mandats dem siegreichen Likud an. Dessen Vorsitzender Menachem Begin belohnte Dayans Frontwechsel mit dem Außenministerium – wodurch er sich in den Augen der Mapainiks des Verrats schuldig machte.

Ich fragte Galili, ob er mir, wie soeben betont, Einblick in die Kabinettsprotokolle gewähren könne. Dies sei leider nicht möglich, doch er stehe zu seinem Wort. In der Regierung habe niemand einem Rückzug Israels das Wort geredet. Gewiss nicht Dayan.

Galili entschuldigte sich, er müsse zu einer Direktoriumssitzung. Ich könne ihn jedoch jederzeit wieder aufsuchen. Am besten am Wochenende in seinem Kibbuz Na'an, da sei man ungestört.

Die eselhafte Beharrlichkeit des Veteranen machte zugleich dessen Stärke und Schwäche aus. Innerhalb einer Stunde hatte Galili gerade zwei Fragen beantwortet. Dabei machte er deutlich, dass im Kabinett Uneinigkeit in entscheidenden sicherheitspolitischen Belangen herrschte. Ich konnte mir vorstellen, wie der geistig rege Dayan mit seinen flexiblen Ideen stets aufs Neue an den starren Prinzipien und dem eisernen Willen Galilis abgeprallt war. Dies bedeutete eine Blockade in Fragen der nationalen Sicherheit. Hier wollte ich weiterbohren.

10

Abends holte ich Doron ab. Wir sahen uns einen Chabrol-Film an und aßen anschließend in einem marokkanischen Restaurant. Doron bekannte, Geld gewähre eine gewisse Freiheit, seine Freizeit nach Belieben zu gestalten. Dennoch sei der Kibbuz unübertroffen. Ich warf ein, dass das Kibbuz-Ideal der ständigen Gruppensolidarität der egoistischen menschlichen Natur widersprach. Doron lächelte. »Das wissen wir. Das ist unser Thema. Doch nirgends steht, dass sich der Mensch nicht verbessern darf. Im Gegenteil! Sogar die Bibel fordert Nächstenliebe!«

Kibbuz als Religion? Warum nicht, fragte Doron, meinte jedoch, sie träfe sich nicht mit mir, um zu beten. Mir wurde heiß. Wir suchten meine Wohnung auf. Doron gefiel es, durch intellektuelle Plänkeleien und allerlei Fragen nach dem Leben in Europa die erotische Spannung zwischen uns aufzubauen, ehe wir zueinander fanden und sich ihr phantasievolles Temperament entlud. Doron war eine selbstbewusste hingebungsvolle Frau.

Früh erwachte ich an der Seite der nackt schlafenden Doron. Sie atmete ruhig, ihre Züge waren kindlich entspannt. Und fremd. Es war schön mit ihr gewesen, aufregender, als es mit der ausgeglichenen Ingrid je war und sein konnte. Und dennoch sehnte ich mich nach meiner deutschen Geliebten, ihrer Fröhlichkeit und wärmenden Liebe.

Am Ende des Frühstücks zündete sich Doron eine Zigarette an. Ihre Feststellung »Du hast eine Freundin« bestätigte ich durch ein Nicken und fragte sie, woraus sie dies schließe. »Gestern wolltest du mich. Heute bist du freundlich, aber distanziert. Du hast ein schlechtes Gewissen, sonst wärst du fröhlicher …«, sie blickte melancholisch ins Nichts, »… oder gar verliebt.« Sie versuchte zu lächeln. »Ihr Männer zieht wie läufige Hunde durchs Land. Und wenn eine neue Frau euch erhört, wenn ihr meint, ihr hättet sie erobert, sehnt ihr euch mit einem Mal wieder nach eurer Mama.«

»So ist es.«

»Nein, so macht ihr's.«

Dorons Blick fiel auf meinen hölzernen Karteikasten, den ich aus München hierher gebracht hatte. Sie zog eine blanke Karte heraus, nahm sich meinen Kugelschreiber, beschriftete den Karton, den sie mir anschließend reichte. Darauf hatte sie ihren Namen, ihr Geburtsdatum, Adresse und Telefonnummer notiert. Darüber stand in Druckbuchstaben die Zeile: »18. September: Doron: Film und Bett.«

Ich brachte sie nach Ramat Efal. Beim Aussteigen meinte sie: »Ruf mich an … aber ohne Mama.«

Freitagnachmittag, als die hitzeflirrende Stadt der abendlichen Abkühlung und damit dem Sabbat entgegendämmerte, packte mich das Verlangen nach Doron. Ich wollte sie anrufen und ein lustvolles Wochenende mit ihr verbringen. Ich spürte, dass sie das gleiche Begehren empfand. Ich kannte ihre Telefonnummer längst auswendig – doch ich wählte sie nicht. Wenn ich Doron wiedersah und erkannte, würde es mir noch schwerer fallen, mich aus ihrer Leidenschaft in das Asyl von Ingrids beständiger Liebe zu flüchten. Der Mama! Doron mochte recht haben. Noch wog meine Liebe zu Ingrid schwerer. Und ich war entschlossen, es dabei zu belassen.

So versuchte ich mich auf eine Auswertung der Aussagen Galilis und Yarivs zu konzentrieren. Beide hatten mir die Nutzlosigkeit der sicherheitspolitischen Theoriegebilde der Politologen bewiesen. Falsifikation mit Popper. Mir ging es indessen nicht um Popper und Galili, sondern um mein ganz persönliches Verlangen. Wissenschaft als Sublimation. Schmock gegen Verstand. Ich kämpfte um einen Rest – Vernunft und Liebe, was immer es war, Vertrautheit, Verbundenheit, Mama …

11

Samstagvormittag hielt ich es nicht länger aus. Ich fuhr in den Kibbuz. Doch nicht nach Shefayim im Norden, dem Heimatort Dorons, sondern in den Osten nach Na'an, wo Israel Galili wohnte. Die Augen des Pioniers leuchteten bei meinem Eintreffen erwartungsfroh auf. Der Grund war unübersehbar. Seine Gattin überragte ihn um Haupteslänge. Im Vergleich zu ihrer verbissenen Strenge wirkte der disziplinierte, intellektuell interessierte Galili wie ein Künstler. Nachdem sie seiner Bitte, mit »dem Wissenschaftler, der extra aus dem Ausland gekommen ist, um mich zu befragen«, knapp entsprochen und das Gespräch zeitlich auf eine Stunde begrenzt hatte, führte mich Galili in die Kibbuz-Bibliothek. Ich wollte von ihm wissen, welche Strategie die Führung der Armee entwickelte und empfahl und wie sie ihre Position vertrat und militärisch umsetzte. »Zahal (Israels Verteidigungskräfte) hat nichts zu entwickeln. Sie haben zu tun, was ihnen die Regierung sagt!« Das war Clausewitz pur.
Galili selbst hatte sich 1949 widerspruchslos der Anweisung von Premier und Verteidigungsminister David Ben Gurion

gefügt und war aufgrund seiner sozialistischen Gesinnung aus der Armee ausgeschieden. Doch wie konnten die Streitkräfte strategische Innovationen angesichts des Spannungsverhältnisses zwischen dem sprunghaften Dayan und dem starrsinnigen Galili entwickeln? Galili konnte und wollte entsprechende Nachfragen nicht beantworten. Immerhin gab er mir den Hinweis, ich sollte mich an Yigal Allon, den ehemaligen Kommandeur der sozialistischen Palmach(Sturm)-Brigaden und späteren Außenminister, wenden. Der sei ein »aufrechter Sozialist, ein Kibbuznik, ein begabter Militär, vor allem ein Mensch«. Ehe wir fortfahren konnten, erschien Frau Galili und beendete mit der Bemerkung »Die Stunde ist um!« unser Gespräch. Der alte Militär fügte sich klaglos. Unterdessen wandte sich seine Frau an mich und erklärte bestimmt: »Das war's! Du hattest deinen Willen. Man überfällt kein Ehepaar unangemeldet am Schabbat. Du hättest es verdient, dass ich dich rauswerfe. Doch das wollte ich meinem Mann ersparen.«

Israel Galili verabschiedete sich von mir mit einem Handschlag und raunte mir dabei zu: »Nimm's dir nicht zu Herzen. Lass uns das nächste Mal in der Kibbuz-Zentrale in Tel Aviv treffen.«

12

Endlich war Ingrid da. Die erzwungene Zurückhaltung hatte ein Ende. Während wir uns am Flughafen umarmten, empfand ich Genugtuung, sie zu riechen, zu fühlen, und Freude an ihrer Munterkeit. Als wir uns zuhause liebten, saß Doron quasi an unserem Bett. Ihre stumme Botschaft war unüberhörbar. Das ist wärmende deutsche Mutterliebe, wann wirst du reif für die leidenschaftliche Partnerschaft einer israelischen Frau sein? Glücklicherweise beendeten Dubi und Chaim meine Grübelei, indem sie vor unserem Haus parkten und in landesüblicher Diskretion ihre vertraute Hupmelodie ertönen ließen. Als ich darauf auf dem Balkon erschien, rief Dubi quer über die Straße: »Wir haben dir eine halbe Stunde Zeit gegeben, Seligmann! Jetzt ist der Spaß vorbei! Kommt runter, wir fahren zum Essen! Yallah!«

Die blonde blauäugige lustige Ingrid wurde von den Freunden willkommen geheißen, deren Begleiterinnen lächelten höflich.

Das orientalische Essen in Sh'chunat Hatikva mundete wie gewohnt. Zwei Flaschen Bier erheiterten mich. Das Leben war schön. Es war herrlich – und ich liebte Ingrid. Doron würde ihren Israeli finden. Ich war entschlossen, mit Ingrid glücklich zu sein.

Anderntags fuhren wir über die Rote-Meer-Hafenstadt Eilat in den Sinai. Unser Ziel war die Oase Dahab, damals hebräisch Di Zahav, aus Gold. Hier mieteten wir einen Bungalow aus Pappmachee und Palmzweigen. Die Landschaft entfachte einen Wettstreit der Sinne. Das Meer war im Sonnenlicht glasklar. Es überdeckte Korallenriffe in allen Farben, dazwischen tauchten Schwärme bunter, mir fremder Fische. Das Wasser blieb das ganze Jahr über konstant kühl, was Voraussetzung für die Entstehung der Korallenbänke war. Wir schnorchelten stundenlang.

Danach aßen wir frisch gefangenen gegrillten Fisch. Im Hintergrund türmten sich die Granitberge des Sinai, deren Farbe mit dem Sonnenlicht von Grau bis Tiefrot bei Anbruch der Dämmerung wechselte. Nachts wirkten die Sterne und die Nebel der Milchstraße am tiefschwarzen Himmel näher als in den dunstigen, von Beleuchtungsbändern durchzogenen Städten. Ingrid und ich saßen am Strand, starrten in den Himmel, jeder hing seinen Gedanken nach. Nachts hielten wir uns innig fest, die Leidenschaft wartete in Tel Aviv.

Nach einigen Tagen kehrten wir nach Hause zurück. Ingrid berichtete mir, dass sie ihr Schulreferendariat in Ichenhausen absolvierte. Im Heimatstädtchen unserer Familie. Sie hatte sich nicht für diesen Ort beworben. Wir wollten darin ein Omen sehen. Wie sollte es mit uns weitergehen? Ich schlug ihr vor, das Jahr bei mir in Israel zu bleiben, denn ich ahnte, dass ich meine Zeit hier nicht allein der Wissenschaft widmen würde.

Zumal uns eines Abends Chaim mit seiner Gefährtin Zippi und deren Freundin Ruth besuchte. Bei deren Anblick kamen mir unwillkürlich die Worte des Hoheliedes in den Sinn: »Deine Augen sind wie Taubenaugen hinter einem Schleier. Dein Haar wie eine Herde Ziegen, die herabsteigen von den Bergen Gileads. Deine Zähne sind wie eine Herde geschorener Schafe, die aus der Schwemme kommen ... Deine Lippen sind wie eine scharlachfarbene Schnur, und dein Mund ist lieblich ... Deine beiden Brüste sind wie junge Gazellenzwillinge, die unter den Lilien weiden ...«

Ruths Augen glichen nicht Taubenaugen, eher reifen Brombeeren. Nicht nur ihr Aussehen nahm mich gefangen, es war vielmehr die verhaltene Energie, verbunden mit einem ruhigen, selbstgewissen Auftreten. Ich wechselte einige Worte mit ihr. Ruth flirtete nicht gewohnheitsmäßig wie viele israelische Frauen. Sie benahm sich zurückhaltend, ließ mich aber durch ihr zuversichtliches Lächeln ihre Sympathie spüren. Ich war frohunglücklich. Ingrids Gegenwart verbot mir, mich über Gebühr um Ruth zu kümmern – zugleich hätte ich nichts lieber getan, als diese Frau zu entdecken.

Ingrid wollte bei mir bleiben. Das Land gefiel ihr, aber sie hatte hier keine Aufgabe, und Hebräisch lernen, »nur um die Zeit totzuschlagen«, mochte sie nicht. Stattdessen wollte sie ihr Referendariat in Ichenhausen fortsetzen. Ich fühlte, wie sie zwischen unserer Beziehung und dem Bedürfnis, ihren studierten Beruf auszuüben, schwankte. Schließlich erwirkte Ingrid einen Aufschub des Neubeginns ihres Referendariats bis Ende des Jahres.

13

Unterdessen gewann die politische Situation im Lande zunehmend an Dynamik. Ägyptens Staatspräsident Anwar al-Sadat ließ in einem Interview verlauten, er werde keinen Weg scheuen, um den Frieden zu erreichen. Daraufhin forderte ihn Außenminister Moshe Dayan auf, seine Friedensabsichten in Jerusalem zu erläutern. Ministerpräsident Begin begnügte sich als Jurist nicht mit einer Willkommensbekundung. Er lud vielmehr das ägyptische Staatsoberhaupt offiziell ein, seine Friedenspläne vor der Knesset dem israelischen Volk kundzutun. Die Linke tat die Einladung des Premiers als Propaganda ab. Mein Freund Dubi dagegen strahlte: »Dreißig Jahre waren die linken Versager an der Macht und haben keinen Frieden zustande gebracht. Stattdessen haben sie Begin als Faschisten und Kriegstreiber beschimpft. Doch kaum ist der ›Faschist‹ an der Regierung, wird er mit dem wichtigsten arabischen Land Frieden schließen.«

Sadat nahm die Einladung des israelischen Regierungschefs an und reiste kurz darauf nach Israel. Nie zuvor hatte sich ein arabisches Staatsoberhaupt offiziell im jüdischen Staat aufgehalten. Am 20. November 1977 sprach Sadat wie angekündigt vor der

Knesset. Dabei hieß er Zion inmitten der arabischen Völker willkommen, verkündete ein Ende der arabisch-israelischen Kriege. Gleichzeitig forderte er selbstbewusst von Jerusalem den Verzicht auf seine gesamten Eroberungen im Sechstagekrieg, vor allem die Freigabe des ägyptischen Sinai sowie die Errichtung eines palästinensischen Staates.

In Israel herrschte Euphorie. Der Frieden schien zum Greifen nahe.

14

Überraschend entsprach das Büro von Shimon Peres meiner Bitte nach einem Interview. Peres war neben Dayan der treueste Gehilfe David Ben Gurions. Der erste Ministerpräsident und Verteidigungsminister hatte Peres bereits im Alter von 28 Jahren zum Staatssekretär im Verteidigungsministerium ernannt.

In dieser Funktion war Peres für die Rüstung zuständig. Unter anderem organisierte er in Zusammenarbeit mit Frankreich den Bau des geheimen israelischen Reaktors bei Dimona, der dazu diente, Kernwaffen zu produzieren – Zions ultimatives Abschreckungsmittel. Gemeinsam mit seinem bajuwarischen Spezi, Verteidigungsminister Franz Josef Strauß, vereinbarte Peres geheime deutsche Waffenlieferungen an Jerusalem. Nach dem Rücktritt Yitzhak Rabins im Frühjahr 1977 übernahm Peres von ihm den Vorsitz der Arbeitspartei und das Amt des Ministerpräsidenten. Wenige Wochen später verlor er die Parlamentswahlen deutlich gegen Begins Likud. Als Oppositionsführer versuchte Peres, sich durch harte, systematische Arbeit den Weg zurück an die Macht zu bahnen.

Zur Vorbereitung des Interviews mit Peres las ich dessen Bücher und Schriften. Ich traf ihn in seinem Büro in Tel Avivs Yaarkon-Straße. Peres war eine imposante Erscheinung. Groß gewachsen, schwarze Augen unter schweren Lidern, ein markantes Kinn und volle Lippen. Sein konzentrierter Blick war abschätzend. Der Mann drückte energische Entschlossenheit aus. Eingangs fragte ich den Politiker nach den Friedensplänen der Arbeitspartei und der Regierungen, denen er angehört hatte. Zumindest wollte ich wissen, welche Strategien die Partei zur Beilegung des Konflikts entwickelt hatte.

»Ich war immer überzeugt, dass wir zu einem Frieden mit unseren arabischen Nachbarn gelangen werden«, erklärte Peres.

Als neunmalkluger Student warf ich ein, dass Peres in seinen Büchern deutlich gemacht habe, dass die israelisch-arabische Auseinandersetzung auf unabsehbare Zeit weiterbestehen würde und daher Israel gezwungen sei, eine eigene, vom Ausland unabhängige Waffenindustrie zu entwickeln. Der Politiker wischte meine Bemerkung mit einer Handbewegung beiseite und erklärte bestimmt, das habe er nie geschrieben. Er habe immer an den Frieden geglaubt.

»Aber in deinem letzten Buch ›Davids Schleuder‹ hast du geschrieben, dass Israel sich auf einen unlösbaren Konflikt einstellen müsse.«

»Niemals!«, entgegnete er scharf.

Nun holte ich sein Buch hervor und wollte ihm die markierte Stelle zeigen. Das war ihm zu viel. Peres brüllte, er lasse sich von einem dahergelaufenen Studenten nicht als Lügner beschimpfen. »Verschwinde augenblicklich!«, tobte er. Während ich aufstand und meine Unterlagen einpackte, steigerte sich sein Gebrüll. Eine Sekretärin trat ins Zimmer. »Wirf den Kerl raus«, schrie Peres.

Ratlos ging ich in ein nahe gelegenes Strandcafé. Dem großen Vorsitzenden der traditionsreichen Arbeitspartei und ehemaligen Regierungschef gebrach es an Souveränität, mit einem besserwisserischen Studi umzugehen. Eine beiläufige Bemerkung hätte das Gespräch entspannt. Peres aber empfand es als Kränkung, dass ihm ein Naseweis widersprochen hatte. Nun konnte ich die Verhasstheit des Politikers in Zion nachempfinden. In einem kleinen Land sprechen sich persönliche Schwächen rasch herum.

Obgleich Shimon Peres der intelligenteste und international renommierteste Politiker seines Landes ist und es versteht, in der Öffentlichkeit souverän aufzutreten, ließen ihn seine Landsleute über Jahrzehnte bei allen Wahlen scheitern. Sie kannten ihren Shimon. Katastrophal für Peres war, dass dessen Vorgänger und Nachfolger Yitzhak Rabin ihn in seinen Memoiren als Intriganten brandmarkte und bekannte: »Ich habe von Anfang an gespürt, dass dieser Mann unehrlich ist.« Ähnlich empfanden es offenbar die meisten Israelis. Erst 2007, im Alter von 82 Jahren, gelang es Peres endlich, nicht vom Wähler, sondern vom Parlament zum Staatspräsidenten gewählt zu werden.

Um Shimon Peres und seine Partei kümmerte sich Ende 1977 in Israel kaum jemand. Stattdessen ergingen sich die Israelis in Vermutungen, wann der Frieden mit ihren arabischen Nachbarn endlich wahr werden würde – und welchen Preis sie dafür zu zahlen hätten.

Unterdessen musste ich für eine gute Woche Zion verlassen. Auf Antrag meines Doktorvaters Kindermann bot die Adenauer-Stiftung an, mir nach dem Auslaufen meines DAAD-Stipendiums im kommenden Frühjahr ein Promotionsstipendium zu gewähren. Ich sollte mich umgehend zu einem Vorstellungsgespräch in St. Augustin bei Bonn einfinden.

Ich verband diese Einladung mit einem Besuch bei meiner Mutter. Hannah klagte, dass ich sie nicht oft genug anrufe und mich nicht hinlänglich um sie kümmere. Die übliche Beschuldigungskanonade. Doch mit den Jahren ging die Wirkung der Gewissenstreffer zurück. Meine Mutter war gesund. Ich war mittlerweile dreißig Jahre alt und wollte endlich mein Studium beenden, vor allem aber mein Leben nach meiner Fasson gestalten und genießen.

Ich fuhr weiter zur Konrad-Adenauer-Stiftung an den Rhein. Das Bewerbungsgespräch mit zwei Wissenschaftlern war konzentriert und anregend. Mit keinem Wort wurde ich gefragt, ob ich Mitglied der Jungen Union sei, was ich hätte verneinen müssen. Bei einer abschließenden Unterredung wurde mir mitgeteilt, dass die Gutachter die Förderung meines Projektes befürwortet hatten. Ich könne mit einem Stipendium rechnen.

Frohgemut kehrte ich nach Tel Aviv zurück. Nun war es mir möglich, ohne finanzielle Sorgen längere Zeit in Israel zu bleiben. Zumal die D-Mark infolge der israelischen Inflationspolitik hier immer mehr an Wert gewann. Ich fand Ingrid niedergedrückt vor. Die zehn Tage Alleinsein waren ihr schwergefallen. Mit Ausnahme von Chaim und Zippi hatte sie niemand von meinen Freunden besucht: »In Israel bin ich lediglich dein Anhängsel. Ich will selbst etwas schaffen. In meinem Beruf.« Das bedeutete ihre baldige Rückkehr nach Deutschland und die Wiederaufnahme des Schuldienstes. Wir gingen die verbleibende Woche rücksichtsvoll und zärtlich miteinander um. Doch wir verstanden beide, dass wir eine Weiche für unsere Zukunft stellten.

Nach Ingrids Abreise konzentrierte ich mich wieder auf meine Forschungsarbeit. Tagsüber las ich viel. Doch am Abend verlangte es mich nach weiblicher Gesellschaft. Ich wollte Ruth wiedersehen. Zippi lehnte es ab, mir Ruths Adresse zu geben. Sie sei unterdessen die Freundin Ingrids, ich sollte ihr treu bleiben.

Eines Nachmittags fuhr ich ins Antiquariat Pollak in der King-George-Straße. In den Regalen und Bücherkisten fanden sich mitunter deutsche Erstausgaben. Während ich zwischen den Bänden stöberte, wurde ich bei meinem Namen gerufen. Wer mochte mich hier kennen? Irene* aus München. Sie kannte mich, ohne dass sie mir seinerzeit aufgefallen wäre, aus der Studentenstadt Freimann. Nach dem Ablegen ihres zweiten Staatsexamens als Lehrerin hatte sie sich mit einer Reise nach Israel belohnt. Sie hatte gut christlich bereits Nazareth und Jerusalem besucht. Irene war elegant gekleidet, doch ansonsten eine unauffällige Erscheinung, allein ihr breiter Mund lauerte ständig auf einen Anlass zum Lachen oder Lächeln. Mit angenehmer Stimme, in leichtem, mir von meinem Vater vertrautem schwäbischem Akzent lud sie mich zu einem Tee ein. Wir schlenderten durch die Stadt, kehrten hier und da in einem Café oder einem Restaurant ein und landeten schließlich in ihrem Hotel am Meer. Bald waren wir uns auch erotisch vertraut. Irenes Idiom kam nicht von ungefähr. Ihre Familie stammte aus der Gegend von Krumbach, nicht weit von Ichenhausen. Wir fühlten uns wohl, lachten viel. Am folgenden Tag musste Irene zurückkehren. Ich brachte sie zum Flughafen. Wir verabschiedeten uns frohgemut – und versprachen, in Kontakt zu bleiben.

Als ich sie später in München wiedertraf, berichtete sie mir, sie habe ihrer Mutter von unserer Begegnung erzählt. Die alte Dame reagierte auf die Nennung meines Namens mit großer Freude. Sie kannte meinen Großvater. Die Nürnbergers und die Seligmanns hatten vor dem Krieg in Schwaben miteinander Geschäfte gemacht. Die Freundschaft mit Irene bestand viele Jahre fort, nicht zuletzt aufgrund der generationenwährenden Verbindung unserer Familien.

Im folgenden Interview erläuterte mir der ehemalige Außenminister Yigal Allon seine politischen Vorstellungen. Allon hatte nach 1967 den Plan entwickelt, entlang des Jordans jüdische Wehrsiedlungen zu errichten, um ein Eindringen palästinensischer Untergrundkämpfer ins Westjordanland zu unterbinden. Abgesehen von Sicherheitschecks sollten sich die Israelis nicht in das Leben der Palästinenser einmischen. Verteidigungsminister Moshe Dayan wiederum drängte auf eine Verbesserung der wirtschaftlichen Situation der Araber; auf diese Weise wäre für sie der Anreiz zum Frieden gegeben. Während Golda Meir und Israel Galili am liebsten den Status quo fortgeführt hätten. Ich konnte mir das sicherheitspolitische Chaos Israels zunehmend vorstellen.

Allon war eine beeindruckende Persönlichkeit. Der klein gewachsene Mann hielt sich militärisch straff, war zurückhaltend freundlich, doch bestimmt. Er interessierte sich für meine Meinung. Meinem Eindruck, die Widersprüchlichkeit der Persönlichkeiten und ihrer Vorstellungen hätten eine kohärente zukunftsweisende Strategie behindert, stimmte Allon zu. »So ist es. In einer Demokratie blockiert man sich vielfach, die Prozesse dauern länger, und man ist kurzfristig weniger flexibel.« Diktaturen, selbst autoritäre Parteien könnten viel rascher handeln und hätten größeren Spielraum. Dachte er dabei an Sadat und Begin? Allon lächelte. Begin sei formal Demokrat. Im Likud hege man eigene Vorstellungen von Demokratie.

Ich musste an eine Tagung des Likud-Zentralkomitees in der Wolfsschanze denken, deren Zeuge ich war. Dabei war es unter den mehr als tausend Delegierten zunächst zu wüsten gegenseitigen Beschimpfungen gekommen. Doch als der zierliche Begin, anders als seine hemdsärmeligen Kameraden, in weißem Hemd und Krawatte ans Rednerpult trat, kehrte augenblicklich Stille ein. Der Parteipatriarch mahnte mit väterlicher Stimme seine »kämpfende Familie«, wie der Likud sich in Erinnerung an die Untergrundorganisation Ezl verstand, und rief zur Einigkeit auf. Begin erläuterte seine Vorstellungen, die sogleich per Akklamation von allen Delegierten goutiert wurden.

Allon erinnerte mich in seinem Habitus, seinem Idealismus

und seiner angenehmen Ausstrahlung an mein Jugendidol Willy Brandt. Doch Allon war ein sozialistischer Purist und überzeugter Kibbuznik. Selbst als Minister bestand er darauf, wöchentlich einen Tag in der Landwirtschaftskommune Ginosar am See Genezareth als gemeiner Kibbuznik mitzuarbeiten. Allon besaß weniger politischen Ehrgeiz und Durchsetzungsvermögen als Brandt. Obgleich er 1969 beim Tod Levi Eshkols als dessen Stellvertreter amtierender Regierungschef war, ließ er der machtbesessenen Parteifunktionärin Golda Meir den Vortritt. 1980 erklärte sich Allon auch auf Drängen Yitzhak Rabins bereit, gegen Shimon Peres um den Vorsitz der Arbeitspartei zu kandidieren. Da starb er unerwartet, gerade sechzigjährig.

Die Arbeit an meiner Dissertation bereitete mir, nicht zuletzt dank der Gespräche mit den ehemaligen Entscheidungsträgern, Genugtuung, zumal ich das Hebräische immer besser beherrschte. Nachts sehnte ich mich nach Ingrids Nähe, ihrer wohltuenden Ruhe. Doch abends hatte ich das Bedürfnis, endlich Ruth wieder zu treffen.

<h2 style="text-align:center">17</h2>

Ich beschaffte mir ihre Telefonnummer. Ruth freute sich über meinen Anruf und lud mich zu sich ein. Sie wohnte bei ihren Eltern, die sie mir sogleich vorstellte. Vater Moshe besaß eine verblüffende Ähnlichkeit mit dem italienischen Schauspieler Raf Vallone. Der raustimmige Moshe sprach mit seiner gepflegten Frau Nelly Italienisch. Das Ehepaar hockte auf einer ausladenden Couchgarnitur, Kinder wieselten vorbei, beäugten mich neugierig und zogen weiter. Nelly bot mir Chalwa und Nüsse an. Wir tauschten Höflichkeiten aus.

Später unterhielt ich mich mit Ruth in ihrem Zimmer. Sie sprach nicht viel. Stattdessen fragte sie mich interessiert nach meinem Studium, nach Deutschland, nach meinen Freunden. Während Ruth zuhörte, strahlte sie mich an. Ich bat sie, von sich zu erzählen. Ihre Eltern stammten aus Libyen, einer ehemaligen italienischen Kolonie. Sie selbst hatte vor einem Jahr ihren Wehrdienst bei der Luftwaffe beendet und studierte Chemie. Ruths Stimme war harmonisch, ihr Gehabe gelassen, ihre Augen schlugen mich in ihren Bann. Ich begehrte Ruth. Ihre Schönheit und

Selbstgewissheit nahmen mich gefangen. Am nächsten Tag lud ich sie zum Essen in das Künstlerviertel Yafo ein. Anderntags besuchten wir ein Konzert.

Freitagabend baten mich ihre Eltern zum Essen. Alle trugen ob des einsetzenden Sabbats weiße Blusen oder Hemden. Als Gast wurde mir die Rolle eines kleinen Königs zugestanden. Ich erfreute mich an den pikanten Speisen der orientalischen Küche Nellys. Noch mehr genoss ich als Einzelkind die Gesellschaft einer großen Familie. Die lebendige Kinderschar machte jeden Besuch und insbesondere das Sabbatessen zu einem herzerwärmenden Erlebnis. Moshe und Nelly betonten, sie empfänden mich als ihren ältesten Sohn. Das erfüllte mich mit Freude. Mein Verstand warnte mich. Ich kannte die orientalische Höflichkeit aus Erzählungen. Die Begrüßung als Sohn konnte nur bedeuten, dass sie mich als Mitglied ihrer Familie, also als Schwiegersohn sehen wollten. Ich verdrängte den logischen Gedanken aus meinem Bewusstsein. Ruth zeigte mir ihre Zuneigung, doch sie hielt mich auf Distanz – zumindest sexuell. Ich hatte indessen kein Verlangen nach dem mir seit meiner Jugend bekannten Katz- und Mausspiel jüdischer Töchter, das dem Mann die Freuden der Erotik vorenthielt, bis er bereit war, sich auf eine Ehe einzulassen. Meine Tel Aviver Freunde hieben in dieselbe Kerbe.

»Ruth spielt nur mit dir herum. Das, was du von ihr willst, wird sie dir nicht geben«, grinste Dubi schadenfroh. Die übrigen Freunde ließen ihren Vorurteilen freien Lauf. Ruth sei eine »Schwarze«. Die seien durchtrieben und unehrlich. Der Rassismus der Kumpane empörte mich. Ich verbat mir ihre Vorurteile. Ihre Borniertheit heizte meine Verliebtheit an. Ich empfand mich als Ritter wider jüdische Klischees. Ruth und ich kamen uns näher. Entgegen den Unkenrufen meiner Freunde wurde Ruth meine Geliebte. Die sexuelle Erfüllung ließ sie aufblühen, ihr Blick strahlte auf, sie war schöner als zuvor. Ich ergötzte mich an unserer Erotik und wähnte, durch die Verbindung mit Ruth ins Herz der israelischen Gesellschaft vorgestoßen zu sein. Diesem anmaßenden Gefühl folgte die Wiederentdeckung meines Gewissens. Solange ich mich bemüht hatte, Ruths Liebhaber zu werden, hatte ich kaum einen Gedanken an Ingrid verschwendet. Nun rückte meine deutsche Gefährtin, wie mit magischer Hand herbeigeholt, ins Bewusstsein.

Welcher Teufel hatte mich geritten, Ingrid zu verraten? Es war nicht die schiere Tatsache, dass ich Sex mit einer anderen Frau hatte, dafür, so wähnte ich, trage Ingrid die Verantwortung. Weshalb war sie nach Deutschland zurückgekehrt und hatte mich allein in Zion gelassen? Mich quälte eine weiterreichende Überlegung. Mir war bewusst, dass Ruth keine gewöhnliche Geliebte war, die ich ähnlich Doron ohne Aufheben wieder verlassen konnte. Ich hatte Ruth lieb gewonnen. Überdies hing ich an ihrer Familie. Ich wollte die Beziehung mit Ruth nicht beenden. Wie um meine Seelenpein zu verstärken, rief Ingrid an. Sie berichtete mir von ihrer Sehnsucht und ihrer Vorfreude auf die Osterferien in Israel. Ich musste mich entscheiden zwischen der wärmenden Liebe Ingrids und der Glut meiner Beziehung zu Ruth. Mein Gemüt und mein Gewissen sagten mir, dass ich die Liebe zu Ingrid nicht aufs Spiel setzen durfte. Doch mein Verlangen drängte mich, an Ruth festzuhalten. Bis Ostern war noch gut ein Monat Zeit. Wozu übereilt handeln und so den Freuden der Liebe entsagen?

So mied ich zunächst jegliche Ankündigung, die lediglich Herzeleid stiften würde – und genoss die Tage und Nächte mit Ruth. Die Zeit flog dahin. Ich feierte mit Ruths Familie den Sederabend zu Beginn von Pessach. Das gemeinsame Lesen der Haggadah, die vom Auszug der Kinder Israels aus der Sklaverei Ägyptens kündete, die helle Freude der Kinder und die köstlichen orientalischen Speisen begeisterten mich. Es war schön, als Jude unbeschwert in Israel zu leben – warum sollte ich mit meiner deutschen Liebe dafür zahlen? Ich nahm mir vor, die Dinge auf mich zukommen zu lassen. Dies geschah unversehens.

18

Am folgenden Abend erhielt ich einen Anruf von Anna*. Sie war die frühere Geliebte meines Nachbarn Simon aus der Münchner Studentenstadt. Zwischen Anna und mir knisterte es schon lange, doch aus Rücksicht auf Ingrid und aus Furcht vor Zurückweisung hatte ich deutliche Avancen vermieden. Zumal mir Simon gestanden hatte, er werde die Beziehung zu seiner Geliebten mit dem Studienabschluss beenden. Annas Vater sei zwar

Hebräer, doch die Mutter eine Schickse und damit Anna gemäß der Halacha keine Jüdin. Ich sagte Simon, dass ich dieses opportunistische Jonglieren mit der jüdischen Religion hasste. Daraufhin zuckte er die Schultern und meinte, was ich hasste, sei belanglos, wichtig sei, »wie die Welt tickt. Und die jüdische Uhr tickt nun mal auf einem hebräischen Zifferblatt. Da ist für Schicksen kein Platz.«

Simon hatte mich beschworen, Anna nichts von seiner Absicht zu verraten. Vielleicht werde er seine Entscheidung revidieren, wenn er das Diplom gebaut habe. Mir war bekannt, dass Anna seine Arbeit schrieb. Ich brach den Kontakt zu ihm ab.

Annas Anruf bedeutete, dass Simon seine Absicht wahrgemacht hatte. Nun fasste Anna offenbar mich ins Auge und wollte mich »so schnell wie möglich besuchen«. Um einem Chaos vorzubauen, sagte ich Anna, sie sei mir jederzeit willkommen, aber sie solle wissen, dass ich Ingrid zu Ostern erwartete. Sie ging darauf nicht ein.

So war ich gezwungen, meine Herzensschlampereien zu ordnen. Also zu entscheiden. Am einfachsten wäre es, Anna anzurufen und ihr unter einem höflichen Vorwand abzusagen. Eine Ausladung der Münchnerin würde mir allerdings nur wenige Tage Luft geben. Das Dilemma, zwischen Ingrid und Ruth zu wählen, blieb ungelöst. So weit der Kopf. Doch mein Eros setzte eine andere Priorität. Jahrelang hatte ich Anna begehrt – und sie mich, wie jetzt deutlich wurde. Nun, da sich endlich die Gelegenheit ergab, sie zu meiner Geliebten zu machen, darauf zu verzichten wäre von jemandem, der sich als Mann gebärdete, zu viel verlangt.

Ich wollte zumindest in Israel klare Verhältnisse schaffen. Dabei half mir, dass ich zunehmend Ruths überaus spürbare Willenskraft kennengelernt hatte. So suchte ich sie auf und erklärte ihr, ich müsse unsere Beziehung beenden. Selbstverständlich erwähnte ich nicht, dass ich Anna und Ingrid aus München erwartete. Also schob ich mein Studium vor. Ich müsse mich auf meine Forschung konzentrieren, und überdies würde ich in wenigen Wochen nach Deutschland zurückkehren müssen, selbstverständlich ebenfalls aus wissenschaftlichen Gründen. Daher wolle ich unsere Trennung nicht noch schmerzhafter gestalten, als sie ohnehin sei. Ruth war überrascht, nervenstark meinte sie, sie liebe mich und habe daher Verständnis für meine aufrichtige Haltung. Ich drückte ihr einen Kuss auf die Stirn und machte, dass ich weiterkam. Wenigstens eine Entscheidung hatte ich gefällt.

Am nächsten Tag rief mich Ruth an. Sie betonte, dass sie mein Benehmen als ehrenhaft empfinde. Doch wir sollten nicht zu streng miteinander sein. Als Israelin habe sie gelernt, die Zeit zu nutzen. Daran sollte auch ich mich halten. Ohne jegliche Verpflichtung für die Zukunft. Ich wusste, dass Ruth auf Zeit spielte. gleichzeitig erfasste mich die Lust. Anna würde in einer guten Woche ankommen. Weshalb sollten wir die Frist ungenutzt lassen? Ich benahm mich wie Schnitzlers Anatol, der bis zum Vorabend seiner Hochzeit mit einem süßen Mädel tändelt. Warum sollte ich es nicht ebenso tun? So sind wir Männer nun einmal. Ein faules Alibi. Aber es half mir. Ruth und ich verbrachten einige Abende miteinander. Nie die ganze Nacht. Denn ihr Vater Moshe achtete als traditioneller Jude auf die Einhaltung von Sitte und Moral. Seine Tochter kümmerte sich darum nur formal. Ansonsten genoss sie unbeschwert unsere Wiedervereinigung. Mich dagegen plagte zwischendurch das schlechte Gewissen. Zwei Tage vor Annas Ankunft zog ich die Notbremse. Ich gab vor, unerwartet nach Deutschland reisen zu müssen. Die Wissenschaft eben.

19

Anna war euphorischer Stimmung. »Endlich lerne ich das Land meiner Väter kennen! Vor allem treffe ich dich wieder!«, jubelte sie, während sie mich heftig umarmte. Mit Simon war es also aus. Wir fuhren in ein Café an der Strandpromenade Tel Avivs, wo ich ihr die Skyline der weißen Stadt zeigte und noch einmal zur Beruhigung meines Gewissens erwähnte, dass Ingrid plane, in einer Woche ebenfalls vorbeizukommen. Erneut ging Anna nicht darauf ein. Stattdessen drängte sie darauf, meine Wohnung kennenzulernen.

Nachdem sie sich erfrischt hatte, führte Anna zielbewusst ihre Israel-Mission zu einem ersten Höhepunkt. Wir genossen die Erfüllung unserer lang gehegten Sehnsucht. Das Zusammensein mit Anna war eine faszinierende Mischung aus Begehren und Vertrautheit, die auch auf der ähnlichen Familiengeschichte unserer Väter beruhte. Beide stammten aus jüdischen Landgemeinden in Bayern. Doch während mein Vater nach Palästina geflüchtet war, hatte Annas Vater durch die Heirat mit einer Christin im Schutz einer sogenannten privilegierten Ehe die Nazizeit in Deutschland überstanden. Nach dem Krieg war es ihm gelungen, sich als erfolgreicher mittelständischer Unternehmer zu etablieren. Anna arbeitete ihm als seine rechte Hand zu. Sie schlug mir vor, auch ich sollte nach meinem Studienabschluss für ihre Firma tätig sein: »Du wirst mit meinem Vater hervorragend auskommen. Er ist ein deutscher Jude und tüchtiger Kaufmann.« Meinen Einwand, ich sei Politologe, nahm Anna auf ihre Weise auf: »Ein Doktortitel fehlt noch in unserer Firma. Das macht sich gut bei unseren Geschäftspartnern.«

Ich studierte Politik aus Interesse, nicht um Maschinenteile nach Arabien oder Südamerika zu verkaufen. Anna ging mir nach den mit Simon vergeudeten Jahren zu forsch zur Sache. Sie war bald dreißig und wollte heiraten. Ein jüdischer Mann käme ihr und ihrem Vater sehr zupass. Doch was wollte ich? Ich war mir noch nicht darüber im Klaren. Ingrids Anruf, in dem sie mir mitteilte, sie würde in zwei Tagen kommen, brachte mich auf den Boden der Tatsachen zurück. Was tun? Ich gestand mir ein, dass die Liebe zu Ingrid mehr wog als das Drohnendasein eines Industriellenschwiegersohns in München. So raffte ich mich schließlich auf, Anna Ingrids Ankunftstermin mitzuteilen.

»Rufe sie an und sag ihr, dass es dir jetzt nicht passt.« Sie hielt kurz inne. »Ach was, mach gleich Schluss mit ihr.« Annas Entschiedenheit erschreckte mich. In München gab sie sich als Ingrids Freundin. Nun wollte sie ihr den Mann wegschnappen. Ihre Entschlossenheit würde sich nicht auf Ingrid beschränken. Bald würde auch ich zum Opfer ihres Durchsetzungswillens werden. Nein! Ihre Anmaßung und die alte Liebe zu Ingrid flößten mir den Mut der Verzweiflung ein. Ich erklärte Anna, dass ich Ingrid nicht daran hindern konnte, mich zu besuchen. »Dann bist du ein Schlappschwanz«, antwortete sie. So mochte ich mich nicht nennen lassen: »Ingrid kommt her.« – »Tu, was du willst«, entschied Anna. »Ich bleibe hier!«

Damit zwang sie mich zu handeln. Mit guten Reden, Zärtlichkeit, auch mit einem Quäntchen Entschiedenheit versuchte ich Anna zum Umzug in ein Hotel zu bewegen. Dies gelang mir schließlich. Ich quartierte die heulende Freundin, deren Entschlossenheit in Verzweiflung umgeschlagen war, im Hilton unmittelbar am Strand ein. Aus ihrem Zimmer im 14. Stock hatte man einen herrlichen Blick entlang der Küste bis nach Yafo. Doch Anna hatte dafür momentan keinen Sinn. »Warum seid ihr Männer nur so elende Feiglinge?«, schluchzte sie. Darauf gibt es keine erhellende Antwort.

Glücklicherweise holten Dubi und Chaim Ingrid vom Flughafen ab. Es tat gut, solch treue Gefährten zu haben. Dubi meinte:»Ich tue alles, damit du von Ruth wegkommst!« Von Annas Hotel kommend, stieß ich zu meinen Freunden und Ingrid. Sie wohnten im Süden Tel Avivs einer Striptease-Show bei. In Ingrids Augen sah ich, dass sie verstanden hatte. Auf dem Heimweg wurde ihre Stimme heiser. Sie bestand darauf, dass ich mich erklärte. Ausflüchte ließ sie nicht gelten. Als ich ihre lange Abwesenheit als Ursache für »gewisse Schwierigkeiten« anführte, wurde Ingrid zornig. »Meinst du, mir macht es Spaß, in einem Kaff wie Ichenhausen allein zu hocken? Trotzdem bin ich nicht auf die Idee gekommen, mich mit einem Kerl einzulassen.« Ich versuchte zu leugnen. Auch mein Vorsatz, mich ins Unbestimmte zu flüchten, scheiterte an dem mit einem Mal stahlharten Willen meiner ansonsten so sanftmütigen Ingrid. Am Ende eines unnachsichtigen Verhörs gab ich Annas Namen preis. »Hure!«, urteilte Ingrid.

Zu ihrer Beschwichtigung fuhren wir eine Woche in den Norden. Zuerst zum See Genezareth, später nach Safed. Ingrid hatte kaum ein Auge für die Schönheit der geschichtsträchtigen Landschaft. Die letzten Tage unseres Zusammenseins in Tel Aviv waren von friedlicher Koexistenz gekennzeichnet. Erst als ich ihr versprach, in Zukunft »verantwortungsvoll mit unserer Beziehung umzugehen«, fuhr sie einigermaßen beruhigt nach Deutschland zurück. Am Flughafen forderte sie mich zum Abschied auf: »Halt dich an dein Wort.«

20

Ich nahm mir in der Tat vor, mein Leben nunmehr verantwortungs- und zielbewusst zu gestalten. Durch meinen Leichtsinn und die Besuche der deutschen Freundinnen hatte ich wochenlang meine Forschungsarbeit vernachlässigt. Die Tändeleien an der Tel Aviver Universität mit ihrer verlockenden Nähe zum Sandstrand Herzliyas steigerten mein Arbeitstempo keineswegs. Nach meinem Vorsprechen erhielt ich Zugang zur Bibliothek des Generalstabs in der Kiriya, dem alten Regierungsviertel, in dem auch das Verteidigungsministerium untergebracht war. Hier konnte ich mich besser konzentrieren. Kritisch war allein die Mittagspause, in der die Mannschaftsdienstgrade ihre Mahlzeit einnahmen. Es waren fast ausnahmslos Soldatinnen, die als Sekretärinnen arbeiteten. Es versteht sich, dass die Herren Offiziere sich die schönsten Amazonen der israelischen Armee ausgesucht hatten. Ihr Anblick war reizvoll, gleichzeitig machte er mir schmerzhaft bewusst, wie einsam ich war. Das schlechte Gewissen gegenüber Ingrid half auch nicht weiter. Im Gegenteil, ich musste an eine Bemerkung von Herrn Eimer denken. Der KZ-Überlebende reagierte auf mein Lamentieren über die Last des Gewissens nüchtern: »Gewissen ist für den Tuches«, für den Hintern.

Nachmittags verfeinerte ich meine Arbeitspläne. Ich studierte meine Notizen über die Wochen- und Monatszeitschriften der Armee und erwog, wen ich als Nächstes interviewen sollte. Meine Analyse machte mir zunehmend bewusst, dass die verantwortlichen Politiker und Militärs keine klaren Vorstellungen der Sicherheitspolitik ihres Landes besaßen. Meine Befragung des ehemaligen Justizministers Zadok verdeutlichte die rechtliche Seite. Der energische Jurist stellte fest: »Es gab in dem zuständigen Bereich allein ein Gesetz, den Artikel 29.«

Dieser Paragraph besagte, dass die Regierung »die Zuständigkeit für den gesamten Sicherheitsbereich« trage. Für alle darüber hinausgehenden Fragen sei die Führung der Streitkräfte, also der Generalstab, zuständig. »Das ist ein klassischer Gummiparagraph«, betonte Zadok. Die unklare Abgrenzung der Kompetenzen habe zu einem latenten Ringen um Zuständigkeiten eingeladen. Maßgeblich seien die Machtposition und die Persönlichkeit der Entscheidungsträger gewesen. »Einem Ben Gurion als Sicherheitsminister hat keiner widersprochen. Auch nicht der junge Moshe Dayan. Der hat sich im Gegenteil als dessen eifrigster Schüler gegeben.« Doch als 1963 der Alte aus seinen Ämtern geschieden sei, habe ein latentes Gerangel um Zuständigkeiten eingesetzt. »Ben Gurions Nachfolger als Ministerpräsident und Verteidigungsminister, Levi Eshkol, hat Yitzhak Rabin zum Generalstabschef ernannt. Einen intelligenten Militär. Aber durchaus machtbewusst. Beide Männer haben zunächst reibungslos zusammengearbeitet.« Als Moshe Dayan infolge der Krise 1967 zum Sicherheitsminister ernannt worden war, sei das labile Gleichgewicht in diesem Bereich empfindlich gestört worden. Eshkol sei ebenso wie die Mehrheit der Regierung zunächst für eine diplomatische Lösung eingetreten. Dayan war von Anfang an für einen Waffengang. Auch Rabin habe nun einen Krieg befürwortet – allerdings wollten er und sein Generalstab sich von Dayan nicht in strategische Fragen hineinreden lassen. »Seither ist es in diesem Bereich stets zu Spannungen und Auseinandersetzungen zwischen den handelnden Politikern und Militärs gekommen. Das gilt insbesondere für Krisenzeiten und Kriege«, betonte Zadok.

Das Gespräch mit Zadok, die Befragung weiterer führender Militärs und Politiker in Ergänzung der Fachliteratur zeigten, dass in Israels Sicherheitspolitik die Improvisation regierte, die Dan Shiftan und Aharon Yariv zu Anfang meiner Recherchen erwähnt hatten. Es gab Grundsätze, etwa jenen, dass Israels Streitkräfte eine möglichst hohe Schlagkraft aufbauen sollten, um die arabischen Länder vor Angriffen oder gar einem Krieg abzuschrecken. Als Ultima Ratio wurde seit Ende der 60er-Jahre auch die Entwicklung von Kernwaffen systematisch vorangetrieben. Doch auf welche Weise die Abschreckung funktionieren sollte, wie Jerusalem vermeiden wollte, zum Gefangenen der eigenen Bedrohungspolitik und Strategie zu werden, wie man eine Eskalation umgehen wollte, inwieweit die Zuständigkeiten im Sicherheitsbereich verteilt werden sollten – darüber herrschten widerstreitende Meinungen. Nach dem politischen und militärischen Desaster des Oktoberkrieges von 1973 stellte eine unabhängige Kommission unter dem Vorsitz des Obersten Richters Agranat fest: »Es existiert keine eindeutige Kompetenzverteilung zwischen den Ämtern des Regierungschefs, des Sicherheitsministers und des Generalstabschefs. Eine klare Aussage über die Beziehung von Staats- und Armeeführung fehlt.«

Die letzten zwei Interviews rundeten mein Bild ab. Anfang Juni traf ich in Haifa David Hacohen. In den fünfziger Jahren amtierte er als Jerusalems Vertreter in Burma. Er war als Israels erster Botschafter in China vorgesehen, doch auf amerikanischen Druck im

Kalten Krieg kam die Beziehung zwischen Jerusalem und Peking erst vierzig Jahre später zustande. Hacohen kehrte nach Israel zurück, wurde Abgeordneter und war länger als ein Jahrzehnt Vorsitzender des einflussreichen Knesset-Ausschusses für Außen- und Sicherheitspolitik. Vom Garten der Villa Hacohens auf dem Carmel-Berg hatte man einen weiten Blick über die Bucht von Haifa bis an die Grenze des Libanon. Hacohen entstammte einer der angesehensten israelischen Familien. Sein Vater war einer der Gründer Tel Avivs. Hacohen war ein ernsthafter, bedächtiger Mann. Systematisch beantwortete er meine Fragen. Im Ergebnis deckten sich seine Antworten mit den vorhergehenden Gesprächen. Am Ende zog er jedoch ein erschreckendes Fazit. »Die Sicherheitslage unseres Landes lässt sich nur mit Staaten wie Vietnam, Kambodscha oder Laos vergleichen«, sagte er ruhig. Mir stieg das Blut zu Kopf. Ich erwiderte, dass all diese Staaten militärisch besiegt und ihrer Selbstständigkeit beraubt worden waren. »So ist es!«, bestätigte Hacohen. Was dies für Israel bedeute, wollte ich wissen. »Wir können nur versuchen, durch eine kluge Politik und eine starke militärische Präsenz unsere Existenz so weit wie möglich zu sichern. Eine Garantie gibt es nicht. Wir sind keine Insel wie Britannien, nicht einmal eine Halbinsel wie Spanien und Portugal.«

21

Eine Woche später, am 25. Juni, interviewte ich Yitzhak Rabin. Der ehemalige Premier war seit einem Jahr einfacher Abgeordneter der Arbeitspartei. Er war klein gewachsen, gedrungen, seine blauen Augen hatten den nach innen gekehrten Ausdruck des Introvertierten. Zu Beginn des Gesprächs steckte sich Rabin in seinem kleinen Tel Aviver Büro gegenüber dem Verteidigungsministerium eine Zigarette an und erklärte: »Du hast sechzig Minuten Zeit. Stell deine Fragen.«

Der einstige oberste Soldat und Ministerpräsident antwortete mit tiefer Stimme in langsamem Sprachduktus, der an Bruno Kreisky erinnerte, überlegt und präzise auf die gestellten Fragen. »Clausewitz sagt, Krieg ist die Fortsetzung der Politik mit anderen Mitteln. Das bedeutet das Primat der Politik. Dieses Prinzip muss unser politisches und strategisches Denken bestimmen«, betonte Rabin. Er war der einzige meiner Interviewpartner, der die Abhängigkeit der strategischen Ebene von der politischen Situation und Führung auch theoretisch reflektierte.

In den letzten Wochen in Israel systematisierte ich die Artikel aus den israelischen Militärzeitschriften, der Sekundärliteratur und meine Interviews. Die Befragungen der ehemaligen Entscheidungsträger machten mir das Ausmaß der Unklarheit und der Konzeptionslosigkeit in Bezug auf das staatliche Überleben deutlich. Die Feindschaft der arabischen Staaten diente den israelischen Politikern als Alibi für mangelnde Gedankentiefe oder gar Untätigkeit. Als in Deutschland geprägter Wissenschaftler theoretisierte ich gern. Weltweit macht man sich über die theorieversessenen Teutonen lustig. Doch in einem gefährdeten Land wie Israel ist eine unvoreingenommene Analyse als Grundlage klarer Entscheidungen in der Sicherheitspolitik und, davon abhängig, in der Strategie angebracht. Dass dies durchaus möglich war, bewies der klare Denker Yitzhak Rabin.

22

Mein letzter Monat in Israel sollte nicht ausschließlich der Forschung dienen. Nach einer Phase der Erleichterung über die Heimkehr von Anna und Ingrid wollte ich die Wärme weiblicher Zuneigung nicht länger entbehren. Ich spürte, dass Ruth mich an sich binden wollte, doch die Zeit dämpfte die Angst davor, und mein erotisches Verlangen dominierte. Meine Bedenken beschwichtigte ich mit dem Fakt, dass ich in Kürze nach Deutschland zurückkehren würde. Wozu sich um die Zukunft sorgen, wo doch die Freude liegt so nah?

Ruth war nicht nachtragend. Im Gegenteil. Sie meinte anerkennend, ich wäre auf dem besten Wege, mich zum Israeli zu wandeln: das Leben zu genießen, ohne sich ständig Sorgen um das Morgen zu machen. Die Gewissheit der nahenden Trennung intensivierte unseren Sex. Gleichzeitig gab das Fehlen von Vorwürfen unserer Beziehung eine mir bis dahin unbekannte Freiheit. Den Gedanken, dass die kluge Ruth eine langfristige Eheanbahnungsstrategie verfolgte, der sich taktische Petitessen wie meine Diasporaängste, die sich als Bedenken und Gewissensnöte äußerten, unterordneten, verdrängte ich simpel. Stattdessen genoss ich unser Zusammensein. Ende Juli verabschiedeten wir uns innig. Ich dankte Ruth und ihrer Familie für die wunderbare Zeit und wünschte ihr für ihre Zukunft viel Glück. In Haifa schiffte ich mich nach Venedig ein.

23

Während der Reise zog ich eine Bilanz meines Aufenthalts in Zion. Ich gestand mir ein, dass ich mit meinem wichtigsten Vorhaben gescheitert war. Ich war in den Judenstaat gekommen, um meinen Traum zu verwirklichen, der mich seit meiner Übersiedlung nach Deutschland vor zwanzig Jahren begleitet hatte: in das verheißene Land meiner Kindheit zurückzukehren. Der einjährige Aufenthalt hatte mir gezeigt, dass ich unterdessen ein Deutscher geworden war, ein jüdischer Deutscher zwar, mit speziellen Ängsten, die aus der Vergangenheit und teilweise auch der Gegenwart in Deutschland herrührten, doch ohne Zweifel ein Deutscher. Ich hatte mich wie meine deutschen Landsleute an die physische, soziale und materielle Sicherheit Deutschlands gewöhnt, die Bedenkenträgerei, die Bequemlichkeit und teilweise die gesellschaftlichen Utopien der 68er-Generation übernommen, auch wenn ich manches davon politisch ablehnte. Entscheidend blieb jedoch meine Bindung an meine Elternsprache. In Israel war ich deutsch erzogen worden. In Deutschland war die Bindung an seine Sprache und Kultur vertieft worden. Hier hatte ich meine Heimat gefunden.

In Israel war ich mit der ungeschminkten Wirklichkeit eines Pionierstaats mit ungewisser Zukunft konfrontiert worden. Ich bewunderte die Nüchternheit und Tatkraft der Israelis. Doch gleichzeitig wurde mir deutlich, dass ich ebenso wie mein Vater der Härte des Lebens in Zion nicht gewachsen war. Israel war eine Militärgesellschaft. Mit achtzehn leisteten die Männer drei Jahre Wehrdienst, die Frauen kamen mit zweieinhalb Jahren davon. Danach mussten die Männer bis zum fünfzigsten Lebensjahr jährlich bis zu sechs Wochen Reserveübungen leisten. Dazwischen lagen Kriege. Wäre es mir mit meiner Integration in Israel ernst gewesen, hätte ich gemäß meinem Alter ein halbes Jahr in der Armee dienen sollen. Statt mich diesem Lebensrhythmus zu unterwerfen, zog ich es vor, als Wissenschaftstourist mit einem großzügigen deutschen Stipendium Israels existenzielle Sicherheitspolitik zu erforschen. Ich verharrte in der Theorie, genoss das Refugium des bequemen Lebens. Meine Auseinandersetzungen beschränkten sich auf erotische Affären. Den harten Lebenskampf der Israelis mied ich. Ich verstand, dass ich meinen durch den Wehrdienst und die Knappheit der Ressourcen gestählten israelischen Freunden Dubi, Chaim und Ruth nicht gewachsen war. Nicht zuletzt aus diesem Grund hatte ich eine dauerhafte Bindung an die Geliebte vermieden.

Wissenschaftlich war das Jahr ergiebig gewesen. Ich hatte gelernt, selbstständig zu forschen. Die Erkenntnisse meiner Analyse waren jedoch bedrückend. Der viel gepriesene israelische Militärapparat befand sich in Händen von Politikern, die unfähig waren, die Dimensionen der Sicherheitspolitik zu erfassen, die Bedrohungssituation aus eigener Kraft und Initiative einzugrenzen. Stattdessen nutzten sie die Feindschaft der arabischen Diktaturen als Alibi für ihre eigene Untätigkeit. Auf diese Weise gelang es Israel nicht, seine existenzielle Gefährdung zu mindern.

Die Beziehung zu Ingrid hatte die weitgehende Trennung überstanden. Ich hatte es nicht vermocht, ihr treu zu bleiben, und hatte dies auch nicht gewollt. Ich redete mir ein, dass meine Affären lediglich taktische Ausflüge waren. Doch das Abenteuer mit Anna und Ruths Beharrlichkeit zeigten mir, dass meine Herzensschlampereien einen Preis hatten, den nicht nur ich, sondern auch die beteiligten Frauen zahlen mussten. Mich verlangte nach der Geborgenheit der Beziehung zu Ingrid. Ich nahm mir vor, ihr treu zu sein, spürte aber, dass meine Sehnsucht nach erotischen Abenteuern sich nicht durch einen rationalen Entschluss stillen ließ.

In München fiel ich Ingrid in die Arme. Sie hatte ihre alte Fröhlichkeit wiedergefunden und erfreute damit mein Gemüt. Ich dachte an Heinrich Heines Gegenüberstellung deutscher und französischer Frauen, wobei ich französisch durch israelisch ersetzte. Der Dichter verglich die Frauen beider Länder mit einem deutschen Kachelofen und einem französischen Kamin. Bei diesem ergötzt sich das Auge an den Flammen. Die Glut erhitzt Gesicht und Sinne. Unterdessen leidet der Rücken unter einem kühlen Luftzug. Der solide deutsche Ofen dagegen wärmt Körper und Gemüt. Ich genoss Ingrids wohltuende Wärme, während ich an die Glut der israelischen Geliebten dachte.

30 +

1

Mit dreißig fühlte ich mich zu alt für das umtriebige und unbeschwerte Leben in der Studentenstadt. So mietete ich mir eine bescheidene Bleibe in der Krumbacher Straße in Schwabing. Hier wollte ich meine Dissertation niederschreiben. Bereits während ich meine Exzerpte ordnete und über die Gliederung meiner Arbeit nachdachte, wurde mir die Absurdität meines Unterfangens deutlich. Die Ergebnisse meines Forschens kannte ich. Sie in einem zehnseitigen Memorandum zusammenzufassen und als wissenschaftlichen Beitrag in einer Fachzeitschrift oder verkürzt als Zeitungsartikel zu publizieren wäre vernünftig gewesen. Doch es hätte bedeutet, nach dem mühsam nachgeholten Abitur ein interessantes Studium ohne Abschluss zu beenden, da ich keine Magisterarbeit vorzuweisen hatte. Studienabbrecher genossen einen schlechten Ruf. In diesen Ruch wollte ich nicht gelangen. Am wenigsten vor meiner Mutter. Hannahs Kassandrarufe von einst zu bestätigen, brachte ich nicht fertig. Der wissenschaftliche Comment einer deutschen Universität Ende der 70er-Jahre forderte vom Verfasser einer Dissertation in erster Linie den Beweis der Fähigkeit des »selbstständigen wissenschaftlichen Arbeitens«. Darunter verstand man nicht die Entwicklung origineller Denkmodelle auf der gesicherten Grundlage von Fakten, sondern eine ausführliche Darstellung des bearbeiteten Stoffgebietes, welche anhand möglichst zahlreicher Fußnoten zu belegen war. Darüber hinaus erwartete jeder Doktorvater – nicht nur hierzulande –, dass dessen Forschungsarbeit in der Dissertation entsprechend gewürdigt wurde. Kurz oder vielmehr lang, der Doktorand hatte ein reglementiertes, mehrere hundert Seiten umfassendes Werk zu erstellen, um den erwünschten Abschluss zu erlangen.

Auch der Vater meines Freundes Chaim führte mir die Überflüssigkeit meines Tuns vor Augen. Herr Cylen hatte in mehreren

Konzentrationslagern die Schoah überlebt. Später heiratete er eine Jugendfreundin, die nach Chaims Geburt an einem Gehirntumor erkrankte. Ihr Leben wurde durch eine Operation gerettet, doch sie verlor dabei vollständig ihren Verstand. Statt sie in einer Pflegeanstalt unterzubringen, betreute Cylen seine Frau neben dem Beruf mit ungebrochener Liebe und Zärtlichkeit. Als ich ihm auf seine Bitte hin mein Doktorat erläuterte, fragte er mich erstaunt: »Was kann Israel, das in Amerika mit Milliarden verschuldet und vollständig von den USA abhängig ist, für eine Sicherheitspolitik haben? Sie müssen nach Amerikas Pfeife tanzen und tun, was Washington gefällt.« Cylens gesunder Menschenverstand erfasste unverzüglich das Ergebnis meiner Dissertation.

Um die zwei Buchstaben vor dem Namen zu erringen, strickte ich dennoch emsig weiter an meinem Werk. Am Wochenende besuchte mich Ingrid aus Ichenhausen. Wir unternahmen Spaziergänge, gingen essen, besuchten Kinos und Konzerte, lasen, sahen fern. Wir führten ein unaufgeregtes – und langweiliges – Familienleben.

Abends traf ich oftmals meinen alten Schulfreund Abi Pitum, der zügig seinen Doktor gebaut hatte, und lamentierte über die allgemeine Eitelkeit der Wissenschaft. Morgens marschierte ich gewöhnlich ins Café Höflinger zum Frühstück mit Tee und einer Butterbrezen, um der monotonen Arbeit in meinem Zimmer zumindest eine Weile zu entkommen. Gelegentlich rief ich mittags von einer Telefonzelle meine Mutter an und erkundigte mich nach ihrem Befinden, was sie für gewöhnlich mit einem medizinischen Bulletin ihrer Leiden sowie Vorwürfen über ihre Vernachlässigung durch mich beantwortete.

An einem Novembertag hatte Hannah für das gewohnte Zeremoniell keinen Sinn. Stattdessen verkündete sie Ruths baldige Ankunft. Verblüfft erkundigte ich mich, welche Ruth sie im Sinn habe. »Deine israelische Freundin selbstverständlich!« Ich war konsterniert, wütend, und zugleich fühlte ich mich geschmeichelt. Vor meiner Abreise hatte ich Ruth erklärt, unsere Beziehung sei mit meiner Rückkehr nach Deutschland beendet. Nun hatte sie sich einfach darüber hinweggesetzt. Kurz nachdem ich bei meiner Mutter angelangt war, fuhr Ruth im Taxi vor. Sie strahlte mich an und erklärte: »Ich musste dich einfach wiedersehen. Ich liebe dich. Ich hatte Sehnsucht.« Hannah war von Ruths

Erscheinung eingenommen. »Wenn diese wundervolle, schöne Frau dich nimmt, hast du unverdientes Glück!«, raunte sie mir zu. Trotz der erotischen Verheißung war ich keineswegs glücklich. Denn nun drohten die komplexen Mehrfachbeziehungen in Deutschland weiterzugehen. Am Wochenende stand Ingrids Besuch an. Sollte ich mit Ruth verreisen? Ich wollte ungestört meine Doktorarbeit fertig schreiben. Stattdessen musste ich meine Energie in die Kanalisierung meiner Affären investieren. Ruth erspürte meine Bedenken nicht. Sie verströmte die Zufriedenheit der Siegerin, mehr noch, die Erotik einer üppigen orientalischen Schönheit. Wozu sich grämen und schämen?, kam mir Heines »Guter Rat« in den Kopf. Meine Sinne waren ohnehin von Ruth gefangen. Wir fuhren zu mir. Die Wissenschaft und Ingrid mussten warten.

Am nächsten Mittag erfuhr ich durch einen Erkundungsanruf bei Ingrid, dass sie einen Bandscheibenvorfall erlitten hatte. Sie müsse viel liegen. Statt zu ihr zu eilen und sie zu pflegen, stotterte ich irgendeine Ausrede zusammen. Ingrid konnte nicht wissen, dass Ruth mich besuchte. Aber hatte sie etwas erfühlt und deshalb einen Bandscheibenvorfall? Ich glaubte nie an Telepathie und übersinnliche Kräfte. Ob Zufall oder nicht, Ingrids unverhoffte Erkrankung und meine Rücksichtslosigkeit verschafften mir eine relativ ungestörte Woche mit Ruth. Die Israelin mag geahnt haben, dass ich meine Verbindung mit Ingrid nicht beendet hatte, doch sie war klug genug, nicht danach zu fragen; ihr starkes Selbstwertgefühl, verbunden mit einer robusten Psyche, ließen sie die Tage in München uneingeschränkt genießen. Sie schlief ruhig, während ich an ihrer Seite wach lag und über meine berufliche und persönliche Zukunft grübelte. Ich kam zu keinem Ergebnis. Dass Ruth systematisch eine feste Bindung zwischen uns ansteuerte, war unübersehbar.

Bevor Ruth nach Israel zurückkehrte, erklärte ich ihr meine Liebe, was sie gerne hörte, erwähnte kurz die große Entfernung, die sie mühelos überwunden hatte, und mein fortdauerndes Studium, was sie nicht sonderlich beeindruckte. Sie betonte, wo ein Wille sei, da sei auch ein Weg! Israelis ließen sich nicht von Hindernissen aufhalten. Wir verabschiedeten uns mit einer innigen Umarmung.

Sogleich fuhr ich zu Ingrid. Das schlechte Gewissen ließ mich sie besonders zärtlich pflegen. Binnen weniger Tage genas sie. Ingrid klagte, der bis in die Einzelheiten reglementierte Schuldienst, bei dem jede Stunde schriftlich vorbereitet werden musste, belaste sie über Gebühr. Darauf führe sie ihren Bandscheibenvorfall zurück. Ich war also nicht an allem schuld. Nun raffte ich mich dazu auf, sie zu fragen, ob sie nicht das Referendariat abbrechen wolle, um nach München umzuziehen. Ich liebte Ingrid und wollte mit ihr zusammen sein, ahnte jedoch, dass unsere Beziehung eine weitere langfristige Trennung nicht überstehen würde. Ingrid erwiderte, sie würde nichts lieber tun, als die Fron zu beenden. Doch sie habe gelernt, ihre »Pflicht zu erfüllen. Auch wenn es mir schwer fällt.«

Was Ingrid die ungeliebte Schulpflicht war, bedeutete mir das mühselige Verfassen meiner Dissertation.

2

Nach München zurückgekehrt, setzte ich meine Sisyphusarbeit fort. Zur Abwechslung besuchte ich die monatlichen Treffen der Gesellschaft für Politische Bildung in einem Schwabinger Lokal. Dabei lernte ich Andrea* kennen. Die Politologiestudentin besaß Humor und Bildung, sie konnte gut zuhören, aber auch kurzweilig erzählen. Ihre lebendigen grünen Augen begleiteten unsere fröhliche Unterhaltung, während der Rest um uns versank. Am folgenden Tag rief mich Andrea an und lud mich für das kommende Wochenende zu ihrer Geburtstagsfeier ein. Da ich mich mit ihr auf Anhieb so innig verstanden hatte, fürchtete ich weitere Komplikationen meines ohnehin chaotischen Beziehungswerks. Ich erklärte ihr, dass ich gerne ihrer Einladung folgen und meine Freundin Ingrid mitbringen wolle. So geschah es.

Als ich mich Anfang der Woche abends bei Andrea für das Fest bedankte, währte das Telefonat lange. Ich spürte ein zunehmendes Bedürfnis, mit ihr zusammen zu sein. Schließlich forderte sie mich auf, bei ihr vorbeizukommen.

Minutenlang sahen wir uns wortlos an. Wir wussten beide, das war's! Andreas Erotik war federleicht. Sex gleicht oft einer Schlacht mit Schweiß, Erschöpfung und Tränen, wie es Isaac Singer meisterhaft in seiner Novelle »Die Hexe« schildert. Die Vereinigung mit Andrea dagegen entsprang einer ansteigenden Spannung, die in einen langen schwerelosen Flug überging, der in einer mühelosen befriedigenden Landung endete. Wir konnten nicht voneinander lassen. Unser Spiel währte bis in das Morgengrauen. Wir schliefen bis Mittag, ehe ich mich beschwingt ins Auto setzte, um nach Hause zu fahren, wo ich mich die folgenden Stunden mit meiner Dissertation abquälte.

Die Präsenz Andreas war so überwältigend, dass sie das obligate schlechte Gewissen gegenüber Ingrid vermeintlich auslöschte. An Ruth dachte ich überhaupt nicht mehr.

Jeden Freitag besuchte ich meine Mutter, die mir nach dem Entzünden der Sabbatlichter ihren Segen spendete. Hannah war meine Veränderung nicht entgangen. Sie teilte mir mit, sie habe mit Ingrid gesprochen, offenbar hätte ich eine neue Freundin. Das verwunderte mich. »Die Schickse ist mir gleichgültig ...«, gab Hannah brutal zurück, »... aber ich mache mir Sorgen wegen Ruth. Du musst dich um sie kümmern!« Die Schmähung Ingrids durch Mutter ließen kurz meine Schuldgefühle aufflammen. Stunden später waren sie im lustvollen Beisammensein mit Andrea erloschen.

Nach einer Weile sollte ich erfahren, was jeder Normale weiß und kein Verliebter wahrhaben möchte: Glück währt endlich. Die Wonne des Zusammenseins mit Andrea ließ keineswegs nach. Sie intensivierte sich sogar. Doch selbst als Doktorand konnte ich meine Zeit nicht ausschließlich im Bett verbringen. Tagsüber recherchierte ich und schaufelte den Tunnel meines Wissens quälend langsam durch den Stoffberg. Wenn ich den Doktortitel erlangen wollte, musste ich Schicht um Schicht meinen wissenschaftlichen Bau vorantreiben, dessen Blaupause längst in meinem Kopf war.

Das Gefühl des weitgehend unnützen Tuns, das meinen Tag einnahm, bedrückte mich zunehmend. Andrea hatte noch nicht mit ihrer Dissertation begonnen. Sie legte ihre akademische Karriere strategisch geschickt an. Der erste taktische Schritt war eine Stelle als Wissenschaftliche Hilfskraft an ihrem Institut. Ich selbst empfand eine solche Tätigkeit als zu langweilig und zu schlecht bezahlt. Doch nun, an meinen Schreibtisch gefesselt, beneidete ich mit einem Mal Andrea um die Teilnahme am akademischen Betrieb. Ich wünschte mir, dass die Geliebte neben der Erotik mehr Zeit und mehr Mitgefühl für mich aufbrächte. So begann ich zumindest tagsüber Ingrids seelische Wärme und Hingabe wieder zu vermissen. Wir telefonierten miteinander, und bald besuchte ich Ingrid in Ichenhausen. In ihrer Gegenwart und ihren Armen fühlte ich mich wohl aufgehoben. Zum ersten Mal empfand ich den Gegensatz von Geborgenheit und Eros. Ich begriff, dass ich mich nicht tagsüber von Ingrid betreuen lassen und nachts an Andrea erfreuen konnte. Noch dominierte Andreas Erotik. Doch wenn ich mich nachmittags am Schreibtisch vernachlässigt fühlte, ließ ich mich am Telefon von Ingrid trösten oder traf sie gelegentlich für einige Stunden am Wochenende.

Dieses Arrangement von Geborgenheit, Wonne und Betrug wurde im Sommer mutwillig von Ruth zerstört. Sie scherte sich nicht um den Stand meiner Arbeit oder meine seelische Befindlichkeit und erschien ohne Umweg über Hannah unangemeldet in meiner Wohnung und forderte mich auf, mit ihr eine schöne Zeit zu verbringen. Und meine Doktorarbeit?, warf ich zaghaft ein. Die müsse warten. Wenn sie wieder weg sei, könne ich mich darum kümmern. Aber jetzt sei sie da! Mit einer Flucht zu meinem Freund Lutz von Thüngen in die Rhön gelang es mir, das Hiersein der Israelin vor meinen deutschen Freundinnen zu verbergen. In den Wäldern des Mittelgebirges fühlte ich mich sicher. Ruths Verheißung, in einem Jahr sei sie mit ihrem Studium fertig, dann kämen wir endlich zusammen, alarmierte mich. Doch ich war zu feige, die Konsequenzen zu ziehen und klare Verhältnisse zu schaffen. Wozu auch? In wenigen Tagen würde Ruth nach Zion zurückkehren, und ich könnte weiter an meiner Doktorarbeit basteln, die mir mit einem Mal gar nicht mehr so überflüssig erschien. Bot sie doch Schutz vor dem Entscheidungszwang des realen Lebens.

Ruths Abreise bedeutete keineswegs die Rückkehr zum freien akademischen Schaffen. Denn unterdessen hatte sich Ingrid für die Ferienzeit eine Bleibe in München gesichert. Andrea ihrerseits genoss die Semesterferien. Es zog mich mit aller erotischen Kraft zu ihr. Jetzt, da sie endlich Zeit für mich hatte und gemeinsame Unternehmungen vorschlug, tat ich recht beschäftigt. In Wirklichkeit wollte ich mit meiner Dissertation vorankommen – und gelegentlich Ingrids wärmende Nähe genießen.

Auf unverhoffte Weise entkam ich dem erotisch-akademischen Tohuwabohu. Als Vehikel diente mir die Offerte einer Hospitanz bei der Tageszeitung »Die Welt«. Bis dahin wusste ich nicht, welchen Beruf ich nach meinem Studium ergreifen sollte. Als leidenschaftlichem Zeitungsleser erschien mir der Journalismus reizvoll.

3

Am 1. November 1979 begann ich mein Praktikum bei der »Welt« in Bonn. Auf meinen Wunsch im außenpolitischen Ressort. Dort waren sieben Journalisten tätig. Um mich zu beschäftigen, wies mich Ressortleiter Neuber an, alle überregionalen Tageszeitungen auszuwerten und ihm darüber zu berichten. Als ich nach zwei Stunden fertig war, hatte er für mich keine Zeit und meinte, nun solle ich die internationale Presse studieren. Als ich jedoch zwei Stunden vor Redaktionsschluss um 16 Uhr Bericht erstatten wollte, hatte er dringende Fragen zu klären. In der folgenden Woche wurde mir die gleiche Aufgabe offeriert. Die sinnlose Beschäftigung langweilte mich. Gleichzeitig faszinierte mich das Zeitungsmachen.

Um zehn Uhr morgens fand die tägliche Redaktionskonferenz statt. Die einzelnen Ressortleiter von Innen- und Außenpolitik, Wirtschaft, Kultur und Sport trugen ihre Themenvorschläge vor. Alle leitenden Redakteure des Blattes waren versammelt. Die Sitzung wurde von Peter Boenisch dominiert. Der groß gewachsene, schlanke Chefredakteur war sich seines Charismas, seines unverschämt guten Aussehens und seiner raschen Intelligenz bewusst, er war in sich selbst verliebt. Diese Liebe wurde von nicht wenigen Redakteuren, vor allem von Frauen, geteilt. Mit schnoddriger Stimme im betonten Berliner Dialekt leitete Pebe, wie er von den meisten genannt wurde, mit treffenden Bemerkungen souverän die Versammlung. Boenisch besaß die Gabe, die meisten Redakteure durch anerkennende Worte für seine Vorstellungen und vor allem für seine Person einzunehmen. Die Zuneigung für den Chefredakteur geriet manchen zum Personenkult. So wurden Fotos Boenischs an die Glastrennwände der Büros geklebt, die wenige wiederum als Ikonen verspotteten.

Das außenpolitische Ressort wurde von dessen Leiter dröge verwaltet. Er beschied meinen täglichen Vorstoß, eine Meldung abfassen zu dürfen, regelmäßig abschlägig. Ich sollte weiterhin die internationale Presse beobachten und ihm darüber berichten – für meinen Rapport aber brachte er keine Zeit auf. Unterdessen sprach mich der stellvertretende Ressortleiter Manfred Rowold an. Als ich ihm von meiner Doktorarbeit berichtete, schlug er mir vor, einen achtzigzeiligen Artikel über Israels Besatzungspolitik abzufassen. Endlich hatte ich eine Aufgabe. Im Archiv sammelte ich die Daten über die Zahl der Siedlungen in der Westbank, dem Gazastreifen und auf den Golanhöhen sowie Äußerungen israelischer und palästinensischer Politiker. Dabei fiel mir auf, dass die »Neue Zürcher Zeitung« am präzisesten und faktenreichsten berichtete.

Als Rowold wenige Tage später die Ressortleitung wahrnahm, platzierte er meinen Artikel im Blatt. Erstmals erschien mein Name über einem Beitrag. Mich erfasste freudige Aufregung. Später sollte ich begreifen, dass dieser intellektuelle Exhibitionismus für mich und andere eine entscheidende Triebfeder des Journalismus, ja der gesamten Publizistik ist. Dem Autor geht es nur in zweiter Linie ums Geld. Entscheidender ist es, seine Meinung und seinen Namen verbreitet zu wissen – und ein Echo auf seine Gedanken zu erfahren.

Durch den Artikel wurden Redakteure aus anderen Ressorts auf mich aufmerksam. Norbert Koch sprach mich an. Der rothaarige Düsseldorfer war von Gestalt ein Hüne, doch seine Sprache und sein scheues Wesen verrieten eine künstlerische Persönlichkeit, die aus materieller Ängstlichkeit im Journalismus notgelandet war. Norbert hatte wie viele Kollegen ein Studium der Germanistik begonnen und es abgebrochen. Seine Liebe zur Sprache blieb bestehen. Der Redakteur befragte mich ausführlich, »wie die Menschen in Israel seit nunmehr vierzig Jahren Krieg, Anschlägen und Unsicherheit standhalten können«. Das war ein Aspekt, den ich in meiner Doktorarbeit nur am Rande beachtet hatte, obgleich ich wahrgenommen hatte, wie das Denken und das Verhalten der Bevölkerung dadurch geprägt wurde. Ein Ergebnis war die Härte der Menschen in Zion. Ich verstand deren Notwendigkeit, teilte sie als Diasporajude aber nicht.

Wir setzten unser Gespräch abends in einer Kneipe fort. Wobei ich Norberts Trinkfestigkeit bewunderte. Auch nach einem Dutzend Pils behielt er einen klaren Kopf und blieb neugierig. Der Redakteur erkundigte sich zwar auch nach den »reizvollen israelischen Soldatinnen«, mehr noch aber interessierte er sich für den Alltag im Land. In den Städten, in den Dörfern, in den Kibbuzim. Norbert wollte sich nicht mit Thesen und Hypothesen begnügen. Wie lange diente ein israelischer Soldat in der Armee? Wie wirkte sich ein lebenslanges Reservistendasein auf die Psyche des Einzelnen und auf die Volkswirtschaft aus? Wie häufig traten seelische Störungen auf, etwa im Vergleich zu Ländern, die keinen Krieg kannten? Je länger wir uns unterhielten, desto mehr Fragen tauchten auf. Ehe wir weit nach Mitternacht aufbrachen, schlug mir Norbert vor, in einem Essay die Befindlichkeit der Israelis zu schildern.

Am nächsten Morgen stellte ich beim Frühstück eine Gliederung meines Essays zusammen und begab mich ins Archiv der »Welt« im Kellergeschoss. Dort sammelte ich zwei Tage lang Fakten für meinen Beitrag. Anschließend recherchierte ich per Telefon weitere Einzelheiten. Ich sprach mit dem israelischen Amt für Statistik, befragte mehrere Ärzte, einen Armeepsychologen und meinen Vetter Roni, der Kibbuzsekretär in Alumot unweit des Genezarethsees war. Mein Fazit war, dass die Israelis mit der psychischen Belastung durch die Bedrohung ihres Staates und ihrer persönlichen Existenz überfordert sind. Äußerlich geht das Leben in Zion seinen Gang. Doch viele halten den Zwang zur Normalität nicht aus. Das Bewusstsein der Schoah und der permanenten Gefährdung ihres Landes stärkte indessen die Entschlossenheit der Israelis standzuhalten. Nach vierzig Jahren wähnte ich sie an der »Grenze der Belastbarkeit«. Unterdessen sind drei weitere Jahrzehnte ins jüdische Land gegangen, die Bedrohung nahm weiter zu – mit entsprechenden Folgen für die Psyche der Einzelnen und der Gesellschaft.

Nachdem Norbert Koch meinen Artikel sorgfältig gelesen hatte, meinte er: »Rafael, du hast das Zeug zum Journalisten.« Ich hatte meine Bestimmung gefunden.

4

Zwei Tage später kündigte Koch auf der Morgenkonferenz meinen seitenlangen Beitrag an. Was Boenisch mit der Bemerkung quittierte: »Hoffentlich keine Eintagsfliege von Seligmann!« Ich blieb bis acht Uhr abends in der Redaktion, um meinen Artikel in den aus der Essener Druckerei angelieferten druckfrischen Zeitungsexemplaren zu finden. Euphorische Entschlossenheit ergriff mich. Mein Essay sollte der Beginn einer journalistischen Karriere sein. Ich hatte begriffen, dass ein sorgfältig recherchierter Journalismus vielfältigere Aspekte erörtern konnte und flexibler war als die kalte Analyse einer Dissertation. Ich mochte meine Gedanken unter die Bevölkerung bringen, statt sie im Elfenbeinturm der Wissenschaft gefangenzuhalten.

Bei der Blattkritik am folgenden Morgen lobte Boenisch meinen Essay, um sogleich hinzuzusetzen, dass er solche Beiträge von seinen Redakteuren erwarte: »Ihr seid faule Säcke. Und verdient einen Haufen Geld. Schreibt Beiträge wie der Seligmann und sitzt nicht nur auf euerm Hintern rum. Sonst lasse ich eure Gehälter kürzen.« Ich erntete nicht nur freundliche Blicke.

Im Anschluss an die Konferenz bat mich Enno von Löwenstern in sein kleines Büro. Der groß gewachsene Mann mit dem mächtigen Schädel, in dem ein puttenförmiger Mund mit blutroten Lippen saß, musterte mich mit seinen flinken blauen Augen hinter der randlosen scharfen Brille des Kurzsichtigen. Enno war über die »Welt« hinaus als einer der Bannerträger des konservativen Journalismus in Deutschland bekannt. Nach 1968 galt dies als reaktionär. Obgleich von Löwenstern sich ungerührt gab, traf ihn die von vielen geäußerte Wertung eines ewig Gestrigen und Kalten Kriegers durchaus, wie aus seinen Eingangsworten deutlich wurde: »Die sollen mich nennen, wie sie wollen. Wenn reaktionär bedeutet, dass ich auf Hitler und Stalin reagiere und ein Feind aller Diktaturen bin, dann fasse ich das als Lob auf.« Enno erwähnte die Herkunft seiner Familie aus dem Baltikum. Durch den Einmarsch der Sowjets, der Wehrmacht und erneut der Roten Armee sei die Menschlichkeit um sie herum ausgelöscht worden. Er wolle als Journalist die Freiheit verteidigen.

Die kämpferische Maske Löwensterns verbarg eine empfängliche Seele. Löwenstern nahm junge Mitarbeiter unter seine Fittiche. Mir schlug er vor, nach meiner Hospitanz als freier Mitarbeiter Kurzporträts für sein Ressort, die Meinungsseite, zu verfassen. »So gewinnen Sie Übung. Journalismus bedeutet zwanzig Prozent Geist und achtzig Prozent Routine und Fleiß.« Er lächelte mich aufmunternd an und stellte fest: »Außerdem zahle ich anständige Honorare. Das kann man als Student gut gebrauchen.« Über Enno von Löwensterns politische Einstellung konnte man sich mit ihm heftig streiten. Nie habe ich einen fürsorglicheren und persönlich anständigeren Journalisten erlebt.

Am Tag meines Abschieds wurde ich in die Chefredaktion gebeten. Boenisch grinste breit. »Hat's dir gefallen?« Er kannte meine Antwort und beschied: »Bleib hier! Du kannst sofort als Volontär anfangen.« Ich entgegnete, dass ich in München meine Dissertation fertig schreiben müsse. »Du musst gar nichts. Du bist ein geborener Journalist. Lass die Akademia. Die Wissenschaftler kannst du alle in der Pfeife rauchen.« Pebe sprach aus, was ich dachte. Doch nach sieben Jahren an der Universität mochte ich mein Studium nicht ohne Abschluss beenden. Nur noch wenige Monate, dann würde mein angstgetriebener Fleiß mit dem Doktorprädikat belohnt. So entgegnete ich, nach meinem Studienabschluss, in etwa einem halben Jahr, würde ich gerne auf sein Angebot zurückkommen. »Du machst einen Fehler! Jede Chance im Leben gibt's nur einmal«, wusste Pebe. Er bot mir ebenso wie Löwenstern an, weiter für die »Welt« tätig zu bleiben. »Wenn du 'ne Idee hast, ruf an. Ich wink das durch.« Beim Abschied bemerkte Boenisch: »Ich hab gesehen, wie einige Knalltüten reagiert haben, als ich dich als Vorbild nannte. Das ist der Neid der Faulen und Trägen. Du wirst das noch zu spüren bekommen. Aber wer gut ist, muss auch damit fertig werden.«

5

Zurück in München, begab ich mich wieder ins Tretrad meiner Dissertation. Tagsüber vermochte ich mich zur Forschungsfron zu zwingen. Ich würzte das Einerlei mit dem Abfassen von Porträts israelischer Politiker, deutscher Autoren und amerikanischer Rabbiner für die »Welt«. Mit Einbruch der Dunkelheit sehnte ich mich nach Ingrids mütterlichem Zuspruch und ihren Umarmungen. Alle paar Tage rief Ruth an. In ihrer Stimme hörte ich die Verheißung von Wärme, Meer, familiärer Geborgenheit und Sex. Allabendlich wartete ich auf Andrea – meist vergeblich.

Selbst am Wochenende war sie auf wichtigen Veranstaltungen zugange, auf denen sie ihr künftiges akademisches Netzwerk knüpfte. Die erzwungene Enthaltsamkeit hätte ich als Sublimation für mein wissenschaftliches Tun nutzen können. Doch meine Libido und die Psyche eines Muttersohns begehrten Leidenschaft und ständige Aufmerksamkeit.

Diese unbefriedigende Situation veranlasste mich zu Vorwürfen bei unseren seltener werdenden Treffen. Andrea pochte auf ihre Selbstständigkeit. Wir stritten nicht, doch häufig herrschte Missstimmung. Unsere Leidenschaft war die Insel in einem Meer widerstreitender Bedürfnisse. Irgendwann wurde das Eiland überspült. Ich suchte Schutz vor der Kälte der Wissenschaft, und mir fehlte der alltägliche Zuspruch. Es kam zur Versöhnung. Noch war unsere Passion stärker. Nachts loderten unsere Gefühle auf. Doch am folgenden Tag saß ich wieder an meinem Schreibtisch und fühlte mich allein gelassen. Dieser Situation war ich auf Dauer nicht gewachsen. Ich suchte Andrea in ihrem Institut auf und teilte ihr mit, dass wir uns trennen müssten. Am liebsten hätte ich sie an mich gerissen. Stattdessen wandte ich mich abrupt ab. Ich fuhr zwei Wochen nach Steinberg, einem einsamen Bergdorf in den Tiroler Alpen. Kaum angekommen, rief ich Andrea an. Wir vereinbarten, dass sie mich am Wochenende besuchen sollte. In mir brannte es nach ihr. Nach wenigen Tagen an der klaren Bergluft spürte ich, dass ich ohne Andrea auskommen konnte. Ich rief sie Freitagvormittag im Institut an und bat sie, von einem Besuch abzusehen. »Das ist wohl das Klügste«, antwortete sie und legte auf.

Zwei Jahre nach unserer Trennung besuchte ich Andrea. Sie schrieb unterdessen an ihrer Dissertation. »Jetzt verstehe ich deine damalige Unzufriedenheit und deine Klagen, Rafael. Das Verfassen einer Doktorarbeit ist eine sehr, sehr einsame und zehrende Aufgabe. Da braucht man viel Zuspruch.« Drei Jahrzehnte später trafen wir uns in einem Café in Berlin. Wir unterhielten uns über Politik und unsere Ehen. Schließlich über uns. Jetzt erst begriff ich, dass Andrea mich nicht nur begehrt, sondern auch geliebt hatte. Während unserer Beziehung hinderten mich meine Leidenschaft und später die Frustration des Doktoranden, dies anzuerkennen.

6

Als 1980 in der Nachfolge Moshe Dayans Jitzchak Schamir zum neuen israelischen Außenminister ernannt wurde, schlug ich Boenisch vor, ihn zu interviewen. »Setz dich ins Flugzeug«, gebot er mir. Auch für andere Themen gab er mir freie Hand. Die journalistische Arbeit beflügelte mein Selbstwertgefühl und meine Stimmung. Auf diese Weise kam ich auch mit dem Abfassen meiner Dissertation rascher voran.

Unterdessen lud mich die Konrad-Adenauer-Stiftung nach St. Augustin bei Bonn ein und offerierte mir die Stellung eines wissenschaftlichen Referenten. Nach dem Treffen fuhr ich zur »Welt«-Redaktion in die Godesberger Allee in Bonn. Ich sah Boenisch nur kurz. Auf meine Frage nach seinem Befinden antwortete er müde: »Mau mau.« So hatte ich den vor Selbstbewusstsein strotzenden Pebe noch nicht erlebt. Wenige Tage später wurde die Ablösung Peter Boenischs als Chefredakteur der »Welt« bekannt gegeben.

Als ich in München Wilhelm Staudacher, dem Studentenbetreuer der Adenauer-Stiftung, von dem Angebot berichtete, riet er mir zu meiner Verblüffung entschieden ab. Staudacher erzählte mir, er würde in Kürze als Geschäftsführer des Evangelischen Arbeitskreises der CDU in die Bundeshauptstadt wechseln. Im Konrad-Adenauer-Haus in Bonn sollte auch ich meine berufliche Karriere beginnen. Ich war unschlüssig. Bis vor wenigen Tagen wollte ich als Volontär bei der »Welt« anheuern. Mit Pebes Fortgang war dessen Angebot hinfällig geworden, die Offerte der Adenauer-Stiftung dagegen blieb gültig. Zudem erklärte sich die Stiftung bereit, bei vollem Gehalt die Vollendung meiner Doktorarbeit zu fördern. Ich befürchtete jedoch, dass ich, einmal aus dem Dunstkreis der Universität entfernt, meine wissenschaftliche Arbeit vernachlässigen und schließlich beerdigen würde.

Da erreichte mich ein Anruf der CDU-Bundesgeschäftsstelle in Bonn, verbunden mit dem Angebot, dort als Referent für Außen- und Deutschlandpolitik tätig zu werden. Staudacher, auf dessen Veranlassung die Offerte zustande gekommen war, redete mir nachdrücklich zu. Als politischer Mensch gehörte ich in die Partei, zumal im Herbst Wahlen anstünden. Für einen Studenten der Internationalen Beziehungen war die Referentenstelle für

Außenpolitik in der Zentrale einer Bundespartei ein optimaler Berufseinstieg. Ich nahm sie an. Die berufliche Perspektive mobilisierte meine brachliegenden Energiereserven. Ende Juni 1980 war ich mit dem ersten Durchgang meiner Doktorarbeit fertig.

Da teilte mir Ingrid unverhofft mit, sie werde in meinem Haus einziehen. »Wie hast du das geschafft?«, wollte ich wissen. »Eine liebende Frau kann alles. Ich liebe dich, und ich will dich«, lautete die einleuchtende Antwort.

Kaum war Ingrid eingezogen, lernte sie einen jüngeren Mann kennen und genoss mit ihm die Freuden der erotischen Liebe. Jahrelange hatte sie darum gekämpft, mit mir unter einem Dach zu leben und unserer innigen Beziehung einen festen Rahmen zu geben, der auf eine Ehe hinauslaufen würde. An der Schwelle zum Ziel machte Ingrid kehrt. Das sah auf den ersten Blick unlogisch aus. Doch Liebe und Erotik unterliegen einer eigenen Logik. Ich war überzeugt, dass Ingrid von dem jungen Kerl bald genug haben würde – ich redete mir ein, ihre Liaison mache mir nichts aus, so konnte ich inzwischen ungestört meine Dissertation polieren. Sah ich aber fortan Ingrid eng umschlungen mit dem Bengel herumstreifen, litt ich. Abhilfe tat not.

7

Anfang Juli landete Ruth in München. Sie hatte ihr Diplom abgelegt. »Jetzt haben wir unbegrenzt Zeit füreinander, Rafaela.« Sie gab meinem Namen eine weibliche Endung. War dies ein Zeichen, dass sie entschlossen war, fortan in unserer Beziehung die Hosen anzuziehen? Sie liebte mich und war mit 24 im besten Heiratsalter. Ruth mochte mich scheues Heiratsreh jedoch nicht durch das Herausposaunen ihrer Intention verschrecken. Sie wollte, dass wir die meiste Zeit innig miteinander verbrachten.

Ich war entschlossen, die Dissertation mit deutscher Gründlichkeit zu überarbeiten und umzustrukturieren. Durch zahlreiche Anmerkungen und das Zitieren von Entscheidungsträgern versuchte ich aufzuzeigen, dass Jerusalem ein Konzept fehlte, seine staatliche Existenz politisch abzusichern. Das kostete Zeit und Energie. Diese wiederum beanspruchte Ruth für sich und mich. So organisierte ich Ruth tagsüber einen Verkäuferinnenjob im Textilladen Rubin & Co. am Münchner Hauptbahnhof. Auf diese Weise konnte ich mich zumindest während Ruths Arbeitsstunden meiner wissenschaftlichen Sklaverei hingeben. Ich war dermaßen mit meinem akademischen Joch beschäftigt, dass ich keinen Gedanken an Ruths langfristige Absichten verschwendete. Die Hängepartie wurde von unerwarteter Seite abrupt beendet.

Clara Rubin* hatte mich im Laufe der Zeit ins Herz geschlossen. Auch nach der Heirat ihrer Tochter Lea blieb ich ein Freund der Familie. Ich kümmerte mich um ihren einzigen Sohn Fruim, Efraim. Die Zuneigung des anlehnungsbedürftigen Jungen mir gegenüber rührte Clara. Sie bot mir in den Ferien Jobs in ihrem großen Billigwarenladen an, die sie großzügig honorierte. Mein bevorstehender Studienabschluss mit einem Doktorat imponierte der ambitionierten Frau. Sie machte sich Gedanken über meine Zukunft. Clara Rubin war nicht die Frau, die es bei Überlegungen beließ. Als die Geschäftsfrau von Ruth erfuhr, dass deren Eltern auf der Rückkehr von einer Reise in die USA in München Station machen würden, nahm Clara unser Schicksal in ihre kräftigen Hände.

Clara Rubin bat mich zu sich und las mir die Leviten. »Du kannst mit einer jüdischen Frau nicht umspringen wie mit einer Schickse. Du lebst mit ihr zusammen, fängst bald an zu arbeiten. Also heirate deine Ruth und gründe mit ihr eine ordentliche jüdische Mischpoche.« Ich bekannte, keine langfristigen Absichten zu hegen. Ich hatte nicht daran gedacht, Ruth einen Heiratsantrag zu machen. »Aber ich!«, betonte Clara. Sie habe mit Ruth gesprochen, und diese habe freudig zugestimmt: »Also musst du sie heiraten.« Ich wollte es mir überlegen. »Da gibt es nichts zu überlegen!« Wie üblich versuchte ich, Zeit zu gewinnen und eine Entscheidung zu vertagen. Das ließ Clara nicht zu. »In zwei Tagen kommen ihre Eltern, dann wird geheiratet!« Meinen Einwand, der Prozess einer standesamtlichen Trauung samt Aufgebot dauere seine Zeit, erst dann könne man an eine jüdische Hochzeit denken, wischte die alte Rubin beiseite. »Ihr heiratet jetzt! Die Bürokratie könnt ihr nachholen.«

Clara war entschlossen, gemeinsam mit ihrem Mann Moische am Tag nach der Ankunft von Ruths Eltern die Hochzeit in ihrem Neuhauser Stadthaus abzuhalten. Die Geschäftsfrau bat Ruth in ihr Büro, und die Geliebte fiel mir um den Hals. Ich saß in der Falle.

Moshe und Nelly reagierten unterschiedlich auf das Komplott Ruths und Clara Rubins. Während der Vater dank männlicher Entschlusskraft um Zeit bat und befürchtete, seine Tochter würde fortan außerhalb Israels leben, stellte sich Nelly in die Tradition einer jüdischen Mamme. Sie erklärte Moshes Befürchtungen für gegenstandslos. Rafael werde bald eine Arbeit in Israel finden und mit Ruth in ihrer Nähe wohnen. Ich sei ein tüchtiger und anständiger Junge. Und ein Doktor. Sie liebe mich schon jetzt wie ihren Sohn. Ich passe gut in ihre Familie. Da dürfe man keine Zeit verlieren.

Claras Hochzeitsfeier stand indessen ein Hindernis im Weg. Gemeinderabbiner Hans Isaak Grünewald bestand darauf, die deutschen Rechtsvorschriften einzuhalten und eine religiöse Trauung nur dann zu zelebrieren, wenn wir zuvor standesamtlich geheiratet hätten. Dies war in der kurzen Frist, die Ruths Eltern in München zu verweilen gedachten, unmöglich. Als ich dies Frau Rubin in der Hoffnung auf Aufschub einer endgültigen Entscheidung mitteilte, zeigte sie sich unbeeindruckt. Der Rabbi werde tun, was die Juden von ihm erwarteten. Er sei Angestellter der Gemeinde und wolle seinen Posten behalten. Zudem könne jeder jüdischer Mann eine religiöse Eheschließung vollziehen. Clara beließ es nicht bei bloßen Worten. Eine Stunde später rief sie mich an und teilte mir mit, Aaron Rappaport, ein ehemaliger Rabbiner, sei gerne bereit, »euch zu verheiraten«.

8

Aaron Rappaport war eines der angesehensten Gemeindemitglieder. Der hochintelligente Thoragelehrte war in Polen bereits im Alter von 21 zum Rabbiner ordiniert worden. Nachdem er als Häftling in Auschwitz Zeuge des Völkermords geworden war, hatte er seinem Glauben abgeschworen. Nach dem Krieg war er ein erfolgreicher Kaufmann geworden. Er war unter anderem Mitinhaber der Strickwarenfirma »Esmo«, in der mein Vater angestellt gewesen war. Mit wachsendem Abstand zur Schoah und zunehmendem Wohlstand söhnte sich Rappaport allmählich mit dem Glauben der Väter aus. In den Talmud-Lernzirkeln der Synagogen wurde der Rabbiner ob seines scharfen Intellekts geschätzt. Rappaport kannte mich seit meiner Kindheit. Er hatte eine Rede zu meiner Bar Mizwa gehalten. In einem Telefonat mit Rappaport überzeugte ich mich davon, dass er willens war, uns zu verheiraten. Im Judentum, so der Gelehrte, überwiege das Prinzip des »Pikuach Nefesch«, der Erhaltung des Lebens, alle formalen Gebote. Wenn ein unbescholtenes jüdisches Paar heiraten und eine Familie gründen wolle, habe dies Vorrang vor allen kleinlichen Regeln und Bestimmungen, auch vor den deutschen Gesetzen. »Ich habe die Deutschen und ihre Vorschriften kennengelernt. Du weißt wie, Rafael. Wenn du heiraten willst, wird es mir eine Genugtuung sein, dich und deine zukünftige Frau zu vermählen. Das tue ich für dich, aber auch aus Dankbarkeit und im Angedenken an deinen Vater, der ein anständiger Jude war.«

Als ich am folgenden Sabbat in der Synagoge zur Thora aufgerufen wurde, regnete es aus der Frauengalerie Bonbons wie bei jedem feierlichen Anlass. Dies wiederum erregte den Zorn von Rabbiner Grünewald. Am Ende des Gottesdienstes kam er mir mit seinem Zylinder entgegen und sprach mit zornbebender Stimme, während er den Zeigefinger seiner Rechten gegen mich wies: »Rafael Seligmann! Im Namen Ihres seligen Vaters, eines gesetzestreuen deutschen Juden, fordere ich Sie auf, ebenfalls das Gesetz zu achten und so lange von einer jüdischen Heirat Abstand zu nehmen, bis die standesamtliche Trauung erfolgt ist. Danach stehe ich Ihnen gerne zur Verfügung. Aber erst danach. Zuvor wäre es ein Gesetzesbruch. Dies dürfen wir Juden uns nicht zuschulden kommen lassen. Wir haben im Gegenteil als Vorbild zu dienen.«

Beide Rabbiner bemühten das Gesetz, beide beriefen sich auf meinen Vater. Mir kam erneut Kafkas Novelle »Vor dem Gesetz« in den Sinn, welche die Notwendigkeit hervorhebt, dass das Gesetz dem Menschen zu dienen habe und nicht umgekehrt. Dies entsprach auch dem Verständnis Rappaports, während Grünewald sich schlecht-deutsch an die Buchstaben des Gesetzes klammerte.

Doch was nützten mir die unterschiedlichen Interpretationen der Rabbiner und meine Reflexionen zu Franz Kafka? Entscheidend für mich war vielmehr die Frage, ob ich Ruth heiraten sollte. Gab ich lediglich dem Druck der jüdischen Gesellschaft, genauer Clara Rubins und Ruths, nach? Wollte ich fortan mein Leben mit Ruth verbringen? Ich wusste keine Antwort.

Die Nacht vor der Hochzeit verbrachte Ruth gemeinsam mit ihren Eltern in deren Hotel. Ich saß allein zu Hause und grübelte, ohne zu einer Entscheidung zu gelangen. Da klingelte das Telefon. Ingrid war am Apparat. Sie hätte das Gefühl, mich anrufen zu müssen. Ich bat sie umgehend zu mir und erzählte ihr, als sie da war, dass ich am nächsten Tag Ruth heiraten würde. Ingrid weinte. Mir zog sich das Herz zusammen. Als Ingrid wieder fähig war zu sprechen, bemerkte sie: »Seit wir uns kennen, seit acht Jahren, will ich dich heiraten. Und dann kommt Ruth zu dir ins Haus, und schon heiratest du sie. Weil sie Jüdin ist!«

Nein, aus Feigheit. Einsicht und Verzweiflung machten mir Mut. Ich schlug Ingrid vor, die Trauung mit Ruth abzusagen. Gemeinsam eine Zeit zu verreisen, also zu fliehen, und dann zu heiraten. Ingrid wusste keine Antwort. Anders als Clara Rubin und Ruth, die handelten, statt zu zögern.

9

Die Hochzeit war ein Triumph der Frauen – von Hannah, Nelly, vor allem von Ruth und nicht zuletzt der ehernen Kupplerin Clara Rubin – und eine bedingungslose Kapitulation Moshes, Rabbiner Hans Isaak Grünewalds und am nachhaltigsten meinerseits.

Wie Clara vorausgesehen hatte, musste Rabbiner Grünewald sich am Ende dem Willen seiner Gemeinde, vor allem deren Frauen, fügen. Das war jüdische Tradition – die Männer hatten die Thora studiert, während ihre Frauen für den Unterhalt der Familie zu sorgen hatten und damit deren weltliches Tun bestimmten.

Nach Clara Rubins Willen heirateten wir in deren Heim in Neuhausen. Die Zimmer waren in Gelsenkirchener Barock gehalten, drapiert mit mächtigen Kristalllüstern. Üppige Blumensträuße in riesigen Vasen schmückten die lange Tafel. Wir Männer zogen uns zunächst in einen Nebenraum zurück, wo wir in tiefe Ledersessel versanken. Es galt, den Ehevertrag zu besiegeln, der Voraussetzung einer jüdischen Trauung war. Da wir beide kein Vermögen besaßen, wurde eine traditionelle Urkunde unterzeichnet, der für Jungfrauen im Scheidungsfall die Summe von 100 Ziz, eine biblische Währung, vorsah. Rappaport ließ seinen Geist mit schlauen Bemerkungen aufblitzen, Rabbiner Grünewald gab sich milde lächelnd. Moshe kümmerte sich nicht um die Spitzfindigkeiten der europäischen Juden. Nachdem er das Dokument signiert hatte, nahm er die Ketuba, wie die Heiratsurkunde auf Hebräisch heißt, an sich.

Anschließend begab sich die gesamte Hochzeitsgesellschaft in die Empfangshalle im Erdgeschoss, wo die Chupa, der Traubaldachin, von vier Männern an langen Stangen gehalten wurde. Unter ihnen meine Freunde Abi Pitum, Szaja Nowotny und Lutz von Thüngen. Ich freute mich, dass die Männerrunde von einem Nichtjuden aufgelockert wurde. Ich trat unter das bestickte Stoffgeviert – allein, ich und die Anwesenden warteten vergeblich. Moshe war unwillens, die Braut zur Chupa zu führen. Nicht expressis verbis. Der Israeli bat lediglich um Zeit. Die Hochzeitsgesellschaft gewährte sie ihm, ohne nach einem Grund zu fragen. Zunächst.

Als nach einer halben Stunde das Wispern der Gäste unüberhörbar wurde, ergriff wiederum Clara die Initiative. Mit entschlossener Miene verließ sie den Raum, um wenige Minuten später mit der strahlenden Braut an ihrem Arm zu erscheinen. Die Männer und Frauen jubelten. Clara führte Ruth vor die Chupa und übergab sie der Obhut der Mütter. Nelly und Hannah entfalteten den Schleier über Ruths Gesicht. Sodann führten sie meine Braut unter die Chupa und umkreisten mich siebenmal. Was wäre geschehen, wenn Ingrid zwölf Stunden zuvor meinem spontanen Fluchtplan zugestimmt hätte? Darüber zu sinnieren war nun unter dem Traubaldachin sinnlos! Dennoch musste ich daran denken. Ich zwang mich ins Jetzt zurück.

Nachdem Ruth endlich ihre Kreise beendet hatte, lösten sich Hannah und Nelly von ihr. Rabbiner Grünewald stellte sich vor uns. Er hieß mich den Schleier der Braut lüften, reichte mir einen Becher Rotwein, an dem ich nippte und den ich anschließend Ruth weiterreichte. Dann verkündete der Rabbiner hebräisch die

Formel, die ich nachzusprechen hatte: »Hiermit bist du mir gemäß dem Glauben des Mose und Israels angetraut.« Grünewald übergab mir einen Ehering, den ich auf Ruths mir entgegengereckten rechten Zeigefinger setzte. Ich, wir waren verheiratet.

Man legte mir ein in Tuch gewickeltes Glas vor die Füße, das ich mit einem kräftigen Stampfen zertrat. Glück und Glas, wie leicht bricht das. Die Versammelten jauchzten auf. Sie sangen das jiddische Hochzeitslied »Simen tov un' Masl tov«, ein gutes Omen und viel Glück. Rabbiner Grünewald bat um Aufmerksamkeit für seine kurze Ansprache. Er wünschte uns Gottes Segen und fordert uns auf, eine Ehe gemäß dem jüdischen Gebot zu führen, eine Familie zu gründen und unsere Kinder in der Tradition des Glaubens zu erziehen. Gestern hatte Grünewald unsere Ehe verhindern wollen – nun sprach er von Kindern. Ruth strahlte bei seinen Worten.

Ich wurde unsanft aus meinen Grübeleien gerissen. Die jüngeren Gäste zerrten Ruth und mich auf Stühle, hoben uns hoch und tanzten mit uns auf ihren Schultern durch die Halle, wobei sie, bald heftig schwitzend, stets aufs Neue das hebräische Lied »Jeder Bräutigam und jede Braut bedeuten Freude und Glück!« keuchten. Irgendwann mussten sie uns erschöpft sinken lassen.

Ehe wir uns zur Tafel begaben, steckten mir Moische Rubin und Mendel Mentlik dicke Kuverts zu. Sie enthielten jeweils mehrere tausend Mark in kleinen Banknoten, die offenbar aus den Kassen ihrer Textilgeschäfte kamen. Rabbiner Grünewald dagegen überreichte mir wie die anderen Gäste einen Scheck.

Nach dem Festmahl eröffneten Ruth und ich mit einem Walzer den Tanzreigen. Später führte ich Clara und Nelly aufs Parkett. Als ich schließlich sogar meine fünfundsiebzigjährige Mamme zu einem kurzen Tanz überreden konnte, wünschte sie mir mit ungewohnt hoher Stimme »Masl un Broche«, Glück und Segen, um mich leiser aufzufordern: »Vergiss deine alte Mutter nicht, mein Junge. In all deinem Glück und Erfolg.«

Glück? Erfolg? Ich fühlte mich wie ein Hochstapler. Ohne Studienabschluss heiratete ich und strich Geschenke ein für eine Ehe, die ich nicht gewünscht hatte.

Familienbande

1

Zwei Wochen später, am 1. November 1980, begann ich meine Arbeit als Referent für Außen- und Deutschlandpolitik bei der CDU-Bundesgeschäftsstelle in Bonn. Endlich hatte ich ein eigenes Büro, ein ordentliches Gehalt, sogar eine Sekretärin stand mir zur Verfügung. Die Arbeit war nicht anspruchsvoll. Ich hatte Schreiben von Parteimitgliedern zu Fragen der Außenpolitik zu beantworten sowie Skizzen und Ideenpapiere für den Leiter der Abteilung zu verfassen. Mit meinen Gedanken war ich zumeist bei meiner Dissertation. Ich hatte lediglich deren Deckblatt im Dekanat der Fakultät eingereicht, dies bedeutete, mein Rigorosum würde im kommenden Februar stattfinden. Ein Schreibbüro hatte meine handschriftlichen Aufzeichnungen fehlerhaft abgetippt, was eine langwierige Korrektur erforderlich machte. Ein Großteil der annähernd zweitausend Fußnoten, das Alibi sogenannten wissenschaftlichen Strebens, wies Lücken auf. Nun musste ich mir die Materialien erneut beschaffen, nach den angegebenen Zitaten und Verweisen suchen, Seitenzahlen ergänzen und das Quellen- und Literaturverzeichnis anfertigen. Ich richtete mir auf dem Speicher ein behelfsmäßiges Büro ein und machte mich nach Feierabend und am Wochenende an die Arbeit.

Roswitha, meine ehemalige Nachbarin aus der Studentenstadt, war bereit, mich zu unterstützen. Sie quartierte sich mit ihrer einjährigen Tochter Shana in unserer Zweizimmerwohnung ein. Tagsüber besorgte sie die benötigten Bücher und Materialien. Ab sechs Uhr abends diktierte ich ihr die ergänzten Fußnoten und die Buchtitel. Wir arbeiteten täglich bis Mitternacht. Roswitha verfügte über schier unerschöpfliche Energie, mich wiederum drängte die verrinnende Zeit. So musste ich unsere Arbeitsphase ständig erweitern. Schließlich plagten wir uns nächtlich bis vier Uhr früh.

Nach sechs Wochen waren Anmerkungsapparat und Bibliographie erstellt und korrigiert. Ruth war gereizt, da sie sich den Beginn ihrer Ehe anders vorgestellt hatte, als nächtlich babysittend auf ihren Mann zu warten, der im Morgengrauen erschöpft ins Bett taumelte, um wenigstens noch drei Stunden möglichst ungestört zu schlafen. Nicht immer. In einer Novembernacht zeugten Ruth und ich unser erstes Kind.

Anfang Dezember war die Phase der Entbehrungen vorbei. Nachdem ich Roswitha entlohnt und beschenkt hatte, malte sie für uns ein Bild auf türkiser Seide. Es zeigte einen Bären, der dabei war, den Panzer einer Schildkröte zu knacken. Ruth wurde von mir ob ihrer fließenden Bewegungen und ihrer dunklen Augen mit dem hebräischen Namen Duba, Bärin, gerufen, während ich bei meinen Freunden für meine Zuneigung zu Schildkröten bekannt war. Wir fragten, obgleich ich den Sinn zu verstehen meinte, was Roswitha mit ihrem Gemälde ausdrücken wollte. Versonnen lächelnd verweigerte sie die Antwort. Als ich sie und ihr Töchterchen am folgenden Tag zur Bahn brachte, meinte Roswitha: »Pass auf dich auf, Rafael. Du bist deiner Bärin nicht gewachsen.«

2

Die kommenden Wochen genoss ich das Gefühl des nachlassenden Schmerzes. Ich durfte ausschlafen, tagsüber konnte ich mich auf meine Arbeit konzentrieren, ohne ständig an den Fußnotenmarathon der kommenden Nacht zu denken. Abends erfreuten Ruth und ich uns an unserem Zusammensein. Ich spürte keine Anstalten Ruths, mich zu »knacken« – im Gegenteil, sie war eine liebevolle Gefährtin, die mir ihre temperamentvolle Zuneigung bewies. Mit Beginn des Winters, dem Verschwinden des Laubes, der zunehmenden Kälte und dem frühen Einbruch der Nacht wurde Ruth indessen von immer größerer Sehnsucht »nach Hause« geplagt. Ich versuchte ihr den Gedanken nahezubringen, ihr Zuhause sei fortan unsere Wohnung. Ruth bejahte zumeist – verbal. Doch spontan und emotional blieb stets das Haus von Moshe und Nelly in Zion ihr Zuhause.

Ruth versuchte mich zu überreden, das einwöchige Chanukka-Fest bei ihren Eltern zu verbringen. Ich bemühte mich, ihr deutlich zu machen, dass dies unmöglich sei, da ich zunächst meine überarbeitete Dissertation in der Universität abzugeben und mit den prüfenden Professoren die Rigorosumtermine und

-themen im Februar abzusprechen hatte. Danach musste ich mich schleunigst auf die Prüfungen vorbereiten. Außerdem besaß ich am neuen Arbeitsplatz erst nach einem halben Jahr Anspruch auf Urlaub. Meine Argumente zerschellten an Ruths Heimweh nach Israel.

Am Vorabend von Weihnachten begaben wir uns auf den Weg nach München. In Ichenhausen unterbrach ich die Fahrt, um Ruth das ehemalige Seligmann-Haus und die Gräber meiner Vorfahren zu zeigen. Meine Frau spürte insbesondere am Stein meines Urahns Raphael Isaak meine Ergriffenheit. Sie umarmte mich und bekannte, sie habe erwogen, allein »nach Hause« zu reisen. Nun fühle sie, wie nahe sie mir sei und wie sehr wir zueinander gehörten. Sie werde daher nicht nach Hause fliegen. Wenn doch, werde sie sogleich zu mir zurückkehren, falls ich sie brauchte.

In München suchten wir meine Mutter auf. Ich gab endlich meine wissenschaftliche Fleißarbeit im Fakultätssekretariat ab. Als ich in die Adelgundenstraße zurückkehrte, fiel mir Ruth um den Hals. Sie hatte unterdessen einen Schwangerschaftstest gemacht, der ein positives Ergebnis gezeitigt habe. »Wir werden einen Sohn haben. Und damit deine Familie fortleben lassen.«

»Unsere Familie.«

»Sicher.«

Hannah war gerührt: »Ich werde Großmutter. Schade, dass Ludwig das nicht erleben darf.« Seit Generationen hatte kein Seligmann seinen Enkel kennengelernt.

Am nächsten Morgen buchte Ruth einen Flug nach Israel. Sie musste nach Hause, um ihren Eltern von ihrem Enkel zu erzählen. Ich brachte sie zum Airport. Beim Abschied forderte sie mich erneut auf, ihr mitzuteilen, wenn ich sie brauchte.

»Jetzt.«

3

Nach Neujahr nahm ich meine Arbeit in der Bundesgeschäftsstelle wieder auf. Abends las ich in meinen Lehrbüchern. Die Theorien der Internationalen Beziehungen waren mir noch gut geläufig. Aber meine letzten Seminare in Neuer Geschichte lagen vier, ja in Bayerischer Geschichte sechs Jahre zurück. Die Durchsicht der Repetitorien ließ mich verzweifeln. Für gewöhnlich stand den Doktoranden zwischen der Abgabe der Dissertation und dem Rigorosum ein Semester zur Verfügung. Mir blieben fünf Wochen, in denen ich zudem tagsüber meinem Beruf nachzugehen hatte.

Ich sehnte mich nach Ruth. Doch die verweilte im Zuhause ihrer Eltern. Sie hatte versprochen, mir beizustehen, wenn ich sie benötigte. So rief ich sie an und bat sie zu kommen. Sie versprach es. Ich wartete. Nach wenigen Tagen forderte ich sie erneut auf zurückzukehren. Wieder sagte sie zu. Als ich sie zum dritten Mal an ihr Wort erinnerte, meinte sie, ich solle nicht ungeduldig werden. Auch ihre Eltern und Geschwister brauchten sie. Ich dagegen erwartete, dass mir meine Frau beistand, wenn ich sie brauchte. Wehmütig dachte ich an Ingrid zurück. Mich zu unterstützen war ihr stets eine Selbstverständlichkeit.

Ich war nach der Arbeit zu müde, um mich stundenlang konzentriert mit der bayerischen Historie sowie der Geschichte der letzten beiden Jahrhunderte zu beschäftigen. Mein Abteilungsleiter Kaack gewährte mir, wie bei der Einstellung vereinbart, für die drei Wochen bis zum Rigorosum unbezahlten Urlaub. Nun hatte ich von morgens bis nachts Zeit, den Stoff zu repetieren. Doch es gelang mir nicht, mich systematisch mit den Materialien zu beschäftigen. Mir fehlte die Gesellschaft meiner Frau, zumindest die von Mitmenschen. Da Ruth mich am Telefon erneut vertröstet hatte, fragte ich meine Freundin Ute, ob sie bereit wäre, mir bis zu den Prüfungen in ihrer Schwabinger Wohnung Asyl zu gewähren. Ute, mit der mich eine innige, doch keine intime Freundschaft verband, sagte sogleich zu.

Auf der langen Autobahnfahrt von Bonn nach München plagte mich die Frage nach dem Sinn meiner Ehe. Erotik und Sexualität hatte ich zuvor erlebt. Den Zweck der Ehe sah ich in seelischer Nähe und inniger Verbundenheit. Ruth setzte offenbar andere Prioritäten – Kinder und ihre Eltern in Israel. Sie war entschlossen, mich zu diesen Zielen zu ziehen. Ich aber wollte mit meiner Frau eine eigene Familie bilden und nicht als Satellit um die Fixsterne Nelly und Mosche kreisen.

Entscheidender war, dass mir auch nach zwei Jahren Freundschaft und trotz Heirat das unbedingte Vertrauen zu Ruth fehlte, das ich von Anbeginn gegenüber Ingrid empfand. Ich verstand Ruths Sehnsucht nach ihrer Heimat und ihren Eltern, doch ich erwartete von ihr, jetzt mir beizustehen. Meine Ahnung, dass die Ehe eine falsche Entscheidung für beide von uns war, verfestigte sich zur Gewissheit. Eine Trennung wäre das Beste. Standesamtlich waren wir ohnehin nicht verheiratet, und eine jüdische Ehe konnte man rasch lösen. Doch was würde mit dem Kind geschehen? Ruth wäre als alleinstehende Mutter in der konservativ-sephardischen Gesellschaft Israels isoliert.

Ich wollte Ruth nicht wehtun und auf keinen Fall dem werdenden Kind schaden. Dahin führte nur ein Weg: Die Ehe aufrechtzuerhalten und daran zu arbeiten, das Beste aus dieser Verbindung zu machen – obgleich mir Gefühl und Verstand sagten, dass mir dieses Unterfangen nicht gelingen würde.

Bei Ute fühlte ich mich gut aufgehoben. Wir verstanden uns wie zuvor in der Studentenstadt. Ute überließ mir ihr Wohnzimmer als Schlaf- und Arbeitsplatz. Ich begann sogleich wieder zu lernen – bis zwei Uhr nachts. Als ich Ruth anderntags mitteilte, dass ich mich bei Ute, die sie kannte, auf meine Prüfungen vorbereitete, kam sie mit der nächsten El-Al-Maschine nach München. Ihr promptes Erscheinen bewies, dass ihr Misstrauen größer war als ihre Sehnsucht nach dem Elternhaus. Tiefer stand das Verlangen nach meiner Gesellschaft.

Ruth drängte mich, den Aufenthalt in Schwabing zum abendlichen Ausgehen zu nutzen. Weil sie auf einer Matratze in Utes Wohnzimmer schlief, fühlte sie sich vom Licht am Schreibtisch gestört, das ich bis 3 Uhr früh brauchte. Ich lernte unbeirrt weiter. Selbst in der Nacht vor dem ersten Rigorosum wiederholte ich den Stoff bis zwei Uhr und eilte am Morgen in die Staatsbibliothek in der Ludwigstraße. Über die prächtige Marmortreppe jagte ich in den Lesesaal, um in Lexika Daten der bayerischen Geschichte zu überprüfen. Pünktlich um 11 Uhr fand ich mich im Nebengebäude im Institut für Bayerische Geschichte in der Ludwigstraße ein.

4

Mein erster Prüfer war Wilhelm Störmer. Er fragte mich zunächst nach den Ansprüchen Bayerns auf die deutsche Kaiserkrone im Mittelalter. Meine anfängliche Aufregung legte sich rasch, ich bemühte mich um klare Antworten. Ehe ich mich versah, war das dreiviertelstündige Rigorosum beendet.

Ich musste eine Weile auf dem Gang warten, bis ich wieder ins Büro des Professors gebeten wurde. Der stets ernsthafte Gelehrte bemühte sich um ein aufmunterndes Lächeln. Er hätte gezögert, da eine 1 die beste Bewertung sei, doch am Ende seien er und sein Assistent sich einig geworden, dass ich diese Zensur verdient habe. Die erste Hürde war überwunden. Ich rief Ruth an, »die nichts anderes erwartet« hatte, und Hannah, die mich vor frühzeitigem Übermut warnte: »Noch hast du weitere Prüfungen. Nimm sie nicht auf die leichte Schulter. Trink keinen Alkohol.«

Zwei Tage später reichte mir der Zeithistoriker Hammermayer am Ende des Rigorosums sofort die Hand und stellte amüsiert fest: »Mir bleibt nichts übrig. Ich muss Ihnen eine 1 geben.«

Am Freitag stand das abschließende Rigorosum an. Eineinhalb Stunden in der Theorie der Internationalen Beziehungen, meinem Hauptfach. Mein Doktorvater verstand es, mich sogleich in gehobene Stimmung zu versetzen, indem er mir mitteilte, er habe meine Dissertation mit summa cum laude benotet, der Zweitkorrektor habe sich engherziger gezeigt und sich mit magna cum laude begnügt. »Sie werden fortan mit dem Makel einer 1 leben müssen.« Am liebsten hätte ich aufgejubelt. In der mündlichen Prüfung schenkten mir Kindermann und sein Assistent Schmidt nichts. Ich sollte und wollte Auskunft über die politischen Theoretiker geben. Machiavelli, Clausewitz, Hobbes, Popper, Niebuhr, Morgenthau, Deutsch, Kissinger. Bald waren wir in eine anregende Debatte vertieft. Wobei Schmidt und ich uns einen Hahnenkampf um die Interpretation von Clausewitz' »Vernichtungsgedanken« lieferten.

Schließlich beendete Kindermann das Rigorosum mit der Feststellung: »Ich möchte nicht als Rechthaber gelten. Doch ich habe Ihrer Frau Mutter in zahlreichen Telefonaten stets aufs Neue versichert, sie müsse sich keine Sorge um Sie machen. Ihr Sohn sei kein leichtfertiger Bursche, der sein Studium vernachlässige und scheitern würde.« Hannah hatte hinter meinem Rücken selbst meinen Doktorvater mobilisiert. Sei's drum! Endlich konnte ich das Joch des Studiums abwerfen und mein Ego mit dem ersehnten Doktortitel füttern. So rief ich Hannah als Erste an, ihre Dressur funktionierte ungebrochen, und berichtete ihr von meinem Erfolg. Ihr Kommentar: »Werde jetzt nicht übermütig! Kümmere dich um deinen Beruf und deine Frau ... Und vergiss deine alte Mutter nicht!«

Zwei Tage später veranstaltete ich eine kleine Feier für Ute und die Freunde, die mich auf dem langen Weg von der Lehre bis zum Doktorat unterstützt hatten. Alle kamen, Helmut, Abi, Jack, Freunde aus der Studentenstadt und Kommilitonen vom Seminar für Internationale Beziehungen. Auch Ingrid war eingeladen, doch sie blieb fern. Kein Mensch hatte mir so sehr und so unaufdringlich geholfen. Vergeblich versuchte ich meine Wehmut wegzutrinken.

Ich wusste, dass es sinnlos war, mich nach der einstigen, inzwischen von mir verklärten Geliebten zu sehen. Meine Zukunft lag bei meiner entstehenden Familie und in meinem Beruf – wie Hannah festgestellt hatte.

Es gelang mir, Mutter zur Teilnahme am Festakt der Fakultät zu überreden, an dessen Ende die Dissertationsurkunden verliehen wurden. Hannahs Züge strahlten freudige Genugtuung aus, so dass der Germanist Helmut Motekat, der Mutter noch nie gesehen hatte, sie unvermittelt umarmte.

᾽

5

Ruth war stolz auf ihren Mann. Nun stand als Nächstes die Geburt unseres Sohnes auf ihrer Agenda. An ein Mädchen verschwendete die Orientalin keinen Gedanken. Das Glück schwamm in ihren Bärenaugen. Ich fühlte mich befreit. Ich hatte Hannah, der jüdischen Gemeinde und nicht zuletzt mir selbst bewiesen, dass ich fähig war, hochgesteckte Ziele zu erreichen und – nebbich, Ansehen zu erringen. Naiv meinte ich, mich nie mehr einer Prüfung unterziehen zu müssen. Ich wollte nicht wahrhaben, dass das Leben eine einzige Teststrecke ist.

In der Bundesgeschäftsstelle wurde ich fortan mit dem Entwurf von Strategiepapieren betraut. Eines der Themengebiete wurde die Nachrüstungsdiskussion. Die Materie sollte eine zunehmende Bedeutung für die Bundesrepublik Deutschland – und für mich persönlich – gewinnen.

Mein Strategiepapier beeindruckte den Hauptabteilungsleiter Politik, Meinhard Ade. Er wies mich an, in Zusammenarbeit mit ihm sowie dem Bundesgeschäftsführer eine Denkschrift zum Thema anzufertigen, die sich als Broschüre für die breite Öffentlichkeit eignen sollte. Als ich nach der Einbindung meines Vorgesetzten, des Abteilungsleiters Außenpolitik, fragte, beschied man mich, ihn auf dem Laufenden zu halten, das Konzept sollte ich selbstständig entwickeln und der Führung des Hauses berichten. Ich befürchtete, durch die Zurücksetzung meines unmittelbaren Vorgesetzten könnte mir Schaden entstehen. Doch zu meiner Verwunderung reagierte der Abteilungsleiter verständnisvoll.

Die Nachrüstungsdebatte war für einen Politologen reizvoll. Ihre Logik war folgerichtig und aberwitzig zugleich. Ein Kernelement wurde als MAD, Mutual Assured Destruction, gegenseitige sichere Zerstörung, bezeichnet; der Begriff MAD, verrückt, war nicht von ungefähr gewählt. Die entscheidende psychologische Wirksamkeit der Kernwaffen bestand in ihrem Drohpotenzial, wer ihren Einsatz befahl, war mad, denn die unweigerliche Folge wäre die weitgehende Zerstörung des menschlichen Lebens.

Die in den 60er-Jahren fest installierten amerikanischen Pershing-I-Raketen waren knapp zwei Jahrzehnte später veraltet. Die Sowjetunion besaß seit Anfang der 70er-Jahre durch ihre mobilen SS-20-Raketen mit atomaren Mehrfachsprengköpfen in Europa ein strategisches Übergewicht. Um dieses auszugleichen, fällte die NATO auf Initiative des sozialdemokratischen deutschen Bundeskanzlers Helmut Schmidt Ende 1979 den sogenannten »Doppelbeschluss«. Moskau wurde aufgefordert, seine SS-20-Raketen auszumustern. Sollte dies nicht der Fall sein, würde die NATO mit modernen Marschflugkörpern und Pershing-II-Raketen nachrüsten.

Die MAD-Strategie drohte politisch zu scheitern, da ein Großteil der Bevölkerung und immer mehr Abgeordnete der SPD nicht bereit waren, eine Nachrüstung zu befürworten. Viele Deutsche waren durch die verlorenen Weltkriege, die eigenen Bombenopfer und die Verbrechen des Holocaust zu Pazifisten mutiert. Die Parole »Nie wieder Krieg!« gewann angesichts des Wahnsinns der nuklearen Strategie erneute Zugkraft, vor allem bei der Jugend, dem linken politischen Lager und in kirchlichen Kreisen. An diesem gesellschaftlichen und politischen Widerstand in Deutschland drohte der Doppelbeschluss zu scheitern. Die Unionsparteien unterstützten den Nachrüstungsbeschluss. Sie unternahmen den unpopulären Versuch, in Gesellschaft und Politik für die Strategie des sozialdemokratischen Kanzlers zu werben. Meine Aufgabe bestand darin, die entsprechenden Argumente zu sammeln und allgemein verständlich darzulegen. Ich wähnte die Logik auf meiner Seite. Denn falls es gelang, die Bereitschaft der NATO, nachzurüsten, glaubwürdig zu demonstrieren, wäre Russland seinerseits gezwungen, entweder die enormen Kosten der nächsten Stufe einer Rüstungseskalation in Kauf zu nehmen oder aber, wofür wirtschaftliche Vernunft und politische Klugheit sprachen, abzurüsten, um die NATO ihrerseits, gemäß deren Doppelbeschluss, an einer Nachrüstung zu hindern. Das Ergebnis wäre also eine Deeskalation, Abrüstung statt Aufrüstung.

Dies alles war strategisch logisch, doch psychologisch mad. Ich versuchte in meinen Papieren die komplexen politischen Überlegungen auf ein dem Normalbürger erklärbares Maß zu reduzieren. Gemäß der Formel: Doppelbeschluss bedeutet Abrüstung statt Nachrüstung.

Zunehmend beschäftigten mich die Proteste aus christlicher Überzeugung. Mir fielen die gelösten Mienen vieler religiös motivierter Friedensdemonstranten bei der großen Anti-Nachrüstungs-Kundgebung im Bonner Hofgarten sowie bei Diskussionen in Kirchen auf. Diese jungen Leute waren anders als die autoritärverbissene alte Generation von der Sehnsucht nach Frieden erfüllt. Sie beriefen sich dabei zumeist auf die Bergpredigt. Aus meiner Schulzeit, während der ich oft dem katholischen Religionsunterricht aus Interesse beigewohnt hatte, erinnerte ich mich an dieses Kapitel des Neuen Testaments. Jesus predigte Frieden und Gewaltlosigkeit. Nun las ich abends erneut im Matthäus-Evangelium. Die Aussage des Nazareners wühlte mich auf.

Während des Studiums hatte ich mich mit strategischen Fragen auseinandergesetzt. Clausewitz' Logik war von eisigem Realismus. Er stellte die Vernichtung des Gegners als Ziel dar, von dem man aus Gründen der Friktion, also der Gegebenheiten, abzulassen gezwungen sei.

Die nukleare Abschreckung der Vereinigten Staaten gegenüber der Sowjetunion verhinderte, dass ein heißer Krieg zwischen NATO und Warschauer Pakt ausbrach. Die MAD-Logik des Kalten Krieges suchte ein Ventil in den geopolitischen Randgebieten. Etwa in Korea oder Vietnam. Der israelisch-arabische Konflikt wurde durch Waffenlieferungen und politischen Druck von Seiten der Großmächte ständig befeuert. Jeder der Beteiligten gab an, sich zu verteidigen, indem er den anderen bedrohte und angriff. Selbst Hitler hatte den Überfall auf Polen mit den Worten »Seit 5:45 Uhr wird zurückgeschossen« gerechtfertigt.

Von alters her legitimierten alle Krieg und Gewalt. Ein Vorwand fand sich immer, zumeist waren es Vorbereitungen des Feindes zum Angriff, deren man sich erwehren musste. In seiner Bergpredigt verwarf Jesus jegliches Alibi. Selbst wenn der Feind einem ins Gesicht schlug, sollte man ihm nicht mit Gewalt begegnen, sondern ihm im Gegenteil die andere Wange zum Schlag darbieten. Das war eine revolutionäre Neuerung gegenüber dem Judentum. In der Religion meiner Väter wurde Gewalt, ja sogar der Totschlag als Notwehrmaßnahme gerechtfertigt. Im Talmud heißt es: »Macht sich einer auf, dich zu töten, komme ihm zuvor.«

Ich war von der lauteren Absicht zur Gewaltlosigkeit Jesu ergriffen. Nicht nur emotional. Auch intellektuell. Wer Krieg und Gewalt aus der Welt bringen wollte, der durfte sich nicht damit begnügen, Aggressoren mit einem noch wahnsinnigeren Ausmaß der Gewalt von ihrem Tun abzuschrecken. Er musste vielmehr mit gutem Beispiel vorangehen und selbst Gewaltlosigkeit vorleben. In diesem Punkt war der Mann aus Nazareth über die hergebrachte Väterreligion hinausgewachsen.

Die Radikalität seines Denkens und Handelns, das Wissen um die Konsequenzen von Gewalt: »Denn wer das Schwert nimmt, der soll durchs Schwert umkommen«, die Reinheit seiner Ethik taugten als Grundlage einer neuen wahrhaften Religion. Es drängte mich, Christ zu werden. Doch ich zögerte mit meiner Entscheidung. Die Seligmanns sind eine alte Familie, deren Wurzeln sich über fünfhundert Jahre in Süddeutschland zurückverfolgen lassen. Gemeinsam mit meiner Frau war ich dabei, eine neue Generation meiner jüdischen Familie zu gründen. Durfte ich diese Tradition beenden? Konnte ich nicht Jude bleiben und die bahnbrechende Maxime der Gewaltlosigkeit für mich befolgen?

In meiner Gewissensnot wandte ich mich an Pater Basilius Streithofen, den Leiter des Instituts für Gesellschaftswissenschaften in Walberberg bei Bonn. Der Dominikanerpater galt als christliche Autorität im Rheinland. Er verabredete sich mit mir zu einem Essen beim Italiener, wo er Speis und Trank mit sichtlichem Genuss zusprach. Als ich ihm von meiner Begeisterung für das christliche Prinzip der Gewaltlosigkeit berichtete, lachte der Geistliche herzhaft: »Das müssen Sie nicht zu ernst nehmen.« Er selbst sei als junger Mann in der Wehrmacht Fallschirmjäger gewesen. Selbstverständlich gebe es Situationen, in denen Gewalt auch im Sinne des christlichen Glaubens legitimiert sei, etwa wenn es gelte, das Vaterland zu verteidigen. Bei seinen Worten kamen mir die Pastoren, Priester und Popen in den Sinn, die in den Weltkriegen auf beiden Seiten der Front die Grenadiere »mit Gottes Segen« ins Feuer geleiteten. Auch Hitlers Wehrmachtssoldaten trugen auf ihrem Koppelschloss den Spruch »Gott mit uns«.

Ich war dem Pater dankbar, dass er mich durch seine Worte indirekt im Glauben meiner Väter bestätigte. Der christlichen Theorie der Gewaltlosigkeit steht die Praxis einer Geschichte der Kriege und der Brutalität im Namen dieses Glaubens entgegen.

In den Beratungen mit dem Leiter der Hauptabteilung Politik und dem Generalsekretär der Partei, Heiner Geißler, brachte ich das Thema der christlichen Gewaltlosigkeit und der Bergpredigt zur Sprache. Der jesuitisch geschulte Geißler begegnete meinem Gedanken mit der von Max Weber entwickelten Unterscheidung zwischen Gesinnungs- und Verantwortungsethik. Jeder sei befugt, nach dem Prinzip der Gewaltlosigkeit zu leben. Doch als verantwortungsbewusster Staatsbürger und Soldat stehe man in der Pflicht, die Gemeinschaft, insbesondere die Schutzlosen, notfalls mit Gewalt zu verteidigen. Ein wehrloses Kind etwa einem Aggressor preiszugeben sei unverantwortlich.

In den folgenden Wochen formulierte ich eine Argumentationshilfe zugunsten des Doppelbeschlusses, in der meine strategischen und politischen Gesichtspunkte mit der verantwortungsethischen Argumentation Heiner Geißlers vereinigt wurden. Die Broschüre wurde von der Partei im großen Umfang verteilt. Sie erfreute sich bei Liberalen und Konservativen großer Beliebtheit und motivierte viele Unentschiedene, sich mit der strategischen

Situation Deutschlands im Spannungsfeld zwischen NATO und Warschauer Pakt auseinanderzusetzen.

SPD-Fraktionschef Herbert Wehner dagegen nannte die »Nachrüstungsbibel« eine »Streitschrift des Kalten Krieges«. Ich fasste das als Kompliment auf. Die Tatsache, dass der Vordenker der SPD es für notwendig erachtete, die Befürworter des Doppelbeschlusses als Kalte Krieger zu desavouieren, zeigte, dass unsere Argumente ernst genommen wurden und ihre Gegner in die Defensive gerieten. Der Initiator des Doppelbeschlusses Helmut Schmidt seinerseits kam in der eigenen Partei zunehmend unter Druck. Seine Initiative, mit der er die nukleare Bedrohung der Bundesrepublik Deutschland durch die Sowjetunion wettmachen und auf diese Weise Zustimmung für seine Politik in der politischen Mitte mobilisieren wollte, geriet in der SPD ins Hintertreffen. Am Ende war der Bundeskanzler auf die Stimmen der Opposition angewiesen, um seine sicherheitspolitischen Vorstellungen durchzusetzen. Bei den Sozialdemokraten stand der Regierungschef damit als Kaiser ohne Kleider da.

Die Entschlossenheit der NATO, notfalls nachzurüsten, überzeugte den Kreml, seinerseits abzurüsten. Am Ende bescherte die strategische MAD-Logik Europa größere Sicherheit durch die Abrüstung Moskaus sowie den Verzicht der NATO, ihrerseits nachzurüsten.

Die Arbeit an der strategischen Argumentationshilfe war mir Anlass, mich mit meinem religiösen Bekenntnis auseinanderzusetzen. Bis dahin hatte ich meinen jüdischen Glauben nie hinterfragt. Die christliche Wirklichkeit stand im Gegensatz zu ihrer Lehre. Dies erlebte ich nicht nur während der sogenannten Nachrüstungsdebatte. In der Bundesgeschäftsstelle wurde ich zunehmend gedrängt, Parteimitglied der CDU zu werden. Meine Entgegnung, ich könne kein Mitglied einer christlichen Partei werden, da ich Jude sei, erweckte Heiterkeit. »Sie dürfen das C im Parteinamen doch nicht allzu wörtlich nehmen!«, wurde mir allseits versichert. Im gleichen Atemzug sagte man mir, eine Reihe Juden sei Mitglied der CDU. So der Sprecher der Schwesterpartei CSU, Godel Rosenberg. Mir aber war und bleibt meine religiöse Überzeugung wichtig. Ich wäre nur bereit, Mitglied einer christlichen Partei zu sein, wenn ich selbst deren Bekenntnis teilen würde. Durch die Beschäftigung mit der Bergpredigt war mir Jesus als Mensch nahegekommen. Einerlei, ob seine Überzeugung der Gewaltlosigkeit praktizierbar ist oder nicht. Jesus blieb sein Lebtag Jude. Das möchte auch ich bleiben, auch infolge meiner Beschäftigung mit dem christlichen Glauben und dessen Lebenspraxis. Der Mensch Jesus von Nazareth wird gleichwohl ein Vorbild bleiben.

Die Doppelbeschlussdebatte war eine Rosine im Kuchen meiner Tätigkeit. Der berufliche Alltag gestaltete sich als Routine. Statt mit Analysen der politischen Situation hatte ich mich weitgehend mit der Erstellung von Argumentationshilfen zu befassen, deren Ergebnisse von Parteigremien zuvor festgelegt worden waren. Das widerstrebte mir zunehmend. Ich hatte Geschichte und Politische Wissenschaft studiert, um soziale, historische, strategische und wirtschaftliche Konstellationen zu untersuchen und zu bewerten. Als Zulieferer für Parteipropaganda empfand ich mich unterfordert und in meiner Tätigkeit begrenzt. So wandte ich mich verstärkt dem Journalismus zu. In meiner Freizeit schrieb ich über internationale Beziehungen, Nahost, Strategie, jüdische Kultur. Anders als in der Partei konnte ich als freier Mitarbeiter im Journalismus meine Themen selbst wählen und war in meiner Argumentation unabhängig. Neben der »Welt« verfasste ich auch Beiträge für die »Rheinpfalz« und andere Zeitungen.

Im Sommer wollte Enno von Löwenstein mich erneut sprechen. »Sie müssen sich furchtbar langweilen bei der CDU. Weil Sie immer mehr Artikel bei uns veröffentlichen. Nicht schlecht geschrieben, übrigens.« Er verzog seinen Puttenmund zu einem Lächeln, hob aufmunternd den Kopf und meinte in seiner leicht baltischen Sprachfärbung: »Sie sind doch kein Bürokrat, Seligmann. Die sind in jedem Parteiapparat gefragt. In der CDU ebenso wie in der KPdSU. Und das sage ich als strammer Antikommunist. Ihnen liegt der Journalismus im Blut. Also kommen Sie zu uns.«

Der Personalchef bestätigte, dass ich in der »Welt« willkommen sei. Er bot mir ein verkürztes Volontariat an. Da ich jedoch in der CDU eine gut dotierte Anstellung als wissenschaftlicher Mitarbeiter mit unbegrenzter Vertragsdauer besaß und Ruth im Herbst ein Kind erwartete, bestand ich auf einer voll bezahlten Redakteursstelle. Man entgegnete mir, dies sei angesichts der drastischen Kürzungen im Personalbereich unmöglich. Am Ende war es möglich, da die Chefredakteure darauf beharrten. So wurde mir ohne das lästige Volontariat eine Redakteursstelle bei der »Welt« offeriert.

6

Ruth und ich hatten unterdessen auch standesamtlich geheiratet. Wir kamen besser miteinander aus und freuten uns auf die Geburt unseres Kindes. Die Ultraschalluntersuchung bestätigte, dass Ruth einen Sohn erwartete. Der Name stand für uns fest: Yehuda Ludwig. Die Freude auf das Kind, die Genugtuung zu erleben, wie unsere Familie in die nächste Generation wuchs, der Gedanke, das Andenken meines Vaters zu pflegen – alles berührte mich. Ich sah und spürte, wie sehr die Schwangerschaft Ruth erfüllte. Unsere Nähe nahm zu, sie gewann ein Stück Innigkeit.

Am Morgen des 27. August 1981 setzten bei Ruth die Wehen ein. Ich brachte sie um 6 Uhr früh ins Johanniter-Krankenhaus. Der behandelnde Arzt dämpfte unsere Aufregung. Er wies Ruth an, in der Klinik zu bleiben, meinte jedoch, bis zur Geburt würde es noch eine Weile dauern. Man würde mich rechtzeitig verständigen.

Ich verabschiedete mich. Um 7 Uhr war ich bereits in meinem Büro. Ich war allein in unserer Abteilung und hatte viel zu erledigen. Mittags suchte ich Ruth kurz im Hospital auf. Es ging ihr gut, doch wir mussten uns gedulden. Ich kehrte zur Arbeit zurück. Nachmittags telefonierte ich mit der Klinik und wurde erneut vertröstet. Als ich um 16 Uhr wieder anrief, teilte mir die Schwester mit, »jetzt können Sie allmählich vorbeikommen«. Wenige Minuten später war ich da. Ruth war bereits im Kreissaal, die Presswehen hatten eingesetzt. Zwischen dem Hecheln rief meine Frau immer wieder »Mama! Mama!«. Um zwei Minuten vor fünf drückte der Leib der Mutter zunächst den Kopf und schließlich den Körper unseres Kindes hinaus. Erstmals wurde ich Zeuge, wie Leben aus Leben hervorging. Es war Teil meines Daseins. Das Bündelchen Mensch wurde gewaschen und auf Ruths Brust gelegt. Als ich dem Neugeborenen meinen Zeigefinger entgegenstreckte, griff er im Reflex danach. Dabei segnete ich unseren Sohn: »Möge dir der Ewige bei allen deinen Taten und auf all deinen Wegen beistehen.« Schließlich durfte ich das gewickelte Kind halten. Mein Kind. Ich wandte mich Ruth zu. Sie war erschöpft, lächelte glücklich, ihre schweren Haare standen steil in die Höhe und bildeten einen Strahlenkranz um ihren Kopf. Nach einer Weile wurde ich von der Hebamme und vom Arzt hinauskomplimentiert.

Mit den Worten »Du bist Großmutter geworden« verständigte ich Hannah. »Masl tov, mein Junge. Wenn mein Ludwig das erleben könnte!« Danach rief ich Ruths Eltern an.

7

Tage später erschien mein Schwiegervater mit Ruths Geschwistern in Bonn. Moshe mochte Deutschland nicht. Er war nur hergekommen, um als Sandak, als Pate, der Beschneidung am folgenden Tag beizuwohnen. Ich schrieb ihm die Adresse der Synagoge auf und bat ihn, ein Taxi dorthin zu nehmen. Die Zeremonie sollte mittags stattfinden, da ich Moshes Unpünktlichkeit kannte, machte ich ihn glauben, sie begänne um 11 Uhr. Ich selbst musste um diese Zeit zum Bahnhof, um Herrn Wertheimer abzuholen.

Der Mohel reiste aus Straßburg an. In Nordrhein-Westfalen gab es damals keinen Beschneider. Wertheimer war ein ruhiger älterer Herr mit gütigen Zügen. Auf der Fahrt zur Synagoge berichtete er mir, er habe bereits kurz nach seiner Bar Mizwa gewusst, welchen Beruf er ausüben würde. »Meine wichtigsten Jahre waren die unter der Nazi-Okkupation des Elsass. Wann immer mir mitgeteilt wurde, dass jüdischen Eltern ein Junge geboren worden war, suchte ich sie auf und machte durch die Brit Mila den Knaben zum Mitglied des Bundes mit dem Ewigen. Angst hatte ich dabei nie. Denn ich vollbrachte eine Mizwa. Ich erfüllte Gottes Gebot.«

Die Festgesellschaft war mittags im Gemeindesaal versammelt. Freunde und Bekannte sowie Angehörige der israelischen Vertretung in Bonn, an ihrer Spitze der neue Botschafter Yitzrak Ben Ari, Kollegen von der »Welt« und zu meiner Überraschung

227

auch mein journalistischer Mentor Peter Boenisch, den ich am Vorabend eingeladen hatte.

Wir warteten auf den Sandak. Ruths Vater erschien nicht. In unserer Wohnung war er nicht, wie ich durch einen Anruf feststellte. Um halb eins wollte der Mohel mit seinem Beschneidungswerk beginnen. Ich bat Wertheimer um Geduld und Verständnis für das Verhältnis der Orientalen zur Zeit. Wertheimer schüttelte unwillig den Kopf. »Aber ich bin ein Jecke. Ich bin pünktlich. Wir müssen anfangen!« Auch die Gäste murmelten unüberhörbar. Ich bat um Entschuldigung für die Verzögerung. Der Pate sei aufgehalten worden. Wertheimer entgegnete: »Ist er jetzt da oder nicht? Zeit ist ein heiliges Gut. Ich werde sie nicht vergeuden.« Ruth machte sich Sorgen, ob sich ihr Vater die Adresse der Synagoge gemerkt habe. Er könne kein Deutsch. »Ich habe sie ihm aufgeschrieben und ihn gebeten, sich ein Taxi zu nehmen.« Um halb zwei wurde es dem Mohel zu bunt. Sein Zug zurück gehe um 15 Uhr: »Und den nehme ich.« Kurz vor zwei packte Wertheimer seine ausgebreiteten Utensilien wieder ein und gebot mir, ihn zum Bahnhof zu bringen. Damit wäre die Beschneidung am achten Tag, wie das Gesetz sie befiehlt, hinfällig gewesen. Ruth und ich baten Wertheimer, zu bleiben und seines Amtes zu walten. Als Ersatzpaten wählten wir Yitzrak Ben Ari.

Er nahm den Säugling auf den Arm. Wertheimer sprach den Segen, er legte seine Hand beruhigend auf den Kopf meines Kindes und wickelte es vorsichtig aus. Der Mohel ergriff das Beschneidungsmesser und entfernte in Sekundenschnelle die Vorhaut, die er in einem Schüsselchen ablegte. Mein Sohn war nun Mitglied des Bundes des jüdischen Volkes mit Gott. Er trug den Namen Yehuda.

Als Einziger zuckte Peter Boenisch zusammen und schloss seine Augen. Er konnte kein Blut sehen. Wertheimer tunkte indessen ein Läppchen in Zuckerwasser, und noch ehe mein Sohn schreien konnte, fuhr er ihm damit mehrmals zart über die Lippen. Sogleich begann Yehuda daran zu saugen.

In diesem Moment stürmte Moshe, umringt von seinen Kindern, in den Saal. »Schande!«, schrie er auf Hebräisch. Die Gäste reagierten betroffen. Ruth versuchte ihren Vater zu besänftigen, aber er rief immer wieder »Schande!«. Moshe fühlte sich durch die vermessene Pünktlichkeit der Europäer um die Ehre gebracht, der Sandak bei der Beschneidung seines ersten Enkels zu sein.

Nachdem es Ruth gelungen war, ihn halbwegs zu beruhigen, reichte man Speisen und Getränke. In einer kurzen Rede erklärte ich den jüdisch-deutschen Doppelnamen unseres Kindes. Yehuda, Lobpreisung, hieß die Patriarchenmutter Lea ihren Sohn zum Dank, dass der Herr sie mit einem Knaben gesegnet hatte. Mit dem deutschen Namen wollten wir meinen verstorbenen Vater Ludwig ehren und gleichzeitig an die fast zweitausendjährige deutsch-jüdische Tradition anknüpfen. Mir sollte rasch deutlich werden, dass dieser Wunsch nicht von beiden Eltern getragen wurde.

Anders als ich erhofft hatte, war Moshe nicht bereit, die ihm widerfahrene Enttäuschung abzutun. Das verletzte Ehrgefühl des Orientalen ließ ihn glauben, ich hätte ihn bewusst um die Genugtuung gebracht. Die Drohung des Mohels, unverrichteter Dinge abzureisen, empfand er lediglich als Vertiefung seiner Kränkung. Moshe hieß Ruth, ihm mit ihrem Kind nach Israel zu folgen. Meine Frau wollte ihm widerspruchslos gehorchen. Zehn Monate nach unserer Hochzeit, eine Woche nach der Geburt unseres Kindes, stand ich vor den Trümmern meiner Ehe und der Drohung, meinen Sohn zu verlieren. Ich erhielt Dispens.

Nelly, die von Ruth über das Geschehen informiert worden war, beschwor ihre Tochter, nicht übereilt nach Israel zurückzukehren und mich zu verlassen. Als gute Tochter gehorchte meine Frau endlich der stärksten Macht. Sie blieb bei mir.

Mein Kind nahm mich vom ersten Moment an gefangen. Zudem meinte ich, in Yehuda Ludwigs Gesichtchen die Züge meines Vaters zu erkennen.

Nach Moshes Abreise nahmen Ruth und ich das Alltagsleben wieder auf. Yehuda Ludwig, den wir Juda nannten, war ein wonniges Kind. Er war gesund, schlief gut und lernte rasch lachen. Die Lebensfreude unseres Sohnes beglückte uns. Ich konnte es tagsüber kaum erwarten heimzukommen, um Juda in den Arm zu nehmen, vor seinem Bettchen Grimassen zu schneiden und mich an seinen Reaktionen zu erfreuen. Über das Kind kamen Ruth und ich uns wieder näher. Wir taten so, als habe das Geschehen am Rande der Brit Mila auf einem Missverständnis beruht – obgleich wir es schlechter wussten.

Am 1. Oktober 1981 begann ich meine Arbeit als Nachrichtenredakteur bei der »Welt«. Es war es eine harte Umstellung. Von mir wurden redaktionelle Fähigkeiten erwartet, die ich noch nicht besaß. Mir fehlte beispielsweise die Erfahrung in der Überschriftengestaltung und die Routine zur Zusammenfassung von Meldungen und Informationsartikeln – das tagtägliche Brot des Nachrichtenredakteurs. Mir fiel es zunächst schwer, mich im Großraumbüro inmitten von drei Dutzend Kollegen, die sich unterhielten, telefonierten, rauchten, auf meine Aufgaben zu konzentrieren. Bislang hatte ich im stillen Kämmerlein meine wissenschaftlichen Arbeiten abgefasst. In der CDU-Bundesgeschäftsstelle hatte ich ein eigenes Büro besessen, handschriftliche Notizen verfasst oder Briefe auf Band diktiert, die die Sekretärin abschrieb. In der Redaktion steigerte sich ab Mittag der Zeitdruck zunehmend, da um 16 Uhr Manuskriptschluss war. Fast alle längeren Nachrichtenartikel wurden den Sekretärinnen des Schreibpools in die Maschinen diktiert. Manche Schreibkraft machte sich einen Spaß daraus, mich während meiner Denkpausen zu fragen, ob sie zu schnell schriebe oder ob sie sich einen Kaffee brauen solle, während ich mir über die nächste Formulierung den Kopf zerbrach. Schämen und Ärgern halfen nicht. So begann ich, eine eigene Technik zu entwickeln. Bald hatte ich die Grundzüge des Artikels und die wichtigsten Formulierungen vor dem Diktat im Kopf.

Unser Ressortleiter Gernot Facius war ein unnachsichtiger Meister der sprachlichen Präzision. Er ließ nicht die geringste Schlamperei durchgehen. Seine Exaktheit erinnerte mich an unseren Lateinlehrer Friedrich Jenaczek. Es war für mich eine Herausforderung, seinen Maßstäben gerecht zu werden. Darüber hinaus war Facius ein hervorragender Komponist von Lead-Sätzen. Mit dieser Methode, die Problemstellung des gesamten Artikels in den ersten Zeilen anzureißen, sollte der Leser verführt werden, den Beitrag vollständig durchzugehen.

Ein unangenehmer Begleitumstand meines Einstiegs bei der »Welt« mutet heutzutage zeitgemäß an. Im Rahmen eines Sparprogramms mussten 17 Redakteure die Zeitung verlassen. Nur zwei neue Mitarbeiter wurden eingestellt. Einer von ihnen war ich. Manchen ärgerte, dass der unbedarfte Seligmann an Stelle der routinierten Kollegen ins Haus gekommen war, und er ließ mich dies spüren.

Es gab es nur einen Weg, diese Spannungen abzubauen: Mir möglichst schnell das notwendige journalistische Handwerkszeug anzueignen. Darüber hinaus verfasste ich neben meiner Redaktionsarbeit möglichst viele sorgfältig recherchierte Beiträge, vor allem in meinen Spezialgebieten Israel und internationale Beziehungen. Die unnachsichtige Redaktion meiner Beiträge durch Gernot Facius und Enno von Löwenstern half mir, meine Defizite schnell zu überwinden.

Nach dem täglichen Stahlbad der Redaktion eilte ich nach Hause. Unser Kind entwickelte sich prächtig. Yehuda Ludwig war ein fröhlicher Geselle und freute sich jedes Mal unbändig, wenn ich auftauchte und mit ihm spielte. Dabei fiel nach wenigen Minuten die Spannung des Arbeitsalltags von mir ab, und ich genoss das Zusammensein mit meinem geliebten Kind.

Das Zusammenleben mit Ruth war erträglich. Das entscheidende verbindende Element war die Liebe zu unserem Sohn. Darüber hinaus fehlten uns gemeinsame Interessen. Ruth las viel, vor allem israelische Literatur. Gespräche darüber waren, obgleich ich sie immer wieder anregte, selten. Ich spürte, dass die Bücher Ruth in der Sehnsucht nach ihrer Heimat bestärkten. In Israel hatte sie im Goethe-Institut Deutsch gelernt. Ich schlug ihr vor, auch in Bonn Deutschkurse zu besuchen. Sie sagte zu, prinzipiell – Orientalen verweigern aus Höflichkeit und Konfliktscheu ein hartes Nein –, doch praktisch kam Ruth nie dazu. Stattdessen traf sie sich lieber mit israelischen Freunden. Wir hatten uns mit der Zeit immer weniger zu sagen. Ich ahnte, dass die Liebe zum Kind auf Dauer nicht ausreichen würde, unsere Ehe tragfähig zu halten.

Neben der Beschäftigung mit Juda unternahm ich in meiner Freizeit ausgedehnte Spaziergänge im nahe gelegenen Kottenforst. Dabei floh mein Geist zunehmend in Tagträume. Das beunruhigte mich. Denn Tagträume waren in meiner Schülerzeit ein Ventil gewesen, um der schwer erträglichen häuslichen und schulischen Situation zu entkommen. Das Wiederaufleben dieser Gewohnheit galt mir als eindeutiges Zeichen, dass ich erneut mit meinen Lebensumständen nicht fertig wurde. Im Beruf kam ich gut voran. Ich erlernte zunehmend die Technik der redaktionellen Arbeit, konnte mich immer besser im Großraum konzentrieren, die mir zugeteilten Artikel verfassen und bald auch zügig diktieren. Die anfänglichen Sticheleien der Kollegen wichen Anerkennung. Während des Libanon-Krieges 1982 konnte ich durch meine vielfältigen Recherchen dazu beitragen, dass die »Welt« im Vergleich zu anderen Zeitungen ihre Leser umfassend informierte.

Eines Tages trat, während ich am Desk arbeitete, Chefredakteur Wilfried Hertz-Eichenrode zu mir, lächelte mich anerkennend an und meinte: »Da sitzt ja unser Kriegskorrespondent.« Damit traf er meinen wunden Punkt. Neben meiner journalistischen Leidenschaft war der entscheidende Beweggrund meines Wechsels zur »Welt« die Perspektive, eines Tages als Korrespondent der Zeitung aus Israel zu berichten. Meine Intention wurde von den leitenden Redakteuren unterstützt. Doch der knappe Etat stand einem eigenen »Welt«-Auslandsberichterstatter in Zion entgegen. Hertz-Eichenrodes Kompliment bewies mir, dass sich meine berufliche Situation auf absehbare Zeit nicht ändern würde.

9

Mir war bewusst, dass meine Ehe scheitern und ich Juda verlieren würde, wenn es mir nicht gelänge, Israel-Berichterstatter zu werden. Sollte ich zu einer anderen Zeitung wechseln? Als freier Journalist nach Israel gehen? Ich fühlte mich der »Welt« verbunden, genoss den Respekt der Kollegen. Was tun? Ich tat nichts und versteckte mich vor der Wirklichkeit im irrealen Gespinst der Tagträume. Hier konnte ich jedes Ziel erreichen und jede Profession ausüben. Ich wusste aus eigener Erfahrung, dass meine phantastischen Reisen mir die Kraft zum Handeln raubten. Da ich keinen Ausweg sah, vermochte ich mich von dieser Weltflucht nicht zu befreien.

Ruth wandte sich erneut verstärkt ihrer Familie zu. Sie reiste so oft und lange mit Juda nach Israel, wie es ihr möglich war. Mein Sohn fehlte mir entsetzlich. War Ruth in Bonn, setzte unweigerlich der Besucherstrom ihrer Angehörigen ein. Im Som-

mer 1983 hatte ich aufgrund meiner vielen Sonntagsdienste drei
Monate frei. Wir reisten einen Monat zu den Schwiegereltern
nach Zion. Danach aber mochte ich einige Wochen ungestört mit
Ruth und vor allem Juda verbringen. Ruth dagegen fühlte sich
inmitten ihrer Familie geborgen, nie gestört. Der Störenfried war
ich, mit meinem Bedürfnis nach »Isolation«.

Als mir nur noch zehn freie Tage blieben und Ruths Bruder
Ascher mit seiner Verlobten bei uns in Bonn andockten, hielt ich
es nicht mehr im Familienkessel aus. Ich floh ins Gebirge und
landete einmal mehr in Steinberg, dem Dorf am Ende eines Tals
im Rofangebirge. Im Gasthof »Windegg«, den ich seit meinen
Münchner Jugendjahren kannte, machte ich Station. Ich genoss
die klare Gebirgsluft und die herrliche Ruhe, die lediglich vom
gemütlichen Geläut der Kuhglocken begleitet wurde. Nach einem guten Mahl ging ich früh zu Bett.

Schriftsteller

1

Zu Beginn des Unterrichts fordert uns die von mir ange-
schwärmte Deutschlehrerin auf, mit unseren Bänken einen Halbkreis um ihr Pult zu bilden. Unsere Klasse kommt nur zögernd
ihrer Weisung nach. Da zieht Ingrid Rohn eine Bank an ihr Pult
und fordert einen von uns auf, sich an ihre Seite zu begeben. Niemand reagiert. Warum nicht ich, schießt es mir durch den Kopf.
Mein Herz rast. Ich überwinde meine Angst und setze mich neben die Lehrerin. Ihre Nähe berauscht mich. Plötzlich steht sie
auf, ergreift meine Hand. Ihre kühlen Finger schließen sich um
meine Rechte. Die übrigen Schüler, wie in der Mittelschule nur
Jungen, schreien: »Ich auch!«, »Partnertausch!«. Daraufhin do-
ziert Ingrid Rohn mit ruhiger Stimme: »Tut mir leid, meine Herren, Sie haben den historischen Moment verpasst.« Ich reiße
meine Hand los und verkünde heiser: »Ich tausche gern. Wenn
jemand scharf drauf ist, neben unserer Pädagogin zu sitzen.« Es
grölt aus der Klasse. Ich versteigere meinen Platz. »Vierzig
Mark!«, »Fünfzig!«. Am Ende gewinnt unser Klassenstärkster
die Auktion mit einem Gebot über hundert Mark. Während er
mir den Geldschein aushändigt, ruft einer von hinten: »Kaum
reicht ihm eine deutsche Frau die Hand, versteigert der Seligmann sie. Jetzt versteh ich, wie ihr zu eurem Geld kommt!« Ich
stürze aus dem Raum, damit die anderen meine Tränen nicht sehen.

Ich liege im Bett. Brauche eine Zeit, um mich zu orientieren.
Ich bin in Steinberg, habe geträumt. Von einer deutschen Frau,
die mich an die Hand nimmt. Von meiner Angst vor antijüdischen Kränkungen. Es lohnt sich, über den Traum nachzudenken. Bei Tag. Ich schalte die Nachttischlampe an, will mir wenige
Stichworte notieren, um mich morgen des Geträumten zu erinnern. Auf dem Bett sitzend, greife ich nach meinem Kugelschreiber und einem Blatt, kritzle auf den Bogen. Statt eine kurze Notiz zu machen, schreibe ich den Traum nieder. Es schreibt

vielmehr aus mir. Die lange unter Druck stehende Quelle meines Unbewussten schafft sich unverhofft Raum. Endlich lege ich die Aufzeichnungen beiseite. Es sind etwa zehn Seiten. Ich lösche das Licht, schlafe ruhig und traumlos.

Am Morgen begebe ich mich auf eine Wanderung. Der Himmel und die Luft sind klar, ebenso mein Entschluss. Schreiben ist mein Weg. Die mich seit meiner Kindheit begleitenden Phantasien sollen aus der Verbannung der schamhaft verborgenen Tagträume in die Freiheit des niedergeschriebenen Wortes entlassen werden. Ich werde Schriftsteller. Kein Zweifel verbleibt in meiner Seele.

2

Während des einsamen Ganges beschäftigen mich ständig neue Gedanken. Wie wird die Schriftstellerei mein Leben verändern? Werde ich meinen Beruf als Journalist aufgeben müssen, um ausschließlich zu schreiben? Soll ich den notierten Traum zu einer Kurzgeschichte abrunden? Oder taugt er als Anfang eines Romans? Auf welche Weise soll ich fortan schreiben? Ich möchte mich nicht damit begnügen, nächtlich meine Träume zu notieren, um am Ende ein Traumbuch zusammenzustellen oder ein Netz von Kurzgeschichten anzufertigen.

Ich will einen Roman über mein Dasein verfassen. Eine deutsch-jüdische Geschichte. Der gestrige Traum taugt als Ausgangspunkt. Die Impressionen und Gefühle sollen eine Handlung aufbauen. Nun gilt es, eine fortlaufende Geschichte zu erzählen, keine willkürlich zusammengetragenen Gedankensplitter.

Nachmittags sitze ich auf dem Holzbalkon vor meinem Zimmer mit Blick auf das Rofan-Gebirge im Süden. Ich brüte. Was würde der Held von der traurigen jüdischen Gestalt beginnen, nachdem er weinend aus der Klasse geflohen ist?

Es war mein Traum. Der Protagonist trägt meine Züge und fühlt wie ich. Was hätte ich in dieser Situation mit dem Geld angefangen? Den Lohn meiner Angst hätte ich weder auf meinem Sparkonto deponiert noch meinen Eltern geschenkt oder für einen guten Zweck gestiftet. Und schon gar nicht meine Klassenkameraden auf einen beschwichtigenden Wirtshausbesuch geladen. Als Mittelschüler drängte es mich, endlich das lockende

Feld der Sexualität zu erkunden. Am raschesten und zugleich am unheimlichsten ließ sich das in einem Bordell erleben. Gemeinsam mit Freunden hatte ich in diesem Alter wiederholt das Imex-Haus in der Schwabinger Hohenzollernstraße besucht. Die aufreizend zurechtgemachten Prostituierten hatten unsere Phantasien erregt. Doch keiner hatte sich getraut, einer Hure aufs Zimmer zu folgen. Im Roman aber durfte mein Alter Ego diese Erfahrung machen. Ja er, oder vielmehr ich, musste so handeln. Ein gekränkter Junge, ein wagemutigeres Ich würde sich mit dem Geld sexuelle Erfahrung erkaufen. Er würde es versuchen und müsste ob der geschäftsmäßigen Kälte des Ortes scheitern, was seine Demütigung und seinen Schmerz und seine Wut gegen alle steigern müsste: gegen die Klassengefährten, die deutsche Gesellschaft, die Eltern, die ihn von Israel nach Deutschland genötigt hatten, und am Ende gegen sich selbst, weil er unfähig war, sein Leben als junger Jude in Deutschland zu meistern. Das Ringen mit dem tausendköpfigen teutonisch-hebräischen Angstdrachen war der Inhalt meines Lebens und folglich meines ersten Romans. Ich machte mich an die Arbeit. Ohne die Träume des Tages und der Nacht.

3

Am folgenden Tag besuchte mich Ruth mit Juda. Ihr Bruder hatte die beiden in mein Gebirgsdorf gefahren. Während ich mit meinem Sohn spielte, erzählte ich meiner Frau von meiner Absicht, Schriftsteller zu werden. Ruth zeigte sich erfreut, dass ich »ein nettes Hobby« gefunden hätte. Sie spürte meine Entschlossenheit und meine Leidenschaft nicht.

Wir blieben noch einige Tage in Steinberg. Jeden Morgen gingen wir spazieren. Nachmittags zog ich mich zum Schreiben in eine Ecke des Gasthofs zurück.

Als wir wieder in Bonn waren, schrieb ich auf meiner alten Olympia-Reiseschreibmaschine, auf der ich seit Anfang meines Studiums meine Seminararbeiten getippt hatte, von früh bis abends an meinem Roman.

Nach dem Bordellbesuch jagte ich meinen Protagonisten, dem ich den Namen Jonathan Rubinstein gegeben hatte, in eine Konfrontation mit seinen Eltern, der herrschsüchtigen Mutter Esel, dem weichen Vater Friedrich, und einer jüdischen Jugendgruppe. Er sucht allenthalben Anerkennung. Doch sein Leben im selbst gewählten Ghetto der jüdischen Gemeinde, speziell in dessen Jugendgruppe, am Rande der deutschen Gesellschaft steht seinem Streben entgegen.

Zwei Tage bevor ich meine Arbeit bei der »Welt« wieder aufnehmen sollte, erlitt ich einen Schwindelanfall. Der herbeigerufene Hausarzt verordnete Bettruhe. Sobald ich mich erhob, wiederholte sich die Gleichgewichtsstörung, begleitet von heftiger Übelkeit. Ein Neurologe wies mich ins Universitätsklinikum am Venusberg ein.

Dort wurde der anfängliche Verdacht auf eine Infektion des Nervensystems oder gar einen Gehirntumor ausgeräumt. Als Ursache meines Drehschwindels diagnostizierte der Arzt allgemeine Erschöpfung. Ich hatte mein Gleichgewicht verloren.

Man behandelte mich mit Infusionen. Nach zwei Wochen durfte ich die Klinik verlassen. Noch immer plagte mich Schwindelgefühl. Beim Gehen schwankte der Boden. Ich war ans Haus gefesselt. Erstmals seit Anfang unserer Ehe, ja seit Beginn unserer Beziehung mussten Ruth und ich Tag und Nacht auf engem Raum miteinander auskommen. Wir hatten uns, wie üblich, kaum etwas zu sagen. Für kurzweiligen Sex fühlte ich mich zu schwach. Das alltägliche Miteinander wurde zur zähen Last. Nach zwei Wochen einigten Ruth und ich uns darauf, dass sie »nach Hause« zu ihren Eltern fahren sollte. Ich müsste die Gesellschaft und die Freude des Kindes entbehren, und Ruth machte sich Sorgen, ob ich, geschwächt, wie ich war, allein zurechtkommen würde. Das gegenseitige, nicht einmal von einem Streit aufgehellte Unverständnis wog schwerer als alle Bedenken.

Es war eine Erleichterung, allein zu sein. Als ich an meinem Roman weiterzuarbeiten begann, trat erneut ein Schwindelgefühl auf. Der Stationsarzt hatte mich beim Abschied aus der Klinik eindringlich ermahnt, in den nächsten Monaten alles zu unterlassen, was mich »anstrengen, aufregen oder sonst wie in Spannung versetzen« würde. Nolens volens musste ich seinem Rat folgen. Ich versuchte mir meine Erzählung aus dem Kopf zu schlagen, was mir erfreulicherweise nicht gelang.

Ich bemühte mich, körperlich wieder in Gang zu kommen.

Meine Freunde, vor allem mein Nachbar Helmut, waren mir dabei eine große Hilfe. Der baumlange Bayer hatte mich mehrmals im Krankenhaus besucht. Nun nahm sich der Familienvater abends und am Wochenende Zeit, mich auf meinen Spaziergängen zu begleiten. Auch mein Freund und Kollege Norbert Koch bemühte sich um mich. Hatte er einen Tag frei, fuhren wir in die Kleinstädte am Rhein und gingen dort ein wenig umher.

Nach einem Monat traute ich mich wieder ans Steuer. Ich fuhr täglich ins Siebengebirge. An den Hügeln trainierte ich meine Fitness. Ich war ungeduldig, weil ich nur allmählich vorankam. Anfang Dezember durfte ich wieder in die Redaktion. Die Arbeit strengte mich zunächst derart an, dass mir die Hände zitterten. Langsam gewann ich Sicherheit zurück. Doch wie bei jedem Menschen, der erstmals die mit einer längeren Krankheit einhergehende Angst erfahren hatte, kapselte sich in meinem Bewusstsein ein Bündel Restfurcht ein, das durch ungewisse Diagnosen oder Beschwerden zur panischen Flamme aufloderte.

In diesen Tagen erhielt ich einen Brief von Ingrid. Sie hatte geheiratet und war Mutter geworden. Von einem Freund hatte sie von meinem Krankenhausaufenthalt erfahren. »Rafael, ich bin sicher, es wird Dir gelingen, Deine Balance wiederzufinden.« Das war gut gemeint, half mir aber nicht weiter.

Während eines Besuches in Bonn teilte mir Ruth mit, dass sie erneut schwanger sei. Wiederum wollte ich Ruth nicht während der Schwangerschaft verlassen. Zusammenleben konnten wir auch nicht, und so kehrte sie nach Hause, nach Israel, zurück.

4

In der Redaktionsarbeit fand ich bald zur alten Routine. Gernot Facius ließ mich in seiner zurückhaltenden Art Anerkennung spüren. Zu den Kollegen entwickelte sich ein freundschaftliches Verhältnis. Abends gingen wir gelegentlich gemeinsam ein Bier trinken. Im Mai 1984 hatte ich dank meiner Sonntagsdienste drei Wochen frei. Ich fühlte mich stabil genug, die Arbeit an meinem Roman fortzusetzen.

Ich las viel und interessierte mich für Neuerscheinungen. Mir wollte kein deutsch-jüdischer Gegenwartsroman in den Sinn kommen. In den Vereinigten Staaten schrieben Bellow, Mailer und der von mir bewunderte Philip Roth. In Frankreich, Kanada, selbstverständlich in Israel schilderten jüdische Schriftsteller das gegenwärtige Geschehen und gaben so ihre Empfindungen preis.

Einst hatten in Deutschland jüdische Autoren wie Jakob Wassermann über ihren »Weg als Deutscher und Jude« berichtet. Feuchtwanger ersann im Exil das Schicksal der »Geschwister Oppermann«. Nach dem Völkermord waren die jüdischen Schriftsteller in Deutschland verstummt. Die meisten von ihnen hatten die Schoah überlebt. Hierzulande lebten inzwischen wieder knapp dreißigtausend Juden. Viele von ihnen brachten ihre Erinnerungen zu Papier. Doch abgesehen von Wolfgang Hildesheimer und Jurek Becker, die kaum über aktuelle jüdische Themen schrieben, verfasste hierzulande kein Autor jüdische Gegenwartsliteratur.

So erkundigte ich mich bei Bouvier, der größten Bonner Buchhandlung, nach jüdischer Gegenwartsliteratur aus Deutschland. Die Buchhändlerin beriet sich mit der Abteilungsleiterin Moderne Literatur. Diese nickte, griff ins Regal und überreichte mir das »Tagebuch der Anne Frank«. Derartig Tragikomisches lässt sich nicht erfinden. Knapp vierzig Jahre nach dem Ende des Völkermordes, dem zuletzt auch das Mädchen aus Frankfurt zum Opfer gefallen war, präsentierte eine deutsche Buchhändlerin dessen Aufzeichnungen als jüdische Gegenwartsliteratur! Ich selbst war erst 36. Als ich die Frau darauf aufmerksam machte, dass ich unter »Gegenwart« tatsächlich das jetzige Zeitalter verstand, lächelte sie verlegen und holte ein Exemplar von Jurek Beckers Roman »Jakob der Lügner«, ein Schoah-Märchenbuch, hervor. Als ich erneut auf die Gegenwart rekurrierte, zeigte sie mir Bücher von Yehuda Amichai aus Israel und dem Amerikaner Philip Roth. Heutige jüdische Literatur aus Deutschland war nicht im Angebot.

Warum? Aus welchem Grund verzichteten in Deutschland lebende Juden darauf, ihre heutigen Gefühle zu schildern? Warum enthielten sie diese Empfindungen den Lesern vor? Während meines weiteren Schreibens, vor allem aber später, als mein Roman bereits erschienen war und Juden wie Nichtjuden Gelegenheit fanden, auf meinen fiktiven Bericht zu reagieren, sollte ich überaus deutliche Antworten erhalten.

Nach der Initialphase der sprudelnden Eingebung ging es darum, dem Dasein meines Protagonisten Jonathan Rubinstein im Spannungsfeld von Juden und Nichtjuden, von gegenläufigen Vorurteilen, eigenen Empfindlichkeiten und Sehnsüchten gerecht zu werden. Am offensten brechen die Widersprüche Rubinsteins im Verhältnis zu den Eltern auf. Sie versuchen ihr Kind in Deutschland zu halten. Der Sohn wiederum gibt ihnen die Schuld an den antijüdischen Vorurteilen seiner Umgebung, vor allem aber an den eigenen Schwächen. Jonathan durchschaut das verkorkste Dasein der hiesigen Juden. Ihre Luftmenschenexistenz, die über Deutschland und den jüdischen Staat gleichermaßen hinwegschwebt und sich weigert, irgendwo Wurzeln zu schlagen. Mein Alter Ego verlacht die »zionistischen Trockenschwimmer«, welche die »Einwanderung nach Israel predigen, es sich aber in Deutschland gut gehen lassen und darüber jammern«. Er selbst ist fest entschlossen, nach dem Abitur Deutschland den Rücken zu kehren und in den Judenstaat »aufzusteigen«. Doch gerade da lernt er seine Freundin Susanne kennen. Diese zeichnete ich zunächst als frohgemute deutsche Maid nach dem Vorbild Ingrids. Da übernahm die Realität die Regie in meinem Dasein und damit auch in meinem Roman.

Nachdem ich meine Arbeit bei der »Welt« wiederaufgenommen hatte, meldete sich bei mir eine Archäologiestudentin, die sich in ihrer Magisterarbeit mit Ausgrabungen in Israel beschäftigte. Wir trafen uns mehrfach. Kirsten* ähnelte Ingrid und Lea. Sie war blond, blauäugig und gab sich unbeschwert. Wir verliebten uns. Dabei blieb es zunächst. Ich war entschlossen, meine Situation nicht durch eine außereheliche Affäre zu komplizieren. Doch schließlich gewannen meine Gefühle für Kirsten die Oberhand. Sie lebte bei ihrer Mutter, die unsere Freundschaft zunächst gefördert, nun aber unsere Verbindung zu zerstören trachtete. Kirsten hielt an mir fest und versuchte gleichzeitig, die Liebe ihrer Mutter zu bewahren. Ständig sprach sie von ihr.

Als ich sie eines Abends nach Hause brachte, erzählte mir

Kirsten unwillkürlich, ihre Mutter habe ihrem Mann während des Krieges das Leben gerettet. Nach dessen Verwundung habe sie von Heinrich Himmler eine Sondergenehmigung erhalten, den Vater aus einem Frontlazarett nach Deutschland schaffen zu lassen. Kirstens Vater war also SS-Mann gewesen. Mir war, als ob mir ein Schlag in den Magen versetzt worden sei.

Ich wusste, dass es mehrere Hunderttausend SS-Männer gab. Sie hatten Kinder. Glücklicherweise war ich nie Nachkommen eines Angehörigen des Schwarzen Korps begegnet. Jedenfalls hatte sich mir keiner zu erkennen gegeben, und ich hatte nicht danach gefragt. Kirsten liebte mich »mit jeder Faser« ihrer Seele. Daher ließ sie mich wissen, wer ihr Vater war. Sie suchte bei mir Absolution, die ich ihr nicht erteilen konnte.

Kirsten wünschte sich Kinder. Wir waren uns sehr nahe. Doch ich konnte mir nicht vorstellen, dass Kirsten meinen Familiennamen trüge und wir gemeinsame Kinder hätten. Schuld ist nicht erblich. Dennoch war mir der Gedanke, meiner Mutter, deren Geschwister und Familien von der SS ermordet worden waren, Enkel zu schenken, die von einem Mitglied des Schwarzen Korps abstammten, unerträglich. Kirsten und ich waren durch die Vergangenheit zerrissen und besaßen keine Zukunft. Das verband und trennte uns zugleich.

Die Perspektivlosigkeit unserer Situation, der Betrug an meiner entfremdeten jüdischen Frau mit der geliebten Tochter eines SS-Mannes, die Auseinandersetzungen des realen Lebens waren ein Motor meines Schreibens. So geriet in meiner Erzählung Ingrids zuversichtliche Wiedergängerin zum verzweifelten Abbild Kirstens. Wie in der Wirklichkeit scheiterte die Verbindung mit Kirsten in meiner Erzählung zwangsläufig. Ich gestand mir ein, womit ich mein Buch beendete: »Ich bin ein deutscher Jude.«

Das Schreiben zwang mich zur systematischen Selbstreflexion. Sobald ich als Jude attackiert wurde, hatte ich mich wehrlos gefühlt. Als der Geselle Rainer am Beginn des Sechstagekrieges festgestellt hatte, nun würden die Juden ausgerottet, hatte ich Schmerz und Hass empfunden, ohne mich verteidigen zu können. Als Autor war ich gezwungen, mich aus der eigenen Befangenheit, aus dem Selbstmitleid zu lösen und mich in die Rolle des Antisemiten zu versetzen. Was bewegt den Judenfeind? Was treibt einen Menschen dazu, andere pauschal zu hassen, sie zu verletzen oder gar auslöschen zu wollen? Erst jetzt verstand ich, dass jemand, der hasst, sich ohnmächtig wähnt, einerlei ob er in der Reichskanzlei sitzt, am Biertisch oder in der Werkstatt. Damit fiel der antisemitische Popanz in sich zusammen. Er besaß keine Macht mehr über mich. Mit dem Gefühl der eigenen Ohnmacht verschwand mein eigener Hass für immer.

Meine Erzählung war mehr als eine Katharsis. Das Zusammenführen von Gefühlen und Überlegungen, die Freude am Fabulieren, das Vergnügen, mit Sprache umzugehen, die Freiheit der Gestaltung erfüllten mich bei aller Anstrengung mit einer mir bis dahin nicht gekannten Genugtuung.

Die Schriftstellerei war meine Zukunft.

7

Nachdem die erste Fassung des Romans vorlag, reiste ich nach Israel. Juda war anfangs sprachlos. Er klammerte sich an mich, brachte jedoch kein Wort heraus. Mein Kind litt unter der Trennung. Anders als ich konnte er sich nicht durch Beruf, Kunst und Affären trösten. Er brauchte neben der Mutter mich als Vater. Juda musste den Preis meiner Freiheit zahlen.

Ich hatte Ruths Ärztin aufgesucht, nachdem ich von ihrer erneuten Schwangerschaft erfahren hatte. Die leidenschaftliche Medizinerin nahm sich den ganzen Abend Zeit für unser Gespräch. Sie warnte mich, allein aus schlechtem Gewissen gegenüber Kindern zu versuchen, eine Ehe zu kitten, von deren Scheitern die Partner überzeugt wären. Auf Dauer sei es für die Kinder besser, die Eltern lebten getrennt, als Zeugen ständiger Auseinandersetzungen oder eines permanenten Unverständnisses zu werden. Das hörte sich vernünftig an, aber die Verzweiflung und die Sehnsucht meines Kindes zu spüren schmerzte so tief, dass für Rationalität wenig Platz blieb. Nach einigen Stunden hatte sich Juda wieder an mich gewöhnt, er gewann seine Sprache zurück und wich nicht von meiner Seite. Ich wollte den erneuten Abschied verdrängen, doch der Gedanke daran war allgegenwärtig.

Der Anlass meines Besuches war die bevorstehende Geburt unseres zweiten Kindes. Am 14. September 1984 brachte ich

Ruth in ein Tel Aviver Krankenhaus. Wegen einer vermeintlichen Komplikation musste ich den Kreißsaal verlassen. Ehe ich mir über deren Auswirkung Gedanken machen konnte, wurde ich von der Geburt eines gesunden Mädchens unterrichtet. Eine halbe Stunde später wurde mir das Neugeborene in einem mit den hebräischen Schriftzügen des Krankenhauses versehenen Tuch übergeben. Ich nahm meine Tochter Yaël in den Arm und sprach dabei den Segen: »Möge dir der Ewige bei allen deinen Taten und auf all deinen Wegen beistehen.«

Nach wenigen Tagen brachte ich Ruth aus der Klinik zu ihren Eltern. Wir waren uns einig, dass »vorläufig« an ein Zusammenleben zwischen uns nicht zu denken war. Wir wussten, dass wir nicht zueinander passten, waren jedoch zu feige, die Konsequenz einer Trennung zu ziehen. Ruth aus Rücksicht auf ihre Familie und die Tradition, ich aus Angst, meine Kinder zu verlieren.

8

Wieder in Bonn, wollte ich meinen Roman überarbeiten. Dies würde Monate in Anspruch nehmen. So viel Urlaub besaß ich auf absehbare Zeit nicht. Nahm ich die Schriftstellerei ernst, blieb mir nur die Kündigung. Davor schreckte ich zurück. Die Arbeit als Redakteur verschaffte mir Genugtuung und gewährte mir ein festes Einkommen. Letzteres benötigte ich zum Unterhalt meiner Familie.

Da bot mir mein Doktorvater Kindermann an seinem Institut eine Stelle als Akademischer Rat an. Ich würde verbeamtet, könnte mich habilitieren, eine wissenschaftliche Karriere einschlagen und in wenigen Jahren auf einen Lehrstuhl im Fach Internationale Beziehungen berufen werden. Wissenschaftliche Anerkennung und die Sicherheit einer unkündbaren Stelle bedeuteten mir wenig. Mich interessierte eher der Freiraum, den diese akademische Position mit sich brachte. Ich hätte Zeit, mein Manuskript zu überarbeiten, Kontakte zu Verlagen aufzubauen, und nach der Veröffentlichung meines Buches und dessen unweigerlichem Erfolg – wie jeder Autor besaß ich die Mentalität eines Glücksspielers: Ich war überzeugt, dass meine ungeschminkte Darstellung jüdischen Lebens in der Gegenwart das deutsche Lesepublikum interessieren müsste – würde mir das üppige Honorar eine unabhängige Schriftstellerkarriere ermöglichen. So ging ich auf Kindermanns Avancen ein und kündigte meine Stellung bei der »Welt«.

Als der kommende Chefredakteur Manfred Schell von meiner Vertragsauflösung erfuhr, überredete er mich, meine Demission zurückzunehmen. Ich sei mit Herz und Seele Journalist, mir stünde eine überaus erfolgreiche Karriere bevor. Diese für eine eintönige akademische Laufbahn aufzugeben sei unklug und widerspräche meinen Neigungen. Schell malte mir eine Zukunft als Korrespondent auf wichtigen Auslandsposten aus. Seine Argumente waren einleuchtend, sie überzeugten mich – für den Moment. Ich nahm meine Kündigung zurück. Rasch wurde mir mein Fehler bewusst. Schells Begründung war für einen Journalisten schlüssig. Ich liebte meinen Beruf als Zeitungsmann, und die Perspektive einer Tätigkeit in Israel oder den Vereinigten Staaten war reizvoll. Doch ich wusste, dass der schriftstellerische Marathon meine Bestimmung war und nicht der journalistische Sprint. So machte ich meine Kündigung definitiv wirksam.

9

Ich habe nie aufgehört, Journalist zu sein. Wer einmal von diesem Beruf ergriffen worden ist, von der unvergleichlich schnellen Kombination von Analyse, Recherche, Abfassung und Publikation, von Gedanken, Sprache und öffentlicher Wirkung, kommt nie wieder davon los. »Journalism is for boys«, höhnte Henry Kissinger und bewies damit, dass er bei allem Intellekt das Wesen des Journalismus nicht begriffen hatte. Als Politiker will man Macht ausüben, als Geschäftsmann Geld verdienen. Der Journalist dagegen beobachtet das Weltgeschehen und kommentiert es, einerlei ob er damit Macht und Geld erntet – oder Spott.

Bis heute bedeuten mir Befragungen von Personen der Zeitgeschichte die Glanzlichter des Journalismus. Ich möchte die Begegnungen mit zwei Männern hervorheben, die dem ersten Anschein nach kaum gegensätzlicher hätten sein können, die einander als Kriegstreiber beziehungsweise Antisemit erachteten und dennoch manche Gemeinsamkeit teilten: politischen Instinkt, Charisma und nicht zuletzt ihre jüdische Herkunft – Bruno Kreisky und Ariel Sharon.

Bruno Kreisky imponierte mir aufgrund seiner Intelligenz, seines Eigensinns, vor allem aber seiner von Menschlichkeit getragenen Politik. Nach seinem Rücktritt als österreichischer Bundeskanzler 1983 bemühte ich mich um ein Interview mit Kreisky, dem dieser nach einigem Zögern im Frühjahr 1984 zustimmte. Unser Treffen sollte in München stattfinden. Aufgrund einer Flugzeugpanne erschien ich mit zweistündiger Verspätung in Kreiskys Hotel. Der alte Herr war darob verärgert und lediglich bereit, mir »ein Viertelstünderl« zuzugestehen. Er bot mir keinen Platz an – also richtete ich meine Fragen stehend an ihn. Zunächst wollte ich wissen: »Warum sind Sie so böse auf Israel?« Als er zu seiner Antwort ansetzen wollte, ergänzte ich, »obgleich Sie hinter den Kulissen dem Land tatkräftig geholfen haben«. Der österreichische Kanzler hatte maßgeblichen Anteil an der Freilassung der israelischen Kriegsgefangenen des Oktoberkrieges von 1973 aus syrischem Gewahrsam. Darüber hinaus stellte die Alpenrepublik als einziges Land eine Transitstation für ausreisewillige Juden aus der Sowjetunion zu Verfügung.

Ein Lächeln zuckte über die bis dahin strengen Lippen des Wieners. Mit tiefer Stimme setzte er in seinem langsamen Sprachduktus zu einer Antwort an: »Weil der Begin (der amtierende israelische Premierminister) ein Semi-Faschist ist!« Was meinte er damit? »Das hat nichts mit Antisemitismus zu tun«, konterte der ehemalige Kanzler. »Das ist mir bekannt. Ganz dumm und ungebildet bin ich nicht!« Kreisky grinste. Als ich auf einer Antwort bestand, überlegte er kurz, ehe er erwiderte: »Ein Semi-Faschist betreibt eine populistische Politik. Er erzielt auf diese Weise große Mehrheiten. Doch er schert sich nicht um die Meinung der Bevölkerung noch um die Regeln des politischen Systems.«

»Er verhält sich also in etwa so, wie Sie es als österreichischer Kanzler getan haben.«

Kreisky sah mich ob meiner Chuzpe ungläubig an. Er lachte auf und winkte mich schließlich zu sich, um an seiner Seite auf der Couch Platz zu nehmen. Kreisky schüttelte seinen Kopf. »Dass meine Politik der Begins ähnelte, hat noch niemand zu mir gesagt.« Kreisky lächelte breit. »Zumindest habe ich die stabile

Unterstützung der Bevölkerung erfahren.« Und um die Partei-gremien habe er sich nicht immer geschert, »obgleich ich stets die demokratischen Regeln geachtet habe«. Dies traf formal auch auf Begin zu, der gewiss sein konnte, dass seine Meinung im Likud stets mitgetragen würde – unabhängig, welche Politik er forderte. Kreisky war dies bekannt.

Wir führten ein langes angeregtes Gespräch über die Verstän-digungspolitik in Europa und die Aussichten einer Beilegung des israelisch-arabischen Konfliktes. Wobei Kreisky deutlich machte, dass er mit Yassir Arafat gebrochen habe: »Er hat meinen Freund Issam umbringen lassen.« Der Arzt Issam Sartawi war als Unter-grundkämpfer der Al Fatah Jassir Arafats beigetreten. Er war einer der Drahtzieher des Anschlages auf die israelischen Sport-ler während der Olympischen Spiele in München 1972. Ende der 70er-Jahre hatte der Fatah-Funktionär aber begriffen, dass der is-raelisch-palästinensische Konflikt nicht durch Waffengewalt ent-schieden werden konnte, dass vielmehr ein politischer Kompro-miss zwischen Israelis und Palästinensern unverzichtbar war – dies geschah nicht zuletzt unter dem Einfluss Bruno Kreiskys. 1979 wurde Sartawi auf Initiative Kreiskys als Wegbereiter eines israelisch-palästinensischen Dialogs mit dem Bruno-Kreisky-Preis für Verdienste um die Menschenrechte ausgezeichnet. Ara-fat dagegen setzte noch lange ausschließlich auf Kampf. Da Sar-tawi sich diesem Kurs widersetzte, befahl der Fatah-Chef die Tötung seines Mitkämpfers.

Nachdem die politischen Fragen gestellt und beantwortet wa-ren, erkundigte sich der Wiener, wie es mir als Jude in Deutsch-land ergehe: »Ich weiß, dass es noch Antisemitismus gibt. Und ich seh, dass Sie ein empfindsamer Mensch sind.«

Als ich nach unserem Abschiednehmen den Raum verlassen wollte, bat mich Kreisky zurück. Er drückte mir erneut die Hand, sah mich an und stellte fest: »Herr Seligmann, Sie sollen wissen: Was ich geworden bin, mein Denken, mein Huma-nismus, mein Handeln – all das verdanke ich meiner jüdischen Herkunft.«

In der Redaktion goss ich das Interview in einen Artikel. Zum Verständnis des Menschen und Politikers Bruno Kreisky fehlte seine abschließende Wertung. Diese hatte er jedoch nach der offiziellen Befragung abgegeben. Formal gehörte sie nicht in den Beitrag – zumindest nicht als wörtlich wiedergegebenes Zitat. Dennoch durfte ich diese Selbsteinschätzung des großen Staatsmannes den Lesern nicht vorenthalten – so stellte ich dieses Zitat ans Ende des Beitrages und sandte diesen nach Wien. Jeder Politprofi hätte meine Eigenmächtigkeit aus dem Text gestrichen – nicht so Bruno Kreisky. Zwei Tage später erhielt ich seinen Brief: »Sie haben eine gute Zusammenfassung unseres Gesprächs gemacht. Es war sicher nicht leicht, aber ein Beweis dafür, dass Sie ein sehr guter Journalist sind.«

10

Wenige Wochen später führten mein Freund Abi Pitum und ich in der Bibliothek seines Hauses unter einem Selbstporträt Max Liebermanns eines unserer ausführlichen Nachtgespräche. »Was mag General Sharon für ein Mensch sein?«, wollte mein einstiger Klassenkamerad wissen. »Erstmals seit fast zweitausend Jahren wähnt sich ein jüdischer General berechtigt, einen Krieg ohne Rücksicht auf Verluste zu führen ...« Ich war ebenso erschüttert, dass die israelische Armee 1982 christlichen Milizionären durch ihre Untätigkeit die Massaker in den palästinensischen Lagern Sabra und Shatilla ermöglicht hatte, bei denen etwa tausend Menschen ermordet worden waren. Dafür trug der damalige israelische Verteidigungsminister Ariel Sharon die politische Verantwortung. Nach dem Gespräch mit Abi arrangierte ich ein Interview mit Sharon.

Am verabredeten Tag fuhr ich frühmorgens zu dessen Melonenfarm in der westlichen Negevwüste. Der Minister sei in Jerusalem, wurde mir von einem Wachposten bedeutet. Ich wurde zu Sharons Ehefrau geführt, die mir erklärte, ihr Mann habe an diesem Tag unaufschiebbare andere Termine. Lily Sharon wirkte gelassen, sie war freundlich und neugierig. Als ich erwähnte, Interviews wären meine journalistische Leidenschaft, wollte Lily wissen, welchen meiner Gesprächspartner ich am meisten schätzte. Ich wusste, dass Bruno Kreisky in Israel als Unperson galt. Bemerkungen wie: »Die Juden sind kein Volk ... und wenn sie ein Volk sind, dann ein mieses«, verletzten und erzürnten die stolzen Hebräer. Doch ich mochte nicht lügen, und so sagte ich

Lily Sharon, wie sehr mir Kreisky imponiere. Sie sah mich ernst an und meinte, sie wolle versuchen, ihren Mann zu erreichen, um einen neuen Gesprächstermin zu vereinbaren. Danach zeigte Lily mir ihr Haus. Das Gebäude war ausgelegt wie eine Hazienda. Im Wohnbereich hingen eine Reihe gerahmter Karikaturen und Ölbilder von Arik Sharon, mehrere Büsten des Generals waren aufgestellt.

Stunden später wuchtete sich Sharon aus der Limousine. Der klein gewachsene breitschultrige Mann kam mit den weit ausholenden Schritten eines Berufssoldaten auf mich zu. Seine Gesichtszüge waren klar, der Mund sensibel, der Blick der schwarzen Augen intensiv. Mit freundlicher Baritonstimme entschuldigte er sich, dass er unseren Gesprächstermin nicht hatte einhalten können: »Lily hat mich angerufen und mir gesagt, dass du ein ehrlicher Mann bist. Du sollst nicht umsonst hergekommen sein.«

Bis zum Mittagessen bleibe noch eine halbe Stunde. Wir sollten die Zeit zu einem Interview nutzen. »Dreißig Minuten genügen, um alles Wesentliche zu besprechen.« Sharon marschierte in sein Arbeitszimmer. Im Vorjahr hatte er als Verteidigungsminister seine Armee und damit sein Land durch den Libanonkrieg in ein moralisches und politisches Desaster geführt. Wie konnte dies einem so erfahrenen General und Politiker widerfahren? »Die Situation davor war katastrophal. Die Fatah drohte, die Macht im Libanon zu übernehmen. Sie eröffnete eine neue Front gegen unser Land und nahm die Menschen im ganzen Norden Israels zu Geiseln ihres Kampfes. Am Ende ermordete sie unseren Botschafter in London.« Diese Rechtfertigung war mir bekannt. Warum reagierte Israel darauf nur militärisch, und weshalb scheiterte der Feldzug? »Weil die Fatah auf Israels Vernichtung beharrte, sich jeder politischen Lösung verweigerte und nur den Kampf suchte.« Und weshalb endete der Waffengang so fatal? »Mir waren die Hände gebunden«, erwiderte Sharon. Da Washington Jerusalem einen Krieg gegen die Fatah im Libanon untersagte und Ministerpräsident Begin sich daran hielt, hatte sich Sharon mit einer begrenzten Militäraktion zu begnügen. Also setzte der Verteidigungsminister auf eine Salami-Taktik. Er ließ seine Truppen zunächst bis zum Fluss Litani marschieren und dann in Operationen gegen die Fatah-Kämpfer immer weiter nach Norden bis in die Vororte Beiruts vorstoßen, wo Fatah-Stellungen bombardiert wurden. Sharons Plan war, die Macht an die christlichen Falange-Milizen Pierre Gemayels zu transferieren und mit einem christlich dominierten Libanon Frieden zu schließen. Das Vorhaben wurde mit der Ermordung Gemayels hinfällig, dessen Milizen nahmen in Sabra und Shatilla Rache an den Palästinensern.

Was hatte Sharon aus dem Fehlschlag gelernt? »Ich hätte meine Einheiten nicht ständig aufhalten lassen dürfen.« Die israelische Regierung aber konnte aufgrund amerikanischen Drucks keinen raschen Feldzug erlauben, warf ich ein. »Ich hätte mich nicht darum scheren dürfen.« Dies hätte einen kalten Putsch durch den Verteidigungsminister bedeutet. Sharon wies meine Konsequenz zurück. Doch wie ein Schulbub senkte der gestandene Mann beim Lügen seinen Blick.

Ich folgte der Einladung zum Mittagessen. Sharon speiste mit großem Appetit und sichtlichem Genuss. Nach der Mahlzeit bat mich der Hausherr in den Salon, er zündete sich eine Zigarre an, schlürfte seinen Mokka. Der General erkundigte sich nach der Haltung der europäischen Juden gegenüber Israel. Ich erwähnte, dass die überwältigende Mehrheit die Existenz Israels unterstütze, doch der Krieg in Libanon und die Gräueltaten gegen Zivilpersonen hätten Entsetzen bei den Juden hervorgerufen. »Wir Juden müssen im Stande und willens sein, uns zu wehren. Gerade in unserem Staat. Wenn wir nicht mehr den Willen besitzen, uns zu verteidigen, sind wir verloren«, erwiderte Sharon.

Er dachte nach, ehe er bestimmt fortfuhr: »In den letzten Jahren hat es in Israel Tendenzen zur Aufspaltung gegeben. Etwa: ›Was gehen uns die feigen Diasporajuden an?‹ Das ist dumm und schädlich für alle Juden. Das jüdische Volk ist klein. Es muss zusammenhalten.« Er sah mich direkt an. Sharon setzte voraus, dass ich seine militärischen Siege kannte, vor allem die Überquerung des Suezkanals im Oktoberkrieg 1973, die den Wendepunkt in diesem Waffengang zugunsten Zions erzwang – seither bejubelten Zions Soldaten ihn als »Arik König Israels«. »Ich war dreißig Jahre israelischer Soldat und habe für mein Land gekämpft …, doch meine Identität als Israeli war für mich immer zweitrangig. In erster Linie war und bleibe ich Jude!«

Mit dieser Einstellung unterstrich Sharon indirekt, dass er zur

Vätergeneration gehörte. Die nach der Staatsgründung 1948 im Lande Geborenen dagegen verstehen sich als Israelis, die religiöse Klammer zur Diaspora ist für die säkulare Mehrheit der Israelis zweitrangig. Wichtiger ist ihnen die Bindung an die Vereinigten Staaten und den American Way of Life. Die amerikanischen Juden indessen verstehen sich in erster Linie als Bürger der Vereinigten Staaten und nehmen im israelisch-arabischen Konflikt eine moderate Position ein. Sie sind in der Regel liberal eingestellt, wählen demokratisch – und fürchten wegen ihrer prinzipiellen Sympathie für Israel einer doppelten Loyalität geziehen zu werden.

Im Weiteren legte mir Sharon seine Vorstellungen, Israel zur »modernen Wissensgesellschaft« zu entwickeln, ausführlich dar. »Ich selbst bin ein Bauer. Ich wollte nie etwas anderes werden. Doch unser Land kann auf Dauer nur bestehen, wenn wir Wissenschaft, Wirtschaft und Armee international auf den höchsten Stand heben und uns dort halten.« Er plädierte »bei aller Verbundenheit« für eine größere Unabhängigkeit von den Vereinigten Staaten, sonst verliere Israel seinen politischen Spielraum und gerate in vollständige Abhängigkeit von Washington.

Ich fragte Sharon, ob er die Führung des Staates anstrebe – jeder wusste es, doch der General wies diesen Ehrgeiz auf ähnliche Weise von sich wie Franz Josef Strauß, der betonte, er wolle lieber Ananasfarmer in Alaska werden als Bundeskanzler. Überraschend gab sich Sharon mir gegenüber offen: »Ja, ich möchte Premierminister werden.« Mir gefiel, dass er sein Bestreben, die Führung seines Landes zu übernehmen, offen aussprach. »Doch du bist der verhassteste israelische Politiker. Du bist Minister ohne Geschäftsbereich, du besitzt kein reales Ressort und hast weder Macht in deiner Partei noch in der Regierung.«

»Stimmt!«, gab Sharon zu und lächelte dabei verschmitzt. »Das Leben ist ein Riesenrad, Rafi. Heute bin ich unten. Aber ich werde wieder nach oben getragen werden – und dann weiß ich, was ich zu tun habe.« Ich war überzeugt, dass mein Gastgeber nicht tatenlos auf seine Chance warten, sondern von sich aus seine Kraft zum Einsatz bringen würde.

Sharon begleitete mich zu meinem Auto und meinte zum Abschied, das Gespräch mit mir habe ihn herausgefordert. Er würde es gerne fortsetzen und sich freuen, wenn ich mich wieder an ihn wenden würde – er notierte mir seine Privatnummer auf einen Zettel.

Auf der Fahrt nach Tel Aviv verglich ich Bruno Kreisky und Arik Sharon. Sie vertraten konträre politische Standpunkte, waren beide selbstbewusst und dachten analytisch. Sie liebten die Provokation, waren sich ihres Charismas bewusst und scherten sich kaum um die Regeln ihres politischen Systems – sie waren nach Kreiskys flapsiger Definition »Semi-Faschisten«. Bemerkenswert auch ihr Rekurrieren auf das Judentum. Bruno Kreisky verstand sich als Agnostiker und sprach dem Judentum einen eigenständigen Volkscharakter ab, beharrte jedoch gleichzeitig darauf, sein humanistisches Denken sei in seinem Judentum begründet. Ariel Sharon wiederum, den seine Soldaten und Anhänger als Reinkarnation eines israelischen Königs feierten, verstand sich lediglich in sekundärer Hinsicht als Israeli. Ihm war sein Judentum vorrangig. Die Juden kamen, ob sie wollten oder sich dagegen wehrten, von ihren Ursprüngen nicht los.

11

Im Herbst 1984 fand meine Begegnung mit Bruno Kreisky eine anrührende Fortsetzung. Ich berichtete für die »Welt« von einer Tagung des Jüdischen Weltkongresses in Wien, die sich mit der jüdischen Kultur im Vorkriegseuropa und in der Gegenwart auseinandersetzte. Dabei wurde ich mit einem halben Dutzend Kollegen zu einem Besuch in Kreiskys Privatwohnung gebeten. Dem Politiker war kürzlich eine Spenderniere transplantiert worden. Er hatte sich einen Bart wachsen lassen und empfing uns leger im Trainingsanzug. Als wir mit ihm bekannt gemacht wurden und die Reihe an mich kam, brummte der alte Herr: »Den Seligmann müssn's mir net vorstellen!« und umarmte mich.

Nach einer Stunde wollten wir uns verabschieden. Kreisky zupfte mich am Ärmel und bat mich, noch eine Weile bei ihm zu bleiben. Sein alter Freund Bronner komme gleich zu Besuch. Unterdessen riefen Bürger an – Kreiskys Nummer stand im Telefonbuch – und baten um Unterstützung. Gewissenhaft notierte sich der Hausherr Namen und Anliegen der Menschen und versprach, sich für deren Belange bei den Behörden einzusetzen.

Abends kam der Kabarettist Gerhard Bronner vorbei. Er trank Wein, was Kreisky verwehrt war. Als ich den ehemaligen Kanzler fragte, warum er nach wie vor in öffentlichen Belangen aktiv sei, meinte Kreisky: »Hin und wieder kann man noch was Gutes bewirken«, er schmunzelte, »und den selbstgefälligen Politikern auf die Finger schauen und hauen.« Gerhard Bronner ergänzte: »Tu net so heilig, Bruno, den ganzen Tag magst auch net bei deiner (Ehefrau) Vera daham rumhocken.« Bruno Kreisky war ein »Mensch«.

Arik Sharons Riesenradallegorie bewahrheitete sich. Wenige Monate nach unserem Gespräch wurde er Handelsminister und gehörte damit dem Kernkabinett an. Auch als sein Likud-Rivale Benjamin Netanyahu an die Spitze der Regierung trat und seine Partei später von den Wählern in die Opposition geschickt wurde, hielt Sharon an seiner Ambition fest. Nach einem von den Arabern als Provokation empfundenen Besuch Sharons auf dem Tempelberg wurde er 2000 schließlich zum Ministerpräsidenten gewählt – die Bürger inthronisierten ihn als König von Israel auf Zeit. Bis dahin war er für mich und gelegentliche Interviews stets erreichbar. Danach zerschnitten seine beflissenen Lakaien diese Verbindung.

Als Regierungschef sah Sharon »die Dinge unter einem neuen Gesichtswinkel«. Er hielt sich an die ungeschriebene Verfassung des Landes und suchte einen pragmatischen Ausgleich mit den Palästinensern. Nicht jedoch mit Arafat, mit dem als »Mörder« er ebenso wie Bruno Kreisky nichts zu tun haben wollte. Sharon ordnete den einseitigen israelischen Rückzug aus Gaza an, er ließ die jüdischen Siedlungen dort vollständig räumen, die er einst hatte bauen lassen. Als der Likud ihm darob die politische Gefolgschaft verweigerte, gründete Sharon die Kadima-Partei. Bis zuletzt suchte der General, der vorgab, den Krieg zu hassen, nach einem möglichen Kompromiss mit den Arabern. Das Gelobte Land des Friedens blieb ihm indessen verwehrt. Im Januar 2006 erlitt Sharon einen Schlaganfall, der ihm das Bewusstsein für immer raubte.

12

Meine letzte Begegnung mit Kreisky hatte am Rande der vom Jüdischen Weltkongress organisierten Jüdischen Kulturtage in der
österreichischen Hauptstadt stattgefunden. Während mancher
Vorträge und Diskussionen leuchtete kurz der Glanz von einst
auf, als brillante Persönlichkeiten wie Schnitzler, Freud, Alten-
berg den Geist ihrer Mitmenschen anzuregen vermochten.

Als ich am Abend das Tagungshotel verlassen wollte, wurde
ich mit der Kleinkariertheit des gegenwärtigen deutschen Judentums konfrontiert. Auf der Freitreppe begegneten mir Werner Nachmann, der Vorsitzende des Zentralrats der Juden in
Deutschland, sowie dessen Generalsekretär Alexander Ginsburg.
Der Karlsruher Nachmann hielt sich nicht mit Höflichkeiten
auf: »Der Seligmann! Hier gibt er den guten Juden. Doch Kirchensteuer zahlt er keine.« Der klein gewachsene Ginsburg be-
eilte sich, »Das ist bekannt!« hinterherzuschieben.

Die Lüge empörte mich. Zunächst. Dann beschloss ich, das
anmaßende Duo bei seinem Wort zu nehmen: »Wenn es so ist,
meine Herren, sind Sie sicher bereit, auf Ihre Behauptung eine
Wette einzugehen.« – »Jederzeit!«, bestätigte Nachmann. Indessen der geschmeidige Ginsburg sich zurückhielt. »Lassen Sie uns
um 1000 Mark wetten, dass ich Kirchensteuer zahle«, schlug ich
vor. »Geh nicht darauf ein, Werner«, warnte Ginsburg. »Wenn
der Seligmann um so viel Geld wetten will, plant er eine Hinter-
hältigkeit.« Auf die Idee, dass ich die Wahrheit sagte, kam Ginsburg, der stets über die Bande dachte, nicht. Nachmann indessen
war sein Ego zu wichtig, um beizugeben. »Seligmann blufft«,
höhnte er.

Als es zum Einsatz kam, siegte auch bei Nachmann eine gewisse Vorsicht. Um Geld zu wetten sei nicht »gentlemanlike«,
bestimmte er. Doch er bleibe bei seiner Haltung und gehe die
Wette ein. Nachmann und ich einigten uns auf eine Flasche
Champagner. Ginsburg folgte Nachmanns Aufforderung, ebenfalls auf meine Unehrlichkeit zu setzen, nicht und erklärte sich
stattdessen bereit, den Schiedsrichter zu geben. Nachmann und
ich reichten uns die Rechte – meine Hand verschwand in der
seinen, sein Druck war kräftig. Ginsburg legte seine Hand darüber – die Wette galt.

Wieder in München, sandte ich eine Fotokopie meiner Lohn-steuerkarte, auf der unter Religion »is«(israelitisch) eingetragen war, Nachmann zu. Nach zwei Wochen erhielt ich einen Brief aus Karlsruhe. Unter dem Briefkopf des »Vorsitzenden des Direkto-riums des Zentralrats der Juden in Deutschland« schrieb Nach-mann: »Ich gebe zu, ich habe die Wette verloren und werde Ihnen in den nächsten Tagen eine Flasche Champagner zuschicken, die Sie mit Ihrer Frau in aller Ruhe genießen können. Bei unserer nächsten Zusammenkunft mit Herrn Ginsburg können wir dann nochmals auf Ihre ehrliche Steuererklärung trinken.«

Nachmann hielt Wort und sandte den Champagner.

Drei Jahre später, Ende Januar 1988, wurde der Tod Werner Nachmanns gemeldet. Auf seiner Beerdigung würdigte Bundes-kanzler Helmut Kohl den Verstorbenen als »deutschen Patrio-ten«. Kurz darauf wurde bekannt, dass Nachmann sich das Leben genommen hatte. Er hatte offenbar Millionen öffentlicher Gel-der, die als Entschädigungsleistungen vorgesehen waren, ver-untreut.

Ich hatte Nachmann als harten Kerl erlebt. Doch ein Blick in seine warmen braunen Augen zeigte, dass er einen weichen Cha-rakter besaß. Nachmann erlag der Versuchung, den deutschen Musterjuden zu geben. Als sein Betrug sichtbar zu werden drohte, zog er die letzte Konsequenz und setzte seinem Dasein ein Ende. In Schande wollte er nicht leben und dies der jüdischen Gemeinschaft nicht zumuten.

Verlagsodyssee

1

Am 7. Januar 1985 begann ich meine Arbeit als Akademischer Rat am Lehrstuhl für Internationale Beziehungen am Geschwister-Scholl-Institut (GSI) der Universität München. Mein Büro in der Ludwigstraße 10 stand im Schnittpunkt zweier historischer Bauten: der Feldherrnhalle aus dem Jahre 1844 am südlichen Ausgangspunkt der Ludwigstraße, in der die bayerische Monarchie ihre siegreichen Truppenführer ehrte. An der Ostseite dieses Baus schlug bayerische Polizeikavallerie am 9. November 1923 den Hitler-Putsch gewaltsam nieder. Der Befehl hierzu kam aus dem Kriegsministerium, dem nächstliegenden Gebäude in nördlicher Richtung des GSI, in dem nun das Institut für Bayerische Geschichte untergebracht war.

Meine Aufgaben als Seminarleiter bereiteten mir Vergnügen. In meinem ersten Wintersemester bot ich einen Grundkurs in Internationalen Beziehungen sowie eine Übung über deutsche Außenpolitik während der Adenauer-Jahre an. Ich war die übliche Seminarroutine leid, die mir ob meines eigenen Studiums in unguter Erinnerung war: Referat, Koreferat und nach wenigen Wortmeldungen die Veranstaltung und damit die Debatte zu beenden. Dabei blieb die wissenschaftliche Diskussion, zumal die Falsifizierung der aufgestellten Hypothesen auf der Strecke. Gerade die offene Aussprache aber galt mir als der Kern des deutschen akademischen Systems und seiner außergewöhnlichen Freiheit.

Daher gab ich meinen Lehrveranstaltungen einen Rahmen, der Initiative und Aussprache förderte. Ich führte keine Präsenzlisten, denn ich empfand mich nicht als akademischer Buchhalter. Das war unter der Würde eines Dozenten und seiner Studenten. Von den Anwesenden verlangte ich aktive Teilnahme. Die Referate durften maximal 15 Minuten dauern – und mussten frei gehalten werden. Wer sich wochenlang mit einem Thema auseinandersetzte, musste in der Lage sein, »wie im wirklichen Leben seine Meinung kundzutun«. Nach anfänglicher Unsicherheit mancher Teilnehmer wurde der Vorteil der Übung in freier Rede von den meisten gutgeheißen.

Entscheidend war, dass die Referate nicht mit wohlmeinenden Floskeln gelobt, sondern von mir und den übrigen Seminarteilnehmern kritisch analysiert wurden. Die Bewertung durfte nie persönlich verletzend werden, doch in der Sache war harte Überprüfung angesagt. Nicht wenige reagierten zunächst gekränkt.

Nach einigen Sitzungen hatten sich die meisten meiner Studenten an die neuen Herausforderungen gewöhnt. Sie nutzten die Chance zur freien Rede und offenen Diskussion. Allerdings gelang es mir nie, mehr als ein Drittel zur Teilnahme an den Debatten zu motivieren. Doch im Vergleich zu anderen Seminaren war dies ein hoher Beteiligungsgrad. Meine Veranstaltungen waren die am besten besuchten Übungen am Geschwister-Scholl-Institut. Dies wollte die kadermäßig organisierte Marxistische Gruppe, »MG«, zur Indoktrination nutzen. Da die holzschnittartigen Argumente der Möchtegern-Kommunisten bei den meisten Kommilitonen nicht verfingen und die Teilnehmer meiner Seminare stattdessen auf einer ähnlichen realpolitischen Linie argumentierten wie ich, denunzierte die MG sie fortan als »Seligmann-Fan-Club«. Dieses Etikett blieb an ihnen über die Semester hinweg haften. Sie und ich fassten dies als Bestätigung auf. Meine Studenten wuchsen mir zunehmend ans Herz. Sie wurden zu meiner Ersatzfamilie, da ich privat in diesen Jahren auf der Stelle trat.

2

Bei einer Routineuntersuchung wurde bei mir ein vermeintlicher Lebertumor entdeckt. Der Radiologe überwies mich zur Entnahme einer Gewebeprobe in die Klinik. Ich durchlitt Todesängste. Als ich Ruth telefonisch von dem Verdacht berichtete, kam sie samt Kindern mit der nächsten Maschine nach München. Unsere kleine Familie war ein Jahr nach Yaëls Geburt erstmals wieder vereint. Ruth war eine erwachsene Frau geworden, die ihrem Mann unaufgefordert in dessen Not beistand. Ein befreundeter Internist riet mir, einen ihm bekannten Radiologen zu konsultieren, ehe ich eine Leberpunktion vornehmen ließ. Mein Hausarzt bestand dagegen auf einer sofortigen Untersuchung.

Die widerstreitenden Meinungen der Mediziner ließen mich an einen jüdischen Witz denken: »Drei Patienten: Jude, Christ, Moslem, erhalten von ihrem Doktor eine tödliche Diagnose. Was tun sie? Der Christ hofft auf eine Wunderheilung und pilgert nach Lourdes. Der Moslem unternimmt mit der gleichen Intention eine Reise nach Mekka. Der Jude aber wechselt den Arzt!«

Der Radiologe legte mir nach einer sorgfältigen Auswertung der Computertomographie nahe, »erst mal nichts zu tun und Tee zu trinken«. Er gehe von einem negativen Befund aus, wozu solle ich eine »nicht unproblematische Biopsie« auf mich nehmen? In einem Vierteljahr könne ich zur eigenen Beruhigung, der Röntgenarzt spürte meine hypochondrische Panik, eine erneute »harmlose Ultraschalldiagnose« stellen lassen. Mein Hausarzt dagegen bestand auf einer erneuten Untersuchung binnen Monatsfrist. In den folgenden langen vier Wochen hoffte und betete ich um Bewahrung vor einer tödlichen Krankheit. Die erneute Diagnose erbrachte keine Verschlechterung. Ich war noch einmal davongekommen. Die Angst vor einer fatalen Krankheit hat sich in meine Seele eingegraben. Sobald ich seither meine jährliche Routineuntersuchung vornehmen lasse, schießt sie wieder an die Oberfläche meines Bewusstseins und lässt mich beben. Nach einem Dutzend Jahren fuhr ich den Lohn der Angst auf meine Weise ein. In meinem Roman »Der Milchmann« lasse ich den Protagonisten Jakob Weinberg eine Woche auf das Ergebnis einer Prostatabiopsie warten. In dieser quälenden Zeit erzählt der Schoah-Überlebende seine Lebensgeschichte. Zugleich wird Weinberg von seinen Kindern, der Geliebten und den Freunden unter Druck gesetzt und will Ordnung in sein Leben bringen.

Ruth hatte mir während meines panischen Monats beigestanden. Danach gingen wir behutsam miteinander um. Doch der vierjährige Juda spürte die latente Spannung deutlicher als wir, da er an beiden Eltern gleichermaßen hing. Öfter mahnte er uns: »Habt euch lieb!«

3

Judas Wunsch ließ sich nicht erfüllen. Dies wurde auf unerwartete Weise deutlich. Als ich mein Romanmanuskript in eine Endfassung gebracht hatte, gab ich es Ruth zur Lektüre. Ich erwartete wie jeder Schreiber Lob. Doch meine Frau urteilte nüchtern, ich solle nicht in meine eigene Suppe pinkeln, also mich einer Kritik der Juden enthalten.

Damit führte Ruth mich zurück auf den Ursprung des Schweigens der jüdischen Gemeinschaft. Ich konnte nachvollziehen, dass ältere Juden, durch das Erlebnis des Völkermordes traumatisiert, nicht darüber zu sprechen vermochten, ja dass sie durch die Übertragung ihrer Ängste die eigenen Kinder verstummen ließen. Dass ausgerechnet meine Frau, eine frei in Israel aufgewachsene Hebräerin, mir nahelegte, meinen Mund zu halten, war mir unbegreiflich. Ruth war Ingenieurin, sie dachte pragmatisch. Sie ahnte, dass Deutschlands Juden sich durch meine Offenheit verletzt fühlen würden.

Für Ruth bedeutete Literatur Freude an der Sprache und Phantasie. Mein Manuskript machte ihr deutlich, dass die Aufdeckung von Gefühlen auch negative Konsequenzen für den Autor zeitigen würde. Ruth mochte nicht verstehen, dass ich mich zum Schriftsteller berufen fühlte. Dieser Aufgabe konnte ich allein gerecht werden, wenn ich ehrlich berichtete, ohne auf meine eigenen Empfindlichkeiten und die der anderen Rücksicht zu nehmen. Nur dann war in meinen Augen Literatur sinnvoll.

Unsere Auseinandersetzung war keineswegs abstrakt, sondern für beide Seiten entscheidend. Ruth ging es um ein gesichertes bürgerliches Dasein, das ich in ihren Augen durch meine Beamtentätigkeit angestrebt hatte. Mir war es darum zu tun, mein Leben als Schriftsteller zu gestalten. Dieses Ziel hatte Vorrang vor allem – selbst vor der Liebe zu meinen Kindern.

Noch bezog ich mein Gehalt als Beamter, und keine Zeile meiner Literatur war veröffentlicht. Doch mir war bewusst, dass unsere Ehe endgültig zerbrechen würde, sobald ich meinen Lebens- und Berufstraum wahr machte.

4

Über die Publikation meines Romans hatte ich mir bislang keine Gedanken gemacht. Ich hatte in Anlehnung an meine Doktorarbeit ein Sachbuch über Israels Sicherheitspolitik veröffentlicht. Ähnlich unkompliziert dachte ich mir – naiverweise – das Erscheinen meines literarischen Erstlings. Ich stellte eine Liste von zehn Verlagen zusammen, die moderne Belletristik und/oder jüdische Erzähler herausgaben. Als ich dort anrief und mich erkundigte, ob sie Interesse an einem jüdischen Gegenwartsroman hätten, kam jeweils die Gegenfrage: Wer ich sei, man kenne mich nicht. Lektoren und Verlegern, die sich mit Sachtexten über den Nahen Osten, speziell Israel, befassten, waren mein Namen und meine Beiträge geläufig: Sie wussten, wofür ich stand und was die Leser meines Buches erwartete.

Wie ich erfuhr, werden Verlage mit unverlangt eingesandten Manuskripten überschwemmt. Die Autoren bekamen kein Echo. Mir blieb nichts übrig, als dennoch Lektoren anzusprechen. Erneut kam mir Kafkas Erzählung »Vor dem Gesetz« in den Sinn. Einem Mann wird der Zugang zum Gesetz von einem Wächter verwehrt. Er nimmt es hin und wartet unverrichteter Dinge bis an die Schwelle seines Todes. Da wagt er es, den Wächter zu fragen, warum all die Zeit niemand den Eingang passiert habe. »Hier konnte niemand sonst Einlass erhalten, denn dieser Eingang war nur für dich bestimmt«, antwortet der Wächter und schließt die Pforte. Ich war entschlossen, meinen Weg in die Literatur zu Lebzeiten zu finden.

Als ich die zuständigen Lektoren endlich an der Strippe hatte, erklärten mir die meisten, selbstverständlich hätten sie »prinzipiell Interesse an jüdischer Literatur«. Nach dem furchtbaren Geschehen der Nazijahre, Schoah, Vertreibung etc., wäre Deutschland eine »literarische Wüste in jüdischen Belangen«. Daher helfe man sich mit Neuausgaben deutsch-jüdischer Schriftsteller wie Feuchtwanger, Wassermann, Tucholsky oder den Werken hervorragender jüdischer Gegenwartsautoren aus den Vereinigten Staaten, etwa Bellow, Singer, Roth … Ich erwiderte, dass ich mit meinem Roman ein Pflänzchen in die erzählerische deutsch-jüdische Wüstenei gesetzt hätte. Dieser Neuanfang könne ein Wiederaufleben der deutsch-jüdischen Literatur fördern. Dem wurde grundsätzlich zugestimmt – welcher Lektor wollte in den Ruf kommen, einer Renaissance der jüdischen Erzähltradition in Deutschland im Wege zu stehen? –, doch gleichzeitig wurden »objektive Bedenken« hinsichtlich Programmstruktur und Lesergewohnheiten geäußert. Fazit: Auf absehbare Zeit bestehe keine Chance, jüdische Gegenwartsliteratur aus Deutschland zu veröffentlichen.

Ein Handvoll Büchermacher aber bekundeten Interesse. Lea Fleischmann, die Autorin des Buches »Dies ist nicht mein Land«, hatte mir ihre Lektorin bei Hoffmann und Campe empfohlen. Nach der Lektüre meines Manuskriptes rief diese mich an und teilte mir mit, sie habe meinen Roman mit »glühenden Ohren« gelesen. Dieser Bericht über jüdisches Leben in Deutschland müsse dem Lesepublikum zugänglich gemacht werden. Sie werde mich in zwei Tagen mit einem Verlagsvertrag in München aufsuchen.

Ich war berauscht. Mein Buch würde im gleichen Verlag erscheinen wie Heines Werke. Der Roman würde das erstarrte deutsch-jüdische Miteinander beleben und die Worthülsen von »Versöhnung«, »Bewältigung der Vergangenheit«, »Verständnis« entlarven. Eine neue, ehrliche Diskussion wäre angestoßen.

Doch der angekündigte Besuch der Dame aus dem Norden ließ auf sich warten. Meine Zuversicht entwich wie Luft aus einem defekten Reifen. Nach zwei Wochen rief ich in Hamburg an, um mich nach dem Stand der Dinge zu erkundigen. Die Lektorin erklärte mir nunmehr, ihre Kollegen hätten Bedenken geäußert, ob die Leser »schon so weit« wären, meinen Roman zu verstehen. Vor allem die Sprache des Protagonisten gegenüber seiner Mutter sei ungewöhnlich aggressiv. Dies könne missverstanden werden und antijüdische Gefühle hervorrufen. Die gleiche Lektorin, die kurz zuvor Sprache und Geschehen als erhellend bezeichnet hatte, versteckte sich nun hinter philosemitischen Vorwänden. Ich begriff, dass dies nicht ihre, sondern die Zweifel des Hauses waren – insofern war ein Überzeugungsversuch sinnlos.

5

Von anderen Verlagen erhielt ich ähnlich bedenkenträgerische Absagen. Dazwischen lagen Zurückweisungen aufgrund mangelnder Ernsthaftigkeit oder programmatischer Unverträglichkeit. Ich war überzeugt, dass mein Roman, den ich aufgrund seiner Eingangssequenz »Rubinsteins Versteigerung« genannt hatte, ein Dokument jüdischen Gegenwartslebens in Deutschland war, das es verdiente, an die Öffentlichkeit zu gelangen. Doch die stetige Zurückweisung raubte mir weit mehr Selbstwertgefühl, als ich mir einzugestehen bereit war.

Dies wurde mir deutlich, als ich im Herbst 1985 die Frankfurter Buchmesse besuchte. Ich war überzeugt, zumindest bei einem der vielen deutschen Verlage ein offenes Ohr für meine Argumente und am Ende auch für meinen Roman zu finden. Die schiere Größe des Büchertreffens bestärkte mich zunächst darin. Erneut überlegte ich, ob ich kleinere, wenig bekannte Verlage oder renommierte Häuser aufsuchen sollte. Weder hier noch dort kannte ich Lektoren oder gar Verleger. Es war mir peinlich, in eigener Sache vorstellig zu werden. Auf der Messe konnte ich mich nicht hinter einem Telefonapparat verbergen. Sollte ich mich an eine Agentur wenden? Ich kannte keine. Würde mir der Kontakt zu einem Literaturkritiker weiterhelfen? Marcel Reich-Ranicki bezeichnete die Juden als »Ruhestörer«, als notwendiges Korrektiv einer gleichförmigen Mehrheitsliteratur. War ihm, Verlegern und Germanisten nicht aufgefallen, dass es so gut wie keine jüdische Gegenwartsliteratur in diesem Land gab?

Eine bemerkenswerte Ausnahme war der Schriftsteller Jurek Becker. Bereits 1976 publizierte er in der DDR seinen Roman »Der Boxer«. Zehn Jahre später folgte »Bronsteins Kinder«. Die Bücher wurden kaum beachtet. Ganz anders als Beckers berührender Schelmenroman »Jakob der Lügner«. Eine Geschichte vor dem Hintergrund des Völkermords. Doch wie lebten Deutschlands Juden heutzutage in der Bundesrepublik? Wie wurden sie damit fertig, ins Land ihrer Häscher und der Mörder ihrer Kinder, Eltern, ihrer Freunde, ihres Volkes eingewandert oder zurückgekehrt zu sein? Was fühlten sie? War es möglich, dass sich niemand unter all den feingeistigen Literaturkennern über die Gründe dieses vollkommenen Schweigens Gedanken gemacht hatte? Ich war überzeugt, dass ich die richtigen Fragen stellte und mit meinem »Rubinstein« zumindest eine notwendige Antwort gegeben hatte, kehrte aber, ohne einen Verlag oder einen Publizisten angesprochen zu haben, wieder an die Isar zurück. Ich hatte mich von der Furcht vor Zurückweisung überwältigen lassen. Wie konnte ich von der deutschen Gesellschaft Antworten nach ihrem Standpunkt gegenüber Juden einfordern, wenn mir selbst der Mut fehlte, meine Gedanken vor deren Publizisten zu vertreten?

6

Um mich abzulenken, widmete ich mich in München neben der Arbeit an der Universität einem neuen Projekt. Der Kulturreferent der Israelitischen Gemeinde, Abrascha Friedman, hatte mich gefragt, ob ich ein jüdisches Publikationsorgan schaffen könne. Ich mochte mich nicht ausschließlich in die jüdische Ecke begeben. Doch ein Publizist hatte mit seiner Meinung an die Öffentlichkeit zu gehen. Sonst blieb er ein Tagebuchschreiber.

Innerhalb weniger Tage stampfte ich ein Monatsblatt aus dem Boden, dem ich den Namen »Jüdische Zeitung« gab. Meine Mitarbeiter waren meine Studenten. Wir berichteten aus Politik, Kultur, der jüdischen Gemeinde und über Israel. Das Signet »Jüdische Zeitung« öffnete uns manches Tor. Im Verlaufe der folgenden zwei Jahre gelangen uns eine Reihe bemerkenswerter Interviews, unter anderem ein Gespräch mit dem damaligen Bundespräsidenten Richard von Weizsäcker. Deren Inhalt sowie meine Kommentare zum Tagesgeschehen gaben wir an Nachrichtenagenturen und deutsche Tageszeitungen weiter, die sie der breiten Öffentlichkeit zugänglich machten. Ich wollte, dass unsere Leser in Bayern stolz auf ihre »Jüdische« sein sollten.

Doch die Aktivitäten als Chefredakteur, eine freie Mitarbeit beim Bayerischen Rundfunk sowie die Dozententätigkeit am GSI vermochten mich nicht darüber hinwegzutäuschen, dass ich unfähig war, meiner Berufung als Schriftsteller zu folgen. Dieses Versagen quälte mich ständig.

Am 29. November 1985 wurde ich beim Überqueren der Ludwigstraße unweit meines Instituts von einem Auto erfasst und auf die vereiste Fahrbahn geschleudert. Ich war zunächst unfähig, mich zu rühren. Während der Verkehr auf der Straße an mir vorbeirauschte, blickte ich zu den Zwillingstürmen der Ludwigskirche auf und dachte unwillkürlich an Impressionen aus Feuchtwangers Roman »Erfolg« und Thomas Manns Novelle »Gladius Dei«: »München leuchtete.« Den Phantasien wurde ein Ende durch einen Mann gesetzt, der sich mir als Arzt vorstellte. Er war zufällig Zeuge meines Unfalls geworden. Der Mediziner wies mich an, stillzuhalten, da ich nach seiner Beobachtung am Rücken angefahren worden sei und mir bei einer falschen Bewegung eine Querschnittslähmung drohte. Ich solle mich trotz der Kälte gedulden. Er habe eine Passantin angewiesen, die Notrettung zu alarmieren. Im ersten Moment hatte ich weder Kälte noch Schmerzen verspürt. Doch bald wurde ich von beiden Empfindungen zunehmend geplagt. Nach wenigen Minuten erschien ein Rettungswagen. Ich wurde auf eine Spezialliege gebettet und in die Klinik chauffiert. Unterdessen bibberte ich vor Kälte. Doch mein Bewusstsein war klar. Ich betete, dass ich von einer Querschnittslähmung verschont bliebe.

Mit einem Mal wusste ich, was ich zu tun hatte. Ich musste meine Blockaden lösen. Die häusliche und die berufliche. Ich war mit einer Frau verheiratet, mit der ich mich nicht verstand – die meine intellektuellen Bedürfnisse nicht nachvollziehen und mir daher nicht beistehen konnte. Das Manövrieren um der Nähe zu den geliebten Kindern willen führte zu einer für alle unwürdigen Situation, die sich im Laufe der Zeit zwangsläufig verschlimmern musste, selbst wenn ich meine beruflichen Ambitionen aufgab. Doch ich dachte nicht daran, zu kapitulieren. Ich war angetreten, um meine Phantasien, meine Gefühle, Gedanken unter die Menschen zu bringen – und um wie jeder Gaukler und Künstler mit Beifall oder Missfallensbekundungen belohnt oder bestraft zu werden. In der ersten Runde hatte ich versagt. Dies war kein Grund zur Aufgabe. Ich musste meinen Mut sammeln, erneut anklopfen und so lange am Türschloss rütteln, bis mir das Tor geöffnet wurde.

Zunächst aber galt es, wieder auf die Beine zu kommen. Die behandelnden Ärzte in der Notaufnahme des Uni-Klinikums erklärten, ich hätte unwahrscheinliches Glück gehabt. Das Auto habe mich am Becken erfasst, dies sei der stabilste Knochen des Menschen. Offenbar habe es sich um einen Kleinwagen gehandelt – ja, es war ein Polo –, bei einem größeren Fahrzeug mit höherer Motorhaube wäre die Wirbelsäule angefahren worden, die einem derartig massiven Schlag nicht gewachsen gewesen wäre.

Die stärksten Schmerzen verspürte ich bald im rechten Fuß, mit dem ich aufgeschlagen war. Die Ärzte meinten nach einer kurzen Untersuchung, es handle sich um eine Zerrung, die Beschwerden würden rasch nachlassen. Ich durfte nach Hause humpeln. Dort ließ mich ein rasch anschwellender und zunehmend schmerzender Fuß keinen Schlaf finden. Am nächsten Tag erwies eine Durchleuchtung einen Fersenbeinbruch. Ich erhielt einen Gipsverband für acht Wochen. Den ersten Monat sollte ich liegend zubringen.

Ich war entschlossen, mich nicht daran zu halten. Ich ließ keine Lehrveranstaltung ausfallen. Zusätzlich übernahm ich mehrere Seminarsitzungen Kindermanns an der Hochschule für Politik. Auch meinen Aufgaben bei der »Jüdischen Zeitung« kam ich nach. Doch mir war bewusst, dass ich nicht weiterwursteln durfte wie bislang. Ich fasste meinen Unfall als Alarmsignal auf, zu handeln und mein Leben endlich gemäß meinen Bedürfnissen zu führen.

7

Der erste Schritt war, meine Ehe zu beenden. Es hatte keinen Sinn, jetzt darüber zu räsonieren, dass wir nie hätten heiraten dürfen. Wir hatten es getan, es schadete uns, also mussten wir, musste ich die Konsequenzen ziehen. Ich wusste, dass die Kinder die Zeche zahlen würden. Als mir nach einem Monat endlich ein Gehgips angelegt wurde, zog ich unter Hinterlassung aller materiellen Habe, selbst meiner Bibliothek und unserer Lithographien, aus der ehelichen Wohnung in der Schwabinger Barerstraße aus. Als ich mit meinem Handkoffer aus der Tür treten wollte, lief Juda hinter mir her und umklammerte meine Beine. »Du darfst nicht weggehen, Rafi! Du darfst uns nicht verlassen!«, rief er weinend. Ich versuchte ihm deutlich zu machen, dass ich ihn und seine Schwester Yaël nie verlassen würde. Ich müsse lediglich umziehen. Doch meine scholastische Argumentation verfing bei meinem Kind nicht. Juda hielt mich fest. Ich stand hilflos da. Es war der schlimmste Moment meines Lebens. Als der Griff meines Kindes nachließ, machte ich mich los. Ich versprach, ihn am nächsten Tag zu besuchen, und hielt mein Wort. Bald sollten Juda und seine Schwester auch in meiner neuen Wohnung eine zeitweilige Bleibe finden. Mein Sohn war über meinen Fortgang untröstlich – er blieb es trotz aller zwischenzeitlichen Freuden.

Ich quartierte mich zunächst bei Michael Schramm ein. Der Fernsehjournalist hatte bei mir Seminare belegt und mir vor Wochen berichtet, dass seine Freundin ihn verlassen habe und er für deren Zimmer einen Nachmieter suche. So richtete ich mir bei

Michael mit IKEA-Möbeln ein provisorisches Zuhause ein. Ich besorgte Spielzeug für die Kinderecke. Täglich holte ich Yaël und Juda vom Kindergarten ab und verbrachte möglichst viel Zeit mit ihnen. Am Wochenende wohnten sie ohnehin bei mir.

Prinzipiell wusste ich, dass ich Romane schreiben wollte. Am liebsten hätte ich meine Arbeit an der Universität bis auf die Lehrveranstaltungen aufgegeben und meine Zeit allein darauf verwendet, Bücher zu verfassen, in denen ich meine Phantasie und meine Vorstellungen zur Anschauung brachte. Doch ich brauchte das Geld für den Unterhalt der Kinder und ihrer Mutter. Als Beamter hatte ich die Möglichkeit, auch während meines Dienstes zu schreiben – so erstellte ich die »Jüdische Zeitung« und verfasste Features für den Bayerischen Rundfunk. Einen Roman zu schreiben erfordert eine spezielle Grundstimmung. Der Autor muss sich vom Druck des Alltags weitgehend frei machen. Dies klammheimlich während der Bürostunden zu versuchen hätte mich um die Freude des Fabulierens gebracht, den Antrieb und die größte Genugtuung des Schriftstellers.

8

Ich kannte Edgar Hilsenraths Bücher und seinen Werdegang. Im Roman »Die Nacht« verarbeitete er seine Jugend im rumänischen Ghetto während der deutschen Besatzung. Jahre später versuchte er im Roman »Der Nazi und der Friseur«, dem gespaltenen Bewusstsein seiner Häscher mit ätzendem Humor beizukommen. Das war den deutschen Verlagen zu viel – SS-Männer als Babyschänder zu verharmlosen, erschien ihnen degoutant, es entbehrte der gespreizten Distanz der obligatorischen deutsch-jüdischen Versöhnungsgesten. Die Berufs-Literaturbeschleuniger wollten nicht begreifen, dass Massenmord, selbst aggressiver Antisemitismus den Betroffenen keinen Abstand lässt, schon gar keinen ästhetisierenden. »Der Nazi und der Friseur« wurde zunächst von deutschen Verlagen abgeschmettert. Erst als das Buch durch die Publikation in den Vereinigten Staaten den Koscher-Stempel erhalten hatte, fand endlich ein deutscher Verlag den Löwenmut, es zu veröffentlichen, und hatte damit auf Anhieb Erfolg.

Diese Verlagsodyssee stimmte mich neugierig und gab mir

Zuversicht. Als Hilsenrath in München aus dem »Nazi« las, ging ich nach der Veranstaltung gemeinsam mit einer Hörerrunde und dem Autor in eine Kneipe. Ich versuchte ihn anzusprechen, doch die übrige Gesellschaft redete permanent auf den zierlichen Mann mit dem mächtigen Schnauzer ein. Hilsenrath ließ das Geschwätz gleichmütig über sich ergehen. »Du sagst fast nichts, schreibst du?«, wandte er sich unvermittelt an mich, wobei er mich aus seinen hellblauen Augen verschmitzt anlächelte. Als er sich zu mir setzte, berichtete ich ihm von meinen Selbstzweifeln. Hilsenrath winkte ab: »Nur Idioten zweifeln nicht an sich. Wenn das eigene Buch ständig zurückgewiesen wird, zweifelt man umso mehr.«

Er forderte mich auf, ihm mein Manuskript zuzusenden, damit er sich ein Urteil bilden könne. Wenige Tage später erhielt ich seine Antwort: »Dein Manuskript hat mir gut gefallen. Es gehört zu jenen Büchern, die man auf einen Zug durchlesen kann, und das ist ein gutes Zeichen. Es stimmt auch in Ton und Rhythmus, und alles ist mit Konsequenz durchgeführt. Das Buch müsste einen mutigen Verleger finden, denn wenn man es halbherzig herausgibt, geht es unter. Ich glaube sogar, dass es ein potenzieller Bestseller ist.« Es folgten detaillierte Bewertungen deutscher Verlage, Empfehlungen zu Lektoren und Agenten.

Dies half mir nicht weiter, da ich, anders als Hilsenrath, keine US-Erfolgsbestätigung vorweisen konnte, die Verlegern Gewinn verheißen und sie so motiviert hätte, meinen Roman zu veröffentlichen. Die erneuten Absagen kamen nicht überraschend. Hilsenrath selbst hatte einen Verlag als »lahmarschig« bezeichnet und anderen »einen schlechten Ruf und auch keine Beziehungen zu den Medien« bescheinigt. Entscheidend für mich blieb, dass ein couragierter und tiefsinniger Schriftsteller wie er sich die Mühe gemacht hatte, meinen Roman zu lesen, und mir in einem ausführlichen Brief bescheinigte, das Buch werde Erfolg haben, falls es einen »mutigen Verleger« fände. Edgar Hilsenrath hatte mir mit seinem Schreiben quasi einen Haarschopf geschenkt, an dem ich mich stets aufs Neue aus den Sümpfen von Ablehnung und Niedergeschlagenheit zu ziehen vermochte.

So ermutigt, sandte ich mein Manuskript an den Langen Müller Verlag. Nach einer Woche erhielt ich einen Anruf von Marguerite Schlüter, der Leiterin des Limes Verlags innerhalb der Fleissner-Gruppe. Frau Schlüter berichtete mir nicht von ihren glühenden

Ohren, sondern bat mich zu einem Gespräch in ihr Verlagsbüro. Marguerite Schlüter, eine ältere, überaus lebendige und mitteilsame Dame, erzählte mir, dass sie vorwiegend mit der Herausgabe der Werke von Gottfried Benn befasst sei. Mein Roman habe ihr »aufgrund seiner Lebendigkeit und seiner Klarheit ausnehmend gut gefallen«. Sie sei entschlossen, das Buch in ihrem Haus herauszubringen. Der Verlagschef, Herbert Fleissner, sei zwar »ein wenig konservativ, aber ein kluger Verleger«. Sie werde durchsetzen, dass mein Buch bei Limes veröffentlicht würde.

Es blieb bei der Absichtserklärung. Herbert Fleissner, der in seinem Haus einträchtig die Satiren Ephraim Kishons und die Bücher des ehemaligen SS-Mannes und späteren Republikaner-Chefs Franz Schönhuber veröffentlichte, äußerte Bedenken gegen meinen Roman. Dessen drastische Sprache könne antijüdische Gefühle bei manchen Lesern provozieren. Frau Schlüter war nicht diplomatisch genug, ihm diese Befürchtungen geduldig auszureden. Stattdessen forderte sie Fleissner bei einer Veranstaltung in meiner Gegenwart coram publico lautstark auf, den »frischen, frechen Roman des jungen Autors unverzüglich zu veröffentlichen« und seine »kleinlichen Bedenken beiseitezuräumen«. Fleissner zog sich zurück.

Mich im Kreise von Feuilletonredakteuren und Kritikern umzutun, wie Bekannte, Freunde und Journalisten mir rieten, lehnte ich ab. Bis heute bleibe ich bei der Haltung, dass Autoren sich nicht mit ihren Kritikern gemeinmachen dürfen. Dabei entstehen Abhängigkeiten und Gefälligkeitsbeziehungen, die Schriftstellern schaden. Schlimmer als die »Schere im Kopf« des Autors ist das Bemühen, durch Schmeichelei das Wohlwollen der Kritiker zu gewinnen. Dies wäre das Ende des freien Schriftstellertums.

9

Unterdessen ging der Universitätsbetrieb weiter. Die direkte Art meiner Seminare fand ungebrochenen Zuspruch. Die Veranstaltungen erfreuten sich hoher Teilnehmerzahlen. Meine Tür stand den Studenten jederzeit offen. Es war auffallend, dass gerade intelligente Persönlichkeiten Zweifel entwickelten und unsicher waren. Doch wenn man sie ermutigte, ihre Thematik zunächst zu begrenzen, erzielten sie oft herausragende Leistungen. Mancher sich selbstsicher gebende Studiosus erkannte dagegen thematische Schwierigkeiten nicht oder wollte sie nicht sehen. Mit gefälligen Referaten und Leerformeln versuchten sie, die Unfähigkeit, selbstständig und abstrakt zu denken, zu verschleiern. Hier halfen dezidierte Fragen und klare Richtigstellungen.

Die Arbeit an der »Jüdischen Zeitung« machte mir und meinen Studenten-Redakteuren Spaß. Obgleich die Zeitung von der Gemeinde kostenlos an ihre Mitglieder versandt wurde, folgten immer mehr Leser meinem Aufruf, freiwillig einen Jahresbeitrag in Höhe von 50 D-Mark zu entrichten. Das bedeutete vier Mark pro Ausgabe. Gemeinsam mit den Einnahmen für Inserate, vor allem Glückwünschen zum jüdischen Neujahrsfest, und dem Druckkostenzuschuss der Gemeinde erreichten wir einen ausgeglichenen Haushalt. Dies mag auch an der Höhe der Honorare gelegen haben. Als Chefredakteur erhielt ich pro Monatsausgabe ein Salär von 1000 Mark. Die Beiträge der studentischen Mitarbeiter wurden mit 50 Pfennig pro Zeile honoriert, das war mehr, als in Regionalzeitungen gezahlt wurde. Darüber hinaus war es gutes journalistisches Training.

Meine Leidenschaft galt dem Kulturteil. Hier versuchte ich nach Kräften, Künstler und Kulturschaffende zu fördern. Ich wusste aus eigener Erfahrung, wie schwer es war, den Durchbruch zur Öffentlichkeit zu schaffen. Ein Viertel des Feuilletons reservierte ich daher für Berichte über die Veranstaltungen der »Literaturhandlung«. 1982 hatte die Münchner Literaturwissenschaftlerin Rachel Salamander die »Literaturhandlung«, die sich auf jüdische Themen und Autoren konzentrierte, in der Fürstenstraße unweit meines Büros eröffnet. Hier lasen mehr oder minder bekannte Autoren aus ihren Werken. Salamander förderte besonders den Poeten Robert Schindel. Ich lernte den verschlampt-feinfühligen Wiener schätzen und lauschte gerne seinen Impressionen. Wenn einer unserer Studenten-Reporter keine Zeit hatte, verfasste Rachel Salamander die Beiträge selbst und übergab mir ihr Schreibmaschinen-Manuskript.

Eines Tages erhielt ich den Anruf eines Mannes, der sich als »der letzte jüdische Künstler Münchens« vorstellte. Ich wurde neugierig und besuchte den mir und der Allgemeinheit unbekannten Maler Hans Kohnstamm, der seine Bilder mit »Hako« signierte. Kohnstamm absolvierte seine künstlerischen Lehrjahre während der Weimarer Zeit in Dessau und Berlin in den Ateliers namhafter Bauhaus-Maler. Er blieb dieser Stilrichtung sein Lebtag treu. Während der Schoah floh er nach Palästina, wo er sich und seine Frau als Arbeiter durchbrachte. In den späten 50er-Jahren kehrten beide nach Deutschland zurück. Sein Malstil und seine religiösen jüdischen und christlichen Motive galten nun als überholt. Kohnstamm lebte in einer Zweizimmer-Sozialwohnung im Münchner Osten. Aus Geldmangel bemalte er Pressholzplatten. Er führte die Redakteurin Sylke Tempel und mich in sein Magazin im Keller seines Hauses. Hier stapelten sich Hunderte Gemälde. Ich erwarb ein Bild, in dem Kohanim, Nachkommen ehemaliger Priester, zu denen, wie sein Name zeigte, auch Kohnstamm zählte, ihre Gemeinde segnen. Frau Tempel schrieb ihren ersten größeren feuilletonistischen Beitrag in unserer Zeitung. Sie war von dem alten Herrn und seiner Kunst so ergriffen, dass sie mithalf, ihm erstmals seit Jahrzehnten eine Einzelausstellung in einer Galerie in der Innenstadt auszurichten. Kohnstamms Gemälde hängt noch heute in meinem Arbeitszimmer.

Mein jüdischer Lieblingsmaler indessen war Walther Mayer. Der Sohn einer reichen jüdischen Dresdner Kaufmannsfamilie war in seiner Jugend nach eigenen Worten »ein trinkfreudiger Studiosus, der sich nicht besonders für Academia interessierte, dafür umso mehr für schöne Frauen. Und die gab es in Dresden reichlich.« Auch später blieb er »ein rechter Tunichtgut«. Nach der Kristallnacht musste er den Ernst der Lage begreifen und bemühte sich vehement um eine Ausreise nach England. Ende August 1939 endlich auf der Insel gelandet, wurde er nach dem Kriegseintritt Großbritanniens als feindlicher Deutscher nach Australien deportiert. In einem verlassenen Wüstencamp lernte er das Malen und fand so seine Bestimmung, der er treu blieb. Über Brasilien kehrte Mayer in den 70er-Jahren nach Deutschland zurück und ließ sich in München nieder. Er verfügte über einen nie versiegenden Humor, eine breite Bildung und war belesen. Mein Freund Abi und ich verbrachten viele Abende mit ihm. Als ich Mayer anbot, in der »Jüdischen Zeitung« über seine

Kunst berichten zu lassen, winkte er ab. Er male für sich und seine Freunde: »Die anderen können mir gestohlen bleiben!«

Die Zusammenarbeit mit der Israelitischen Kultusgemeinde als Herausgeberin blieb stets spannungsgeladen. Die Herren im Vorstand waren stolz auf ihr Organ, führten ständig das Wort von Humanität, Kampf dem Antisemitismus und der Diskriminierung im Munde und legten Wert auf Bürgerrechte und Pressefreiheit. Zumindest in der Öffentlichkeit. Im tagtäglichen Umgang aber benahmen sie sich überaus eitel. Fast jeder verlangte, dass über sein Tun berichtet würde. Da ich dies in der Regel ablehnte, hatte ich mir bald fast den gesamten Vorstand zum Gegner gemacht. 1987 gelangte eine Gruppe von Reformern um den Kaufmann Nathan Levin und CSU-Sprecher Godel Rosenberg in den Gemeindevorstand. Rosenberg, der bis dato stets meine Arbeit gewürdigt hatte, war indessen selbst Journalist mit dezidierten Ansichten. Wir stritten uns wiederholt, doch Rosenberg ließ mich am Ende gewähren. Nach einem halben Jahr traten die Reformer zurück.

In der folgenden Ausgabe veröffentlichte ich einen ausführlichen Essay über das Seelenleben der jüdischen Gemeinschaft in Deutschland im Spiegel der Literatur unter dem Titel »Was macht die Juden krank vor Angst?«. Darin forderte ich die Juden auf, aus ihren Herzen keine Mördergrube zu machen. Nach den Verbrechen der Schoah seien Aggressionen und Hassgefühle verständlich. Um diese zu verarbeiten, müssten sie zunächst ausgesprochen werden. Bislang aber hindere Angst die Juden daran, ihre Wut auszudrücken und ihre Isolation zu beenden. Literatur sei ein probates Mittel, dies zu tun.

Angst mochte die Juden daran hindern, öffentlich ihre Seelenverfassung zu artikulieren. Diese Angst aber trieb manche Funktionäre an, mir gegenüber Stärke zu demonstrieren. »Ihre Zeitung taugt nichts«, höhnte Vorstand Robert Guttmann und beklagte sich, ich hätte die jüdische Gemeinschaft durch meinen Beitrag denunziert. Ich sei daher von der Chefredaktion entbunden. Ich hatte mich zwei Jahre zuvor mit dem Kulturvorstand Abrascha Friedman per Handschlag auf meine Tätigkeit verständigt. Einen Vertrag hielten wir beide nicht für notwendig. So konnte ich ohne Weiteres an die Luft gesetzt werden.

Rubinsteins Versteigerung

1

Nachdem ich mein Öffentlichkeitsforum verloren hatte, besann ich mich schmerzhaft meines Romans. Ich wollte ihn, koste es, was es wolle, veröffentlichen. Es kostete 11 340 D-Mark plus Mehrwertsteuer.

Anfang Oktober 1987 besuchte ich erneut die Frankfurter Buchmesse. Ich beabsichtigte nunmehr, zu den Lektoren der etablierten Verlage vorzudringen. Dies erwies sich vor Ort als unrealistisch. Die Zeit der Lektoren war im Stundentakt verplant, wie Mitarbeiter an den Ständen mich wissen ließen. Also konnte ich es lediglich auf den Verlagsfesten versuchen. Einige Einladungen dazu ergatterte ich bei meinem Freund Jürgen Geers, der beim Hessischen Rundfunk arbeitete.

Auf den Partys wurde viel getrunken, vermeintlich kannte jeder jeden, und die wenigen Lektoren, deren Namen mir vertraut waren, standen oder saßen mit bedeutsamen Mienen im Gespräch mit wichtigen Autoren und Verlegern zusammen. Wie vor einem Jahr fehlte mir der Mut, mich dazwischenzudrängen und mein Werk anzupreisen. In zwei Fällen immerhin gelang es mir, mein Anliegen Assistenten vorzutragen. Sie baten mich, »in zwei bis drei Monaten«, nach den Vertreterkonferenzen und der Aufarbeitung der Messeergebnisse, mein Manuskript an sie zu senden. Ich verstand ihren Hinweis auf den Sankt Nimmerleinstag.

Ein Münchner Germanist hatte mir anvertraut, »die wirklich wichtigen Deals werden selbstverständlich nicht in den kleinen hässlichen Kabäuschen der Messestände getätigt, sondern im Frankfurter Hof. Dort an der Bar trifft sich alles, was Rang und Namen hat. Hier bestimmen die big player, welches Buch sie zum Bestseller machen.« Zumindest diese Chance wollte ich nutzen. Aus der Lobby kommend, betrat ich zaghaft die Lokalität. Ich hatte mir die Bar als diskreten Ort vorgestellt, an dem Männer und Frauen entspannt miteinander parlieren. Stattdessen vernahm ich den Lärm eines orientalischen Basars. Die in der Regel elegant gekleideten Besucher sprachen mit lauter Stimme und gestenreich aufeinander ein. Manche Männer rauchten dicke Zigarren, andere Gäste nippten an ihren Cocktails.

Mir mangelte es zwar an der Durchsetzungskraft eines Markt-händlers, aber nicht an kesser Phantasie. Ich stellte mir vor, dass ich in wenigen Jahren selbst in einem Zimmer dieses Luxushotels wohnen und mich je nach Laune an der Bar niederlassen würde, um mich mit Verlegern und Kritikern zu unterhalten. Ich gestand mir ein, dass die Anmaßung das Reservat der Verzagten und Mutlosen ist.

2

Eine Woche nach meiner Rückkehr aus Frankfurt beging ich meinen 40. Geburtstag. Unwillkürlich zog ich Bilanz. Meine Ehe war gescheitert. Ich hauste in einem 18-Quadratmeter-Zimmer mit einem Studenten in einer WG. Meine Tätigkeit an der Uni-versität füllte mich nicht aus. Die Gemeinde hatte mich als Chef-redakteur der von mir gegründeten »Jüdischen Zeitung« davon-gejagt.

Ich war unfähig, meinen Roman an die Öffentlichkeit zu brin-gen und damit meiner Berufung als Schriftsteller zu folgen. Es war sinnlos, mich hinter dem Argument zu verstecken, Künstler seien in der Regel schlechte Vertreter in eigener Sache oder, wie es nun hieß, es mangele ihnen an Gespür für Markttrends. Markttrends, Schmarkttrends – wollte ich Schriftsteller werden, musste ich einen Weg finden, meine Bücher zu veröffentlichen.

Herbert Breitner*, ein Student und ehemaliger Mitarbeiter bei der »Jüdischen Zeitung«, der von meinem Roman wusste, be-richtete mir, er habe eine Jungverlegerin kennengelernt, die nach neuen Autoren und Stoffen Ausschau halte. Das klang wie für mich gemacht. Bei unserem Treffen erzählte mir Ellen Wunder, sie habe sich von einer Setzerin zur Verlegerin emporgearbeitet. Bisher habe sie Reiseführer veröffentlicht. Ich händigte ihr das Manuskript aus. Nach wenigen Tagen sahen wir uns wieder. Wunder wollte meinen »ungewöhnlichen« Roman publizieren. Allerdings, so gab sie mir zu verstehen, fehle es ihr gegenwärtig an Geld. Sie schlug mir daher ein Geschäft auf Gegenseitigkeit vor. Sie würde den Buchsatz, den Vertrieb und die übrigen Kosten übernehmen. Ich sollte lediglich für Druck und Papier aufkommen. Ich bat mir Bedenkzeit aus.

Dass Autoren für die Veröffentlichung ihrer Werke einen Druckkostenzuschuss zahlten, hielt ich zwar für ungewöhnlich, und Frau Wunder machte nicht den Eindruck einer routinierten Verlegerin, aber ich hatte es aufgegeben, auf einen idealen Verlag zu warten. Wenn mein Roman nicht in der Schublade verschimmeln sollte, musste ich allen Bedenken zum Trotz die Gelegenheit beim Schopf packen. Also unterschrieb ich eine Verlagsvereinbarung mit Frau Wunder.

Nach wenigen Wochen präsentierte mir die Jungverlegerin die Druckfahnen. Ich war außer mir vor Freude. Zugleich wurde mir die Rechnung überreicht. 11 340 D-Mark. Das waren mehr als fünf Monatsgehälter. Viel Geld. Doch wer nichts wagt, der nichts gewinnt. Ich überwies die Summe in der Vorfreude, demnächst mein Buch in Händen halten zu können. Eine Verheißung, die sich in kurzer Zeit erfüllte. Bester Laune besah ich das Taschenbuch, auf dessen Cover unter dem Titel »Rubinsteins Versteigerung« und meinem Namen ein Foto von mir und ein Esel prangten. Das Symbol für meine störrische Mutter.

3

Meine Euphorie schlug jedoch jäh in tiefe Niedergeschlagenheit um, als eine Nachfrage bei mehreren Buchhändlern ergab, dass »Rubinsteins Versteigerung« im »Verzeichnis lieferbarer Bücher« (VlB) fehlte. Zur Rede gestellt, meinte Frau Wunder, sie könne sich die Schlamperei der Katalogmacher nicht erklären, und gab sich überzeugt, das Buch werde dennoch seinen Weg in den Buchhandel und zu den Lesern finden. Demnächst wolle sie sich auch nach Vertretern umsehen.

Ich ahnte, dass wir auf meinen teuer produzierten Büchern sitzen bleiben würden. Ellen Wunders Vorschlag, ein Jahr zu warten und dann erneut einen Eintrag in das Verzeichnis lieferbarer Bücher zu beantragen, lehnte ich ab. Sollte Arbeit, Mühe und Geldeinsatz nicht vollends vergeblich sein, musste der Roman jetzt zum Publikum gelangen, sonst würde er vergessen werden. Ich stemmte mich gegen die absehbare Niederlage.

So sandte ich das Büchlein an mehrere Zeitungsredaktionen. Zu meiner Überraschung erschienen fast umgehend Besprechungen in der »Münchner Abendzeitung«, im »Münchner Merkur«, in der »Süddeutschen Zeitung« und in der »Welt«. Das Bayerische Fernsehen strahlte ein Feature über meinen »Rubinstein« aus. Ich erhielt Anrufe von Zeitungslesern und Buchhändlern, die wissen wollten, wo sie meinen Roman erwerben oder bestellen konnten.

Es war zum Verzweifeln. Endlich erntete mein Buch positive Resonanz, die Leser verlangten danach, doch es blieb ihnen verwehrt. Ich intervenierte schreiend bei Ellen Wunder, die daraufhin hundert Bücher in Rachel Salamanders »Literaturhandlung« deponierte. Lange Zeit blieb dies der einzige Buchladen, der meinen »Rubinstein« vorrätig hatte.

4

Unterdessen schlug mir die neue Vorsitzende der Israelitischen Kultusgemeinde Charlotte Knobloch eine Lesung im Gemeindezentrum in der Reichenbachstraße vor. Sie freue sich, dass ein Mitglied der Gemeinschaft seine Meinung öffentlich kundgetan habe. Durch eine Lesung solle eine Aussprache innerhalb der jüdischen Gemeinschaft sowie mit der nichtjüdischen Umgebung angeregt werden. Das waren neue Töne. Bislang waren die Veranstaltungen der IKG auf das Gedenken der Schoah-Opfer sowie die Pflege abgestandener israelischer Volksmusik beschränkt gewesen. Frau Knobloch beabsichtigte, die hergebrachte Tradition durch zeitgemäße Kulturereignisse zu bereichern.

Am 17. März 1988 stellte ich »Rubinsteins Versteigerung« im Großen Veranstaltungssaal der Gemeinde vor. Am Vorabend hatte mich Charlotte Knobloch augenzwinkernd gefragt, ob ich keine Angst habe? Anrufer hatten gedroht, mich zu verprügeln. Die »Münchner Abendzeitung« hatte in einer Ankündigung geschrieben: »Seligmann erweist sich als Nestbeschmutzer jüdischer Larmoyanz.« Die Wortwahl kam nicht von ungefähr. In einer Rezension für die »Allgemeine Wochenzeitung der Juden« hatte mich

Manja Guttmann als »Nestbeschmutzer« bezeichnet – offenbar war ihr nicht bekannt, dass die Nazis es liebten, ihre selbst gewählten Gegner mit diesem Begriff zu verunglimpfen.

Plakate, die auf meine Lesung hinwiesen, wurden abgerissen, aus anderen wurde mein Konterfei herausgebrannt. Dennoch fanden sich etwa 150 Hörer ein. Juden wie Nichtjuden. Selbst die Vorsitzende der »Gesellschaft für christlich-jüdische Zusammenarbeit« Henny Seidemann war erschienen. Ehe ich mit meiner Lesung beginnen konnte, nahm mich Gemeindevorstand Robert Guttmann beiseite und meinte: »Sie haben schon die Wahrheit geschrieben. Aber gerade deshalb sollte man so ein Buch nicht veröffentlichen.« Diese Argumentation war mir nicht neu. Meine Mutter hatte sich nach der Lektüre meines Romans, den ich ihr gewidmet hatte, ebenso geäußert. Die älteren Juden wehrten sich gegen eine Offenlegung ihrer Gefühle – aus Angst vor der Reaktion der Gojim.

Die lebendige Diskussion nach der Lesung zeigte, dass Nichtjuden meine ironisch-kritische Darstellung keineswegs befremdete. Im Gegenteil: Vor allem jüngere Teilnehmer verstanden, was William Shakespeare fast 400 Jahre zuvor im »Kaufmann von Venedig« in die Worte gefasst hatte: Juden bluten, wenn man sie sticht, und hassen, falls sie gepeinigt werden. Die Offenheit der Nichtjuden, die Anwesenheit mancher meiner lachenden Studenten wiederum lockte eine Reihe jüdischer Teilnehmer aus der Reserve. Viele stießen sich an der groben Sprache, dem Zorn des Protagonisten auf fast alle und jeden. »Bei der Vergangenheit wäre alles andere als Wut unnatürlich«, erwiderte ein Hörer. Anschließend durfte ich rund achtzig verkaufte Bücher signieren. Endlich war ich bei den Lesern angekommen.

Nicht bei allen. Nach der Lektüre des Romans zeigten sich einige Buchkäufer erbost. Frau Seidemann etwa beanstandete »pornographische« Formulierungen: »Das deutsche Judentum ist auf den Schwanz gekommen« – was sollten die Gojim denken! Dennoch gab mir die Veranstaltung Auftrieb, das Buch persönlich den mehr oder minder geneigten Lesern vorzustellen, indem ich öffentlich daraus vortrug. Da meine Verlegerin keine »Wunder« vollbringen konnte, musste ich selbst die Initiative ergreifen.

Als Erstes diente ich meinen Roman der Buchhändlerin des »Ko-Libri« in München-Neuhausen an. Zur Veranstaltung fanden sich drei Dutzend Hörer ein, äußerten Verständnis für den aufsässigen Protagonisten Jonathan und Interesse für den Alltag der Juden in Deutschland. In der Kleinstadt Rosenheim, wo ich im alternativen Buchladen »Irrlicht« las, fehlte eine jüdische Tradition. Altbayern hatten jahrhundertelang keine Juden ins Land gelassen. Die Nazis fanden hier von Anbeginn viele Anhänger. Die bekannteste Persönlichkeit aus dieser Gegend war Franz Schönhuber, Mitbegründer der Republikaner, die bei der bayrischen Landtagswahl 1986 auf Anhieb drei Prozent erreicht hatten. Ich kannte Schönhuber. Er wohnte unweit meines Elternhauses. Mein Vater und er frequentierten den gleichen Tabak- und Zeitschriftenladen. Gelegentlich unterhielten sie sich auch über Politik. Im Gegensatz zum ewig gestrigen Ladenbesitzer vertrat Schönhuber moderate Ansichten. Nichts hatte in den 60er- und 70er-Jahren auf ein nazistisches Weltbild hingedeutet.

Die Gäste wollten durch den Besuch meiner Lesung ihre Liberalität und ihren Antifaschismus bekunden, wie mir bei der Diskussion rasch deutlich wurde. Dies führte sie dazu, sich mit den Juden in diesem Land auseinanderzusetzen. Literatur erfüllt manch unverhoffte Aufgabe.

Zwei Kollegen aus dem Geschwister-Scholl-Institut, der Politologe Theo Stammen und der polnische Publizist – und spätere Außenminister – Władysław Bartoszewski, luden mich an die Universität Augsburg ein. Gernot Römer, der Chefredakteur der »Augsburger Allgemeinen«, hatte eine bemüht wohlwollende Rezension meines Romans geschrieben. Römer war Spezialist für die »Leidensgeschichte der Juden in Schwaben«, so einer seiner Buchtitel. Das implizierte eine prinzipiell freundliche Haltung gegenüber den Hebräern, auch den lebenden, selbst wenn sie wie ich nicht ins philosemitische Klischee des Journalisten passen wollten: »Geradezu unerträglich ist es, wie der Autor mit seiner Mutter spricht«, schrieb Römer. Nebbich. Entscheidend war: Die Zeitungsleser wurden neugierig auf das Buch. Die Besucher der Veranstaltung teilten Römers Empörung keineswegs. »Was regt ihr euch so auf? Kinder sprechen nun mal so mit ihren Eltern. Egal ob jüdisch oder nicht«, meinte eine junge Frau. Ein älterer Gast dagegen warnte: »Der Autor hat eine Verantwortung. Zu freche Juden sind geeignet, antisemitische Vorurteile zu schüren.« Wie frech dürfen Juden sein?

Am Ende der Veranstaltung sprach mich eine etwa sechzigjährige Dame an. Sie kannte meinen Vater: »Wir leben seit 1936 im Seligmann-Haus in Ichenhausen. Meine Familie war immer gegen die Nazis.« – »Wie viele Millionen Juden mögen in Deutschland gelebt haben, dass fast jeder erwachsene Deutsche Gelegenheit fand, mindestens einen Juden zu retten? Wo sind die Nazis und ihre Helfer geblieben?«, höhnt mein »Held« Jonathan Rubinstein.

5

Eines Tages meldete sich Roman Kovar bei mir. Der geborene Slowake hatte in München einen kleinen jüdischen Verlag gegründet, den er mit viel Liebe zum Buch und großer Energie auf- und ausbaute. Kovar hatte meinen Roman gelesen und erkundigte sich nach Möglichkeiten einer Zusammenarbeit. Ich berichtete ihm von den Schwierigkeiten, mein Buch zu vertreiben. Kovar, dessen Verlag einen geregelten Vertrieb und Buchvertreter hatte, erklärte sich bereit, mit Frau Wunder zu einer Übereinkunft zu gelangen. Die Verhandlungen waren zäh und langwierig. Allmählich verlor ich die Geduld. Ich wollte Bücher schreiben und nicht Zeuge eines unendlichen Gefeilsches um in Zukunft mögliche Erträge meines Romans sein. Ich erwog, den »Rubinstein« dreinzugeben und mit der Niederschrift des nächsten Romans zu beginnen. Kovar mahnte mich zur Besonnenheit: »Auch wenn du zehn Romane veröffentlicht hast, brauchst du Geduld. Wie überall im Leben. Wenn man zäh an der Sache bleibt, findet sich eine Lösung.«
Sie kam unverhofft – beim Besuch der Frankfurter Buchmesse.
Ein Bekannter wollte mich am Stand des Eichborn Verlages treffen. Während unserer Unterhaltung wandte sich mein Gesprächspartner an einen neben uns sitzenden Mann und meinte: »Übrigens, Albert, Rafael hat gerade einen Roman geschrieben. Vielleicht interessiert dich das?« Albert Sellner, Lektor bei Eichborn, erkundigte sich nach meinem Buch. Ich besorgte mir ein Exemplar und übergab es ihm. Dann nahm die Messe für mich ihren üblichen Verlauf. Nach zwei Tagen hielt ich es nicht mehr aus: die allgemeine Geschäftigkeit, die Wichtigtuerei, die schlechte Luft und, am schlimmsten, meine kontraproduktive Schüchternheit.

Wieder in München, erhielt ich Post vom Eichborn Verlag. Albert Sellner und Verlagsleiter Vito von Eichborn urteilten, mein Roman gehe das deutsch-jüdische Verhältnis direkt und unumwunden an. Sie würden das Buch gern in ihrem Hause publizieren. Beigefügt war ein signierter Verlagsvertrag. Das war der Durchbruch! Roman Kovar war sofort bereit, mich von meiner Zusage einer weiteren Zusammenarbeit zu entbinden. Eichborn sei »alternativ«, doch ein etablierter Verlag mit beachtlicher Marktpräsenz und Finanzkraft. Frau Wunder allerdings stellte finanzielle Forderungen, die Eichborn nicht zu erfüllen bereit war. Ich fühlte mich elender als zuvor. In meiner Sichtweite lag das Gelobte Land der öffentlichen Verbreitung. Davor standen scheinbar unüberwindlich wunderliche Ansprüche.

6

In diesen Wochen spitzte sich auch meine berufliche Situation unvermittelt zu. Bei einem Gespräch über den Nahost-Konflikt bezeichnete Kindermann unvermittelt die Israelis als »die neuen SS-Leute«. Aufgebracht erwiderte ich, ich hätte nichts dagegen, wenn er die Israelis aufgrund ihrer Besatzungspolitik in einem Atemzug mit den Amerikanern in Vietnam oder den Russen in Afghanistan nenne. Eine Gleichsetzung mit der SS-Mörderbande aber verbäte ich mir. Kindermann schwächte ab, er habe lediglich die Waffen-SS im Sinne gehabt. Auch die Soldaten der Waffen-SS beteiligten sich an systematischen Judenmorden. Ich machte deutlich, dass ich nicht gewillt sei, diesen Vergleich noch einmal hinzunehmen. Ansonsten müsste ich die Konsequenzen ziehen.

Kindermann schien mein Anliegen zu respektieren. Zunächst. Im November 1988 wiederholte er während einer Institutssitzung seine infame Gleichsetzung. Die Anwesenden schwiegen. Ich dagegen protestierte vehement. Ich wollte weder die SS-Killer verharmlost noch die Israelis zu Massenmördern abgestempelt sehen. Mir blieb nichts übrig, als zu kündigen. Es war ein materiell gewagter Schritt, doch die richtige Entscheidung. Die Würde des Menschen gilt nicht nur anderen gegenüber, sie zählt auch für die eigene Person. Die Selbstachtung zwang mich, meine sichere Beamtenstellung aufzugeben.

Als ich meiner Mutter diesen Entschluss mitteilte, schalt sie mich verantwortungslos. Wovon wolle ich meinen Lebensunterhalt und jenen von Juda und Yaël Emily bestreiten? Meine Antwort, ich würde fortan als Schriftsteller arbeiten, ließ sie aufheulen. »Hast du deinen Doktor gemacht und bist Beamter geworden, damit du als Hungerkünstler zugrunde gehst?« Ich musste lächeln. Hatte sie Kafkas Kurzgeschichte vom Hungerkünstler gelesen? Oder war ihr der Begriff aus schierer Verzweiflung über ihren ungeratenen Sohn in den Sinn gekommen? Mein Schmunzeln fachte den besorgten Zorn Hannahs weiter an: »Du bist leichtsinnig und rücksichtslos gegen deine alte kranke Mutter.«

7

Wenige Tage danach erlitt Hannah einen Herzinfarkt. Ich eilte ins Schwabinger Krankenhaus, wo sie in der kardiologischen Intensivabteilung behandelt wurde. Hannahs kleiner Kopf war umrahmt von einem aufgelösten schwarzen Schopf, in dem nur wenige graue Haare schwammen. In der Beuge ihres zarten rechten Arms steckte eine Kanüle. Apparate zeichneten EKG-Verlauf, Puls und Blutdruck auf. Mutters Züge waren spitz, doch ihr Geist und ihre Sprache waren klar wie stets. Sie bekannte, Angst zu haben. Als ich leichthin meinte, dazu bestehe kein Grund, wies sie mich zurecht. Einen Infarkt zu erleiden sei gefährlich, »erst recht mit 83!«. Ihre Herzattacke käme nicht von ungefähr. Sie erwarte von mir, dass ich zur Vernunft komme, mein »absurdes künstlerisches Vorhaben aufgebe und zu meiner Familie zurückkehre«. Ein leichtes Nicken ihres Kopfes gebot mir, mich zu ihr herabzubeugen. Erstmals gab sie mir zu verstehen, dass sie Ruth als »herrisch« einschätzte. Möglicherweise sei es für mich nicht immer einfach, mit ihr auszukommen. »Doch ein verträumter Mann wie du oder dein seliger Vater braucht eine Frau, die mit beiden Beinen auf dem Boden steht.« Zudem sei es für solche Überlegungen zu spät, wir wären nun einmal verheiratet. »Wenn du dich scheiden lässt, verlierst du deine Kinder. Diese wunderbaren Kinder darf man nicht aufgeben. Unter keinen Umständen, selbst wenn einem die Ehe nicht immer leichtfällt. Niemals darfst du Ludwig und Emily verlassen. Ich würde keine

Ruhe im Grab finden und du nicht im Leben. Nimm endlich Vernunft an, Rafi!«

Mit ernster Stimme gab ich Mutter umgehend mein Wort, bei Familie und Beruf zu bleiben. Ich küsste sie zart auf die Stirn und erteilte ihr den hebräischen Segen um Gesundung. Fortan besuchte ich Hannah täglich zweimal. Sooft sie es hören wollte, versprach ich ihr, mich ihren Wünschen zu fügen. Im Moment kam es darauf an, ihr jegliche Aufregung zu ersparen. Doch ich dachte nicht daran, mich wieder von ihr erpressen zu lassen. Vor 25 Jahren hatte Hannah den Infarkt meines Vaters genutzt, um mich zu nötigen, im Elternhaus zu bleiben, statt nach Israel zurückzukehren. Nunmehr setzte sie ihre eigene Erkrankung als Hebel ein. Ich war 41 Jahre alt, nochmals 25 Jahre mochte und konnte ich nicht warten, um meinen Weg zu gehen.

Nach wenigen Tagen hatte Mutter sich so weit erholt, dass sie auf die reguläre Pflegestation verlegt wurde. Gelegentlich nahm ich Juda mit, wenn ich sie besuchte. Großmutter und Enkel waren einander innig zugetan. Es rührte mich an, wenn Mutter Juda von seinem nun idealisierten Großvater erzählte, dem er, der dunkle, schmale orientalische Knabe, gleiche »wie ein Tropfen dem anderen«, obwohl Vater ein heller, gedrungener Typ gewesen war.

Nach einem sonntäglichen Krankenbesuch traf ich auf dem Flur auf eine groß gewachsene, üppige Krankenschwester. Sie strahlte gute Laune aus. Ich stellte mich vor und erkundigte mich nach meiner Mutter. Sie blickte mich freundlich an: »Frau Seligmann ist eigen. Sie hat Persönlichkeit und ist intelligent. Es macht Spaß, sich mit ihr zu unterhalten.« – »Auch mit ihrem Sohn?«, wollte ich wissen. »Sogar mit ihm!«, lachte sie. Wir plauderten noch eine Weile miteinander, dann lud ich Schwester Heidi ein, abends mit mir auszugehen. Wir lernten uns schätzen und lieben. Das Zusammensein mit Heidi war unkompliziert und kumpelhaft wie in einem Pfadfinderlager. An ihrer Seite ließ sich gut in den Bergen wandern. Und sie verstand sich ausgezeichnet mit meinen Kindern. Gemeinsam streiften wir durch die Isar-Auen am Flaucher oder schwammen im Schyrenbad.

Als Mutters Genesung feststand, setzte ich meinen Entschluss, die Universität zu verlassen, um. Die Tat, nicht die Entscheidung, löste eine jahrelange Blockade meines Denkens und Handelns. Ich gewann die Initiative über mein Leben zurück.

Nun hatte ich auch die Kraft mitzuhelfen, die festgefahrenen Verhandlungen zwischen den Verlagen flottzubekommen. Ich überredete Ellen Wunder, mich als Autor ziehen zu lassen. Vito von Eichborn erklärte sich bereit, die restliche Auflage von zweitausend Exemplaren aufzukaufen. Er ließ die Bücher mit einem neuen Cover seines Hauses ausstatten und als Leseexemplare an alle größeren Buchhandlungen versenden. Zwar waren bereits eine Reihe von Rezensionen erschienen, doch Eichborn war überzeugt: »Du«, im Verlag duzte jeder jeden, »bist einer der wenigen deutschen Autoren in deiner Generation, die schreiben können. Qualität setzt sich am Ende durch, einerlei, ob das Buch bereits besprochen ist.« Daher investiere er in meinen »Rubinstein«. Mir tat das Lob gut, ebenso imponierte mir, dass Eichborn meine Arbeit aus dem Ghetto der exotischen jüdischen Schriftstellerei holte. Denn entweder verstand ein Autor, ehrlich und spannend zu schreiben, oder er war nicht dazu in der Lage. Einerlei, ob er Christ, Jud oder Muselmann war.

Mit Vito von Eichborn setzte sich endlich ein innovativer Verleger für meinen Roman ein, der sich nicht um die Ängstlichkeit seiner Kollegen scherte. Der draufgängerische Aristokrat erkor den Tabubruch zu seinem Geschäftsmodell. Er publizierte unter dem Signet der Fliege eben jene Bücher, die junge und unvoreingenommene Leser vergeblich suchten, weil seine arrivierten Kollegen sie für nicht marktgängig hielten. Ein avantgardistischer Verlag bot mir, einem ehemaligen Mitarbeiter der CDU und der »Welt«, eine literarische Heimat an.

Bei einem Besuch im Verlag, der damals sein Domizil in einem Hinterhaus des Sachsenhäuser Landwehrwegs in Frankfurt hatte, erklärte mir Vito von Eichborn mit dampfwalzenhaftem Optimismus seine Marketingtaktik für meinen Roman. Jedem Leseexemplar liege eine Rückantwortkarte bei, auf der die Buchhändler ihre Meinung kundtun sollten. Die ersten Rückantworten waren bereits eingegangen. Eine Karte aus Stuttgart habe ich mir aufgehoben: »Ich musste das Buch bis zur letzten Seite lesen. Juden in Deutschland heute (ist) ein wichtiges Thema! Aber diese Sprache! Wie redet der Junge mit seiner Mutter! – hat mich total aufgeregt. Und die Schilderungen der sexuellen Probleme dieses Neurotikers. Wem soll ich das verkaufen?«

Das gefiel dem Verleger. »Ein kontroverses Buch. Prima! Das wird diskutiert – und gekauft. Wir werden uns alle dahinterklemmen.« – »Wir brauchen eine aktuelle durchschlagkräftige Buchbesprechung in einer angesehenen Zeitung. Die fehlt uns noch als Verkaufsargument«, gab Uwe Gruhle, der nüchterne Pressesprecher des Verlags, zu bedenken. »Das kommt schon«, meinte Eichborn zu wissen.

Wenige Tage später erhielt ich einen Anruf von Henryk Broder. Er hatte mit Begeisterung meinen »Rubinstein« gelesen. Das Buch sei das Beste, was man über das Leben der Juden in Deutschland heute erfahren könne. Er wolle eine Besprechung in der »Zeit« veröffentlichen.

9

Ich kannte Henryk Broder. Ein gefallener Engel, in Polen unmittelbar nach dem Krieg und der Schoah geboren. Seine Eltern waren 1958 mit ihm nach Köln gezogen. Er focht für die sexuelle Befreiung in den »Sankt Pauli Nachrichten«. Sein erstes Buch »Wer hat Angst vor Pornographie?« widmete er diesem Anliegen. Danach engagierte er sich für die politische Freiheit und Emanzipation auf Seiten der politischen Linken. Bald »entdeckte« Broder, was jeder historisch denkende Mensch ohnehin weiß: Niemand ist vor antisemitischen Vorurteilen gefeit, und keine Ideologie vermag Alkoholismus, Gewalttätigkeit oder Unpünktlichkeit zu verhindern. Doch Broder, der zuvor von der Unfehlbarkeit des linken Weltbildes überzeugt war, fühlte sich bitter enttäuscht und warf den linken Hebräerfeinden vor: »Ihr bleibt die Kinder eurer Eltern.« Der Journalist kehrte 1981 Deutschland mitsamt dessen antisemitischen Eltern, Kindern und den eigenen Hirngespinsten den Rücken und zog gen Zion. Fortan erschien unter seinen Beiträgen vielfach die Anmerkung, der Autor habe seinen Wohnsitz in Jerusalem.

In Israel wurde Henryk M. eines Phänomens gewahr, das jedem idealistischen jüdischen Einwanderer früher oder später widerfährt. Der heroische Akt der Aliya, des »Aufstiegs«, schmilzt zur Normalität: Alle sind Juden, und alle, beziehungsweise ihre Eltern, sind eingewandert. »Masl tov. Sie und ihre Eizes (Empfehlungen) haben uns gerade noch gefehlt!«, witzeln die Israelis über die Neueinwanderer. Die meisten nehmen die Kränkung hin und versuchen sich in Zion zu integrieren. Nicht so die Egozentriker und jene, die unfähig oder unwillig waren, auf Hebräisch zu publizieren. Henryk M. Broder und Lea Fleischmann, die Autorin des Bestsellers »Dies (Deutschland) ist nicht mein Land«, blieben auch nach ihrem Aufstieg nach Zion auf die gescholtenen deutschen »Antisemiten« – denen sie soeben stolz den Rücken gekehrt hatten – zumindest als Leser ihrer Artikel und Bücher angewiesen. Lea Fleischmann verharrte bockbeinig in Jerusalem, wo sie fern der deutschen Sprachheimat zur selbstgefälligen israelischen Patriotin mutierte, während Broder die Konsequenzen aus seinem Unbeachtetsein im Judenstaat zog und sich zunächst klammheimlich wieder im ungeliebten Deutschland in der wärmenden Nähe seiner jiddischen Mamme niederließ, um in alter Schärfe seine anti-antisemitischen Spiegelfechtereien fortzuführen.

Broders Reaktion auf meinen Roman verwunderte mich nicht, der Abiturient Rubinstein zürnte ähnlich ihm Gott und der Welt, weil er mit sich selbst nicht zurechtkam. Doch welcher denkende Mensch befindet sich mit sich selbst im Einklang?

10

Anfang Dezember sah ich mich veranlasst, genauer über die praktischen Konsequenzen meines prinzipiellen Entschlusses nachzudenken. Im neuen Jahr wollte ich ausschließlich als Schriftsteller wirken. Die Unterhaltskosten für meine Kinder waren für die nächsten zwei Jahre angespart, Ruth verdiente unterdessen eigenes Geld als Informatikerin. Ich selbst würde mich aufs Schreiben konzentrieren und, falls nötig, mir durch Gelegenheitsjobs ein Zubrot schaffen.

Mir war bewusst, dass ich nicht am 23. Dezember meine Stelle am Geschwister-Scholl-Institut aufgeben und eine Woche später mit der Niederschrift eines neuen Romans beginnen konnte, von dem ich noch keine konkrete Vorstellung hatte. Ich brauchte Abstand. In meinem winzigen WG-Zimmer während des kalten bayerischen Winters einen Anfang zu suchen erschien mir nicht erfolgversprechend. Ich dürstete nach Sonne, Licht und Freiheit.

Down Under

1

Am 12. Januar 1988 landete ich nach einem Charterflug über Rom, Bombay und Singapur in Melbourne. Nach 36 Stunden, eingezwängt auf einem Mittelplatz, war ich dermaßen erschöpft, dass ich meinen Rucksack aus der Gepäckablage nahm und den Jumbo verließ, obwohl ich ein Ticket bis Sidney gebucht hatte. Ob Sidney oder Melbourne war einerlei.

Hauptsache, ich war der europäischen Kälte und meinen dortigen Sorgen entronnen. Doch Sorgen sind wie Zecken allzu treue Begleiter, selbst auf dem sonnenhellen fünften Kontinent blockierten sie mich.

Nachdem ich mich in einer Absteige unweit des Bahnhofs ausgeschlafen hatte, ergriff mich Verzagtheit. Ich hatte meine ungeliebte Beamtenstellung dreingegeben für die Verheißung einer brotlosen Künstlerexistenz. Der Selbstvorwurf ließ mich auflachen. Denn er entsprach den Vorhaltungen meiner Mutter und jenen Ruths. Überdies war die Entscheidung vollzogen. Nun blieb mir nichts übrig, als vorwärts zu blicken und zu gehen.

Ich war hergekommen, um zu schreiben – also musste ich damit anfangen. Sofort. Ich besorgte mir ein unliniertes Collegeheft und begann mit der Niederschrift meines Romans »Deutschland erwache!«. Das Buch sollte die Chronik einer deutsch-jüdischen Familie des 20. Jahrhunderts erzählen. »Florian von Malsdorf war ein kleindeutscher Spießer. Sein Sohn Jörg war ein großdeutscher Mörder. Der Enkel Amir Yaron wurde ein israelischer Terroristenkiller.« Seite um Seite schilderte ich das Lavieren des ängstlich-skrupellosen Studiosus Florian in der obrigkeitsstaatlichen wilhelminischen Akademia sowie im autoritären Elternhaus. Je länger ich fabulierte, desto absurder schien mir mein Tun. Ich hatte mich aus einer unhaltbaren Ehe gelöst, endlich die Nabelschnur zu einer universitären Karriere durchtrennt und war über 14 000 Kilometer in die Wärme Australiens geflüchtet. Nun nutzte ich meine neue Freiheit lediglich dazu, mich in einem Hotelzimmer zu verkriechen und an einem deutsch-jüdischen Mischpocheepos zu basteln, statt mich dem Leben zu stellen.

Wenn ich im Zimmer in Melbourne vor mich hin schrieb, würde ich es versäumen, die Städte und Landschaften dieses Kontinents kennenzulernen, seine Erde zu riechen, vor allem seine Menschen, seine Frauen zu erkennen. Ich durfte nicht den Fehler begehen, das Dasein mit einem Buch zu verwechseln. Mein Roman konnte warten, das Leben nicht.

Unverzüglich ging ich in ein Reisebüro und wollte eine Tour zum Mittelpunkt des Kontinents buchen, dem mythischen Ayers Rock, dem heiligen Berg der Aborigines. Zu meiner Verwunderung erfuhr ich, dass wöchentlich lediglich ein Zug von Melbourne nach Alice Springs fuhr. Die bekannteste Stadt des Outback lag 300 Meilen vom heiligen Berg der Aborigines entfernt. Ich kaufte eine Fahrkarte für die »Ghan«, deren Namen an die afghanischen Kamelreiter erinnert, die im 19. Jahrhundert quer durch die australische Wüste zur Quelle von Alice ritten. In der Zwischenzeit wollte ich Melbourne und nahe gelegene Sehenswürdigkeiten erkunden. Im Botanischen Garten der Stadt lernte ich ein Ehepaar kennen. Sidney war Arzt, Paula Laborantin. Die beiden adoptierten mich zeitweilig. Sie führten mich in ihren Freundeskreis ein. Die Männer und Frauen waren etwa in meinem Alter. Sie übten in der Regel akademische Berufe aus und verdienten offenbar gut. Ihre reichliche Freizeit verbrachten sie beim Barbecue. Man grillte, trank viel Bier und nicht wenig Whiskey.

Meine neuen Bekannten erkundigten sich eingehend nach meinem Leben, meinem Beruf, meinen Angehörigen in Europa. Wiederholt wurde ich eingeladen, bei den Familien zu nächtigen. Die Neugierde, die Hilfsbereitschaft, ja die Fürsorge für den Fremden gehören, wie ich in den drei Monaten meines Aufenthaltes immer wieder erlebte, zum Wesen der Australier. Den Menschen in Down Under fehlt die glatte amerikanische Höflichkeit, aber auch deren Unverbindlichkeit. In Australien ist die Begrüßungsformel »How are you doing?«, anders als in den Vereinigten Staaten, mehr als eine Höflichkeitsfloskel. Sie ist eine tatsächliche Frage nach dem Befinden des Gegenübers. Erfährt man im Gespräch, dass der andere ein Anliegen hat, versucht man in der Regel, ihm zu helfen.

2

Freitagmittag pickten mich Sydney und Paula in meinem Hotel auf. Wir fuhren zu einem kleinen Badeort, wo der Freundeskreis mehrere Bootsschuppen besaß. Es wurde gegrillt und geschwommen, die jüngeren Leute erprobten ihre Geschicklichkeit auf ihren Wasserscootern. Auch ich wurde zu Spritztouren mit dem flinken Gefährt ermutigt. Die meiste Zeit aber ruhte man sich aus, aß, trank und unterhielt sich entspannt. Als ich auf die Fragen nach meinen Plänen verriet, ich beabsichtigte, zum Ayers Rock zu fahren, erntete ich Kopfschütteln. Dies sei nichts für einen Jewish boy wie mich. Ich solle mich lieber nach einer Gefährtin umsehen. Mein Bekenntnis, ich sei verheiratet, änderte nichts an dieser grundsätzlichen Meinung. Schließlich sei ich ohne Begleitung auf Reisen, und es sei nicht gut, dass der Mensch allein sei.

Meine neuen Freunde hatten prinzipiell recht. Abgesehen von meinen Treffen mit ihnen fühlte ich mich einsam. Ich sehnte mich nach meinen Kindern, vermisste meine Studenten, ja sogar meine Mutter. Vormittags kritzelte ich weiter an meinem Roman, danach schmökerte ich in Reiseführern und flanierte durch die Stadt. In einem Café sprach mich eine Amerikanerin an. »Dieses große Land macht einem deutlich, dass man auf Menschen zugehen muss«, erklärte sie mir. »Du kannst nicht tagelang allein sein und durch die schönsten Landschaften reisen, ohne deine Gefühle mit anderen zu teilen«, meinte die kalifornische Lehrerin. Bei ihren Worten kam mir unwillkürlich ein Wahlspruch meines Vaters in den Sinn: »Reise allein in die Welt. Sie besteht nicht aus Fremden, sondern aus Zeitgenossen, die gerne angesprochen werden.« Auf meiner Australienreise begriff ich diese Wahrheit. Ich lernte, Menschen anzusprechen. Dazu braucht es, anders als ich bislang geglaubt hatte, keine geistreiche Eingangsbemerkung. Es genügt das Interesse am Gegenüber.

3

Am frühen Mittwochabend bestieg ich den Ghan und fuhr Richtung Westen. Über Adelaide und Port Augusta ging es ins Outback. Die Fahrt durch die menschenleere Steppe im klaren Licht der Dämmerung stimmte mich Westeuropäer euphorisch. Die häufigen Stationen bestanden zumeist aus mehreren Farmhäusern mit Vieh- und Warenrampen. Stunde um Stunde starrte ich aus dem Fenster, bis es draußen vollkommen dunkel war. Das erhebende Gefühl, durch diese schier unendliche Wüste zu reisen, zog mich endgültig aus der Beengtheit der universitären Lehrstube, befreite mich aber auch von dem selbst auferlegten Zwang, in Australien um jeden Preis schreiben zu müssen. Ich empfand Vorfreude. Denn ich wusste, in wenigen Stunden durfte ich aus dem klimatisierten Käfig endlich in die Wüste treten und mich ihr anvertrauen.

Am nächsten Morgen lernte ich Jon kennen. Der lebhafte Anwalt hatte wiederholt Europa, auch Deutschland, besucht. Wir unterhielten uns angeregt, während draußen die rostrote Steppe vorbeizog. Jon berichtete mir von seiner Arbeit für die Eingeborenenbehörde. Die Aborigines kämpften um ihre Rechte und ihre Heimatterritorien. Nach 1976 gab man ihnen ihr Land zurück. Dennoch blieb die Lage der Aborigines kritisch. Aufgrund ihrer Kultur und der langen Unterdrückung verstanden die Männer und Frauen nicht, mit der Droge Alkohol kontrolliert umzugehen. Vor allem Ureinwohner, die in den weißen Siedlungen, besonders Alice Springs, lebten, waren vielfach dem Alkohol verfallen und ernährten sich vorwiegend von Fast Food. Auf diese Weise zerbrachen ihre Familien und ihre kulturellen Bindungen.

Nachmittags erreichten wir Alice Springs. Vom Zug erschien mir die Stadt kürzer als ihr ausgeschriebener Name. Jon nahm mich auf einen Aborigine-Workshop mit. Dort lernte ich die junge deutsche Ärztin Gaby Fröhlich aus Stuttgart kennen. Ihr Blick war intensiv und aufmerksam. Sie nahm mir nicht ab, dass ich aus München kam. Mein Aussehen und meine Sprache erinnerten sie vielmehr an Israelis, sie hatte zwei Semester in dem Land studiert. Beim Abschied schrieb sie mir ihre Telefonnummer auf und meinte nach Landessitte, wenn ich ihre Unterstützung oder ihre Gesellschaft brauchte, sollte ich mich an sie wenden.

Die folgende Nacht verbrachte ich unter dem klaren Sternenhimmel am Fuß des Ayers Rock, den die Eingeborenen Uluru, schattiger Platz, heißen. Die Milchstraße ließ das dunkle Umland aufscheinen. Im Morgengrauen sah ich erstmals den mächtigen Monolith, der seine Farbe entsprechend den Lichtverhältnissen ständig ändert wie ein riesiges Chamäleon. Als sich unsere

Gruppe nach einem Schluck Tee zum Aufstieg sammelte, leuchtete der Tafelberg karmesinrot. Von seiner Kuppe hatte man einen weiten Blick in das Umland.

Die Intensität der Sonnenstrahlen nahm von Stunde zu Stunde zu. Bald nach dem Abstieg begab sich unser kleiner Trupp aus aller Welt auf einen Wüstenmarsch zu den gut dreißig Kilometer entfernten Olgas. Auch diese imposanten Felsendome haben für die Ureinwohner eine mythische Bedeutung. Die Hitze setzte allen zu. Ständig mussten wir trinken. Trotz der Anstrengung mochte sich keiner der Faszination der spektakulären Landschaft entziehen. Nicht bei Tag und erst recht nicht bei Nacht, als die Glut allmählich in Frische und schließlich in Kälte überging. Ich zog drei Tage durch das Outback. Nach einer sechsstündigen Rückfahrt im unklimatisierten Bus langte ich erschöpft in Alice Springs an. Hier ergatterte ich lediglich einen Platz in einem Wohnwagen ohne fließendes Wasser und Klimaanlage. Drin war es dermaßen stickig, dass ich mich zum Schlafen draußen hinlegte. Nachts wurde ich wach, weil ich fror. Der Temperaturunterschied von mehr als 20° war kaum auszuhalten. Am Morgen rief ich Gaby an und bat sie, mir Obdach zu gewähren, was sie gerne tat.

Ich wohnte einige Tage bei Gaby Fröhlich und ihrem Lebensgefährten. David, der bei der Aborigine-Behörde arbeitete, lud mich ein, bei meinem nächsten Besuch mit ihm in die Aborigine-Reservate zu fahren. »Aber nimm dir viel Zeit, Rafael. Das ist keine Touristentour.« Beim Abschied von Alice Springs legte mir Gaby die Adresse von Jürgen Corleis aus Sidney ans Herz: »Ihr zwei passt zusammen wie Pat und Patachon. Ihr werdet euch prima verstehen.«

4

In Sidney mietete ich mich zunächst in einer kleinen Pension im Stadtteil Manly unweit des Ozeans ein. Jürgen Corleis lud mich spontan zu sich ein. Der Mann war ein freundlicher Riese mit einer gewissen Ähnlichkeit zu Curd Jürgens. Ein charmanter Plauderer und ein angenehmer, offenherziger Zeitgenosse. Wir verstanden uns hervorragend. Wir liebten das Meer, das ungezwungene Gespräch, wir teilten die Leidenschaft für Politik, vor allem aber liebten wir die Frauen. Jürgen schätzte darüber hinaus alten Whiskey.

Am Strand einer Bucht von Manly berichtete mir Jürgen von seinen wilden Jahren als leitender Redakteur des Magazins »Konkret« Ende der 50er-Jahre. Er erzählte, dass die Zeitschrift einen Teil ihres Budgets aus der DDR bezog. In regelmäßigen Abständen fuhr ein Mitglied der Chefredaktion nach Ostberlin, wo ihm Westgeld zugesteckt wurde. Heute ist bekannt, dass die SED 1964 den Geldhahn zudrehte, aber dennoch weiter Einfluss auf die vermeintlich antiautoritäre Linke nahm. Jürgen war des Spiels schon zuvor müde geworden, er verließ »Konkret« 1959, arbeitete als freier Journalist für verschiedene Rundfunk- und Fernsehanstalten und landete schließlich in Australien, von wo er für den Axel-Springer-Auslandsdienst berichtete.

Jürgen stellte mir während eines Essens Laura* vor. Die Mittdreißigerin war apart, geistreich und direkt. Wir verliebten uns auf der Stelle ineinander, was Jürgen und dessen Lebensgefährtin Karin mit Wohlwollen beobachteten. Laura dagegen schenkte ihren Gastgebern kaum noch Beachtung. Sie flirtete ungehemmt mit mir und raunte mir ins Ohr, auf einen Mann wie mich hätte sie gewartet. Wir seien füreinander geschaffen. Doch nicht als Darsteller einer Liebeskomödie. Daher sollten wir unsere netten, aber neugierigen Gastgeber rasch verlassen. Ich war berauscht, ließ meine andressierten deutschen Manieren fahren. Unter Jürgens schmunzelndem Blick verabschiedeten wir uns.

Auf der Straße vollzog sich mit Laura eine Metamorphose: Die eben noch leidenschaftlich begehrende Frau trat nun nüchtern auf. Sie würde mich gerne in ihr Haus bitten – ihre allzu gefasste Stimme ließ mich ein Aber ahnen, welches tatsächlich sogleich folgte: Aber sie müsse Rücksicht auf ihr Söhnchen David nehmen, das sich »furchtbar erschrecken« würde, falls nachts ein fremder Mann auftauchte. Laura drückte mir zum Abschied einen kühlen Kuss auf die Lippen.

Verwirrt kehrte ich in meine Pension zurück, konnte jedoch keinen Schlaf finden. Ich begehrte Laura, erinnerte mich an ihre Verheißung, ihren Ausruf, ich sei der Mann, auf den sie gewartet habe – und an das ernüchternde Ende unserer Begegnung.

Am nächsten Morgen spazierte vor dem Frühstück der Pensionspächter in mein Zimmer und verkündete fröhlich, »a beautiful lady« warte am Empfang auf mich. Mein Herz setzte einen Schlag aus, ehe es rasend wieder ansprang. Laura! Sie war nicht die Frau, geduldig an der Rezeption zu verharren, sondern tauchte sogleich bei mir im Zimmer auf. Im Schlepptau der schwarz gelockten, dunkeläugigen Mutter folgte ein blond gelockter, blauäugiger, etwa vierjähriger Knabe. Laura half mir beim Packen meines Rucksacks und chauffierte mich in ihr Ziegelhaus unweit des Strandes von Manly.

In seinem Revier mutierte der zunächst verschämte David* zum Haustyrannen. Er warf sich auf den Boden und kreischte, seine Mutter solle mich rauswerfen. Als Laura ihn schreiend zur Ruhe aufforderte, steigerte sich das Gebrüll des Kleinen noch. Mit einem Mal hielt er inne, sprang auf, rief »I hate you« und schlug mir ins Gesicht. Reflexartig erwiderte ich seinen Patsch. Dies erzürnte Laura. Sie lasse ihr Kind nicht von einem Mann schlagen. Ich wollte mich für meine Unbeherrschtheit entschuldigen, als David wiederum zu mir kam, meine Hand ergriff und krähte: »I love this man.« Lauras soeben noch strenge Züge wurden weich und mit milder, doch entschlossener Stimme stellte sie fest: »David fehlt ein Mann im Haus.« Sie nahm mich zärtlich in den Arm und meinte: »Aber diese Zeit ist vorbei, David. Rafael wird bei uns bleiben.« Wozu mich fragen?

Laura war eine zärtliche, selbstbewusste Geliebte. Klug und zwischen widerstreitenden Bedürfnissen und Kulturen zerrissen. Sie war in Ungarn geboren, ihr Vater konvertierte zum Protestantentum und hasste fortan den jüdischen Glauben seiner Väter. Laura dagegen fühlte sich zum Judentum hingezogen. Sie hatte in Deutschland Medizin studiert und als Ärztin gearbeitet. Ihre komplizierten Liebesbeziehungen waren gescheitert. So wurde David zum Lebensmittelpunkt seiner Mutter. Sie gab ihre medizinische Karriere und ihre gesellschaftliche Stellung in Deutschland auf und zog zu ihrer zu Wohlstand gekommenen Familie nach Australien.

In Sydney bereitete sich Laura auf das australische Medizinische Staatsexamen vor. Emotional widmete sie sich ausschließlich der Aufzucht Davids zu einem egozentrischen Mamme-Tyrannen. In diese neurotische Welt stieß nun ich als ödipaler Gimpel und Diasporajude. Ich begriff, dass die meschuggene Gemengelage unweigerlich zu Verletzungen führen musste. Doch ein Verliebter fühlt, statt zu denken. Am Wochenende fuhren wir mit David in das Farmhaus von Lauras Bruder in den Blue Mountains, etwa 200 Meilen nordöstlich von Sydney.

Wir verbrachten eine Woche auf dem Land – hier kannte man keine Zäune und Gatter. Das Leben wollte mir frei erscheinen. David wuchs mir zunehmend ans Herz. Die Beziehung zu seiner Mutter glühte beständig. Mitunter wünschte ich mir einen Moment der Ruhe, doch den durfte es nicht geben. Laura und ich stachelten uns gegenseitig an. Wir schwadronierten von einer gemeinsamen Zukunft, obwohl unsere Vorstellungen nicht miteinander vereinbar waren. Laura wollte rasch ihre australische Arztprüfung ablegen und endlich wieder Patienten helfen. Sie liebte ihren Beruf. Nachts wachte sie auf und berichtete mir von einem Patienten, der unheilbar krank war. Sie unterstütze einen Arzt dabei, die Nebenwirkungen der Krebserkrankung zu mildern und sein Leben möglichst erträglich zu gestalten. Für Laura stand fest, dass sie fortan bei ihrer Sippe in Australien leben und hier ihrem Beruf nachgehen würde. Ich dagegen war entschlossen, nach Deutschland zurückzukehren und endlich als Schriftsteller zu arbeiten. Deutsch war meine Sprache, meine Kultur, ich lebte in der deutsch-jüdischen Geschichte. Deutsche würden meine Leser bleiben. Laura betonte, sie sei die »ideale Gefährtin eines Künstlers«. Das mochte so sein, vielleicht bei einem bildenden Künstler. Als Schriftsteller musste und wollte ich bei meinen Lesern sein. Ich konnte nicht in der sonnigen Welt Australiens Geschichten fabulieren, die der deutschen Schatten entbehrten. Mein deutsches Grämen und Schämen behielt ich für mich. Nichts sollte unsere Beziehung beeinträchtigen. Ein Wunsch, der weder fromm noch wirklichkeitsnah war.

Zurück in Sidney, erfuhr ich die dominanten Züge meiner Geliebten. Laura strebte danach, mich weitgehend als Freund und Betreuer ihres Sohnes einzugrenzen. Ein Dasein als Hausmann lehnte ich ab. Ich wollte das Land und seine Menschen kennenlernen, als eigene Sonne strahlen und mich nicht als bleicher Mondgeselle in Lauras und Davids Glanz baden. Je mehr ich mich entzog, desto stärker versuchte Laura mich zu zähmen. Meine Leidenschaft für sie blieb davon unberührt oder wurde gerade dadurch angefeuert.

Jürgen Corleis, der meine Verzweiflung ahnte, machte mich mit den Germanisten Bernd Hüppauf bekannt, der, Wunder über Wunder, meinen Roman kannte und mich zu einer Lesung mit Diskussion in sein Seminar an der New South Wales University einlud. Als ich Laura davon berichtete, erwiderte sie, ihr Lernprogramm sei dermaßen straff, dass sie sich keine unnötigen Auszeiten gönnen dürfe. So war ich gezwungen, ohne die Zeugenschaft meiner Geliebten den kleinen Beifall des werdenden Schriftstellers einzuheimsen, was meine Eitelkeit verletzte.

Laura ließ mich meine Abhängigkeit von ihr spüren. Sie empfand es unpassend, dass ich am Wochenausflug ihrer Familie teilnähme. Erst auf Davids stürmischen Protest hin erklärte sich seine Mutter schließlich bereit, seinen Freund mitzunehmen, damit er aufhöre zu schreien. Unser Liebesspiel war zu einem Machtkampf verkommen. Am nächsten Morgen stahl ich mich mit meiner Kreditkarte aus dem Haus. Ich streunte am Wochenende durch die Stadt – mein Herz, mein Eros drängten mich unablässig, zu Laura zurückzukehren, mich mit ihr auszusprechen, zu versuchen, unserer Liebe Luft zum Atmen zu gewähren. Zumindest sie anzurufen und ihr mitzuteilen, dass ich mir eine Auszeit nehmen musste – doch mein verletzter männlicher Stolz und mein Selbsterhaltungstrieb ließen kein Entgegenkommen zu.

Wenige Tage zuvor hatten Laura und ich uns vorgenommen, ohne David in die Wüste zu fahren und dort zu zweit die Einsamkeit der Landschaft zu erfahren. Daran war nicht mehr zu denken. Wir begegneten uns auf der Straße vor ihrem Haus. Sie wollte wissen, warum ich mich nicht gemeldet habe. »Weil ich es nicht mehr ausgehalten habe.« Dann müsse sie unsere Beziehung beenden.

Sie. Sie. Sie. Ihr zärtlicher Blick strafte ihre bestimmten Worte Lügen. Ich trat auf sie zu, wollte sie umarmen, trotz aller verstandesmäßigen Einwände versuchen, die Verheißung unseres Glücks festzuhalten. Lauras erhobene Hand gebot mir Einhalt. So ging ich ins Haus, packte meinen Rucksack, umarmte David, wobei mich die Sehnsucht nach meinen Kindern ergriff. Laura reichte mir mit hilfloser Geste die Hand und stellte fest: »Wir haben in sehr kurzer Zeit eine sehr große Liebe …«, sie biss sich auf die Zunge, in ihren wie in meinen Augen glitzerte es: »… eine große Beziehung gehabt.« Die an unserem Egoismus und Stolz scheiterte.

Ich buchte einen Flug nach Alice Springs.

5

Kaum dort gelandet, meldete ich mich für eine zweitägige Wüstenfahrt ins Palm Valley an. Die Tour galt als besonders anstrengend. Meine Erwartungen wurden übertroffen – bis auf die Palmen. Nur wenige Exemplare gruppierten sich um eine Wasserstelle in einer kleinen Oase. Bald brach unsere kleine Gruppe zu einem langen Wüstenmarsch auf. Die Gespräche zwischen den Teilnehmern verstummten rasch. Jeder kämpfte gegen Hitze und Durst, der in einstündigem Rhythmus mit jeweils einem Liter Wasser gelöscht wurde, das die erhitzten Körper als Kühlschweiß benötigten. Die Strapazen kamen mir gerade recht, lenkten sie mich doch von der Trauer um meine verlorene Geliebte ab.

Während einer Pause wurde ich von einer groß gewachsenen Australierin angesprochen. Die Rothaarige erzählte mir von ihrer Arbeit bei einer sozialen Regierungsbehörde in Brisbane und später auch von ihrem Privatleben. Sie sei gay, ihre Familie sei aus Irland eingewandert. Barbara und ich verstanden uns gut. Ihre Homosexualität, so meinte ich, würde mich vor neuem Begehren und neuem Leid bewahren. Beim Abschied bat sie mich, ihr meine Adresse in Alice aufzuschreiben. Sie wolle noch eine Weile in der Wüste bleiben.

Ich unternahm sogleich einen weiteren Ausflug zur Redbank Gorge. Die letzten Kilometer in dieser immer enger werdenden Schlucht mussten wir durch eiskalte Tümpel waten und schwimmen und über steile Felspfade klettern, ehe wir unverhofft an einen grünen Wüstensee gelangten. Das Essen in der rustikalen Herberge schmeckte köstlich. Bei mehr als 100 Grad Fahrenheit (39 Grad Celsius) saßen wir endlich im Schatten und konnten später schwimmen. Nachts ging es in rasender Fahrt zurück nach Alice Springs. Zu schnell, der Geländewagen blieb stecken. Wir gelangten erst im Morgengrauen ans Ziel.

Schnurstracks ging ich zu Gaby und David, die gerade zur

Arbeit aufbrechen wollten, mir jedoch mit Selbstverständlichkeit Gastrecht gewährten. Nach einem Ruhetag fühlte ich mich wieder fit und nahm Davids Angebot an, ihn auf einer Inspektion abgelegener Aborigine-Siedlungen zu begleiten. Dabei erhielt ich einen unmittelbaren Eindruck von der unberührten Schönheit und von der endlos scheinenden Weite des Landes.

Wir fuhren Richtung Nordosten. Stundenlang zog der Wagen durch die Wüste. Gelegentlich passierten wir Ansammlungen von Häusern. David berichtete: »Wir lassen kleine Siedlungen bauen. Sie beziehen sie, sind fröhlich. Irgendwann, ohne dass wir den Grund kennen, ziehen sie weiter ... Manchmal nur deshalb, weil jemand ihnen Alkohol verkauft hat, was hier strikt verboten ist. Doch wer will das im Outback kontrollieren?« Gelegentlich hielten wir an, betrachteten den weiten Himmel, das pastellfarbene Steppengrasgeflecht auf rostfarbener Ebene. Sie wurde unterbrochen durch runde Hügelketten. Weit und breit war kein Mensch zu erspähen. Als wir nachmittags bereits umkehren wollten, fanden wir endlich eine bewohnte Siedlung. Die älteren Bewohner hielten sich im Schatten einer Blechhütte auf. Während die Kinder fröhlich in dem Bächlein am Rande des Dorfes tobten. David bat einen Mann, mir von den Jagdriten zu erzählen. Der schlanke Aborigine nickte mir zu, ihm zu folgen. Er ergriff einen Bumerang, gab mir durch Zeichen zu verstehen, dass diese Waffe nicht dazu da sei, sie zum Vergnügen in die Luft zu werfen, und wies mich an, mit ihm zu warten. Nach etwa einer Stunde horchte er auf, umklammerte sein Jagdgerät. Als aus der beobachteten Richtung ein Fuchs auftauchte, zielte mein Begleiter sorgfältig und schleuderte schließlich den Bumerang, der nach einem weiten Halbkreis am Boden mit voller Wucht gegen das Tier prallte, so dass es ohnmächtig liegen blieb. Rasch sprang der Jäger hinzu und tötete es mit einem Stich seines kurzen Jagdmessers.

Erst an der Peripherie von Alice Springs begegneten uns wieder Autos. David erzählte mir noch lange von seinen Erfahrungen mit den Eingeborenen, »die wir nie ganz verstehen werden – das schützt sie am wirksamsten«.

Mit Davids ausrangiertem Geländewagen auf eigene Faust Wüstentouren zu unternehmen – »mit ausreichend Wasser und guten Karten« –, schien mir verlockend. Ich begann den alten Toyota Landcruiser instand zu setzen. Die Lenkung war ausgeschlagen, die Luftfilter mussten erneuert werden. Nachdem das Auto wieder fahrtüchtig war, tauchte unverhofft Barbara Ryan auf, um mich zum Schwimmen einzuladen. Als ich ihr von Davids Geländewagen berichtete, schlug sie mir vor, gemeinsam ins Outback zu fahren. Am nächsten Tag gondelten wir früh los. Nach Stunden erreichten wir ein abgelegenes Oasenrestaurant. Es war derartig heiß, dass selbst die Dingos bewegungslos im Schatten lagen. Wir tranken viel und speisten leicht. Barbara bat mich, ein Zimmer zu reservieren. Ein Zimmer? Ja! Wir liebten uns behutsam.

Als ich danach Barbara auf ihre Bemerkung ansprach, sie sei gay, nickte sie. Jahrelang hatte sie mit Frauen zusammengelebt. Warum nicht mehr? »Weil Frauen nicht verzeihen können. Wenn du einen Mann verletzt, will er dich schlagen, dir wehtun, dich gar töten. Nach einer Weile verraucht sein Zorn. Weil er eine andere kennengelernt hat. Eine Frau aber vergibt nie, wenn sie sich von dir verletzt fühlt. Sie kennt nur ein Ziel: dich zu zerstören. Unabhängig, ob sie unterdessen einen anderen geheiratet und fünf Kinder großgezogen hat. Ihr Rachedurst bleibt ungestillt. Und ...«, ein Lächeln huschte über Barbaras Lippen: »... die Reaktion eines Mannes zu beobachten, dem ich sage, ich sei lesbisch, ist bemerkenswert. Die meisten verlieren sogleich jedes Interesse an mir. Das ist prima. Denn mit solchen Männern will ich nichts zu tun haben.«

Barbara und ich blieben noch einige Tag im Outback. Das Zusammensein mit ihr war Balsam für meine aufgewühlte Seele. Diese Frau belebte meinen Geist und meine Sinne gleichermaßen. Ich fühlte mich in ihrer Gegenwart zunehmend wohl und gewann sie lieb. Barbara war welterfahren und offen. Sie zögerte nicht, mir zu widersprechen oder mich zu kritisieren, wollte mich aber nie dominieren oder verletzen.

Nach einer Woche musste Barbara für einige Tage zu ihrem greisen Vater nach Brisbane. Ich flog nach Cairns im Norden des

Kontinents. Dort raubte mir feuchtheiße Tropenluft den Atem. Jeden Morgen zwang ich mich, mein durchgeschwitztes Hotelbett zu verlassen, denn die einzigartige Atollwelt des Great Barrier Reef, die sich mehr als tausend Meilen entlang der Ostküste dehnt, wollte ich unbedingt entdecken. Auf den Inseln herrschte ständig eine Brise, die Feuchtigkeit verdunstete angenehm auf der Haut. Ich schnorchelte meist im seichten Wasser und beobachtete die vielfarbigen Korallen und exotischen Fische. An anderen Tagen nahm ich an Trecks in den Regenwald teil, der sich im Hinterland von Cairns erstreckt. Als Barbara einflog, waren wir uns vertraut wie ein seit längerer Zeit liiertes Paar, doch unser Sex war frisch und aufregend – nicht zuletzt, weil Barbaras Neugierde und Experimentierfreude grenzenlos waren.

Im Alltag aber regierten ihr praktischer Verstand und ihre Übersicht. Sie ruhte nicht, bis wir ein Hotel auf einem windigen Hügel fanden, wo es sich auch ohne das sterile Gleichmaß einer Klimaanlage aushalten ließ. Unsere gemeinsame Zeit verrann. Schließlich musste Barbara zu ihrer Arbeit nach Brisbane zurückkehren. Wir nahmen ohne Wehmut und ohne Versprechen Abschied voneinander.

Nach einem Wochenende bei Jürgen Corleis in Sydney musste und durfte ich nach Deutschland zurückkehren.

7

Das Vierteljahr in Australien hatte mich Demut, Gelassenheit und Freude gelehrt. Mein Respekt für fremde Menschen und die Natur hatte sich vertieft. Fern von München, meinen Kindern und Freunden wurde mir zunehmend deutlich, dass die Entscheidung, meine Beamtenstelle an der Universität aufzugeben, richtig gewesen war. Gleichzeitig musste ich einsehen, dass sich ein neues Buch nicht auf Knopfdruck starten ließ.

Der weite Kontinent war reizvoller, heller, ungebärdiger als das beengte Deutschland. Die Menschen waren hier zumeist unverkrampfter, offener, hilfsbereiter, nirgends war ich Antisemitismus begegnet. Und dennoch war mir gerade in der Fremde meine Verbundenheit mit Deutschland so bewusst geworden wie nie zuvor.

Die jiddische Mamme

1

Die ersten Tage in München verbrachte ich ausschließlich mit Juda und Yaël. Mein achtjähriger Sohn versuchte mich zu überreden, zu ihm und seiner Schwester zurückzukehren: »Wir wollen alles tun, damit ihr euch vertragt, und in der Schule fleißig lernen.« Das Leid und das Verständnis der Kinder ließen mich verzweifeln. Ich wünschte mir, in früherer Zeit gelebt zu haben, in der eine Ehe als Fügung galt wie ein Buckel, den man widerspruchslos zu tragen hatte. Heute jagten alle, mich eingeschlossen, den Verheißungen des Glücks hinterher.

Um der Kinder willen zu Ruth zurückzukehren wäre unehrlich gewesen und hätte auf Dauer zu mehr Leid geführt. Ich erinnerte mich an den Ratschlag, für Kinder sei es besser, in klaren Verhältnissen aufzuwachsen, dazu zählte auch eine Trennung, als mit ständigen Auseinandersetzungen konfrontiert zu werden. Im Alltag litten die Kinder und Eltern in jedem Fall. Ich nahm dies bewusst in Kauf, um endlich wieder schreiben zu können. Ungestört vom Lehrbetrieb an der Universität und vom Abnützungskrieg einer Ehe unpassender Partner. Das war egoistisch. Doch Kunst setzt Eigensucht voraus. Jeder, der das Gegenteil behauptet, ist ein Heuchler.

Ende März, eine Woche nach meiner Rückkehr nach München, erhielt ich von Eichborn ein druckfrisches Exemplar der Neuausgabe meines »Rubinstein« mit der Post. Im April wurde das Hardcover an den Buchhandel ausgeliefert. In der »Frankfurter Rundschau« resümierte Pit Rampelt: »Der Autor richtet einen unnachsichtigen Blick auf die deutschen und jüdischen Protagonisten. Am erbarmungslosesten urteilt er über sich selbst.« Eichborn organisierte die ersten Lesungen.

Unterdessen hatte ich mit der Niederschrift eines neuen Romans begonnen.

Ich stand noch unter dem Eindruck meiner Australienreise. Meine spontane Verbundenheit zu Lauras Sohn David und dessen inniges Verhältnis zu seiner Mutter beschäftigten mich nachhaltig. David und ich waren uns so nahe, weil wir beide, ich mit einem meist abwesenden Vater oder wie mein kleiner Freund ganz ohne männliche Bezugsperson, an unseren Mammes hingen – und ein Lebtag an ihnen hängen bleiben würden. David klammerte sich an mich, er wollte »ein großer Junge« sein – doch das gemeinsame Wannenbad mit seiner Mutter war ihm unverzichtbar.

David war ebenso wie ich als Kind von den Wonnen der Mutter durchdrungen. Unsere Sinne fieberten nach ihrem Anblick, der Berührung ihres Körpers, dem Einswerden mit der Mamme. Erinnerung und Gegenwart führten meine Feder: »Ich liebte den Anblick ihres rundlichen Körpers, ihre blassrosa Haut, die prallen Brüste, den leicht gewölbten Bauch, das dunkle Dreieck ihrer Schamhaare. Mit gespreizten Beinen glitt sie vorsichtig ins Wasser. Ich roch Mammes Duft. Sanft umfingen ihre Waden meine Pobacken. Ich griff nach ihren Knien und streichelte ihre Schenkel. Bella zog meinen Kopf an ihren Busen. ›Samylein, mein Ein und Alles, was wäre mein Leben ohne dich?‹« Nach weiteren Liebkosungen und Umarmungen springt der Kleine übermütig über den Wannenrand und landet schmerzhaft auf dem Boden. Doch statt ihr Jingele zu wärmen und zu trösten, bescheidet die Mamme ihrem Herzblatt: »Wer nicht hören will, muss fühlen«, löscht das Licht und lässt den Unfolgsamen allein im Dunkeln zurück.

»Und diese läppische Episode soll eine ›zentrale Rolle in meinem Frauenbild‹ spielen? Der Rosenfeld spinnt. Ich werde meinen Therapeuten wechseln. Seit Wochen hackt er auf dieser Badegeschichte herum. Das ist doch vierzig Jahre vorbei!«

Indem ich auf die lebenslange innige Bindung von David und Samy und Rafi und unzähligen Männern an ihre Mütter rekurrierte, versuchte ich, mir und den Lesern auf meine Weise die schier unwiderstehliche Wirkung vieler Männer auf nicht wenige Frauen zu erklären. Wir beten die weiblichen Wesen an, wir lieben sie – welche Frau mag sich diesem ursprünglichen Zauber entziehen?

Die Magie der ewigen Mamme blockiert das Erwachsenwerden der Männer. Sie bewahren ihr kindliches Gemüt. Das macht es ihnen unmöglich, eine reife Beziehung einzugehen. Ich hatte mich nicht mit einer Frau wie Ingrid verbunden. Vielmehr hatte ich Ruth geheiratet, nicht aus Überzeugung oder Liebe, die gehörte meiner Mamme, sondern um die Erwartungen meiner Umwelt, vor allem meiner Mutter zu erfüllen.

2

Die Arbeit an meinem selbstironischen Roman bedeutete mir Erfüllung. Endlich war ich Herr meiner Zeit. Ich durfte mich unmittelbar nach dem Frühstück jeden Morgen an meinen Schreibtisch in meinem kleinen Zimmer setzen und ungestört fabulieren. Meine Phantasiegespinste wurden nicht mehr von Verwaltungsarbeit, Sprechstunden und Geschwätz von Mitarbeitern und Studenten zerrissen. Was ich ersann, konnte ich unmittelbar niederschreiben. Wöchentlich hielt ich eine Lehrveranstaltung am Geschwister-Scholl-Institut ab. Nach einem kurzen Mittagessen in der Mensa ging ich wieder nach Hause, um in meiner Arbeit fortzufahren. Während ich an der Dissertation schrieb, hatte ich unter dem Alleinsein gelitten, nun genoss ich es.

Es war befreiend, ohne Sorge um spätere Veröffentlichung schreiben zu können. Eichborn hatte einen Vertrag unterzeichnet, der mir einen Vorschuss von 5000 Mark zugestand, eine Hälfte sollte ich bei Abschluss des Manuskripts erhalten, die andere beim Erscheinen des Buches.

Ich nannte den Roman »Die jiddische Mamme« – in Anlehnung an einen jiddischen Schlager, der die hebräische Mutter als Heroin huldigt, die bei Feuer, Flut und Sturm nicht zögert, ihr Leben für ihre Kinder einzusetzen. Was im Song nicht erwähnt wird, ist der Preis: die lebenslange Unterordnung, wenn es nicht gelingt, dem Willen der Mütter zu widerstehen. Ende Juni war die erste Fassung des Manuskripts fertig.

Unmittelbar danach zog ich aus meiner WG in der Schwabinger Ohmstraße in eine Zweizimmerwohnung in die Untergiesinger Schönstraße. Giesing war ein traditionelles Kleineleute- und Arbeiterviertel. Meine Wohnung lag zwischen dem alten »60er«-Fußballstadion und dem Isar-Ufer, unweit des Tierparks und des beschaulichen Biergartens am Flaucher. Nach dem Umzug begann ich mit der Überarbeitung meines Manuskripts. Abends besuchte ich mit Freunden den Biergarten und die preiswerten

Gastwirtschaften in der Nachbarschaft. Am Wochenende zog ich mit Juda und Yaël durch die Isar-Auen, hier konnten sie nach Herzenslust herumtoben. Wir spielten Fußball und Tischtennis. Abends erfanden Juda und ich Märchen, die Yaël weiterspann. Die Idylle währte zwei Wochenenden.

3

Bei einer Untersuchung Hannahs im Schwabinger Krankenhaus wurde festgestellt, dass sie an Magenkrebs erkrankt war. Die behandelnden Ärzte teilten mir mit, die Krankheit sei weit fortgeschritten, man könne nicht mehr operieren. Aufgrund ihres Alters rechnete man mit einer Lebenserwartung von maximal zwei Jahren. Hannah öffnete den versiegelten Umschlag des Klinikschreibens an den Hausarzt und erfuhr so von ihrer Diagnose. Mutter, die bis dahin als formidable Hypochonderin bei jedem Wehwehchen das Schlimmste angenommen und ihr baldiges Ende beklagt hatte, reagierte gefasst, als sie Gewissheit von ihrem tödlichen Leiden erlangte.

Hannah teilte den Ärzten mit, sie sei bereit, sich jeder Behandlung zu unterziehen. Zunächst wurde ein Eingriff in die Speiseröhre vorgenommen. Mutter klagte nicht, war nicht nervös oder gar hysterisch. Als ich sie mit dem Hinweis aufzumuntern versuchte, die Krankheit sei erst im Anfangsstadium, nicht einmal eine größere Operation sei bei ihr notwendig, blickte sie mich an. »Ich habe den Befund gelesen, Rafi. Ich weiß Bescheid. Ich mache mir keine Sorgen um mich, aber um dich.« Sie bat mich, meine brotlose Kunst bleiben zu lassen und auf meine sichere Beamtenstelle an der Universität zurückzukehren. Dies sei nicht mehr möglich, erläuterte ich ihr. Unabhängig davon hätte ich als Schriftsteller meine Bestimmung gefunden. Da dies so sei, wolle sie mir ihren Segen erteilen, erklärte Mutter und tat es: »Gott soll dich beschützen und benschen, mein Kind.« Die Gewissheit ihres bevorstehenden Endes gab Mutter Bestimmtheit und Ruhe, ja Würde. Bei meinen täglichen Besuchen bewunderte ich Hannahs Gefasstheit.

Anfang August publiziert die »Zeit« die angekündigte »Rubinstein«-Rezension Broders. Darin referierte der Autor die Handlung im Rahmen »eines ganz normalen Alltags einer ganz normalen jüdischen Familie, das heißt: den Horror des Familienlebens unter verschärften Bedingungen«. Er ging auch auf den absurden Vorwurf der »Nestbeschmutzung« durch die »Allgemeine Jüdische Wochenzeitung« ein, »die sozusagen den offiziellen jüdischen Standpunkt artikuliert«.

Broders Fazit: »›Rubinsteins Versteigerung‹ ist das erste Buch eines deutsch-jüdischen Autors nach 1945, das den herrschenden Konsens – nur nicht unangenehm auffallen! Die Antisemiten würden sich freuen! – einfach ignoriert. Es nimmt auf die Angst der Juden vor Selbstentblößung ebenso wenig Rücksicht wie auf die Bedürfnisse der Antisemiten nach Absolution. Deswegen kommt es der Wirklichkeit jüdischen Lebens in der Bundesrepublik weit näher als die vielen gut gemeinten Dokumentationen zu diesem Thema.«

Bei Eichborn löste die Besprechung Begeisterung aus. Sie diente als Vehikel, meinen Namen als Schriftsteller bekannt zu machen: Der Verlag schickte sie an alle deutschen Buchhandlungen, anschließend betrieb die gesamte Belegschaft eine Woche Telefonmarketing. Die erste Auflage war rasch vergriffen, die zweite wurde nachgedruckt, bald folgte eine dritte.

In späteren Jahren bin ich wiederholt gefragt worden, weshalb ich mir Broders Pöbeleien gefallen lasse, ohne ihm mit der gebotenen Deutlichkeit zu antworten. Er mag sich mitunter wie ein Schmock benehmen, doch mit seinem »Zeit«-Beitrag hat er mir geholfen.

Eichborn schickte mich auf Lesetour. Nach Jahren des Schweigens war ich süchtig, die Reaktion der Menschen auf meine Literatur, die meine Seelenlage und meine Vorstellungen widerspiegelte, zu erfahren. Zunehmend wurde mir bewusst, dass meine in Worte gefassten Gedanken und Gefühle den Besuchern als Projektionsfläche für eigene Emotionen und Ansichten dienten.

Erstmals las ich in Berlin, Düsseldorf, Frankfurt am Main. Die Veranstaltungen in diesen Großstädten verliefen turbulent, denn Tugendwächter und Philosemiten von eigenen Gnaden meinten, die öffentliche Moral beziehungsweise ihre jüdischen Mitbürger vor meinen vermeintlichen Anwürfen verteidigen zu müssen. Doch immer weniger Leser mochten sich bevormunden lassen. Es war unverkennbar, dass der Riss nicht zwischen Juden und Antisemiten, sondern zwischen gebildet, neugierig, jung, frech und altbacken, angepasst und heuchlerisch klaffte. Entsprechend lebhaft, ja streitbar verliefen die Diskussionen im Publikum und – gelegentlich mit mir. Als empfindlicher und leicht entflammbarer Mensch fühlte ich mich schnell persönlich verletzt und als ehemaliger Dozent zudem verpflichtet, auf jeden Blödsinn zu antworten.

In Bonn fiel mir eine Besucherin auf, die aus dem Stegreif ein witziges »Plädoyer – Rubinsteins Mutter – für Esel« hielt. Als ich sie später beim Signieren des Buches nach ihrem Namen fragte, erwiderte sie »Monika Deuerlein«. So hieß mein erster Universitätsdozent, entgegnete ich. »Das war mein Vater.« Im Herbst sprach mich bei einer Veranstaltung in der Schwabinger Basis-Buchhandlung ihre jüngere Schwester Isabella an. Wir waren einige Zeit befreundet.

6

Ich besuchte Mutter regelmäßig. Nach dem ersten Eingriff hatten die Ärzte gemeint, Hannah könne damit rechnen, ein Jahr ohne weitere Operationen auszukommen – auf Chemotherapie wurde angesichts ihres Alters und ihrer Schwäche verzichtet. Aber bereits zwei Monate später musste die zugewucherte Speiseröhre erneut operativ geöffnet werden. Esel ertrug die Eingriffe klaglos. Ich bemühte mich, Zuversicht auszustrahlen, doch Hannah blieb uneingeschränkt Realistin. Sie suchte lediglich meine Gegenwart und liebte es, Geschichten aus ihrer Kindheit in Galizien zu erzählen. Unwillkürlich kam sie jedoch auf ihre Jugend in Berlin nach dem Tod ihrer Mutter 1924 zu sprechen. »Ich wohnte bei meiner Schwester und ihrer Familie ... ich hatte auf Trost gehofft ...« Hannah fing unvermittelt an zu weinen. Als es mir schließlich gelang, sie zu beruhigen, erzählte Mutter, ihr Schwager Jakob habe sie gezwungen, »mit ihm intim zu werden … Ich war zwanzig Jahre jünger als meine Schwester. Deshalb hab ich ihm gefallen. Es war die Hölle.«

Hannah hatte ein schlechtes Gewissen und ständig Angst, entdeckt zu werden. Schließlich sei sie schwanger geworden. Als Jakob sie gedrängt habe, mit ihm nach Amerika durchzubrennen, und ihre Schwester und deren Kinder im Stich lassen wollte, sei sie davongelaufen und habe abtreiben lassen. »Ich habe alle gehasst. Und mir geschworen, nie wieder mit ihnen zu tun zu haben. Doch als die Nazis an die Macht kamen, haben wir uns ausgesöhnt.« Sie schüttelte den Kopf, versuchte zu schweigen. Nach einer Weile brach es erneut aus ihr heraus. »Als es deinem Vater und mir zwei Dutzend Jahre später in Israel schlecht ging, hat Jakobs Sohn Henri Ludwig als Jecke verhöhnt und ihn gedrängt, nach Deutschland zurückzukehren. Ich musste mich damals beherrschen, um Henri und seinen Geschwistern nicht zu erzählen, was für ein Lump ihr Vater war. Und dass sie es mir zu verdanken hatten, dass ihr Vater sie nicht im Stich ließ …, sonst hätte Jakob aus Amerika zugesehen, wie die Nazis sie umgebracht hätten.« Mutter trocknete entschlossen ihre Tränen und reckte ihr Kinn empor, ihre Augen leuchteten mit einem Mal entschlossen, wie ich sie von ehedem kannte. »Aber wozu? Die teure jüdische Familie: Unmenschen. Da waren wir nach dem Krieg bei den Deutschen besser aufgehoben. Die haben wenigstens etwas aus ihrer Vergangenheit gelernt.« Sie schüttelte erneut den Kopf. »Ich habe es Ludwig nie sagen können. Aber er hatte recht, dass ich nach Deutschland ging. Er war kein Kaufmann. Aber ein anständiger Mensch. Möge Gott seiner Seele gnädig sein!«

Mutter sah mich an: »Rafi, du wirst bald alleine sein. Verlass dich nie auf fremde Menschen. Ich habe immer Angst um dich gehabt, weil du als Kind kränklich warst und danach ein fauler Schüler. Aber du hast ohne Hilfe deinen Doktor gemacht. Du hast deine sichere Beamtenstelle aufgegeben und lebst jetzt als Schriftsteller. Ich habe als Mutter nicht sehen wollen, dass du einen zähen Willen hast. Einen viel härteren als dein Vater. Du wirst deinen Weg gehen – und Ludwig und ich werden immer bei dir sein!« Mutter legte mir ihre Hände segnend auf den Kopf.

Im September zog Albert Sellner, der mich für Eichborn entdeckt hatte, zu mir. Wir arbeiteten eine Woche intensiv an meinem Romanmanuskript. Das war nicht unproblematisch, denn ich saß als Morgenmensch um 9 Uhr am Schreibtisch, während Albert als Nachtvogel erst gegen Mittag erwachte und am Abend seine höchste Leistungsbereitschaft entwickelte, als ich bereits meine Konzentrationsfähigkeit eingebüßt hatte. Wir vereinbarten Schichtarbeit. Die offenen Fragen besprachen wir nachmittags. Abends besuchten wir Kneipen. Danach legte ich mich schlafen, während Albert weiter am Text arbeitete. Albert war ein kluger und humorvoller Lektor, von dem ich viel über den Aufbau eines Romans lernte. Erzählkunst allein genügt nicht. Sie muss kanalisiert werden.

Weihnachten 1989 verschlechterte sich Mutters Zustand. Ihre Speiseröhre musste erneut von Wucherungen befreit werden. Bei dem Eingriff stellte sich heraus, dass die Tumore nicht mehr operativ entfernt werden konnten. Das bedeutete das Todesurteil. Ich sorgte dafür, dass Hannah nichts von dem Befund erfuhr. Mutter machte sich keine Illusionen: »Ich bekomme kein Essen mehr, nur noch Transfusionen.« Sie kämpfte unaufgeregt, doch zäh um ihr Leben. Ich war dabei, als der Leiter der Onkologie Hannah seinen Respekt erwies: »Frau Seligmann, wenn ich nur über ein Bruchteil ihrer Willenskraft verfügte, wäre ich bereits Nobelpreisträger.« Später vertraute der Arzt mir an: »Was wir Ihrer Mutter an Blut zuführen, versickert umgehend in den rasch zunehmenden Wucherungen.« Der Blutverlust führte schließlich zu ersten geistigen Ausfallerscheinungen.

Ich war erschüttert, als mich Hannah verlegen lächelnd nach meinem Geburtsdatum fragte. Mutter hatte bis dahin ein unbestechliches Gedächtnis. Sie hatte jeden Geburtstag im Kopf, alle Namen und Daten, Fremdworte, medizinische Begriffe und Präparate waren bei ihr zuverlässig abgespeichert. Und nun wusste sie nicht einmal mehr, wann ihr eigenes Kind geboren worden war. Nach der folgenden Transfusion erholte sie sich und unter-

2.7 Mit Yaël Emily und Yehuda Ludwig am Grab meiner Mutter, 1991

28 Yehuda Ludwig, 1993

29 Mit Yaël Emily und Yehuda Ludwig 1993 in München

30 Mit Elisabeth am Tag unserer Hochzeit, 31. Juli 1997

31 Meine Frau Lily, 2000

32 Zuhause an meinem Schreibpult

Vor Gottes Thron steht ein Pokal, der Tränenbecher. Wann immer ein Jude Unrecht erleidet, tropft eine Träne in den Pokal. Sobald der Becher überläuft, erhebt sich Gott und hilft seinem bedrängten Volk.

Das Märchen muß Bander lauten.

Gott ist alt. Sehschwäche, Gicht u. Schwermut plagen ihn. Der Tränenpokal ist ein Faß ohne Boden – deshalb läuft er ständig über, denn er wird von den Tränen ALLER Menschen gespeist. Gott fehlt die Kraft, sich um das Leid seiner Geschöpfe und ihre Tränen zu kümmern. Er hat resigniert ~~aufgegeben~~. Die einzigen, die den Tränenstrom verebben lassen können, sind ~~wir~~ die Menschen selbst.

33 Tränenpokal, Vorwort zum Roman »Der Milchmann«, 1999

34 Mit Avi Primor, Israels ehemaligem Botschafter in Deutschland, 1999

35　Im Gespräch mit Simon Wiesenthal in Wien, 1999

36 Besuch der israelischen Kampfeinheit 101, 2001

37 Reportage während der Intifada, Oktober 2000

38 Mit Israels Präsidenten Moshe Katzav, August 2000

39 Interview mit Israels Außenminister Shimon Peres, 2001, den ich 1978 als Student weniger freundlich erlebt hatte

40 Mit dem Publizisten Ernst Cramer (1913–2010)

41 Blattkritik bei der taz, 2003

42 Mit dem ehemaligen Bild-Chefredakteur Claus Larass und dem gegenwärtigen Kai Diekmann

hielt sich mit mir, ohne Ermüdung zu zeigen. Zum Abschied mahnte sie mich, »nicht ständig hier vorbeizukommen. Dafür gibt es Krankenpfleger. Arbeite du an dem Buch.« Nachdem ich mich verabschiedet hatte, murmelte sie vor sich hin: »Was muss ich jetzt noch tun?« Selbst auf dem Totenbett setzte sie sich unter Druck. Als ich abends erschien, hatte Hannah das Bewusstsein verloren. Zwei Tage später, am 14. Januar 1990, war Mutter tot.

9

Die Erinnerung an die unpersönliche Rede des damaligen Gemeindepräsidenten Hans Lamm bei Vaters Beerdigung bewog mich, Mutter selbst zu würdigen. Ich sprach darüber, dass Hannah mir durch ihre Liebe die Festigkeit vermittelt hatte, meinen Weg zu gehen. Ihren lebenslangen Pessimismus ließ ich unerwähnt. Stattdessen betonte ich, dass Hannah, wie andere jüdische Eltern, unsere Generation durch die Rückkehr nach Deutschland vor eine schwere Herausforderung gestellt hätte.

Die erste Trauerwoche hatte ich gemäß jüdischer Tradition zuhause zu verbringen. Ich dachte über Mutter nach. Hannah hatte ein hartes Los zu bewältigen gehabt. Viele ihrer Generation mussten weit Schlimmeres durchstehen. Im Gegensatz zu anderen brachte es Mutter jedoch nicht fertig, wieder Lebensfreude zu gewinnen. Ich führte dies auf die Verluste und Verletzungen in ihrer Kindheit und Jugend zurück. Entschlossen, mich nicht von Hannahs Melancholie überwältigen zu lassen, setzte ich mich in meinem »Jiddische Mamme«-Roman mit den langfristigen Folgen von Hannahs Erziehung und deren Kollateralschaden für meine Partnerinnen auseinander. Ich bedauerte, dass Mutter das Erscheinen des Buches nicht mehr erleben durfte. Auf meine Weise hatte ich ihr ein Denkmal gesetzt. Ihre schier undurchdringliche Schwarzseherei, die wohl einer latenten Depression entsprang, hatte in Verbindung mit einem immensen Willen dazu geführt, dass viel von ihrer Liebe, Klugheit und Tatkraft nicht zur Wirkung kam, ja mitunter in ihr Gegenteil verkehrt wurde. Möge es mir zu Lebzeiten gelingen, Frieden mit meiner Mutter zu machen.

Beschränkte Hoffnungen

1

Nach der einmonatigen Trauerzeit reiste ich nach Paris. Anna Mohal hatte mich zu einer Lesung ins Goethe-Institut geladen. Damals besaßen Mitarbeiter deutscher Kulturstiftungen im Ausland noch ausreichend Zeit und Engagement, ihre Gäste mit den Menschen und der Kultur des Gastlandes vertraut zu machen. Ich genoss nach den schweren Wochen in München das Flair und die Vielfalt der französischen Metropole. Neben den prächtigen Museen und Galerien inspirierte mich vor allem die Atmosphäre im Quartier Latin und im Marais, wo alte, resignierte osteuropäische Emigranten und jüngere, tatendurstige jüdische Zuwanderer aus Nordafrika aufeinanderstießen.

Die Diskussion im Anschluss an meine Lesung war lebendig, kontrovers, schnell. Deutsche und Franzosen argumentierten aus Freude an ihrem Intellekt mit exhibitionistischer Eloquenz. Danach zogen wir in größerer Runde ins Quartier Latin. Dabei unterhielt ich mich unter anderem mit der deutschen Kulturkorrespondentin Sylvie Wickert. Kurz vor Mitternacht tauchte deren Mann Ulrich auf. Seine elegante Statur, vor allem seine natürliche gute Laune ließen ihm unsere Sympathie zufliegen und machten ihn sogleich zum Zentrum unserer Gesellschaft. Unwillkürlich erinnerte ich mich an die Beschreibung des Charismas von Charles de Gaulle durch Henry Kissinger: Beträte er ein Zimmer, neige sich der Raum in seine Ecke. Der Wein befeuerte unsere Gespräche, und unsere Laune war heiter. Ernest Hemingway hatte die Stimmung an der Seine in »Paris – Ein Fest fürs Leben« hymnisch beschrieben.

Wenige Tage nach meiner Rückkehr aus Frankreich rief mich Uli Wickert an. Er habe meinen Roman auf dem Nachttisch seiner Frau entdeckt und in einem Zug gelesen. »Mit Vergnügen selbstverständlich, Rafael Seligmann.« Der Fernsehjournalist und Publizist bot mir an, für seinen Sammelband »Angst vor Deutschland« einen Beitrag zu verfassen. Mitautoren seien unter anderem Václav Havel, Arthur Miller, Günther Nenning, Hans-Dietrich Genscher, Alfred Grosser, Lea Rosh, Günter Grass und, was mich besonders freute, mein ehemaliger Schwabinger Nachbar Patrick Süskind. Wickerts Lob und die illustre Gesellschaft schmeichelten mir. Selbstverständlich sagte ich zu. Es war eine Herausforderung, neben solch qualifizierten und prominenten Autoren zu bestehen. Ich entschied mich für einen Nebenaspekt der nationalen Diskussion infolge der Wiedervereinigung – die »Angstverwertung«. Israels Premierminister Yitzhak Shamir hatte den sich anbahnenden deutschen Zusammenschluss mit einem unsäglichen Kommentar bedacht: Es stehe zu befürchten, dass sich »ein vereinigtes Deutschland erneut der Judenvernichtung zuwenden« würde. Auch andere jüdische Funktionäre wollten oder konnten den friedlichen Charakter des Sturzes der deutschen Diktatur und der Wiedervereinigung des demokratischen Deutschland und die Chancen, die sich daraus für die zukünftige deutsch-jüdische Zusammenarbeit und ein vereinigtes Europa ergaben, nicht begreifen. Ich kritisierte diese »Angstverwertung« und plädierte für einen streitbaren und konstruktiven deutsch-jüdischen Dialog.

2

Nach der Lektüre meines Essays schlug mir die Lektorin Annemarie Schumacher vor, ein Buch zu diesem Thema bei Hoffmann und Campe zu verfassen. Vor zwei Jahren hatte der Verlag mir den Einlass verwehrt, nun wurde ich eingeladen. Ich wollte fortfahren, Romane zu schreiben. Frau Schumacher meinte dagegen, ein solcher Essayband eröffne einem so »hervorragenden Autor« wie mir neue Chancen. Sie werde mich dabei nach Kräften unterstützen. Da ich trotz dieser Bauchpinselei darauf bestand, weiterhin als Romancier zu arbeiten, offerierte mir der Verlag schließlich einen package deal: Für ein Sachbuch und einen Roman wurde ein Vorschuss von 25 000 Mark angeboten. Ich fühlte mich im siebten Himmel. Geld, das mir ein konzentriertes Schreiben für einen angesehenen, traditionsreichen Verlag ermöglichte. Mein Freund Claus Larass holte mich wieder zu Boden: »Sicher, Hoffmann und Campe ist ein renommiertes Haus. Doch dort musst du dich als Letzter anstellen. Bei Eichborn bist du bereits etabliert.« Also lieber der Erste in Gallien als der Zweite in Rom. Doch die Aussicht auf D-Mark und Ruhm ließen mich den gut gemeinten Rat überhören.

3

Jeden Freitagmittag holte ich meine Kinder aus Schule und Hort ab. Wir kochten, spielten. Yaël besaß wie ihre Mutter einen starken Willen. Sie war mathematisch begabt und hatte ein natürliches Talent, mit kleinen Kindern umzugehen. Mit Juda unterhielt ich mich bereits über Politik, Journalismus und Schriftstellerei. Er verfügte über eine rasche Auffassungsgabe und besaß viel Phantasie. Wichtig war mir, dass meine Kinder ihre eigenen Ansichten vertraten. So versuchte Juda, Yaël und mich davon zu überzeugen, dass der Glaube an Gott unsinnig sei, da »niemand den geringsten Beweis hat, dass es ihn gibt. Alles, was in der Bibel steht, ist erfunden.« Yaël widersprach: »Es gibt aber auch keinen Beweis, dass es keinen Gott gibt.« Daher bete sie »sicherheitshalber« zu Gott.

Mitte März wirkten die Kinder verstört. Schließlich verriet mir Juda, dass er und Yaël mit ihrer Mutter in zwei Wochen nach Israel umziehen würden. Ich versuchte meine Kinder zu beruhigen. Doch ich war schockiert. Zwei Monate nach Mutters Tod sollte mir faktisch der ständige Zugang zu Juda und Yaël genommen werden. Bislang besaßen wir keine formale Sorgerechtsübereinkunft.

Es stand Ruth frei, dem von ihr ungeliebten Deutschland den Rücken zu kehren; ich wollte und konnte sie nicht daran hindern, die Kinder mit sich zu nehmen. Dies sollte jedoch in einer Weise geschehen, die für Juda, Yaël und mich erträglich war.

Ich suchte Ruth – ohne Kinder – auf und bat sie, ihre Umzugspläne um drei Monate zu verschieben. Juda könne dann sein drittes Schuljahr in München beenden, und ich würde Zeit gewinnen, mich an den Abschied von den Kindern zu gewöhnen. Ruth wies mein Anliegen ab. Da ich selbst nie Rücksicht auf meine Familie genommen hätte, könne ich von ihr nun kein Entgegenkommen erwarten. Sie habe den richtigen Mann, selbstverständlich einen Israeli, mit Kindern kennengelernt. Gemeinsam wollten sie in ihre Heimat zurückkehren und sich dort ein Zuhause aufbauen. Jeder Moment in Deutschland sei verlorene Zeit. Besonders für Juda und Yaël. Jüdische Kinder hätten in Israel aufzuwachsen, nicht unter den deutschen Nazis. Argumentieren hatte keinen Sinn. Ruth blieb entschlossen. Mir kam Barbara Ryans Feststellung in den Sinn, eine Frau werde die ihr zugefügte Kränkung nie vergeben und sich revanchieren. Ich hatte Ruth durch meine Untreue mit Frauen, vor allem aber mit meiner Schriftstellerei in ihren Augen verraten. Mir blieben noch zwei Wochen Zeit, die ich weitgehend mit Juda und Yaël verbrachte. Doch eine Gnadenfrist gewährt keine Unbeschwertheit.

Ende März zog Ruth wie angekündigt mit den Kindern nach Israel. Fortan rief ich jeden Nachmittag dort an: Ich unterhielt mich mit Yaël und Juda ausschließlich deutsch. Auf diese Weise wollte ich verhindern, dass ich zum Ferienpapa verkam, und gleichzeitig die Verbindung der Kinder mit der deutschen Sprache und Kultur aufrechterhalten. Die täglichen Telefonate behielt ich bis zur Volljährigkeit der Kinder bei.

Ich unterteilte den Tag in die Stunden vor der Unterhaltung mit Yaël und Juda und die Zeit danach. Um nicht unentwegt an die Kinder denken zu müssen, entwickelte ich ständig neue Aktivitäten. Ich sammelte Material für das geplante deutsch-jüdisch-israelische Sachbuch, absolvierte Lesungen, wo immer sie mir angeboten wurden, schrieb Zeitungsartikel und Vorlagen für Rundfunkfeatures. Liebe und Sehnsucht aber lassen sich nicht auf Kommando verdrängen. Nach dem Oster- und Pessachfest flog ich in Abstimmung mit Ruth nach Israel, um endlich meine Kinder wiederzusehen. Es wurde meine schlimmste Reise.

Juda, Yaël und ich versuchten so viel Zeit wie möglich miteinander zu verbringen – und ich gab mich fröhlich. Doch die Kinder spürten, wie mir zumute war. »Wir wissen, dass du traurig bist, Rafi. Aber wir werden noch ganz viel Zeit zusammen haben«, versuchte Juda mich und seine Schwester sowie sich selbst zu trösten. Die Kinder entwickelten den Brauch, sich abzuklatschen und dabei »Familie Seligmann!« zu rufen. Mir wurde ein Mitklatschrecht eingeräumt.

Ruth bestand darauf, neben der bereits eingeleiteten zivilen deutschen Scheidung auch eine jüdisch-religiöse Trennung, ein »Get«, zu erlangen. Um weiterhin Zugang zu den Kindern zu bekommen, ließ ich mich darauf ein. So verbrachte ich Tage vor dem Rabbinatsgericht. Dabei wurde ich zwangsläufig Zeuge von schrillen Auseinandersetzungen zwischen anderen verfeindeten Parteien, die mitunter in Gewalt mündeten. Mein Anwalt wusste meine Notlage zu nutzen, um ein unverschämt hohes Salär einzustreichen. Am meisten haderte ich über die verlorene Zeit. Statt mit den Kindern zusammen zu sein, musste ich dem endlosen Palaver und Gefeilsche der Anwälte beiwohnen. Am Ende einigten Ruth und ich uns darauf, keine gegenseitigen Ansprüche zu erheben. Die eigentliche religiöse Zeremonie verlief zügig und anachronistisch. Wir traten vor drei Rabbiner. Nachdem ich Ruth weisungsgemäß erklärte, dass ich sie verstoße, erhielt ich eine Pergamentrolle, die ich in ihre Hände zu legen hatte. Fortan war es uns untersagt, unter dem gleichen Dach zu schlafen.

Wieder in Deutschland, gelang es mir nicht, telefonischen Kontakt zu Juda und Yaël herzustellen. Ich suchte Ablenkung bei Geliebten. Es half zumindest zeitweilig. Unverdrossen richtete ich meine Kraft darauf, die Kinder wiederzusehen. Bis dahin wollte ich mich nicht in den Schmerz verbeißen oder gar in ihn verlieben.

Nach einem Vierteljahr teilte mir Ruth bei einem meiner täglichen Anrufversuche mit, sie habe nichts dagegen, dass mich die Kinder in den Sommerferien besuchten. Danach durften wir endlich wieder ungehindert telefonieren. Zwei Wochen später holte ich Juda und Yaël am Flughafen Riem ab. Wir bildeten einen Kreis, klatschten uns ab und riefen: »Familie Seligmann«.

Zuhause schenkte ich Yaël mein erstes Exemplar der »Jiddischen Mamme«. Juda las die Widmung vor: »Meiner Tochter, Yaël Emily«. Wir spielten und sangen zusammen, vor allem redeten wir viel miteinander während ihres Aufenthalts.

4

Nachdem die Kinder abgereist waren, wurde ich prompt krank, konnte mich aber bald wieder aufrappeln. Noch vor der Präsentation der »Mamme« auf der Frankfurter Buchmesse absolvierte ich Lesungen, die Eichborn in mehreren deutschen Städten und in der Schweiz organisiert hatte. Die Hörer debattierten, lachten, kauften meine Romane. Rezensionen in der »Zeit«, der »Frankfurter Rundschau« und anderen Zeitungen waren ermutigend. In der »Süddeutschen Zeitung« hob der unvergessene Germanist Jörg Drews hervor, aus meiner Feder fließe das »Aufsässigste, das Frechste, das heulend Komischste«, das gegenwärtig ein jüdischer Autor in Deutschland schreibe.

Die Stadt München verlieh mir, ohne dass ich mich darum beworben hatte, während einer Feier ihr Literaturstipendium. Zwei Filmproduzenten, Janusz Kozminski und Manfred Korytowski, wollten die Filmrechte von »Rubinsteins Versteigerung« erwerben. Ich gab Kozminski den Vorzug, da dieser einen Streifen drehen wollte, der »die bequemen Juden und die selbstzufriedenen Gojim aus ihrer Ruhe reißen wird«. Korytowski, der unter anderem die »Pumuckl«-Filme produziert hatte, teilte mir zwei Tage später mit, sein Unternehmen habe sich einmütig für meinen Stoff entschieden und wolle daraus eine 13-teilige Fernsehserie entwickeln. Als ich ihm sagte, dass ich mich bereits auf seinen Konkurrenten festgelegt hätte, erwiderte Korytowski, dies werde mir leidtun.

Ich nahm die Worte nicht ernst. Derweil berichtete mir Kozminski, das Bayerische Fernsehen habe einen renommierten Autor beauftragt, ein Drehbuch zu erstellen. Ich wähnte mich auf dem Weg zum anerkannten Schriftsteller. In dieser Erfolgssträhne versetzte mir eine vernichtende Rezension von Eva-Elisabeth Fischer in der »Süddeutschen« einen unerwarteten Dämpfer. Am »Rubinstein« störten die Redakteurin, deren Domäne die Ballett- und Theaterkritik war, die »pornografischen Tiraden«. In der »Jiddischen Mamme« wähnte sie mich vorwiegend »in sexuellen Ergüssen« suhlend. Ihr Fazit: »Seligmann … macht sich nicht nur am Literaturtelefon zum Callboy.«

Meine Betroffenheit hinderte mich zu begreifen, dass eine Kritik mitunter mehr über den Rezensenten sagt als über das besprochene Buch. Der erfahrene österreichische Publizist Günther Nenning dagegen wusste die Reaktionen einzuordnen: »Seligmanns Kritiker interessiert diese herrliche Geschichte, erzählt in authentischem Neuhochdeutsch, untermischt mit authentischem Jiddisch, aber überhaupt nicht. Sie giften sich über seine totale Respektlosigkeit, die das Schönste ist an seinem Buch.«

Kritiken entwickeln gelegentlich weitreichende Nebenwirkungen. Beim Bayerischen Fernsehen wurde der »SZ«-Verriss als

Votum der jüdischen Gemeinde gewertet. Schließlich war die Autorin Jüdin. Das Filmprojekt, das von der Redaktion mit so viel philosemitischem Wohlwollen angegangen worden war, wurde nun auf dem überkonfessionellen Friedhof des vorauseilenden Gehorsams stillschweigend beerdigt.

5

Unterdessen begann ich mit der Niederschrift meines Buches über die »unzertrennliche Partnerschaft« zwischen Deutschen, Juden und Israelis. Mein Grundanliegen war – und bleibt: Das mehr als 17 Jahrhunderte währende stete Zusammen- und Gegeneinanderwirken von Juden und Deutschen in allen gesellschaftlichen Bereichen soll dem Völkermord zum Trotz weitergeführt werden. Ansonsten würden Hitler und seine Anhänger posthum einen Endsieg erringen. Die deutsch-jüdische Symbiose, deren heftige Leugnung ihre Vitalität erwies, nicht zuletzt durch die 25 000 Juden, die damals in Deutschland wohnten – unterdessen ist ihre Zahl durch Zuwanderung auf Hunderttausend angewachsen –, sollte wieder belebt werden. Ich plante mein Buch als Bilanz einer tristen Gegenwart sowie als Plädoyer für eine bessere Zukunft. Zur Rechnungslegung gehörte die Erkenntnis, dass die Antisemiten unabhängig vom jüdischen Tun ihrem Hass frönen. »Wenn es die Juden nicht gäbe, der Antisemit müsste sie erfinden«, wusste Jean-Paul Sartre. Ich meine, die Hebräer sollten die Reaktionen ihrer Feinde ignorieren. Die dadurch entstandene Freiheit sollte von der Post-Holocaustgeneration genutzt werden, sich aus dem Angst-Ghetto ihrer Eltern zu befreien und eine gedeihliche deutsch-jüdische Zukunft mitzugestalten.

In einem abschließenden Kapitel setzte ich mich mit dem deutsch-israelischen Verhältnis auseinander. Dabei kam ich zu dem Schluss, dass die Beziehung beider Länder ungeachtet der Betonung der historischen Verantwortung Deutschlands und abgesehen von Reparationszahlungen durch eine unsentimentale Interessenpolitik geprägt war.

Frau Schumacher schätzte meine umfassende Kritik und deren ironischen Ton nicht. Die Lektorin favorisierte Bücher, die wie die von ihr betreuten Werke Gerhard Konzelmanns über den

Orient dem Lesepublikum eine Wertungshilfe an die Hand geben. Ich dagegen bleibe davon überzeugt, dass der Buchkäufer ein mündiger Geist und in der Lage ist, sich selbst ein Urteil zu bilden – oder es bleiben lassen soll.

Verlagsleiter Lothar Menne fragte mich, wie ich die Aussage meines Buches zusammenfassen würde. Es solle meine »beschränkte Hoffnung« für die Zukunft der deutsch-jüdischen Beziehungen ausdrücken, wünschte ich. Ein passender Buchtitel, befand Menne. Wie einfach ist es, mit einem klugen, offenen Geist zu debattieren und sich mit ihm zu einigen. Er hilft einem, sich zu hinterfragen und neue Gedanken zu entwickeln.

Bei der Arbeit an meiner »Beschränkten Hoffnung« wurde mir deutlich, wie dumm, wenngleich verständlich es von uns Juden ist, durch Assimilation oder beschwichtigendes Verhalten unsere Gegner gewogen oder gnädig stimmen zu wollen. Der Judenfeind benötigt uns, um sein Mütchen an uns zu kühlen – oder dies zumindest zu versuchen. Dennoch verfallen die Hebräer in die ihnen vertrauten Demutsgesten, ihren Feinden die Gurgel entgegenzustrecken und auf deren Gnade zu hoffen. Dies suggerierte den Juden zumindest ein Mindestmaß an Einfluss auf ihr Schicksal. Diese Einstellung lässt auch begreifen, weshalb die Israelis in Sicherheitsbelangen überreagieren. Das Bewusstsein, die Ohnmacht ihres Volkes überwunden zu haben, wiegt für sie die ständige Gefährdung auf.

Anders als die Kreuzritter, Chmelnizki oder Hitler können die heutigen Möchtegernausrotter Israels oder der Juden nicht zum Nulltarif walten: Die Israelis präsentieren ihnen gewaltsam einen hohen Preis für ihre Absicht und ihr Tun. Sie drohen damit, diese Summe ständig höherzuschrauben. Dass die Israelis auf diese Weise wiederum Gefangene ihrer Gegner bleiben, wollen sie nicht einsehen. Ihre harsche Einstellung macht die Israelis schwerhörig für die Töne einer differenzierten Kritik. Damit schaden sie sich vielfach bei durchaus wohlwollenden Menschen.

Mir wurde während der Niederschrift am Stehpult bewusst, dass Ratschläge an Juden, Israelis und deutsche Leser wohlfeil waren. Ich hatte den Widerstand von jüdischer Seite unterschätzt. Mancher hatte sich in der abgestandenen Luft der deutschen Betroffenheits-Käseglocke eingerichtet. Die Betreffenden fürchteten, sich in dem frischen Wind eines streitbaren Neuaufbruchs zu erkälten. Einen Vorgeschmack hatte ich durch die Diffamierung als sich prostituierender Autor erhalten.

Glücklicherweise beschäftigt sich die Menschheit auch mit anderen Dingen, als über der deutsch-jüdischen Problematik zu brüten. Selbst in Deutschland! Dies erfuhr ich auf amüsante Weise während der Frankfurter Buchmesse. In der im Fernsehen übertragenen »Langen Büchernacht« wurde ich gemeinsam mit dem Theologen Hans Küng sowie einer Vertreterin der Hurengewerkschaft Hydra befragt. Als Küng gewohnt unkonventionell-pastoral auf die Kraft der Moral verwies, holte ihn die Dame sogleich auf den Boden des realen Lebens zurück: »Wir sind 400 000 Kolleginnen in Deutschland. Jede hat ungefähr zehn Freier pro Nacht. Das heißt, innerhalb von zehn Tagen war jeder deutsche Mann bei einer Hure. Und Sie reden von Moral!«

6

Nicht alles, was ein Autor schreibt, wird in seinem Sinn aufgenommen. So meinte etwa Gabriele von Arnim in ihrer Kritik meiner »Beschränkten Hoffnung« in der »Zeit«, ich würde gegen alles und jeden wettern. Der gönnerhafte Zusatz, dem Autor sei dies gestattet, da er Jude sei, war entlarvend. Kritik ja, doch bitte ohne Judenbonus! Die positiven und negativen Besprechungen meiner »Beschränkten Hoffnung« hielten sich die Waage. Die Aussprachen im Anschluss an meine Lesungen waren lebhaft und direkt. Ungefiltert vom Prisma des literarischen Geschmacks. Durfte man sich über die Antisemiten lustig machen? Ich bin überzeugt, dass die Juden es wagen sollen, das Reservat des philosemitischen Wohlwollens zu verlassen und sich der gesellschaftlichen Auseinandersetzung zu stellen. Das Verharren im Ghetto der Angst ist menschenunwürdig. Dies war keine abstrakte These, sondern tagtägliche Wirklichkeit. Als ich mich am Abend des 17. Oktober 1991 im Vortragssaal der Jüdischen Gemeinde Münchens einfand, stellte ich erstaunt fest, dass unter den rund hundert Zuhörern nur eine Handvoll Juden waren. Den Grund nannte mir der anwesende Kulturreferent der Gemeinde, Karl Schubsky, unverblümt. Man könne meine »Beschränkte Hoffnung« »den Juden nicht zumuten«. Daher sei angeordnet worden, »nur Gojim« einzuladen. Die Leitung der Gemeinde wies dies anderntags zurück und meinte, der Kulturreferent habe auf eigene Faust gehandelt. Schubsky dagegen beharrte darauf, er habe lediglich eine Anordnung ausgeführt – auch Juden versuchen, sich hinter Befehlen zu verstecken. Wer die Wahrheit sagte, war nicht festzustellen. Entscheidend war vielmehr, dass Juden, die sich Gedanken über ihr Leben in Deutschland machen wollten, in der Israelitischen Kultusgemeinde »unerwünscht« waren.

Eine entsprechende Haltung nahm die Redaktion der offiziösen »Allgemeinen Jüdischen Wochenzeitung« ein. Mein Buch war dem Presseorgan des Zentralrats nicht einmal einen Verriss wert. Die Vorsitzende der Israelitischen Kultusgemeinde Münchens missbilligte diesen Maulkorb. So setzte Charlotte Knobloch ein Jahr später, als die Taschenbuchausgabe meines Buches erschienen war, eine Podiumsdiskussion zwischen Micha Brumlik und mir wiederum in der Gemeinde an. Diesmal wurden Juden eingeladen. Der Erziehungswissenschaftler und Publizist Brumlik wehrte sich gegen meine Forderung nach einer raschen Normalisierung des deutsch-jüdischen Verhältnisses. Auch er hielt eine allmähliche Besserung für notwendig, doch dies erfordere Zeit. Wie lange? Brumlik war davon überzeugt, nach dem Trauma der Schoah werde es vier bis sechs Generationen dauern, ehe von einer Normalisierung der Beziehungen zwischen Deutschen und Juden gesprochen werden könne. »Da sind wir doch alle längst tot. Willst du uns zu einem Leben im Ausnahmezustand verurteilen?«, hielt ich Brumlik entgegen. Nicht er tue dies, es sei das Ergebnis der Geschichte, erwiderte er. Diese passive Haltung war mir ein Ansporn, meine Position fortan noch offensiver zu vertreten. Bald ergaben sich dafür passende Gesprächspartner und Foren.

7

Nach dem Ableben des Vorsitzenden des Zentralrats Heinz Galinski am 19. Juli 1992 bewarb sich Ignatz Bubis um dessen Nachfolge. Ich kannte den Bauunternehmer und Vorsitzenden der Jüdischen Gemeinde Frankfurt. Mir imponierte Bubis' Direktheit, vor allem aber sein offener Geist und seine rasche Auffassungsgabe. Seit kurzer Zeit war mein Freund Claus Larass

Chefredakteur der auflagenstärksten europäischen Zeitung. Er ermutigte mich, Persönlichkeiten für sein Blatt zu interviewen, die der Masse der Leser unbekannt seien. So befragte ich Bubis für »Bild«.

Ignatz Bubis blieb bei allem Wohlstand, den er als Immobilienkaufmann erwarb, und allen Anfeindungen, die er darob als »reicher Jude« erfuhr, mit beiden Beinen auf dem Boden. Ein Mann des Volkes, der für jeden, vor allem für jedes Gemeindemitglied telefonisch erreichbar war. Zudem war Bubis mit derbem Humor begabt. Als sich bei ihm ein anonymer Anrufer als Adolf Hitler meldete, konterte Bubis sogleich: »Prima, dass Sie anrufen. Ich wollte Ihnen schon immer sagen, dass Sie mich am Arsch lecken können!« Der Hesse liebte es, solche Anekdoten bei Tisch zu erzählen und mit wieherndem Gelächter zu begleiten. Entscheidend war, dass Bubis ein liberaler Kopf mit politischem Gespür war.

Bubis empfing mich am Sonntagmorgen im Büro seines Hauses. Er war ausgeruht und neugierig. »Sie haben ein Buch über Deutsche und Juden geschrieben. Was ist Ihre These?« Ich gäbe trotz der Schoah die Hoffnung auf eine Normalisierung nicht auf. Wie beabsichtigte ich, diese zu erreichen, wollte Bubis wissen. Am wirksamsten sei der ständige Dialog. »Das ist mir zu wenig!«, beschied mein Gegenüber. »Haben Sie eine bessere Methode?«, wollte ich wissen. »Nein.« Um ihn aus der Reserve zu locken, fragte ich ihn, ob er sich als Deutscher empfinde. Wiederum lautete seine Antwort: »Nein!« Er setzte hinzu: »Nach alldem, was unserem Volk angetan wurde, kann sich kein Jude als Deutscher fühlen.«

Seine vielen Neins provozierten mich zur Erwiderung: »Ohne den dauernden Dialog werden Sie als Vorsitzender des Zentralrats nichts bewegen. Erst recht nicht, wenn Sie sich außerhalb der deutschen Gesellschaft stellen. Wenn Sie etwas bewirken wollen, müssen Sie es aus der Mitte der Gesellschaft tun.«

Bubis lehnte meine Argumentation ab. Am Ende des Interviews überreichte ich ihm mein Buch. »Sie bleiben bei Ihrem Standpunkt?«, fragte er lächelnd. »Ja.« Wir reichten uns die Hand und kamen überein, im Gespräch zu bleiben.

Das offene Interview lief über die Nachrichtenagenturen und erregte Aufsehen. Die Redaktion bat mich um weitere Beiträge.

Das gab mir Gelegenheit, mich in Kommentaren an das breite Publikum zu wenden. Wobei ich darauf achtete, mich nicht auf jüdische Themen zu beschränken. Auf keinen Fall wollte ich als Hofjude von »Bild« oder einer anderen Zeitung gelten.

Im Herbst 1992 wurde Ignatz Bubis zum Vorsitzenden des Zentralrats gewählt. Zwei Wochen später besuchte er Rostock. Als ihn der dortige Stadtrat Karlheinz Schmidt fragte, ob Israel seine Heimat sei, reagierte Bubis empört. Wie könne ein deutscher Kommunalpolitiker ihn zum Ausländer stempeln? Ihm seine deutsche Identität absprechen? Wesentlich rascher, als Bubis und ich gedacht hatten, war er durch die naive Frage eines Lokalpolitikers gezwungen, Farbe zu bekennen. Vielleicht kamen Bubis meine Argumente in den Sinn. Er bezeichnete sich fortan als »deutscher Staatsbürger jüdischen Glaubens«. Zugleich markierte der Disput in der Hansestadt den Beginn eines fortwährenden Gesprächs mit der hiesigen Gesellschaft. Ignatz Bubis war der erste Kopf des Zentralrats, der offenen Geistes und mit zunehmender Leidenschaft den deutsch-jüdischen Dialog aufnahm und bis zuletzt fortführte.

8

Als ich vom Rostocker Disput hörte, wandte ich mich an Dieter Wild. Ich hatte den »Spiegel«-Redakteur einige Tage zuvor während eines deutsch-atlantischen Seminars kennengelernt. Der streng wirkende Journalist besaß einen unvoreingenommenen Intellekt, war hochgebildet und von humaner Gesinnung. Darüber hinaus war er ein politischer Kopf. Wir hatten uns ausführlich über europäische und globale Politik unterhalten. Wild war neugierig auf meine Einschätzung des deutsch-jüdischen Verhältnisses. Er würde dazu gern einen Beitrag von mir im »Spiegel« lesen.

Ich bot Wild an, einen Essay über das gegenwärtige deutschjüdische Miteinander zu verfassen, das nach wie vor im Kernschatten des Holocaust ruhte. Ich hatte genug vom Betrauern und Bedauern der Hebräer. Von unsinnigen Versuchen, die »Vergangenheit zu bewältigen«, und von folgenloser Kollektivscham. Ich wehrte mich gegen den arroganten »Judenbonus«, der die

Israeliten faktisch im Reservat des philosemitischen Wohlwollens beließ. Stattdessen forderte ich die Leser auf, sich vor Augen zu führen, dass sich hierzulande wieder eine wenn auch kleine jüdische Gemeinschaft etabliert hatte. Diese Juden seien Deutsche. Wenn diese Einsicht sich durchsetzte, hätte das deutsch-jüdische Verhältnis wieder eine Perspektive. Der Titel meines Essays war Programm: »Die Juden leben«. Der erste dazu abgedruckte Leserbrief bewies guten Willen, doch mangelndes Verständnis: »Dieser Essay ist ein wunderbares Geschenk eines Juden an uns Deutsche.« Ich begriff mich als Deutscher, doch die Philosemiten betrachteten mich als Exoten oder als »weisen Nathan« – jedenfalls nicht als ihresgleichen. Ignatz Bubis blieb noch eine Menge Aufklärungsarbeit zu leisten.

9

Rasch begriff Bubis, welches Potenzial sein Amt besaß. Zunächst hatte er die Funktion des »Zentralrats-Chefs« angestrebt, weil diese Position Ansehen genoss und er der jüdischen Gemeinschaft nützen konnte. Doch je länger er diese Stellung bekleidete, desto mehr wurde ihm bewusst, dass er den Schlüssel zur Fortführung der deutsch-jüdischen Geschichte in seinen Händen hielt. Bubis beschäftigte sich ausführlich mit der Vergangenheit. Wobei sein fotografisches Gedächtnis ihn die Fakten abspeichern und sein Verstand ihn die Ereignisse und Persönlichkeiten einordnen ließ. Die Fähigkeit zur richtigen Bewertung des Geschehens – einerlei, ob es um eine Synagogeneinweihung in einer Kleinstadt, einen antisemitischen Zwischenfall, Gespräche mit der Bundesregierung, Ereignisse in Nahost, die Frage der Zuwanderung russischer Juden ging – machte den Frankfurter rasch zum Favoriten der Öffentlichkeit. Bubis' Prestige war bald so groß, dass der Vorschlag der Zeitung »Die Woche«, ihn zum Bundespräsidenten zu wählen, von Medien und Bürgern aufgegriffen und unterstützt wurde.

Die Sympathie für Bubis rührte nicht von ungefähr. Er gab sich nicht als unerbittlicher Prophet wie einst Heinz Galinski. Obgleich Bubis' Vater, Geschwister und ein Großteil seiner Familie von den Nazis ermordet worden waren, verharrte er nicht in der Vergangenheit, sondern war um eine Fortschreibung des deutsch-jüdischen Miteinanders bemüht. Das war ihm gelebte Wirklichkeit. Ignatz Bubis kümmerte sich um jeden Einzelnen. Er kam zu allen, die ihn riefen – deutschlandweit! Keine Schulklasse, kein Verein, keine Kirchengemeinde, kein Journalist, keine Privatperson war dem Chef des Zentralrats zu gering, um sie zu besuchen. Jeden Morgen startete er seine Missionstour, meist kehrte er spätnachts nach Hause zurück. Als wir einander aus Anlass einer Podiumsdiskussion begegneten, fragte ich Bubis, ob ihm unterdessen eine bessere Methode in den Sinn gekommen wäre als das fortwährende Gespräch. Er hob sein typisches Lachen an und wies mit dem Zeigefinger auf mich: »Sie wollen mich an unser erstes Interview erinnern, als Sie mir sagten, es gibt nichts Wirksameres als das Gespräch. Stimmt. Aber bilden Sie sich nichts ein, Seligmann, das haben Sie nicht erfunden. Auf Jiddisch sagt man: Nu, me red' (man redet).«

Die Überzeugungsarbeit nahm immer größeren Raum in Bubis' Tagesablauf und Denken ein. Die Leitung des Zentralrats ist ein Ehrenamt. Bubis' materielle Existenz fußte auf seiner Immobilienfirma. Doch er vernachlässigte sein Geschäft zunehmend. Als der mit ihm befreundete Kaufmann Artur Süsskind ihn darauf aufmerksam machte und mahnte, das Millionenunternehmen benötige dringend seine Präsenz, meinte Bubis: »Das Geschäft ist nicht so wichtig. Die Arbeit im Zentralrat ist meine Lebensaufgabe geworden.« Die deutsch-jüdische Aussöhnungsmission verschlang alle anderen Aktivitäten des Hessen. Seine Familie und seine Firma hatten den Schaden.

Ignatz Bubis war kein eifernder Missionar oder gar ein Asket. Der massige Mann ging alles im großen Maßstab an. Bubis aß gerne und üppig. Er konnte nicht delegieren: »Am liebsten möchte ich jede Briefmarke selbst auf den Umschlag kleben und jeden Vortrag selbst halten«, gestand er mir. Damit vergeudete er unnötige Energie und Zeit. Und Bubis war eitel. Er ließ sich vom Vorsitzenden zum Präsidenten des Zentralrats promovieren, gleichzeitig sorgte er dafür, dass das Amt des Generalsekretärs, einst die mächtigste Position im Dachverband, unbesetzt blieb. Bald wurde auch der Geschäftsführer abgeschafft. Auf diese Weise halste Bubis sich zusätzlich einen Großteil der Verwaltungsarbeit seiner Organisation auf.

10

Der jahrelange Kräfteraubbau forderte seinen Preis. Gesundheitlich angeschlagen, verlor Bubis seine Fähigkeit, sich rasch von Kränkungen zu erholen, er zeigte sich von Menschen enttäuscht, war mitunter sogar verbittert – Züge, die seinem Naturell vor seiner Erkrankung fremd waren.

Besonders verletzte ihn die Reaktion vieler Liberaler und Konservativer auf die Dankansprache Martin Walsers bei seiner Ehrung mit dem Friedenspreis des Deutschen Buchhandels im Oktober 1998. In seinem Vortrag mit dem Titel »Erfahrungen beim Verfassen einer Sonntagsrede« wandte sich der Schriftsteller gegen die Ritualisierung der Trauer aus Anlass von Holocaust-Gedenktagen und -Veranstaltungen. Walser plädierte dafür, Trauer, Scham und Verantwortung nicht wie eine Monstranz vor sich herzutragen. Diese Gefühle könnten nur individuell bekundet werden. Bubis fühlte das Andenken an die Opfer beschädigt und bezeichnete Walsers Rede als »geistige Brandstiftung«. Er war erschüttert, dass seine emotionale Reaktion von vielen deutschen Intellektuellen abgelehnt wurde, die ihrerseits Walser beisprangen. Bubis drohte ins Abseits zu geraten. Durch ein Gespräch zwischen den Kontrahenten versuchten Frank Schirrmacher und Salomon Korn den Streit zu entschärfen. Bubis spürte indessen, dass er dabei war, seine Autorität als erstrangiger Vertreter der Juden einzubüßen.

Ich wollte Bubis Mut zusprechen, erfuhr jedoch, dass er erneut ernsthaft erkrankt war. Als ich dies Charlotte Knobloch sagte, riet sie: »Dann besuchen Sie ihn doch! Er wird sich sehr darüber freuen.« Sie deutete an, dass es zuletzt sehr ruhig um ihn geworden sei. Bubis war über meinen Anruf erfreut und meinte, ich sei ihm jederzeit herzlich willkommen. Umso mehr, wenn mein Besuch über eine Höflichkeitsvisite hinausginge. Er habe mir und der deutschen Öffentlichkeit eine Botschaft zu übermitteln. Wir vereinbarten ein Treffen in seinem Haus für Mitte Juli. Bubis hatte ein Interview im Sinn. Nach einem Gespräch mit Uli Jörges entschied ich mich, es dem »Stern« anzubieten.

11

Zum vereinbarten Termin erschien ich mit der Fotografin Karin Rocholl und dem Redakteur Michael Stössinger in Bubis' Haus im Frankfurter Westend. Das Gespräch fand im Büro des Hausherrn statt. Bubis' Aussehen erschütterte mich. Es war unübersehbar, dass der Mann im Rollstuhl dem Tode geweiht war. Unsere Gegenwart belebte Bubis' Züge. Während des Gesprächs war er präsent wie eh und je. Sein Gedächtnis war unbestechlich. Wiederholt kam er auf seine Auseinandersetzung mit Martin Walser zu sprechen. Nach wie vor empfand Bubis die Forderung des Schriftstellers, Trauer und Verantwortung auf den Einzelnen zu begrenzen, als intellektuelle Pyromanie. Deutschland trage eine kollektive Verantwortung für die Schoah, betonte Bubis. Wenn das Bewusstsein für diese gemeinschaftliche Tat und ihre historischen Konsequenzen entfalle, werde der Völkermord zu einer beliebigen Episode. Walser hätte dies als Intellektueller begreifen müssen.

Unser Gastgeber machte das Ringen um seine deutsche Identität deutlich. Er habe versucht, woanders eine neue Heimat zu finden. In Südamerika, in Israel. Doch am Ende habe es ihn stets nach Deutschland gezogen. Hier sei sein Platz: »Ich bin ein deutscher Staatsbürger jüdischen Glaubens.«

Nach zwei Stunden musste Bubis medizinisch betreut werden. Danach führte er erfrischt das Gespräch weiter. Michael Stössinger fragte Bubis, was er mit seiner rastlosen Tätigkeit an der Spitze des Zentralrats erreicht habe. »Nichts!«, konterte Bubis. Nichts? In wenigen Jahren hatte er in Deutschland hohes Ansehen errungen. »Fast nichts«, verbesserte sich Bubis und erläuterte die »Dritteltheorie«: Ein Teil der Bevölkerung befürwortet die deutsch-jüdische Versöhnung und hegt keine Vorurteile. Ein anderer Sektor lehnt die Juden ab. Das letzte Drittel schließlich ist nicht antisemitisch, hängt jedoch überkommenen Klischees an. Etwa denen vom jüdischen Materialismus und dem außergewöhnlichen Streben nach Einfluss und Macht. Um dieses Drittel müsse gerungen werden. »Es gilt, diese Menschen von ihren Vorurteilen zu lösen. Insofern ist der Einfluss eines Vorsitzenden des Zentralrats sehr begrenzt.«

Am Ende des mehrstündigen Gesprächs bat Karin Rocholl

321

Bubis, ihr im Garten Porträt zu sitzen. Es war glühend heiß. Der erschöpfte Bubis musste sein Hemd wechseln. Dennoch unterzog er sich unter den strafenden Blicken seiner Frau klaglos der Prozedur. Warum? Die Alternative wäre, im Bett zu liegen und auf den Tod zu warten, wusste Karin Rocholl. Dies bestätigte indirekt sein Mitarbeiter, als er mir beim Abschied sagte: »In diesem Gespräch haben wir noch einmal den alten Bubis erlebt. Geistesscharf und präsent.«

Vier Wochen später war Ignatz Bubis tot. Das »Stern«-Interview »Ich habe fast nichts erreicht« wurde zur viel beachteten Titelgeschichte. Die Aussage mochte in Verbindung mit der Dritteltheorie stimmen. Doch kein Jude hat nach der Schoah so viel für das gegenseitige Verständnis und die Aussöhnung von Juden und Nichtjuden in Deutschland getan wie Ignatz Bubis.

Nach Bubis' Tod sprach ich mit Salomon Korn, den Bubis sich im Gespräch als seinen Nachfolger gewünscht hatte. Das »Stern«-Interview habe Bubis nicht von ungefähr mit mir geführt. »Das war sein Vermächtnis. Er wollte, dass du es weitergibst.«

New York, New York

1

Da ich keine Perspektive für die Freundschaft mit Heidi sah, wollte ich unsere Beziehung beenden. Heidi war einverstanden, hielt jedoch an einem gemeinsamen Urlaub fest, den ich ihr früher versprochen hatte. Wir reisten nach Spanien und verbrachten eine gewollt entspannte Ferienwoche. Heidi wurde schwanger. Wir wollten beide das Kind. Am 25. September 1991 wurde unser Sohn Jonathan geboren.

Nachdem ich Juda, der wie üblich seine Sommerferien bei mir verbrachte, geweckt hatte, um ihm Heidis Niederkunft mitzuteilen, wollte er sogleich ins Krankenhaus fahren. Er zog sein weißes Hemd an: »Zur Feier des Tages. Schließlich ist es mein erster Bruder.« Heidi war gelassen wie stets und sichtlich glücklich. Ich nahm mein Söhnchen in den Arm und erteilte ihm, wie zuvor Juda und Yaël, meinen Segen. An dem sensiblen Jonathan hängt mein Herz besonders.

2

Bald darauf wurde mir von unerwarteter Seite eine Lektion erteilt, die meine Arbeit als Schriftsteller und Publizist, ja meine Lebenshaltung nachhaltig geprägt hat. Ich war der Einladung eines Deutschlehrers zu einer Lesung in einem Gehörgeschädigten-Gymnasium in Pasing im Westen Münchens gefolgt. Ich besaß keine Vorstellung von diesem Schultyp, doch der Lehrer berichtete dermaßen begeistert von seinen Schülern, dass ich neugierig wurde.

Es handelte sich um eine Abiturklasse mit etwa zwanzig Gymnasiasten. Ein Teil von ihnen trug Hörgeräte, andere waren vollständig taub und lasen von den Lippen ab, was mich zum betonten Sprechen veranlasste. Etwa die Hälfte der Klasse hörte normal, dabei handelte es sich, wie ich erfuhr, ausnahmslos um türkischstämmige Jugendliche. Alle Schüler hatten meinen

»Rubinstein« gelesen. Sie waren konzentriert und stellten präzise Fragen: nach dem Verhältnis des Protagonisten zu seinen Eltern, der Situation der Juden in Deutschland, den Vorurteilen in der Gesellschaft. Am Ende meinte ein Schüler: »Ihr Buch ist o. k. Es hat nur einen Fehler. Sie müssen ›Jude‹ ausstreichen und ›Türke‹ schreiben.«

Dem Jugendlichen ging es nicht darum, Jüdisches zu löschen. Er wollte vielmehr in einer Zeit, als es noch kaum deutsch-türkische Literatur gab, das Schicksal seiner Landsleute ausgedrückt wissen. Ich hatte von meinem Gesichtspunkt als Jude geschrieben und mich auf die Position meiner Gemeinschaft konzentriert. Der Schüler wiederum wollte die Situation der Türken hierzulande gewürdigt wissen. Die Gesellschaft besteht aus vielen Teilen. Jeder möge dem eigenen Schicksal oder dem seines Kreises Gestalt geben, doch sollte der Schriftsteller dabei nicht aus den Augen verlieren, dass er Chronist des Schicksals aller Menschen ist. Diese Intention hat mein Selbstverständnis nachhaltig geprägt und meine Beobachtung geschärft. Den Anstoß dazu empfing ich von jenem jungen Türken.

Am frühen Abend des gleichen Tags hielt ich meine Lehrveranstaltung am Geschwister-Scholl-Institut ab. Einige Studenten waren, wie ich ihren Bemerkungen entnahm, schlecht vorbereitet, andere wirkten ermattet – es war bereits 19 Uhr. Als ich zur Vorbereitung auf das folgende Seminar die Lektüre eines Buches empfahl, wurde ich gefragt, an welches Kapitel ich dächte. Ein Student bat mich sogar, die infrage kommenden Seitenzahlen zu nennen.

Ich dachte an die aufmerksamen, wissbegierigen Schüler im Hörgeschädigten-Gymnasium. Hier an der Universität dagegen hielt ich unentgeltlich wöchentlich eine Lehrveranstaltung vor großenteils unmotivierten Jungakademikern ab. Ich bereitete mich auf jede Sitzung vor, während die Studenten mit einem Minimum an Aufwand einen Seminarschein zu erlangen trachteten. Wie Klippschüler wollten sie die Seitenzahlen ihrer Lektüre erfahren.

Ich machte meiner Enttäuschung Luft: »Bislang bin ich davon ausgegangen, dass meine Studenten fähig und willens sind, selbstständig zu arbeiten. Und dass Sie das Thema der Übung interessiert, daher haben Sie sich eingeschrieben. Doch Sie führen sich auf wie unreife Schüler. Meine Ansprüche sind Ihnen zu hoch. Ich bin zu alt für Sie. Daraus ziehe ich die Konsequenzen. Mit Ende des Semesters beende ich meine Lehrtätigkeit am GSI.«

Ich war 42 Jahre alt. Ich konnte mein Leben ohne den Universitätsbetrieb gestalten.

3

Im Herbst 1992 wurde ich zu einer Vortragsreihe nach Washington eingeladen. In der US-Hauptstadt referierte ich zunächst in einem Think Tank über das deutsch-jüdische Verhältnis. Meine Rede las ich vom Blatt ab, um korrektes Englisch zu sprechen. Statt, wie ich es gewöhnt war, die Hörer anzusehen, deren Haltung wahrzunehmen und darauf zu reagieren – verbal, aber auch emotional. Ich vergrub mich in mein Manuskript wie in ein Erdloch, las und las, bis ich endlich ans Ende gelangte. Die Anwesenden spendeten höflich Beifall. Meine Rede hatte einer Folter geglichen – für mich wie für das Publikum. Erst in der anschließenden Diskussion spürte und verstand ich die Anwesenden und sie mich. Es ergab sich ein temperamentvoller Meinungsaustausch.

Während die Mehrheit der Amerikaner, vor allem die jüdischen Gäste, Deutschland in erster Linie als von den Naziverbrechen kontaminierten Ort des Gedenkens und der jüdischen Trauer ansahen, warb ich um Verständnis dafür, dass eine jüdische Gemeinschaft nicht als Trauergesellschaft, sondern als aufbauendes und überbrückendes Element gefördert werden sollte. Das waren neue Argumente für manche amerikanischen Juden.

Fortan hielt ich auch im Englischen Vorträge frei. Redner und Publikum gehen wie beim Liebesakt eine kurze Liaison ein. Verschämtes Wegducken führt hier wie dort ins Leere. Eine Rede muss aktiv gehalten werden, nur dann ist man im Stande, Interesse und Gefühle beim Publikum zu wecken.

Am folgenden Tag referierte ich an der Georgetown University ohne Unterlagen. Grammatikalische Fehler nahm ich in Kauf, denn ich hatte mein Publikum im Auge und die Hörer mich. Die Gäste verstanden meine Argumente, fühlten sich ein, die Veranstaltung war lebendig. Nicht allein was, sondern auch wie etwas gesagt wird, ist entscheidend, im privaten Gespräch ebenso wie in der öffentlich gehaltenen Rede.

4

Von Washington flog ich nach Phoenix, Arizona. Meine Studenten hatten mir nach ihren US-Reisen berichtet, dass es an der legendären Route 66 eine Stadt mit Namen Seligman gäbe. Das machte mich neugierig. Bestand eine Verbindung zu meiner Familie?

Von der eher auto- als menschengerechten Stadt Phoenix aus steuerte ich mit meinem Leihwagen die Naturschutzparks Arizonas an, so auch den Grand Canyon. Ich genoss die gewaltige Natur, allein – mir fehlte der Kontakt zu meinen Mitmenschen. Nach einer Woche gelangte ich endlich nach Seligman. Die vermeintliche Stadt entpuppte sich als gottverlassenes Nest. Die meisten Bewohner waren Mexikaner, die auf dem Weg nach Kalifornien hier hängen geblieben waren. Über die Geschichte der Stadt wusste man in der bescheidenen Townhall wenig. Schließlich erfuhr ich vom Stadtchronisten, einem Friseur, dass die Stadt nach Jesse Seligman benannt wurde. Er war als Joseph Seligmann aus Roth bei Nürnberg Mitte des 19. Jahrhunderts nach Amerika eingewandert, kam zu Reichtum, wurde Bankier. Sein Geldhaus, die Seligmann-Bank, war einer der Großinvestoren der Transkontinentalen Santa-Fe-Eisenbahn. Zu Ehren ihres Seniorchefs gab man einer ihrer Versorgungsstationen seinen Namen. Ich erwarb bunte T-Shirts mit der Aufschrift »Seligman« für Juda und Yaël.

5

Auf dem Rückweg von Arizona machte ich in New York Station. In Big Apple herrschte winterliche Kälte. Ich hatte eine Woche Aufenthalt in der Stadt. Die Zeit schien ausgefüllt. Navon Zadik, ein befreundeter Poet aus Berlin, hatte mich gebeten, meine Tage in New York bei ihm und seiner Familie zu verbringen. Darüber hinaus waren Treffen mit deutschen Journalisten und einer Reihe amerikanischer Germanisten vereinbart. Doch Pläne genießen gelegentlich eine kurze Halbwertzeit.

Navon wohnte in einem Penthouse im 46. Stock in Midtown Manhattan. Aus der großzügigen Wohnung überblickte man das Häusermeer der Insel. Von den Zwillingstürmen des World Trade Center im Süden entlang des grauen Betonbands des Broadway, seitlich des Empire-State-Building der graugrüne Teppich des Central Park bis zu den Wohnhäusern Harlems im Norden. Hubschrauber flogen knapp über unserer Wohnhöhe. Navon, der zunächst Norbert hieß und seinen gegenwärtigen Namen während eines Studienaufenthalts in Goa angenommen hatte, wollte mit mir tiefschürfende Gespräche über Esoterik und den Sinn des Lebens in der asiatischen Philosophie führen. Hierzu konnte und wollte ich wenig beitragen. Zudem legte Navon eher Wert darauf, mir seine Erkenntnisse ausführlich zu dozieren. Dies wiederum langweilte seine Frau, eine französische Musikerin, die schwanger war.

Am Abend ließ sich die Künstlerin in die Klinik einweisen. Zuvor erteilte sie ihrem Mann die Order, ihre Niederkunft mit strenger Meditation zu begleiten. Das bedeutete, meinte der sichtlich verlegene Poet mit belegter Stimme: »Meine Frau wünscht, dass ich alleine meditiere.« Ich durfte einem philosophischen Event nicht im Wege stehen.

Ich suchte mir in der Nachbarschaft ein kleines sauberes und warmes Zimmer. Am folgenden Tag packte der Winter New York mit eisigem Griff. Dichte Flocken wirbelten durch die Luft. Auf den Straßen lag eine dicke weiße Schneedecke. Eisige Winde jagten durch die Straßenschluchten.

Die Germanisten blieben ebenso zuhause wie die Journalisten. Ich bekam Fieber, hütete das Bett, las die »New York Times« und sah fern. Am nächsten Tag meldete ich mich bei Sandra Franck. Die Leiterin einer angesehenen Galerie im Village traf sich mit mir zu einem Lunch in Midtown. Sie bedauerte, mir ihre Galerie nicht zeigen zu können, da eine neue Ausstellung aufgebaut wurde.

6

Ich hatte Sandra während meines Vortrages in Washington kennengelernt. Die grünäugige, groß gewachsene New Yorkerin war eine intelligente, geistreiche Frau mit scheuem Charme, der mich trotz meiner Erkältung zum Flirten animierte. Sandra meinte zum Abschied, sie freue sich schon auf unser nächstes Treffen. Ich auch, doch ich war mir unsicher. Alle Amerikaner, die ich bislang kennengelernt hatte, gaben vor, mich bald wiedersehen zu wollen. Sandra aber hatte mich dabei warm und aufmunternd angeblickt. Oder wollte ich es nur so deuten? Ich hatte zwei Tage Zeit, mich auf unsere Zusammenkunft zu freuen, nicht zu heftig – um im Falle einer Absage nicht enttäuscht zu sein.

Am verabredeten Tag wartete Sandra bereits in einem kleinen italienischen Restaurant in Upper Westside. Es war unübersehbar, dass sie sich ebenso wie ich über unser Wiedersehen freute. Sandra erzählte mir von sich. Sie kam aus Kalifornien, hatte Literaturgeschichte studiert und sich jahrelang als freie Autorin durchgeschlagen. In den 70er-Jahren betraute ein Mäzen Sandra mit der Leitung seiner Galerie, die vor dem qualitativen und damit dem finanziellen Aus stand. Mit unermüdlichem Fleiß gelang es ihr, avantgardistische Künstler zu gewinnen, sehenswerte Ausstellungen zu organisieren und auf diese Weise neue Sponsoren zu mobilisieren. Das Renommee ihrer Galerie nahm stetig zu. Die Kosten für den Umbau in Höhe von rund fünf Millionen Dollar wurden ausschließlich durch private Spenden getragen. Doch Sandra mochte das Fundraising nicht. »Am liebsten beschäftigte ich mich mit Künstlern wie dir. Es sind wunderbare Menschen.« Mir schlug das Herz. Sandra sah mich zärtlich an. Wir unterhielten uns höchst angeregt über Gott und die Welt. Sie begleitete mich ins Hotel. Während wir in der Lobby unseren Drink schlürften, tauschten wir innige Blicke. In Deutschland hätte ich sie auf mein Zimmer gebeten. Hier fehlte mir die Courage.

Seit ich denken konnte, war New York der magische Ort meiner Wünsche. Mein Onkel Moshe, der bereits in den zwanziger Jahren in die Vereinigten Staaten ausgewandert war, überlebte als einziger Bruder meiner Mutter die Schoah. Da er mit seinem Beruf als Rabbiner den Lebensunterhalt seiner Familie nicht bestreiten konnte, eröffnete er ein Lebensmittelgeschäft in der Bronx. Als wir in meiner Kindheit in Israel Not litten, sandte uns Moshe monatlich ein Paket mit Esswaren: Corned Beef, Cracker, Würste. Gelegentlich waren auch Kleidungsstücke für mich dabei, die ich stolz trug, obgleich sie viel zu dickmaschig für das israelische Klima waren. Hannah verriet mir, dass ihr Bruder zu Feiertagen mitunter auch eine Zwanzig-Dollar-Note beifügte. Das war zwar verboten, jedoch eine willkommene Ergänzung unserer knappen Haushaltskasse. Der gütige Bruder und Rabbiner, der während seines Talmudstudiums stets sein Geld, ja sogar seine Kleider an Notleidende verschenkt hatte und dann im Hemd nach Hause kam, war Hannahs Idol. Sie drängte ihren Mann, nach Amerika auszuwandern. Moshe hatte ihr ein Affidavit zugesagt. Doch Ludwig brachte einen Einwand nach dem anderen vor. Er wollte wohl nicht im Glanz des Familienheiligen verblassen. Anfang der 60er-Jahre, im Rentenalter, übersiedelten Moshe und seine Frau Frieda ins Heilige Land, um hier ihren Lebensabend zu verbringen. Im Sommer 1973 lernte ich ihn als alten todkranken Mann kennen. Wenige Wochen später trug ich Moshe zu Grabe.

Amerika, speziell New York aber blieben in meinem Herzen verankert. Und nun hatte ich mich in eine New Yorkerin verliebt, die klug, attraktiv und obendrein die Leiterin einer Galerie dieser Weltstadt war. Das hemmte mich. Am nächsten Tag nahm Sandra die Dinge in die Hand. Sie holte mich mittags aus dem Hotel ab. Wir liebten uns zärtlich in ihrem Heim, ehe wir uns abends voneinander losmachen mussten, da ich meinen Rückflug anzutreten hatte.

7

Sandras Aroma, ihre Berührung, ihre Stimme begleiteten mich den ganzen Weg. In München konnte ich keinen Schlaf finden. Ich lauerte, dass es endlich zwei Uhr Mittag würde, um Sandra anrufen zu können. Doch sie klingelte bereits früher bei mir an. Wir versicherten einander unserer Liebe. Ich war erfüllt von Verlangen und Sehnsucht. Sandra – New York. Ich würde an den Ort Moshes, in die größte jüdische Stadt, zurückkehren. Zurückkehren? Ja! Dort gehörte ich hin. Zu Sandra. Ich wollte die dringendsten Dinge erledigen und in den nächsten Tagen zu meiner Liebsten reisen. Doch sie bat mich, trotz unserer Liebe Vernunft zu bewahren. Die folgenden Wochen müsste sie von Ausstellung zu Ausstellung eilen, Künstler, Spender, Sammler quer durch die Vereinigten Staaten treffen. Sobald sie einige Tage erübrigen könne, würde sie mich in München besuchen. Ich bot an, ihr nach New York entgegenzukommen und dort auf sie zu warten. Doch das wollte Sandra mir nicht zumuten. »Es wäre zu schwer für uns, im gleichen Land und doch getrennt zu sein.« Ich nahm ihre rationale Entscheidung hin. Was blieb mir übrig?

Ende April besuchte mich Sandra in München. Ich wollte mit ihr eine Fahrt in die Alpen und nach Wien unternehmen. Doch die Geliebte war von der Reise »zu erschöpft«. Zumindest bis zum nächsten Morgen. Von da ab graste sie systematisch alle größeren Münchner Galerien ab. Sie ließ sich durch mich Termine bei den jeweiligen Galeristen vermitteln. Dort stellte sie sich sogleich als »Director of the Progressive Art Gallery, New York« vor – was zumeist den gewollten Eindruck machte. Anschließend wurde gefachsimpelt und geklatscht. Nicht anders als an der Universität. Zuletzt stürmte Sandra mit mir im Schlepptau durch die Ausstellungen. Wo blieb ihr Interesse, ihre Leidenschaft für die Kunst?

Abends war Sandra rechtschaffen erschöpft. Später folgte die schwierigste Operation des Tages. Sandra nahm in der vorgeschriebenen Reihenfolge eine Reihe von Arzneien gegen ihre Schlaflosigkeit ein. Mein Vorschlag, die Nacht zu fröhlicheren Dingen zu nutzen, statt sie mit Schlaf zu vergeuden, wurde von ihr harsch zurückgewiesen. Sie benötige ihren regelmäßigen Schlaf dringend, ansonsten sei sie den außergewöhnlichen Belastungen ihrer Arbeit nicht gewachsen. Arbeit? Jetzt waren Ferien. Nein! Ferien waren nie! Ich wäre Zeuge ihrer Arbeit in München gewesen. Ich fragte nach der Verheißung unserer gemeinsamen Zeit. Wir seien ja andauernd zusammen. Sandra bat sich ein Ende der nutzlosen Debatte aus. Sie musste sogleich einschlafen, sonst ginge die Wirkung der Tabletten verloren, dies würde ihre Nerven belasten. Licht aus! Ruhe! Hoffentlich schnarchte ich nicht, sonst müsste ich ausziehen. Ich verhielt mich derart still und diszipliniert, dass ich nicht einmal wagte, im Schlaf zu furzen.

In den folgenden Tagen ging Sandras wilde, verwegene Jagd

durch die Kunsttempel der bajuwarischen Landeshauptstadt weiter. Allein die Präsidentin der Israelitischen Kultusgemeinde, Charlotte Knobloch, ließ sich von Sandras Inszenierung nicht beeindrucken. Als diese wie gewöhnlich Titel und Funktion nannte, erwiderte die Münchnerin lächelnd: »Und wie kann ich Ihnen helfen?« Sandra wusste zunächst nicht weiter. Es dauerte eine Weile, ehe sie verkündete, sie habe Frau Knobloch einen Höflichkeitsbesuch abstatten wollen. Was diese mit der Bemerkung »Danke« quittierte, ehe sie sich mir zuwandte und fröhlich in deutscher Sprache über das kulturelle und gesellschaftliche Leben Münchens parlierte.

Sandra Franck reagierte gekränkt wie ein Prinzesschen, deren Hofstaat ihm die Aufmerksamkeit entzogen hat. Als wir die Gemeinde verließen, schimpfte sie: »Frau Knobloch ist mit ihrer Ignoranz dem Ansehen New Yorks und meiner Galerie nicht gerecht geworden.«

Immerhin hörte die Galerieregatta auf. Zumindest in München. Statt in die Alpen zu reisen, flogen wir nach Berlin. An der Spree hatte Sandra lediglich einen Termin abzuarbeiten. Wir trafen einen Staatssekretär im Kultursenat, der uns ausführlich die Arbeitsweise seiner Behörde erläuterte.

Der folgende Tag gehörte endlich uns. Wir verbrachten zärtliche und anregende Stunden. Sandra war geistreich, sie besaß Humor. Doch diese Eigenschaften kamen nur zum Zug, wenn wir allein waren. In Gegenwart anderer oder in Verfolgung ihrer Kunstmission wirkte Sandra wie ein überdrehtes gefallsüchtiges Kind.

Abends besuchten wir Claus Larass und seine Frau Sabine in Wilmersdorf. Sandra erkundigte sich nach der Arbeit meines Freundes. Er war Chefredakteur der »BZ«. Sandra wollte ihm sofort von ihrer Mission und den Ausstellungen ihrer Galerie berichten. Claus winkte ab. Ihn interessiere vielmehr der Alltag in New York.

Am nächsten Morgen begleitete ich Sandra zum Flughafen. Ich war nicht unfroh, dass die Hetze ein Ende hatte. In den folgenden Tagen begann ich mich wieder nach Sandra zu sehnen. Nach ihr? Nach ihrer Stadt? Sandra war für mich untrennbar mit New York verbunden. Sandra war hysterisch. Ich hege eine erotische Schwäche für Hysterikerinnen. Bei ihnen kommt nie

Langeweile auf. Allerdings hatte ich erfahren müssen, dass ich dieser Anspannung im tagtäglichen Leben nicht gewachsen war. Die Verheißung Big Apples und der amerikanischen Geliebten würde auf Dauer einen zu hohen Preis von mir fordern. Ich erwog, die Beziehung zu beenden. Doch Sandras erster leidenschaftlicher Brief und vor allem der Klang ihrer dunklen Stimme am Telefon setzten meine Vernunft außer Kraft. Wider Erfahrung und Logik hoffte ich mit beidseitiger Geduld und gutem Willen auf eine aufregende Gemeinschaft zwischen uns in Deutschland und New York. Sandra berichtete mir, wie sehr sie sich nach mir sehnte und von ihrem Bedürfnis, mit mir eine Familie zu gründen. Warum nicht? Bücher konnte ich auch in New York schreiben. Die deutsche Sprache? Ich würde in Big Apple gewiss auch Gelegenheit finden – ebenso wie in Australien –, Deutsch zu sprechen. Australien! Ich entsann mich der frustrierenden Beziehung mit der egomanen Laura. Verglichen mit Sandras Ungestüm war die australische Medizinerin eine Schildkröte. Ein Lebenszeichen der Gefährtin aus der Neuen Welt genügte stets, meine pragmatischen Erwägungen schmelzen zu lassen wie Schnee im Feuer. Kurz entschlossen buchte ich einen Flug nach New York. Als ich Sandra freudig davon berichtete, bekam ihre Stimme einen zaghaften Klang. Sie wolle versuchen, im Meer ihrer Arbeit eine Insel für mich zu reservieren.

8

Dem stürmischen Empfang folgte am nächsten Morgen die strenge Anweisung, nicht ans Telefon zu gehen. Besaß Sandra einen Freund vor Ort? Ich ärgerte mich ob meines Misstrauens. Die Geliebte hatte mir beim ersten Anruf von sich aus berichtet, sie habe die Beziehung mit ihrem Verehrer beendet. Ich reagierte mich beim Joggen im Central Park ab. Beim Umrunden des Wasserreservoirs kam mir der Film »Marathon Man« in den Sinn. Ich nahm am Leben in der Hauptstadt der Zivilisation teil. War mit einer faszinierenden New Yorkerin liiert. Was wollte ich mehr? Keineswegs meine Situation rational erwägen.

Das Wochenende verbrachten wir in den Hamptons. Wir fuhren Rad, ich schwamm. Wir fanden zueinander. Sandra spann

Pläne für unsere zukünftige Familie. Sie wolle sich einen Hund zulegen, der mir Gesellschaft leisten sollte, während sie »an unserer Zukunft arbeite«. Meine Kinder kamen ihr nicht in den Sinn.

Am Montagmorgen erteilte sie mir erneut rigoroses Telefonabhebeverbot. Am Abend fragte ich endlich nach dem Grund. Sandra druckste herum, gestand schließlich, dass ihre Beziehung mit Bob »nicht ganz« beendet sei. Wozu die Lügen, die gemeinsamen Vorhaben, die Familienpläne? Sandra bat um Zeit. Diese gewährte ich ihr. Am folgenden Tag kehrte ich nach Deutschland zurück. Verglichen mit Big Apple, war München ein Dorf. Aber ich kam hier mit den Menschen zurecht, konnte mich auf ihr Wort verlassen. In meiner Wohnung durfte ich frei telefonieren.

Von Anbeginn ahnte ich, dass die Beziehung zu Sandra auf Illusionen ruhte. Ich grämte mich wegen meiner Liebe zu ihr und meiner unerfüllten Sehnsucht nach New York.

Durch Hitler geboren

1

Glücklicherweise fand ich kaum Muße, meiner Liebespein zu frönen. Die Idee einer ausführlichen Reportage über das Leben der Jeckes, der deutschen Juden, fand beim »Spiegel« Anklang. Rolf Rietzler, der für Serien verantwortliche Redakteur, schlug mir ein mehrteiliges Feature über das Leben der deutschen Immigranten in Israel vor.

Aus meiner familiären Betroffenheit war ein allgemeines Interesse für das Leben der Jeckes erwachsen. Ich wurde Zeuge, wie sich mein Onkel Heinrich und seine Frau Paula zunehmend nach ihrer deutschen Heimat sehnten, je älter sie wurden, obgleich sie den überwiegenden Teil ihres Lebens in Israel verbracht hatten. 1978, während meines Studienjahres in Tel Aviv, hatte ich das Antiquariat Pollak in der King-George-Straße entdeckt. Es war ein arger Schlampladen. Lediglich betagte Jeckes und gelegentlich Touristen interessierten sich für die alten Bände. Die Bücher wurden meist nach Todesfällen von den Kindern der Jeckes, die fast ausnahmslos kein Deutsch sprachen oder gar lasen, der Buchhandlung überlassen. Ich kam mit manchen älteren Männern und Frauen ins Gespräch. Es waren jene Jeckes, die, wie die Israelis lästerten, »nur so lange Hebräisch lernen, bis sie die (englischsprachige) ›Jerusalem-Post‹ lesen können«. Also Kleinbürger. Wie lebten die deutschen Juden heute in Israel? Was dachten sie über ihre alte Heimat? Rietzler meinte, diese Fragen würden seine Leser interessieren.

2

Nach kurzer Vorbereitung reiste ich nach Zion. Sobald ich israelischen Boden betreten hatte, raste mein Herz. Seit meiner Scheidung vor drei Jahren war ich nicht mehr im Lande gewesen. Erst jetzt, hier vor Ort, wurde mir mit aller emotionalen Kraft bewusst, wie sehr ich Israel vermisst hatte. Der strahlende, von keiner Wolke getrübte Sonnenhimmel, das warme Mittelmeer, das in allen Blauschattierungen schimmerte, vor allem aber die vitalen Menschen hatten mir gefehlt.

In Tel Aviv traf ich die Journalistin Alice Schwarz-Gardos. Die geborene Wienerin war 1939, ein Jahr nach dem Einmarsch der Nazis in ihre Heimat, mit ihren Eltern nach Palästina geflohen. Alice hegte bereits als Schülerin eine Leidenschaft für die deutsche Sprache und hatte in Wien erste Zeitungsartikel veröffentlicht. In Palästina schrieb sie als freie Journalistin kleine Beiträge für die deutschen Zeitungen. Ihr Auskommen konnte sie, wie die meisten freien Mitarbeiter, damit nicht bestreiten. Bei einer Lesung lernte die junge Frau Arnold Zweig kennen. Der Schriftsteller war im neuen Kanaan unglücklich. Mehr als die Armut bedrückte ihn die Situation als deutscher Jude in Palästina. In Ermangelung der verhassten Antisemiten machten hier vor allem Ostjuden die deutsch-jüdischen Einwanderer zum Sündenbock ihrer geschundenen Seelen und ließen sie ihre Hassgefühle spüren. Zweig hatte in Deutschland den Zionismus unterstützt. Das reale Dasein in Palästina aber kurierte ihn von dieser Einstellung.

Alice, selbst mittellos, half Arnold Zweig unentgeltlich bei seiner Arbeit. Sie recherchierte für den Schriftsteller und erledigte Büroarbeiten. Wenige Wochen nach der Gründung Israels kehrte Arnold Zweig dem Land den Rücken und ließ sich auf Einladung des Dichters und späteren Kulturministers Johannes R. Becher in Ostberlin nieder. Wie von seinem kommunistischen Mentor erwartet, gab sich Zweig in Ostdeutschland regimetreu und wurde dort ein jüdisches Feigenblatt.

Für Alice Schwarz-Gardos bedeutete der Weggang Zweigs zunächst den Verlust ihres Mentors. Im Gespräch mit mir lächelte die nun achtzigjährige Dame zunächst scheu, dann entschlossen. Sie hob ihre Greisinnenhand und anschließend ihre Stimme: »Das Fortgehen Herrn Zweigs zwang mich, erwachsen zu werden. Verantwortung für mein eigenes Leben zu übernehmen, statt einem anderen zu dienen.« Nach einem Ehe-Intermezzo konzentrierte Frau Schwarz ihre Energien fortan auf den »deutschen Journalismus«. Während die meisten ihrer Kollegen zu hebräischen Zeitungen wechselten, Auslandskorrespondenten deutscher Zeitungen wurden und allmählich in den Ruhestand gingen, blieb sie unbeirrbar der deutschsprachigen »Yedioth

Chadashot« (Letzte Nachrichten) treu. Als die Zeitung ebenso wie ihr deutschsprachiges Konkurrenzblatt Ende der 60er-Jahre ihr Erscheinen einstellen musste, da immer mehr Abonnenten starben oder Englisch bzw. Hebräisch lernten und die »Israel-Nachrichten« als Auffangbecken der deutschen Leser diente, war Frau Schwarz-Gardos mit Eifer dabei – und mit Anfang siebzig das jüngste Mitglied der Redaktion. Seither leitete sie mit Verve eine der wenigen deutschsprachigen Tageszeitungen außerhalb des deutschen Sprachraums.

Frau Gardos lud mich in die Redaktion ein, drei papierüberflutete Räume mit antiquierten Schreibmaschinen – es sollte noch ein Jahrzehnt dauern, ehe Computer Einzug bei den »Israel-Nachrichten« hielten. Viel lieber aber traf sich die Journalistin mit mir nach Redaktionsschluss um Mitternacht im Café »Weiße Galerie« in der Ben-Zion-Straße, wo meine Mutter mich am 13. Oktober 1947, am Vorabend der Staatsgründung Israels, zur Welt gebracht hatte. Frau Schwarz-Gardos war erfüllt von der Verantwortung für ihre Leser: »Unsere Zeitung ist für sie oft die einzige Nachrichtenquelle und Verbindung zur Außenwelt.« Ob es die »einzige« war, bezweifelte ich, doch die Bindung an die Zeitung der wenigen tausend deutschen Juden, die nach einem halben Jahrhundert im Lande noch immer nicht die runderneuerte Sprache der Bibel, zumindest aber Englisch als die lingua franca des 20. Jahrhunderts sprachen und lasen, war unbestreitbar. Die »Israel-Nachrichten« waren längst zur Lebensaufgabe der Chefredakteurin geworden. Sie würde ihre Zeitung nicht verlassen können, solange sie atmete – tatsächlich arbeitete Frau Schwarz-Gardos bis zu ihrem letzten Tag, mehr als ein Jahrzehnt später, in der Redaktion.

Die Journalistin berichtete mir ausführlich von den Wünschen ihrer Leser »nach Leichtem, Unterhaltsamem«, deren Bedürfnis, die politische Position Israels gewürdigt zu sehen und über das Geschehen in Deutschland informiert zu werden. Gegen zwei Uhr morgens, als das Lokal schloss, schlug meine Begleiterin vor, in eine Bar in Nord-Tel-Aviv zu wechseln. »Ich leide an Schlaflosigkeit«, bekannte sie verschämt. »Wenn ich nachts allein in meinem Bett liege, kommen mir meine lieben Begleiter in den Sinn, die nicht mehr sind. Meine Eltern, meine Jugendfreunde, die es nicht mehr geschafft haben, nach der Besetzung aus Österreich zu fliehen, Arnold Zweig. Ja, Arnold Zweig …« – die Journalistin und Literaturfreundin konnte es nicht verwinden, dass der große Dichter nicht nur Israel, sondern auch sie verlassen hatte und es nicht für nötig gehalten hatte, ihr aus Berlin »zumindest gelegentlich zu schreiben«.

3

Eine wichtige Lesergruppe der »Israel-Nachrichten« waren die deutschen »Landsmannschaften«. Bei den alten Jeckes erstreckte sich Deutschland noch in den Reichsgrenzen von 1937. So gab es Landsmannschaften der Danziger, der Niederschlesier und Westpreußen. Deutsche Vereinsmeier, wie sie im Buche stehen. Die Aktivste kam aus dem Westen: Die Frankfurterin Hilda Hoffmann, die dank ihrer nimmermüden Energie und ihres Organisationstalents Vorsitzende aller deutschen Landsmannschaften in Israel geworden war. Eine Position, die ihr eine gewisse Beachtung in der Kulturabteilung der deutschen Botschaft einbrachte. Die Mitglieder der deutschen Nostalgie-Vereine waren in der Regel ehemalige Angestellte, die es immer wieder in ihre alte Heimat zog. Die Jeckes litten unter den rauen Umgangsformen in Israel. Sie sehnten sich nach der deutschen Sprache und Literatur – allen Widrigkeiten zum Trotz aber waren sie froh, in Zion nicht nur ein Zuhause, sondern eine neue Heimat und ein neues Selbstverständnis gefunden zu haben. »Ich wurde durch Hitler geboren«, erklärte mir ein ehemaliger Münchner. Als Junge verstand er sich zuvorderst als Deutscher. »Dass ich Jude war, haben mich die Nazis gelehrt, indem sie mich zu einem Menschen zweiter Klasse stempelten.« Die Feststellung »Durch Hitler geboren« war derart aussagekräftig, dass sie der Serie ihren Namen gab.

Von ihrer Verbindung zur deutschen Sprache und Kultur abgesehen, waren die etwa 60 000 Zuwanderer aus Deutschland und Österreich eine heterogene Gruppe. Unter ihnen befanden sich herausragende Persönlichkeiten wie Josef Burg. Der Akademiker und Thora-Kenner wirkte während der ersten Jahre des Hitler-Regimes für die Zionistische Organisation in Berlin. Dabei versuchte er in Übereinstimmung mit den Behörden des Dritten Reiches, die zunächst die Juden möglichst schnell loswerden wollten, so viele Auswanderungsbereite wie möglich nach Palästina zu lenken. Was wiederum auf den Widerstand der britischen Mandatsmacht stieß, die eine nennenswerte jüdische Immigration und damit eine Zunahme der jüdischen Gemeinschaft in Palästina zu verhindern trachtete, um die arabische Bevölkerung nicht gegen sich aufzubringen.

Nach der Staatsgründung wurde Burg als Mitglied der National-Religiösen Partei Knesseth-Abgeordneter. Bald war er Minister und blieb es mehr als drei Jahrzehnte in wechselnden Regierungen. Josef Burg war ein Mann des Augenmaßes. Er begriff Politik im Sinne Bismarcks als »Kunst des Möglichen«. Sein Hauptanliegen war, religiöse Werte fest im jüdischen Staat zu verankern. Den Siedlungsaktivitäten in den besetzten Gebieten dagegen, die später zum Markenzeichen der National-Religiösen gerieten, maß Josef Burg keine wesentliche Rolle bei.

Als ich den gebürtigen Dresdner aufsuchte, hatte er seine politische Karriere bereits aufgegeben und amtierte als Direktor der Holocaust-Gedenkstätte Yad Vashem. In leicht sächsischem Tonfall berichtete er mir von den Aktivitäten seines Hauses. Als ich ihn nach seiner Familie befragte, wollte Burg zunächst nicht antworten. Schließlich erwähnte er, er habe seine Mutter in einem deutschen Konzentrationslager »verloren«. Verloren? Burg war es sichtlich unangenehm. »Sie ist ermordet worden. Ich weiß. Wir beschäftigen uns in Yad Vashem mit dem planmäßigen Völkermord. Doch mir fällt es schwer, dies auch im Persönlichen hervorzuheben. Gerade gegenüber einem deutschen Journalisten. Auch wenn er Jude ist.«

4

Viele deutsche Zuwanderer hegten den zionistischen Traum von der Urbarmachung des Landes. Meine Tante Thea und ihr Mann Joel besaßen einen kleinen Bauernhof bei Petach Tikva mit einem Dutzend Kühen, die mich als Kind begeistert hatten. Joel war unterdessen gestorben, und Thea lebte in einem Altenheim. Die Organisation der Zuwanderer aus Mitteleuropa hatte im ganzen Land ein halbes Dutzend Seniorenheime eingerichtet, in denen Deutsch Verkehrssprache war. Dort herrschte deutsche Ordnung, Pünktlichkeit und Disziplin.

Eva Hilb, deren verstorbener Mann ein Freund meines Vaters

gewesen war, besuchte ich in ihrer Wohnung in einem Tel Aviver Vorort. Frau Hilb stammte aus dem Spreewald. In Zion hielt sie an den vermessenen Ansichten der deutsch-jüdischen Kleinbürger gegen die »Ostjuden« fest: »Die Juden, die heute in Deutschland leben, sind keine richtigen deutschen Juden, wie wir sie waren. Sie sprechen nicht mal richtig Deutsch. Selbst führende Vertreter mauscheln wie Ostjuden. Denen fehlt schlicht deutscher Anstand und Benimm«, belehrte sie mich.

Die Leiterin eines Heims für deutschsprachige Juden, Frau Sela, kam aus Berlin. Sie war eine würdige, zurückhaltende Person, die Autorität genoss und deren Temperament im Gespräch spürbar wurde. »In meiner Jugend habe ich mich als Deutsche gefühlt. Den Zionismus hielt ich für einen Spleen. Bis zum 31. Januar 1933. Einen Tag nach der Ernennung Hitlers zum Reichskanzler kam meine beste Freundin in ihrer BDM-Kluft mit Hakenkreuzbinde in die Klasse. Als sie eine abfällige Bemerkung über die Juden machte, stürzte ich mich auf sie und prügelte sie windelweich. Daraufhin wurde ich von unserem Gymnasium verwiesen. Meine Eltern steckten mich in die jüdische Schule am späteren Adolf-Hitler-Platz.«

Von da an hatte sie »nur einen Gedanken: Nazi-Deutschland zu verlassen. Meine Eltern meinten, der Hitler-Spuk würde in wenigen Wochen vergehen. Außerdem war ich erst fünfzehn. Ich solle in ihrer Obhut bleiben. Mehr noch als vor den Nazis ekelte mich vor den zahllosen Opportunisten, die ebenso wie meine Freundin plötzlich ihre Begeisterung für die Hitler-Partei entdeckten. Ich weigerte mich, selbst die jüdische Schule zu besuchen. Kein Zureden half, so gaben meine Eltern schließlich nach und ließen mich mit der Jugend-Aliyah nach Palästina auswandern.«

In Zion besuchte Sela eine Schwesternschule. Sie beschwor ihre Eltern, ebenfalls ins Land zu kommen. Doch diese zögerten, bis es zu spät war. Die Betreuung der Heimbewohner, von denen manche nur unwesentlich älter waren als sie, wurde Sela zur Lebensaufgabe. Hegte sie Groll gegenüber Deutschland? »Nein. Deutschland ist ein Land wie jedes andere. Ich habe meine Geburtsstadt besucht und liebenswerte Menschen kennengelernt. Aber meine Heimat ist Israel. Hier gehöre ich hin. Wie jeder selbstbewusste Jude, der nicht irgendwann einmal erfahren möchte, dass er nicht zu dem Land gehört, in dem er lebt.«

In Jerusalem begegnete ich einem deutschen Juden meiner Generation. Jakob Hessing war ein moderner »Luftmensch«. Der 1944 in Polen in einem Versteck geborene Mann war nach dem Abitur nach Israel ausgewandert, weil er seiner Aussage nach als Behinderter der Behütung seines Elternhauses entkommen wollte. Jude und körperlich Beeinträchtigter, das war ihm zu viel. In Israel arbeitete Hessing in einem Kibbuz, bevor er an der Hebräischen Universität Jerusalem Englische Literatur und Geschichte sowie Vergleichende Literaturwissenschaft studierte. Sein 1990 erschienener deutsch-jüdischer Roman »Der Zensor ist tot«, der sich schlecht verkaufte, gefiel mir. Um nicht von den Zuwendungen seiner Familie in Berlin abhängig zu bleiben, so Hessing, veröffentlichte er unter Pseudonym Groschenromane. Als furchtloser Cowboy am Schreibtisch konnte er seine Phantasien ausleben und sich dabei ein Zubrot verdienen.

Jakob Hessing war ein geistreicher Schlemihl. Er nahm mich in Beschlag. Zuweilen fiel es mir schwer, mich seinem obsessiven Mitteilungsbedürfnis zu entziehen. Immer wieder erzählte er mir Episoden und Hintergründe aus der Welt der deutsch-jüdischen Literatur. Nach meiner Rückkehr nach Deutschland rief Hessing wiederholt an, um sich zu erkundigen, wann die Serie über die deutschen Juden, also auch über ihn, publiziert würde. Damit bewies Hessing ungewollt, dass er nicht ein genuiner Jecke war. Keiner der drei Dutzend alten Jeckes, mit denen ich mich mehr oder minder ausführlich unterhalten hatte, erkundigte sich danach bei mir, ob sie oder er in meiner Reportage erwähnt würde. Sie riefen mich auch nicht an, um auf eine rasche Veröffentlichung zu drängen. Die Jeckes hatten in Deutschland und durch die Emigration nach Zion gelernt, in Würde zu leben. Auch wenn ihre »Seele in Jerusalem verglühte«. Mit diesen Worten beschrieb Else Lasker-Schüler ihr Vergehen im Lande. Die expressionistische deutsche Poetin aus Wuppertal hatte es vor 1933 immer wieder in die Heilige Stadt der Brüche und Exoten getrieben. Nie hatte sie daran gedacht, hier ihre Heimat zu finden. Ihre deutschen Landsleute zwangen Else Lasker-Schüler, anderen Sinnes zu werden. 1939 entzog ihr das Reich die deutsche Staatsbürgerschaft, sie musste in Zion verharren, wo sie ihre Seele im Januar 1945 aushauchte. Durch Hitler und die Seinen waren die Jeckes als Israelis wiedergeboren worden.

Als ich im Sommer 1993 in München meine Jecke-Reportage zu Papier brachte, erreichte mich ein Anruf Bernt Rotherts. Der Redakteur des Hessischen Rundfunks hatte mich bereits vor meiner Israel-Reise kontaktiert: Damals hatte er sich als Dramaturg im Bereich Fernsehspiel vorgestellt und mir offeriert, eine jüdische Fernsehserie zu entwickeln. Die Idee eines Autors für eine Folge »Gefilte Fisch« habe ihn angesprochen. Rothert fragte, ob ich die Drehbücher hierfür schreiben wolle. Ruhm und Geld winkten – dennoch behielt ich einen klaren Kopf. Zunächst. Unter keinen Umständen war ich bereit, als Alibi-Jude herzuhalten. So bekundete ich zwar prinzipielles Interesse, knüpfte meine Mitarbeit jedoch an mehrere Bedingungen. Ich wollte selbstständig eine gegenwartsbezogene Handlung entwickeln. Der jetzige Titel begeisterte mich wenig, denn er verhieß einen nostalgischen Blick auf die untergegangene Welt des Schtetls in Osteuropa. Mir dagegen lag – und liegt – daran, dem deutschen Publikum das Dasein der Juden in ihrer Mitte näherzubringen. Die Akteure, auch die jüdischen, sollten mitten im Leben stehen, keine weisen Nathane sein. Rothert erbat sich Bedenkzeit, er mochte wohl an dem ursprünglichen Konzept von »Gefilte Fisch« festhalten.

Inzwischen hatte der Redakteur meine Romane gelesen und zeigte sich von ihnen angetan. Rothert bat mich um ein Exposé für ein Drehbuch nach meinen Vorstellungen. Die Gedanken flogen mir zu, die Arbeit ging rasch voran. Im Zentrum der Handlung stand ein junger Jude, der zwischen Deutschland und Israel, einer deutschen Freundin, einer israelischen Frau, der eigenen Familie in Deutschland und vor allem seinem Kind hin und her gerissen wird. Kurz, ein Schlemihl. Das, was man jiddisch einen Luftmenschen nennt. Was lag näher, als ihn zu einem Piloten zu machen, zu einem Bruchpiloten des Lebens? Autobiographische Züge ergaben sich. Sollte daraus ein Film entstehen, würden sich viele Luftmenschen-Kollegen angesprochen fühlen: Deutsche, Juden, Türken …

Mein Exposé wurde beim HR überaus positiv aufgenommen. Rothert wollte mich treffen und einen Drehbuchvertrag mit mir abschließen. Ich bat um Geduld, denn zunächst musste ich meine Jecke-Serie fertigstellen und für die folgenden zwei

Wochen hatte ich meinen Kindern und deren israelischer Cousine Tamar gemeinsame Ferien versprochen.

Wir wohnten in einem ehemaligen Bauernhof im Voralpenland. Die Kinder, vor allem Tamar, die in Tel Aviv aufwuchs, genossen es, in Feldern und Wiesen zu spielen und herumzutollen. Wir unternahmen täglich Wanderungen in die umgebenden Wälder, gelegentlich auch ins Gebirge, das sich in Sichtweite unseres Hauses auftürmte. Ich hatte Muße, mich ausgiebig mit Juda, Yaël und Tamar zu beschäftigen. Meine Tochter wusste stets, was sie wollte. Im Alltag aber ließ sie sich Zeit. Sie war verspielt und träge. Tamar dagegen merkte man die Disziplin einer Leistungssportlerin an.

Seit dem sechsten Lebensjahr war sie im Turnverein, mit zehn nahm sie schon an nationalen Meisterschaften teil. Zugleich war sie eine gute Schülerin. Das Pensum erforderte Organisation. Tamar besaß einen aufgeschlossenen Geist. Sie war neugierig und sehnte sich nach Anerkennung und Zuspruch. Für kurze Zeit von den Zwängen des Leistungsdrucks befreit, blühte sie ebenso auf wie Juda. Wir ersannen unentwegt Spiele und entwickelten neue Ideen. Ich genoss unsere nächtlichen Wanderungen. Wir starrten in den klaren Sternenhimmel und stellten uns vor, dass auf einem Lichtjahre entfernten Stern in hundert Jahren Wesen durch ein Superteleskop uns bei unserem längst gelebten Leben zuschauen könnten. Während ich mich an dieser plastischen historischen Perspektive erfreute, entwickelte Juda eine verwertbare Idee. »Man müsste eine Maschine erfinden, die ins Morgen, in die Zukunft blicken kann, das würde beim Lottospielen, aber auch sonst helfen.«

6

In diese Idylle platzte ein Anruf aus Frankfurt. Bernt Rothert und seine Redaktion drängten auf ein Treffen. Zwei Tage später suchte er uns mit einer Redakteurin auf. Sie gaben sich entzückt von der Landschaft, dem Domizil, den »aufgeweckten Kindern« und nicht zuletzt von meinem Exposé. Die eingestreuten Dialoge seien wie gemacht für ein Skript. Einen Drehbuchvertrag für eine halbstündige Folge würde ich in Kürze erhalten.

Wir besprachen kurz die Handlung, die meinem Exposé entsprechen sollte, dann machten sich die ungebetenen Gäste frohgemut wieder auf den Weg an den Main. Uns blieben noch vier Tage Ferien. Mit meinen Gedanken war ich bereits bei der Konzipierung des Drehbuches. Rothert hatte mich ermutigt. Die technischen Details seien unwichtig, diese Routineaufgabe würden er und seine Mitarbeiter gern übernehmen. Entscheidend sei vielmehr, dass ich meine Kenntnisse des jüdischen Lebens, meinen Humor und mein Dialogtalent ausspiele.

Juda hatte aufmerksam unsere Unterhaltung verfolgt. Abends, als die Mädchen schliefen, kam er in mein Zimmer. Er sah mich ernst an und meinte schließlich: »Bau bitte in den Film eine Rolle für mich ein. Ich bin sicher, ich kann das spielen.«

7

Die Kernfigur meines Drehbuchs ist Ron Rosenbaum. Ein humorbegabter und gutwollender Taugenichts. Ron genießt sein Leben, hilft seinem Vater in dessen kleinem Café, weigert sich aber, eine zielgerichtete Karriere aufzubauen. Das entsprach meiner Lebenseinstellung. Doch ich hatte begreifen müssen, dass die Gesellschaft das Ausscheren aus dem Leistungsprinzip bestraft.

Ich bekannte mich zur Luftmenschenexistenz eines Schriftstellers. Ron Rosenbaums Leidenschaft für die Fliegerei sollte dieses schwebende Dasein visualisieren. Die Zerrissenheit zwischen Deutschland und Israel und zwischen zwei Frauen unterstrich ich im Film durch die Gegenüberstellung der vertrauten deutschen Mentalität und der Exotik Israels.

In erster Linie wollte ich dem breitem Publikum den Alltag einer jüdischen Familie in Deutschland schildern. Die traumatische Vergangenheit wirft ihre Schatten auf die Menschen. Doch der Alltag ist bei Juden nicht anders als bei ihren christlichen Nachbarn. Hebräer kratzen sich nicht anders am Rücken als Gojim. Sie müssen ebenso um ihre Existenz kämpfen wie diese. Juden leiden unter antisemitischen Vorurteilen und pflegen eigene Klischees und Abneigungen. Dies wollte ich über Rons Mutter demonstrieren, die sich als frühere Christin durch ihre Ehe mit einem jüdischen Mann so stark mit dessen Glauben und Vorurteilen identifiziert, dass sie sich vehement gegen Rons Verbindung mit einer deutschen Geliebten wehrt.

Es bereitete mir Freude, die Handlung zu entwickeln und in einzelne Bilder und Dialoge zu zerlegen. Die Geschichte ging weit über den ursprünglich vorgesehenen Rahmen für einen halbstündigen Film hinaus, doch sie war rund. Ich polierte das Skript, dann schickte ich es nach Frankfurt. Rothert verständigte mich umgehend, er sei von diesem Drehbuch sehr angetan. So, genau so wolle er es haben. In dieser Länge. Der Vertrag für ein entsprechend erweitertes Drehbuch wurde mir zugesandt. Ich empfand Genugtuung. Vor wenigen Jahren hatte ich lange vergeblich versucht, meinen Roman zu veröffentlichen und damit meine Sicht der deutsch-jüdischen Beziehungen kundzutun. Nun könnte ich mein Plädoyer für ein offenes Miteinander einem Millionenpublikum nahebringen, denn beim Hessischen Rundfunk wurde erwogen, mein Skript als Pilotfilm einer deutsch-jüdischen Fernsehserie zu nutzen. Rothert ließ mich auch wissen, dass man über die Konzeption der einzelnen Folgen nachdenke.

8

Unterdessen war es Winter geworden. Ich sehnte mich nach meinen Kindern und der Sonne. So buchte ich einen Flug nach Eilat, Israels einzigem Zugang zum Roten Meer. Die Wärme und das Licht halfen mir zu entspannen. Juda besuchte mich. Wir gingen schwimmen, wanderten in der Wüste, saßen herum und schwatzten. Keiner erwähnte es, doch uns graute vor dem unvermeidlichen Moment des Abschieds. Als es so weit war, reagierten wir ähnlich. Wir witzelten bis zur Absurdität und fielen uns schließlich in die Arme, um uns zumindest für den Moment festzuhalten.

Zurück in München, hielt ich die Ungewissheit nicht länger aus und erkundigte mich beim HR nach dem Stand der Dinge. Bernt Rothert mahnte mich zur Geduld. Das Skript durchlaufe gegenwärtig die entscheidungsbefugten Gremien, die in angemessener Frist ihr Urteil fällen würden. Welche Persönlichkeiten in welchen Gremien nach welchen Kriterien entschieden, wurde mir nicht mitgeteilt.

Monate nach Ablieferung des Drehbuchs erhielt ich von Rothert telefonisch die Aufforderung, innerhalb von zwei Wochen ein Dutzend Kurzexposés von Fortsetzungsgeschichten meines Fernsehspiels anzufertigen, diese an den HR zu senden und anschließend nach Frankfurt zu kommen.

Endlich konnte ich in meiner Arbeit fortfahren. Ich überlegte, schrieb und feilte von früh bis spät. Nach vierzehn Tage faxte ich die Skizzen an den Redakteur. Kurz darauf wurde ich nach Frankfurt zitiert.

9

Der im Sommer von meinem Exposé so angetane Rothert bestand nun darauf, die Skizzen der Folgen nach seinen Vorstellungen umzuschreiben. Was wusste er vom jüdischen Leben in Deutschland? Wo blieb die mir zugesicherte Freiheit des Autors? Ich argumentierte gegen eine Wand. Der erfahrene Redakteur hauchte den Judengeschichten seine notwendige Routine ein – nahm ihnen damit aber ihre Lebendigkeit. Rothert war vom Erfolg überzeugt. Der Stoff sei hervorragend, das Drehbuch für den Pilotfilm sehr gut und die Fortsetzungen ebenfalls.

Nach Wochen erfuhr ich durch einen Anruf Rotherts, die von mir konzipierte Fernsehserie sei vom Serienausschuss der ARD abgelehnt worden. Auf meine Fragen, ob und wie es jetzt weitergehe, hörte ich nur, ich solle mich in Geduld fassen.

Lesen ist schön, spazieren gehen ebenfalls – doch ich wollte endlich wieder meine Geschichten ersinnen und zu Papier bringen. Gleichzeitig war ich zu vermessen und zu beschränkt, um zu begreifen, dass Filme von der Stoffentwicklung bis zur Realisierung den Projektionen und Interessen vieler unterworfen sind. Die Ideen des Schreibers haben dabei lediglich die Funktionen von Zündkerzen, die man nach Belieben auswechseln kann. Und der Redakteur Rothert, für mich der einzige Ansprechpartner im Sender, war lediglich Teil eines Apparats. Als ich ihn nach sechs Wochen wieder anrief, beschied er mir, man könne aus dem Stoff eventuell einen Dreiteiler entwickeln. Doch die Entscheidung darüber stehe aus – mein Drängen sei kontraproduktiv.

Anfang März 1995 veröffentlichte ich im »Spiegel« erneut einen Essay. Der Titel war Programm: »Wie in der Judenschul«. Ich erhob den vom Volksmund verächtlich gemachten Zank in der Synagoge zum Modell der deutsch-jüdischen Beziehungen. Statt sich gegenseitig Harmonie vorzugaukeln, die infolge der Schoah einer Friedhofsruhe glich, empfahl ich den offenen Disput – den ich Rothert gegenüber nicht wagte. Erst wenn es gelang, jüdischen Schmerz und deutsche Betroffenheit, also beider Sprachlosigkeit, zu überwinden, war die Voraussetzung für ein Gespräch gegeben. Dieser Dialog musste zwangsläufig deutlich, zuweilen auch verletzend geführt werden. Durch einen Streit wie in der Judenschul kam man in die Lage, die Gegenseite zu verstehen und auf sie einzugehen.

Die Redaktion erhielt viele Leserzuschriften, es folgte eine Reihe von Rundfunk- und TV-Interviews. Mein Wort wurde in der Öffentlichkeit wahrgenommen. Es mochte sein, dass die öffentliche Beachtung auch Bernt Rothert an mich erinnerte. Er ließ mich wissen, dass man sich im Sender für ein dreiteiliges Fernsehspiel entschieden habe. Ich solle mich schon an das Drehbuch für den zweiten Teil machen. In den nächsten Tagen würde der Vertrag folgen.

Endlich hatte ich grünes Licht für meine deutsch-jüdisch-israelische Luftmenschen-Geschichte von dem Bruchpiloten Ron zwischen Frankfurt und Tel Aviv, eingerahmt von israelischer und deutscher Geliebter, verbunden mit seinem Sohn, hingezogen und zugleich abgestoßen von seiner Familie. Ich saß von morgens bis abends an meinem Laptop.

11

Hätte ich geahnt, dass sich die Arbeit an den Drehbüchern noch über Jahre hinziehen und welche Demütigungen ich dabei empfinden würde, hätte ich das Schreiben unverzüglich abgebrochen. Hätte! Das menschliche Leben bezieht einen Großteil seiner Vitalität aus unbegründeter Zuversicht, die sich auf Ignoranz, Denkfaulheit und Tatenlosigkeit gründet.

So unterschrieb ich meinen zweiten Drehbuchvertrag. Nach wenigen Wochen hatte Rothert das Skript auf seinem Tisch. Ich machte mich auf eine erneute lange Warteschleife gefasst, doch diesmal sandte er es mir binnen Tagen mit vielen Korrekturen plus Beurteilung zu, in dem mir zahllose Fehler vorgehalten wurden. Ich hatte mich nie als Drehbuchprofi ausgegeben. Und ich war lernwillig, aber ich wollte mich nicht vorführen lassen.

Mein erstes Skript war überaus positiv aufgenommen, lediglich in technischen Details aufpoliert worden. In der Bewertung des zweiten degradierte mich der Redakteur zum Analphabeten. Jeder Satz wurde mir um die Ohren geschlagen. Einmal wurde reden durch sprechen ersetzt. Drei Seiten weiter war es genau umgekehrt.

Als ich Heide, die mir lange Zeit eine kluge, loyale und temperamentvolle Gefährtin war, Rotherts Schreiben und das rasterweise korrigierte Skript zeigte, reagierte sie empört. Sie mahnte mich eindringlich, mir diese Behandlung unter keinen Umständen gefallen zu lassen und den Drehbuchauftrag unverzüglich zurückzugeben. Das war auch mein Impuls, doch im Gegensatz zu ihr hatte ich keine unbefristete Anstellung. Als vogelfreier Autor lebte ich von meinen Honoraren als Schreiber, und ich strebte in meinem Beruf eine größere Bekanntheit an. Wie sollte ich die Balance zwischen Selbstrespekt und Autorenabhängigkeit finden?

Mein Freund Gerd Merke warnte mich vor übereilten Schritten. »Stolz ist erhebend, aber er macht nicht satt. Du bist als freier Schriftsteller auf Honorare angewiesen. Da muss man gelegentlich seinen Stolz schlucken, Rafael.« Mir war es nie um Stolz zu tun, gegenseitigen Respekt halte ich allerdings für unabdingbar. Gerd stimmte mir zu. Dieser würde sich einstellen. Der Redakteur brauche mich als Autor, während ich auf ihn oder auf Verleger angewiesen bleibe.

Gerd riet mir nachdrücklich, nicht vorschnell aufzugeben: »Du hast eine Chance, um die dich 99 Prozent der Schriftsteller beneiden. Nutze sie! Auch wenn du hart dafür kämpfen musst.« Als Juraprofessor war er Beamter, gleichzeitig wusste er um die Herausforderung des Freiberuflers, sein Auskommen zu finden. Sein Rat, die Zähne zusammenzubeißen, schien mir vernünftiger als jener Heides, die als Medienberaterin eines Unternehmens die

Konsequenzen eines abgelehnten Auftrags nicht zu tragen hatte. Gleichzeitig spürte ich, dass Heides emotionale Mahnung eher zu mir passte. Empfindsamkeit und Empfindlichkeit sind Teil meiner Persönlichkeit und eine Quelle der Kunst. Daher war es für mich außerordentlich schwer, ausschließlich rationalen Kriterien zu folgen. Literatur, auch ein Drehbuch, lässt sich nicht mit zusammengepressten Lippen »produzieren«. Die Angst, durch mein Aufgeben zu versagen, hinderte mich, mir die Frage nach dem Preis des Beharrens zu stellen. So ließ ich mich wider besseres Fühlen auf die Fortsetzung der Arbeit am deutschen Judenstück ein.

12

Rothert bestellte mich in den Sender, wo er die ersten beiden Szenen detailliert auseinandernahm. Ich hatte eine prinzipielle Drehbuchkritik erwartet, aus der ich lernen konnte, wie man die Handlung schlüssiger in Bilder umsetzte. Stattdessen reihte sich nach meinem Eindruck eine Haarspalterei an die andere. Am nächsten Tag wechselte Rothert das Tempo vom Schneckenwalzer zum Parforceritt. Er blätterte kursorisch im Skript und meinte, die Methode hätte er bereits am Vortag deutlich gemacht. Auf diese Weise sollte ich fortfahren. Erzählen könne ich ja.

Zuhause ging ich erneut Rotherts Brief-Gutachten und mein korrigiertes Skript durch. Seine Hinweise auf szenische Einfügungen ergaben Sinn, die Anmahnung eines »Spannungsbogens« hielt ich dagegen für beliebig. Damit lässt sich alles begründen. Jeder Autor sollte die Freiheit besitzen, seine Geschichte den Lesern und Zuschauern auf seine Weise zu vermitteln. Ich bemühte mich, meine Erzählung mit den Bedürfnissen der Leser und Zuschauer nach Spannung in Einklang zu bringen, straffte die Dialoge, baute szenische Schilderungen ein, stimmte beides aufeinander ab. Schließlich sandte ich das überarbeitete Skript nach Frankfurt. Man ließ mich warten. Der Drehbuchvertrag sieht eine dreistufige Bezahlung des Autors vor. Jeweils ein Drittel wird bei Unterschrift, bei Abnahme sowie nach der Ausstrahlung gezahlt.

Als ich mich nach Wochen erneut mit der »Fernsehdramaturgie« in Verbindung setzte, meinte der Redakteur, die neue Fassung könne man so durchgehen lassen. Er werde die Überweisung der zweiten Rate veranlassen. Ich schöpfte Mut, mich nach dem Fortgang des Gesamtprojekts zu erkundigen. Rothert erwiderte, er müsse mir nicht erläutern, wie sehr er sich für dieses jüdische Fernsehspiel einsetze. Dafür erwarte er ein Mindestmaß an Respekt und Geduld.

Die Zurechtweisung ließ mich erstarren. Meine Nackenmuskeln verspannten, die Brust wurde mir eng. Es stand mir frei, mir diesen Umgang zu verbitten. Die beiden Drehbücher waren geschrieben, ich hatte die Figur des Luftmenschen geschaffen, die Handlung des TV-Films würden ohnehin die Redakteure mit gebanntem Blick auf die Zuschauerquote bestimmen, neue schriftstellerische Erkenntnisse würde ich nicht erlangen. Finanziell wäre ein Ausstieg kein Ruin. Ich würde mich wie bislang als freier Autor und Journalist durchschlagen. Dennoch war ich unfähig, das Joch abzuwerfen.

13

Beim Drehbuch für den dritten Teil nahm ich eine ähnliche Prozedur in Kauf. Doch die ARD hatte inzwischen die Richtlinien für mehrteilige Filme verschärft. Wir durften nur noch mit einem Zweiteiler rechnen. Das bedeutete, wie mir Rothert deutlich machte, dass ich die vorliegenden drei Bücher auf zwei »einzudampfen« hatte. Im Klartext: Ich musste zwei neue Drehbücher verfassen. Als ich mich nach der Bezahlung erkundigte, geriet der Redakteur in Harnisch. Ich wäre bereits für drei Bücher entlohnt worden, da wäre es nur billig, wenn ich die geringfügige Verkürzung vornähme, der Stoff könne die Verdichtung vertragen. Stattdessen stelle ich neue Forderungen.

Nun war ich am Ende meiner Widerstandsfähigkeit und wollte aufgeben, doch Gerd Merke beschwor mich, davon Abstand zu nehmen. »Im ersten Moment wirst du dich erleichtert fühlen. Doch du wirst dein Tun zunehmend bereuen. Du verschenkst ein Drittel deines Honorars, das dir bei Ausstrahlung zusteht. Aber noch viel schmerzhafter wird für dich sein, dass dein Film lediglich mit einem kurzen Hinweis auf dich als Ideengeber gezeigt werden wird.«

Der Freund hatte meinen empfindlichen Punkt berührt. Ich wollte nicht, dass meine Mühe umsonst wäre. Mit letzter Kraft machte ich mich an die Abfassung des nunmehr komprimierten Skripts und sandte es nach Frankfurt. Nun zerlegte Rothert auch die neue Fassung des Drehbuchs für den ersten Teil, das ihm einst so imponiert hatte. Ich musste mit dem Skript die mir allzu bekannte Tortur von Korrektur und Wiedervorlage durchlaufen. Die Prozedur wiederholte sich beim Skript für den zweiten Teil. Ich unterwarf mich ihr freiwillig.

14

Nach zwei Jahren gelang es mir allmählich, mich aus meiner Fixierung auf meine Arbeit an dem Fernsehspiel zu lösen. Marianne Schönbach hatte mir auf einem Fest am Rande der Buchmesse 1995 nahegelegt, mit der Niederschrift eines neuen Romans zu beginnen. Der von ihr vertretene Claassen Verlag sei sehr daran interessiert, ein Buch aus meiner Feder zu veröffentlichen. Die Literaturagentin nahm an, dass ich einen Stoff im Kopf hatte. So war es.

Die Angst der Deutschen, in Antisemitismusverdacht zu geraten, verbunden mit dem Bedürfnis, »den« Juden die Meinung zu sagen, gebar das Nachkriegsphänomen des Musterjuden. Die Presse bediente sich unseres authentischen Judentums, was immer sie darunter verstand – und wir publizierten die von uns vertretenen Vorstellungen und wurden dafür entlohnt. Das Spektrum reichte vom linksgrünen Micha Brumlik bis zum konservativen Michael Wolffsohn. Mir war bewusst, dass auch ich zu dieser Riege gehörte. Es war ein Geben und Nehmen. Da die Redaktionen die unterschiedlichen Standpunkte und Aversionen der zwei Handvoll namhafter jüdischer Publizisten in Deutschland kannten, trieben sie die Schreiber gelegentlich zum Gaudium ihrer Leser zu innerjüdischen Hahnenkämpfen. Ich hatte mir vorgenommen, mich nicht dazu benutzen zu lassen. Dieser lobenswerte Vorsatz ließ sich indessen leicht mit dem Appell an die Eitelkeit des Autors und an dessen Courage aushebeln: »Herr Seligmann, sind Sie zu ängstlich, uns Ihre Meinung gegenüber Herrn X öffentlich kundzutun?« Selbstverständlich nicht! Und schon saß man in der publizistischen Psychofalle, die ebenso wenig ein jüdisches Phänomen ist wie Mut, Feigheit und Geltungsbedürfnis. Dieses deutsch-jüdische Spiel und die damit verbundenen Verschwurbelungen schrien nach einer Satire.

Das Exposé meines Romanvorhabens gefiel dem Claassen Verlag so gut, dass mir ein großzügiger Vorschuss angeboten wurde. Ich akzeptierte. Auf diese Weise gewann ich wieder eine schriftstellerische Perspektive. Zudem gewährte mir der Vorschuss die materielle Basis, um mein TV-Judenstück fertigstellen zu können.

15

Ich nutzte die Zeit, um einer Einladung des Literarischen Colloquiums Berlin zu einem einwöchigen Aufenthalt zu folgen. In der Villa am Ufer des Wannsees durfte ich ausspannen, Lesungen von Schriftstellern hören, selbst vortragen und mit Kollegen debattieren. In der Regel waren die Autoren von der eigenen Bedeutsamkeit durchdrungen. Einer fiel aus der Reihe. Ein schräger Vogel, groß gewachsen, körperlich robust, er sprach in gepflegter Diktion und bemühte sich mit deutscher Gründlichkeit ständig um die Leichtigkeit der Ironie. Aus seinen Augen aber sprach kindliche Angst. Joachim Lottmann gab sich als Frauenversteher und Herzensbrecher und prahlte mit den Namen der Damen, die er bereits »erobert« hatte. So versuchte er, wie mir schien, seine Unsicherheit und seine ständige Furcht zu überspielen. Lottmann wollte wissen, an welchem Roman ich gegenwärtig arbeitete. Er hatte meine Bücher gelesen und meinte, ich wäre einer der wenigen, die ihn nicht langweilten – die übliche Schmeichelei. Dennoch traf Lottmann meinen wunden Punkt. Ich sehnte mich danach, endlich nach meinem Gusto zu fabulieren, statt zu versuchen, dem Ego eines Redakteurs und eines bemühten Schriftstellers sowie meiner eigenen Eitelkeit zu genügen.

Das Geschehen am Sandwerder wirkte nach. Joachim Lottmann rief mich häufig an. So erfuhr ich von seinem Herzeleid mit undankbaren Frauen und anderen Kümmernissen. Kurz darauf tauchte Lojo in meiner Wohnung auf. In einer Plastiktüte hatte er eine Kopie seines Manuskripts mitgebracht. Der Verlag Kiepenheuer & Witsch, der es ursprünglich publizieren wollte, hatte sich inzwischen anders entschieden. Ich konnte Lojos Schmerz nachfühlen – und stellte den Kontakt zum Eichborn Verlag her. Joachim Lottmann dankte mir überschwänglich. Er hatte kein Ohr für meine warnende Erfahrung, dass eine Empfehlung keine Erfolgsgarantie bedeutete. So war es. Eichborn und viele andere Verlage lehnten Lottmanns Beschwerden ab. Ich versuchte, ihn zu trösten, da ich das Auf und Ab von Hoffnung und Enttäuschung selbst erfahren hatte.

Nach mehreren Jahren erfüllte sich Lojos Begehr. Euphorisch berichtete er mir, dass er einen Verlag gefunden habe, der bereit sei, sein Werk zu publizieren. Kurz vor der Veröffentlichung faxte mir die Literaturagentin Marianne Schönbach einige mich betreffende Seiten zu. Lottmann schilderte mich als absurd hässlichen Mann, der es dennoch fertigbrachte, die schönsten deutschen Frauen reihenweise in sein Bett zu ziehen. Dabei bediene sich »Seligman« stets des gleichen Tricks: Er gebärde sich als Holocaustopfer, was bei den deutschen Lieseln aus schlechtem Gewissen sogleich jeglichen Widerstand erlahmen ließ. Sie waren Seligman zu Willen, der keine Rast kannte in seiner ewigen Jagd, die nächste deutsche Maid mit seiner Holocaustkeule zu erlegen. Juristen aus meinem Freundeskreis legten mir nahe, dem Autor die Verleumdung zu untersagen. Ich dachte nicht daran, obwohl ich betroffen war. Joachim hatte mir immer wieder versichert, ich sei sein »bester Freund«. Ich bin überzeugt, er meinte es aufrichtig. Dessen ungeachtet hing er, wie ich entdecken musste, alten Vorurteilen an. Offene Antisemiten erschüttern mich wenig. Es gibt sie allenthalben. Doch wenn ein Freund und vermeintlicher Bildungsbürger, der sich über den Antisemitismus im Allgemeinen und Besonderen rechtschaffen empört, ebenfalls verächtliche Ressentiments pflegt, schmerzt mich dessen Dummheit. Antisemiten sind beschränkt.

16

Im Frühjahr 1996 war Rothert bei seiner Suche nach einem Regisseur fündig geworden. Josef Rödl sei der passende Filmemacher für unseren Stoff, so Rothert. Der Bayer habe einen preisgekrönten »Tatort« inszeniert. Am folgenden Tag traf ich den Regisseur in einer Gastwirtschaft im Münchner Osten. Josef

Rödl war ein groß gewachsener Mann, der mit braunen Augen seine Umwelt aufmerksam beobachtete. Er betonte sein Bajuwarentum mit mächtigem Schnauzer und gepflegter Mundart, vorgetragen mit warmem Bariton. Stets schleppte Rödl eine überquellende Aktentasche mit sich, die er jedoch in meiner Gegenwart nie öffnete.

Josef, wie er sich vorstellte, erklärte, ihn beschäftigten Gruppen und Individuen am Rande der Gesellschaft. Er kenne keine Juden, doch er interessiere sich für sie. Das Eingeständnis, nicht alles über die Thematik zu wissen, und sein ruhiges Auftreten gefielen mir. Er erzählte mir von seiner Herkunft auf dem Land, von seinem Zugang zu Filmemachern wie Rainer Werner Fassbinder und bayerischen Volksschauspielern. Ich schilderte ihm meinen Werdegang. Am Ende des Gesprächs erbat sich Rödl meine Romane.

Eine Woche später begegneten wir uns in Rotherts HR-Klause. Mit seiner Bemerkung, er schätze meine Bücher als authentische Kunst, eroberte Rödl mein Dichterherz. Auch die Drehbücher gefielen ihm – doch Skripte seien in seinen Augen »Absichtserklärungen«. Ihre wahre Wirkung würden sie erst während der Filmarbeit entwickeln. Welche Konsequenzen dies für mich haben sollte, konnte ich in diesem Moment nicht ahnen.

Zurück in München, lud mich Rödl mitunter zu sich nach Hause ein oder besuchte mich in Untergiesing. Wir unterhielten uns angeregt über Filme, Bayern und Juden.

Josef sagte mir, dass er meinen Film sehr gern drehen würde, es gäbe jedoch zwischen ihm und Rothert Unstimmigkeiten wegen Terminen und Honoraren.

Schließlich trafen wir uns zu dritt im Hofbräukeller an der Inneren Wiener Straße. Die Herren feilschten wie auf dem Basar. Ich saß zwischen allen Stühlen. Nach einer Woche verständigte mich Rothert telefonisch vom Scheitern der Verhandlungen mit Rödl. Das bedeutete wohl das faktische Ende des Filmprojekts.

Ich fühlte mich aufgefordert, Rödl zu einer Einigung zu überreden, zumindest wollte ich es versuchen. Josef gab sich erfreut, als ich an seinem Drehort auftauchte, und versprach mir, um unserer Freundschaft und des Filmprojekts willen eine Übereinkunft mit dem HR zu suchen – unter Wahrung seiner Interessen.

17

Zwei Wochen später unterrichtete mich Rothert, man habe sich prinzipiell geeinigt. Unmittelbar nach meiner Rückkehr aus Südafrika, wo ich im Auftrag des Goethe-Instituts Vorträge gehalten hatte, forderten mich Redakteur und Regisseur auf, sie auf einer Drehort-Besichtigungstour nach Israel zu begleiten. Wir bereisten Zion mit deutscher Gründlichkeit.

Rothert verhandelte mit dem aus Sachsen eingewanderten altersweisen israelischen Filmproduzenten Zwi Spielman über eine Kooperation. Juda wurde von Rödl zum Casting eingeladen. Yaël neidete ihrem Bruder eine Filmrolle. So überredete sie ihn, bis zum Morgengrauen mit ihr DVDs anzusehen. Rödl war von Judas unkonzentriertem Auftritt enttäuscht. Ich tröstete meinen Sohn mit dem Hinweis, dass manche Chance im Leben wiederkehre.

Josef wollte möglichst viel über Israel und jüdische Bräuche erfahren. Bei unseren Gesprächen machte er sich eifrig Notizen, er war freundlich, doch die frühere Verbundenheit wollte sich zwischen uns nicht mehr einstellen. Beiläufig erwähnte Rödl, bislang seien alle Versuche, einen geeigneten Jugendlichen als Darsteller von Rons Sohn zu finden, gescheitert. Ich empfahl ihm, es noch einmal mit Juda zu versuchen. Diesmal war mein Sohn ausgeruht und überzeugte den Regisseur von seiner Persönlichkeit und seiner raschen Auffassungsgabe. Er versprach Juda die Rolle.

Wieder in Deutschland, ließ Bernt Rothert wie gewohnt zunächst nichts von sich hören. Eines Tages rief er an und verkündete, der Drehplan stehe fest. Allerdings könne das Filmprojekt nicht verwirklicht werden, wenn es nicht gelänge, ein entscheidendes Hindernis aus dem Weg zu räumen. Josef Rödl bestehe auf seiner Honorarvorstellung. Rothert äußerte Verständnis: Der Regisseur müsse die Drehbücher ja entscheidend umgestalten. Das Geld ließe sich, so Rothert, nur beschaffen, indem er das mit mir vertraglich vereinbarte Salär um 15 000 Mark kürze. Ich stimmte spontan zu. Ich hatte den Rat des Filmproduzenten Korytowski keineswegs vergessen, der lautete: »Wenn man dir etwas wegnehmen will, dann wehr dich! Sonst hat es kein Ende!« Doch meine Energie war weitgehend aufgebraucht. Das Filmprojekt drohte mich wie ein ständig anwachsender Schleimklumpen zu ersticken. Ich musste den würgenden Auswurf auskotzen, um wieder Luft zu bekommen. Koste es, was es wolle.

Rothert dankte mir für mein Verständnis. Am folgenden Tag erhielt ich ein entsprechendes Dokument per Post, das ich umgehend unterzeichnete. Als ich meinem Anwalt später davon berichtete, schalt er mich einen weltfremden Künstler: »Meinst du im Ernst, dass es bei einem zweiteiligen Fernsehfilm für das Erste Programm mit einem Etat von mehreren Millionen auf deine 15 000 Mark ankommt? Das haben die nur gemacht, um dich zu domestizieren. Mit deinem Nachgeben hast du dich erpressbar gemacht. Warum hast du nicht vorher mit mir gesprochen, du Esel?«

Das war einleuchtend. Doch ich konnte und wollte nicht länger kämpfen. Mit meiner Zustimmung zu einem Honorarverzicht hoffte ich, mir ein Stück Freiheit erkauft zu haben. Ich wollte nicht wahrhaben, dass ein Aufgeben der eigenen Ansprüche keine Freiheit verschafft, sondern stets neue Forderungen nach sich zieht.

Meine Frau

1

Mit dem Empfinden, eine Last abgeworfen zu haben, fuhr ich kurz darauf zur Frankfurter Buchmesse. Ich wollte mich beim Claassen Verlag sehen lassen, dessen Vorschuss ich bereits zum größten Teil verbraucht hatte, ohne nennenswert an meinem Roman gearbeitet zu haben.

Beim Gang durch die menschenvolle Messehalle zog mich ein in Pastelltönen gehaltener rotgelber Buchumschlag an. Das Cover zeigte das Foto eines alten Juden, der eine Thorarolle küsst. Darunter in klaren Lettern: »Bauet Häuser und wohnet darin. Jüdisches Leben in Mittel- und Osteuropa«. Der Titel gefiel mir. Er gab sich nicht mit der Erinnerung an die Schoah zufrieden. Der Band befasste sich offenbar mit dem gegenwärtigen Dasein der Juden. Ich schlug den Band auf. Die Seiten waren unbeschrieben. Es handelte sich um ein Dummy. Ein Verlagsangestellter registrierte mein Interesse. Er sprach mich an und bat mich, auf die Lektorin zu warten, die mir gewiss gerne mehr über das Buchprojekt erzählen würde. Ich aber hatte meinen Termin bei Claassen wahrzunehmen, entschuldigte mich und wollte weitergehen. In diesem Moment trat eine junge Frau in einem grauen Businessanzug an den Stand. Wir blickten uns an, ich sah in ihre tiefbraunen Augen. Frau Neu erzählte mir von der Arbeit an diesem Buch, das ihr sehr am Herzen liege. Ich hörte ihre dunkle Stimme, ihr verstehender Blick nahm mich gefangen. Er strahlte eine Menschlichkeit aus, wie ich sie bislang noch nie wahrgenommen hatte. Wir tauschten Visitenkarten aus, dann musste ich weiter.

Bei Claassen setzten Marianne Schönbach und Verlagschef Edmund Jacoby große Erwartungen in mein Buch. Ich gelobte, diese so bald als möglich zu erfüllen. Den Abend verbrachte ich auf einer mäßig unterhaltsamen Verlagsfete.

Meine Gedanken aber waren bei Elisabeth Neu. Warum hatte ich mich nicht mit ihr verabredet? Unser Treffen war unverhofft und kurz gewesen. Immerhin besaß ich ihre Karte. Darauf war keine private Telefonnummer notiert. Sollte ich bei der Auskunft fragen? Am folgenden Tag musste ich nach Hause zurückkehren.

In München zwang ich mich, an meinem Roman zu arbeiten. Immer wieder formulierte ich die ersten Sätze neu, obgleich ich wusste, dass dies eine sinnlose Arbeit war, denn der Anfang muss, wenn der Schluss feststeht, stets neu geschrieben werden. Schließlich schilderte ich Moische Bernsteins Fron unter der Herrschaft seiner jiddischen Mamme in deren Schwabinger Jeansladen. Moische hasst seinen Job. Er fühlt sich zu Höherem berufen: zum Publizisten. Abends stellte ich zufrieden fest, dass es mir gelungen war, mein tägliches Pensum von zehn handgeschriebenen Seiten zu erreichen.

Am folgenden Tag beorderte mich Rothert zu einer Drehbuchkonferenz nach Frankfurt. In München hätte ich mich mit Josef Rödl kurzschließen können. Offene Fragen wären rasch geklärt gewesen. Doch der Redakteur wollte wohl die Fäden in der Hand behalten. Die Reise bedeutete zwei Tage Unterbrechung meiner Arbeit am Roman, kaum dass ich damit begonnen hatte. Gleichzeitig würde sie mir die Gelegenheit geben, Elisabeth Neu wiederzusehen, an die ich ständig denken musste. Als ich ihre Nummer im Verlag wählen wollte, bebte mein Herz. Was, wenn sie liiert war? Wenn sie ein Treffen ablehnte? Grübeln führte nicht weiter.

Ich teilte Elisabeth Neu mit, dass ich Anfang kommender Woche in Frankfurt weilen würde, worauf sie erwiderte: »Das Buch wird bis dahin noch nicht fertig sein!« – »Das Buch interessiert mich nicht. Ich möchte Sie sehen.« Es war eine ehrliche, doch unüberlegt direkte Antwort. Und dennoch wusste ich in diesem Moment, dass ich richtig reagiert hatte. Tatsächlich verabredete sie sich mit mir.

Die folgenden Tage schrieb sich der Roman gut fort. Abends dachte ich an Elisabeth. Erstmals seit Jahren sehnte ich die Fahrt nach Frankfurt herbei. Die Drehbuch-Konferenz im HR war meiner Meinung nach inszeniert, um Rotherts Autorität zu unterstreichen. Josef Rödl wollte sich als Drehbuchautor profilieren. Er hatte eine Szene bei der israelischen Musterungsbehörde gezimmert, deren Humor dem bayerischen Komödienstadel entsprach. Am frühen Nachmittag war die Schaufenster-Konferenz endlich beendet. Ich rief im Verlag an und traf mich kurz danach mit Elisabeth im Café Hauptwache. Die Augen. Sie waren schöner, ausdrucksvoller, als ich sie in Erinnerung hatte.

Von Anbeginn hatten wir uns etwas zu sagen. Das Gespräch hat nie aufgehört. Immer wieder sah ich in Elisabeths Augen und fühlte mich umarmt. Sie erzählte mir von ihrer Tätigkeit als Lektorin im Umschau Verlag. Ich berichtete von meinem Romanprojekt und von meinen Kindern. Von der Hauptwache gingen wir abends in ein italienisches Restaurant. Wir mochten nicht mehr voneinander lassen.

Bald zog ich zu Lily nach Offenbach, da ich als freier Schriftsteller nicht an einen Ort gebunden war. Zumindest nicht formal. Tatsächlich hatte ich in knapp vier Jahrzehnten in München Wurzeln geschlagen. Hier lebten meine Freunde, hier ruhten meine Eltern, ich war mit dem kulturellen Leben der Stadt vertraut und liebte ihr prächtiges Umland. Nun aber war es mir am wichtigsten, mit Elisabeth zu sein. Im vergangenen Jahrzehnt, in dem ich alleine lebte, hatten meine Freunde mich gewarnt, ich drohe zum Hagestolz zu werden. Meine Anforderungen an eine Partnerin würde ich von Jahr zu Jahr höherschrauben. Doch tatsächlich hatte ich im Laufe der Zeit meine Ansprüche reduziert. Am Ende blieben lediglich zwei übrig: Meine Gefährtin sollte mir spontan gefallen und, entscheidend, ich sollte nachts neben ihr ruhen und ihren Atem hören wollen. Diese Empfindung hatte ich bei Elisabeth. In ihrer Gegenwart fühle ich mich gut, zu ihr fasste ich spontan Vertrauen – das sie nicht enttäuschte.

2

Lily lebte in einer geräumigen Wohnung. Mir stand ein alter Sekretär zur Verfügung, bald erwarb ich auch ein Stehpult, an dem ich wie gewohnt konzentrierter als im Sitzen arbeiten konnte. Wir wohnten in der Taunusstraße. In der Parallelstraße erhob sich der wuchtige Bau des Kulturzentrums, es war, wie ich erfuhr, die ehemalige Synagoge, die 1938 geschändet und später zweckentfremdet wurde. Dabei blieb es. Nicht allein deshalb empfand ich Offenbach als bedrückend. Es ist eine langweilige Gewerbestadt mit wenig Grün. Zudem herrschte Winter, der Himmel war zumeist grau, ebenso wie die Häuser und Gehwege. Ich sehnte mich nach München, nach meinen Freunden und Bekannten dort und dem auch im Winter gelegentlich leuchtenden azurblauen Bayernhimmel.

Morgens brachte ich Lily zur S-Bahn nach Frankfurt. Danach braute ich mir einen starken Tee und begab mich wechselweise an Schreibpult und Sekretär. Ich arbeitete in der Regel bis abends durch. Den unzufriedenen Jeansverkäufer Moische Bernstein machte ich zum jüdischen Notnagel eines deutschen Nachrichtenmagazins. Durch provokante Beiträge wie »Hitlers Jahrhundert« erschreibt er sich die Aufmerksamkeit der Redaktion und der Leser. Bald begreift Moische jedoch, dass das jüdische Publikationsfeld zu eng für seinen schrankenlosen Ehrgeiz ist, der von den eigenen Minderwertigkeitsgefühlen gespeist wird. Von seinem deutschen Freund und seiner ambitionierten jüdischen Geliebten wird Moische auf der Karriereleiter immer weiter nach oben gestoßen, bis er den Halt verliert und sein unsicherer Charakter sich erneut Bahn bricht. Nach Jahren der öffentlich-rechtlichen Dressur gewährte mir die Romanbühne erneut die ungeschmälerte Freiheit der Phantasie, der Assoziation und die Freude an der Sprache. Ich empfand tiefe Befriedigung, wieder meinen Schriftstellerberuf ausüben zu können.

Abends, als es längst dunkelte, erschien Elisabeth. Sie entspannte sich beim Kochen. Wir speisten und tranken, wir liebten uns. Ich erfuhr eine mir bis dahin unbekannte menschliche und erotische Innigkeit. Nach wenigen Wochen bat ich Lily, meine Frau zu werden. Sie stimmte zu, bestand aber darauf, dass ich zunächst meinen Roman beenden solle. Lily spürte meine Enttäuschung, doch sie meinte, eine Hochzeit mit Beiwerk zum gegenwärtigen Zeitpunkt würde mich aus dem Rhythmus des Schreibens reißen.

Weihnachten trafen wir Elisabeths Eltern und ihren Bruder in München. Lilys Mutter, eine siebzig Jahre alte elegante Dame, arbeitete nach wie vor in ihrem Beruf als Ärztin und Psychotherapeutin. Sie sah mich eindringlich an und meinte schließlich: »Ich freue mich, dass Sie und Elisabeth zusammen sind.« Später nahm mich ihr Vater, ein hoch gewachsener, blauäugiger Mann mit dem zurückhaltenden Gestus und der schnellen Sprache eines Preußen, beiseite. Es drängte ihn, mir aus seiner Kindheit und Jugend zu erzählen. Sein Vater war leitender Chirurg in Kyritz unweit Berlins. 1931 wurde ein Patient mit mehreren Rippenbrüchen und Quetschungen infolge eines Autounfalls eingeliefert. Der Chirurg behandelte den Verletzten zu dessen Zufriedenheit. Vier Jahre später erhielt Dr. Neu eine Einladung. Er nahm seinen achtjährigen Sohn Otto mit nach Berlin, wo der ehemalige Patient Adolf Hitler in der Reichskanzlei seinem Arzt dankte. Der Junge war vom Ruhm des Vaters beeindruckt. Dieser mahnte ihn jedoch nachdrücklich, sich von der Politik und der Partei fernzuhalten. Von Anbeginn war der Arzt überzeugt, dass Hitler Deutschland in einen Krieg führen würde, der in einer Katastrophe enden würde. Diese Haltung behielt er trotz des Triumphes über Frankreich 1940 bei.

Im Sommer 1943 wurde Otto Neus HJ-Gruppe von Angehörigen der Waffen-SS militärisch trainiert. Die SS-Leute wollten die Jungen zum Eintritt in ihre Reihen zu bewegen. Abend für Abend betranken sich die Himmler-Männer. Als Otto und seine Kameraden nach dem Grund ihrer dauernden Trunkenheit fragten, berichteten diese schließlich von den Massenmorden, die ihre Einheiten unter der jüdischen Bevölkerung in der Sowjetunion anrichteten. Das Fazit Otto Neus stimmte mit der Mahnung überein, die mir Erich Kosar, der als Wehrmachtssoldat an der Ostfront gedient hatte, Jahrzehnte zuvor angedeihen ließ: »Wer immer dir weiszumachen versucht, man habe nichts von systematischen Tötungen von Juden gewusst, lügt. Alle haben davon erfahren. Sogar ich als siebzehnjähriger Bursche.«

Die Verstrickung der Bevölkerung in den Völkermord war mir bekannt. Dass sie in jede Familie, selbst in jene meiner Geliebten reichte, schmerzte mich. Die Pein ist der Tribut, den man als Jude für ein Leben in Deutschland zahlen muss. Nicht nur als Jude. Otto Neu war unterdessen ein Mann von siebzig. Er war ein erfolgreicher Arzt, der zuletzt zwei Jahrzehnte als Klinikchef gewirkt hatte. Neu war nie in der Partei gewesen, er verabscheute die SS und hatte sich von ihr ferngehalten. Dennoch war die Last der kollektiven Verantwortung so groß, dass es ihn von Anbeginn drängte, mir von seiner grausigen Erfahrung zu berichten. Mit ihren Verbrechen hatten sich die Nazis nicht nur persönlich schuldig gemacht, darüber hinaus stürzten sie ihr Volk über Generationen in Schuldgefühle.

Neujahr kehrten wir nach Offenbach zurück. Ich tauchte wieder in meinen Roman ein. Nur kurz, denn Rothert teilte mir mit, der Beitrag Josef Rödls zum Drehbuch sei wesentlich umfangreicher, als er ursprünglich angenommen hatte. Ich machte mich auf neue Abschlagsforderungen hinsichtlich meines Honorars gefasst. Doch statt Geld ging es dem famosen Gespann Rothert und Rödl nun ums Prestige. Aufgrund seiner Arbeit müsse Rödl auch als Drehbuchautor im Abspann erwähnt werden. Könne ich diesem Ansinnen zustimmen? Ja, um Himmels willen. Hauptsache, der Film wurde realisiert. Doch der Redakteur brachte noch mehr vor: Die Erwähnung Rödls als Regisseur und Co-Autor genüge seinem Arbeitsaufwand in keiner Weise. Fortan solle es heißen, ein Film von Josef Rödl. Nein! Mehr als drei Jahre hatte ich Rothert ertragen. Die Anerkennung, dass es sich um meine Geschichte handelte, ließ ich mir nicht nehmen. Mein Herz trommelte heftig gegen die Rippen, mir blieb kaum Luft zum Atmen. Ich zwang mich dennoch, mit gefasster Stimme zu antworten: »Das kommt nicht in Frage!«

In meinem Hörer blieb es still. Der Redakteur hatte nach Jahren meines ständigen Nachgebens offensichtlich nicht mit meiner unmissverständlichen Absage gerechnet. Nach einer Weile fand Rothert seine Sprache wieder. Er betonte, dass er nach allem, was er zu meinen Gunsten getan habe, nicht mit einem derartigen uneinsichtigen und undankbaren Verhalten von meiner Seite gerechnet habe. Doch er sei nicht gewillt, meine willkürliche Entscheidung hinzunehmen. Dafür stehe zu viel auf dem Spiel. Rödl müsse für sein Wirken hervorgehoben werden.

Mir war bewusst, dass ich einen stundenlangen Disput über die Filmtitelung nicht durchhalten würde, daher sagte ich: »Ich habe auf einen Teil des mir zustehenden Honorars verzichtet, um das Projekt endlich voranzubringen. Fortan werde ich auf nichts mehr verzichten, was mir vertraglich zusteht.«

Ich stand mit rasendem Herzen an meinem Stehpult, war unfähig, einen klaren Gedanken zu fassen, geschweige einen Satz zu schreiben. Nach einer Weile hatte ich mich wieder so weit in der Gewalt, dass ich in der Lage war, meine Situation zu überdenken. Die Drehbücher waren fertig, damit hatte ich meine

Schuldigkeit an dem Filmprojekt getan. Rothert war nunmehr auf die Mitarbeit des Regisseurs angewiesen. Ich dagegen war mit meinem Roman befasst. Die freie Arbeit daran bereitete mir Genugtuung. Wäre es nicht das Klügste, Rothert anzurufen und ihm mitzuteilen, er solle machen, was ihm gefalle – und mich nicht mehr behelligen?

Diese Überlegung war logisch und nervenschonend. Doch ich hatte zu lange zu viel in das Projekt investiert, um mich jetzt davonjagen zu lassen wie einen Eindringling. Es war der Reflex der Selbstachtung. Für das Festhalten daran zahlte ich einen immer höheren Preis.

Abends spürte Elisabeth meine Niedergeschlagenheit und Erregung. Ich berichtete ihr von dem Vorgefallenen. Sie schlug mir keine Patentstrategie vor. Vielmehr unternahm sie mit mir am folgenden Samstag eine lange straffe Wanderung. Dabei fiel mir auf, dass ich nur mit Mühe ihrem Tempo folgen konnte. Ich führte dies auf meine durchs Schreiben bedingte körperliche Untrainiertheit zurück. Die Innigkeit unseres Beisammenseins half mir, mein Gleichgewicht wiederzuerlangen.

4

Dieser Zustand hielt etwa eine Woche vor, als mich ein Brief der Rechtsabteilung des Hessischen Rundfunks erreichte. Darin schilderten die Advokaten im juristischen Kauderwelsch die Rechtslage und betonten, dass es dem Sender freistünde, die Titelei nach seinem Dafürhalten zu verändern.

Mir stieg das Blut zu Kopf, mein Puls raste dermaßen, dass ich ihn im Hals spürte. Nein! Ich war unter keinen Umständen bereit, auf mein vertraglich zugesagtes Recht zu verzichten. Eine Beratung mit meinem Anwalt Gerd Merke bestätigte mich in meiner Haltung. Nachdem er die Schriftstücke studiert hatte, riet er mir, in meinen Worten der Rechtsabteilung meinen Standpunkt zu erläutern. Das Prozedere quälte mich. Statt in meinem Roman fortfahren zu können, vergeudete ich meine Energie mit einem Rechtsstreit. Ich musste es tun, sonst hätte ich mir eingestehen müssen, dass ich die vergangenen drei Jahre weitgehend umsonst gearbeitet hatte. Ich hätte die Autorschaft an meinem

Stück aufgeben müssen. Josef Rödl wollte sich offenbar das Verdienst anheften, auch die jüdische Materie souverän zu meistern. Der Bayern-Sepp wollte fortan auch als Juden-Jossele gelten.

Bernt Rothert hingegen hatte die Fernsehspielroutine satt. Ob er zwanzig »Tatorte« drehe oder zwei Dutzend, sei ihm einerlei, sagte er mir ehedem. Ein jüdisches Fernsehspiel dagegen war eine echte Herausforderung. Dabei en passant einen Schriftsteller zu belehren mochte eine zusätzliche Genugtuung sein.

Mir war bewusst, dass Rothert sich nicht über Verträge hinwegsetzen konnte. Dennoch quälte mich das Prozedere zunehmend. Mein Fernsehspiel eines deutsch-jüdischen Alltags drohte zur Farce, zum Ringen um Eitelkeiten zu verkommen.

5

Unterdessen gingen die Vorbereitungen zum Film straff weiter. Anfang 1997 erschien mein Sohn in Frankfurt. Juda wohnte bei uns. Er war nun 16 Jahre alt und gab sich souverän. Es reizte ihn, mich herauszufordern. Judas Abgrenzung wurde durch Gegebenheiten gefördert, auf die wir keinen Einfluss besaßen. Seit seinem 14. Jahr zahlte ich Juda ein wöchentliches Taschengeld von 5 Mark. In Frankfurt standen ihm neben seiner Gage, die ich bis zu seiner Volljährigkeit auf ein Sperrkonto deponierte, ein großzügiges Tagesgeld zur Verfügung. Während der Dreharbeiten kümmerte sich eine Betreuerin ausschließlich um sein Wohl.

Josef Rödl inszenierte im Film aus dramaturgischen Gründen, wie er hervorhob, einen Rivalitätskampf zwischen Vater und Sohn. Er mahnte Juda, die zähe Auseinandersetzung mit seinem Filmvater zu intensivieren. Mein Sohn verinnerlichte die Rolle und bot mir bei jeder Gelegenheit Paroli.

Dank Elisabeths Zurückhaltung und Feinfühligkeit wuchsen wir dennoch in dem Monat der Dreharbeiten in Frankfurt zu einer neuen Familie zusammen. Juda betonte wie am Anfang meiner Beziehung zu Lily, dass wir heiraten müssten: »Ihr passt toll zusammen, also wartet nicht!«

Der Alltag gestaltete sich wie in vielen Familien. Nachdem ich Elisabeth morgens eine Weile begleitet hatte und Juda von einem Fahrer abgeholt worden war, arbeitete ich an meinem Roman und kam zügig voran. Rödl erteilte mir Anwesenheitsverbot bei den Dreharbeiten. Ich hatte keineswegs vor, ihn am Set zu stören.

Eine Woche später bat der HR zu einem Pressetermin an den Drehort. Nun lud mich Bernt Rothert persönlich zur Synagoge ein. In einem Haus gegenüber war Elisabeth aufgewachsen. Wochentags war es für gewöhnlich still um den wuchtigen Bau des Tempels in der Freiherr-vom-Stein-Straße. Doch jetzt war das Haus von Aufnahme- und Ausrüstungswagen umgeben, Schauspieler, Assistenten und Wichtigtuer wuselten mit bedeutungsschweren Mienen umher. Rothert nahm mich jovial in Empfang und stellte mich dem halben Dutzend Journalisten vor. Ausgerechnet mich? Wohl weil, abgesehen von Dominique Horwitz und der Fassbinder-Mimin Irm Hermann, kein Schauspieler national bekannt war. Die Journalisten stellten ihre Routinefragen. Ob ich glaube, dass mein Film einen Beitrag zur deutsch-jüdischen Normalität leisten könne? Mir lag die Antwort auf der Zunge, ein Film über das Zustandekommen des Streifens könnte zumindest die Bereitschaft zur Ehrlichkeit fördern, Klischees überwinden und auf diese Weise ein besseres Verständnis innerhalb der deutschen Gesellschaft voranbringen, was unter anderem auch dem deutsch-jüdischen Verhältnis zugutekäme. Doch komplexe Gedanken waren hier nicht gefragt. Die Reporter wollten optimistische Antworten hören. Also erklärte ich ihnen, wie von mir erwartet, dieser Film solle die Juden nicht ausschließlich als Opfer der Schoah, sondern als Teil der hiesigen Gesellschaft betrachten.

Nach einer halben Stunde war die Fragerei vorbei. Ich unterhielt mich kurz mit den Schauspielern. Josef Rödl war unabkömmlich. Am Ende lud ich die Schauspieler zu einem Abendessen bei Lily und mir ein. Alle sagten ab. Als ich mich verabschieden wollte, legte mir Dominique Horwitz seine Hand auf die Schulter: »Ich folge gerne deiner Einladung. Du hast dir den Film ausgedacht. Ich will dich und deine Ideen kennenlernen.«

Horwitz erschien zur festgesetzten Stunde. Juda, der ebenfalls am Essen teilnehmen sollte, erhielt an diesem Abend eine Einladung zu Josef Rödl. Dominique Horwitz fühlte sich bei uns sichtlich wohl. Er erzählte mir von seiner Kindheit und Jugend als Sohn eines jüdischen Vaters und einer christlichen Mutter.

Die doppelte Identität habe ihm viele Facetten des menschlichen Daseins erschlossen. Dominique erkundigte sich nach meinem Werdegang, wollte wissen, wie viel davon in die Figur Rons und seines Sohnes eingeflossen war. Schließlich unterhielten wir uns über seine Leidenschaften, französische Chansons und Boxen. Der Schauspieler empfahl mir, ein Boxtraining aufzunehmen. Der Faustkampf halte fit und stärke das Selbstbewusstsein.

Ich habe Dominique Horwitz nie die Geste der Aufmerksamkeit vergessen, die er mir seinerzeit erwies, als es die übrigen Schauspieler aus Gleichgültigkeit oder Opportunismus vermieden, zu mir als dem Autor ihres Stückes zu kommen.

6

Die dreißig Drehtage in Frankfurt näherten sich dem Ende. Ehe es so weit war, veranstaltete das Filmteam ein Fest. Es versteht sich, dass ich dazu nicht eingeladen wurde. Am Vorabend suchte mich Judas Betreuerin auf. Die junge Frau erläuterte mir, sie fände es angebracht, wenn mein Sohn auf diesem wichtigen Fest in einem weißen Hemd erschiene. Sie müsse sich keine Sorgen machen, wir hatten ihm zwei weiße Hemden besorgt. Sie habe sie gesehen, meinte die Besucherin, das sei gewöhnliches Zeug. Ich müsse zugeben, dass Juda als zukünftiger Filmstar nicht in Alltagsklamotten rumschlabbern könne. Sie sah zustimmungheischend nach meinem Sohn, der ihren Blick mit einem Lächeln quittierte. Im Filmteam wurde Juda bereits als Star gepriesen. Die Betreuerin suchte von dieser Stimmung zu profitieren. Ich fragte die junge Frau, wie viel ein solches Hemd kosten würde. Etwa 150 bis 200 Mark, wusste sie. »Schön. Wenn Sie glauben, dass Juda in einer solchen Schmatte rumlaufen soll, dann kaufen Sie es ihm einfach.« Sie bat mich um die Geldsumme. »Juda ist ein normaler Junge und soll sich normal kleiden. Falls Sie das anders sehen, müssen Sie dafür aufkommen.« Sie verdiene nur sehr wenig und habe dafür zu sorgen, dass Juda sich wohlfühle. »Auch ich verdiene sehr wenig. Wenn Sie wollen, dass Juda sich wohlfühlt, dann kümmern Sie sich tagsüber um ihn, wofür Sie bezahlt werden, statt Ihren Star im Fernsehzimmer abzustellen und sich mit Ihrem Freund zu beschäftigen. Darüber beklagt sich Ihr

Zögling schon seit Wochen bei mir. Ich hatte ihn ermuntert, es Ihnen selbst zu sagen, und habe bislang geschwiegen. Doch da Sie so offenherzig sind, wollte ich nicht zurückstehen.«

Ihr Gesicht erblasste. Sie wandte sich an meinen Sohn, dessen Lächeln wie weggewischt war, und entschuldigte sich bei ihm. Das werde nie wieder vorkommen. Sie bat meinen Sohn, alles für sich zu behalten. Juda nickte.

7

Nach der Abschlussfeier flog das Fernsehteam nach Israel. Juda freute sich, seine Schwester und Mutter wiederzusehen. Zum üblichen Abschiedsschmerz gesellten sich bei mir Wut und Enttäuschung. Rödl hatte persönlich nichts gegen mich. Er war selbst Vater eines zehnjährigen Buben. Er hätte wissen müssen, was es bedeutet, einen Vater etwa durch dessen Aussperrung gegenüber seinem Sohn zu entwerten.

Bei uns kehrte Ruhe ein. Elisabeth hatte meinen Sohn bei sich aufgenommen und ihn versorgt. Vor allem aber bot sie mir Halt. Ich hatte versucht, sie meine Verzweiflung nicht spüren zu lassen, doch als liebende Frau fühlte Lily meine Seelenlage. Sie spendete mir Kraft und Zuversicht. Nach ihrem Arbeitsalltag ermutigte sie mich, ihr vom Fortgang meines Romans zu erzählen. Durch ihr Zuhören, durch ihre Fragen bewog sie mich, gründlicher nachzudenken, während ich andererseits oft begriff, dass mancher Aspekt bereits gelöst, eine Figur richtig gezeichnet war und weiteres Grübeln kontraproduktiv wäre.

Danach gingen wir endlich zu Bett.

Musterjude

1

In meinem Roman ging ich nun bewusst über die jüdische Dimension hinaus. Moische Bernstein, der als Magazin-Kolumnist sein Judentum einsetzt wie ein Sprengmeister, muss sein Repertoire und seinen Horizont erweitern, um seine Karriere voranzutreiben. Er siedelt nach Berlin über und heuert bei dem neu gegründeten Boulevardblatt eines US-Verlages an. Ich mochte den Lesern über die Funktionsweise von Massenblättern erzählen. Die Boulevardpresse hat ein schlechtes Image, obgleich fast jeder gelegentlich dazu greift. Der knappe, genau recherchierte Artikel über einen Mord ist nun mal spannender als eine umständliche Analyse des Wählerprofils der Österreichischen Volkspartei. Aus dem gleichen Antrieb werden mehr Krimis gekauft und gelesen als die scharfsinnigen Betrachtungen Elias Canettis. Eine Boulevardzeitung muss polemisch sein, die Stimmung des Volkes, die sich in Fußballstadien, auf Autobahnen und in Eckkneipen erleben lässt, atmen. Der verachtete Stammtisch ist keine homogene Masse der Leser, aber eine entscheidende Größe für Politiker, Parteien sowie die Boulevardpresse. Deren permanente Jagd nach der leserträchtigsten Story stellte ich nun in den Mittelpunkt von Moische Bernsteins Dasein und damit ins Zentrum meines Buches.

Der Protagonist reüssiert rücksichtslos. Er muss Erfolg haben, weil er ständig von der Angst geplagt wird, erneut in Abhängigkeit von seiner Mutter zu geraten. Vermeintlich gelingt es Moische, sich daraus zu befreien, indem er sich mit einer reichen Jüdin liiert, die mithilft, ihn auf den Sessel des Chefredakteurs zu hieven. Moische wähnt sich am Ziel: im Besitz von Macht, Reichtum und Schönheit. Tatsächlich hat er lediglich die gewohnte Zwangsherrschaft seiner Mutter zugunsten einer neuen Mehrfachtyrannei eingetauscht. Nun ist er den maßlosen Ansprüchen der verwöhnten Freundin, launischer Leser, ehrgeiziger Redakteure und nicht zuletzt des globalen Verlages unterworfen. Moische und seine Geliebte ordnen der vermeintlichen Macht alles andere unter. Doch der Hybris des Aufstiegs folgt der rasante Absturz in die Normalität.

2

Anfang März 1997 war die erste Fassung meines Romans fertig. Wie bei allen Büchern zuvor hatte ich die letzten Nächte durchgeschrieben. Euphorische Empfindungen hielten mich klar und wach. Konzentriert, doch entspannt schrieb ich die Handlung fort, die auf dem Gleis meiner Phantasie ihrem Ziel entgegenfuhr. Gegen vier Uhr früh notierte ich in die Mitte eines leeren Blattes in Versalien den Titel, über den ich länger als ein Jahr gegrübelt hatte, der nunmehr jedoch feststand:

DER MUSTERJUDE

Darunter schrieb ich: Ein Roman von Rafael Seligmann. Ich legte das Blatt auf den Manuskriptstapel. Nach einer erfrischenden Dusche krabbelte ich zur schlafwarmen Elisabeth ins Bett. Als ich ihr sagte, der Roman sei fertig, umarmte sie mich.

Am folgenden Abend ging ich mit Elisabeth ins Konzert, danach dinierten wir im »Hessischen Hof«. Ich spürte, dass die Geliebte sich bemühte, meine gehobene Stimmung nicht zu beeinträchtigen. Nach dem Essen erfuhr ich, was sie bedrückte. Vor einer Woche hatte ihr der Geschäftsführer des Verlages mitgeteilt, dass er ein hausinternes Lektorat aus Kostengründen für überflüssig ansehe. Die Titelauswahl könne er selbstständig treffen, das Lektorat solle »outgesourct« werden. Das Prinzip der »lean production« in der Autoherstellung müsse auch für den Verlag gelten. »Am Ende werden sie preisgünstig Bücher produzieren, die so viel Leben in sich haben wie Autos«, ahnte ich. Elisabeth musste schmunzeln. Der Wein, die Erleichterung über den Abschluss meines Romanmanuskripts, die Erfahrung als Drehbuchautor bewogen mich, Lily eine klare Empfehlung zu geben: »Lass dich nicht mit den Verlagsleuten auf einen Abnutzungskrieg und quälend lange Diskussionen ein, bei denen du Schaden nimmst. Einige dich auf eine vernünftige Abfindung und geh …«

»Und dann?«

Ich nahm ihre Hände: »... werden wir gemeinsam ein möglichst freies Leben führen.« Elisabeth bemühte sich, gelöst zu wirken, als sie mir antwortete: »So werde ich das tun!«

Vom wohlmeinenden Entschluss eines Liebespaars bis zur Umsetzung einer Verlagsangestellten vergeht in der Regel eine Weile. So auch bei uns. Die Leitung des Umschau Verlags nahm Elisabeths grundsätzliche Bereitschaft, ihr Arbeitsverhältnis zu lösen, wohlwollend zur Kenntnis, zur Zahlung einer Abfindung aber wollte man sich nicht entschließen. Stattdessen unterbreitete die Direktion das unverbindliche Angebot, Lily auch nach der Auflösung des festen Arbeitsverhältnisses als freie Lektorin zu beschäftigen. Es folgte der übliche Verhandlungsprozess, bei dem der individuelle Angestellte gegen den kompakten Firmenapparat steht, der auf das erste Zwinkern des Schwächeren wartet. Am Ende einigte man sich im üblichen Rahmen.

3

Nun waren wir beide Vogel-Freie-Berufler. Akademiker, die auf das Wohlwollen von Lesern, Verlegern und Redakteuren angewiesen waren. Luftmenschen. Ursprünglich hatten wir geplant, den Beginn unserer kleinen Freiheit mit einer Woche Urlaub in Bayern zu feiern, doch daraus wurde nichts. Denn nach rund einem Monat war das HR-Team aus Israel zurückgekehrt. Bernt Rothert informierte mich, der Film sei im Wesentlichen abgedreht, die (Film)-Muster seien hervorragend. Juda habe seine Rolle exzellent bewältigt, Josef Rödl werde in Kürze in Frankfurt seine entscheidende Arbeit aufnehmen, den Film zu schneiden und zu mixen. Nun sei man auf den Regisseur angewiesen. Darum sei es höchste Zeit, dass ich meine starrsinnige Haltung aufgebe und nicht länger auf meinen Ausschließlichkeitsanspruch in der Frage der Titelei bestehe. Während ich mich um eine ruhige Tonlage bemühte, donnerte mein Puls in den Schläfen. Ich erwiderte dem Redakteur, was ich ihm bereits unmissverständlich gesagt hatte: »Ich bestehe auf Einhaltung der Verträge.« Rothert wies mich darauf hin, dass mein starrer Anspruch nicht aufrechtzuerhalten sei.

Meine spontane Regung war, ihm zu sagen, er solle seinen

Streifen betiteln, wie er wolle. Gleichzeitig stachelte mich seine Haltung zur anerzogenen Widerborstigkeit an, mich nie unterkriegen zu lassen. Doch ich fühlte mich zerschlagen. Mir wurde bewusst, dass ich den Preis des Standhaltens würde zahlen müssen, dessen Höhe ich nicht kannte.

Wie von Rothert angekündigt, erreichte mich in den folgenden Tagen wiederum ein ausführlicher Schriftsatz der Rechtsabteilung, in dem mir das Nichtbestehen meiner Rechtsansprüche ausführlich dargelegt wurde. Mein Anwalt befürchtete, dass die TV-Anstalt auch bei der Betitelung nach Gutdünken verfahren würde und ich als kleiner Autor gegen einen öffentlich-rechtlichen Sender klagen müsse. »Wie dieses Verfahren ausgeht, kannst du dir vorstellen. Du stehst von vornherein auf verlorenem Posten.«

Ich entschloss mich, dennoch bei meiner Haltung zu bleiben. Ich war fest überzeugt, im Recht zu sein – und sah es als Akt der Menschenwürde, an dieser Haltung des »Ich kann nicht anders« festzuhalten. Tatsächlich meldete sich Bernt Rothert nach einer Weile bei mir. Er habe sich in der Betitelung meinen Standpunkt zu eigen gemacht.

Bei meinem Abschiedsbesuch im HR traf ich mit Hans-Werner Conrad zusammen. Dabei versicherte mir der Fernsehdirektor, die erste Fassung meines Drehbuchs habe ihm am besten gefallen. Die ehrliche Feststellung quälte mich. Denn ich hatte die erste Skriptfassung bereits nach wenigen Monaten eingereicht. Die folgenden mehr als drei Jahre fühlte ich mich als Marionette an den Strippen Rotherts vorgeführt. Ich hatte es mit mir machen lassen – niemand zwang mich zu diesem würdelosen Spiel. Die drei Jahre waren beruflich und von der Lebensqualität verlorene Zeit gewesen. Mir blieb allein übrig, diese drastische Lektion zu begreifen und meine Zeit in Zukunft sinnvoll und selbstbewusst zu nutzen.

4

In München besuchte ich Wolfgang Balk. Ich schätzte den Leiter des Deutschen Taschenbuchverlags als ehrlichen und kompetenten Verleger, der Autoren und ihre Literatur nachhaltig pflegte. Wolfgang wiederum mochte meine Art des Schreibens und versuchte mich zu überzeugen, in Zukunft meine Bücher als Originalausgaben bei dtv zu veröffentlichen. Als Balk erfuhr, dass ich meine Arbeit an den Skripten für einen deutsch-jüdischen TV-Streifen beendet habe, der in der ARD zur Hauptsendezeit ausgestrahlt werden würde, schlug er mir vor, das Buch zum Film zu schreiben. Ich lehnte zunächst ab. Von dem Film und allem, was damit zusammenhing, hatte ich genug.

Lily und ich wohnten unterdessen in meinem Münchner Appartement in Giesing. Wir genossen das Kulturangebot der Stadt ebenso wie die Ausflüge ins oberbayerische Umland. Schließlich entschieden wir uns, nach München umzuziehen – das ersparte uns eine zweite Miete.

In der Isarstadt polierte ich zunächst mein »Musterjuden«-Manuskript abgabefertig. Juda und Yaël besuchten uns in den Pessach-Ferien. Am Sederabend luden wir wie gewohnt Freunde und einsame Menschen zum Festmahl ein. Bis auf eine alte Verehrerin waren alle von Elisabeth angetan.

Das anschließende Osterfest verbrachten wir bei ihren Eltern im westfälischen Arnsberg. Als wir bei Tee und Kuchen zusammensaßen, bat ich Otto und Waltraut Neu um Zustimmung für eine Ehe mit ihrer Tochter. Meine lebenserfahrene zukünftige Schwiegermutter, die mein Begehr geahnt hatte, lächelte freudig. Ihr Mann Otto dagegen war zunächst vollkommen perplex, sein Gesicht lief violett an, unvermittelt sprang er auf, ergriff meine Hand und sagte: »Danke, Rafi!« Der Siebzigjährige, der als Preuße lernen musste, seine Gefühle zu unterdrücken, wurde in diesem Moment von ihnen überwältigt. Seine Frau indes verstand es, die Situation sogleich aufzulockern, indem sie ihre achtjährige Enkelin Johanna fragte, was sie von einer Ehe zwischen Lily und Rafi hielte. Die Kleine errötete ebenfalls, sprach dann jedoch, anders als der Großvater, gefasst: »Ich bin dafür. Dann kann ich öfter nach München fahren.«

Zurück an der Isar, bestellten wir das Aufgebot im nächst gelegenen Standesamt am Maria-Hilf-Platz, auf dessen Areal zweimal jährlich die famose Auer Dult stattfindet. Am 31. Juli 1997 versammelten wir uns mit Familie und Freunden zur Zeremonie. Juda und Yaël waren zwei Tage zuvor aus Israel eingeflogen. Als mein Sohn von der Trauung erfuhr, huschte ein düsterer Schatten über seine Züge, ehe er ein Lächeln aufsetzte und betonte: »Masl tov, Rafi.« Lilys beste Freundin Jutta Binder und mein Freund und ehemaliger Student Anton Kraus waren unsere Trauzeugen. Anschließend begab sich unsere Gesellschaft nach Benedikt-beuern. Im Biergarten vor der Alpenkulisse wünschte uns Lilys Vater Otto in einer kurzen Rede »Erfolg und Gottes Segen« – Gesundheit zu erwähnen, hielt er für überflüssig. Elisabeths Bru-der Stephan war aus Mauretanien, wo er als Entwicklungshelfer wirkte, angereist. An seiner Seite seine exotische schöne mauri-sche Frau Aziza und der kleine Sohn Otto Abdel Aziz. Wir kannten uns seit meinem Einzug bei Elisabeth in Offenbach. Am Morgen nach einem langen nächtlichen Gespräch hatte mich Stephan gemahnt: »Mach meine Schwester glücklich!« Ich hatte ihm die Hand gedrückt und es versprochen. Meine Freunde Abi und Hans, die mit mir die Schulbank geteilt hatten, waren ebenso anwesend wie mein Freund Ed Houser aus New York mit seiner Frau Jenny. Juda langweilte sich. Auch Ina Schaper, eine tat-kräftige Mitarbeiterin des Claassen Verlages, die mit viel Eigen-initiative die Öffentlichkeitsarbeit für meinen »Musterjuden« zu koordinieren begann, war gekommen. Die groß gewachsene ath-letische Frau mit den dunklen aufmerksamen Augen war mir be-reits bei meinem ersten Besuch im Verlag aufgefallen.

Unsere Hochzeitsfeier war schlicht, doch fröhlich. Elisabeth strahlte. Wir nahmen uns vor, das Glück festzuhalten.

18 Tage später lag ich auf der Intensivstation der Abteilung Herzmedizin.

5

Am Vortag hatte ich mit Juda Sport getrieben, Sparring geboxt, wie Dominique Horwitz mir empfohlen hatte. Danach befiel mich ein drückender Schmerz im Brustbereich, der auch am nächsten Tag nicht weichen wollte. Schließlich rief ich meinen Schwiegervater Otto an. Seine Reaktion trieb mich zum Han-deln: »Setz dich sofort ins Taxi, fahr in die Klinik und lass ein EKG schreiben!« Ich steuerte meinen Golf selbst zur Harlachin-ger Klinik. Danach wollte ich mit meiner Frau und den Kindern in den Isar-Auen spazieren gehen.

In der Klinik wollte man mich zunächst wieder nach Hause schicken, weil ich »frisch aussehe«. Ich bestand dennoch auf einem EKG. Nach dessen Auswertung wurde ich mit der Diagnose Herzinfarkt unverzüglich auf die Intensivstation gebracht.

Innerhalb weniger Minuten wurde ich an einen Tropf gelegt, eine Sauerstoffkanüle kam in meine Nase. Elektroden maßen meine Herzströme, und alle zehn Minuten wurde Luft in eine Manschette an meinem Oberarm gepumpt, um meinen Blutdruck zu messen. Nachts konnte ich in meinem von zwei Vorhängen abgeteilten Rechteck eines Behandlungssaals, den ich mit anderen Patienten teilte, keinen Schlaf finden. Ich grübelte, statt zu ruhen. Denken lässt sich nicht abstellen – auch nicht während einer Intensivbehandlung. Zumal mich das Blubbern der Pumpe des Blutdruckmessgeräts immer wieder aus dem einsetzenden Schlaf riss.

Nach der morgendlichen Visite teilte mir der leitende Arzt mit, alle Werte deuteten darauf hin, dass jeden Augenblick mit einem weiteren Infarkt zu rechnen sei. Komme es dazu, könne er »für nichts garantieren«. Ich verstand. Wenige Minuten später trat Elisabeth mit den Kindern an mein Bett. Yaël stand die Angst um mich ins Gesicht geschrieben. Juda war offensichtlich überfordert. Elisabeth bat ihn, draußen zu warten. Dann ergriff sie meine kanülenfreie Hand und hielt sie fest. Ich nickte ihr zu und meinte, bisher habe mir der Herrgott stets beigestanden. Ich sei zuversichtlich, dass er an seiner Gewohnheit festhalte. Nach wenigen Minuten wurden Elisabeth und Yaël ebenfalls hinausgebeten.

In meiner Lage blieb mir nichts übrig, als Gott zu vertrauen. »Dein Wille geschehe!« Der Satz ist bei Juden und Christen identisch. Das Ergeben in mein Schicksal sowie die Erschöpfung verliehen mir zunehmend Ruhe. Schließlich schlief ich ein. Irgendwann wurde ich von einem warmen Kuss geweckt. Ich freute mich über Lilys erneuten Besuch, doch als ich die Augen aufschlug, erkannte ich Waltraut. Meine Schwiegereltern hatten sich am frühen Morgen auf den Weg nach München gemacht. Während die Mutter mich aufsuchte, sprach ihr Mann mit dem Leiter der Kardiologie. Der frühere Klinikchef strahlte Vertrauen aus, das mich stärkte.

Zwei Tage später, als die Ärzte mich stabil genug wähnten, wurde mir ein Herzkatheter gelegt. Nachdem die Koronargefäße auf dem Bildschirm im abgedunkelten Untersuchungsraum zu sehen waren, rief der Radiologe: »Das ist kein Infarkt!« Die weitere Untersuchung erwies, dass die Herzscheidewand erweitert war. Bei erhöhtem Druck entsteht so ein Gefühl der Beklemmung im Brustbereich. Im EKG wurden ähnliche Symptome wie nach einem Infarkt angezeigt.

Der behandelnde Kardiologe erklärte mir, die Anlage zur Erweiterung der Herzscheidewand sei in der Regel angeboren. Unter normalen Umständen wirke sich dies kaum aus. Bei länger anhaltender körperlicher oder seelischer Belastung könne sich die Herzscheidewand allerdings gravierend verändern. Hätte ich in letzter Zeit ständigen Stress erfahren? Ja! Der Mediziner legte mir dringend nahe, diesen Zustand unverzüglich zu beenden. Der entstandene Schaden sei irreparabel, mit Hilfe von Medikamenten werde man versuchen, den Zustand zu stabilisieren. Die entscheidende Aufgabe komme jedoch mir zu, Aufregung fortan nach Möglichkeit zu meiden.

Am nächsten Tag wurde ich aus der Intensivstation in die Kardiologie verlegt. Weitere 48 Stunden später durfte ich die Klinik verlassen. Elisabeth holte mich ab. Die Kinder waren unterdessen nach Israel zurückgekehrt. Im Krankenhaus beschränkte ich mich auf ein Ziel: ruhig zu bleiben. Zuhause befand ich mich wieder inmitten des Lebens. Doch ich wähnte mich durch die Arzneien in meiner Arbeitskraft beeinträchtigt. Auch die Voraussetzungen meiner Ehe schienen nicht mehr zu stimmen. Ich hatte Elisabeth als vermeintlich gesunder Mann geheiratet. Als Herzkranker aber war ich nur mehr beschränkt leistungsfähig. Darüber redete ich offen mit Elisabeth. Ich stellte ihr frei, die Ehe zu beenden, da sie diese unter anderen Gegebenheiten eingegangen war. Lily ging nicht darauf ein. »Ich habe dich nicht aus einer Laune heraus geheiratet, sondern weil ich dich liebe. In guten und in weniger guten Zeiten. Das Gleiche erwarte ich auch von dir. Ich werde mein Lebtag dein Weib bleiben.«

Als ich Otto gegenüber meine angeschlagene Gesundheit beklagte und nach Abhilfe sann, kurierte mich der erfahrene Arzt unverzüglich von meinem Selbstmitleid: »Sei glücklich mit dem, was du hast.« Der Gedanke an das Leid, dem Otto in mehr als vier Jahrzehnten begegnet war, brachte mich zur Räson. Etwas zu begreifen ist einfacher, als die Erkenntnis umzusetzen. Arbeit half entscheidend weiter. Nur vier Tage nach meiner Entlassung aus dem Krankenhaus sollte in Berlin »Der Musterjude« vorgestellt werden. Der Hausarzt riet ab. Das würde zu viel Stress bedeuten. Mein Schwiegervater empfand dies als lächerlich. »Leben bedeutet Aufregung. Wenn du ständig versuchst, dich zu schonen, hörst du auf zu existieren.« Das überzeugte mich. Ich war noch keine 50 Jahre alt und lebensdurstig wie eh und je. So flogen wir nach Berlin. Als ich im Flugzeug saß, hämmerte mein Herz vor Aufregung wie bei meinem ersten Flug im Alter von 16 Jahren. Würde meine Gesundheit den Belastungen standhalten? Würde ich meinen Roman gefasst präsentieren?

6

Leben bedeutet, dass manches schiefgeht. »Der Musterjude« war noch nicht in den Computerlisten des »Verzeichnisses lieferbarer Bücher« der Buchhändler aufgeführt – unwillkürlich erinnerte ich mich an den Alptraum, dass es dem Wunder-Verlag nicht gelungen war, meinen ersten Roman im VlB zu platzieren, und die Rezensionen ins Leere gingen. Es bedurfte einer Reihe energischer – und damit aufregender – Telefonate mit der Verlagsleitung in Hildesheim, ehe mir verbindlich zugesagt wurde, die Panne zu beheben. Darüber hinaus war es Ende August in Berlin heiß, und unser Pensionszimmer unweit des Stuttgarter Platzes war eng und stickig.

Die Buchpremiere im Backsteinbau des Literaturhauses in der Fasanenstraße unweit des Kudamms verlief weit besser, als ich zu hoffen gewagt hatte. Die Berliner Presse hatte meinen Roman durchgehend positiv besprochen und ausführlich auf die Veranstaltung hingewiesen. Die Plätze waren alle besetzt, eine Reihe Hörer musste stehen. Ein von Ina Schaper zusammengestellter Zeitungsprospekt, in Anlehnung an den Roman »Germany Today« genannt, wurde verteilt. Die originelle Werbung mit Informationen zu Buch, Autor und bevorstehender Lesereise erregte hier und bei den weiteren Lesungen Interesse. »Der Musterjude« wurde kontrovers diskutiert. Danach las ich aus meinem Buch. Dabei gelang es mir, meine Angst zu überwinden und ruhig vorzutragen. Auch dank Otto Neu, der mich ermutigt hatte, meinen Weg ungeachtet aller Aufregung zu gehen.

Vier Tage später rezitierte ich während des Erlanger Poetenfestes aus meinem Roman. Ich konzentrierte mich anders als in Berlin nicht mehr auf mein Befinden, sondern auf das Buch und die Hörer. Die Resonanz war höchst erfreulich. Die Menschen lachten, gingen mit dem Text mit. Das ermutigte mich.

Meine Lesungen führten mich in den kommenden Monaten quer durch Deutschland: Hamburg, München, Nürnberg, Köln, Düsseldorf, Frankfurt, Nürnberg und immer wieder Berlin. In Karlsruhe wurde mir auf einer Veranstaltung zum Thema »Jüdische Literatur in Deutschland« der soziale Aspekt von Literatur und Recht eindringlich klargemacht. Neben Ruth Klüger und mir nahmen Michel Friedman sowie ein Richter des Bundesgerichtshofs teil. Wir beteten die gängigen Formeln des deutschjüdischen Dialogs nach. Der Richter verbreitete sich über die Bedeutung des Rechts. Eine Frau aus dem Publikum bat ums Wort. Sie wandte sich an den Bundesrichter: »Vor kurzem hat ein Gericht der Klage von Gästen nach Auslagenminderung stattgegeben, da im gleichen Hotel behinderte Kinder untergebracht waren. Wie bewerten Sie das?« Der Jurist hatte von dem Fall gehört, kannte keine Einzelheiten, warb jedoch um Verständnis für die Entscheidung des Gerichts. Feriengäste wollten sich erholen. Behinderte, ja schwer behinderte Kinder können bei manch einem ein Gefühl der Beklemmung hervorrufen und die Erholung beeinträchtigen, gab er zu bedenken. Weiter kam der hochgestellte Beamte nicht. Die etwa 400 Hörer machten ihre Empörung lautstark deutlich. »Idiot!«, raunte mir ein Podiumsteilnehmer zu. Die Diskussion über »Jüdische Literatur in Deutschland« musste abgebrochen werden. Zu Recht. Literatur schwebt nicht über den Dingen. Schriftsteller haben sich dem Leben zu stellen, wenn sie dies vergessen, werden sie unsanft daran erinnert.

Am 13. Oktober 1997 wurde ich ein halbes Jahrhundert alt. Elisabeth hatte eine größere Geburtstagsfeier vorgeschlagen. Doch mich verlangte nach den markanten Ereignissen der letzten Monate nach Ruhe und der Gesellschaft von Menschen, die mir nahestanden. So lud ich am Abend meines Geburtstags neben Lily und Juda allein meine Schwiegereltern, unsere Freunde Toni und Wolfgang sowie Charlotte Knobloch zum Essen ins

Künstlerhaus am Lenbachplatz ein. Es wurde, wie ich es mir gewünscht hatte, ein angenehmer Abend bei guten Speisen und Wein.

8

Kurze Zeit darauf reiste ich wieder in die Vereinigten Staaten. Auf einer privaten Lesung in einem Schwabinger Atelier hatte mich eine sympathische energische Frau angesprochen. Die direkte Art meiner Literatur gefiele ihr. Sie sei die Leiterin des Goethe-Instituts in New York. Gerne würde sie mich zur Jahrestagung der amerikanischen Deutschlehrer einladen, damit diese Gelegenheit erhielten, einen deutschen Schriftsteller kennenzulernen, der unumwunden seine Meinung äußere.

Die Konferenz fand 1997 in Nashville im Bundesstaat Tennessee statt. Tagungsort war das Opryland-Hotel, ein Komplex mit mehr als 3000 Zimmern. Sie wurden alle von den aus allen Winkeln der Vereinigten Staaten angereisten Deutschlehrern belegt. Ich war gespannt, wie sie auf meine Literatur reagieren würden. Zudem war es eine Herausforderung, vor einem so zahlreichen Publikum vorzutragen.

Das Echo der Hörer erwärmte mein Herz. Die amerikanischen Germanisten ergingen sich nicht in akademischen Analysen, sondern hatten sich ihren Wirklichkeitssinn und ihren Humor bewahrt. Meine Lesung aus dem »Musterjuden« und der »Jiddischen Mamme« wurde wiederholt von Gelächter unterbrochen, am Ende erhielt ich lang anhaltenden Applaus. Amerikanische Leser und Hörer, einerlei, ob Buchkäufer oder Literaturwissenschaftler, schätzen fesselnde Geschichten, die verständlich geschrieben sind. Für die meisten Germanisten hierzulande dagegen scheint vorwiegend die sprachliche Ästhetik zu zählen. Entsprechend unterschiedlich wird meine Literatur in beiden Ländern beurteilt. Während meine Romane in den USA vielfach besprochen und untersucht werden, zeigt die Zunft in Deutschland bei meinen Büchern Vorbehalte.

Nach weiteren Lesungen im texanischen Houston und an der Washingtoner Georgetown University kehrte ich nach Deutschland zurück, um dort meine kleinen, doch vertrauten Brötchen zu backen. Eine Veranstaltung vor jüdischem Publikum in Frankfurt blieb mir besonders im Gedächtnis. Im Anschluss an meine Lesung hielt ich aus dem Stegreif eine kurze Rede, in der ich die Meinung vertrat, die hiesigen Juden verwendeten einen beachtlichen Teil ihrer Lebensenergie auf die Beantwortung der unlösbaren Frage: »Wie können wir in Deutschland, im Lande der Mörder und ihrer Nachkommen, leben?« Dies sei vergeudete Zeit, denn wir lebten hier. Es sei daher nutzlos, unser Da-Sein permanent rechtfertigen zu wollen. Meine Überzeugung, mit dieser These meine Hörer aus der Reserve gelockt und zu Widerspruch angeregt zu haben, bewahrheitete sich zunächst nicht. Nur zwei Anwesende ergriffen das Wort. Sie meinten übereinstimmend, meine Forderungen entsprächen nicht der Wirklichkeit. Das Publikum signalisierte Zustimmung. Da keine weiteren Wortmeldungen vorlagen, beendete der Moderator die Veranstaltung. Doch sogleich eilten zwei Dutzend Frauen und Männer nach vorn, um mir unter Ausschluss des Auditoriums die gleiche Frage zu stellen: »Wie können wir als Juden in diesem Land leben?«

Die offenbare Dringlichkeit dieser Thematik bewog mich, die Tagesordnung eigenständig zu verändern. Ich bat die verschämten Frager wieder auf ihre Plätze und wandte mich erneut ans Publikum: »Auf Ihre, auf meine, auf unsere Frage gibt es keine eindeutige, sondern 60 000 Antworten. So viele, wie Juden in Deutschland leben. Jeder hat seinen individuellen Grund, der seinem oder ihrem Leben entspricht. Hören wir endlich auf, uns damit zu quälen, eine allgemein passende Antwort zu ersinnen, die es nicht gibt – und nach dieser Vergangenheit auch nicht geben kann.«

Anderen schlaue Ratschläge zu erteilen ist relativ einfach, die eigenen Schuhe passend zu besohlen fällt den meisten Schustern schwer – auch den jüdischen in Deutschland.

Ich fühlte mich in München immer weniger zu Hause. Mich störte die Selbstgerechtigkeit, das uneinsichtige »Mir san mir«, die ständige G'schaftelhuberei, die am treffendsten als Schaumschlägerei beschrieben ist. Die Theater an der Maximilianstraße, die Kammerspiele und das Resi besaßen ebenso wie die Oper eine unbestreitbare Qualität, doch sie wagten wenig Neues. Die »Süddeutsche Zeitung« war gut, allerdings fehlte ein Gegengewicht: Ihr Urteil war quasi Gesetz in der Münchner Kulturszene.

In Fragen der jüdischen Literatur besaß man mit Rachel Salamander gar eine Päpstin. Jede Institution hatte in der Vergangenheit ihre Meriten erworben, im Laufe der Jahre waren ihre Träger bequem und selbstgerecht geworden. Diese Phänomene waren nicht neu, sie gehörten zu München wie der Leberkäs! Die geistige Enge der vorgeblichen Weltstadt mit Schmerz reizte mich zur Provokation, die mich allmählich ermüdete. Im Alter von fünfzig ist es angebracht, Entschlüsse zügig zu fassen und rasch umzusetzen. Da München und ich uns zunehmend entfremdeten, war es an der Zeit, umzuziehen. Als neuer Wohnort kam für mich nur Berlin in Frage.

Der Milchmann aus Berlin

1

Berlin ist keine schöne Stadt, war es wohl nie. Vor dem Krieg bestand immerhin eine gewisse Harmonie der Bebauung. Heute erfreut man sich an den großzügigen Bürgerhäusern, die zur Gründerzeit vorwiegend in westlichen Stadtteilen erbaut wurden. Dabei wird vielfach das Elend in den Wohnmaschinen im Wedding, in Kreuzberg, Neukölln mit ihren lichtlosen Quartieren in bis zu fünf Hinterhöfen vergessen. Die Zeichnungen Heinrich Zilles, heute als niedliche Milljöhbilder teuer geschätzt und erworben, sind Abbilder bitterer Not. Nach 1933 nahmen die Nazis Berlin in Besitz. Hitler ließ seinen adrett-nihilistischen Baumeister Speer eine Ost-West-Transversale durch die Metropole schlagen. Das Luftfahrtministerium, die neue Reichskanzlei und das Olympiastadion wurden aus dem Boden gestampft – ehe eine Reihe neuer Bauten und die alte Bausubstanz im von den Nazis angezettelten Krieg zerbombt wurden. Nach Teilung und Mauer begann 1989 das allmähliche Zusammenwuchern. Wenige Monate nach dem Fall der Mauer weilte ich zu einer Fernsehsendung in Berlin. Nachts fuhr ich zum Brandenburger Tor. Der Vorplatz war menschenleer, lediglich Kaninchen aus dem angrenzenden Tiergarten hoppelten über das Pflaster. Ich wusste, dass dort, wo gerade Karnickel herumliefen, die verbindende Allee des 17. Juni und Unter den Linden in wenigen Jahren einer der wichtigsten Straßenzüge Deutschlands, ja Europas sein würde.

In den folgenden Jahren zog es mich immer wieder an die Spree. Berlin war dreckig, bauverwuchert, die Bewohner gingen vielfach grob miteinander um. Doch die Menschen und damit ihre Stadt besaßen eine unwiderstehliche Vitalität, man hatte dem Kaiser, den Nazis, den Kommunisten zugejubelt oder sie erduldet, vielfach beides. Schließlich hatte man die Not unabhängig davon überstanden, ob »die Völker der Welt … auf diese Stadt« sahen oder nicht. Allen Gefahren und Niederträchtigkeiten zum Trotz hatten die Berliner sich ihre Kraft und ihre Chuzpe bewahrt. Diese unzerstörbare Energie, verbunden mit einer gesellschaftlichen und ethnischen Vielfalt, zog mich unwiderstehlich nach Berlin. Hinzu kamen der objektive und der private jüdische Faktor. Einst war Berlin die jüdischste Stadt Deutschlands. Hier lebte mehr als ein Viertel der hiesigen Hebräer, die Ärmsten und die Reichen. Jene, die im Licht weilten, wollten, dass ihr Wirken und Dasein bleibende Spuren hinterließ. Die 1866 fertiggestellte Neue Synagoge an der Oranienburger Straße war das weltweit größte und prächtigste jüdische Gotteshaus. Seit den 80er-Jahren des 20. Jahrhunderts ist der goldfarbene Zwiebelturm der Neuen Synagoge mit einem Davidstern an seiner Spitze wieder Teil der Stadtsilhouette Berlins. Um die Ecke in der Krausnickstraße war Hannah aufgewachsen. Auf dem Friedhof Weißensee ruhte ihre Mutter, die 1924 beerdigte Malka Hauser, inmitten von hunderttausend Gräbern.

Ich mochte am liebsten in der aufblühenden Stadt-Mitte wohnen oder ins multikulturelle lebhafte Kreuzberg ziehen. Doch ich war unterdessen verheiratet.

2

Elisabeth und ich reisten mehrmals nach Berlin, kauften Wochenendzeitungen samt ihren damals dicken Immobilienteilen und begaben uns auf die Suche. Auch Elisabeth gefiel Mitte – am Abend. Doch tagsüber fehlten ihr die Bäume entlang der Straßen. Die unsanierten Wohnungen im früheren Ostberlin waren in schlechtem Zustand, während die renovierten, vor allem in Mitte, für uns kaum bezahlbar blieben. Daher schlug Lily den bürgerlichen Westberliner Bezirk Wilmersdorf vor. Solide. Ich kannte den Song der »Wilmersdorfer Witwen«. So fragte ich, ob sie bereits langfristig plane. Mein Scherz vermochte sie nicht zu erheitern. Sie hatte recht, die Wohnungen hier waren geräumig und preiswert. Lily würde die Atmosphäre des Hauses bestimmen – also besaß sie auch das entscheidende Wort bei dessen Anmietung.

Trotz mehrerer Anläufe blieb unsere Suche ohne Erfolg. Im Frühjahr weilten wir erneut in Berlin. Ich suchte Moische Waks auf. Ich kannte ihn seit meinen Studientagen als ehrlichen, klugen Zeitgenossen. Mittlerweile arbeitete er als Hausverwalter. Als ich Moische das Leid unserer Wohnungssuche klagte, meinte er gelassen: »Rafael, ihr kommt jeweils für ein paar Tage nach

Berlin mit dem unbedingten Wunsch, sofort die ideale Wohnung zu finden. Das gleicht der Absicht eines Mannes, abends in die Bar zu gehen und dabei im Vorübergehen die Frau seines Lebens kennenzulernen.« Moische schüttelte lächelnd den Kopf. »Ihr müsst euch Zeit lassen. Mietet erst mal eine ordentliche, unspektakuläre Wohnung und haltet dann in Ruhe Ausschau nach einer passenden Bleibe.« Moische, der als eingefleischter Junggeselle galt, lächelte versonnen: »Wer weiß, vielleicht hast du Glück, Rafael, und findest eine Wohnung, die dich annähernd so glücklich macht wie deine Frau …«

Zwei Wochen später absolvierte ich einen Rundfunktermin in Berlin. Am nächsten Morgen rief ich routinemäßig eine Maklerin an, die mir eine Wohnung in einer ruhigen Straße offerierte. Die helle Behausung im 4. Stock gefiel mir auf Anhieb. Ich bat mir einen Tag Bedenkzeit aus. Als ich Lily abends in München von der Wohnung erzählte, fragte sie mich nach Fotos. »Ich bin kein Fotograf«, erwiderte ich. »Kannst du dir vorstellen, dort mit Juda und mir zu leben?«, fragte Elisabeth und berichtete mir, dass mein Sohn sie angerufen und den Wunsch geäußert hatte, nach Deutschland umzuziehen.

Nachts kamen mir meine Eltern in den Sinn. 1957 war Ludwig als Folge seines Scheiterns in Israel mit seiner Frau und mir in seine alte Heimat zurückgekehrt, wo es meinen Eltern mit dem zweiten Atem gelungen war, uns eine neue Existenz zu schaffen. Vierzig Jahre später wollte ich, ebenso wie mein Vater, an einem neuen Ort unser Glück versuchen.

Zwei Monate später zogen Lily, Yehuda und ich um. Als wir uns bereits auf der Autobahn befanden, bat mich Lily zur Umkehr. In der Schönstraße folgten wir ihr in den zweiten Stock zu unserer Wohnung. »Das Wichtigste hätten wir beinahe vergessen«, sagte Elisabeth, indes ihre Augen aufleuchteten. Tatsächlich! Mir war die Mesusa, die Pergamentrolle des »Höre Israel« am Türpfosten, ebenso entfallen wie das Namensschild »Seligmann«, das meine Eltern 1958 anfertigen ließen. Behutsam montierte ich mit Hilfe eines Taschenmessers die Mesusa ab und zog die Seligmann-Marke aus ihrer Halterung. Beides übergab ich meiner Frau und meinem Sohn. Nun war der Weg frei nach Berlin.

3

Von Anbeginn imponierte mir die Neugierde der Berliner. Mehrere Zeitungsredaktionen riefen bei mir an, um sich zu erkundigen, ob es stimme, dass ich in ihre Stadt umgezogen sei. Als ich bejahte, baten sie mich, meine ersten Eindrücke zu schildern. Die »Welt«, die kurz zuvor ihre Redaktion in die Hauptstadt verlegt hatte, machte meinen Beitrag zum Leitartikel. Es gab ein lebhaftes Leserecho. Anders als die zumeist sich selbst genügenden Münchner mochten die Berliner geliebt werden, ebenso wie Künstler, Juden, Türken in Deutschland und andere Ungewisse. Aus München kamen andere Empfehlungen: Ich solle gefälligst bei den Preißn bleiben.

Das hatte ich auch vor. Zumal Juda sich in der Jüdischen Oberschule gut einlebte und Elisabeth ihr eigenes Büro einrichtete und von hier ihre Arbeit als Chefredakteurin des »Mitteilungsblatts für Dolmetscher und Übersetzer« begann. Wir waren beide zuversichtlich. Auch Berliner Verleger und Literaturagenten spannen Kontakte zu uns. Der Ullstein Verlag zeigte Interesse. Das traditionelle, einst von Juden aufgebaute Haus gehörte nunmehr zur Verlagsgruppe Goethestraße, die aus München geleitet wurde. Bald wurde Lothar Menne, den ich von Hoffmann und Campe in guter Erinnerung hatte, dort Geschäftsführer.

Manche Verbindungen nach München blieben bestehen. Im Frühsommer führte ich mehrere Gespräche mit Wolfgang Balk. Der dtv-Chef hatte mir bereits zuvor nahegelegt, meine Bücher originär in seinem Verlag zu veröffentlichen. Nun startete dtv seine Premium-Reihe. Die Bücher waren ästhetisch und drucktechnisch von höchster Qualität. Es bereitete mir Genugtuung, als einer der ersten Autoren von Wolfgang Balk aufgefordert zu werden, sein Haus auf diesem neuen Weg zu begleiten. Zumal der Verleger kein Exposé oder ein ähnliches Alibi anforderte, die ohnehin nie wie vorgegeben realisiert werden. Balk dagegen gewährte mir einen Vertrauensvorschuss. Er war überzeugt, dass ich als Schriftsteller in der Lage sei, mir selbstständig Gedanken über meinen neuen Roman zu machen und diese in ein Buch umzusetzen. Thema sollte ein halbes Jahrhundert deutscher Nachkriegsgeschichte sein, erzählt aus jüdischer Perspektive. Der Büchermann beließ es nicht bei vollmundigen Zusagen, er diente mir einen großzügigen materiellen Vorschuss an. Die dabei zum Ausdruck kommende Zuversicht und die guten Erfahrungen mit dtv überwogen meine Bedenken, dass Taschenbücher von Kritikern prinzipiell weniger wahrgenommen, was bedeutet, seltener und wenn, weniger ausführlich besprochen werden, da bei ihnen die überkommene Vorstellung mitschwingt, der Autor sei unfähig, für die Originalausgabe seines Werkes eine »ordentliche Hardcoverausgabe« zuwege zu bringen. Wolfgang Balk und ich einigten uns per Handschlag.

4

In Berlin wollte mir der Start meiner Arbeit am Roman zunächst nicht gelingen. Das entscheidende Hindernis war die Zeitspanne. Fünfzig Jahre. Auf welche Weise konnte ich das Geschehen eines halben Jahrhunderts in einem Roman abbilden, ohne wesentliche Ereignisse der Zeitgeschichte auszulassen? Der indische Schriftsteller Vikram Seth hatte in seinem großartigen Roman »A Suitable Boy« (Eine gute Partie) auf 1400 Seiten ein Panorama der indischen Gesellschaft während des ersten Jahres der Unabhängigkeit gemalt. In entsprechender Breite die zweite Hälfte des 20. Jahrhunderts in Deutschland zu zeichnen, was überdies zum Verständnis Rückgriffe in die Zeit davor, zumindest in die Ära der Naziherrschaft, erforderte, würde Jahre in Anspruch nehmen. Ich musste zu einer Verdichtung des Stoffes gelangen. Dies ließ sich durch die Perspektive einer Figur erzielen. Dabei schied die chronologische Erzählung eines Protagonisten ebenfalls aus, da auch sie zu ausführlich geraten würde. Doch wie die Handlung weiter zusammenfassen, ohne an Substanz zu verlieren? Zwei Monate zerbrach ich mir über diese Frage den Kopf. Ich ging viel spazieren, hockte mich zu Hause hin oder in Cafés, vorwiegend ins »Manzini« am Ludwigkirchplatz oder ins »Einstein« an der Kurfürstenstraße, die beide ohne Musikberieselung auskamen. Dort beobachtete ich bei einer Tasse Tee die Menschen, mied nach Möglichkeit Zeitungslektüre und konzentrierte mich auf eine kurze glaubwürdige Geschichte. Alle Erzählungen, die mir in den Sinn kamen, entbehrten der Eleganz einer tragfähigen Grundidee.

Zwischendurch befielen mich reale Sorgen. Der Verlagsvorschuss war großzügig gemäß dem Maßstab meiner Junggesellenzeit in München. Dort musste ich neben den Unterhaltungszahlungen für meine Kinder lediglich für mich selbst aufkommen. Jetzt aber trug ich die materielle Verantwortung für eine kleine Familie. Allein die Mietkosten waren dreimal so hoch wie in Bayern. Ich wollte meiner Frau und meinem Sohn ein bequemes Leben ermöglichen. Doch statt zügig mein Buch fertigzustellen, grübelte ich seit Monaten, abgesehen von gelegentlichen Zeitungsartikeln, über mein Werk. Doch aufs Geratewohl loszuschreiben, wollte ich weder mir noch meinen Lesern zumuten.

Mitte Oktober wachte ich nachts unvermittelt auf und hatte die Lösung. Ein älterer Jude unterzieht sich einer medizinischen Untersuchung und muss eine Woche auf das Ergebnis warten. Die erzwungene Frist der Ungewissheit lässt ihn unwillkürlich sein Leben Revue passieren. Das schien mir ein glaubwürdiger Anlass zur Rekapitulation einer Biographie, die unsere Zeit umfassen würde. Mich wunderte, weshalb ich als Hypochonder nicht längst auf diese Lösung verfallen war. Wiederholt hatte ich in den zurückliegenden Jahren auf das Ergebnis einer Magenbiopsie warten müssen. Das inspirierte mich, mir mit zunehmender Wartezeit stets schrecklichere Krankheitsbilder auszumalen. Diese wurden überlagert von Grübeleien über die vertanen Gelegenheiten meines Lebens sowie den Entschluss, zumindest die mir verbliebene Frist zu einer ungeschminkten Bilanz zu nutzen und mein Erbe zu ordnen. Ähnlich musste es jedem hypochondrisch Veranlagten ergehen. Das war die Grundkonstellation meines Buches. Der gefundene Weg euphorisierte mich. Ich vermochte meine Vorstellung nicht für mich zu behalten.

Bedenkenlos nahm ich die aufwachende Elisabeth unter das Kreuzfeuer meiner Romanidee und der sich daraus ergebenden Möglichkeiten. Ich skizzierte ihr die Persönlichkeit meines Helden. Gemeinsam entwickelten wir Ideen, spielten damit, verwarfen sie wieder. Schließlich wurde Lily müde. Ich selbst war aufgewühlt, mannigfaltige Vorstellungen und Impressionen schwirrten in meinem Kopf. Ungeordnet. Doch der Grundgedanke meines Romans war geformt. Ich ging an meinen Schreibtisch und notierte: »Wartezeit. Alter Hypochonder lässt Leben passieren.«

Ich kehrte ins Bett zurück und schmiegte mich wie jede Nacht an mein Weib.

5

Am nächsten Morgen brannte ich darauf, zu schreiben. Als Titelfigur erdachte ich einen weisen, alten Juden. Esther, eine Münchner Freundin, hatte mir oft von ihrem Vater erzählt. Dieser hatte als KZ-Häftling in Auschwitz ein Paket Milchpulver gefunden, dessen Inhalt an seine Mithäftlinge verteilt und sie auf diese Weise vor dem Verhungern bewahrt. Das imponierte mir. Eine entsprechende Figur sollte »Held« meines Buches sein.

Während ich eine Charakterskizze meines Protagonisten »Abraham Weinberg« notierte, türmten sich meine Bedenken zu Fragen. Ich kannte eine Reihe Auschwitz-Überlebender, doch nie hatte ich etwas von der Heldentat von Esthers Vater vernommen. Jede mutige Aktion im Lager wurde von den Überlebenden in späteren Jahren zunehmend gewürdigt, ja verklärt. Diese KZ-Geschichten begleiteten mich seit meiner frühen Kindheit. In München waren so gut wie alle meine jüdischen Altersgenossen Kinder davongekommener KZniks. Manche Eltern konnten nicht über ihre Leidenszeit, in der ihre Angehörigen ermordet worden waren, berichten. Doch die Mehrheit der Überlebenden war, zumindest wenn sie sich unter Juden befanden, geradezu getrieben, stets aufs Neue von ihrer Pein zu erzählen.

Kaum einem von ihnen kam in den Sinn, dass die eigenen Kinder oder ihre Freunde dadurch belastet würden. Das Bedürfnis, die eigene Schuld, aber auch die eigenen Heldentaten und die der Freunde während der furchtbaren Zeit kundzutun, war überwältigend. Ich wuchs mit Schnurren des Martyriums auf. Die Geschichten waren meinen Altersgenossen und mir Teil des Daseins wie Geburt, Krankheit, Tod. So erzählte mir Herr Buchhalter an Yom Kippur, dem Versöhnungsfest, während des Gottesdienstes in der Reichenbachsynagoge von seinem Fluchtversuch aus einem Außenlager des KZs Dachau im Winter 1945. Er berichtete von der Bestechung eines SS-Mannes, dem verratenen Ausbruch, der Exekution der Geflohenen, der Schreckstarre während seiner eigenen Erschießung, dem Begreifen, dass er einen Genickschuss überlebt und dabei »lediglich« ein Auge eingebüßt hatte, dem erfolgreichen Versuch, sich danach seiner Verletzung zum Trotz wieder ins Lagerleben einzugliedern. Ich nahm dies ohne Erstaunen hin. Das war der Alltag der Älteren.

Ich kannte hunderte KZ-Episoden aus allen möglichen Lagern. Doch von der Rettung einer Männergruppe durch Milchpulver in einer Baracke von Auschwitz hatte ich außer von Esther nie gehört. Ich fragte Buchhalter, rief Chana Schloss an, die Vorsitzende der israelischen Auschwitz-Überlebenden war. Keiner hatte von einer Milchrettungsaktion vernommen. Ich versuchte so gut wie möglich, mir die Zustände vorzustellen. Im Männerlager Auschwitz-Birkenau kam ein einzelner Häftling nicht an Milchpulver. Dies wäre nur bei Außenarbeiten möglich gewesen. Danach galt es, das Nahrungspaket ins Lager zu schmuggeln. Einem geschwächten Häftling allein war dies unmöglich. Er war auf die Mithilfe seiner Kameraden angewiesen. Die würden ihren Anteil fordern. War die Milch erst einmal im Lager und in der Baracke, hätten sich die hungernden KZniks darauf gestürzt. Jeder würde versucht haben, so viel Überlebensstoff wie möglich an sich zu reißen. Ein wüstes Raufen hätte angehoben. Es wäre zu Schlägen und Verletzungen gekommen. Esthers Bericht von der uneigennützigen Rettungsaktion ihres Vaters konnte so, wie sie ihn mir wiedergab, nicht stimmen. Ich schätzte sie als ehrliche Person. Sie hatte mir einfach erzählt, was sie von ihrem Vater gehört hatte. Kein Mensch ersann eine heroische KZ-Begebenheit aus dem Nichts. Die Geschichte enthielt gewiss einen wahren Kern. Für die Rettungsaktion aber gab es keinen Beleg und keinen Bericht, auch nicht im Archiv von Yad Vashem. Ein Zeuge existierte nicht. Also musste die Episode mit Ausnahme von Esthers Vater für alle einen tödlichen Ausgang genommen haben.

6

Die Titelfigur meines Romans würde daher kein makelloser Held sein, sondern ein normaler Mensch, der wie jeder andere im Inferno mit allen Mitteln und ohne Rücksicht ums eigene Überleben kämpfen würde: »In der Hölle kann niemand kalt bleiben.« Das brachte mich dazu, den Vornamen der Titelfigur zu ändern: Vom uneingeschränkt gottergebenen Urvater Abraham, der auf Befehl seines Herrn sogar bereit war, seinen Sohn Yitzhak zu opfern, hin zu dessen Enkel Jakob, der gar mit dem Engel des Herrn kämpfte. Im Hebräischen hat Jaakov eine doppelte

Bedeutung: Ergreifen: der Zweitgeborene Jaakov packte seinen Zwillingsbruder Esau an dessen Ferse, und Übervorteilen: Jaakov betrog Esau um den letzten Segen seines Vaters Yitzhak.

Jakob Weinberg war der passende Name für meine Titelfigur. In den 90er-Jahren lebt er als erfolgreicher Geschäftsmann in München. Der KZ-Überlebende genießt bei seinen jüdischen Freunden hohes Ansehen. Denn im Lager, so heißt es, habe er die Häftlinge seiner Baracke mit gestohlenem Milchpulver gerettet. Der Leser weiß es besser, eingangs des Romans wird er Zeuge, wie es Weinberg gelingt, im Lagerinferno auf Kosten eines Mithäftlings zu überleben. Nach der Schoah reüssiert Weinberg in Deutschland. Parallel dazu webt er an der Legende des KZ-Helden – an die er schließlich selbst glaubt. Jakob Weinberg begreift sich als stolzer jüdischer Patriot. Der Siebzigjährige lebt unterdessen mit einer christlichen Gefährtin. Seinem Sohn jedoch will er den Umgang mit einer deutschen Christin, eine Ehe gar, verbieten. Er mag sich nicht eingestehen, dass er im Laufe der Zeit selbst Deutscher wurde. Stattdessen führt Jakob Weinberg ein Leben, wie er es angesichts des Todes gelernt hat. Diese Haltung will und kann er nicht ablegen. Bedingungslos zu kämpfen, jederzeit gegen jedermann, selbst gegen die eigenen Kinder. Das ist keine spezifisch jüdische Einstellung. Im 20. Jahrhundert waren die Männer in Europa ähnlich getrimmt worden. Viele, die nicht bereit waren, sich diesem Gesetz des Dschungels zu unterwerfen, wurden beseitigt.

Jakob Weinberg berichtet, lamentiert, beleuchtet mehr als ein halbes Jahrhundert deutsche Geschichte. Das bedeutete keine Begrenzung auf den jüdischen Horizont. Seit Jahren begleitet mich die Mahnung des Schülers, ich solle »nicht über Juden, sondern über Türken« schreiben – also über alle Menschen.

Um diese Haltung mir und meinen Lesern deutlich zu machen, stellte ich dem Buch eine jüdische Sage voraus:

»Vor Gottes Thron steht ein Pokal, der Tränenbecher. Wann immer ein Jude Unrecht erleidet, tropft eine Träne in den Pokal. Sobald der Becher überläuft, erhebt sich Gott und hilft seinem bedrängten Volk.«

Ich ergänzte den Text durch mein Anliegen:

»Das Märchen muss anders lauten. Gott ist alt. Sehschwäche, Gicht und Schwermut plagen ihn. Der Tränenpokal ist ein Fass

ohne Boden, dennoch läuft er ständig über, denn er wird von den Tränen aller Menschen gespeist. Gott fehlt die Kraft, sich um das Leid seiner Geschöpfe und ihre Tränen zu kümmern. Er hat resigniert. Die Einzigen, die den Tränenstrom verebben lassen können, sind die Menschen selbst.«

Die Konfrontation mit dem eigenen Tod setzt indessen beim Hypochonder Weinstein einen Prozess in Gang, an dessen Ende er seine gnadenlose Härte und permanente Kampfbesessenheit aufgibt. Er ist bereit, Mitleid zu empfinden – und zu helfen.

Der Roman gab mir Gelegenheit, dem Leben vieler Verstorbener sowie greiser Schoah-Überlebender, die mich seit meiner Kindheit begleiteten, und der jiddischen Sprache, welche die Häftlinge während der Lagerzeit untereinander benutzten, ein Denkmal zu setzen. Ein halbes Jahrhundert später lebten die Juden nicht länger unter sich, sondern zwischen Gojim. Auf diese Weise war es mir möglich, ein Gesamtbild der deutschen Nachkriegsgesellschaft zu skizzieren, das ich im Roman auf die erste Novemberwoche 1995 fokussierte, in der in Israel der Regierungschef und Friedensnobelpreisträger Yitzhak Rabin von einem fanatischen Juden ermordet worden war.

7

Nach einem Dreivierteljahr in Berlin hatte ich noch keine Zeit gefunden, die Stadt gründlich zu erkunden. Doch immerhin hatte ich einen Roman geschrieben, der sich unvoreingenommen mit dem pathologischen deutsch-jüdischen Verhältnis auseinandersetzte. Anders als der Fernsehfilm, der dem vermeintlich oberflächlichen Geschmack des Massenpublikums hinterherjagte, tatsächlich jedoch die Funktion hatte, den Wünschen und Annahmen von Redakteuren und Regisseuren gerecht zu werden. Der Streifen wurde Weihnachten 1998 zur besten Sendezeit unter dem Kitschtitel »Schalom meine Liebe« ausgestrahlt.

Er enthielt jene Klischees und Ungereimtheiten, gegen die ich mich vergebens gewehrt hatte. Bei der Voraufführung im TV-Studio hatte ich meiner verlorenen Zeit und meiner sinnlosen Mühe nachgeweint; nun berührte mich der Film kaum mehr. Ich hatte mich mit der vertanen Gelegenheit abgefunden. Mich tröstete, dass ich unterdessen meine Frau gefunden hatte, dass wir uns ein neues Heim geschaffen hatten und ich die Kraft hatte, einen Roman zu schreiben, der meinen Ansprüchen genügte.

8

Mein Roman »Der Milchmann« wurde überwiegend positiv bewertet. Allein die »Jüdische Allgemeine« schäumte wie gewohnt. Und die Leser? Die Lesungen waren gut besucht. Philosemitische Journalisten stellten mir stets aufs Neue die »originelle« Frage, warum ich meine jüdischen Romanfiguren derart »negativ«, »destruktiv«, »ungut« zeichnete. Meine Antwort lautete stets: Mein Respekt und meine Verbundenheit mit den Davongekommenen verboten mir, sie zu verkitschen. Ich will, dass sie meinen Lesern als ihresgleichen im Gedächtnis bleiben.

Ein Stück Unsicherheit blieb – bis zu einer Lesung in Köln. Während ich aus meinem Buch vortrug, spürte ich unwillkürlich den Blick einer älteren Frau. Sie sah mich aus ihren dunklen Augen intensiv an. Die anschließende Aussprache verfolgte sie aufmerksam, ohne sich zu Wort zu melden. Doch ich fühlte, dass diese Frau etwas zu erzählen hatte. Als ich am Ende der Diskussion wie üblich von einigen Besuchern umringt war, die sich gescheut hatten, vor allen eine Frage an mich zu richten, und nun die Gelegenheit dazu ergriffen, bemerkte ich erneut meine aufmerksame Hörerin. Sie hielt Abstand zu den anderen. Offensichtlich wollte sie als Letzte ungestört mit mir sprechen. Ich gab ihr mit einem Blick zu verstehen, dass ich sie bemerkt habe, und versuchte trotz meiner zunehmenden Ungeduld die Fragen und Bemerkungen der Frauen und Männer zu beantworten oder zu kommentieren.

Endlich, als der Vorletzte sich umwandte, trat die Dame auf mich zu. Sie sah mich eindringlich an, in ihrem Blick lag Würde. Ihre Stimme war gefasst: »Sie sind noch ein junger Mann. Sie haben gottlob das Lager nicht erlebt …«, stellte sie fest und fuhr fort, »… aber Sie haben beschrieben, wie es war. Der Dreck, die dauernde Angst, die uns zu Unmenschen gemacht hat. Woher wissen Sie das?«

»Ich habe unseren Menschen zugehört.« Sie sah mich wohlwollend an und ging.

Nach der Fertigstellung und Publikation des »Milchmanns« fand ich endlich Zeit, mich gemeinsam mit Elisabeth in unserer neuen Heimatstadt umzusehen. Zwischen Lesungen und dem Verfassen von Artikeln durchstreiften wir die Kieze der Metropole. Wir wurden Zeuge, wie Prenzlauer Berg, Friedrichshain, aber auch Potsdam sich entwickelten. Wir saßen in den Cafés, Restaurants und Kneipen. Allenthalben waren die Menschen offen, sie erzählten Geschichten. Die Wende glich für die meisten Ostberliner einer rasenden Berg- und Talfahrt. Dem Jubel über die Freiheit und der Aussicht auf besseren Verdienst folgte zunehmend die Angst um den Arbeitsplatz. Wir erlebten an der Spree nie Menschen, die sich von den Zeitläufen unterkriegen ließen. Es gab und gibt in Berlin wie andernorts verzweifelte und niedergeschlagene Menschen. Diese bevölkerten allerdings nicht die Lokale in Prenzlauer Berg. Die Grundstimmung dieser Stadt ist von Zuversicht geprägt.

Entlang der Leipziger Straße wurden die DDR-Plattenbauten saniert und buntscheckig eingekleidet. Daran schloss sich das alte Zeitungsviertel an, das ehedem vom Ullstein Verlag dominiert wurde. An diese Tradition hatte Axel Springer angeknüpft, der gleich nach dem Bau der Mauer sein Verlagshaus unmittelbar am Sperrwall errichten ließ. Springer galt den 68ern als Reaktionär. Doch die Geschichte gab ihm und seinem Zeitverständnis recht. Die DDR-Diktatur implodierte. Die Mauer fiel nicht, sie wurde von Menschen überwunden, die die Freiheit suchten. Um die Jahrtausendwende standen der Springer-Verlag und die »taz«-Redaktion Seit an Seit in der Kochstraße. Das Viertel begann wieder aufzublühen.

In der Lindenstraße entstand nach langem Streit das Jüdische Museum gemäß dem innovativen Entwurf des Architekten Daniel Libeskind. Das kreative Bauwerk wird seither als Meisterwerk des Dekonstruktivismus und als hervorragendes Beispiel moderner jüdischer Architektur in der wiedervereinigten Hauptstadt, ja als Beweis einer Renaissance der jüdisch-deutschen Symbiose gewürdigt. Dabei wird vor lauter Begeisterung über die Baukunst und den luziden Intellekt seines Erschaffers Libeskind schlicht übersehen, dass der Architekt sein Thema verfehlt hatte.

Der Bau sollte ein jüdisches Museum in Deutschlands Metropole symbolisieren und beherbergen. Die Faszination des Judentums und seiner Werte war so groß, dass es zwei Weltreligionen gebar. Das deutsche Judentum weist eine fortwährende 1700-jährige Geschichte auf, es übte entscheidenden Einfluss auf die deutsche Gesellschaft aus. Diese Kraft hervorzuheben ist die Aufgabe eines jüdischen Museums. Stattdessen fokussiert die Architektur auf die Katastrophe des Völkermords. Sie reduziert das deutsche Judentum auf einen zerbrochenen Davidstern. Die bußfertigen deutschen Bauherren des Berliner Senats und viele Kritiker haben dies nicht wahrgenommen und den Entwurf daher gutgeheißen. Der Bau ist verschlossen und bedrückend, er hat die Anmutung einer Gaskammer. Ich wünsche mir ein transparentes Gebäude, in dessen Inneres jeder Passant blicken kann, um die Vitalität und Verbundenheit des Judentums mit diesem Land zu entdecken. Die Dauerausstellung, welche die Handschrift eines Amerikaners trägt, des geborenen Berliners Michael Blumenthal, wird dem gerecht. Das Judentum in Europa, vor allem in Deutschland, hat furchtbare Schläge erlitten. Doch sie führten keineswegs zu seinem Ende. Selbst nicht in Deutschland. Das hiesige Judentum hat sich binnen eines halben Jahrhunderts durch die zweimalige massive Zuwanderung aus Osteuropa erheblich verändert. Aber es besitzt durchaus eine Zukunft. Voraussetzung ist, dass Hebräer und Nichtjuden das Judentum nicht auf die Schoah begrenzen. Das deutsche Judentum hat – anders als die jüdischen Gemeinschaften in Polen, Tschechien, der Slowakei, wo die Kommunisten nach 1945 das ihre taten, die jüdische Gemeinschaft vollständig aus ihren Ländern zu entfernen – selbst den Genozid überstanden. Heute, 65 Jahre später, ist das deutsche Judentum nach Frankreich, Großbritannien und Russland die zahlenmäßig größte hebräische Gemeinschaft Europas. Das deutsche Judentum muss alles tun, um das Trauma des Völkermordes zu heilen und an die deutsch-jüdische Tradition auf mannigfachen Feldern anzuknüpfen.

Am Rande der Kochstraße hatte der Ullstein Buchverlag sein Zuhause. Verlagsleiter Lothar Menne wollte mich für mehrere Buchprojekte gewinnen. Besonders am Herzen lag mir ein Essay, welcher das Verhältnis der Deutschen zu Adolf Hitler zum Inhalt haben sollte.

Die Deutschen und ihr Führer

1

Bereits während meines Geschichtsstudiums fiel mein Augenmerk auf die breite Unterstützung, die Adolf Hitler in der deutschen Bevölkerung genoss. Anders als seine faschistischen Diktatoren-Kollegen Mussolini und Franco, die in ihren Ländern durch einen Umsturz beziehungsweise einen Bürgerkrieg an die Macht gelangten, war der NS-Chef seit 1932 unbestritten der populärste Politiker seines Landes. Obgleich infolge der Niederlage von Stalingrad feststand, dass der Weltkrieg verloren war, kämpften deutsche Truppen bis zum Tag der Kapitulation, und die Zivilbevölkerung in der Heimat unterstützte bis zum bitteren Ende tapfer ihren Führer – anders als im Ersten Weltkrieg, als die durch die Revolution im November 1918 neu etablierte Republik den Waffengang aufgab, obgleich die Front nie Deutschland berührt hatte.

Auf meine Fragen nach dem Grund der Bindung, der Begeisterung, der Hingabe der deutschen Bevölkerung und der Soldaten für Adolf Hitler erhielt ich an der Universität die gleiche unbefriedigende Antwort, die ich bereits als Jugendlicher als Rechtfertigung und Erklärung für die Nazi-Gefolgschaft von Millionen Deutschen vernommen hatte: Der Naziführer habe ein überwältigendes Charisma besessen, das alle Bedenken der Bevölkerung erstickt habe. Selbst die monumentale Biographie von Joachim C. Fest »Hitler. Eine Karriere« (1973) wich nicht entscheidend von diesem Erklärungsmuster ab. Fest war klug und belesen genug, die oberflächliche Meinung des Biographen Allan Bullock (1952) zu verwerfen, Hitler sei im Grunde ein undogmatischer Politiker gewesen, dem es nur um Macht gegangen sei. Der geborene Berliner Fest hatte als Sohn eines Hitlergegners die Nazis und ihre Parolen erlebt, die Hitlers Rassismus und dessen Eroberungspläne für jeden Zeitzeugen offenlegten: »Juda verrecke!« und »Heute gehört uns Deutschland und morgen die ganze Welt«.

Dennoch kam auch Joachim Fest unweigerlich auf das Charisma Hitlers zu sprechen. Die Griechen bezeichneten Charisma als Gnadengabe. Der Soziologe Max Weber grenzte dieses Phänomen ein, indem er betonte, charismatische Herrschaft beruhe auf »Hingabe«, »Heldenverehrung«, »Vertrauen« zum politischen »Führer« und dessen Anerkennung durch die Gefolgschaft. Diese Definition war für den ansonsten präzisen Wissenschaftler Weber erstaunlich verschwommen.

Als ich in den 80er-Jahren an der Universität Politische Wissenschaften lehrte, begegnete mir die Frage nach der charismatischen Herrschaft wiederholt. Je gründlicher ich mich damit auseinandersetzte, desto deutlicher wurde mir, dass Charisma keineswegs ein Generalschlüssel ist, ebenso wenig wie der charismatische Politiker oder Feldherr in der Lage ist, jeden beliebigen Bürger oder Soldaten in seinem Sinne zu beeinflussen oder gar gefügig zu machen. Hitlers Herrschaft konnte nicht begriffen werden, wenn man sich ausschließlich mit dem Diktator auseinandersetzte. Komplementär galt es, zu ergründen, weshalb es dem NS-Chef gelang, die Überzahl der Deutschen für seine politische Überzeugung und für seine Person zu gewinnen und sie selbst in den Jahren der Niederlage an sich zu fesseln.

Mein Essay sollte sich daher auf die Frage konzentrieren, was die Mehrheit der Deutschen an Hitler dermaßen anzog, dass sie ihm unbedenklich Gefolgschaft leisteten. Dem Ullstein Verlag gefiel mein Buchprojekt.

2

Fests Hitler-Biographie besticht neben ihrem Materialreichtum durch ihren Stil sowie das psychologische Einfühlungsvermögen des Autors. Diese Fähigkeit bedingt allerdings auch eine Schwäche. Der Verfasser gerät mitunter zu nahe an das Objekt seiner Wissbegierde. Dies fällt besonders auf, wenn Fest Hitlers programmatische Schrift »Mein Kampf« untersucht. Dabei stößt ihn deren »Armeleutegeruch« ebenso ab wie die Dauerpubertät des Autors, dem »die Welt in Bildern von Paarung, Unzucht, Perversion, Schändung, Blutverpestung erscheint«. Fests Fazit: »Unzureichend und literarisch missglückt.« Eine zutreffende Zensur in einem psychosozialen Seminar. Doch Adolf Hitler schrieb keine historisch-theoretischen Fleißarbeiten, sein Ausdrucksvermögen war begrenzt, aber er gestaltete Weltgeschichte im großen Maßstab. Dabei besitzen literarische Feinheiten keine Bedeutung. Wichtiger wäre es vielmehr, die Grundideen Hitlers darzulegen. Denn der Nazichef war wie jeder Mensch auch das Produkt seiner Epoche. Hitlers rassistischer Antisemitismus entsprach der Zeitströmung, vor allem in seinen Jugendjahren in seiner österreichischen Heimat.

Hitlers Weltbild wurde entscheidend durch Richard Wagner bestimmt. Der Komponist lehrte in seiner Schrift »Das Judentum in der Musik« einen unnachsichtigen, in der Konsequenz vernichtenden Judenhass. Die haltlose, gesellschaftlich deklassierte Waise Hitler berauschte sich an der betörenden Märchenmusik Wagners und internalisierte dessen judenfeindliche Auslassungen. Sie und zahllose weitere antisemitische Pamphlete lieferten ein Alibi für sein eigenes Versagen: Die Juden waren an allem schuld. Erst nach dem verlorenen Ersten Weltkrieg machte Hitler seine Meinung öffentlich.

In seinem 1924 verfassten Werk »Mein Kampf« verwob Hitler seine eigene Biographie mit der Deutschlands. Der Schuldige war in beiden Fällen identisch: das Judentum. Hitlers Credo war die Weltherrschaft – nach »Vernichtungskriegen« gegen Frankreich und die von den Juden beherrschte Sowjetunion. Die Beseitigung der Juden war jeweils die Erfolgsbedingung. Fest widmete Hitlers unliterarischem Machwerk in seiner monumentalen Biographie nur wenige Seiten. Seine intellektuelle Arbeitsweise hinderte den Historiker, das politische Agieren des impulsiven Machtmenschen Hitler in letzter Konsequenz zu begreifen. So glaubte Fest nach einer Schilderung des ersten Tages Hitlers als Reichskanzler am 30. Januar 1933 den Schluss ziehen zu können: Zu einer systematischen Arbeit wäre der NS-Chef nicht imstande. Falsch! Hitler war, anders als der Historiker und die meisten seiner Kollegen, anders auch als der Aktenfresser Stalin, zu systematischer bürokratischer Tätigkeit unfähig. Doch konsequent, Schritt um Schritt vorzugehen, verstand Hitler sehr wohl. Das hatte er nicht zuletzt durch seinen phänomenalen Aufstieg von einem heimatlosen Weltkriegsteilnehmer ohne formale Bildung, Vermögen und Verbindungen zum unumschränkten Herrscher der Nazipartei und zum deutschen Reichskanzler und Führer bewiesen. Innerhalb weniger Monate schaltete Hitler sämtliche konkurrierenden Parteien aus und unterwarf sich alle wichtigen Verbände und Organisationen. Er wurde Deutschlands Diktator. Parallel dazu ging Hitler als Reichskanzler von Anfang an daran, sein »Kampf«-Aufrüstungsprogramm in die Tat umzusetzen. Das war systematische Arbeit – auch ohne regelmäßiges Aktenstudium am Schreibtisch.

3

In den zwei Bänden der Hitler-Biographie von Ian Kershaw werden alle bis dahin zugänglichen Akten und Veröffentlichungen aufgeführt. Kershaw standen, anders als Fest zur Zeit seiner ersten Fassung, die Tagebücher Joseph Goebbels zur Verfügung. Daraus erfahren wir, dass Hitler seinem Propagandadackel bereits im Spätsommer 1941 mitteilte, man habe die Bewaffnung der Roten Armee unterschätzt, daher sei es umso wichtiger, das bolschewistische Reich nun unbarmherzig auszumerzen. Nebbich!

Kershaws Materialberg kreist und gebiert am Ende eine Erkenntnismaus. In der Note eines norddeutschen NS-Funktionärs entdeckt der Historiker die Anweisung, man müsse »dem Führer entgegenarbeiten«. Eine Anleitung zur vorauseilenden Gefolgschaft. Dies charakterisiere das Wesen der Hitler-Diktatur. Doch vorauseilender Gehorsam ist nicht auf die Nazi-Gewaltherrschaft beschränkt, er ist ein Kennzeichen jeder menschlichen Gemeinschaft. In Schulklassen, in Firmen, Armeen, in Parteien, auch in demokratischen, und in jedem Volk – selbst im britischen – lässt sich das Phänomen des Opportunismus der Schwächeren gegenüber den Mächtigen beobachten.

Kershaw unterlässt die entscheidende Frage, weshalb man bei den Nazis und in der deutschen Gesellschaft dem Führer derart beflissen »entgegengearbeitet« hat. Mit biberhaftem Fleiß sammelt der Historiker Fakten, die er zu einem immer höheren biographischen Damm auftürmt – ohne Hitlers Wirkung auf das deutsche Volk erklären zu können. »Mein Kampf« wird mit der Bemerkung abgetan: »Grundsätze eines politischen Programms sucht man darin vergebens.« Wer so schreibt, hat sich nicht die Mühe gemacht, die 500-seitige Schrift zu lesen oder gar zu verstehen.

Durch dauerndes Wiederholen versucht Kershaw die deutsche Opportunisten-Hypothese dem Leser plausibel zu machen. Dazu wird die altbekannte These repetiert, Hitler habe mit seinem Charisma die nach dem Ersten Weltkrieg danieder liegenden Deutschen verführt, sie mit ebendieser Kraft zu begeisternden militärischen Triumphen, schließlich aber in ein beispielloses Desaster geführt. »What's new and different, Mr. Kershaw?«, begehrte ich nach der Lektüre seines 3000-seitigen Werks zu wissen.

4

Ein Kleinod und zugleich einer der aufschlussreichsten Aufsätze zur Materie sind Sebastian Haffners »Anmerkungen zu Hitler«. Der Essay beschäftigt sich auch mit den Deutschen und den Zeitumständen. Der Fokus liegt indessen auf Hitler, seinen Fähigkeiten, seinen Erfolgen, seinen Niederlagen sowie Verbrechen. Dies geschieht mit analytischer Klarheit ohne permanente moralische Entrüstung. Haffner ist ein unbestechlicher Beobachter. Er stellt fest, dass Hitler zunächst ein taktisch flexibler Politiker war, der letztlich Gefangener seiner Überzeugungen blieb. Um deretwillen war er zu jedem Verbrechen bereit. Es gelingt Haffner, manchen Hitler-Mythos zu entlarven. Etwa jenen des militärisch unbedarften Laien. Hitler war im Gegensatz zum Generalstab fähig, den innovativen Feldzugsplan General Mannsteins zur Eroberung Frankreichs zu begreifen und durchzusetzen.

Haffners Bemerkungen halfen mir hingegen nicht bei der Beantwortung der Frage nach der Ursache des Hitler'schen Charismas weiter. Weshalb passte Hitlers Schlüssel so hervorragend ins deutsche Schloss?

5

Wer die Ursache der Gedanken- und Gefühlsharmonie der Deutschen mit Hitler sucht, wird sie in der gemeinsamen Angst vor der Moderne begründet finden. Hier liegt die Erklärung für die symbiotische Beziehung Hitlers und der Deutschen. Hitlers Charisma war eine Metapher für den Gleichklang im Denken und Fühlen der Deutschen und Hitlers. Weil Hitler die Ängste der Bourgeoisie vor der rationalen Denkwelt, die viele als »jüdisch« empfanden und deren Protagonisten vielfach Israeliten waren, am drastischsten ausdrückte und gleichzeitig die Panik davor niederbrüllte, erkoren ihn die Deutschen schließlich zu ihrem Führer.

Im Ozean der historischen Literatur zum Nationalsozialismus und zu Hitler fanden sich nur spärliche Hinweise auf den Konflikt der Deutschen und der Nazis mit der Moderne. Die exzellente fünfbändige »Deutsche Gesellschaftsgeschichte« des Soziologen Hans-Ulrich Wehler dagegen zeigt auf, wie vehement sich die Deutschen gegen das nüchterne Denken der Moderne wehrten.

Die bereitwillige Absorption des technischen Fortschritts in ihrem Land täuschte die meisten Deutschen über den Zustand ihres politischen Bewusstseins. Man wähnte sich modern, stemmte sich aber bis in die Mitte des 20. Jahrhunderts gegen die Aufklärung.

Die Verweigerung der Moderne als ein Erklärungsmuster für die Entwicklung des Nationalsozialismus durch Hitler und die Empfänglichkeit der Deutschen für dessen politische Vorstellungen erschien mir bedenkenswert. Wenig hilfreich dagegen war Daniel Goldhagens Formel von den Deutschen als »Hitlers willigen Helfern«. Diese Sichtweise reduzierte das komplexe Beziehungsgefüge der Deutschen zu Hitler auf die »Judenfrage« – die eine wichtige, jedoch keineswegs eine ausschließliche Rolle spielte. Goldhagens Ansatz ist pauschal. Sicher, Millionen Deutsche hatten Hitler und dessen Nazis gewählt, viele, doch keineswegs alle aus antisemitischen Gründen. Andererseits waren unter jenen, die den Nazis ihre Stimmen verweigerten, nicht wenige Judengegner. Am Völkermord waren mehr als hunderttausend Deutsche beteiligt – eine erschreckende Zahl, doch nur ein Bruchteil der Nazis, gar der Bevölkerung. Schließlich, Antisemitismus war und bleibt eine vorwiegend europäische Geisel. Die Nazis fanden allenthalben willige Judenfeinde und Mitmörder. In den baltischen Staaten etwa ermordete die örtliche Bevölkerung in »Vorfreude« auf den Einmarsch der Wehrmacht zehntausende Juden. Dies mindert nicht die Verantwortung der Deutschen für die Schoah – zeigt jedoch, dass Goldhagens griffige Parole eine unzureichende Erklärung ist.

398

Mein Ziel bestand darin, zu prüfen, ob sich das enge Verhältnis Deutsche – Hitler durch die von beiden Partnern geteilte Verweigerung der rationalistischen Moderne erklären, zumindest erhellen ließ.

Nach der bedingungslosen Unterwerfung Deutschlands in Versailles entdeckten der heimatlose Soldat Hitler sowie dessen Vorgesetzte sein demagogisches Talent. Der Mann schwadronierte die in Wien aufgelesenen und bereits in Linz gehörten Floskeln von der Verderbtheit der Juden. Der ins Zivilleben entlassene Hitler wurde von der Reichswehr massiv mit Geld, Waffen und Ausbildern gefördert. Das Militär wusste Hitler als politischen Agitator und die jungen Männer seiner Sturmabteilungen (SA) als Freischärler im Kampf gegen Kommunisten, Demokraten, also die verhasste »Judenrepublik« zu schätzen. Der Demagoge konnte seine Wirkung nur entfalten, weil er die Botschaft verkündete, die seine Förderer und sein Publikum hören wollten. Der charismatische Schlüssel passte ins reaktionäre Schloss.

An dieser Grundkonstellation änderte der gescheiterte Putsch Hitlers vom 9. November 1923 nichts. Das Gericht fasste Hitler mit Glacéhandschuhen an, denn der Heißsporn war lediglich vorschnell aus der Phalanx der etablierten Republikfeinde Bayerns an der Spitze von Reichswehr, Polizei und des bayerischen Staates ausgebrochen und hatte so vehement um sich geschlagen, dass seine Mitverschwörer die Nazi-Rebellion zusammenschießen ließen. In ihrem Hass gegen die aufgeklärte Demokratie aber waren sich die Herren einig.

Der Verurteilte nutzte seine Festungshaft in Landsberg, um seine langfristige Strategie zu durchdenken und zu diktieren. Hitler kreierte einen Fahrplan zur Macht, der nach der Ausschaltung von Juden, Demokraten, Kommunisten in eine Weltherrschaft der neogermanischen Deutschen münden sollte. Das Buch nannte er »Mein Kampf«.

Die Ziele Hitlers waren reaktionär und größenwahnsinnig, er und seine Anhänger wähnten sich indessen als Avantgarde einer neuen Zeit. Der braune Führer und seine Paladine formten die NSDAP zur technisch modernsten deutschen Partei. Man verfügte über eine leistungsfähige Parteiorganisation, die sich bereits damals der Datentechnik bediente, Goebbels organisierte von Berlin aus eine hocheffiziente Propaganda, und die SA wurde zu einem straff organisierten Einschüchterungs- und Agitprop-Apparat geformt.

Als infolge der globalen Finanzkrise ab Ende 1929 Millionen ihre Arbeit einbüßten und ihre ökonomische Existenz bedroht sahen, stand die Propaganda-Maschine der NSDAP bereit, um die Müden, Erschöpften und Gewaltbereiten einem omnipotenten Führer ins Netz zu treiben, der sie vor den Gefahren der modernen Welt beschützte, sie lehrte, das Schlechte zu bekämpfen und endlich zu siegen.

So gelang es im Herbst 1932 Hitlers Nazis, ihren Stimmenanteil auf 32 Prozent zu steigern und mehr als 14 Millionen Wähler zu gewinnen. Hitler war ein begnadeter Volksredner, ihm stand ein perfekter Propaganda-Apparat zur Seite. Entscheidend aber blieb die Botschaft der Nazis, ihre Vision einer heilen Welt von gestern. Die Nazis eroberten die Herzen des Bürgertums. Hitler projizierte die Hoffnungen von Millionen orientierungsloser Deutscher – er verstand es, ihre Seelen zu erreichen, weil er, von verwandten Ängsten geplagt, ähnlichen Träumen und Lösungen nachhing wie seine Gefolgsleute.

6

Dieser grundsätzliche Gleichklang der Vorstellungen zwischen Hitler und der Bevölkerung ermöglichte es den Nazis, innerhalb weniger Monate das Land »gleichzuschalten«. Alle Parteien außer der NSDAP wurden verboten. Die Länderregierungen wurden nazifiziert, Publikationsorgane und Journalisten auf NS-Kurs gebracht, die Gewerkschaften in die NS-Arbeitsfront gezwungen. Die SA schluckte den nationalistischen Wehrverband Stahlhelm mit mehr als einer Million Mitgliedern und schwoll so zu einer Stärke von mehr als vier Millionen Mann an. Als Röhm nun auf mehr Macht für die SA drängte, ließ Hitler ihn und seine Vertrauten im Sommer 1934 mit maßgeblicher Hilfe der Reichswehr von der SS ermorden.

Die Führung der Reichswehr strebte nach dem verlorenen Weltkrieg die Wiedergewinnung der amputierten deutschen Territorien an, vor allem aber die Aufhebung aller militärischen Einschränkungen infolge des Versailler Vertrags. Hitler hatte umfassendere Ziele. Daraus machte er kein Geheimnis. Der Kanzler verkündete der Generalität seine langfristigen Vorhaben: Diktatur sowie Aufrüstung, um einen Krieg zur Eroberung von »Lebensraum im Osten« vom Zaun zu brechen.

Die Truppenführer halfen Hitler nach Kräften dabei. Die Pläne dazu waren vom illegalen Generalstab bereits Anfang der zwanziger Jahre entworfen worden. Hitler gab Befehl, sie in die Tat umzusetzen – spezifizierte eigene Entwürfe hierzu besaß er nicht.

Im November 1937 ordnete Hitler die konkrete Kriegsplanung an. Einige Generäle begriffen nun, dass ein neuer Waffengang für Deutschland fatale Folgen haben würde. Dennoch betrieb die Wehrmacht insgesamt mit Eifer die Hochrüstung.

Im Krieg gaben selbst Generäle mit Bedenken ihr Bestes. Nachdem die Wehrmacht unter Hitlers energischer Führung im Frühsommer 1940 die demoralisierte französische Armee in einem fulminanten Blitzkrieg zerstörte, schwanden bei der überwältigenden Mehrheit der Offiziere die Bedenken gegen Hitler. Dessen Führungsnimbus blieb selbst nach den verheerenden Niederlagen von Stalingrad und El Alamain weitgehend intakt. Erst als die Katastrophe in der Folge der alliierten Invasion im Juni 1944 für jeden militärischen Fachmann klar absehbar geworden war, entschloss sich eine nennenswerte Anzahl höherer Offiziere zu einem Umsturzversuch. Voraussetzung war die Ermordung Hitlers. Denn selbst die entschlossensten Widerstandskämpfer wussten, dass das Gros der Bevölkerung und Soldaten unabhängig von der militärischen Lage ihrem Führer gegenüber loyal war. Als während des Nachmittags des 20. Juli 1944 bekannt wurde, dass Hitler das Attentat überlebt hatte, schlugen Einheiten der Wehrmacht den Putsch nieder und kämpften weiter diszipliniert für ihren Oberbefehlshaber.

Die Zivilbevölkerung vertraute trotz Kriegsangst ihrem Gröfaz (Größter Feldherr aller Zeiten). Selbst als ab 1943 die Fronten immer näher rückten, die Städte von Bomben systematisch zerstört wurden und Hunderttausende Zivilisten dabei getötet wurden. Noch im März 1945 trugen die Menschen ihr Geld zur Sparkasse. Gibt es einen überzeugenderen Vertrauensbeweis in die Stabilität des politischen Systems?

In Italien hingegen stürzte der Große Rat der Faschistischen

Partei selbst in Kooperation mit der Armee 1943 den Duce, als absehbar war, dass der Krieg verloren gehen würde.

Bei einem entscheidenden Unternehmen allerdings stellten sich die Deutschen der Nazi-Führung entgegen. Hitler hatte frühzeitig deutlich gemacht, dass man »lebensunwertes Leben … ausmerzen« wolle, also körperlich und geistig Behinderte umbringen würde. Zu diesem Zweck wurde der Begriff der »Euthanasie«, des schönen Todes, benutzt. Hitlers Befehl zum Massenmord ist auf den Tag des Kriegsbeginns datiert. Als Angehörige und die katholische Kirche von den systematischen Tötungen erfuhren, formierte sich Gegenwehr. Der Bischof von Münster, Graf Galen, und weitere Geistliche protestierten vehement gegen die verdeckten Morde. Dem Regime blieb nichts übrig, als die Tötungen »offiziell« einzustellen – was aber nicht deren faktisches Ende bedeutete – und streuen zu lassen, der »Führer« habe nichts von der Aktion geahnt.

Gegenüber den Juden fehlte diese Solidarität der Deutschen. Man folgte Hitler und den Nazis, obgleich oder eben weil sie die Auslöschung der Hebräer propagierten. Die breite Mehrheit nahm die Ausgrenzung, Misshandlung und Deportation der Juden hin. So konnten die Nazis ungehindert ihr Mordwerk fast vollenden. Die Juden standen der Masse der Deutschen nicht nahe genug, damit diese sie beschützten.

7

Die Auseinandersetzung mit der Exekution des Völkermordes verschob ich in meinem Buch bis zum letzten Kapitel. Die Erinnerung an das Trauma meiner Mutter und deren Schuldgefühle ließen mich zurückscheuen, diese Materie aufzugreifen. Gleichzeitig drängte es mich, zum verbreiteten Vorwurf Stellung zu beziehen, die Juden der Diaspora hätten sich wie Lämmer zur Schlachtbank führen lassen.

Der Befehlshaber der jüdischen Erhebung in Warschau, Mordechai Anielewicz, schrieb wenige Tage vor seinem Ende: »Es ist eine Gnade, nicht wehrlos den Mördern ausgeliefert zu sein.« Wer die entschlossene, bisweilen aggressive Weise des israelischen Vorgehens gegenüber den selbst erklärten Feinden Zions verstehen möchte, sollte sich mit den Konsequenzen der Geschichte der Verfolgung, vor allem der Schoah, auseinandersetzen. In Auschwitz wurden die Juden keineswegs zur Gewaltlosigkeit erzogen. Sie mussten vielmehr lernen, dass Wehrlosigkeit den Mördern ihr Tun erleichtert.

Im Angesicht der Vernichtung verfielen die Juden auf verzweifelte Auswege. So versuchte der Vorsitzende des Judenrates des Ghettos von Lodz, Mordechai Chaim Rumkowski, durch die Zusammenarbeit mit den Nazis möglichst viele vor der Deportation in die Vernichtungslager zu bewahren. Dies geschah auf Kosten jener, die der Judenrat der SS auslieferte. Damit sprach ich den Vorwurf der Kollaboration an, der nach der Schoah gegen jene Hebräer erhoben wurde, die mit den NS-Stellen kooperiert hatten. In den Leidensberichten und Heldenepen über die Epoche wird nicht ausreichend berücksichtigt, dass das von SD-Chef Heydrich und dem Leiter des Judenreferates der SS, Adolf Eichmann, entwickelte Vernichtungssystem eine Mitwirkung der jüdischen Gemeinschaften vorsah. Heute, in Freiheit, darf sich niemand anmaßen, über das Verhalten von Menschen in Todesangst zu urteilen. Juden, Zigeuner, Menschen in Lebensgefahr sind nicht mit Kollaborateuren gleichzusetzen, die freiwillig mit den Nazis zusammenarbeiteten, um sich Vorteile zu verschaffen. Hier gilt das Wort eines Juden: »Wer unter euch ohne Sünde ist, der werfe den ersten Stein.«

8

Nach vier Jahren war mein Manuskript fertig. Es war eine schwierige, auch seelisch fordernde Arbeit, doch ich empfand sie als notwendig für Deutsche und Juden, also für meine zukünftigen Leser wie für mich. Die Ergebnisse meines Essays ließen eine vielfache Übereinstimmung zwischen Adolf Hitler und weiten Kreisen des deutschen Bürgertums erkennen. Die geteilte Furcht vor der Rationalität der Moderne, als deren Gewinner die Juden galten. Der konsequente Versuch, die Mächte der Aufklärung zu bekämpfen, sie auszulöschen, war eindeutig. Die Auseinandersetzung Hitlers und der Deutschen mit der Moderne erklärte die Gefolgschaft der Deutschen allemal besser als der unscharfe Begriff des Charismas. Man mochte meine Modernitätsthese falsifizieren und bessere Argumente anführen. Ich verfasste das Buch bewusst ohne Fußnoten – gleichwohl war jedes Zitat überprüft. Auf diese Weise sollte ein leserfreundlicher Band zu dieser zeitgeschichtlichen Frage zur Verfügung stehen. Das Manuskript gefiel dem Leiter des Ullstein Verlages. Es sei klar in der Aussage und verständlich geschrieben, erklärte Lothar Menne und schwelgte in phantasievollen Auflagezahlen.

9

Die authentische Quelle von Hitlers Weltbild bleibt »Mein Kampf«. Hier verkündet Hitler ungeschminkt seine Meinung und Absichten. Ausgerechnet die Publikation und der freie Verkauf dieses Buches sind in Deutschland untersagt. Jeder, der mochte, konnte es sich aus dem Internet herunterladen. Die Begründung, »Mein Kampf« sei ein verherrlichendes Dokument des Nationalsozialismus und rufe zu Antisemitismus und Rassenhass auf, war nur vordergründig richtig. Der Zugang zu unzähligen anderen entsprechenden Dokumenten konnte nicht untersagt werden. Wichtiger wäre es gewesen, »Mein Kampf« als Quelle des mörderischen Antisemitismus, des Rassismus und der Kriegshetze zu entlarven. Jeder Amerikaner oder Israeli kann das Machwerk offen erwerben oder veröffentlichen. Auch die Deutschen sollen nicht länger unmündig gehalten werden. Doch mit ehernem Starrsinn wird die Zensur vom Bayerischen Staat, dem die Rechte an dem Buch zugefallen waren, aufrechterhalten. Aus Angst, bei einer Freigabe könnte das Publikum das bislang verbotene Werk massenhaft erwerben. »Mein Kampf« würde so einen Platz auf der Bestsellerliste einnehmen.

Die Welt würde auf Deutschland zeigen. Na und? Nach einigen Wochen würde kein Lese-Hahn mehr nach »Mein Kampf« krähen. Daher entschied ich mich, im einführenden Kapitel meines Buches für die Freigabe von »Mein Kampf« einzutreten. Als Journalist war mir bewusst, dass dies Aufmerksamkeit erregen würde – das wollte ich mit meiner Forderung nach freiem Zugang zur Information erreichen.

Bei Ullstein teilte man meine Auffassung. Lothar Mennes Nachfolger Thomas Rathnow schätzte ebenfalls mein Buch, er kümmerte sich persönlich um das Cover. Anfang März war der Band produziert. Noch ehe er in den Räumen der Bundespressekonferenz in Berlin der Öffentlichkeit vorgestellt wurde, verselbstständigte sich die Sensationsmaschine der Medien. Das Kulturmagazin Aspekte berichtete, ich würde in meinem Buch die Freigabe von »Mein Kampf« befürworten. Die übrigen Medien fielen in den Chor ein. Nach einer Weile erlosch das Strohfeuer, und die ernsthafte Beschäftigung der Kritik hob an.

Wie üblich bei meinen Büchern war das Echo scharf geteilt. Manchen konservativen Kritikern missfiel, dass ich Hitler als Protagonisten des Weltbildes des deutschen Bürgertums porträtierte und aufzeigte, dass der Aufstieg des Nazihäuptlings zum Führer, der von ihm angezettelte Krieg und die Verbrechen nur mit tatkräftiger Unterstützung der deutschen Bevölkerung, in erster Linie der Bourgeoisie, möglich waren. Das passte nicht zum charismatischen Diktator, der quasi im Alleingang die Massen verführte und die Untaten organisierte. Von linker und liberaler Seite dagegen erfuhr mein Essay nachhaltige Unterstützung. So bezeichnete die »WAZ« den Essay als »im besten Sinne aufklärerisch«. Ihr Chefredakteur betonte: »Seligmanns Buch sind so viele Käufer zu wünschen, wie ›Mein Kampf‹ sie hatte – und deutlich mehr Leser.«

Beachtenswert war die Phalanx jener, die meine Forderung nach einer Aufhebung des Publikationsverbots von »Mein Kampf« verdammten. An ihrer Spitze stand Henryk Broder. Als sich drei Jahre später der Zentralrat der Juden für die Publikation des Hitler-Werks aussprach, übte niemand daran Kritik. Auch nicht der Minnesänger der jüdischen Selbstgerechtigkeit Broder. Als ich ihm begegnete und ihn fragte, weshalb er nunmehr nicht seine Stimme wie vordem gegen eine Veröffentlichung erhebe, sah er mich zunächst ratlos an, ehe er erwiderte: »Ich lasse mir doch nicht vorschreiben, gegen wen ich polemisiere.«

10

Mein Buch erfuhr drei Auflagen, Übersetzungen wurden publiziert, insgesamt ein quantitativ mäßiger Erfolg. Doch ich war froh, es geschrieben zu haben. Ich hatte *die* kausale Ursache für den Aufstieg Hitlers und dessen Wirkung nicht entdeckt. Dies ist ebenso unmöglich wie die Isolierung eines Grundes für die Entstehung von Krebs. Dennoch wird kein vernünftiger Mensch darob das Ende der Krebsforschung befürworten. Ähnlich verhält es sich mit dem Phänomen Hitler. Man hat sich mit dieser Gestalt zu befassen, um Chauvinismus, Antisemitismus, Rassenhass und Kriegslüsternheit genauer zu verstehen und sie wirksamer bekämpfen zu können.

Dass die Entwicklung der deutschen Geistes- und Gesellschaftsgeschichte in einer gewaltigen Katastrophe enden würde, war durchaus erkennbar. Ein hellsichtiger Beobachter ahnte dies bereits ein Jahrhundert vor der Nazi-Ära. So schrieb Heinrich Heine in seinem Band »Zur Geschichte der Religion und Philosophie in Deutschland«:

... und wenn einst der zähmende Talisman, das Kreuz, zerbricht, dann rasselt wieder empor die Wildheit der alten Kämpfer, die unsinnige Berserkerwut, wovon die nordischen Dichter so viel singen und sagen. Jener Talisman ist morsch, und kommen wird der Tag, wo er kläglich zusammenbricht. Die alten steinernen Götter erheben sich dann ... und reiben sich den tausendjährigen Staub aus den Augen, und Thor mit dem Riesenhammer springt endlich empor und zerschlägt die gotischen Dome. ... Der Gedanke geht der Tat voraus, wie der Blitz dem Donner. Der deutsche Donner ist freilich auch ein Deutscher und ist nicht sehr gelenkig, und kommt etwas langsam herangerollt; aber kommen wird er, und wenn ihr es einst krachen hört, wie es noch niemals in der Weltgeschichte gekracht hat, so wisst: der deutsche Donner hat endlich sein Ziel erreicht. Bei diesem Geräusche werden die Adler aus der Luft tot niederfallen, und die Löwen in der fernsten Wüste Afrikas werden die Schwänze einkneifen ... Es wird ein Stück aufgeführt werden in Deutschland, wogegen die französische Revolution nur wie eine harmlose Idylle erscheinen möchte.

TV-Logik

1

Noch während ich am Hitler-Buch arbeitete, bot mir der Nachrichtensender N24 an, eine Talksendung zu moderieren. Veranstaltungsort sollte das Kaminzimmer des Firmensitzes der Dresdner Bank am Pariser Platz sein, von dort hatte man nach Einbruch der Dunkelheit einen grandiosen Blick auf das erleuchtete Brandenburger Tor.

Ehe ich auf Sendung geschickt wurde, unterzog man mich einem intensiven Coaching. Experten von eigener Gnade erläuterten mir, wie ich zu sprechen, welchen Satzaufbau ich zu pflegen hätte: kurz, knapp, prägnant, Subjekt, Prädikat, Objekt. Wann, wie lange, in welchen Frequenzen ich das Wort ergreifen sollte, wie ich zu sitzen hätte: kerzengerade und dennoch entspannt – bereits in der Grundschule wurde meine »Fragezeichenhaltung« von den Lehrern moniert –, wie ich mich zu kleiden hätte: keine auffälligen Krawatten, keine Ringelsocken! Keine karierten Hemden! Und, gebetsmühlenartig, die Gebote des Umgangs mit meinen Gästen: Immer höflich bleiben! Ausreden lassen! Dennoch bestimmt auftreten! Und das im Sitzen.

Mein erster Gast war Arend Oetker. Der erfolgreiche Unternehmer ist Kunstkenner, Mäzen und Präsident des Stifterverbandes für die Deutsche Wissenschaft. Er interessiert sich lebhaft für Politik, besonders für internationale Beziehungen. Ich hatte ein umfangreiches Dossier über Oetker zusammengestellt, aber als das rote Licht der Kamera aufleuchtete und den Beginn der Aufzeichnung signalisierte, wusste ich überhaupt nichts mehr. Weder den simplen Text der Anmoderation noch die einzelnen Fragen. Sporadisch schossen mir stattdessen Coaching-Anweisungen durch den Kopf: Gerade sitzen! Den Gast ausreden lassen! Nach einer mir unendlich erscheinenden Weile entsann ich mich meiner Rettungsringe, blickte auf meine Unterlagen und las meine Anmoderation, ohne aufzublicken, vom Blatt ab. Danach ließ ich Frage auf Frage folgen. Oetker antwortete. Er antwortete ausführlich. Ich hätte gerne nachgehakt, doch ich war zu aufgeregt, um meinem Gast ins Wort zu fallen.

Der Aufnahmeleiter zeigte mir mit drei Fingern die verbleibenden Sendeminuten an. Ich schielte erneut auf meine Notizen. Sollte ich noch eine Frage stellen? Zwei Finger! Ich räusperte mich, doch mein Gast fuhr unbeirrt fort. Ich entschloss mich, Oetker zu unterbrechen, wollte sagen, dass ich noch eine Frage, eine letzte Frage auf dem Herzen hätte, die auch die Zuschauer interessieren würde … Eine Minute … Was ist der Kern des Unternehmertums?, hätte ich wissen mögen. Doch der Aufnahmeleiter signalisierte mir mit beiden Armen unmissverständlich das Schlusszeichen. Ich bedankte mich artig bei meinem Gast und las die Abmoderation vom Blatt.

Der Horror hatte ein Ende. Zumindest vor der Kamera. In der Manöverkritik wurde mir mangelnde Lebendigkeit und fehlendes Durchsetzungsvermögen gegenüber dem Gast vorgeworfen. Ich sollte diesem doch nicht ins Wort fallen? Der Regisseur sah keine andere Möglichkeit, als mir bei der kommenden Sendung einen akustischen Knopf ins Ohr zu setzen, mit dessen Hilfe er mich dirigieren würde. Ich weigerte mich: »Ich bin kein Zirkusaffe. Ich kann nicht mal Klettern.« Ein Talkmaster habe das Gespräch souverän zu führen. Deshalb heiße er Talkmaster. Wenn er das nicht beherrschte, müsse er sich sagen lassen, was er zu tun hat. »Dann ist er kein Talkmaster, sondern ein Papagei«, begehrte ich auf.

Am Tag nach der Ausstrahlung wurden die gemessenen Zuschauerzahlen bekannt. Ich war mit 70 000 Zuschauern gestartet. Am Ende der Sendung waren es gerade einmal 2000. Dass ich versagt hatte, wusste ich auch ohne statistische Daten. Die Quotenkatastrophe bestärkte die Redaktion darin, mich fortan in ein rigides Korsett zu zwingen. Doch ich dachte nicht daran, in diese Zwangsjacke zu schlüpfen. Unter keinen Umständen mochte ich ein ferngelenkter Plapperfritze sein.

Ich war entschlossen, meine Persönlichkeit zu wahren – und mich nicht erneut wie einst beim Hessischen Fernsehen zum Narren machen zu lassen. Der einfachste Weg, das TV-Experiment zu beenden, stand für mich nicht zur Debatte. Misserfolg lässt mich nicht resignieren. Er stachelt vielmehr meinen Ehrgeiz an.

Ich wollte mir und den TV-Routiniers beweisen, dass ich auf meine Weise einen ansprechenden Talk zustande bringen würde. Ich suchte Rat bei meinem Freund Peter Köpf. Mein ehemaliger Student war ein erfahrener Journalist, Buchautor und hatte mehrere Jahre als Fernsehredakteur gearbeitet. Als ich Peter von meinen Erlebnissen berichtete, nickte er. Er kannte den Hang ehrgeiziger TV-Redakteure, unerfahrene Moderatorenkandidaten in Schemata zu pressen.

»Das ist nichts für dich, Rafael. Du bist ein lebendiger Geist mit eigenen Ideen, oft eigensinnig. Aber das ist allemal interessanter als die üblichen TV-Quasselstrippen.« Peter brachte mir einige Formalien bei: »Deutlich sprechen ist unumgänglich«, ansonsten ermutigte er mich, meine Eigenarten zu bewahren: »Sie sind dein Markenzeichen. Du musst sie pflegen, statt sie zu verbergen.« Er empfahl mir, für die nächste Sendung nach einem unterhaltsamen, zugkräftigen Gast Ausschau zu halten.

Ich lud Mario Adorf ein. Im Vorjahr hatte ich das Drehbuch zum Film »Epsteins Nacht« überarbeitet, in dem Adorf die Hauptfigur verkörperte. Ich hatte den Schauspieler als nachdenklichen, durchsetzungsfähigen Künstler erlebt.

Adorf nahm meine Einladung spontan an. Mit Peter bereitete ich mich sorgfältig auf das Gespräch vor. Ich vertiefte mich in Adorfs Biographie, entwickelte Fragen zur Persönlichkeit, zur Schauspielerei, zu den Filmen und Plänen des Stars. Am Ende notierte ich jeweils nur ein Stichwort auf meiner Unterlage – so blieb ich flexibel.

Vor Sendebeginn war ich nervös. Mir war bewusst, dass dies meine letzte Chance war. Als Mario Adorf ins Studio schritt, legte sich meine Aufregung. Der Siebzigjährige hielt sich straff wie ein junger Mann, er sah mich aufmunternd an. Während der Sendung entwickelte sich ein anregendes Gespräch. Mario Adorf war ein souveräner Unterhalter, dabei konzentriert, neugierig. Humorvoll ging er auf meine Fragen ein. Ehe wir uns versahen, waren die 42 Minuten minus zwei Werbeunterbrechungen vorbei.

Mit Elisabeth setzten wir das Gespräch in meinem Wilmersdorfer Stammlokal »Toscana« bis nach Mitternacht fort. Beim

Abschied meinte Peter zu mir: »Ich habe anfangs Blut und Wasser geschwitzt. Aber du hast deinen Kurs gehalten. Bleib dabei.« Wir fielen uns in die Arme.

Am folgenden Tag erfuhr ich die Quote. Wir waren mit 30 000 Zuschauern auf Sendung gegangen – am Ende wurden 80 000 geschätzt. Die Seher hatten sich wie üblich durch das Senderlabyrinth gezappt und waren bei Mario Adorf hängen geblieben. Meine Gesprächsführung hatte sie nicht zum Weiterschalten animiert. Das genügte mir.

Mein dritter Gast war Sigmar Gabriel, damals niedersächsischer Ministerpräsident. Gegenüber der Redaktion bestand ich darauf, mich mit Peter Köpf auf den Talk vorzubereiten. Sigmar Gabriel war jung, frisch, er hatte den Charme des noch Unbesiegten und dessen ungebrochene Zuversicht. Darüber hinaus besitzt er einen flinken Verstand, was ihn gelegentlich zum Vorschnellen verführte. Ich bemühte mich, hier einzuhaken, Gabriel parierte blitzartig, doch ich blieb im Disput. Den wir nach dem Ende der Sendung zwei Stunden lang fortsetzten. Das imponierte mir. Gabriel war in die Art und Weise seiner Argumentation verliebt, aber neugierig, und er gehörte noch nicht zu den abgebrühten Politprofis, die sich unmittelbar nach dem Abschalten der Kameras zum nächsten Termin oder zur nächsten Bar, die vielfach identisch sind, chauffieren ließen.

Wieder hatte sich die Quote verdoppelt. Beim folgenden Gespräch mit Hubert Burda mischte sich die Redaktion nicht mehr in die Vorbereitung ein. Das Zusammenspiel mit Peter, mit dem ich mein Honorar teilte, war fruchtbar. Wir empfingen eine Reihe interessanter Gäste aus Politik, Kultur, Sport, Wissenschaft – stets war der Zuschaueranteil am Ende der Sendung erheblich höher als zu deren Beginn. Da die Quote, die heilige Kuh, meiner Sendung stimmte, erfuhren wir keine Einmischung. Als der Sponsor der Sendung, die Dresdner Bank, seine Selbstständigkeit verlor und die Mittel für die Öffentlichkeitsarbeit drastisch reduziert wurden, musste die Gesprächsrunde eingestellt werden. Schade. Ich hatte Spaß daran gefunden, ein Talkformat zu gestalten, in dem man mit dem Gast kultiviert umgeht, seine Haltung jedoch grundsätzlich hinterfragt.

Nur so zeigen sich die Gesprächspartner bereit, Züge ihres Wesens und ihr Tun zu erläutern. Wer Menschen kennenlernen will, muss sie entsprechend behandeln und genuine Freude am Gespräch, an der Auseinandersetzung besitzen. Die Voraussetzung eines ergiebigen TV-Talks ist, dass man die Präsenz der Kameras vergisst. Sie sind Glaslinsen, von Interesse sind die Teilnehmer davor. Wenn man auf sie eingeht, profitieren Gäste und Zuschauer gleichermaßen.

Patriotismus und Tod

1

Infolge der Wiedervereinigung veränderte sich zwangsläufig Deutschlands Identität. Das Gros der Gesellschaft im Westen war sich dieses anschwellenden Wandels kaum bewusst. Rechtsextreme verkündeten bei Aufmärschen und in Fußballstadien: »Ich bin stolz, Deutscher zu sein!« Bei gelegentlichen Zeitungsinterviews wurde ich zunehmend gefragt, ob ich mich als »deutschen Patrioten« verstehe und ob ich »Deutschland liebe«. Die Fragen waren mir zu abstrakt. Unwillkürlich musste ich an die Entgegnung des ehemaligen Bundespräsidenten Gustav Heinemann (im Amt 1969–1974) auf die entsprechende Frage denken: »Ich liebe meine Frau.« Das war eine wohltuend bürgerliche Reaktion auf die donnernde Horaz-Phrase »Dulce et decorum est pro patria mori – Süß und ruhmvoll ist es, für das Vaterland zu sterben«. In meinen Augen gilt es vielmehr, die Freiheiten und Errungenschaften der demokratischen Gesellschaft zu verteidigen. Allen voran die Menschenwürde.

Mit Freude nahm ich zur Kenntnis, dass als Folge der Wende in der DDR und des fast gleichzeitigen Zusammenbruchs der Sowjetunion die Zuwanderung der Juden aus ihren Nachfolgestaaten nach Deutschland ermöglicht wurde. Im April 1997 veröffentlichte ich im »Spiegel« meinen Essay »Neue Heimat Deutschland«. Der ironische Titel nimmt vermeintlich Bezug auf die dahingegangene gewerkschaftseigene Wohnungsbaugesellschaft. In dem Beitrag wies ich auf die Chance hin, die sich erstmals seit dem Ende der Nazidiktatur ergab. Dank der Zuwanderer aus der ehemaligen Sowjetunion bestand nun die Möglichkeit, wieder eine vitale, selbstbewusste jüdische Gemeinschaft in Deutschland aufzubauen. Die deutsche Mehrheitsgesellschaft sollte aufhören, die hebräische Gemeinde zu bedauern und zu betrauern. Stattdessen sollten Juden und Nichtjuden zu einem Miteinander finden, welches auf den kulturellen, intellektuellen, sozialen deutsch-jüdischen Traditionen basiert und diese mit neuem Leben füllt. »Neue Heimat Deutschland« erhielt so einen veränderten Sinn. Dort, wo Juden leben, bauen sie »Häuser und wohnen darin«. Deutsche und Juden sollte ihre 1700-jährige, teilweise symbiotische Beziehung wieder aufnehmen und weiterentwickeln.

2

Von diesem langfristigen spezifischen Aspekt abgesehen, besteht ein aktueller Bedarf, das Verhältnis der deutschen Gesellschaft und Politik zu ihrem Vaterland zu klären. Während der Fußballweltmeisterschaft 2006 wurden die Menschen rund um den Globus an ihren Fernsehgeräten Zeugen eines deutschen Sommermärchens. Die teilweise noch als zackig und chauvinistisch verschrienen Deutschen veranstalteten ein heiteres Fußballfest ohne nationalistischen Beigeschmack. Die deutschen Fans schwangen die Fahne ihres Landes ohne Verbissenheit, Mädchen malten sich mit schwarzen, roten und güldenen Stiften die Farben auf ihre Wangen.

Dies nahm der TV-Dokumentationssender Phoenix zum Anlass, um über »Nationalstolz, Patriotismus – Wertewandel in unserer Gesellschaft« debattieren zu lassen. Christoph Minhoff moderierte die Runde. Die CDU-Bundestagsabgeordnete und Vertriebenen-Funktionärin Erika Steinbach, der Historiker und Publizist Arnulf Baring, die Journalisten Matthias Matussek und Ulf Poschardt und ich setzten uns mit den unterschiedlichen Aspekten der Verbundenheit zur Heimat auseinander. Je länger das Gespräch währte, desto philosophischer und abstrakter geriet es. Die Teilnehmer referierten über die Unterschiede und Gemeinsamkeiten von Vaterland und Heimatliebe in Kultur, Gesellschaft sowie Politik. Ich empfand wachsendes Unbehagen. Was vorgebracht wurde, war korrekt, gescheit, doch als Historiker war mir bekannt, dass in Konfliktphasen versucht wurde, staatliche Sicherheit auch durch den Einsatz von Streitkräften zu gewährleisten. Soldaten mussten bereit sein, ihr Leben für die Gemeinschaft einzusetzen. Dies galt umso mehr für Kriege. Seit den Terroranschlägen von New York, London, Madrid, seit den Auslandseinsätzen der Bundeswehr, seit Angriffen auf Deutsche im In- und Ausland konnte man sich selbst hierzulande nicht mehr auf einer Insel der glückselig Friedlichen wähnen. Auch Deutsche und ihr Land nahmen an militärischen Auseinandersetzungen teil. Doch Politiker und Publizisten weigerten sich, der Bevölkerung reinen Wein einzuschenken, indem sie eingestanden, unser Land befinde sich im Krieg. Je länger die Debatte dieses unbequeme Thema mied wie ein Rabbi den Schweinebraten, desto ungeduldiger wurde ich.

Schließlich ergriff ich das Wort und betonte, Patriotismus bedeute mehr, als die Deutschlandfahne beim Fußballländerspiel zu schwingen und stolz auf Schiller und Goethe zu sein. »Patriotismus heißt notfalls, das eigene Leben zum Schutz des Vaterlandes einzusetzen und es möglicherweise zu verlieren. Nur wenn die Bürger eines Landes zu diesem Einsatz bereit sind, kann der Staat in Krisen- und Kriegszeiten überleben.« Das Entsetzen war meinen Gesprächspartnern ins Gesicht geschrieben.

»So weit sind wir noch nicht, Herr Seligmann«, belehrte mich die sich patriotisch gebende Frau Steinbach. Selbst Arnulf Baring, der die Provokation schätzt und in diesem Sinne in der »Frankfurter Allgemeinen« die »Bürger auf die Barrikaden« gerufen hatte, war nicht amüsiert. Patriotismus, eine Frage auf Leben und Tod? Das würde weder seinen friedliebenden Lesern gefallen noch den konservativen Wählern der Frau Steinbach, auch nicht den von ihr vertretenen Heimatvertriebenen.

Kein normaler Mensch mag Krieg, Terror, Opfer. Doch es lässt sich nicht leugnen, dass terroristische Kräfte seit Ende der 90er-Jahre global am Werk sind. Auch die Bundeswehr agiert weit über Befriedungsaktionen im ehemaligen Jugoslawien hinaus – global. Es war lediglich eine Frage der Zeit, wann es dabei zu Opfern kommen würde. Dies einzugestehen ist notwendige Ehrlichkeit in der Politik. Diskussionsleiter Minhoff erkannte den kritischen Punkt und insistierte, doch die Gesprächspartner zogen es vor, ihren Geist erneut in die lichten Höhen der Kultur und Philosophie entschweben zu lassen.

3

Patriotismus hat unter anderem mit der Bereitschaft zur Verteidigung der Heimat zu tun. Einige Kommentatoren hatten für ein paar Tage ihr Thema gefunden und setzten sich damit auseinander. Das Echo der Öffentlichkeit war damals gering. Der Krieg ist in Deutschland ins Reich des Bösen verbannt, prinzipiell zu Recht. Doch unser Land ist länger als ein Jahrzehnt in eine Reihe militärischer Konflikte involviert. Erst allmählich ringen sich einzelne Minister der Bundesregierung durch, den Waffengang in Afghanistan als Zustand anzuerkennen, den man »Krieg nennen kann«, während andere darin verharren, das Wort Krieg, trotz des offensichtlichen Geschehens, trotz der Feststellung des amerikanischen Präsidenten: »We are at war«, vehement zu dementieren. Auch die gefallenen deutschen Soldaten vermögen sie nicht zum Umdenken und Umsprechen zu veranlassen: Es kann nicht sein, was nicht sein darf.

Es ist eine Aufgabe der Medien, die verantwortlichen Politiker nachdrücklich an ihre Informationspflicht zu erinnern. Nur so lassen sich bewaffnete Konflikte etwa in Afghanistan richtig einordnen und entsprechende Schlussfolgerungen treffen: Es handelt sich um einen Krieg, den die Bush-Administration als militärischen Schlag gegen den internationalen Terror und zugleich als Kreuzzug für die Demokratie in einem Land startete, dem die entsprechende politische Infrastruktur fast vollständig abgeht. Präsident Obama und seine Regierung wiederum befürworteten den Krieg in Afghanistan, um ihren Patriotismus unter Beweis zu stellen. Damit begaben sich Präsident und Regierung in Abhängigkeit ehrgeiziger Militärs, die Washington zu Truppenerhöhungen nötigten. Zugleich erklären die USA, im folgenden Jahr mit dem Abzug der Truppen beginnen zu wollen. Damit wird das vorläufige militärische Engagement der Vereinigten Staaten deutlich. Was wiederum die Taliban zur Offensive ermutigt.

Wer Clausewitz versteht, weiß um die Bedeutung des Primats der Politik gegenüber dem Militär. Die bewaffnete Intervention der US-geführten Streitmacht, an der Deutschland beteiligt ist, steht in absehbarer Zeit vor dem Scheitern. Die Konsequenz muss daher ein geordneter Abzug aus Afghanistan sein. Das Land lässt sich auf Dauer nicht von fremden Truppen besetzt halten – kein Land. Das muss beispielsweise Israel in Gaza und der Westbank erfahren. Die Vereinigten Staaten und Europa sollten fortan ihre Anstrengungen darauf richten, die Atommacht Pakistan wirtschaftlich und politisch zu stabilisieren. Gelingt dies nicht, gerät die gesamte Region außer Kontrolle und schlittert in eine unabsehbare Katastrophe. Die Aufgabe der Bundesregierung ist es, deutsche und europäische Interessen wahrzunehmen. Das bedeutet, die militärische Intervention in Afghanistan rasch, aber geregelt zu beenden und gleichzeitig an der Befriedung der Region tatkräftig mitzuwirken.

Patriotismus und Vaterlandsliebe bedeuten keineswegs sturen Nationalismus oder gar die Bereitschaft zu irrationalen militärischen Interventionen. Staatliche Gewalt darf nur im Notfall zur Verteidigung eingesetzt werden. Die Umstände der Verteidigungsstrategie können sich ändern. Daraus muss die Politik rationale Schlussfolgerungen ziehen. Deutschland hat einsehen müssen, dass sich seine Sicherheit nicht mit militärischer Gewalt am Hindukusch verteidigen lässt. Es ist daher ein Gebot des Patriotismus, diese strategische Intervention kontrolliert zu beenden.

BZ jugendfrei

1

Anfang der 90er-Jahre hatte mir der damalige Chefredakteur, mein Freund Claus Larass, angeboten, Kommentare und Beiträge für die Berliner Boulevardzeitung »BZ« zu schreiben. Bis dahin hatte ich für die »Welt« berichtet und kommentiert. Die Beiträge umfassten in der Regel 4000 Zeichen. Meine »Spiegel«-Essays hatten den vierfachen Umfang. Ein »BZ«-Kommentar indessen war gerade einmal zehn Zeilen kurz. Bereits als Student hegte ich den Ehrgeiz, allgemeinverständlich zu formulieren. Ich bewunderte Autoren und Politiker wie Henry Kissinger und Konrad Adenauer, die eine Materie dermaßen gründlich durchdachten, dass sie diese in einfachen Worten und Sätzen knapp darzulegen verstanden. Als Universitätsdozent hatte ich erfahren, wie begrenzt die menschliche Konzentrationsfähigkeit ist. Dies gilt umso mehr bei der flüchtigen Lektüre einer Zeitung auf dem Weg zur Arbeit. Ich hege als Schriftsteller wie als Journalist die Ambition, meine Meinung der Öffentlichkeit kundzutun. Ich unterscheide nicht zwischen ernsthafter Literatur und Unterhaltungsliteratur. Bei Zeitungen geht es mir in erster Linie um die Inhalte. Sie sollen leserfreundlich formuliert sein und sich um Objektivität bemühen, dabei nachprüfbar sein – die Form ist mir zweitrangig. Ein Boulevardblatt wie die »BZ« muss die Leser von der ersten bis zur letzten Zeile fesseln, sonst verliert es sie an eine andere Zeitung.

2

Als Florian von Heintze 2003 »BZ«-Chefredakteur wurde, vereinbarten wir eine wöchentliche Kolumne, der wir den Titel »ganz klar« gaben. Ich bin überzeugt, dass eine Relativierung und Psychologisierung wichtiger Lebensbereiche viele Menschen im Alltag ratlos lässt. Die Begriffe gut und schlecht gelten nicht länger, obgleich wir vielfach nach Bewertungs- und Entscheidungs-

kriterien suchen. Doch ich meine, dass wir differenzieren sollten, was recht und unrecht ist. Handeln, das Menschen schadet,
das Schmerz verursacht, kann nicht richtig sein. Ich schilderte
meine Alltagsimpressionen – etwa, wenn sich die zwei Polizisten
in einem Funkstreifenwagen an der Ampel als Pärchen entpup-
pen, das sich zärtlich küsst – und kommentierte politische Ereignisse, die auf den ersten Blick nicht als solche erscheinen. So das
Zurückdrängen von zwei Dutzend friedfertigen tibetischen De-
monstranten durch zwei Hundertschaften Polizei. Dabei handelte es sich nicht um einen »normalen« Einsatz, sondern eine
politische Demutsgeste gegenüber der Volksrepublik China, die
ihren TV-Zuschauern die vermeintlich freundliche Aufnahme
ihres Ministerpräsidenten in der deutschen Hauptstadt vor
Augen führen möchte.

Nach dem Wechsel in der »BZ«-Führung besprach ich mit
dem neuen Chefredakteur Walter Mayer die Zukunft meiner Kolumne. Der frühere »Tempo«-Macher besitzt ein sinnliches Verhältnis zur Sprache und Optik der Zeitung. Gleichzeitig pflegt
der Wiener eine straffe journalistische Logik. Da meine Spalte auf
der politischen Seite erschien, bat er mich, diese auf die Politik zu
beschränken. Selbstverständlich stünde es mir frei, Beiträge für
andere Ressorts zu verfassen, meine Kolumne aber sollte der
Politik gehören. Gegen diese Logik ließ sich nichts einwenden,
doch gelegentlich, wenn ich meine Berliner Mitbürger inmitten
unserer vielfältigen Stadt beobachte, möchte ich sie allzu gerne in
meiner Kolumne zu Wort kommen lassen – zumal sich in der
Politik glücklicherweise nicht ständig Bedeutsames ereignet.

Nach vier Jahren und manchen reizvollen Experimenten, etwa
die »BZ« einen Tag ausschließlich von Künstlern gestalten zu lassen, wurde Peter Huth neuer Chefredakteur. Er fokussiert das
Blatt stärker auf die Berliner Leser, ihre Themen – und hat damit
Erfolg. So war eine Ausgabe ausschließlich im Berliner Idiom geschrieben. Meine Kolumne bleibt auf der alten Stelle. Politik ist
breit gefächert, und entsprechend weit ist das Feld meiner Kommentierung. Peter Huth ist kaum vierzig, doch ein routinierter
Blattmacher mit rascher Auffassungsgabe und Entscheidungs-
freude. Auf diese Weise können wir das Kommentarthema frei-
tagmorgens binnen weniger Sekunden abstimmen. Es bleibt Zeit
für einen kurzen Plausch. Bei außergewöhnlichen Ereignissen,

etwa bei nahöstlichen Krisen und Kriegen, berichte ich mitunter täglich vor Ort für die Zeitung.

Die Mitarbeit in der »BZ« ist ein erfüllter Jugendtraum. Ohne in die Redaktionsdisziplin eingebunden zu sein, teile ich den Lesern meine Eindrücke, Bewertungen und Vorstellungen mit. Dabei stelle ich mir vor, dass ich mich jeweils mit einer Leserin oder einem Leser der »BZ« unterhalte und dabei versuche, ihr oder ihm meine Position zu erläutern. Wenn mich die Menschen auf der Straße, in der S-Bahn oder im Café auf meine »BZ«-Beiträge ansprechen, diese kritisieren oder meinen: »Sie haben mir wieder mal aus der Seele gesprochen«, stimmt mich dies froh. Kritische Stimmen bringen mich zum Nachdenken.

3

Während meiner Zeit im Journalismus wurde ich Zeuge einer zunehmend raschen Veränderung dieses Metiers. Als ich Ende der 70er-Jahre als Hospitant und später als freier Mitarbeiter bei der »Welt« begann, beschäftigte die Zeitung noch eigene Umbruchredakteure. Diese hatten für einen stimmigen Bleisatz zu sorgen, der in die Rotationspresse eingepasst wurde. Anfang der 80er-Jahre wurde die Zeitung auf Fotosatz umgerüstet, bald kam die elektronische Erfassung der Beiträge hinzu. Viele Redakteure wehrten sich, doch an der technischen Entwicklung führt kein Weg vorbei, weder in der Fliegerei noch in der Presse.

Heute gibt das Internet mit seinen ständig wachsenden Applikationen das Tempo vor. Die Online-Auftritte der einzelnen Presseorgane – von »Spiegel-« bis »Bild-online« – bestimmen das Leseverhalten der jüngeren Generation. Bis zur Installation des Internets war die Zeitung von gestern das älteste Ding der Welt. Dank des neuen globalen Mediums bleibt so gut wie jeder gedruckte und von Suchmaschinen gescannte Beitrag bis ans Ende der Zivilisation für jedermann einsehbar und damit aktuell. Unser Persönlichkeitsprofil wird vermeintlich objektiv, tatsächlich jedoch anonym definiert über Wikipedia und für die breite Öffentlichkeit im Internet fixiert.

Zudem wird man durch die Häufigkeit der angeblichen Beiträge definiert. Unter den mehr als hunderttausend Einträgen im

Internet über mich und meine Publikationen ragt eine »Stern-on-line«-Kritik über den Film »Inglourious Basterds« heraus. Warum ausgerechnet dieser Artikel? Niemand weiß es. Weder in meinem Fall noch in Bezug auf andere. Die Suchmaschinen bleiben Maschinen. Elektronische Golems. Seelenlos und ohne Kreativität.

Es fällt den Verlagshäusern und ihren Zeitungen zunehmend schwer, junge Leser oder gar Abonnenten für ihre Printausgaben zu gewinnen. Daher konzentrieren die Zeitungsverlage ihre Anstrengungen verstärkt auf das Internet. Teilweise mit Erfolg. So generiert zum Beispiel der Axel Springer Verlag gegenwärtig bereits ein Viertel seines Umsatzes im Internet – dies entspricht jedoch keineswegs einem relativen Gewinnanteil, da die Anlaufinvestitionen dieser neuen Technologie kostspielig sind und es voraussichtlich bleiben werden.

4

Über dieser technologisch-sozialen Herausforderung sollten die älteren Leser, die einen Großteil der Abonnenten stellen, nicht vergessen werden. Das Spektrum dieses Phänomens wurde mir indirekt in einer Apotheke bewusst gemacht. Als ich wie üblich mein Vitaminpräparat ordern wollte, machte mich die Verkäuferin darauf aufmerksam, dass es ein passenderes Produkt der Marke für mich gäbe: »50+«. Ich wurde als Mitglied der entsprechenden Zielgruppe wahrgenommen – angefangen vom Hersteller übers Marketing bis zur Apothekenhelferin. Als ich mit dem Journalisten Claus Strunz darüber sprach, gab sich dieser überzeugt, dass die Alterspillen teurer wären als das Normalpräparat. Er hatte recht.

Ich führe den Gedanken weiter – zurück zur Presse. Die jüngeren Leser können sich im Internet kostenlos über die Tagesereignisse und ihre Interessenschwerpunkte, etwa Sport, Mode, Lifestyle, informieren. Wir Älteren dagegen zahlen gerne unser Zeitungsabonnement. Dafür möchten wir unsere Interessen in unserer Zeitung gewürdigt wissen. Diese werden von vielen Verlagen über dem permanenten Werben um jugendliche Leser mit entsprechenden Beilagen und Beiträgen jedoch vernachlässigt.

Ich wollte ein Zeichen setzen und bot eine entsprechende Kolumne einer Reihe von Zeitungen an. Die Chefredakteure zeigten höfliches Interesse – dabei blieb es.

Allein mein Freund Dieter Sattler bei der »Frankfurter Neuen Presse«, für dessen Ressort Politik ich wiederholt Meinungsbeiträge verfasst hatte, ermutigte mich. So wandte ich mich an den Chefredakteur der Zeitung, Rainer Gefeller. Er hatte ein offenes Ohr für meine Idee. Nach reiflicher Überlegung schlug Gefeller einen gescheiten Titel für meine Rubrik vor: »jugendfrei«.

Das Motto regt mich wöchentlich an, über Aspekte im Alltag, in Politik, Sport, Wirtschaft, Kultur nachzudenken, die unterschiedliche Auswirkungen auf die jeweiligen Altersgruppen besitzen. Dies geschieht nicht mit erhobenem Zeigefinger und dem Gestus »Ich habe es schon immer gewusst!« – dies behaupten nur Menschen, die zu denken aufgehört haben. Meine Kolumne gibt mir beispielsweise Gelegenheit zu zeigen, dass etwa Public Viewing gar nicht so neu ist, wie es manchen erscheint: Während der Fußballweltmeisterschaft 1958 besuchte ich mit meinem Vater jeweils eine Gastwirtschaft, um die Spiele in Schwarz-Weiß am Fernsehschirm zu verfolgen. Heute werden die Events farbig auf Großleinwänden übertragen, auch die Hautfarbe mancher europäischer, darunter auch deutscher Akteure zeugt davon, dass wir unterdessen in einer Zuwanderungsgesellschaft leben. Doch der Ball ist rund geblieben, die Tore haben das gleiche Ausmaß wie einst, und die Spielfreude und die Begeisterung sind global ungebrochen.

Über Bleibendes und sich Veränderndes wöchentlich schreiben und meine Leser damit erfreuen zu dürfen hält meinen Kopf jung und bereitet mir wachsendes Vergnügen.

Atlantic Times

1

Anfang 1999, wenige Monate nach unserem Umzug nach Berlin, bot mir Bruno Waltert an, für den von ihm konzipierten »Hauptstadtbrief« einen politischen Beitrag zu schreiben. Während meiner Zeit bei der »Welt« hatte der studierte Jurist Waltert dort als stellvertretender Chefredakteur und Blattmacher fungiert und mich gefördert, indem er mir zunehmend Verantwortung übertrug.

Später war Waltert Chefredakteur verschiedener Zeitungen, zuletzt der »Berliner Morgenpost«. Nach seiner Pensionierung gewann Detlef Prinz den routinierten Journalisten für seine Mediengruppe. Der Informationsbrief sollte für Entscheidungsträger Hintergrundwissen zu Fragen der Wirtschaft, Kultur, Politik der sich wiedervereinigenden Hauptstadt in einem ansprechenden Layout zusammenstellen. Wir diskutierten die Idee, und ich machte mich ans Werk. Über ein Jahrzehnt gab es nie den Versuch, dem Autor ein Thema, die Tendenz eines Artikels zu oktroyieren oder gar den Beitrag ohne Rücksprache mit dem Verfasser willkürlich umzuinterpretieren. Stets regierte das Vertrauen.

Im Frühsommer 2004 fragte mich Waltert, ob ich bereit wäre, mit ihm als Co-Chefredakteur eine englischsprachige Monatszeitung zu erstellen. Waltert hätte mir anbieten können, als sein Stellvertreter zu fungieren. Doch er zählte auf meine Loyalität.

Das Zeitungsprojekt war die Frucht einer Geburtstagsüberraschung für Beate Lindemann, die Geschäftsführerin der »Atlantik-Brücke«, eines Kreises von Persönlichkeiten aus Wirtschaft, Politik und Medien. Geburtstagsjournale bestehen in der Regel aus Beiträgen, die von Freunden und Bekannten bereits Wochen zuvor verfasst werden, sowie Fotos aus früheren Lebensphasen des Gefeierten. Detlef Prinz dagegen hatte sich eine aktuelle Variante ausgedacht. Zu Beginn der Feier wurden Fotos geschossen, anschließend in Windeseile an die Redaktion übermittel, wo Bruno Waltert die Artikel und die Bilder zusammenstellte und dem Gebilde ein originelles Layout gab. Wenige Stunden später wurden druckfrische Exemplare der »Atlantik-Brücke Times« an das Geburtstagkind und ihre Gäste verteilt. Beate Lindemann und wir Anwesenden klatschten begeistert. »So eine Zeitung brauchten wir. Ein Organ, das für die atlantische Idee eintritt«, erklärte der Ehrenvorsitzende des Vereins, Walther Leisler Kiep. Die meisten von uns stimmten ihm zu. Am nächsten Tag hatten fast alle diese Bemerkung vergessen.

Nicht so Detlef Prinz. Der Berliner Medienunternehmer war von der Idee einer transatlantischen Zeitung gefesselt. Umgehend sicherte er sich die internationalen Namensrechte für den Titel »Atlantic Times« und beauftragte seinen Grafiker Paul Kern, Dummys zu entwerfen. Bruno Waltert, der inhaltliche Konzepte entwickelte, bat mich, an seiner Seite die entstehende Zeitung zu leiten. Wir trafen uns mit Detlef Prinz im »China Club« des Hotels Adlon am Pariser Platz. Ich kannte den agilen ehemaligen Gewerkschafter nur flüchtig. Nun erlebte ich einen Mann, der entschlossen war, sein Vorhaben umzusetzen. Prinz lachte dröhnend, doch sein Blick blieb dabei nüchtern, abwägend. Dem früheren IG-Metall-Funktionär fehlte die logistische Erfahrung zum Aufbau einer transatlantischen Zeitung, doch die besaß in Deutschland so gut wie niemand. Dafür verfügte Prinz über zwei Eigenschaften, die jedes Unternehmen und Unterfangen gelingen lassen: endlose Energie und unwiderstehlichen Charme.

2

Das strategische Ziel unserer Zeitung war, Amerikanern – Entscheidungsträgern, Wissenschaftlern, Studenten, Interessierten – ein authentisches Bild aus Deutschland zu vermitteln. Bar jeglicher politischer Korrektheit. Ich plädierte für ein Magazinformat, doch Detlef Prinz überzeugte mich mit dem schlichten Argument, »Leser möchten eine Zeitung in Händen halten«. Dies galt auch für Werbekunden.

Während mehrerer legerer Treffen mit Theo Sommer und Jürgen Jeske kamen wir überein, dass die Zeitung aus drei Teilen bestehen sollte: Politik, Wirtschaft, Life – also Kultur und Gesellschaft. Jeske, der zwei Jahrzehnte ein herausragender Wirtschaftsjournalist der »FAZ« gewesen war, sollte zu jeder Ausgabe ein ausführliches Interview mit einem führenden deutschen Unternehmer beisteuern.

Unsere Redaktion bezog ihre Räume in der Büroetage von Detlef Prinz am Tempelhofer Ufer in Kreuzberg. Hier hatte auch Gudrun Heinze ihr Büro. Die Berliner Geschäftsfrau besitzt einen klaren Verstand, der dafür sorgte, dass unser Himmelsstürmer-Team stets im Rahmen der wirtschaftlichen Vernunft blieb. Frau Heinze brachte ihre Argumente sachlich und logisch vor, dass man ihr kaum widerstehen konnte. Zumindest ebenso wichtig war und bleibt, sie sorgte für die menschliche Note. Nie verschloss sie sich den Anliegen der Mitarbeiter.

Waltert würde die ihm vertraute Rolle des Blattmachers übernehmen, ich sollte mich um die Gewinnung und Pflege kompetenter Autoren kümmern. Themen entwickelten wir gemeinsam. Während Ted Sommer täglich ein Dutzend neue Ideen und Artikelvorschläge entwarf, stellten wir die erste Ausgabe zusammen. Der Aufmacher stammte aus der Feder des Bundeskanzlers. Ein Beweis, wie hoch Gerhard Schröder, der sich nicht scheute, Differenzen mit der Bush-Administration auszufechten, die Bedeutung der deutsch-amerikanischen Beziehungen einstufte. Ted Sommer hatte Beiträge seiner Freunde Henry Kissinger und Helmut Schmidt arrangiert. Die erste Ausgabe kam aufgrund dieser prominenten Autoren, aber auch unseres Bemühens, nichts falsch zu machen, recht staatstragend daher, wie wir in einer internen Kritik feststellten. Gleichzeitig erhielten wir von allen Seiten Anerkennung.

3

Jahrzehntelang hatten Journalisten, Verleger, Wissenschaftler, Manager über die Notwendigkeit einer transatlantischen englischsprachigen Zeitung gesprochen, Geschäftspläne entworfen, nach Sponsoren aus der Wirtschaft oder staatlichen Stellen Ausschau gehalten. Detlef Prinz dagegen hatte seine Idee mit unwiderstehlicher Durchschlagskraft in kurzer Zeit verwirklicht. Es war ihm gelungen, eine erfahrene Redaktion zusammenzustellen und uns mit seiner Begeisterung anzustecken. Gleichzeitig animierte er Unternehmen, Anzeigen in unserem Organ zu schalten. Mit dem Erfolg von »Atlantic Times« wuchs unsere Redaktion. Doch mir war bewusst, dass Prinz die wirtschaftliche Existenz der Zeitung sicherte, indem er Anzeigen akquirierte. Als Verlagschef war Prinz stolz auf seine Zeitung, unternahm jedoch zu keiner Zeit den Versuch, das Heft zum Vehikel seiner Weltanschauung oder seiner politischen Einstellung zu machen. Nie trug er den Wunsch an uns heran, bestimmte Meinungen in die Zeitung einfließen zu lassen, Politiker oder Parteien zu fördern oder zu kritisieren. Jeder wusste, Detlef Prinz ist Sozialdemokrat, Bruno Waltert hat konservativ-liberale Ansichten, Sommer liberale, niemand von uns war dogmatisch eingestellt. Jeder ließ seine Meinung in Frage stellen und war Argumenten zugänglich.

Ich machte die Erfahrung, dass freie Autoren allzeit zu jeder Kraftanstrengung bereit sind, sie gieren nach Publikationsmöglichkeiten, auch weil sie die Honorare benötigen. Dafür nehmen sie alle Mühe auf sich, arbeiten sich in jede Materie ein, so gut sie können, sind bereit, an Sonn- und Feiertagen, auch nachts tätig zu sein. Denn besonders für »vogelfreie« Journalisten galt und gilt: »Wer schreibt, bleibt.«

4

Der komplexe Zeitungsmechanismus bedarf einer speziellen Organisation. Zunächst unterstützten ein amerikanischer Autor und eine Reihe freier Hilfskräfte Waltert und mich bei der täglichen Arbeit. Als die »Atlantic Times« an Umfang, Inhalt und Mitarbeitern zunahm, wurde mir deutlich, dass wir einen Chef vom Dienst benötigten. Ich schlug Peter Köpf vor. Er hatte bereits während seines Studiums in München als CvD bei der »Abendzeitung« gewirkt. In unserem Team wurde Peter aufgrund seiner journalistischen Effizienz, seiner Ausgeglichenheit und seiner Menschlichkeit von allen geschätzt.

Zu Beginn jeden Monats berieten Waltert und ich über die anstehenden Themen. Es gelang mir, namhafte Autoren unterschiedlicher politischer Couleur für die »Atlantic Times« zu gewinnen. Unter ihnen Heribert Prantl, Ulrich Reitz, Sven Gösmann, Michael Rutz, Kai Diekmann, Barbara Oertel. Gelegentlich lästerte Ted Sommer, ich würde ein Kaleidoskop deutscher Chefredakteure zusammenstellen – tatsächlich hegte ich die Ambition, eine hochwertige pluralistische Autorenschaft zu präsentieren, die es in dieser Bandbreite in anderen Blättern nicht gibt. Ob man die Meinung der Autoren teilt oder ablehnt, ist unwichtig. Entscheidend bleibt, dass unsere Leser die unterschiedlichen Standpunkte kennenlernen.

Da ich meine Beiträge schwerpunktmäßig auf die transatlantischen und internationalen Beziehungen konzentrierte, institutionalisierte Bruno Waltert diese ähnlich wie im »Hauptstadtbrief«. Fortan schrieb ich monatlich meine »Seligmann's Column«. Waltert war frei vom narzisstischen Ehrgeiz des Autors. Er hatte alle Hände voll zu tun, aus den unterschiedlichen Beiträgen eine austarierte Zeitung zu komponieren.

5

Nach einigen Monaten musste Bruno Waltert für eine Weile der Redaktion fernbleiben. Nun war es an mir, das Blatt zu machen. »Sie können das!«, munterte mich der alte journalistische Fahrensmann auf. Zunächst wollte es mir scheinen, als müsste ich, einem Flugingenieur gleich, unvermittelt und allein das Steuer eines Jets übernehmen, doch zum Grübeln blieb mir keine Zeit. Meine Aufgabe ließ sich nur durch große Konzentration erfüllen – dazu zählte Zeiteffizienz. Ich verlegte den Redaktionsbeginn um zwei Stunden vor, auf 10 Uhr früh. Um diese Zeit hatte ich bereits auf einem Spaziergang die anstehenden Fragen durchdacht und im Anschluss die Post erledigt. Die Themenkonferenz komprimierte ich auf eine konzentrierte Sitzung von dreißig Minuten, in der Argumente vorgebracht und anschließend Aufgaben zugewiesen wurden.

Zum Journalismus gehört permanente Improvisation. Unvorhergesehene Ereignisse erheischen selbst bei einer Monatszeitung prompte Berichterstattung und Kommentierung. Die Redaktion hat abzuwägen, welches Geschehen über einen längeren Zeitraum Wirkung entfalten und für die Leser interessant bleiben wird. Eine neu hinzugekommene einseitige Anzeige zwingt zur Komprimierung der Berichterstattung. Während umgekehrt die Verschiebung eines Inserats die rasche Bereitstellung mehrerer Beiträge erfordert. Trotz manch unvorhergesehener Vorfälle kamen wir gut voran. Das gab mir Gelegenheit, mich vermehrt um das Layout zu kümmern. Während meiner »Welt«-Jahre, besonders aber in meiner Zeit als Chefredakteur der »Jüdischen Zeitung«, hatte ich Gefallen daran gefunden, das Erscheinungsbild der Zeitung durch freigestellte Fotos, Illustrationen, Karikaturen, Statistiken zu beleben. Die Leser hatten es geschätzt.

Meine grafische Experimentierfreude setzte ich nun bei der »Atlantic Times« fort. Das Aufbauen, vielfache Umstürzen und erneute Konstruieren brachte unseren Grafiker Paul Kern und die Layouter Manuel Schwarz und Mike Zastrow wiederholt an den Rand der Verzweiflung. Gelegentlich vernahm ich unterdrücktes Fluchen, doch am Ende setzte sich manche Änderung durch und, am wichtigsten, die Bereitschaft, das Erscheinungsbild der Zeitung ständig zu optimieren.

Zudem führten Ted Sommer und ich Interviews mit hochrangigen Persönlichkeiten – etwa das erste Gespräch mit dem neuen Außenminister Frank-Walter Steinmeier. Die Kompetenz der Gesprächspartner aus Politik und Wirtschaft, die Unvoreingenommenheit der Fragen, die Qualität und Offenheit der Artikel und Kommentare etablierten die »Atlantic Times« binnen eines Jahres als anerkanntes transatlantisches Medium.

6

Neben der Redaktionstätigkeit arbeitete ich an einem Buch über das Ruhrgebiet, schrieb meine Kolumne in der »BZ« sowie gelegentlich Artikel für »Cicero« und andere Zeitschriften.

Die Mitarbeit an »Cicero« war vor allem in der Anfangsphase überaus reizvoll. Der Journalist Wolfram Weimer hatte die Idee, eine populäre philosophische Zeitschrift zu etablieren. Doch im Rahmen der Zusammenarbeit mit dem Schweizer Verlag Ringier und dem Engagement des feurigen Journalisten Frank A. Meyer entstand ein kunstvoll illustriertes Magazin für Politik, Kultur, Philosophie. Die Redaktion war in großbürgerlichem Ambiente in Potsdam angesiedelt. Ähnlich wie in der »Atlantic Times« zählte die »Cicero«-Mannschaft anfangs lediglich eine Handvoll

Köpfe, man steckte voller Einfälle. Wiederholt fuhr ich nach Potsdam, aß Mittag mit Weimer und seinem Stellvertreter Markus Hurek, wobei wir Ideen für Artikel diskutierten. Beide Redakteure waren für Themenvorschläge offen, und so konnte ich, ebenso wie bei uns oder einst beim »Spiegel«, ohne Schere im Kopf oder in der Redaktion meine Ideen zu Artikeln gießen. Mit dem zunehmenden Erfolg, dem Umzug in die Berliner Lennéstraße und der Ausweitung der Redaktion wurde der unmittelbare Zugang zu Weimer nicht einfacher.

Bei der »Atlantic Times« sind wir von diesem allgemeinen Phänomen weniger betroffen als andere Zeitungen – da unsere Leser zumeist in den Vereinigten Staaten beheimatet sind, während ein Großteil unserer Autoren hierzulande lebt. Bis heute kann jeder Schreiber, der Wert darauf legt, mit Bruno Waltert, Peter Köpf und mir direkt in Kontakt treten und seine Themenvorschläge präsentieren.

Routine stellte sich in unserer Redaktionsarbeit glücklicherweise nie ein. Dazu war unser Verlag zu klein. Uns fehlte der Rückhalt eines großen Konzerns, dessen finanzielle Deckung, aber wir spürten weder inhaltlichen noch konzerninternen Druck. Auf diese Weise waren wir, wie es Klaus Wowereit in Bezug auf Berlin formulierte: »Arm, aber sexy.« Der Zwang, permanent Leistung zu erbringen, spornte uns zum Höchsteinsatz an.

7

Während der Arbeit am ursprünglich nicht vorgesehenen zweiten Band der »Kohle-Saga« 2007 spürte ich, dass ich der Doppelbelastung als Buchautor und Chefredakteur der »Atlantic Times« nicht gewachsen war. Als ich dies meiner Vertrauten Maybrit erzählte, stellte sie erneut ihren klaren Kopf unter Beweis. »Da du dich auf das Buch eingelassen hast und Entlastung brauchst, darfst du nicht zögern. Handle sofort.«

Das war einleuchtend. Von unserem Treffen im Café Einstein Unter den Linden fuhr ich geradewegs ans Tempelhofer Ufer in die Redaktion. Dort bat ich Detlef Prinz, mich von meiner Tätigkeit als Chefredakteur zu entbinden, da ich fortan nicht in der Lage wäre, meine Aufgabe mit der gewohnten Hingabe wahrzunehmen. Der Verleger reagierte spontan. »Du bleibst Chefredakteur. Du behältst deine Kolumne, und deine Beiträge sind stets willkommen. Und wann immer du wieder vollen Einsatz für die ›Atlantic Times‹ bringen kannst, bist du dabei.« Dabei blieb es.

8

Ende April 2010 wurde Detlef Prinz in mehreren Zeitschriftenartikeln beschuldigt, Ende der 80er-Jahre als Agent des tschechischen Geheimdienstes in der Bundesrepublik spioniert zu haben. Ich war bei der Nachricht, die mir ein Journalist mitteilte, wie vor den Kopf geschlagen. Ich las den Beitrag, war erschüttert. Am nächsten Tag rief ich Detlef Prinz an und sprach ihn auf die Vorwürfe an. Er versicherte mir: »Nie im Leben war ich Spion.« Auch habe er keine Verpflichtungserklärung unterschrieben.

Als mich die »Bild«-Zeitung um eine Stellungnahme bat, sagte ich spontan zu. Ich sprach Detlef Prinz darin mein Vertrauen aus und betonte: »Ich glaube Detlef Prinz. Obgleich ich, ebenso wie andere, nicht in die Seele eines Menschen blicken kann.« Ich plädierte dafür, dass »die Vorwürfe gegen Detlef Prinz aufgeklärt werden« müssen. »Der demokratische Rechtsstaat geht von der Unschuld jedes Bürgers aus, solange ihm keine Untat nachgewiesen wird. Das hat für jeden zu gelten. Auch für Detlef Prinz.«

Die Vorwürfe blieben bislang ungeklärt. Ich finde es bemerkenswert, dass ich der Einzige blieb, der Detlef Prinz, der vermeintlich zahllose Freunde besaß, in dieser Situation öffentlich das Vertrauen aussprach. Diese ängstliche Reaktion belegt einen Mangel an Zivilcourage.

Revierromane

1

Ende 2005 fragte mich der Verlag Hoffmann und Campe, bei dem ich einst meinen Essay-Band »Mit beschränkter Hoffnung. Deutsche, Juden, Israelis« publiziert hatte, ob ich bereit wäre, ein Buch über die Geschichte der Ruhrkohle, der Holding des deutschen Steinkohlebergbaus, zu schreiben. Da ich kein Wirtschaftsautor bin, bot ich stattdessen einen historischen Roman über eine Bergarbeiterfamilie an. HoCa gefiel die Idee.

Von Kindheit an hatte mich der Bergbau beschäftigt. Der Mann meiner Tante Thea, Joel Steg, war während des Weltkriegs als Soldat der »Jüdischen Brigade« der Britischen Armee in deutsche Kriegsgefangenschaft geraten. Joel musste drei Jahre als Bergmann im Revier malochen. Dabei zog er sich eine chronische Atemwegserkrankung zu, unter der er sein Lebtag litt.

Da seine Ehe jahrelang kinderlos blieb, nahm sich Joel ebenso wie Onkel Heiner meiner liebevoll an. Während Heinrich vorwiegend von Fußball schwärmte und mir auf diese Weise mit meinem Vater eine lebenslange Affinität zum Kickern einpflanzte, erzählte mir Joel bei jeder Gelegenheit vom Bergbau: Die Männer fuhren in dicker Kluft mit Helm samt Grubenlampe »fast tausend Meter tief in den Bauch der Erde. Dort ging's mit kleinen Eisenwaggons auf schmalen Gleisen weiter, ehe wir zu den Kohleadern stießen, die seit Millionen Jahren unter der Erde lagerten. Mit Presslufthämmern und Spitzhacken« – Joel beschrieb mir das Werkzeug – holten er und andere die Kohle aus dem Berg, also der Erde. »Kohle brauchte man im kalten Europa zum Heizen und für die Fabriken.«

Der Onkel, der sich an feuchtheißen Tagen in seinem kleinen Bauernhaus aufhalten musste, erzählte und erzählte. Von der »enormen Hitze unter Tage«, vom höllischen Lärm, von »undurchdringlichem Staub« und häufigen Unfällen. Von der erschöpfenden Arbeit, den harten Normen, die sie zu erfüllen hatten. Ich spürte, dass Joels Herz trotz aller Plackerei und seines bleibenden Gesundheitsschadens am Bergbau hing.

Kurz nachdem wir 1957 nach München übersiedelt waren, führte mich mein Vater ins Deutsche Museum. Dort entdeckte ich sogleich die Bergbauabteilung, in der zahlreiche Modelle mir Einblick in die Welt unter Tage gewährten. Nun konnte ich mir Joels Erzählungen präzise vorstellen. In den nächsten Jahren besuchte ich wiederholt das Technik-Museum, nie ließ ich dabei die Bergwerksabteilung aus – der Reiz der Geschichten des Onkels blieb ungebrochen.

Als ich 1980 nach Bonn zog, fuhr ich in die Schachtanlage Prosper bei Bottrop ein. Während der rasenden Fahrt in die Tiefe dachte ich an Joel, der diese Reise unzählige Male angetreten hatte. Nun erhielt ich die Gelegenheit, über die Menschen des Reviers zu schreiben. Die Herausforderung beinhaltete die Gelegenheit, das vertraute Judenghetto meiner Romane zu verlassen und die Handlung der neuen Erzählung auf eine ganze Region, das Ruhrgebiet, auszudehnen. Bald wurde deutlich, dass die Unterschiede nicht so gewaltig waren, wie ich zunächst gedacht hatte. Ein Roman ist ein Roman ist ein Roman. Menschen besitzen ihre Eigenarten, sie unterliegen landsmannschaftlichen, religiösen und anderen Einflüssen – doch sie bleiben Menschen mit ihren Sehnsüchten nach Liebe und Anerkennung und ihren Ängsten, vor allem vor dem Tod.

Die Struktur meines Romans wollte ich ähnlich anlegen wie in meinem letzten Buch. Für mich war der Bezug zur Zeit und zum Revier entscheidend, der dem Leben der Handelnden einen Rahmen setzte. Im »Milchmann« hatte ich eine Woche im Leben Jakob Weinbergs mit dem Zeitgeschehen im November 1995 verknüpft. Die Verbindung von emotionaler Fiktion – dem Lebensstoff jedes Romans – und dem historischen Rahmen sollte mein Buch prägen.

2

Am 17. Oktober 1906 meldet der »Dortmunder Generalanzeiger« die Ernennung des Bergrates Lindner zum Generaldirektor der Hibernia-Bergwerksgesellschaft. Auf der letzten Seite unter der Rubrik »Familienanzeigen« wird die Geburt von Renata Bialo, Tochter des Hauers Leopold und seiner Frau Anna, angezeigt.

Die Vita Renatas führt den Leser durch die wechselnden Zeitläufe. Der Arzt Samuel Rubinstein, der sie zur Welt bringt, wird im Lauf der Jahre ihr väterlicher Freund. Der Mediziner entsprang meinem Vexierspiel. Rubinstein war meine erste Romanfigur gewesen. Ein zorniger junger Jude in Deutschland. Nun ersann ich einen reifen Mann gleichen Namens und machte ihn zu einem Armenarzt im Revier. Es war die Metamorphose meines Alter Ego.

In der »Kohle-Saga«, so der Buchtitel, durchleben die Bialos ein Jahrhundert das Schicksal des Reviers. Vom Bergarbeiterstreik gegen unmenschliche Arbeitsnormen im Jahre 1889 über die Hilfsaktion nach dem verheerenden Grubenunglück in der Schachtanlage beim französischen Städtchen Courrière (1906), als deutsche Kumpel im Nachbarland ihre verunglückten Kollegen unter Tage retten, über den Ersten Weltkrieg, die Revolution, den Ruhrkampf, die Goldenen Zwanziger, Weltwirtschaftskrise, Hitlerzeit, Krieg bis hin zum Wirtschaftswunderwohlstand, dem ab den 60er-Jahren einsetzenden Zechensterben und der schließlich beginnenden Umstrukturierung und Konsolidierung des Reviers.

Nachdem ich die zugängliche Literatur gelesen hatte, recherchierte ich gemeinsam mit der Germanistin Nina Sträter vor Ort. Im Archiv des Bergbaumuseums in Bochum und in diversen Stadt- und Zeitungssammlungen. Ich konzentrierte mich auf Gespräche mit Zeitzeugen. Dabei war mir vor allem Wilhelm Beermann behilflich. Der ehemalige Vorsitzende des Gesamtverbandes Steinkohle nahm sich immer wieder Zeit, er stellte mich Kumpeln und Forschern vor. Ich entsinne mich an einen Termin mit ihm in Essen. Der Zug dorthin musste wegen eines Selbstmörders notbremsen. Danach blieben wir stundenlang auf offener Strecke liegen. Es dauerte lange, bis ich Essen erreichte. Mein Interviewtermin mit Beermann war längst verstrichen. Ich rief ihn an, um mich zu entschuldigen. Der Hausherr zeigte Verständnis. Ungefragt holte er mich im Hotel ab, lud mich in sein Heim ein, seine Frau bereitete mir zur späten Abendstunde ein Essen. Wir unterhielten uns ausführlich, nicht über den Bergbau, sondern die Verzweiflung, die Menschen den Tod wählen lässt.

Erst am folgenden Tag führten wir unser Fachgespräch. Die anderen Termine mussten neu vereinbart werden. Alle nahmen sich Zeit für ein neues Treffen. Die Menschen im Revier bewiesen wie bei vielen Gelegenheiten ihre Solidarität.

Ich lernte ehemalige und aktive Bergleute kennen. Unterschiedliche Charaktere. Manche verfluchten die Arbeit unter Tage. Ich traf auf herausragende Persönlichkeiten wie den knorrigen Adolf Schmidt, der sich vom Grubenschlosser zum Vorsitzenden der IG Bergbau durchbiss und sich dabei treu blieb – ein ungebrochener Kämpfer.

Kein Kumpel kam von der Kohle los – sie übte auf alle die ungebrochene Faszination aus, die ich als Kind bei meinem Onkel Joel gespürt hatte. Die Materie sprang mich an wie süße Möhren einen alten Grubengaul. Die Assoziation ließ mich ein ausrangiertes Grubenpferd in die Geschichte einbauen, das sein Gnadenbrot im Garten der Bialos fressen darf. Die »Kohle-Saga« setzt mit der Geschichte Leopold Bialos ein. Den schlesischen Bauernbuben zieht es ins Revier, wo er sich vom Kohlenwäscher zum Hauer hochschuftet. Aus der Ehe mit der Näherin Anna gehen vier Kinder hervor. Zwei davon gab ich die Namen meiner Onkel. Die Söhne Heinrich und Otto werden ebenso wie ihr Vater Bergleute. Der schwächliche Kurt tritt eine Lehre als Kaufmann an. Während der Wirtschaftskrise verliert er seine Arbeit, er schließt sich der SA und der Nazipartei an und macht dort Karriere.

Das jüngste Kind Renata wächst ohne Mutter auf. Der Tod der Mutter bei ihrer Geburt und die Verbundenheit zu dem Arzt Samuel Rubinstein lassen sie den Beruf der Hebamme ergreifen. Renata symbolisiert die Menschen des Reviers, die sich durch keine Widrigkeiten unterkriegen lassen und die stetige Wiedergeburt des Kohlelandes erarbeiten.

Das opportunistische Negativ Renatas ist Bruder Kurt. Kaum ist das Naziregime, das er emphatisch voller Überzeugung unterstützte, zusammengebrochen, verdingt er sich als Schwarzhändler. Seiner empörten Schwester ruft er frohgemut zu: »Deutschland hat genug vom Krieg. Jetzt machen wir Geschäfte!« Mit Erfolg für Kurt. Im einsetzenden Wirtschaftswunder, das Heinrich und seine Kumpel durch ihre harte Maloche ermöglichen, wird der windige Geschäftsmann rasch wohlhabend.

Renata findet erst im reifen Alter den passenden Lebenspartner, den eigenbrötlerischen Kumpel Anton aus dem bayerischen Penzberg, der nach Schließung seiner heimatlichen Zeche ins Revier auswandert.

3

Das reale Zeitgeschehen bildete das Gerüst einer anrührenden Handlung. Hier war keine Sprachakrobatik gefragt. Mein Anspruch war, den Bergleuten, ihren Angehörigen, den Menschen im Revier einen Roman zu präsentieren, mit dessen Figuren im Wandel des letzten Jahrhunderts sie sich identifizieren konnten. Das Buch wurde von dem Konzern RAG, der die Steinkohlezechen des Reviers betreibt, zu Weihnachten 2006 an seine Mitarbeiter verteilt. Insgesamt rund 60 000 Exemplare. Das Interesse der Allgemeinheit war dermaßen groß, dass die »Westdeutsche Allgemeine Zeitung«, die größte Zeitung des Reviers, mein Buch in ihren Geschäftsstellen anbieten wollte. Mir war wichtig, dass aktive und ehemalige Bergleute von der »Kohle-Saga« angetan waren. Bei Lesungen und Veranstaltungen im Revier versicherten mir die Menschen stets aufs Neue: »Sie haben ein Buch für uns geschrieben. Sie haben ausgedrückt, was wir fühlen.« Zustimmung und Teilnahme beschränkten sich keineswegs auf die Bergleute und das Ruhrgebiet. Selbst in Berlin lud mich die Buchhandlung am Bayerischen Platz im bürgerlichen Wilmersdorf zu einer Lesung ein. Ich konnte mir nicht vorstellen, dass sich in der Hauptstadt mit ihrem prallen Kultur- und Literaturangebot genügend Menschen für eine Familiensaga aus dem Bergbau im Revier interessieren würden. Doch die Buchhändlerin Frau Fritsch blieb von ihrer Meinung überzeugt: »Rafael Seligmann und Bergbau ist eine Kombination, der viele nicht widerstehen werden.«

Am Abend der Lesung war die Buchhandlung brechend voll. Aufmerksam lauschten die Hörer meinem Vortrag. In der Aussprache im Anschluss an meinen Vortrag wurde deutlich, dass viele Besucher oder ihre Eltern aus dem Revier nach Berlin übersiedelt waren. Sie hingen weiterhin an den Menschen des Ruhrgebiets und am Bergbau. Andere waren gekommen, weil sie die Materie interessierte oder der Autor.

Weitere zehntausend Exemplare der »Kohle-Saga« wurden im Buchhandel verkauft. Der Piper Verlag veröffentlichte eine Taschenbuchausgabe. Die positive Aufnahme durch die Leser, der Zuspruch vieler ehemaliger und aktiver Kumpel zeigte mir, dass ich mit meiner Saga einen Nerv getroffen hatte. Das ließ mich gelassen auf manchen Kritiker reagieren, der sich zu Ansprüchen verstieg, denen er gerne selbst gerecht geworden wäre, hätte er nur den Mut und die Energie gefunden, darüber zu schreiben. Ich war erleichtert, dass der enorme Arbeitsdruck ein Ende zu haben schien.

4

Nur wenige Monate nach der Publikation der »Kohle-Saga« forderte mich der Verlag auf, eine Fortsetzung zu schreiben. Nur ich sei in der Lage, meinen Roman authentisch weiterzuführen.

Nach anfänglichem Widerstreben sagte ich zu, obgleich meine Bedenken bestehen blieben. Neben der Last, erneut unters Schreibjoch zu müssen, die Einsicht, dass eine Fortsetzung so gut wie nie an das Original heranreicht. Die eitle Einrede, nur ich wäre im Stande, meine Geschichte fortzuführen, schmeichelte mir. Das war Unsinn. Ein anderer Autor hätte eine neue spannende Handlung entwickeln können.

Während des Schreibens stellte sich wieder das Gespür für die Figuren des Romans und damit die Erwartung der Leser ein. Das gab mir die Kraft, die Handlung fortzuentwickeln. Später versicherten mir viele, der Roman hätte ihre Empfindungen angesprochen.

Altneuland

1

Zum Zeitpunkt der Veröffentlichung meines zweiten Revierromans wurde ich 60 Jahre alt. Ich mochte nicht unüberlegt weiter durchs Leben hasten wie zuletzt und ein Buch ans andere reihen. Die Figuren meiner jüdischen Romane wurden parallel mit meinen zunehmenden Jahren ebenfalls stetig älter. Ich wollte mich nicht wie Philip Roth, bei all seiner Meisterschaft, zu einem Chronisten des Selbstmitleids boshafter Greise entwickeln. Mein Anspruch als Autor ist, für das Gesamtspektrum der Leserschaft zu schreiben. Ich möchte so lange warten, bis mich ein Stoff wieder anspringt, wie bei meinem ersten Roman »Rubinsteins Versteigerung« oder beim »Milchmann«. Unterdessen konzentrierte ich mich auf den Journalismus. Die Arbeit für die »Atlantic Times«, meine Essays für »Spiegel« und »Cicero« sowie meine Kolumnen und Beiträge für die »BZ« und Regionalzeitungen wie die »Frankfurter Neue Presse«, das »Hamburger Abendblatt«, die »WAZ« und die »Rheinische Post« nahmen mich voll in Anspruch.

In den Ferien fuhr ich mit Elisabeth wiederholt nach Israel. Dabei wuchs uns besonders meine Geburtsstadt Tel Aviv ans Herz. Wir sehnen uns wie alle Mitteleuropäer vor allem im Winter nach dem mediterranen Licht und der Wärme. Elisabeth ist fasziniert von der Vitalität und Vielfalt der levantinischen Metropole. Ich schätze die Alleen, Plätze, Gebäude, die mir seit meiner Kindheit vertraut sind. Am wichtigsten aber ist mir wiederum die Sprache. Jedoch auf eine andere Weise als in Deutschland. Zu meiner Kinderzeit war Iwrith, Neuhebräisch, vorwiegend die Sprache der Jugend und einiger weniger Idealisten, die in Kibbuzim lebten oder an Universitäten und Akademien lehrten. Die älteren Menschen unterhielten sich meist im Idiom ihres Herkunftslandes: Jiddisch, Polnisch, Russisch, Arabisch, Ladino, Deutsch ... Im neu gegründeten jüdischen Staat herrschte eine babylonische Sprachenvielfalt. Es war uns Kindern und Jugendlichen eine Selbstverständlichkeit, die sprachlichen Fehler und Unvollkommenheiten unserer Eltern zu korrigieren. Israel galt damals als das einzige Land, in dem die Eltern von ihren Kindern nicht das Sprechen, aber die richtige Grammatik und Aussprache der Landessprache lernten.

Heute, ein halbes Jahrhundert nach meiner Auswanderung nach Deutschland, hat sich Israel in dieser Hinsicht normalisiert. Die älteren Menschen, also meine Altersgenossen, sprechen untereinander und mit ihren Enkeln Iwrith. Herzls Vision eines Judenstaates ist zumindest in diesem zentralen kulturellen Bereich Wirklichkeit geworden. Die Juden haben nach zwei Jahrtausenden in der Diaspora wieder ihren Staat aufgebaut. Das ist für mich ein wahr gemachtes Wunder. Ich kann mich nicht satt hören an den Iwrith-Konversationen von Jung und Alt. Und ich genieße die Lebendigkeit Israels.

Gelegentlich befallen mich dort makabre Gedanken, die keinem deutschen Israelbesucher fremd sein dürften. In seiner Rede vor SS-Führern in Posen im Oktober 1943 erklärte SS-Reichsführer Heinrich Himmler, er habe den Befehl zur »Ausrottung« auch von jüdischen Frauen und Kindern erteilt, da diese sonst ihre Väter rächen würden. Die Davongekommenen haben die Ermordeten nicht gerächt, heute herrschen vielfach freundliche Beziehungen zwischen Deutschland und Israel, zwischen den Nachkommen der Täter und der Opfer. Die Überlebenden haben, statt ihre Energie mit destruktiven Rachegelüsten zu vergeuden, ein konstruktives Werk vollbracht, einen jüdischen Staat, mit all seinen Unzulänglichkeiten, errichtet. Ich weiß gleichwohl, dass die Palästinenser den Preis für die Schaffung des Judenstaates zahlen mussten. Daher muss jeder Versuch einer Beilegung des israelisch-arabischen Konfliktes auch die Interessen der Palästinenser berücksichtigen. Aus moralischen ebenso wie aus Gründen der Realpolitik.

Elisabeth und ich beschlossen, eine Ferienbleibe in Tel Aviv zu erwerben. Den Ausschlag gaben nicht die milden mediterranen Winter in der Küstenstadt, sondern die Mitmenschen und meine Erinnerungen.

Der Schriftsteller Leo Perutz, der 1938 aus Wien hierher emigrieren musste, schloss unerwartet rasch die Stadt ins Herz. Entscheidend waren ihm die »lachenden Menschen Tel Avivs«. Daran hat sich trotz der Schoah, die die meisten israelischen Familien Opfer kostete, sowie der späteren Gewalt und der Entbehrungen nichts geändert. Die Tel Aviver lassen sich, ähnlich den Berlinern, nicht unterkriegen. Sie sind Stehaufmännchen. Seit ich denken kann, habe ich die Tel Aviver unverdrossen lachen erlebt.

Unsere winzige Winterbleibe befindet sich im Norden der Stadt, wenige Gehminuten entfernt von der ehemaligen Wohnung meiner Cousine Rachel, die es vor annähernd einem halben Jahrhundert verstanden hatte, meine Sinne zu erregen und damit mein Gewissen zu quälen. Vom Balkon ihrer lichten Unterkunft sah man auf die Assuta-Klinik. Nun wird der von deutschen Architekten geprägte Bauhaus-Komplex niedergerissen. An seiner Stelle entsteht ein dreißigstöckiges Gebäude. Verteidigungsminister Ehud Barak sowie andere Reiche und Prominente haben sich bereits im zukünftigen »Assuta-Village« Luxusapartments gesichert. Durch den Neubau wird die gewachsene Häuserlandschaft aufgerissen.

Vor zwei Jahrzehnten noch war Tel Aviv eine umtriebige, doch überschaubare Mittelmeerstadt. Die Gebäude umfassten in der Regel drei bis vier Stockwerke. Es gab ein einzelnes Hochhaus. Das Meyer Center überragte die flache Umgebung der Bauhaus-Heime entlang der Küstenstraße im Süden Tel Avivs. Zuletzt aber wurden Dutzende Haustürme in allen Quartieren der Stadt aus dem Boden gestampft. Zugleich werden die Fassaden der Bauhaus-Gebäude aufwendig renoviert, dahinter verstecken sich nunmehr aber Zweckbauten. Das antike arabische Yafo im Süden und der in den dreißiger Jahren erbaute israelische Ausweichhafen im Norden wurden zu Amüsiermeilen voller Geschäfte, Galerien und Restaurants transformiert. Die in die Jahre gekommene Schlampe Tel Aviv putzt sich in atemberaubendem Tempo zu einem modernen Metropole-Modell heraus, das sich seiner hundertjährigen Geschichte brüstet. Im Schatten der Kulissen aus Glas, Chrom und gediegenem Wohlstand finde ich die Orte meiner Kindheit. Die meisten Häuser, auch unseres, haben sich im Laufe der Zeit kaum verändert, an den Ständen des Carmel-Markts zwischen dem alten Stadtzentrum im Süden und dem Meer wird wie eh und je die Ware lautstark feilgeboten: Zitrusfrüchte, fangfrische Fische, Gemüse und Obst aus aller Herren Länder sowie Nüsse aus Iran, die über die Türkei ihren Weg zum hiesigen Souk fanden. Hier, wie in den meisten Teilen der Stadt, sind die Gerüche authentisch geblieben. Tagesüber lässt die grelle Sonne Tel Aviv als »weiße Stadt« erstrahlen. Abends taucht das verdämmernde Licht das Meer in Türkistöne. Seit meiner Kindheit üben die andonnernden Brecher und ihr salziges Aroma einen unwiderstehlichen Reiz auf meine Sinne aus. Nach getaner Schreibarbeit schlendern Elisabeth und ich abends in ein Strandcafé, wobei wir uns möglichst nah ans Ufer setzen, eingezwängt zwischen nimmermüden Tel Avivern, die im Kreis ihrer Familie und Freunde hier den Tag ausklingen lassen.

Die unsentimentale Mentalität der Israelis hat sich kaum verändert. Unsicherheit, Terror, Krieg beeindrucken die Menschen wenig. Als ich 2009 während des Gazakrieges mit meiner Nachbarin Frida über das Geschehen sprach, erklärte die alte Dame bestimmt: »Als ich nach der Schoah und anschließender Internierung durch die Engländer auf Zypern 1948 endlich nach Israel durfte, herrschte hier Krieg. Mein Mann wurde sogleich in die Armee einberufen. Er hat es überlebt. Acht Jahre später gab es wieder Krieg. Das ging bis heute so weiter. Wir werden es überstehen. Wir haben keine Wahl.«

Ähnlich äußerte sich Shimon Stein, der zuvor Zion als Botschafter in Deutschland vertrat: »Krieg ist der Preis, um in unserem Staat zu leben. Wir müssen ihn zahlen.«

3

Ist eine unablässige Folge von Waffengängen tatsächlich die Prämie für das Bestehen Israels? Seit meiner Studienzeit setze ich mich mit den Grundlagen der israelischen Sicherheitspolitik auseinander. In den ersten Jahren nach der Staatsgründung schien Krieg unvermeidlich. Nasser und andere arabische Diktatoren drohten seit den 50er-Jahren mit der Vernichtung Zions. Doch der Besuch Präsident Sadats in Jerusalem 1977 und der nachfolgende ägyptisch-israelische Friedensvertrag von Camp David, in dessen Folge Israel sich vollständig aus dem Sinai zurückzog und dort alle Siedlungen räumte, schlugen eine Bresche in die Mauer der israelisch-arabischen Feindschaft. In der gesamten Region tat sich eine Friedensperspektive auf. Die Hoffnung darauf ist aufgrund der Unfähigkeit und der Ängstlichkeit aller Seiten weitgehend erloschen. Nach der Ermordung Sadats im Jahre 1981 ließ Kairo den Frieden mit Jerusalem erkalten. Ägyptens Dauerpräsident Hosni Mubarak sorgt sich in erster Linie um seinen Machterhalt. Aus der Ermordung seines Vorgängers durch extremistische Moslems zog der Herrscher am Nil den Schluß, die religiös-fundamentalistischen Gruppen rigoros zu unterdrücken – gleichzeitig aber den Islamisten durch das Austrocknen der Beziehungen zu Israel keine Angriffsfläche zu bieten. Damit fehlt auf arabischer Seite Ägypten als treibende Kraft einer Verständigung mit Zion.

In Israel ermordete ein politischer Extremist 1995 Yitzhak Rabin. Ich hatte Rabin als einen der wenigen schätzen gelernt, der die komplexe sicherheitspolitische und strategische Situation seines Landes begriff und bereit war, entsprechende Konsequenzen zu ziehen. Rabin war in seinen letzten Jahren, wie mir sein engster Mitarbeiter Eitan Haber mitteilte, zu weitgehenden Kompromissen, unter anderem zu einem vollständigen Rückzug Israels von den Golanhöhen im Gegenzug zu einem politischen Ausgleich mit Syrien, bereit: »Wir können nicht Syrien verweigern, was wir Ägypten gewährten.« Gleichzeitig verfügte der Israeli über die notwendige Härte und Entschlossenheit, um von der arabischen Seite als Partner ernst genommen zu werden. Es ist sinnlos, darüber zu spekulieren, was Rabin hätte bewirken können. Die nahöstliche Gesamtkonstellation hätte selbst er kaum zu verändern vermocht.

Der entscheidende Umbruch wurde erstmals 1979 in Iran deutlich, als die Bevölkerung den säkular orientierten Schah verjagte und sich auf die Seite der islamischen Revolution schlug. Imam Chomeini und seine Gefolgsleute waren Todfeinde Israels, einerlei, in welchen Grenzen. Ihnen gilt ein jüdischer Staat auf dem »heiligen Boden Palästinas« als Frevel. Da Iran zunächst mit der Abwehr des Überfalls vom Irak Saddam Husseins beschäftigt war, unternahm Teheran – vorläufig – nichts gegen Zion. Doch nach dem Sturz der Baath-Diktatur Saddam Husseins durch die Amerikaner wurden die Iraner gegen Israel aktiv. Lange vor der Amtszeit von Präsident Ahmadinedschad startete Teheran ein geheimes Projekt zur Produktion von Kernwaffen und entsprechenden ballistischen Trägerraketen. Gleichzeitig unterstützt Iran die fundamentalistische Hisbollah im Libanon, die einen Untergrundkrieg gegen Israel führt. Teheran hilft auch der sunnitischen Hamas Palästinas mit Waffen und Geld.

Die fundamentalistische Revolution der islamischen Welt beschränkt sich keineswegs auf Iran, Libanon und Palästina. Der offensive Islam befindet sich von Marokko bis zu den Philippinen allenthalben auf einem unaufhaltsam scheinenden Vormarsch. Etablierte laizistische Regime, etwa in Ägypten, Algerien, Syrien, versuchen, sich mit einer Mischung aus Repression und Zugeständnissen gegenüber den Fundamentalisten an die Macht zu klammern. Saudi-Arabien hängt formal dem rigiden Wahabitentum an. Faktisch versucht Riad, Fundamentalisten und Untergrundorganisationen wie die Taliban und die Hamas, die auch die Saudis bedrohen, mit Geld zu beschwichtigen. Die Türkei unter Führung der gemäßigt-islamistischen AKP-Partei unterstützt unter Premierminister Erdogan spätestens seit dem Gazafeldzug Israels 2009 zunehmend die Feinde Israels.

Der israelisch-palästinensische Konflikt ist nicht die Ursache der Hinwendung der Massen zum Fundamentalismus, doch als Katalysator taugt er allemal. Stichwort: Befreiung Palästinas und Al Kuds, der heiligen Stadt Jerusalem, aus der Hand der Ungläubigen. Der jüdische Staat muss effektive Antworten auf die islamische Herausforderung finden. Die israelische Gesellschaft besitzt das notwendige Potenzial. Die Bevölkerung verzehnfachte sich seit der Staatsgründung, Millionen Einwanderer wurden integriert, eine leistungsfähige Volkswirtschaft aufgebaut, Informationstechnologie, Wissenschaft und Forschung sind weltweit führend, die gesundheitliche Versorgung der Bevölkerung ist hervorragend, das Justizwesen unabhängig, die Presse respektlos – eine Erfolgsbilanz mit einem markanten Negativposten: der Politik. Die politische Klasse war bislang unfähig, den arabisch-israelischen Konflikt dauerhaft zu entschärfen oder gar mit den arabischen Nachbarn Frieden herbeizuführen. Ob die Möglichkeit dazu angesichts der gegenwärtigen Stimmung in der islamischen Welt besteht, ist ungewiss. Doch Israels existenzielles Interesse gebietet es, entsprechende Bemühungen zu intensivieren.

Ich bin überzeugt, dass Jerusalem die Gelegenheit besitzt, im Gegenzug zur Rückgabe des Golan, der aufgrund der modernen Waffentechnologie seine strategische Bedeutung weitgehend eingebüßt hat, Damaskus aus der engen Bindung mit Iran und der Hisbollah zu lösen. Es besteht die Chance, den inhärenten Antagonismus zwischen den säkularen syrischen Baathisten und den iranischen Mullahs auszunutzen. Diese Möglichkeit muss ausgelotet werden. Ebenso wichtig für Jerusalem ist das Anstreben eines Arrangements mit dem gemäßigten Fatah-Flügel im Westjordanland. Der Preis ist die Aufgabe der besetzten arabischen Gebiete, was durch den Sperrzaun-plus-Mauer bereits de facto geschah, sowie die Räumung der jüdischen Siedlungen im Westjordanland.

Premier Netanyahu hat die Notwendigkeit zur Schaffung eines palästinensischen Staates öffentlich betont. Prinzipiell. Faktisch aber unternimmt die israelische Regierung vieles, um eine Einigung mit den gemäßigten Palästinensern zu torpedieren. Der Ausbau der Siedlungen wird fortgesetzt. Die Bekanntgabe neuer jüdischer Wohnprojekte in Ost-Jerusalem während des Besuchs von US-Vizepräsident Biden war provokant und kontraproduktiv. Auf diese Weise stößt Zion seinen wichtigsten Verbündeten vor den Kopf. Dessen Kooperation aber ist unumgänglich, um Iran mit politischen und militärischen Mitteln an der Entwicklung von Kernwaffen zu hindern. Gelingt es Jerusalem nicht beizeiten, sich mit Syrien und den Palästinensern zu einigen, dann wird Teheran mit den von ihm abhängigen Gruppen Hamas und Hisbollah den jüdischen Staat durch Raketenangriffe auf israelische Städte in einen Krieg mit Syrien treiben. Auf diese Weise wäre die Weltöffentlichkeit von Irans nuklearer Aufrüstung abgelenkt.

Verteidigungsminister Ehud Barak hat sich wiederholt für die Rückgabe des Golan an Damaskus im Gegenzug für einen kooperativen Frieden ausgesprochen. Doch das rechte politische Lager will von der Aufgabe des okkupierten arabischen Territoriums nichts wissen. Ohne israelische Zugeständnisse aber wird Damaskus an der Seite Irans bleiben und weiterhin die Hisbollah im Libanon unterstützen. Selbst in seiner Arbeitspartei genießt der Verteidigungsminister kaum Unterstützung. Man wirft ihm seinen Hang zu einem aufwendigen Lebensstil vor. Doch die Zeit der ersten Pioniere um David Ben Gurion gehört der Vergangenheit an – Israel hat sich zu einem wohlhabenden Land entwickelt. Tüchtige junge Leute studieren Informationstechnologie oder lassen sich zu Businessmanagern ausbilden – mit dem politischen Geschäft befassen sich in der Regel wenig begabte Persönlichkeiten oder rechte Sektierer.

Gerade jetzt brauchte Israel Politiker, die bereit sind, für den Frieden Risiken in Kauf zu nehmen, die diplomatisches Geschick und Durchsetzungskraft besitzen. Es gilt, zumindest in der arabischen Welt, jene Kräfte zu gewinnen, die den islamischen Fundamentalismus nicht weniger fürchten als Israel. In erster Linie trifft dies auf die Führung der al-Fatah im Westjordanland zu. Sie wird am stärksten nicht von Israel, sondern von der Hamas bedroht, die von Iran unterstützt wird.

Frieden mit den Palästinensern hat für Israel existenzielle Bedeutung. Eine entsprechende Übereinkunft ist jedoch nur möglich und sinnvoll, wenn sie für beide Seiten verpflichtende und überprüfbare Grundlagen beinhaltet und von dritter Seite garantiert wird. Weil diese Voraussetzungen fehlten, blieben sowohl die Oslo-Friedensabkommen von 1993 und 1995 sowie der einseitige israelische Abzug aus dem Gazastreifen 2005 auf Dauer wirkungslos. Als die geweckten Hoffnungen enttäuscht wurden, hatte dies jeweils eine Eskalation zur Folge. Sie führte 1993 zur Intifada und zwölf Jahre später, nach dem unstrukturierten Rückzug Israels aus Gaza, zur gewaltsamen Übernahme des Streifens durch die Hamas. Den Beschuss israelischer Siedlungen durch Hamas-Kämpfer beantwortete Jerusalem mit dem Gazakrieg. Dieser Militäreinsatz kostete Israel weltweit Sympathien – ein Ende der Bedrohung indessen konnte er nicht bewirken. Politische und religiöse Auseinandersetzungen lassen sich nicht gewaltsam lösen.

Die Schaffung eines unabhängigen Staates Palästina allein genügt nicht, um den israelisch-palästinensischen Konflikt beizulegen. Denn dieses Gebilde wäre auf Dauer nicht lebensfähig, selbst wenn man das gesamte Westjordanland samt dem arabischen Ost-Jerusalem plus Gazastreifen zu einem Staat zusammenfasste. Dieser wäre geographisch und politisch zerrissen. Der palästinensische Bürgerkrieg und die Auseinandersetzungen mit Zion würden verschärft, statt zu enden. Unabdingbare Voraussetzung für ein stabiles Friedensabkommen ist demnach eine regionale Einbindung sowie eine internationale Absicherung.

Palästina sollte dabei eine Konföderation mit Jordanien eingehen, Ägypten müsste Mitverantwortung für die Sicherheit im Gazastreifen tragen. Auf diese Weise könnten die Palästinenser endlich einen unabhängigen Staat erhalten, der von arabischer Seite gesichert würde. Das wäre wiederum die Voraussetzung für eine Annäherung zwischen Israel und den gemäßigten arabischen Regimen, wie dies der Friedensplan Saudi-Arabiens verheißt.

Unabdingbar für einen derartigen Friedensprozess ist die Unterstützung der Großmächte, an ihrer Spitze der Vereinigten Staaten. In der Pflege der Beziehungen zu Washington aber hat der gegenwärtige Premier Netanyahu, der teilweise in den USA aufwuchs, dort studierte und berufstätig war, bislang vollständig versagt. Anders als seine Vorgänger Clinton und Bush unterstützt Präsident Obama keineswegs bedingungslos die Position Jerusalems. Das Weiße Haus betont das Existenzrecht des jüdischen Staates, gleichzeitig sucht Washington einen Modus Vivendi mit der islamischen Welt. Die gegenwärtige Administration lehnt wie alle amerikanischen Vorgängerregierungen jüdische Siedlungen im Westjordanland ab und fordert die Errichtung eines palästinensischen Staates im Westjordanland. Die USA begnügen sich nicht damit, dass Netanyahu rhetorisch ein unabhängiges Palästina gutheißt, sie verlangen kategorisch ein Ende des Ausbaus israelischer Siedlungen im Westjordanland und im arabischen Ost-Jerusalem. Der nächste logische Schritt wird die Forderung Washingtons nach einer Räumung der jüdischen Ortschaften auf arabischem Gebiet und die Aufgabe Ost-Jerusalems sein. Dies wird ein Zerbrechen der israelischen Regierungskoalition zur Folge haben. Denn die nationalistischen Parteien werden einer erneuten Teilung der »ewigen jüdischen Hauptstadt« nie zustimmen, die Arbeitspartei aber wird das US-Ansinnen akzeptieren und die Regierung verlassen. Da Netanyahu diese Konsequenzen kennt, spielt er auf Zeit – die gegen Israel arbeitet. Denn Jerusalem benötigt einen internationalen Konsensus, vor allem aber die politische und strategische Unterstützung der Vereinigten Staaten, um der potenziellen Nukleargefahr durch Iran begegnen zu können. In dieser bedrohlichen Phase steckt Netanyahu straußenhaft seinen Kopf in den Sand. Im Frühjahr 2010 verweigerte er die Teilnahme an einem internationalen Treffen zur atomaren Sicherheit in Washington und manövrierte damit sein Land tiefer in die Isolation. Die verunglückte Enterung der internationalen Flotille in Richtung Gazastreifen, die Todesopfer forderte, verschärfte Zions Ausgrenzung.

Jerusalem muss politisch in die Offensive gehen. Nur mit einer Regierung der nationalen Einheit lässt sich eine Politik durchsetzen, die zu weitgehenden Zugeständnissen an Syrien und Palästina in der Lage ist und so die Aussicht besitzt, zu einer Einigung mit den unmittelbaren Nachbarn zu gelangen. Auf diese Weise würde sich automatisch das Verhältnis zu Washington verbessern, das vielfache Interessen in der islamischen Staatenwelt besitzt. Die Chance dieses Friedensszenarios hat Israels Regierung bislang noch nicht begriffen.

Die verhängnisvolle Starre der israelischen Politik muss so rasch als möglich überwunden werden. Der äußere Druck durch islamistische Untergrundorganisationen, gemäßigte arabische Staaten, Palästinenser, Syrien und Iran, vor allem aber Washington wird die israelische Öffentlichkeit und damit die Parteien hoffentlich rechtzeitig zu einer Änderung ihrer unflexiblen Politik drängen. Dies ist wie erwähnt am wirkungsvollsten durch eine Allparteienregierung zu bewerkstelligen, die seit 1967 in Krisensituationen wiederholt gebildet wurde.

Nur eine Regierung, die sich auf einen breiten Konsensus der israelischen Gesellschaft und ihrer Parteien stützt, ist in der Lage, jene substantiellen Zugeständnisse an die arabische Seite zu machen, durch die sich die Gelegenheit zu einem Ausgleich mit den moderaten Kräften auf der anderen Seite ergibt. Voraussetzung ist die Unterstützung eines Kompromisses durch die Vereinigten Staaten und Europa. Dabei wird Deutschland aufgrund seiner guten Beziehungen zu beiden Seiten – insbesondere des in jüngster Zeit gewachsenen Zutrauens Israels in das ehemalige Naziland – sowie aufgrund seiner Finanzkraft und seines politischen Gewichts in Europa eine Schlüsselstellung erhalten. Die Erfahrung lehrt, dass selbst die Bereitschaft Jerusalems zu weitgehenden Zugeständnissen und eine Einbindung der USA und Europas keineswegs eine Erfolgsgewähr für eine langfristig stabile Einigung oder gar einen umfassenden Frieden sind. Dennoch muss von den friedenswilligen Kräften im Nahen Osten und im Ausland zumindest der Versuch zu einem Ausgleich unternommen werden. Scheitert dieses Unterfangen, könnte der Konflikt eskalieren. In wenigen Jahren würden atomare Erpressungen oder gar der Einsatz von Massenvernichtungswaffen drohen. Dieses Szenario gilt es mit allen politischen, wirtschaftlichen und, wenn nichts mehr hilft, selbst mit konzentrischen strategischen Mitteln zu unterbinden.

Die Mehrheit der denkenden Israelis weiß um die Bedrohung und die Notwendigkeit zu handeln – man diskutiert leidenschaftlich darüber und tut fast nichts. Getreu der Devise, die Lage ist ernst, aber nicht hoffnungslos. Der Stolz auf die Erfolgsgeschichte des Judenstaates verleiht den Israelis die optimistische Gewissheit, auch in Zukunft die Herausforderungen zu bewältigen. Diese Zuversicht ist ansteckend. Auch meine Frau und ich fühlen uns in Israel trotz der potenziellen Gefahren zumeist unbeschwerter als in Deutschland, wo jede Währungskrise und jeder Kirchenskandal zur existenziellen Bedrohung stilisiert wird. Elisabeth empfand die unmittelbare Nähe zum Gazakrieg zunächst als beängstigend – sie hatte wie die Angehörigen ihrer Generation in Deutschland noch nie einen Waffengang erlebt. Doch nach wenigen Tagen gewöhnte sie sich daran, dass unweit von uns gekämpft und gestorben wurde. Es ist die furchtbare Normalität des menschlichen Daseins – auch ohne Krieg.

4

Gemeinsam mit Elisabeth erlebe ich in Israel einen neuen Aspekt des Phänomens, dem kein Jude in Deutschland entgehen kann. Hierzulande werde ich als Hebräer quasi in Haftung für die israelische Politik genommen. Ständig fordern mich Bekannte und Unbekannte auf, Jerusalems Handeln zu begründen, zu verteidigen, zu kritisieren. Warum errichtete man eine Mauer? Weshalb hält man arabisches Gebiet besetzt? Mit welchem Recht diskriminiert man Araber? Warum tötet man Türken?

Ähnliche Reaktionen befürchtete ich in Israel Elisabeth gegenüber. Doch nie wurde meiner Frau die Frage gestellt, warum die Deutschen damals …? Auch nicht von Schoah-Überlebenden, die sich mit Lily auf Deutsch unterhalten. Diese seelische Einfühlsamkeit und Zurückhaltung ist Teil unserer israelischen Lebensqualität.

In Tel Aviv erwachen die verschüttet geglaubten Empfindungen meiner Kindheit wieder. Ich verspüre Traurigkeit über die unwiederbringlich vergangenen Jahre und die dahingegangenen Gefährten und gleichzeitig Euphorie, die Menschen, ihre Stadt und das Meer zu erleben und mich an ihnen zu erfreuen.

Die Israelis stecken voller Geschichten – kein Wunder bei *ihrer* Geschichte. In einem Tel Aviver Café spricht mich ein älterer Jude an. Bald erzählt er mir von seiner Zeit beim Mossad in den 60er-Jahren. »Nachdem wir Eichmann gefangen hatten, wollten wir uns auch (den KZ-Arzt) Mengele greifen. Doch Isser Harel (der damalige Mossad-Kommandeur) hatte Angst wegen außenpolitischer Verwicklungen – Ben Gurion wollte keinen Ärger mit Südamerika. Mengele bekam mit, dass wir ihm auf den Fersen waren, und setzte sich nach Paraguay ab. Einige Monate später erhielten wir ein Signal aus Asunción. Die Kollegen von (Diktator) Stroessners Diensten haben uns wissen lassen, dass ihnen nichts an Mengele liege. Mit diesem Sadisten wollten sie nichts zu tun haben. ›Macht mit ihm, was ihr wollt‹, sagten sie uns. Doch Ben Gurion und Isser hatten die Hosen voll. Nicht einmal umbringen durften wir den Sadisten. Uns Juden fehlt das Selbstbewusstsein. Jeder arabische Terrorist hat mehr Ehrgefühl.«

Nach mehr als vierzig Jahren begegne ich Bronia, der Mutter meines Freundes Hermann, auf der Dizengoff-Straße. Sie erkennt mich sogleich und lädt mich auf ein Glas Tee in ihre Wohnung ein. Mit 85 Jahren hat sie ihre Sinne beisammen, benötigt weder Brille noch Hörgerät und erinnert sich an meinen Wunsch: »Eine Mutter wie Sie hätte ich gerne«, wiederholt sie lächelnd mein Begehr von einst. Bronia hat dank ihrer mentalen Stärke »das Lager« ohne erkennbare seelische Blessuren überstanden. In den 60er-Jahren starb ihr Mann im Alter von 44. Bronia löste das Münchner Textilgeschäft auf und folgte ihren Söhnen nach Israel. Hofft sie auf Frieden?, will ich wissen. »Nur ein Meschuggener gibt diese Hoffnung auf.« Wie macht man sie wahr? »Indem wir uns mit den Arabern einigen.« Sie seien doch keine Nazis.

Der arabisch-israelisch-palästinensische Konflikt lässt die Menschen nicht los. Avner diente zwölf Jahre als Berufsoffizier in einer Eliteeinheit für die Sicherheit der Bürger Israels. »Das Blutvergießen kann nicht mehr lange so weitergehen. Das hält unsere Gesellschaft nicht durch.« Ähnliche Sorgen plagen den Unternehmer Lior: »Wir haben hier hervorragende Firmen aus dem Nichts aufgebaut. Wir waren alle in der Armee. Doch wenn wir nicht zum Frieden mit den Palästinensern und Arabern kommen, zerbricht unser Land. Wir müssen den Palästinensern eine Perspektive geben – und uns!«

An den Frieden glaubt auch der deutsche Filmemacher Marcus Vetter. Er hat einen bewegenden Streifen über einen palästinensischen Vater gedreht, der die Organe seines toten Sohnes einem israelischen Krankenhaus spendete und so das Leben von Juden und Arabern rettete. Der Film »The Heart of Jenin« wurde mehrfach ausgezeichnet. Seit zwei Jahren versucht Vetter, in Jenin ein zerstörtes Kino wiederaufzubauen. Unter seinen Sponsoren und Unterstützern sind Israelis und deutsche Juden. Vetter ist überzeugt, »die meisten hier wollen Frieden«.

Die Menschen und ihre Geschichten machen Mut.

Das Wiederbeleben meines Hebräisch bereitet mir eine ungeahnte Genugtuung. Ich habe nie vollständig von dem Idiom meiner Kindheit ablassen wollen. Doch im Laufe der Jahrzehnte rostete mein Iwrith ein. In Israel erwachen die wiederauflebende Sprache der Bibel und die meines Lebens in der frischen Brise des Alltagsgeredes. Ich freue mich daran, mich mit den Menschen in ihrer, in unserer Sprache zu unterhalten – wiewohl ich weiß, dass ich hier stets Fremder bleiben werde. Meine Vatersprache ist Deutsch, mein Mutterland aber ist Israel, meine Geburtsstadt ist Tel Aviv.

Ich genieße die Menschen hier, ihre mitreißende Lebenskraft und, bei aller Lautheit, ihre Behutsamkeit im Umgang mit anderen. Ich bin froh, immer wieder, vor allem im Winter, mein Dasein mit den Tel Avivern zu teilen – ehe ich in mein Berlin zurückkehren darf.

Gesicht zeigen!

1

Beruf und Privatleben gelten mir nicht alles. Stets habe ich mich auch gesellschaftlich engagiert. Von den Falken über den Bundesverband Jüdischer Studenten, der Betreuung älterer Menschen. In Berlin wurde ich in die Jury des Victor-Klemperer-Wettbewerbs berufen. In Zusammenarbeit mit dem Aufbau Verlag, in dem die Tagebücher des Leipziger Romanisten und Chronisten des Lebens während der Nazizeit erschienen waren, sowie dem Bundesinnenministerium und dem Bündnis für Demokratie und Toleranz wurden alljährlich Preise in einem bundesweiten Wettbewerb für Jugendliche individuell oder an Gruppen vergeben, die sich für eine tolerante Gesellschaft einsetzen. In den ersten Jahren ermutigte ich die anderen Jurymitglieder aus Politik, Wirtschaft, Sport, sich nicht auf die Prämierung von Arbeiten und Initiativen gegen Antisemitismus zu beschränken. Mir liegt daran, alle gesellschaftlichen Gruppen zu gewinnen. Von der Schule für Behinderte über Handwerker, Sportler bis zu Bundeswehrsoldaten. Eine freiheitliche Gesellschaft darf sich nicht damit begnügen, ausschließlich Judenfeindschaft zu bekämpfen. Es ist vielmehr notwendig, gegen alle Formen der Unterdrückung Stellung zu beziehen und die Gesellschaft dafür zu mobilisieren.

2

Im August 2000 riefen der damalige Regierungssprecher Uwe-Karsten Heye sowie der Präsident des Zentralrats der Juden in Deutschland Paul Spiegel und dessen Vize Michel Friedman den Verein »Gesicht zeigen! Für ein offenes Deutschland« ins Leben. Schirmherr wurde der amtierende Bundespräsident Johannes Rau. Nach dessen Tod trat Gerhard Schröder an seine Stelle. Das Ziel des Vereins ist eindeutig: Prinzipieller Antirassismus genügt nicht. Die Vereinsmitglieder und ihre Unterstützer wollen vielmehr allenthalben offen und offensiv für ein freies Deutschland eintreten und Rassismus und Intoleranz bekämpfen. Nach dem Rückzug Friedmans wurde ich quasi als Musterjude in den Vorstand des Vereins gewählt. Seither bemühe ich mich gemeinsam mit meiner Frau im Jobsharing mitzuhelfen, die aktive Geschäftsführung Sophia Oppermann und Rebecca Weis sowie die anderen Vorstandsmitglieder Heye, Gerhard Hofmann, Sabine Haack, Christian Elsen bei ihren Aktivitäten zu unterstützen. Unser bislang wirksamstes Projekt ist die interaktive Ausstellung »7 x jung« in Berlin. Mit ihrer Hilfe wollen wir vor allem jüngere Menschen für die freiheitlichen Werte unserer Gesellschaft mobilisieren und dabei jeglicher Form von Intoleranz und Rassismus entgegentreten.

Ich beteilige mich an diesen Aktivitäten nicht aus abstrakter Sympathie, sondern im eigenen Interesse. Denn ich bin davon überzeugt, dass eine freiheitliche Gesellschaft nur funktionieren kann, wenn die Mehrheit der Bürger aktiv für ihre Werte eintritt, diese verteidigt und den Feinden der Toleranz widersteht. Dass Elisabeth und ich dabei eine Reihe angenehmer Zeitgenossen mit ähnlichen Überzeugungen kennen- und schätzen lernten und mit manchen von ihnen Freundschaft schlossen, ist eine willkommene Zugabe unseres Tuns.

Klassentreffen

Im Oktober 2008 reiste ich zum Treffen unserer Grundschulklasse 50 Jahre nach dem Abschluss dieser Schule nach München. Zuletzt hatten wir uns vor 25 Jahren versammelt. Wir waren nun um die sechzig Jahre alt. Ich war aufgeregt, neugierig, den Mitschülern zu begegnen.

Wir hatten uns im Rathauskeller verabredet. Als Erstes sah ich meine alte Schülerliebe Evi Nigl. Ehe ich ein Wort sagen konnte, erklärte sie: »Auf dich habe ich gewartet, Rafael!« Evas dunkle Augen hatten ihre Wachheit und Kraft ebenso behalten wie ihre Stimme ihre Munterkeit. Wir setzten uns an einen zunächst leeren Tisch. Ich erzählte Eva von der Konsequenz ihrer vierzig Jahre zurückliegenden Enttäuschung, dass ich es nicht weiter gebracht hätte als zum Lehrling. Sie war mir ein Ansporn gewesen, meine ungeliebte Handwerkerausbildung zu beenden und mich wieder dem Lernen und später dem Studium zuzuwenden.

Da erschien Helmut Hauner, der mir als Gymnasiast entscheidend half, mich auf die Aufnahmeprüfung zum Münchenkolleg vorzubereiten. Ich bat Helmut, sich zu uns zu setzen. Er hielt sich gerade, doch seine Stimme hatte den kratzenden Ton des Alters angenommen, und in seinem Blick erkannte ich einen Bruch. Als ich ihn an seine Unterstützung erinnerte und ihm dankte, winkte er ab, das sei doch selbstverständlich. »Nein, Helmut. Du warst der Einzige, der mir geholfen hat.«

Hansi Tiefenmoser, der Nachbarbub aus der Adelgundenstraße, hatte gemeinsam mit Inge Trieb unsere Zusammenkunft organisiert. Sie berichteten, dass unterdessen ein Viertel der Mitschüler gestorben sei. Manche bezögen Hartz IV. Obgleich einige von uns bereit waren, deren Bewirtung zu übernehmen, hatten sie sich geschämt zu erscheinen. Beim Händewaschen berichtete mir Helmut, dass er durch schiere Willenskraft ohne fremde Hilfe eine schwere persönliche Krise überwunden habe. Er, der mich und andere dermaßen unterstützt hatte, wollte sich von niemandem unter die Arme greifen lassen, sein Leben selbst meistern.

Vor vier Jahrzehnten besuchte Helmut Ettenhuber das Münchenkolleg, um das Abitur nachzuholen. An ihm nahm ich mir ein Beispiel. Helmut war unterdessen in der Erwachsenenbildung tätig, er verfolgte meinen Werdegang, sammelte die Erstausgaben meiner Bücher. Er berichtete schmunzelnd über die kontroverse Aufnahme meiner Schriften und die Aufregung, welche diese in der jüdischen Gemeinde einst hervorgerufen hatten. Eva Nigls »Mutti« hatte ebenfalls jeden Artikel über mich aufgehoben und ihrer Tochter wiederholt gesagt, »den Seligmann, den hättest du heiraten sollen«, berichtete Eva. Das wäre eine gute Idee gewesen, bestätigte ich. Ich hatte gelernt, dass man selbst entscheiden muss, statt auf Muttis Hilfe zu warten. Ich sah Eva an, dass sie meine Gedanken erriet.

Ingrid Potzuweit hatte mich als Erste in der Klasse angesprochen, mich über Israel befragt. Ingrid war ein soziales Wesen geblieben, sie gab ihre akademische Karriere auf, um ihre Schwiegereltern zu pflegen. Gabi Reu dagegen, einst die klügste Schülerin, hing an ihrem Beruf als Sonderschullehrerin. Sie liebte »ihre« Kinder. Und war entschlossen, »keinen Tag früher in den Ruhestand zu gehen als unbedingt nötig«. Gabi erinnerte mich an ihre Besuche in meinem Elternhaus, als sie sich von mir die hebräischen Buchstaben zeigen ließ, um mir wiederum die Anfänge der deutschen Rechtschreibung beizubringen. Die Freude am Lernen und Lehren war ihr bereits damals zu eigen.

Je länger wir in zunehmend vertrauter Runde beisammensaßen und gegenseitig die alten Erinnerungen weckten, desto deutlicher wurde, dass die Charaktere und Vorlieben die gleichen geblieben sind – und die Empfindungen.

Als ich mich von den Klassengefährten verabschieden wollte, ergriff Ursula Wurbs meine Hand. »Rafael, als du mal zu deinem Platz gegangen bist, habe ich dir den Fuß gelegt. Du bist hingeflogen. Alle haben gelacht. Das tut mir heute noch leid. Entschuldige bitte.« Ich hatte den Vorfall längst vergessen. Nun erinnerte ich mich daran, dass sich Ursula bei unserem Treffen vor 25 Jahren bereits dafür entschuldigt hatte. Ich drückte ihr einen Kuss auf die Stirn und bemerkte: »Ich bin wieder aufgestanden.«

Es war gut, die Schulfreunde aufgesucht zu haben. Nachts

fand ich im Hause meine Freundes Abi Pitum keinen Schlaf. Das Wiedersehen hatte mich aufgewühlt. Ich bin ebenso wie die Mädchen und Buben von einst älter geworden. Einige hatten resigniert, andere steckten noch voller Energie. Das war zu erwarten. Mich bewegte etwas anderes.

Vor einem halben Jahrhundert hatte ich Angst vor Deutschland, in dem Nazis lebten, die Juden umgebracht hatten. Heute spürte ich, dass ich bei den Menschen dieses Landes angekommen bin – und sie bei mir.

Mein halbes deutsches Jahrhundert

Ich schrieb dieses Buch, um mich und meine Mitmenschen besser kennenzulernen.

Soweit ich zurückdenken kann, war ich neugierig. Stets wollte ich wissen, was als Nächstes passieren würde. Was verbarg sich hinter den Wolken? Was geschah in der nahen Zitrusplantage, wenn es brannte, oder im Wadi davor, der sich bei Regenschauern unversehens mit Wasser füllte? Dann zog ich meine Gummistiefelchen an und rannte zum Orangenhain, um nachzusehen. Gleich nach dem Aufwachen lief ich in unseren kleinen Garten, um zu schauen, ob die Erdbeeren schon reif waren und die Blumen bereits blühten oder ob Schildkröten sich im Gemüsebeet zum Fressen niedergelassen hatten. Die Schildkröten schleppte ich ins Haus, um sie genau beobachten zu können. Eine hatte ein blindes weißes Auge, das ich durch eine Operation zu heilen suchte. Meine Mutter musste mich davon abhalten. Die Kröte sei noch zu klein für einen Eingriff, beschwor sie mich. Es gab so viel durch Auseinandernehmen zu entdecken: Uhren, mechanische Spielzeugautos, Glühbirnen, unser Radio. Mich interessierte, warum das Gerät funktionierte, was es antrieb.

Nach meiner Einschulung verschoben sich meine Neugierde und mein Unternehmungsgeist. Für gewöhnlich war ich lange vor Unterrichtsbeginn in der Klasse, weil ich es kaum erwarten konnte, zu erfahren, welche Zahlen und Rechenarten gelehrt wurden. Vor allem welche Abenteuer das Volk Israel auf seiner Reise durch die Thora zu bestehen hatte. Die Fähigkeit zum selbstständigen Lesen ließ mich Märchen und Erzählungen verstehen. Am stärksten bewegte mich »Onkel Toms Hütte«. Ich musste weinen und begriff, welche Kraft in Büchern steckt. Mindestens ebenso aufregend waren Filme. Wann immer ein neuer Streifen für Kinder in Herzliyas Kino gezeigt wurde, war ich zur Stelle. Dick und Doofs Scherze trieben mir Tränen in die Augen. Mein unbestrittener Liebling aber war Charlie Chaplin – das hat sich bis heute nicht geändert. Der Tramp war lustig, zugleich verstand er es, mein Herz zu ergreifen. Und meinen Verstand. Also verfasste ich ein kurzes Stück: »Charlie in Israel«. Als ich den Sketch in der Schule aufführte, lachten und jauchzten die Kinder. Am Ende riet unsere Lehrerin Towa: »Du sollst das weitermachen.«

Dazu kam es nicht – zumindest nicht im nächsten Vierteljahrhundert. Denn ich hatte mit meinen Eltern in ihre deutsche Heimat zurückzukehren. Vaters Verheißung »Deutschland wird dir gefallen« erfüllte sich zunächst nicht. Das neue Land bedeutete Verlust und Ausgrenzung. Wir verloren unseren Garten und mussten anfangs in einem Zimmer hausen. In der Schule war ich mit einem Mal Analphabet. Es dauerte, bis ich des deutschen Lesens und Schreibens kundig war. Die deutsche Sprache wurde mir zunehmend vertraut. Dies änderte jedoch nichts an meiner Ausgrenzung als Jude. Durch die Übersiedelung nach Deutschland wurde ich zum Außenseiter. Dank israelischer Erziehung kam mir nicht in den Sinn, zu versuchen, diese Abseitsstellung durch Verleugnung meiner Identität – den Begriff kannte ich damals noch nicht, wohl aber meinen Glauben und Grundzüge der jüdischen Geschichte – aufzuheben.

Die Position als Außenstehender absorbierte in den folgenden Dutzend Jahren einen Großteil meiner seelischen Energie. Es war meine bleierne Zeit. Ich flüchtete vor der Wirklichkeit in Tagträume. Der Treibsatz war meine Phantasie, das Ziel blieb das verheißene Land meiner Kindheit, Israel. Ich war jedoch unfähig, selbstständig dorthin zurückzukehren. Als ich mich endlich aufraffte, mich freiwillig zum Militärdienst nach Israel zu melden, wie es mir als zionistischem Zögling beigebracht wurde, war es meiner Mutter ein Leichtes, mich dank moralischer Erpressung im Land der »Nazis« zu halten und obendrein in eine ungewollte Lehre in einem unpassenden Beruf zu bannen. Möglicherweise brauchte es das Frustrationspotenzial, verbunden mit der Wahrnehmung meines intellektuellen Stillstands, um meine Kräfte zu mobilisieren, mich aus der Starre zu befreien. Ich begann zu begreifen, dass ich meine Lage nur ändern konnte, indem ich handelte.

So gewann ich die Energie, mein Leben in die gewünschte Richtung zu steuern. Nach dem Abitur studierte ich gemäß meinen Interessen Geschichte und Politik. Die Liebe zu meiner deutschen Gefährtin schenkte mir erstmals seit meiner Kindheit wieder Lebensfreude und stabilisierte mich. Die neue Stärke nutzte ich, um nach zwei Dekaden die Rückkehr nach Israel zu wagen. Das Ergebnis war ein zionistischer Seiltanz über einem materiellen deutschen Sicherungsnetz. Dabei wurde mir das eigene Diasporabewusstsein offenbar. Ich genoss den Aufenthalt in Zion, es war jedoch unübersehbar, dass ich nicht Teil der israelischen Militärgesellschaft war. Ich strebte auch nicht danach, es zu werden. Ich erkannte im ersehnten Land zunehmend meine Bindung an die deutsche Sprache und Kultur. Denn hier hatte ich unterdessen meine Heimat gefunden.

So kehrte ich an Germanias kühlen, doch nährenden Busen zurück. Im Schlepptau führte ich eine israelische Braut, die ich schließlich heiratete, um den Ansprüchen meiner Mutter und der jüdischen Gemeinde zu genügen.

Nach Abschluss meines Studiums ergriff ich einen stimmigen Beruf. Als Journalist konnte ich meiner Neugier in Politik und Kultur frönen und versuchen, Antworten zu finden. Die im Zeitungsgewerbe gegebene Begrenzung der Phantasie durch »harte Fakten« staute diese, ehe sie sich in meinem ersten Roman Bahn brach. Obgleich ich nun wusste, dass ich meinen Beruf als Schriftsteller gefunden hatte, ließ ich vier Jahre verstreichen, ehe ich es wagte, mich als vogelfreier Autor in die Lüfte zu erheben.

Das fiktive Schreiben entspricht meinem Wesen. Es entspringt der Freude am Fabulieren, die wiederum von meiner unentwegten Vorstellungslust befeuert wird. Als Schriftsteller begnüge ich mich nicht mit Impressionen und Ideen, ich bin von dem Bestreben getragen, die Fäden zu einem tragfähigen neuen Netz zu verknüpfen. Das bedeutet eine immerwährende Achterbahnfahrt zwischen Himmel und Hölle. Ich besitze die Freiheit der Assoziation, doch diese ist abhängig von den passenden Einfällen – die aber lassen sich nicht herbeibefehlen. Soweit sie aufscheinen, sind sie schwer regierbar. Dennoch muss ich sie in eine Ordnung fügen. Dabei scheint ein entscheidender Unterschied zur freien Gedankenassoziation auf: Schreiben erheischt gedankliche Disziplin, Logik und Recherche. So kam mein Roman »Der Milchmann« nur zustande, weil mir bei der Abfassung eines Berichtes eines Schoah-Überlebenden Ungereimtheiten auffielen, die ich beim ursprünglichen Zuhören nicht bemerkt hatte. Diese Divergenz motivierte mich, die damaligen Umstände so sorgfältig wie möglich zu recherchieren, daraufhin eine schlüssige Geschichte zu ersinnen, sie erneut zu überprüfen und zu überarbeiten, bis sie meinen Ansprüchen gerecht wurde.

Wie jeder Künstler suche ich Anerkennung, Beifall. Nie werde ich den herrlichen Moment der Freude und des Jubels der Mitschüler über mein Stück vergessen. Das Verlangen nach Anerkennung, der Austausch mit dem Publikum ist die Luft, die jeder Künstler zum Atmen braucht, sie ist der Sauerstoff seines weiteren Schaffens.

Das Diktum: »Wir werden, was wir sind«, stimmt nur bedingt. Wir werden weitgehend durch unsere Umwelt und die Zeitumstände geprägt. Es ist müßig, zu spekulieren, wie mein Leben verlaufen wäre, wenn mich meine Eltern nicht nach Deutschland geschafft hätten. Dennoch ging mir beim Abfassen meiner Autobiographie wiederholt dieser Gedanke durch den Kopf. Hätte ich in Israel bleiben dürfen, wäre ich wohl ohne Aufschub Schriftsteller geworden. Mein lebenslanges Streben nach Israel erklärt sich auch aus der Sehnsucht nach dem Gelobten Land meiner Geschichten und deren erster Anerkennung.

Die Arbeit als Schriftsteller ist keine eherne Garantie gegen sinnloses Tun. Lasse ich mein Leben Revue passieren, bedrückt mich das Maß der vergeudeten Zeit. Nach den vertanen Lehrjahren und der wenig ergiebigen Dozententätigkeit an der Universität bewogen mich Eitelkeit und Entschlusslosigkeit schlechte drei Jahre lang zum Verfassen überflüssiger Drehbücher. Einerlei, ob als Schriftsteller oder als Handwerker – wer sich nicht damit begnügen möchte, im Strom der Zeit getrieben zu werden und den Regeln der Hierarchie zu gehorchen, wer sein Leben selbst bestimmen will, ist gezwungen, die eigene Trägheit und Angst zu überwinden. Dies kostet Kraft, spendet aber Lebensfreude.

Die Situation als Jude in Deutschland ist eine nie versiegende Inspirationsquelle für einen Schriftsteller. Aufgrund der sprachlichen und kulturellen Zugehörigkeit bin ich Teil der Mehrheitsgesellschaft und verstehe sie auf meine Weise. Doch die reale, zumindest aber die subjektive Abseitsstellung schärft die Beobachtungsgabe durch gefühlte Verletzungen und Verzerrungen. Es ist die Balance zwischen Verstehen, Dazugehören und Abgesondertsein. Diese Beobachtungsposition bedeutet Verantwortung. Als Jude, zumal der nachgeborenen Generation, darf man sich nicht in Selbstmitleid ergehen. Man hat sich als Abels Erbe vor Augen zu führen, dass die Nachkommen Kains ebenso nachhaltig von den Furien der Vergangenheit angegangen werden. Dieses Bewusstsein hilft, Verletzungen hinzunehmen, ebenso die Feststellung, dass jede Gesellschaft in zahlreiche Minderheiten zerfällt. Die Mahnung eines Schülers, meine Romanfiguren in türkische Gewänder zu kleiden, hat mir die Augen für das Empfinden anderer geöffnet. Ebenso der Protest einer Mutter gegen die Ausgrenzung behinderter Kinder. Es braucht nicht das Abseitsstehen als Ausländer, Gehandicapte oder Juden. Die vielfachen gesellschaftlichen Absonderungen, die aus Bequemlichkeit geschehen, werden von den Menschen zunehmend wahrgenommen und missbilligt. Darauf einzugehen und hinzuweisen ist ebenso Aufgabe des Schriftstellers wie sein Spiel mit Phantasie und Sprache. Ich werde weiter als jüdischer Schreiber und Chronist wirken, eben weil ich die Empfindungen meiner Protagonisten kenne und sie ausdrücken will. Das Erfühlen ist eine unverzichtbare Grundlage der Literatur.

Die Position eines jüdischen Publizisten hierzulande macht einen für eine spezifische Falle der Post-Nazizeit empfänglich. »Broder, Wolffsohn, Brumlik, Biller, Seligmann und die anderen Idioten können schmieren, was sie wollen, die Deutschen sind darauf versessen, den Tineff zu lesen«, ließ ich die Titelfigur meines »Musterjuden« räsonieren. Fast jeder jüdische Autor und nicht wenige Funktionäre erliegen zumindest gelegentlich der Versuchung, sich als Gewissen Deutschlands zu gerieren, legitimiert durch nichts als den deutschen Phantomschmerz über die fast vollständig ausgelöschte hebräische Gemeinde dieses Landes. Wir Juden sollten uns dieser Leichenfledderei enthalten, und die Gojim sollten sich die Schadenfreude ersparen, uns dermaßen zu korrumpieren. Auf diese Weise wird kein neuer Walter Benjamin geschaffen, allein Lakaien.

Was bleibt? Mein Vater hatte gemeint, in Deutschland werde es mir gefallen. Wurde seine Verheißung wahr? Germanias Busen und meine Wangen haben mit der Zeit die gleiche Temperatur angenommen, wer wem dabei Wärme spendet und wer den anderen erkalten lässt, ist nicht mehr feststellbar und unwichtig geworden. Ich gehe meinen Weg in Deutschland. Vom unzufriedenen Lehrling zum Schriftsteller und Publizisten, der teilhat an der Kultur und der Meinungsbildung des Landes, das mir so vertraut wurde. Auf diese Weise habe ich hier meine Heimat gefunden. Dass ich so weit kam, habe ich meinen Gefährten zu verdanken, in erster Linie meiner Frau. Ob sie jüdisch, deutsch oder beides sind, ist mir einerlei.

Einen Umstand hierzulande möchte ich hervorheben. Die Deutschen machen es sich nicht leicht. Sie verdrängen nicht die dunkle Seite ihrer Geschichte wie andere Nationen oder leugnen sie gar. Die Deutschen leiden unter ihrer Vergangenheit. Sie begnügen sich nicht mit einem schlechten Gewissen. Stattdessen bemühen sie sich, den schweren Stein der Moral den steilen Berg des Lebens hinaufzuschieben, wohl wissend, dass sich immer wieder Brocken lösen und zu Tal rollen werden. Die Deutschen sind Sisyphos. Das macht sie menschlich.

Wie den meisten Menschen ist auch mir manche Tür verschlossen geblieben. Blind dagegen anzurennen, was ich als Kind und Jugendlicher oftmals tat, hilft, das musste ich lernen, kaum weiter. Zu verzagen bedeutet schmerzhaftes Aufgeben. Es gilt vielmehr, mit Mut, Beharrlichkeit und List meinen Weg zu gehen. Das hat mich mein Leben gelehrt.

Danksagung

Michel Friedman bewog mich dazu, meine Memoiren niederzu-
schreiben. René Strien betreute das Buch. Maria Matschuk ist
eine unerbittlich präzise und anregende Lektorin. Andrea Dobe-
renz tat alles, um meinen Erinnerungen in die Öffentlichkeit zu
verhelfen.

Meine Frau Elisabeth sprach mir stets Mut zu und unterstützte mich unentwegt.

Bildnachweis

Berlin Press/Klaus Oberst: Abb. 34

DAVIDS/Darmer: Abb. 42

Heinz Dargelis: Abb. 35

Eventpress Herrmann: Abb. 40

Fotograf/vario images: Abb. 24

Geilert/GAFF /laif: Abb. 41

© Havakuk Levinson: Abb. 39

Annette Hauschild/Ostkreuz: Abb. 32

© Moshe Shai: Abb. 37, 38

Privat: Abb. 1–21, 25–28, 30, 31, 33

Shimi Nachtailer: Abb. 36

Wolfgang Maria Weber, München: Abb. 29

ALIZA OLMERT
Ein Stück vom Meer
Roman
Aus dem Hebräischen von
Mirjam Pressler und Eldad Stobezki
Roman
368 Seiten
ISBN 978-3-7466-2495-2

Zart und aufwühlend wie das Meer

Alusia ist fünf, als sie mit ihren Eltern das Gelobte Land ansteuert. Krieg, Verfolgung und das Wunder, überlebt zu haben, liegen hinter der Familie und für das Mädchen ist die Welt der Erwachsenen ein Buch mit sieben Siegeln. Ihre melancholische Mutter fürchtet die Lebens-umstände und sehnt sich nach Europa, wo sie den geliebten Toten näher wäre. Der tatkräftige Vater träumt von einem Neuanfang im jüdischen Staat. Aber in Palästina liegt das Glück nicht auf der Straße und die Schatten der Vergangenheit sind lang. Doch Alusia weiß: »Wer ein Stück vom Meer sehen kann, muss glücklich sein.«

In ihrem Kindheitsroman erzählt Aliza Olmert vom Traum eines besseren Lebens, von Aufbruch und Ankommen und von der Sehnsucht nach einer Heimat. Es ist die Geschichte ihrer Familie im Tel Aviv der späten 1940er Jahre – voller Zauber, Poesie und bewegender Momente.

»Ein persönliches Buch über Sehnsucht und Erwachsenwerden – wie ein Fenster zu den Nachbarn, durch das ich in deren unglaubliche Geschichte schaue.« LIZZIE DORON

Mehr Informationen erhalten Sie unter www.aufbau-verlag.de
oder in Ihrer Buchhandlung

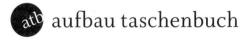

aufbau taschenbuch